迎仏鳳儀の歌

元の中国支配とチベット仏教

乙坂智子 著

白帝社

Tay ’ŭen di šhi/ tʻuŋ liŋ ǰeu guė /shiŋ ňi ǰuŋ heiŋ/ši gev(gĭav?) ǰi yin

大元帝師 / 統領諸国 / 僧尼中興 / 釈教之印

迎仏鳳儀の歌

元の中国支配とチベット仏教

目次

緒言――永楽五年二月、霊谷寺普度大斎……1

序章　課題の設定……7

第一節　先行する諸議論　11

（一）帝室の尊信対象としての採択――多神教的・呪術的特質　13

（二）中国仏教界統制策としての採択　20

（三）統治権正当性《レジティマシー》を表現するための採択　23

第二節　課題　31

（一）史料の特質　31

（二）方法と課題　37

第一部　チベット仏教の導入――「崇奉」という認識の成立とその政治的機能……49

第一章　元初におけるチベット仏教導入と漢民族社会……51

序言　51

第一節　帝師位の設定と漢民族社会　53

（一）「帝師」設置　53

（二）漢語「帝師」　55

第二節　帝師「崇奉」という判断の根拠と判断主体　58

（一）「国師」との対比　58

（二）宣政院との関係　64
結語　68

第二章　儒教とチベット仏教……………………76
序言　76
第一節　儒教的観念と帝師　77
（一）儒教「帝師」観念の存在　77
（二）元初における儒教「帝師」観念の事例――趙天麟・王惲　79
（三）元代中期における儒・仏「師」観念の摩擦――孛朮魯翀　86
第二節　儒教儀礼とチベット仏教奉戴　88
（一）太廟と仏事　89
（二）朝儀と国家寺院　91
（三）先聖先師像とネパール人仏師　93
（四）成宗代以降――神御殿と国家寺院　97
第三節　チベット仏教導入の政治的機能――儒仏の位相　102
（一）儒教原理の相対化　102
（二）「異端」超越による絶対的君主権の表現　105
結語　110

第二部　否定的反応 …… 125

第一章　反発：楊璉真伽の発陵をめぐる漢文文書 …… 127

序言　127

第一節　それぞれの〝事実〟——君主は発陵を承認していたか　132

（一）世祖の承認　134

（二）世祖無辜説と楊璉真伽への攻撃　142

第二節「異端」——仏僧という認識枠の適用　154

（一）永福寺　154

（二）飛来峰碑文　160

（三）「異端」　168

第三節　奇跡　174

（一）「天人」——君主権の正当性証明としての奇跡の発現　175

（二）「鎮南塔」——チベット仏教僧の神秘的能力　179

結語　192

第二章　批判：元の崇仏に対する漢民族官員の諫奏

——「聖」と「異端」の刻印 …… 211

序言　211

第一節　李元礼――中央官僚の諫奏　215
（一）諫奏――「聖」性との抵触　215
（二）諫奏文書の処理とその波紋　220
第二節　張養浩・張珪・蘇天爵――その後の中央官僚たち　223
（一）張養浩　223
（二）張珪　230
（三）蘇天爵　235
第三節　鄭介夫――中央政界外部からの諫奏　240
（一）鄭介夫　240
（二）鄭介夫の諫奏　241
（三）鄭介夫諫奏の特質　249
第四節　反響　253
（一）李元礼・張養浩・張珪・蘇天爵の上奏に対する反響　253
（二）鄭介夫の上奏に対する反響　255
（三）諫奏文・称賛文の蓄積とそれらが描き出す国家像　259
結語　263

第三章　否定：「元之天下、半亡於僧」の原像
――国家仏事に関する元代漢民族史官の記事採録様態……………………277

序言　277
第一節　課題の設定　279
（一）題材――『元史』仏事関連記事　279
（二）検討の方法　283
第二節　否定――仏事抑制記事　285
（一）仏事抑制記事の分布と内容　285
（二）実録からの系譜関係――比較指標としての順帝本紀記事　291
（三）実録に〝仏事肯定記事〟は併存していたか　296
（四）仏事抑制記事の特性と機能　298
第三節　告発――仏事実施記事　308
（一）仏事実施記事の発する意味　308
（二）各本紀の採録方針　316
（三）実録との対応関係　328
（四）〝悪しき史実〟の生産者たち――『泰定帝実録』『文宗実録』編纂官　333
結語――「元之天下、半亡於僧」　340

第三部　受容的反応……………………………………357
第一章　協調：奇跡譚の生成
――仁宗期漢文文書におけるチベット仏教僧の造形……………………359

序言　359
第一節　延祐五年「護国寺碑」　362
(一)タムパの奇跡　362
(二)奇跡の軌跡　364
(三)三つの奇跡の異同――「護国寺碑」の性格　367
第二節　仁宗期におけるチベット仏教宣揚　370
(一)延祐三年、趙孟頫「帝師膽巴碑」　370
(二)帝師殿　372
第三節　儒家知識人に課されたチベット仏教僧への言及　377
結語　383

第二章　止揚：呉澄撰パクパ帝師殿碑文二篇
――反仏教的「真儒」のチベット仏教僧顕彰文……392
序言　392
第一節　呉澄の反仏教的言動　396
第二節　呉澄碑文とその構成　398
第三節　用語・叙述の特質　403
(一)パクパへの賛辞　403
(二)「聖」「徳」字の扱い　405

（三）パクパ崇奉に関する叙述　409
第四節　話題の設定　414
（一）国字　414
（二）建築　418
第五節　儒仏の位相――チベット仏教に対する否定と受容　423
（一）「聖」の観念をめぐって　423
（二）「徳」の観念をめぐって　429
第六節　撫州路帝師殿　434
（一）撫州路総管府およびそのダルガチ　434
（二）立地――過去の撫州名宦とその碑文　438
（三）撫州路帝師殿の終焉　443
第七節　南安路帝師殿　445
（一）南安路における蒙古字学と帝師殿　445
（二）儒家知識人たちの人脈と帝師殿　450
結語　460
第三章　称揚：聖世呈祥の証言
――大都の游皇城……492
序言　492

第一節　都市の記憶——遊皇城の源流　494
（一）二月八日問題　494
（二）二月八日「迎仏」の祖型——都市巡行祭の系譜　497
（三）元代二月祭典の性格——八日・十五日という日程をめぐって　501
第二節　行列の構成　504
第三節　巡行ルート　509
第四節「与民同楽」「混一華夷」——描き出された観念　516
第五節　游皇城を題材とする呈祥詩文　520
（一）「迎仏会歌」　520
（二）柯九思「宮詞十五首」　526
（三）張昱「輦下曲」　529
（四）張憲「二月八日遊皇城西華門外観嘉孥弟走馬歌」　531
第六節　皇帝への歓呼——民の悦服・天の承認　535
第七節　政権不安定期と呈祥詩文——游皇城の機能　538
（一）成宗代初期　538
（二）文宗代　539
（三）順帝代　542
結語——「万邦稽首、称天子聖」　546

結章 …… 561
第一節　第一の課題——認識の主体・その認識を表明させた要因　563
（一）何ものが、国家のチベット仏教崇奉という〝事実〟を認識したのか　563
（二）なぜそれを叙述したか　565
第二節　第二の課題——元の中国支配における政治的機能　572
（一）漢民族知識階層への圧力　572
（二）統治権正当性　578
（三）永楽五年、霊谷寺普度大斎へ　588
文献表 …… 595
後記 …… 611
索引 …… 621
Summary …… 624

緒言——永楽五年二月、霊谷寺普度大斎

明の永楽五年（一四〇七）二月五日、永楽帝勅願にかかる大規模な仏事が国都応天府（現南京）京城城外数里の鍾山霊谷寺で開始された。[1]「普度大斎」と銘うち、亡父洪武帝とその皇后馬氏の追善供養を営んだものである。勅命によって仏事を執行した導師は、チベットから招かれたカルマ派の五世転生活仏テシンシェクパ De bzhin gshegs pa であった。[2]

これに先だち永楽帝は、早くも永楽元年（一四〇三）の時点で、このチベット仏教僧への迎請使を発遣している。その「道行の卓異」たることを潜邸時代に聞き及び、それゆえの招聘であると実録は言う。[3] 永楽四年末、テシンシェクパが京師に入ると永楽帝は奉天殿でこれを引見し、翌日には華蓋殿で歓迎の宴を張って金銀・綵幣・法器・鞍馬などを賜与した。[4] 明けて五年正月には儀仗・幡幢・払子なども与え、[5] 仏事挙行への配慮を示した。

二月五日、仏事が開始されるや霊谷寺では様々な奇跡が発生した。絢爛たる五色の慶雲が起こって如意のかたちに凝集した。舎利塔が月のごとく輝き、金色の光線が放射された。翌六日には雲に乗った阿羅漢たちが西南方向から飛来し、天から花が舞い落ちた。七日には甘露が降った。凝酥のごとき色をして、香味ともに比類なかった。このあとも大斎円満の十八日までの各日において、奇跡は途絶えることなく続いた。仏殿や楼閣は五色の円光に包ま

れた。寺域から発した二筋のまばゆい光線は、一筋は皇城に、いま一筋は洪武帝陵墓に届いた。そして上空にはしばしば「青鸞」、すなわち青みがかった鳳凰が、白い鶴とともに舞い飛んだ。

霊谷寺普度大斎における華々しいこれら奇跡の数々は、カルマ派のツルプゥ寺に残されていた絵巻物、いわゆる「奇跡の絵巻」として、絵画[6]および絵詞[7]ともに今に伝えられている。絵巻は明の側が作成してカルマ派に与えたものとされ、[8]漢字やチベット文字など五種の文字で記される絵詞のうち、原文は漢文部分と見られる。[9]また、より省略したかたちではあるが、同様の奇跡の記録が『双槐歳鈔』（巻三、聖孝瑞応）・『釈氏稽古略続集』（巻三、丁亥永楽五年条）・『明史』（巻三〇四、宦官伝、侯顕）などいくつかの漢文文書にも残存する。したがって、霊谷寺であまたの奇跡が起きたとする漢文文書を永楽政権が作成し、それに訳語を付してチベットに与えたのみならず、中国国内においても広くその内容を流通させようとしたことは疑いがない。

ここで注意すべきは、この仏事がらみの奇跡に関して、永楽帝の廷臣たちが上表して祝意を示していることである。つまりこのできごとは、単に君主と異域の僧侶のみによってではなく、明廷の官僚集団も参加のうえで構成されたものであった形跡がある。たとえば前記の『双槐歳鈔』（聖孝瑞応）や『明史』（侯顕伝）は、これらの奇跡はまさしく皇帝の聖性の顕現である、とする「聖孝瑞応歌」なる文書を、翰林学士胡広らが献呈したことを伝える。あるいは同じく翰林院の職にあった王偁も、この仏事における「瑞応」を次のように詠んでいる。

法を説くに雲は蓋を成し、経を談ずるに花雨は天よりす。祥光は凝りて彩絢たり、甘露は瀉《そそ》ぎて珠円たり。……祇樹に春光溢れ、霊山に会は儼然たり。願わくは茲《ここ》に至化を宏め、皇運共に千年たらんことを。（『虚舟集』巻四、蔣山法会瑞応詩応制作）

題に「応制作」とあるから、王偁はこの詩を勅命によって作成している。よって、ここで「祥光」「甘露」の奇跡が歌われていることは、この仏事において〝奇跡が起きた〟と承認する責務が王偁に課されていたこと、そして彼がこれに則した言論行為に出たことを意味する。なおかつ彼がこれを「瑞応」の詩と題し、「皇運」の永きことを寿ぐ言葉で結んだことは、霊谷寺仏事で〝起きた〟これらの奇跡を、永楽帝の聖性に帰納させようとした結果にほかなるまい。同様に、胡広をはじめとする翰林院の官僚たちが奉呈した「聖孝瑞応歌」のほうも、故父帝母后に対する永楽帝の「聖孝」を嘉して「瑞応」が起きたものとして連日の奇跡を讃える内容となっている。

さらに、この仏事には後日談がある。直後の三月、永楽帝はテシンシェクパに三十余字からなる長大な称号を与えるが、(10)その末尾は「西天大善自在仏」とされた。これによって霊谷寺仏事は、「仏」を迎請しての儀礼であったと位置づけられたことになる。また同年四月付けで、一篇の文書（『金陵梵刹志』巻三、御製霊谷寺塔影記）が永楽帝御製として作成された。そのなかでは、この「仏」が京師を去ったのち、これをしのぶ永楽帝が霊谷寺を訪れて祈りをささげたところ、「鳳羽」「龍章」の威容を呈しつつ、「陽燧」「方諸」の光輝を放ちつつ、またもや「応」たる奇跡が数日にわたって現れたことが詳細に記された。

どうやらこのとき永楽政権においては、中国皇帝の聖性表象たりうる奇跡がチベット仏教僧の儀礼によって〝起きた〟ことを君主権力が発信し、これを官僚集団も受け入れ、なおかつそれを裏づける文書を産出しているらしい。つまり内乱を経て発足したこの政権において、チベット仏教を媒介として当該君主の正当性を主張しようとする言説戦略が発動し、臣僚たちもこぞってこれに参画しているらしいのである。

しかしながらこの理解は、すみやかに次の疑問を生む。なぜここでチベット仏教による儀典が、中国皇帝の聖性発現の場として選択されているのか。しかもなぜ官僚たちからの同意さえ得ているのか。ひさびさの漢民族統一政権として発足した明が、儒教を国家理念として掲げることに熱心であったことは周知に属する。当然その官僚集団は基本的に儒家知識人によって構成されていたし、なかでも胡広や王偁たち翰林院官員はその頂点に位置する人々にほかならない。そうである以上、彼ら永楽政権にとって本来この儀典は、むしろ異端的なものとされねばならなかったのではないか。言うまでもなく、儒教にとって仏教は原理的に「邪妄」の教説であるし、さらにこの場合、チベット仏教僧という「胡羯」が執行した儀典なのであるから、(11)二重の意味で異端性をもつものであったはずである。

それにもかかわらず、なぜ永楽五年の霊谷寺普度大斎は中国皇帝の正当性を表現する装置として機能しえているのか。すなわち、なぜ永楽政権において君主権力はみずからの聖性をチベット仏教によって証明しようとし、そして官僚集団もこの動きに参加しているのか。チベット仏教儀礼において発現した奇跡が中国の君主の聖性表象として儒教の立場からも承認されうる、とするこの不可解な解釈の回路は、ここでにわかに案出され、使用されたものなのか。それともチベット仏教を中国に導入した前政権、すなわち元の時代においてすでに成立していたものなのか。

本書における考察は、この疑問に端を発する。

緒言　注

(1)『明太宗実録』巻六四、永楽五年二月庚寅条。

(2) テシンシェクパ迎請およびその普度大斎については、Richardson [1958, 1959]・Sperling [1980]・佐藤長［一九八六年、一三一―一四四頁］・西蔵自治区文物管理委員会［一九八一年］・羅文華［一九九五年］・乙坂［一九九七年］・鄧鋭齢［二〇〇四年、上冊、一六四―一八五頁］などを参照。

(3)『明太宗実録』巻一七、永楽元年二月乙丑条。

(4)『明太宗実録』巻六二、永楽四年十二月己酉条（「乙酉」を「己酉」に改めるべきことは、黄彰健『明太宗実録校勘記』巻六二校勘記（台北、中央研究院、一九六二年）参照）・同月庚戌条。

(5)『明太宗実録』巻六三、永楽五年正月甲戌条。

(6) 西蔵自治区文物管理委員会編［一九九二年、五二―五三頁］。甲央・王明星主編［二〇〇〇年、九四―一三七頁］。

(7) 羅文華［一九九五年、九二―九七頁］に漢文・チベット文テキストが収録される。

(8)「奇跡の絵巻」漢文中の洪武帝の呼称や叙景の詳細さなどから、これは永楽期、おそらくは仏事ののちすみやかに作成され、永楽六年にテシンシェクパが帰蔵する際に携行させたのではないかと推測されている［羅文華、一九九五年、九〇—九一頁］。

（9）五種の文については、「漢文・チャガタイ文（古ウイグル文）・ウイグル文（?）・チベット文・ウイグル文字モンゴル文」［羅文華、一九九五年、九〇頁］との報告がある。これらのなかで、原文である可能性があるものは漢文とチベット文であろう。そのうちチベット文については、それが漢文からの逐語訳であり、文法のうえでも変則的であることが早くから指摘されている［Richardson, 1958, p.148］。したがって原文は漢文と考えられる。

（10）『明太宗実録』巻六五、永楽五年三月丁巳条。

（11）明代中盤に内閣大学士らがチベット仏教僧の行状を糾弾した上疏のなかで、この異域の僧侶たちは「胡羯邪妄の徒」と呼ばれている（『明孝宗実録』巻一五五、弘治十二年十月戊申条）。このように、明という漢民族政権の儒教的観念において、チベット仏教は基本的に「邪妄」「胡羯」、すなわち異端・戎狄の存在であった。この点から考えれば、そのチベット仏教によって皇帝の正当性が証明されたとする永楽政権の言説活動は、明確な作為にもとづくものであったことになる。よって、なぜこのときそれが有効と見なされえたかについては、やはり何らかの考察が加えられねばならないだろう。

序章　課題の設定

元代史に関心を抱く者にとって、この政権がチベット仏教に与えた寵遇は、およそ看過することのできない問題でありつづけてきた。チベット僧を殴った者はその手を截り、罵った者はその舌を絶て、との勅命があやうく発布されかかったことなどは、しばしば挙げられてきた逸話である[1]。あるいはまた、故郷との間を往還するチベット僧たちが駅站・駅馬を濫用し、はては周辺住民への狼藉に及んでいるにもかかわらず、王侯所与の牌子を携える者であるがゆえに官憲もこれを取り締まることができずにいる、といった告発の諸文書[2]なども想起されるかも知れない。

こうした史料の多くは、元がチベット仏教に与えた恩遇によって政界が混乱し、財政が打撃を受け、一般民衆もまた混乱に巻きこまれたことを伝えようとする。政治・経済・社会いずれの面においてもチベット仏教が負の役割をはたした様が描かれていると言ってよい。これを承けて後代においても、元の亡国の要因としてこの事象に言及することは、一つの定式となってきた。清人趙翼による「元の天下は半ば僧に亡ぶ」（『陔余叢考』巻一八、元時崇奉釈教之濫）との論評は、よく知られるところである。同じく李慈銘なども、チベット仏教僧である「帝師」に与えられた破格の待遇を「世祖の立国」における「悪」の側面として記している（由雲龍輯『越縵堂読書記』集部、別集、升庵集、咸豊甲寅七月二十一日条）。さらには近代の研究にあってもまた、たとえば有力チベット仏教僧による免囚の強行が「崇仏の濫」「溺仏」の典型的現象として取り上げられ[3]、彼らへの財物供与のために国帑が「浪費」されたことが指摘される[4]など、この宗教に対する元の処遇は、もっぱら過度の信仰の結果たる負の現象として書きたてられつづけてきた。

ではなぜ、元の支配者たちはこれほどまでにチベット仏教に傾倒したのか。この疑問もまた早くから人々の関心のなかにわだかまってきた。すでに元代当時、これは中国仏教をも含めての言及ではあるが、「国朝の崇仏」を、「我が国家の肇むるに北よりす。北は水なり。仏は西に生まる。西は金なり。金・水相い生む」（『蒲室集』巻七、送嶽柱留守還朝序）と、五行説によって説明しようとする者がいた。政権の崇仏ぶりの理由が、同時代において早くも忖度されていたことが分かる。明初には、チベット仏教尊崇は劉秉忠の予言がらみ、という謎解きも出た。それによれば、滅亡せぬ国は古来なかったと憂えた世祖が「朕の天下、後に当に誰の之を得べきや」と問うたところ、劉秉忠が「西方の人、之を得ん」と答えた。世祖はこれをパクパであると考えて恐れた。そこで「福を損ない、其の気を泄《も》らす」ほどに過剰な恩遇をパクパやその後継者に与え、モンゴル帝統の安泰を図ったのだと言う（『草木子』巻四下、雑俎篇、世祖既定天下）。

こうして七百年ほどのながきにわたって元のチベット仏教厚遇が繰りかえし描かれ、いぶかしまれつづけたにもかかわらず、現在に至ってもなおその理由は充分に説明されているわけではない。おそらくそこには、二〇世紀中盤以降、トゥッチの大著や蔵文史料の相次ぐ出現[5]によってチベット地域に対する元の干渉についての研究がすこぶる隆盛し、この側面におけるチベット仏教の有用性[6]が明らかになった[7]ことも深く関係している。たしかにこの動きのなかで、元のチベット仏教尊崇が「溺仏」に過ぎなかったという旧来の見かたは根本的に見直された。しかし一方、あまりにも明確なこの成果ゆえに、我々はそのほかの側面にチベット仏教尊重路線の理由を求める必要を感知しにくくなっている。だが、はたして元が示したチベット仏教重視の姿勢は、チベット掌握という対外的な理由のみで説明しつくすことができるのであろうか。

元によるチベット仏教僧厚遇の諸現象のなかでも、チベット地域に関わる部分、たとえば帝師を輩出させたサキャ派の護衛として軍事力を投入したことや、チベット僧たちが帰蔵する際に財物供与をおこなうことなどは、なるほど対チベット政策として理解しうるものである。しかし問題は、元が中国[8]域内においてチベット仏教僧の活躍を盛大に演出している点である。大都・上都における寺院建立や儀礼励行の事例は枚挙にいとまがない。他にもたとえば、世祖至元元年（一二六四）に「東平・太原・平陽の旱するに西僧を分遣して祈雨」（『元史』巻五、世祖本紀、至元元年四月壬子条）させていることなど、中国の各地方においてチベット仏教僧に活動の場を与えた事例が少なからずある。山東や山西でチベット仏教僧に雨乞いをさせることが、チベット経営に何らかの意味があったとは考えにくい。また同じく世祖政権が、南宋併合ののち僧官としてチベット仏教僧楊璉真伽を江南に送りこんだという著名なできごとなども、かりにこれをチベット問題と関連づけて説明するとなると、ひどく迂遠で不合理なものとなる。

このように、元のチベット仏教への傾倒には対チベット政策という観点のみでは説明できない要素が明らかに認められる。もっとも、これらはあくまでも対チベット政策の過程で派生していった望ましからぬ副産物であり、対外政策上の負の余話たる「溺仏」であって、そこに理由を求めることは無意味とする見かたもあるかも知れない。しかし、世祖至元年間という時期において早々に対外政策が弛緩脱線したとして済ませることは妥当ではないだろう。やはり、対チベット問題とはまた別に、中国域内においてチベット仏教僧をあつく用いること自体に何らかの政策的な理由ないし企図があった可能性を検討せざるをえまい。事実、これまでこの試みに踏みこんだ先論は少ない。

第一節　先行する諸議論

元のチベット仏教厚遇に着目した初期の研究の一つに、一九六九年に発表された札奇斯欽の論考がある。(9)そこではまずチベット仏教寵遇路線が世祖期に確定したものであること、尊信の主体が皇帝・后妃ら帝室を中心とする王侯たち、すなわちモンゴル人支配集団であったこと、そしてそれが基本的には、彼らに固有のものであったシャマニズム信仰からの乗り換えであったことが説かれる。ではなぜその必要があったのか。それは、素朴なシャマニズムでは哲学的教説や壮麗な儀式を備えた他の諸宗教に対抗しえない、またいまや世界征服者となった自分たちの精神的欲求を満たすこともできない、と彼らが意識したことによると言う。そのうえで札奇斯欽は、こうした新たな条件に応えうる宗教を考えた場合、仏教・キリスト教・イスラーム教などいくつかの選択肢があったことに注意を喚起する。実際、モンゴル人支配層に属する人々は、これらの宗教をそのときどきに用いていた。しかし元の皇帝としてのカーンは、チベット仏教を「帝室宗教」として「選んだ」[10]。それはなぜなのか。

このときすでに札奇斯欽は、元代中国におけるチベット仏教盛行を、世祖政権、なかでもその君主権力による意志的な採択の結果としてとらえている。のみならず他の宗教も候補たりえたことを指摘することにより、それが単なる採択ではなく、選択でさえあったことを示唆した。何らかの目的のもとに企図された動きとして元のチベット仏教奉戴をとらえようとする考究が、ここに着手されたとしてよい。

札奇斯欽自身、この設問に対していくつかの解法を提示した。一つは時系列上のできごとの流れに沿った解釈、つまりは事実経過からの説明である。そこではまず、定宗・憲宗期においてカシミール僧の那摩が寵遇されていたこと、とくに憲宗代に那摩が「国師」に任命された事件が取り上げられ、チベット仏教奉戴路線の先駆的事例として位置づけられる。ここで那摩が成功した理由として札奇斯欽は、皇弟クビライと憲宗との間に緊張が生じた際に那摩がこれを調停した、とする史料[11]を挙げ、王侯間の確執を緩和しえたことがこの仏教僧の進出要因であったとする解釈を示す。続いて、サキャ＝パンディタとパクパというサキャ派クン氏嫡流二名による闊端家への伺候、およびパクパと皇弟クビライとの出会いという蒙蔵交渉史の主要事件を順次列挙し、かねてより那摩に親しんでいたクビライであるがゆえに、同じく西方出身のチベット僧に接したときおのずから関心を抱いたであろうことを指摘する。

たしかに、那摩というカシミール僧とパクパらチベット僧とは、当時の人々から近似の存在と受けとめられたはずである。マルコ＝ポーロの書も、元廷における「テベト」と「ケスムル」（カシミール）の僧侶を一括して扱っている[12]。実際、たとえば一三世紀初頭にチベットを巡錫したカシミールの高僧シャーキャシュリーから、当時のチベット仏教諸派の主な僧侶たちがこぞって教えを受けているように[13]、両地域の僧侶はごく近い関係にあった。こうした背景から見て、のちのパクパの抬頭の先駆として那摩の存在を挙げる札奇斯欽の指摘はよく理解しうるものである。まして那摩が拝した「国師」号をのちにパクパも与えられるのであるから、両者の存在を関連づけてとらえることは、むしろ必須の手続きとさえ言えるだろう。

もちろんこうした事実経過による説明は、もとより問題の構造に迫ろうとする性質のものではない。しかしここでの札奇斯欽の議論が、時系列的なアプローチとしては特異なものとなっていることには注意してよい。先に述べたように、元のチベット仏教厚遇は主として対チベット政策論において扱われ、その場合、モンゴル人支配層によるチベット仏教重視は、服属約定者としてのサパン・パクパの価値によるものとして、さして無理なく説明できてしまう。これに対して札奇斯欽の議論は、チベット経営と直接には関係しないカシミールの僧侶が政権内部においてはたした役割から仏教僧抬頭を説明しようとするものであって、かりに対チベット政策という要素がなかったとしても、モンゴル人政権にチベット仏教奉戴を決定させる契機はあったとする解釈を開拓するものとなっている。札奇斯欽のこうした論点定立によって、世祖らのもとでチベット仏教厚遇路線がこののち本格化してゆく現象を、チベット地域の問題とはまた別の側面から説明せねばならないことは、ほぼ動かしがたい課題となった。

（二）帝室の尊信対象としての採択——多神教的・呪術的特質

(1) 議論の内容

同論文において札奇斯欽は、前記のような事件史としての時系列的説明に加え、より構造的な解釈をも試みている。それが、皇帝以下のモンゴル人支配集団は尊格の観念をはじめとする教説の内容を検討した結果、チベット仏教を選択した、とする解釈である。前述のとおり、札奇斯欽はまず、征服活動に成功したモンゴル人王侯たちがその立場にふさわしい深遠な哲学的教説・経典典籍・荘厳な儀礼といったものを提供しうる新宗教を求めていたと考える。そしてこれに該当する諸宗教のうち、モンゴル固有のシャマニズムに近似した特質をもっていたがゆえに、チベット仏教が採択されたと見た。ここで札奇斯欽が注目した近似点とは、両者がともに多神教であるという点である。これに対して、たとえば世祖母后らケレイト出身の貴婦人たちの信仰を獲得していたキリスト教は、その一神教の教説がシャマニズム的精神から乖離していたがゆえに、このときの選択から外れたとする。

当然のことながらこの解釈は、ではなぜ中国仏教は選ばれなかったのかという疑問を生む。これに対して札奇斯欽は、たしかに世祖は海雲印簡など漢民族の僧侶をも厚遇しており、したがって中国仏教を採択する可能性はなくはなかったとしたうえで、チベット仏教には中国仏教にはない遊牧的な要素があったためにモンゴル人支配集団の選択をかちえた、と回答している。そのような要素ととらえるべきものをチベット仏教に認めうるか否かはいったん措くとして、あくまでもモンゴル固有の文化的基盤にもとづく選択がなされ、その結果、チベット仏教が最終的に残った、とする論理において一貫した説明と言える。

札奇斯欽論文と同様に、モンゴル固有のシャマニズムとの近縁性によって元のチベット仏教寵遇を説明しようとしたものとしては、ほぼ同時期に発表された矢崎正見の所論がある。[14] 札奇斯欽が両者の共通性を多神教的性格に求めたのに対し、矢崎は、これを呪術的要素に求めている。

元代のチベット仏教への傾倒を説明するものとして呪術性を挙げる先論は、実は少なくない。たとえば稲葉正枝は、呪術に長じた僧侶として著名なタムパ（膽巴 Dam pa）の事跡を取り上げ、呪術を以て仕える祈禱者たることが元代を通じてのチベット仏教僧の体質であり、その呪術に求められたものは病気平癒・降雨・戦勝などの現世利益であるとした。[15] 野上俊静もまたタムパ関連の史伝に言及し、元の皇帝・皇后らの仏教信仰が延命長寿の欲求に発していたことを述べている。[16] スネルグローヴとリチャードソンが、諸宗教を前にした初期のモンゴル人君主たちにとって、チベット仏教の優位点の一つは魔術の実演能力であったとすることなどもこれに類する解釈だろう。[17] 中国人研究者のあいだでも、元廷におけるチベット仏教の「秘法」「十六天魔舞」などはしばしば取り上げられる題材である。[18] これら呪術性を指摘する見解の基底には、当時のモンゴル人がその旧来の宗教的嗜好を捨てようとはしなかったという理解、またそれゆえにモンゴル人の求めたものは思弁的教説や観念的救済ではなく、あくまでも現実的・世俗的な利益であったとする理解がある。[19]

札奇斯欽は、呪術性を脱して教学・教説・典籍などを導入するためにチベット仏教が採択されたと考えた。これに対して矢崎らは、むしろ呪術的嗜好を温存しうる、あるいはより強く満足させうるものとしてチベット仏教が選ばれたと見た。到達した結論にはこうした差異があるものの、しかしどちらの見解も、まずチベット仏教がモンゴル人支配集団の宗教的尊崇対象として選択されたがゆえに優遇されたと考え、そのうえで選択の理由をチベット仏教の宗教的特質にあったと見る点で共通する。なおかつ、その宗教的特質を、モンゴル固有の宗教的土壌——多神教的構造なり、呪術的性格なり——との類縁性に見いだすという点においても共通する解法である。

(2) 検討

以上の議論をめぐり、重要と考えられる点を整理しておこう。

まず、呪術性ゆえにチベット仏教が選択されたと考えることは妥当なのであろうか。現在、チベット仏教が「正統的で知的な」[20]仏教であるとの見かたは常識的なものである。サパンやパクパがその学問的業績において研究対象となっていることは言うまでもない。遡れば、すでに『元史』がパクパを学問僧として描いている。[21]したがって、チベット仏教すなわち呪術的という、かつてときに唱えられた図式的理解を無批判に用いるべきでないことは明らかである。

しかしこの問題において呪術性に着目することは、おそらく立論として妥当性を欠いたものではない。いま我々が呪術的と表現するところの不可思議な技が、ある時代・地域において、宗教者の卓越性として評価される場合が少なくなかったことは、しばしば指摘されるとおりである。聖なる力にせよ、まがまがしい力にせよ、ともあれ宗教は何らかの超越的な力を発揮しうるし、その力には力として意味がある、という社会的承認が存在していたわけである。元代に関しても、チベット仏教の奇跡の技とこれに対するモンゴル人支配者たちの評価を伝える記事は少なくない。たとえば、世祖の信仰に並々ならぬ関心を寄せる『世界の記述』、いわゆるマルコ＝ポーロの書は、残念ながらチベット仏教僧たちこそがその尊信をかちえているとしたうえで、それは彼らの演じる「奇跡 miracoli」が他の宗教者のそれを圧すると世祖が考えているためである、と述べている。(22) もちろんその直後でマルコは、チベット仏教僧がそれを「悪魔の術 arte diabolica」によっておこなっていると誹謗することを忘れてはいないが、尊信を獲得した理由が奇跡の能力であったと見ていることにはかわりない。

さらには、チベット仏教僧の奇跡の技を具体的に記す記事もまた少なくない。マルコの書は、前記記事とは別の箇所で、チベット仏教僧が酒杯を空中に浮かすなどの奇跡をおこなう様子を描写している。(23) 漢文文献においても、チベット仏教僧の奇跡の技に関する記述は珍しいものではない。たとえば『元史』釈老伝は、「神呪」をよくするタムパが花や果物や酒を水中から出現させたり、あるいは天候を操作したりなどして世祖・成宗に仕えた様を描いている。

このように、チベット仏教が呪術的能力を発揮している、そしてそれによってモンゴル人支配者たちの寵遇を得ている、と、元代において〝見られていた〟ことは疑いない。この状況を考えれば、諸先論が呪術性に着目したことは妥当であるばかりか、むしろ不可避の問題提起であったと言える。これを踏まえたうえで、では我々が呪術性という この観点をチベット仏教採択の論題に用いるとき、そこにどのような制約が生ずるかを見ておこう。

まず、宗教関連の考察における一般的な特質という点から考えてみる。すると少なくとも前近代の文書において、およそいかなる宗教の逸話のなかにも、我々の言うところの知的なり呪術的なりの多様な要素が、しばしばごく当然のこととして混在していることに気づく。したがってある宗教が何らかの特質をきわだって示していると記述されている場合、それが当該宗教の本来的特質であると断ずる以前に、ある状況下のある条件に呼応した結果である可能性を考慮しておく必要があることになる。とくに、権力集団が何らかの宗教を採択しようとする場面においては、その宗教の様々な属性のなかから権力側の求める特質が引き出されて顕在化する可能性が低くないだろう。したがって、元代においてチベット仏教がとりわけ冴えた奇跡を見せているとしても、そのことがすなわちこの宗教がもともと他の宗教よりも突出した奇跡の能力を有していたことを意味するわけではないことになる。施主たるモンゴル人支配層がそれを発揮させた結果であるかも知れないからである。

　次に考えるべきは、それならば、チベット仏教は他の宗教に比較して、より呪術性を引き出しやすい母体であったという解釈はありうるのではないか、という点である。しかしこの解釈もまた成立しがたい。なぜなら、当時にあってそこから呪術性を引き出しえたであろう宗教は、ひとりチベット仏教のみではなかったからである。たとえばマルコ＝ポーロの書は、チベット仏教の奇跡の技を悪魔のそれと貶めつつも、奇跡を以てモンゴル人王侯の尊信を獲得すること自体を否定してはいないし、そればかりか、もしもこれに匹敵する技をもつキリスト教聖職者が元廷に存在すれば世祖はキリスト教に入信したであろう、とさえ述べている[24]。同書においてキリスト教は、バグダードでは信徒の祈りに応えて山を動かし[25]、サマルカンドでは教会建築用の石材を空中浮揚させている[26]のであるから、酒杯を浮かせる程度の元廷のチベット仏教などより、よほど強大な奇跡の力をもつものとして描かれている。この力が発揮されず、よってカーンの信心を得られなかったとあっては、なるほど語り手としても、ここはひとつ切歯のしどころではあろう。このほかの宗教、たとえば道教についても、正一教の張留孫が暴風雨を祈禱で鎮めたり、チンキムの病を治したりした、とする漢文記録がある[27]。よってこの漢民族の宗教もまた、モンゴル人王侯の周辺にあって、そこから呪術的な力を引き出しうる宗教として充分に適格であったことになる。儒教でさえも、有徳有能な官員の業績の一つとして、その禱雨の力を書き立てる慣例が健在であった[28]から、同様の能力を求めることがまったく不可能であったわけではあるまい。これらの諸例は、元がある宗教から呪術性を引き出そうとした場合、チベット仏教にかぎらず他の諸宗によっても、さして苦もなくそれが可能であったはずであることを我々に教える。

　もちろん、これらのことによって元代チベット仏教の奇跡の技という観点の重要性が減じるわけではない。とくに『世界の記述』の語り手が、他の宗教の存在を前提として、つまりはこれらとの比較において、チベット仏教僧たちの奇跡の技がモンゴル人王侯の期待に最もよく応えている、と観察していることなどは、この問題を考えるうえで必ず考慮されねばならない点である。とはいえ、チベット仏教の呪術的特質という要素を措定して元のチベット仏教への傾倒を説明する解法が、一般的な方法論としても、元代史料中の関連記事にもとづく具体的方法としても、限界にゆきあたらざるをえないことは事実である。少なくとも、この点のみを以てチベット仏教厚遇を説明しきることは困難であろう。

札奇斯欽らの議論に関して考えるべき点の第二は、元代においてシャマニズムが棄却されたと見てよいか、という疑義である。このことは、帝室構成員の〝改宗〟と呼ぶべきものがあったという前提を用いることができるか否か、という点に関わる。

『元史』（巻七七、祭祀志、国俗旧礼）によれば、元廷では毎歳六月に「洒馬妳子」なる拝天儀礼を「蒙古巫覡」と掌祭官によって挙行している。九月・十二月には、「焼飯」の儀礼を、同じく「蒙古巫覡」と官員の手でおこなっている。これは地面を掘ったなかで肉を焼きながら馬乳を注ぎ、モンゴル語で歴代の御名を唱える儀式である。また十二月下旬になると、「蒙古巫覡」は歳末儀礼を執行する。まず、日を選んで皇帝・皇后・皇太子が身体に羊毛の糸をからめた姿で寝殿に座す。次に「蒙古巫覡」が登場し、呪語を念じながら煙で皇帝たちの身体をくすべ、その身体にまつわる羊毛糸を絶って火に投ずる。こうした一連の手続きによって「旧災を脱し、新福を迎え」ると言う。さらに彼ら「蒙古巫覡」の儀礼は、祖宗歴代に対する祭祀をも包摂していたらしい。「又た太祖成吉思の御名を呼びて之を祝し」、あるいは「巫覡、国語を以て累朝の御名を呼びて焉を祭る」と記されるものがこれである。このようであってみれば、『南村輟耕録』（巻三〇、金霊馬）が、モンゴル人王侯は葬礼を「蒙古巫媼」に執行させている、とすることも容易にうなずけよう。時期のうえでも、元代晩期に至るまで政権によるシャマニズム祭祀の史料は確認しうる。(30) これらのことが示すように、祭天儀礼から祖宗祭祀におよぶ広範囲において、シャマニズムは元代の帝室において機能しつづけていた。したがって、シャマニズムからの乗り換えという解釈は、モンゴル人支配集団の霊的需要を満たす信仰対象としてのそれ、として考える限りにおいては矛盾をきたすことになる。

しかし一方、札奇斯欽が指摘したいま一つの解釈、すなわち諸宗教に対抗しうる壮麗な儀式や哲学的教説を求めてシャマニズムからチベット仏教への乗り換えがおこなわれたという解釈は、成算に富むものと言えるのではないか。なぜならこの解釈は、モンゴル人支配者たちのチベット仏教への傾倒を彼らの信仰の問題から切り離し、他者の視線に対応するための新たな宗教採択、すなわち精神面とは別次元の政策的動向としてとらえようとする方法であるからである。

もちろんここで、シャマニズムでは壮麗な儀式が不可能であるとか、哲学的教説を導くことができないといったことが是認されるわけではない。元の帝室も、支配者として自在に活用しうる人的・財的資源を投入すれば、より大規模かつ荘厳なかたち、つまりは他の文化的集団の評価に堪えうるかたちで、旧来のシャマニズムにもとづく儀礼や教説を再構成することは必ずしも不可能ではなかったはずである。しかしおそらく彼らにとって問題であったのは、たとえば国都における公開的な典礼としてモンゴル固有の形式にもとづくシャマニズム的な儀式を荘麗に執行したとき、これを目にするモンゴル人以外の人々がはたしてどれほどそこに注意を向け、神聖行事がおこなわれていると認識し、そしてそれが国家儀礼であると理解しうるか、の見積もりが不能であった点であろう。観察者がその意義を感知しえなければ、その儀典は儀典として無効である。実際のところシャマニズムの祭祀がいかに深遠な世界観なり理法なりを有していようとも、これを理解する枠組みをもたない人々の関心を得ようとする場合であれば、観察者の側が認知しやすい他の何らかの宗教を用いるほうが効率的であるとの結論に逢着せざるをえまい。

このように、支配者にふさわしい壮麗・深遠な諸装置をもつ宗教が求められたという札奇斯欽の解法は、旧宗教の併存という事実との整合性を保ちつつ新宗教の登場を説明しうる点において、きわめて興味ぶかいものである。そのうえで次に問われるべきは、では何ものにその儀礼を壮麗と認知させたかったのか、何ものにその教義を深遠と承認させたかったのか、という点となろう。そこから壮麗・深遠たることのありようが逆算され、チベット仏教がはたしてそれに適格なものとして導入されたか否かが検証されることになるからである。そしておそらくこの方向での考察は、後述するフランケらの方法、すなわち統治権の正当化という観点からの解釈に近接することになるはずである。

(二) 中国仏教界統制策としての採択

(1) 議論の内容

元のチベット仏教路線に関していま一つの注目すべき解法は、征服政権の中国統治のための行政機能という観点からこれを説明しようとした野上俊静・藤島建樹らの試みである。

一九三〇年代、野上は遼・金の二帝国がそれぞれ中国仏教に対して示した姿勢の違いに着目していた。野上によれば、遼は漢人の人心を収攬して契丹人との宥和を図るために崇仏政策を採って成果をみたが、一方そのことによって契丹人の文弱化を招き、衰滅への道をたどった。これに対して金の女真人支配層は、私人として中国仏教に心酔しつつも、為政者としては客観的・行政的に中国仏教を統制したと言う[31]。そののち野上は、元代を含むモンゴル人政権下の仏教に関する論文を多く発表する。そのなかで憲宗期以降の那摩の抬頭に言及し、これを「漢人よりも……色目人をより重用する」「元朝一代の根本方針」と同一機軸のものと位置づけた[32]。

この議論を承けた藤島は、さらに進めて、元のチベット仏教奉戴は「基本的には金の方式を踏襲しつつ、より改善を加えようとした」ものであるとし、「先行した征服王朝の智慧の継承と新らしい努力」と見なした[33]。たとえばチベット仏教僧である帝師が在来の中国仏教を含めた仏教界全体の統轄者とされたこと、あるいは仏教統制機関である宣政院を領する院使にしばしば色目人が充てられたことなどを以て、色目人による漢民族の統制という元代社会の基本的構図が宗教の分野において適用されていることを藤島は明らかにしていった[34]。

チベット仏教僧重用に宗教行政上の機能を認めようとする視点は、西尾賢隆[35]にも共通する。江南の寺院の寺格を上げる際に帝師の法旨が発せられた事例、成宗所建の五台山寺院に住持させる漢民族僧を帝師が推挙している事例などを挙げ、中国域の仏教界に対する影響力を国家権力が帝師に付託していたことを指摘した。そのうえで西尾はこれを「中国に於ては宗教政策を通して大衆を把握しようと帝師が任命され」たものとする。仏教界はもとより、より広汎な漢民族社会に対する統御機能がチベット仏教に期待された、とする理解である。

(2) 検討

色目人であるチベット仏教僧を用いての仏教界管掌がもくろまれた、とするこれらの議論は、色目人採用を一つの柱とした元の支配構造に照らして、ごく整合的なものである。なるほど道教や儒教に対する場合と異なり、仏教界に対しては色目人たるチベット仏教僧を組みこむことが不可能ではない。たとえば、南宋併合直後にチベット仏教僧である楊璉真伽を江南釈教都総統として送りこんだ事例などは、この解法を用いればたやすく説明しうることになる。こうしてこれら一群の研究は、元のチベット仏教厚遇が「溺仏」と処理しうるものではなく、征服支配上の有用性を見こんだ政策的採択であったのではないか、との方向で考えるべき命題であることをいっそう明らかに示した。

この視角からの考究に関してさらに加えるべき論点があるとすれば、それは、元にとって中国仏教界掌握は、それ自体が目的であったのか、あるいは他の目的に向けての手段ないしプロセスであったのか、という点である。中国仏教界がモンゴル帝国初期から一貫して政権と良好な関係を求めていたことには疑いの余地がない。しかも両者の結びつきは憲宗期のいわゆる道仏論争を通して深まっていたはずであるから、元初において連携の梃入れをさらにおこなう必要があったか否かは慎重に検討しなくてはならない。そしてこの検討に当たっては、中国仏教界それ自体のみが政策対象であったのではなく、他の何らかの政策対象もまた前提となって、中国仏教界との関係を色目人が絡むかたちに再構築する方針が生じた、という可能性を考える必要があるだろう。

もちろん、かりにそれが目的ではなく手段であったとしても、中国仏教界統制に色目人僧侶を関与させるという方針は、それ自体として充分に政治的圧力をもった施策であったはずである。なぜなら、チベット仏教僧を中国仏教界に組みこむことは、たしかに不可能なことではなかったが、しかし決して自然なことでもなかったからである。たとえば世祖その人がチベット僧と漢人僧の読経の音韻の違いに疑問を抱いており、ある時ついに両土の高僧を対弁させ、教えの内容が同じであることを確認するにおよんで「積年の疑滞、今日、決開す」と述べたと記される。[36]チベット仏教と中国仏教との異質性はこれほどに顕著であり、またそのことをモンゴル人支配者が知悉してもいた。

両者のこのような関係を考えれば、帝師を筆頭とするチベット仏教僧を中国仏教界に位置づけていくという決定そのものが、充分に作為的・政治的なものであったことは判然としている。この点のみをとってみても、藤島らの問題提起が元のチベット仏教路線を考えるうえで重要なものであることは明らかだろう。そうであればなおさら、この明らかに意図的な処置がもたらす政治的効果が、中国仏教界統制という分野に限定されたものであったのか、それともさらに広範囲に波及するものであったのかについて、さらなる考察が不可欠となる。

加えていま一点、この一連の議論の過程で、注目すべきことがらが浮上したことを指摘しうる。それはとくに藤島による宣政院使の研究[37]において顕著である。藤島は、歴代の宣政院使を摘出したうえでその伝記的事項を精査し、この崇仏機関の長たる職位が、しばしば丞相職との兼任というかたちさえとりつつ、いわゆる元の「権臣」によって埋められていることを明らかにした。世祖期の初代宣政院使桑哥を皮切りに、武宗期の脱虎脱、仁宗・英宗期の鉄木迭児、泰定帝期の旭邁傑、順帝期の伯顔・脱脱・哈麻という顔ぶれが並ぶから、たしかにこれはときの「権臣」のリストと言ってよい。しかもきわめて興味ぶかいことに、藤島によれば、宣政院使自身には必ずしも仏教に対する尊信が認められるわけではないと言う。[38]

こうして浮かんできた点を勘案すれば、元におけるチベット仏教奉戴の図式は、おおむね次のように描きうることになる。まずその中心には、尊信主体である皇帝以下王侯后妃、すなわちモンゴル人支配集団が存在する。そして彼らとごく近い位置にあって利害をともにする「権臣」とその与党、つまりはその時々のモンゴル人・色目人顕官たちが、みずからはその尊信者であるとないとにかかわらず、支配集団のチベット仏教尊信を翼賛し、奉戴事業を支える。

元にあってチベット仏教を奉戴した人々をこのようにとらえうるとすれば、この事象がすぐれて政治的な性格をもつものであることは、もはやほとんど疑いにくい。彼らはつまり元という支配体制の中心に位置する人々である。そうである以上、彼らがともにチベット仏教崇奉の路線を構築したことには、すでに親体制的であった仏教界をより確実に統制する、という以上の目的があったはずである。おそらくそれは、彼らの征服支配の基盤に関わる何らかの政治的企図として見いだされることとなろう。

(三) 統治権正当性《レジティマシー》を表現するための採択

(1) 議論の内容

元のチベット仏教奉戴に関する論考のなかで、皇帝を仏教の尊格になぞらえることによって支配者としてふさわしい存在であることを主張するためにチベット仏教が用いられたのではないか、とする解法はひときわ魅力的なものである。チベット仏教に明確な政治的機能が託されていた可能性、しかもその機能が統治権正当化《レジティメーション》という政権の根幹に関わるものであった可能性を問うこの議論もまた、「溺仏」と評されてきた元のチベット仏教奉戴に関して抜本的な見直しを求める問題提起であったと言える。また先に見たように、札奇斯欽の解法の一つ、すなわち壮麗な儀式や複雑な教義体系を求めたがゆえのチベット仏教採択という解法が、おそらく実質的にこの統治権正当化の問題へと収斂することもまた、この観点からの検討が大きな鍵となりうることを示唆している。

チベット仏教に特定した発言ではないものの、仏教教説にもとづく元の皇帝の神聖化については、後述するように、野上俊静・クラウス＝ポッペ・西尾賢隆らによって早くから議論が提出されていた。そののち、この視点での考察を深化させたのはヘルベルト＝フランケ[39]である。

世祖期、パクパによって太祖以降世祖までの歴代君主が転輪聖王であることが述べられている。このことに着目したフランケは、仏教という汎民族的な宗教に支えられたこの〝世界の君主〟像が、元の統治権正当性表現の一形態であったと見た。もちろんフランケは、漢民族官僚の働きかけによって世祖政権が儒教的国家祭祀を採択したことを軽視しているわけではない。劉秉忠や王鶚らが漢語の国号・元号、あるいは太廟・郊祀などの儒教祭祀を導入させたことにより、世祖の政権は中国王朝流の伝統的様式を急速に整えている。しかしフランケは、世祖その人および彼の後継者たるモンゴル人皇帝たちが、本来は皇帝親祭であるべき太廟・郊祀儀礼をしばしば派遣官によって代祀させるなど、これら中国式の統治権正当化方策に対して概して冷淡であったことに注目する。フランケの見るところ、この冷淡さは、〝世界の君主〟の系譜にみずからを置くモンゴル人皇帝とこれを取り巻くモンゴル人支配者たちにとって、〝中国皇帝〟という君主像に依存する必然性がさして高くなかったことに起因する。

これに対してチベット仏教僧が提供した統治権正当化の方法は、モンゴル人支配集団にとってごく好適なものであったとフランケは見る。なぜならそこで描かれる君主像が、インドのアショカ王など護教の君主として出世した転輪聖王の系譜に太祖チンギス以下のモンゴル帝統を配置するものであり、複数言語域にまたがる、文字どおりの〝世界の君主〟像であったからである。また、転輪聖王という尊格の性格にもフランケは注意を促した。かつて同じく転輪聖王を称した隋の文帝が仏法守護のために武力を用いることを高らかに宣言したように、この仏教尊格は武断的要素を備えている。したがって、これが元の皇帝のための君主像として好適であることは疑いないとフランケは言う。もちろん、マハーカーラという武神の信仰を提供して皇帝たちの愛好をかちえたことも、チベット仏教の優位性としてフランケの指摘するところとなった。あるいはまた、チベット仏教様式のページェントが大都や上都において盛大に挙行されるとき、その視覚的・聴覚的効果が元の皇帝を正当な支配者として示すのに充分であったであろう点にも注意が向けられている。

しかし、こうして統治権正当化装置としてのチベット仏教の優位的機能を次々と挙げながらも、最終的にフランケは、元代に関してはむしろその機能を限定的にとらえる方向で議論を運ぶ。それはフランケが、チベット仏教のみならず他のいくつかの教説をもみずからの正当化装置として利用しえたことこそが元の特質である、と見なしたことによる。たしかにチベット仏教による正当化言説は有効なものであった。しかしそれと同時並列的に、その君主がチンギスの後継たるボルジギン一族の首長であることや、儒教的表象に裏づけられた中国皇帝であることもまた、これに反応する集団をそれぞれもつ正当化原理として役割を担っていた。このことへの注意を喚起したフランケは、それぞれの体系がおのおの聖なる君主像を提供し、これら各種の神聖君主像を一身に帯びた歴代の元の皇帝たちは、「場に応じて異なる上着をまとうように」多彩なペルソナを自在に駆使したと説く。こうしてフランケは、各種の統治権正当化装置のうちの一つであったとして、元代におけるチベット仏教の役割を、いわば相対化したわけである。

実はこのフランケの議論は、元の中国支配が終焉したのちの時代、とくに一六世紀以降の北方民族政権においてチベット仏教がはたした役割との対比から導き出されている。チベット仏教による統治権正当化という方策は、むしろ後代のこの時期においてこそ開花したとフランケは見る。その根拠として、アルタンやリンデンらが何らかの仏教的尊格の転生者であることがチベット仏教僧によって宣言され、さらには遡ってチンギスや元代君主の仏教尊格化もこの時期においてこそ盛んになることが、各種のモンゴル年代記のなかに跡づけられる。これらの作業をとおしてフランケは、北族の君主たちが中国式をはじめとする他の正当化の手段を失った時代においてこそ、チベット仏教の統治権正当化原理として機能が本格的に発揮された、と結論するに至る。

このようにフランケは、チベット仏教にさして依存せずともよかった元代の状況を後代との比較のうちに浮彫するわけであるが、この議論の基底には、元のモンゴル人支配集団においては統治権正当化を図ろうとする欲求そのものが稀薄であったとする理解がある。征服活動において未曽有の成功をおさめたモンゴル人の歴代政権にとって、「天《テングリ》」が世界の支配をみずからに命じていることは明白であった。世祖政権が取り組もうとする中国支配も、父祖以来の世界帝国支配の一部として自明の権利であった。あるいはまた、トルイ系への帝統変換でさえ、末子相続というモンゴルの慣習によって正当化しえた。このように彼らにとってあまりにも当然の統治権を、なぜことさら主張する必要があったであろうか。こうしてフランケは、統治権正当化の緊要性それ自体が高くなかったと指摘することによっても、チベット仏教による正当化が元代において必ずしも決定的ではなかったことを説こうとした。

(2) 検討

以上のようにフランケの議論は、統治権の正当化――具体的には、君主制政体においてそれを集約・体現するところの君主権の正当化、という観点を示しながらも、それが元のチベット仏教厚遇の理由を導きだしうるものではなく、別の時代を理解するための道筋であるとするに至った。政治的有用性という点でひときわ目ざましいこの解法は、その提起者みずからが元代に関する部分を摘みとることによって、我々から取り上げられてしまったわけである。そののち、転輪聖王説による元の君主権の正当化について、ふたたびこれを提唱する動きもあった[40]。しかし残念ながら、元代においてこの正当化の方法が決定的な役割を演じることはなかったというフランケの見解は、以下の諸点から見ても、たしかに首肯せざるをえない。

第一点は、当時にあって、仏教による正当化言説が実は転輪聖王説のみではなかったことである。史料中、転輪聖王とは別の仏教尊格名に元の皇帝をなぞらえる言説が少なからず併存しており、皇帝すなわち転輪聖王という等式が一貫した主張として発信されていたわけではないことが明らかである。たとえば野上俊静が紹介したように[41]、『仏祖歴代通載』(巻二二、世祖弘教玉音百段)は、ある仏僧が世祖に対して「我が皇は即ち是れ仏なり」と述べる場面を描いている。西尾賢隆も、『勅修百丈清規』(巻一、報恩章第二)に、皇帝は「仏の応身」として天下を統治したのち仏に戻るという一文があることを指摘している[42]。これら仏教界側の言説を反映するかのように、たとえば周伯琦の詩にも「始めて知る、天子は是れ如来なりと」(『近光集』巻一、是年五月扈従上京宮学紀事絶句二十首、詠香殿）の一句を見ることができる。また至正期の居庸関パクパ字モンゴル語碑文[43]は、「転輪聖王」たるアショカ王がモンゴルの「セチェン＝カーン」[44]となったと記しつつも、一方この「セチェン」を「洪福菩薩セチェン＝カーン」と表記しており、直接的には「菩薩」の尊格名を冠するかたちをとっている。つまりここでは皇帝すなわち転輪聖王とする等式は明らかに後退し、これに代わって、元の皇帝はすなわち「菩薩」であるとの等式が強調されている。しかも碑文は、このあと四回にわたって元の皇帝に「菩薩」を冠する表現を反復しており、こちらの等式のほうを読み手に伝えようとする意図が明確である。

このように、仏教界および政権が皇帝のために用いた仏教的な正当化言説は、「転輪聖王」のほかにも「菩薩」、あるいは「仏」「如来」と、尊格名にばらつきを見せている。したがって、少なくとも政権の統一的見解として「転輪聖王」説を掲げてこれを組織的に喧伝しようとする方針があったとは言えない。そのときどきに、様々な仏教尊格の呼称で形容される皇帝の姿は、まさにフランケが描いたところの、各様に用意された神聖存在の衣を次々と着替える元の皇帝、という姿と本質的に重なるものである。したがって、転輪聖王説が元の君主権の説明原理として決定的な機能をはたしたわけではないとするフランケの結論は、なるほど妥当なものと言わざるをえない。

第二点は、パクパが提供した転輪聖王説の構造である。それは世祖のみが転輪聖王であることを主張するものではなく、太祖や憲宗が転輪聖王であり、そして世祖もまたそれであるとするものである。かりにいま、たとえばモンゴル人たちがこの転輪聖王説を提示された場合の認知の道筋をたどってみよう。彼らはまず、偉大なるチンギスにまた新たな権威が一つ付加されたことを知る。フランケも言うとおり、彼らの首長が全世界に対して君主権をもつことの正当性は彼らモンゴル人にとっては自明のものであり、しかもイスラーム教やキリスト教からもチンギスの君主権の正当性はすでに言明されていた[45]から、チベット僧が持ち出したこの新たな正当化原理にとくに依存する必要はないものの、もちろん仏教圏におけるその効用はよく評価するはずである。しかるのちに彼らは、この新たに加わった仏教的な権威が、憲宗・世祖へと継承されていることを知る。問題は、次に彼らが、ではもしもアリクブケが登位していたならアリクブケが、カイドゥが勝利するならカイドゥが転輪聖王ということになるのだろう、と考えることを妨げるものが、この説明の論理には存在しないことである。だが、世祖の政権がモンゴル人たちに主張せねばならなかったことは、アリクブケではなく、あるいはカイドゥでもなく、クビライという人物が君主権を有することの正当性である。したがって、もしもパクパが世祖の登位を正当化しようとするならば、世祖に至って、あるいはせめて帝統変換を起こした憲宗に至って、何らかの聖性が初めて現出し、その資質を以て君主位を獲得した、といった論理こそが有効なものである。しかしパクパの所説はそのようなものではない。転輪聖王という聖性をチンギスに遡及させてしまった(46)ことによって、世祖の君主権を正当化するための言説としては、むしろ効力を失っていると言える。

第三点は、ではその転輪聖王説によって何ものを説得したかったのか、つまりはその政策対象が何ものであったのかという問題である。かりにこれを同胞モンゴル人であると見るならば、第二点で述べたように、その有効性には限界がある。しかし、もしもその標的がモンゴル人ではなく、こののち世祖が統治することとなる中国域の被支配層、すなわち当時の漢語で言うところの「漢人」と「南人」であると想定されていたならば、チンギスに遡ってモンゴル人政権の正当性をまるごと説明するこの論理は有効であった、と考えられなくはないのではないか。言うまでもなく、中国在来の人々に対して必要なのはモンゴル人の支配それ自体を正当化することであって、その君主が世祖であるか他の王侯であるかが問題ではないから、彼らが「太祖」と呼ぶところの初代君主に遡って正当化してしまう言説は充分に意味をもちえそうである。また、北方民族系の政権がその君主を仏教の尊格になぞらえて正当化する例は、皇帝を如来であるとした北魏や北周の事例(47)、あるいはほかならぬ転輪聖王と称した隋帝の事例(48)として史上存在していたから、中国域住民にとって理解しえないものではなく、よって効果が見こめなくはない言説であったかも知れない。

しかしながら転輪聖王説は、その想定対象者がこのようであったと仮定しても、やはり充分な有効性を発揮したと考えることができない。それは、一三世紀当時の中国域住民が仏教を正当化原理としてどの程度承認しえたか、という点に関わる。周知のとおり中国において仏教は、その全盛期の五世紀から一〇世紀なかばにおいてさえ、つねに儒教・道教を中心とする中国在来文化との摩擦にさらされてきた。そして早くは韓愈に、続いて欧陽脩らに見られる仏教からの乖離と儒教への回帰は、そののち宋代をとおして知識人のあいだでほぼその趨勢を決したとされる。[49]したがって元代の中国域においてはもはや、少なくとも仏教界外部の人々に対して、仏教教理にもとづく正当化原理に有効性が見こめると政権が期待しえたとは考えにくいし、実際のところ、それが無効であると政権が認識せざるをえなかったことを裏づける記事も少なくない。[50]また、もしもかりに世祖政権のごく初期においてそれが期待されたとしても、南宋崩壊の段階、すなわち仏教を明確に異端と位置づける朱子学の本格的流入をみた段階で、仏教的正当化言説を振りかざすことの価値には何らかの疑問が抱かれざるをえないだろう。まして「乾いた砂に水が吸いこまれるように、朱子学が北方の知識人たちに浸透し」[51]、のちに元みずからがこれを漢民族官僚登用の際の官学として採用する史上最初の政権となったことを考えれば、その一方で仏教の正当化原理を掲げることは矛盾でさえある。もちろん、概況がこのようであったとしても、元代の中国社会において儒教的原理が仏教的原理よりも影響力において優位であったと明確に判定しうるような指標があるわけではない。とはいえ、この被支配者の社会が仏教的原理によってその構成員一般に君主・政権の正当性を納得させうるものではなかったこと、むしろ仏教的言説を掲げることが逆効果となりうる集団を言論エリートとして抱えていたこと、そしてそのことを元の支配集団がよく認識していたはずであることを、看過しうるわけでもない。

以上の三点から見て、転輪聖王説による世祖の君主権、つまりは元の統治権の正当化を限定的なものととらえたフランケの評価は、たしかに妥当なものであったと言わざるをえない。むしろこれは、提唱者たるパクパやその母体であるサキャ派にとってこそ有効な言説であろう。モンゴル人君主を仏法護持者と位置づけることによって、これと提携している自身の立場を正当化しうるからである。

とはいえ、モンゴル人政権にとっての転輪聖王説の役割がこのように相対的なものであったことが、すなわち正当化装置としてのチベット仏教の不能を意味するわけではない。突出したものではなかったとしても転輪聖王説が正当化原理の一つであったことに変わりはないし、如来や菩薩になぞらえられたこともまた同様である。あるいはこれらとは別に、他の何らかのかたち、たとえばモンゴル人支配者たちも当初期待しなかった何らかのかたちにおいて、チベット仏教が元の皇帝の聖性を描いていた可能性もなくはあるまい。

さらに、統治権を正当化することの切迫性という点からも、この議論を継続する意義は認められるだろう。フランケは、元代のモンゴル人政権において統治権正当化への希求度が必ずしも高くはなかったとする前提に立っていた。(52) しかし世祖政権をはじめ元代のいずれの政権においても、みずからの正当性を叫ぶ必然性はおそらく決して低くはなかったはずである。むしろ、漢民族の嫡長子相続制のような安定的継承方式になじまず、適者相続の方式を色濃く残したまま次代君主を決定しようとしたモンゴル人支配集団が、しばしばいかに熾烈な継承抗争を繰りかえしたかを考えれば、少なくとも個々の皇帝の正当性を主張することがきわめて切実な課題であったことは疑いえない。また元という国家総体として考えたときも、外には他のウルスとの確執を、内には圧倒的人口多数者として存在する漢民族社会を抱えたこの政体が、かつてユーラシア東西に君臨した時代と同等の安住を貪りえていたとはとうてい思われない。よってその支配集団が人々の耳目をひくほどにチベット仏教への尊信ぶりを発揮している以上、やはりそこに正当性主張のための何らかの期待があった可能性を検討することは必要であろう。フランケが開き、そしてみずからいったん閉じたこの議論は、継続されねばならない。

第二節　課題

（一）史料の特質

⑴　奉戴者たちの意志に関する情報の欠如

これまで、おおきく三つの方向から先行する諸研究を概観した。いずれも対チベット政策とは別の観点から、チベット仏教の政治的有用性を示唆したものである。これらの成果によって、中国域に対する統治政策として元のチベット仏教奉戴を考察することの必要性はほぼ動かしがたいものとなっていると言えるだろう。

しかし現状において、この議論がある種の膠着状態にあることもまた事実である。荘厳な帝室宗教が新規に求められたという解釈には、ではなぜそれがチベット仏教に委ねられたかの検討がさらに続かねばならない。中国仏教界統制というごく明快な解釈も、そのことの延長線上にさらに何らかの機能を見いだす必要がある。そして政権にとっての価値という点で最も合理的であり、したがって有望であるはずの統治権正当化という解釈は、提起者みずからがそのうちの一つの経路の限界点を示したことによって、なかば休止した状態にある。

これらの行きづまりは、おそらくこの問題に関する史料の特殊なありようと、それによってもたらされる立論の困難さによってもたらされている。さいわい元が中国域内において見せたチベット仏教厚遇のありさまを伝える史料は、点数が少ないわけではない。ところが困ったことに、それらがもたらす情報には、チベット仏教を厚遇した当事者たちの意志に相当する要素がほぼ欠落している。

元代各期の政権内でチベット仏教を厚遇した人々について、前述の諸先論が示してきたことをあらためて整理すると、およそ次のようになるだろう。まず、チベット仏教を尊信した主体、つまりはいわゆる〝信者〟として、皇帝以下の王侯后妃たちからなるモンゴル人支配集団が存在する。これは札奇斯欽ら先行諸研究が一貫して認めるところであり、また史料上も、たとえば『元史』釈老伝が「帝・后・妃・主」が帝師から「受戒」する、として描くところのことでもある。次に、藤島建樹が明らかにしたように、桑哥や鉄木迭児などその時々のモンゴル人・色目人顕官が、しばしば宣政院使を兼ねるなどのかたちで、その与党とともに崇仏事業の推進に動いている。彼らは、モンゴル人支配集団に最も近い存在として利害をほぼ一致——どの王侯と一致させるかは別として——させ、この〝信者〟たちの尊信活動を実質的に支える。これら尊信主体・尊信翼賛者が、基本的にはチベット仏教を奉戴した当事者ということになる。ここに、宗教提供者であり、しばしば尊信対象そのものでもあったチベット仏教僧、すなわちチベット・カシミール・タングートなどを出身地とする色目人僧侶が加わり、元におけるチベット仏教奉戴勢力が形成されている。

以上の人々のうち、尊信主体であるモンゴル人支配集団がなぜチベット仏教を選んだのか、翼賛者である歴代の顕官たちがなぜそれに加担したのか、明らかにすべきはその点である。ところが、彼らのその意図に関する情報が、史料中に痕跡をとどめていないわけである。たしかに、たとえば居庸関碑文をはじめとする国家所建碑、あるいは僧侶に与えた詔勅文などのかたちで、尊信主体が発した一次的文書は少なからず残されている。しかしそれらはすでに崇仏事業の結果であって、よってそこには、「あらゆる生きとし生けるものの善(根)を増大せしめんが為めに」[53]寺塔造営や仏事をおこなう、といった宗教的な辞句が並べられるのみである。その背後にあったはずの統治政策上の動機や理由は、これを直接的に示す言説のかたちでは伝えられていない。

⑵　位置づけの不明——国教・帝室宗教

問題の基点に立ち戻ってみよう。そもそもチベット仏教は、元代において何ものであったのだろうか。かりに、それが国教あるいは帝室宗教であったと言えるならば、たとえ結果的には一貫性に欠けた呈示形態に終始したとはいえ、もともとの構想としては国家や帝室の表象体系としてチベット仏教が位置づけられていた、として基本的な説明はつくことになる。

ところが、碑文をはじめとする元代の文書はもちろん、『元史』など二次的なものを含めても、チベット仏教を何ものと位置づけていたかについて、元みずからが何らかの表明をおこなった形跡を見いだすことができない。それればかりか、政権外部の記述者による言説を動員しても、この宗教が元においてどのような位置にあったのかを見さだめること自体が困難である。

まず、チベット仏教は元の国教と呼ぶべきものではない。つまり、たとえば東ローマ帝国における東方正教会やイギリスにおけるその国教会、そしてほかならぬ中国域の漢民族国家における儒教のように、そこに国家の根本的な典礼を一手に委ねるという意味での基本教説ではない。たしかに元においては、儀礼や造寺などのチベット仏教崇奉事業が国家機関と国費によって、すなわち実質的に国家権力によって、盛大に執行された。しかし、ひとりチベット仏教のみがそのような任に当たっていたわけではない。皇帝親祭であるか否かは別として、郊祀・太廟という儒教儀礼は世祖期から開始していた[54]。また全真教・正一教・太一教などの道教教団にも、世祖以降の歴代政権はしばしば国家的典礼をおこなわせている[55]。つまり、チベット仏教崇奉路線を構築した世祖政権は、これとほぼ並行するかたちで儒教や道教をも国家祭祀に採用しており、以後、この状態が元代をとおして継承されている。したがってチベット仏教を元の国教と考えることはできない。

おそらく、元代におけるチベット仏教の位置づけを理解しようとするとき、より妥当な概念は「帝室宗教」というものであろう。札奇斯欽の段階で「帝室宗教」の用語が採択されていることはすでに述べた。陳高華が、国費と国家機関によって設立・運営された仏寺を「皇家」仏寺と呼んでいることも[56]、同様の理解によるものである。また藤島建樹が指摘したように、宣政院使を兼ねるなどして崇仏を翼賛した歴代の顕官たちが必ずしも信者ではなかったとすれば、彼らはそのことによって、チベット仏教をあくまでも帝室の宗教として温存していることになる。

以上の諸点からすれば、次のような図式が描けそうではある。元代においてチベット仏教は国教とはされなかったものの、帝室宗教としての地位を与えられていた。そのためこれに対する奉戴事業は、家産制的な国家システムのなかで実質的には国家組織によって運営され、その結果、国を傾けての尊信、として広く知られることになる現象を生み出した、と。

ところが、ここで問題が生ずる。それは、帝室宗教という位置づけにおいても、そこで挙げうるものはチベット仏教のみに限らないことである。彼らに固有のシャマニズム信仰が健在であったことはすでに述べた。また、よく知られる史料として、マルコ＝ポーロの『世界の記述』に見える世祖の信仰に関する叙述がある。(57) そこでは世祖が「復活祭や降誕祭」などのキリスト教祭典に貴顕・臣下とともに参加し、キリスト教徒に持参させた「四つの福音の含まれている書物」に「恭しく」「口付け」する姿が描かれるとともに、この君主が「サラセン人・ユダヤ人・偶像教徒の主な祭日でも同じようにする」ことが述べられる。漢文史料においても、元がその末期に至るまで、キリスト教徒であった世祖母后のために「也里可温」による祭祀や「十字寺」での祭礼を執行していたことをたどることができる。(58) イスラーム教を信奉するモンゴル人王侯が存在した形跡についてもまた、しばしば言及される事例がある。(59) あるいは、道教に帝室宗教としての役割を担わせていたことも、皇帝名義で「祈福」する長春宮の儀礼斎文をはじめ、帝室構成員の発願にかかる設醮の史料として容易にたどることができる。(60)

このように、モンゴル人支配者たちが周囲にむらがる宗教のそれぞれに対して愛顧をふりまき、さかんにそれらの祭祀に浴していたことを示す史料が多く残存する。そのため我々は、たとえばある朝チベット仏教僧の仏事に参列した王侯たちが、その日の午後には道士の祈禱にあずかり、夜には宣教師たちとともにキリスト教の聖節を祝っていた、といった蓋然性を排除することができない。つまり、チベット仏教が帝室宗教であったとは言えても、帝室宗教がチベット仏教であったとは言えないわけである。(61) したがって、帝室宗教であるゆえにチベット仏教が突出的に厚遇されたという説明は論理的に成立しえない。

さらに言えば、これらの帝室諸宗教のなかで、ほんとうにチベット仏教が突出して重用されていたのかということ自体、それを史料的に実証できるわけではない。かりに、たとえば儀礼執行や施設維持のために各宗教に供与された支出の総覧記録といったものなどがあれば比較検討が可能となろうが、その種の材料は存在しない。このため、ある一つの宗教について、それが帝室から与えられた恩遇を伝える史料をそれぞれ集めることはできても、それら総体にわたって通用する何らかの指標を措定することが困難な条件下にある。つまり我々は、元がチベット仏教式仏塔をもつ壮麗な仏寺をさかんに建造し、チベット仏教僧にあまたの儀礼を執行させる一方で、たとえばそれ以上の巨額を道観に投じていたとか、より高頻度でモンゴル人巫覡に儀礼を命じていたとか、こうしたたぐいの可能性を否定しうる史料的根拠を有しているわけではない。

(3) 趣旨・方針の不明――なぜその処遇を与えたのか

とはいえ、こののち第一部で述べるように、他の宗教に比較してチベット仏教への処遇の様態が突出していたことを示すある種の指標がないわけではない。しかしここで問題となるのは、それらの指標を伝える史料においてさえも、チベット仏教をそのように厚遇することの趣旨や方針に相当する政権側の言説が欠落していることである。たとえば、仏教関連の諸官衙のなかで中心的な存在であり、実質的には仏教界の利益代弁機関であったと指摘されている[62]宣政院について考えてみよう。宣政院の品秩は従一品[63]であるから、道教統領をその職掌の一部とした集賢院が秩従二品[64]、キリスト教の「十字寺」統領を管轄した崇福司もまた従二品[65]とされたことと比較して、間違いなく突出した扱いが示されている。ところが、なぜ宣政院のみにこれほどの高品秩が与えられたかに関する記述が存在しない。なるほど百官志記事には「釈教僧徒及び吐蕃の境を掌りて之を隷治す」(『元史』巻八七、百官志、宣政院)として職掌が明示されているが、ではなぜ仏教界とチベットの管掌のためにこの高品秩機関を設けたのか、その部分に関する言及がまったく見えないわけである。この史料的制約の結果、従来の研究においても、たとえばそれは初代宣政院使桑哥の「私欲と保身から由来した[66]」とするなど、特定個人の策動として理由を解するといった方法が採られるにとどまり、何らかの政策構想をともなう事業としてこれを説明することは断念されてきた。

このことは、仏事執行のための専従機関として都功徳使司・延慶司の二官衙が重複して設置されていた、という事例[67]についても共通する。これほどの手厚い措置は明らかに特異である。ところがこれら二つの組織に関する『元史』の説明は、わずかに「都功徳使司を立つ。……帝師の統ぶる所の僧人幷《なら》びに吐蕃軍民等の事を奏するを掌る」（『元史』巻一一、世祖本紀、至元一七年（一二八〇）三月乙卯条）、「延慶司、秩正三品。仏事を修建するを掌る」（『元史』巻八九、百官志、儲政院附延慶司）という職掌説明に過ぎず、なぜそれらが設置されねばならなかったのかの理由は記されない。そのため、これら機関の設置についてもやはり、「皇帝個人の福寿のほかに、鎮護国家の目的をもつ[68]」として、宗教的文脈のなかで解されるほかはなかった。

それならば、帝師位を設けてこれをパクパに与えたことについてはどうか。しかし史料はこのことに関してもまた、もっぱら彼の学識が深かったこと、彼が国字を作成したことを記すにとどまる[69]。つまり、ではパクパのその学識を政権がなぜ重んじたのか、なぜ他の人物ではなく彼に国字作成を委ねたのか、という部分に関して政権みずからの趣旨を述べた文書が存在しない。しばしば引き合いに出される仏寺建造や仏事励行についても、鎮護国家のためである[70]、天下生霊のためである[71]、といった仏教的論理のなかでの理由付けの言葉は残るものの、では、なぜそれが大規模かつ頻繁なものでなくてはならなかったのか、さらには、なぜそこにチベット仏教が用いられねばならなかったか、という問題の核心部分についての政権自身の説明を見いだすことができない。

このように、元がそのチベット仏教優遇にいかなる実質的意義を見こみ、何を目指していたのかについて、政権みずからが発した何らかの情報を我々は史料のなかに見いだすことができない。あるいは、もとよりそのような文書そのものが存在しなかったのかも知れない。いずれにせよ史料のこうしたありようこそが、古くからの「溺仏」評の根底にあるものであり、元のチベット仏教奉戴に中国域統治上の政策的理由を見いだそうとする試みを阻んできた壁であると言える。

（二）方法と課題

(1)　方法――観察者の視点

以上のように、〝元はチベット仏教をとりわけ崇奉していた〟と見なしうる根拠は、実は意外にも脆弱である。しかしそれにもかかわらず我々を含む後代の読み手は、元はチベット仏教こそをとくに尊信した、という動かしがたい認識をもっている。そしてそれは、この認識を記す同時代文書が多く存在するからにほかならない。たとえば、政権の崇仏を慨嘆とともに書きたてる漢民族知識人たちの諸文書がある。同じ事象を誇らしげに語るチベット文諸史料がある。あらゆる宗教に愛顧をふりまく世祖の姿を描くマルコ＝ポーロの書でさえ、結局のところ世祖は仏教僧への心酔が最も深いと嘆息を漏らす。(72)

これらの諸文書に共通することは、そのいずれもが君主をはじめとする尊信者たちの発言に由来するものではなく、彼らの崇仏行為を観察した人々による叙述であることである。漢民族の文人やマルコの視点が観察者のそれであることは言うまでもあるまい。当事者の一方であるチベット側の文書も、仏教が尊いというみずからにとって自明の理由において、当然これに篤い信仰を寄せる皇帝たちのあっぱれな施主ぶりを記すものであって、行為主体たるこの信徒たちを、その外側から観察した記述である。さらに言えば、政権側の記録の残滓であるはずの『元史』もまた、尊信者たちの崇仏を観察者の視点で叙述している点において他の史料とかわるところはない。その百官志が崇仏機関設置に関して趣旨説明を欠いていることは前述のとおりである。釈老伝も、モンゴル人王侯がチベット仏教僧に示した厚遇の様を次々と描くにとどまり、その理由に相当する情報を一切含まない。本紀記事に散見する仏事挙行・仏寺造営記事でさえ、たとえば皇帝の言葉として天下の生霊のためといった抽象的名目を付す例を除けば、とくだんの理由説明も添えず簡略に崇仏事業を記すのみであって、その意味ではやはり観察者の視線がとらえた叙述である。

このように考えるとき、後代の関心をかきたて続けた元代のチベット仏教寵遇という現象が、その行為主体の側の言説を欠いたまま、観察者側の言説によって帰納されてきた一連の事象群であることが了解される。つまり我々が知ることができるのは、ときに好意的に、ときに批判的に、それぞれの主観を介在させつつ観察者の目がとらえ、そして記述したところの、君主以下モンゴル人支配集団のチベット仏教尊崇のありさまにほかならない。

史料がこのような条件下にある以上、この問題を行為主体の側の政策論として扱うことは不可能である。しかし一方、崇仏事業に関してそれぞれの観察を記述した書き手が多く存在したことは、この事象がたしかに元代にあって政治的・社会的反応を巻きおこしたことを物語っている。そうであるならば観察者たちのその反応、つまりはチベット仏教奉戴が元代中国域の政治・社会にもたらした結果の側から、この事業の統治上の有用性を逆算する方法があるりるのではないか。たとえるならば、観察者の視線に乗るかたちでの考察である。この方法による場合、課題はおおきく次の二つとなるだろう。

(2) 第一の課題――何ものが、なぜ、そのように認識したのか

第一の課題は、観察者たちはなぜ政権によるチベット仏教関連事業に注意を向け、これに対する自身の認識を構築したのか、そして彼らがそれを突出したものと判断し、確信した、その判断・確信が何にもとづいて生じているのか、という点を明らかにすることである。つまり、奉戴事業に反応した人々の、その反応の理由、および彼らがこれを厚遇であるとみてとったときの、その判断の根拠を問うものである。そのうえでさらに、この観察者たちが結局のところ文書生産にまで至ったのはなぜかを問うことになろう。

チベット仏教奉戴という事象そのものではなく、その現象に関する観察者たちの言説を問題にするというこの方法は、一面においてはたしかに、当該分野に関して上述してきたところの史料的条件によって策定されるものである。しかしこれは同時に、はたして人間は目の前にある事象を〝そのまま〟〝客観的に〟認識しうるのか、すなわち、人は〝事実〟なるものを把捉しうるのか、という古色を帯びた問いによっても選択される方法である。人は主観の

窓からしか対象を認識しえない。そうである以上、ここでの考察が目指しうる地点は、チベット仏教奉戴の実態を明らかにする、といった表現を許すものではありえない。それのみか、この事象を伝えると思われる諸種の断片、すなわちそれ自体がすでにある人物の認識の結果であるところの断片を、つなぎあわせることですらない。ただわずかに、ある観察者・筆記者が〝チベット仏教が奉戴されている〟と筆記したときの、彼のその認識・判断・確信の条件を問うことにとどまるだろう。

この方法は、ごく図式的に見るかぎり、たとえば現象学などにおいてときに用いられる問題のたてかたに通ずるものであるかも知れない。人は、物理的現実としてのその花（客観・対象）と〝私〟が見ている花（主観・認識）とが一致しているか否かを知ることができない。そうであるならば、その花の存在を疑いにくい〝事実〟であると〝私〟が感知するときの、その疑いにくさの判定基準を問題としよう――。この方法によれば、我々の問いは次のようになる。いま、元のチベット仏教奉戴事業なる〝事実〟を感知した何ものかの主観の痕跡が残存している。では、その主観はなぜ生じたのか。それにもとづくどのような〝事実〟を彼らは体験していたのか。彼らがそのような〝事実〟を感知しているときの〝認識・判断・確信〟の根拠は何であったのか。そしてこれら一連の流れが生じねばならなかったその理由は、社会・文化構造上のどこにあったのか。

具体的に、この第一の課題においてはまず、一連の事象にとりわけ鋭く反応した観察者がはたして元代社会のなかの何ものであったのか、が焦点となる。元代の中国域には諸民族・諸文化集団から成るモザイク社会が形成され、しかもいわゆる本俗法の容認というかたちでそのモザイク状態が政治的に維持されてもいた。そうであるならば、ある事象への認知が構成員全体においてひとしく生起するとは限らない。よってそこで起きたチベット仏教尊崇という現象が、何らかの理由で、モザイクのなかのいずれかの集団にとくに作用するものであった可能性があるだろう。ではその集団とは何ものであったのか。そして彼らをそのように反応させたものは何であったのか。これらの点が以下の考察の基礎的な枠組みとなるはずである。

(3) 第二の課題——観察者の反応がもたらす政治的機能

課題の第二は、鋭敏に反応したその観察者たちが〝元はチベット仏教を崇奉している〟と認識・記述したこと、すなわちその集団のなかでこの事象が事象として立ちあがったことによって、元の中国域統治にいかなる有用性がもたらされたのか、を問うことである。そこには何らの意味もなく、したがってやはり単なる「溺仏」としか考えようがないのか。それとも元の中国支配における何らかの政治的機能を看取することができるのか。

第二の課題において求めることになるこの政治的機能とは、おそらく札奇斯欽やフランケが試みた統治権正当性の問題に帰着することとなろう。前記のとおり、元のチベット仏教奉戴の諸事業は、尊信主体たるモンゴル人支配集団と、その翼賛者たるモンゴル人や色目人の顕官によって担われていた。これはすなわち、この政権の中枢に位置する人々がチベット仏教を崇奉する勢力を形成していたことを意味する。彼らは、元という征服支配体制の直接的な受益者である。異民族支配者として、この体制の維持こそが彼らに共通の、そして絶対の政治的命題であったことには疑いの余地がない。したがって彼らがともにチベット仏教奉戴に動いたというとき、そこにはおそらくこのモンゴル人政権の支配をいかに正当化するか、とくにその極点たるモンゴル人君主の正当性をいかに主張するか、という課題があったことは充分に考えうることである。

ではたして、チベット仏教奉戴というこの事象を事象として感受した人々の側は、その認識・判断の過程で、モンゴル人君主の聖性や元という政権の正当性へと思考をめぐらせ、そしてこれを承認する形跡を示しているのか。そして、もしもかりにその形跡が認められる場合、それはやはり菩薩や転輪聖王といった仏教的原理によるものであったのか、それともまったく別の回路による聖性承認が起きているのか。フランケらの議論が仏教的原理という観点において行きづまりに至っている以上、何らかの別の回路という可能性は当然予期すべきであろう。そしてその場合、ではなぜチベット仏教がその別の回路を発動させ、聖性承認へと導きえたのかを問うことになる。

(4) 統治権正当性――主張・証明

この方向での考察に先だち、何らかの儀礼をとおして統治権正当性が表現されるうえでの、ある種の段階について、ここでおおまかな見通しを立てておこう。ある君主制政権が何らかの教説にもとづく儀礼を執行するとき、まずそこでは、当該君主に集約されているところのその統治権、すなわち君主権の正当性が〝主張〟されている。しかし、それはあくまでも〝主張〟に過ぎない。次に、その主張を〝証明〟する事象が、儀礼中ないし前後のいずれかの場面において、執行者ないし親体制的な参加者によって見いだされる。この〝証明〟に何らかのかたちで参与することによって、人はその君主権の正当性に対する承認をおこなうことになる。それは言論行為というかたちをとる場合もあるし、参加行動というかたちをとる場合もある。

たとえば、ある時代のフランス王やイギリス王の治癒儀礼はその聖なる君主権の〝主張〟としてつとに著名であるが、儀礼のなかで、いわゆる御手ざわりが起こす奇跡の場面が〝証明〟に相当する。ある者はその奇跡を語ることによって、ある者は病者としてこの儀礼に参加することによって、この〝証明〟に参与し、王の正当性を承認する。本書緒言で見た明永楽期の霊谷寺儀礼の場合、まずチベット仏教僧による仏事というかたちで永楽帝の聖性が〝主張〟される。次に、この儀礼に触発されて様々な奇跡が起きた、とする称賀詩・絵巻・詞書き・御製文書などによって聖性の〝証明〟がおこなわれる。これらの言説を生産・伝達したり、〝証明〟の場に参加したりすることをとおして永楽帝の聖性に対する合意がなされ、その君主権の正当性が承認されるわけである。

元代のチベット仏教の場合も、たとえば単に仏事が執行されたというのみでは、正当性の〝主張〟ではあるかも知れないが、〝証明〟とは言えない。〝証明〟に至るプロセスが完結しないかぎり、それは正当化原理としての効力を発揮しえない。彼らのチベット仏教奉戴事業において、そこで君主の聖性を〝証明〟する何らかのできごとが起きた、とするたぐいの言説・行為が発生しているのか。それはどのような論理にもとづく〝証明〟であったのか。そしてその〝証明〟の発生を語り、それによって元の君主による支配の正当性を承認したのは何ものであったのか。

これらの痕跡を文書中に探索することが我々の課題となるだろう。

(5) 本書の構成

以上の課題に向け、本書は三部の構成をとった。第一部は、主としての第一の課題に当てられる。また、対象時期としてもおおむね世祖期、すなわち政権が特殊な体制を以てチベット仏教を中国社会に導入した時期に焦点を置く。チベット仏教が突出した恩遇対象であるとして観察者の目にとまったのはなぜか、そしてそこで事態をそのように観察している人々とは何ものであったのかを跡づける。

第二部・第三部において、第二の課題に関わる考察を進める。このうち第二部では観察者が残した記述のなかでも、元の崇仏に対して批判的な言説を題材として取り上げる。一方、第三部では、この現象に対して協調的な、ときにきわめて礼賛的な姿勢をとる言説を材料とする。

考察の過程で明らかになるように、第二部・第三部ともその題材の記述者は第一部で抽出された人々であり、基本的に同じ社会集団に属する観察者たちである。つまり、元代社会のモザイクのなかで同じ位置に属する人々が、一方においては批判的言説を以て、他方においては受容的言説を以て、政権のチベット仏教奉戴という事象を史上に刻印している。まったく逆の方向をもつこれら二種の関連文書をとおし、かつて亡国の一因とされたそのチベット仏教奉戴が、元という政権にとっての何らかの政治的機能をはたしたか否かを考えていこう。

序章　注

(1) 有高巖［一九三七年、五三三頁］・野上俊静［一九七八年、二四一頁］。『元史』巻二三、武宗本紀、至大二年六月甲戌条・巻二〇二、釈老伝、「(至大）二年、復有僧襲柯等十八人」以下に該当記事がある。

(2) 『永楽大典』（巻一九四一六―一九四二六）「站」字項が保存する元代駅站史料のうち、西辺駅站関係の記事を参照。

(3) 野上俊静［一九七八年、二七二頁］。

(4) 有高巖［一九三七年、五四五頁］。

(5) Tucci [1949] によって『シャルゥ文書』などが知られたことに続き、『紅史』『漢蔵史集』『ヤルルン尊者教法史』などの蔵文年代記が次々と刊行された。『紅史』については稲葉正就・佐藤長共訳［一九六四年、九―二三頁］、『漢蔵史集』についてはMacdonald [1963, pp.53-58] を参照。なお、トゥッチが一九五五年に当時新出・未出の蔵文文献について京都大学で講演しており、その記録が長尾雅人訳「西蔵の歴史文献」［トゥチ、一九五六年］として残されている。

(6) ただし、元のチベット仏教尊信が西辺政策に由来するとの理解は、近年の研究に限ったことではない。すでに『元史』（巻二〇二、釈老伝）が「元起朔方、固已崇尚釈教。及得西域……而領之於帝師……於是帝師之命、与詔勅並行於西土。百年之間、朝廷所以敬礼而尊信之者、無所不用其至」と記し、元のチベット仏教僧に対する「尊信」が「西土」問題と不可分であることを述べている。

(7) たしかに当時のチベットに割拠していた政治勢力は、たとえばクン氏とサキャ派教団がその典型であるように、有力門閥と仏教教団とが一体化した宗教的な在地勢力であったから、それらを宗教擁護の理由において掌握することは対チベット政策においてごく現実的なことであったことは疑いない。しかしながら、元がチベットに対して、どの程度の、どのような性質の政治的影響力をもったか、あるいはどのような政治的企図を有していたかについては、研究者のあいだで大きな隔たりが残されたままであり、その原因となっている史料上の欠落を補いうる見通しも定かではない［乙坂、二〇〇四年］。この条件に照らしても、対チベット政策という観点からのみ元のチベット仏教優遇について考察することには限界があるだろう。

(8) 本書では「中国」の語を、「河南・陝西・甘粛・雲南・四川・湖広・江西・江浙の八行省」および「腹裏」（河北・山東・山西）を元代の「中国本部」とした愛宕松男［一九八八年、二五八頁］の指定範囲に準拠し、この境域を指す地理的用語として用いる。明のチベット仏教奉戴事業との連続性に関わる考察であるため、明の版図とほぼ重なるこの地域設定が適切であることによる。

(9) Jagchid Sechin（札奇斯欽）[1988, pp.83-93].（"Why the Mongolian Khans Adopted Tibetan Buddhism as Their Faith."（Ch'en Chieh-

hsien and Jagchid, Sechin（ed.）, *Proceedings of the Third East Asian Altaistic Conference, August 17-24, 1969, Taipei, China*, Taipei: 国立台湾大学, 1969, pp.108-128.）の再録）

（10）"But why …… did the Mongolian khans of the Yüan dynasty in China choose Tibetan Buddhism as the royal religion ……?" [Jagchid, 1988, p.84].

（11）Jagchid [1988, p.89].『元史』（巻一二五、鉄哥伝）に見える記事である。

（12）Moule and Pelliot（ed., tr.）[1976, vol.1, p.188]. 高田英樹訳［二〇一三年、一六五頁］。以下、同書の日本語引用は、原則的にこの高田英樹訳書に拠る。

（13）Snellgrove and Richardson [1980, pp.138-139].

（14）矢崎正見［一九七〇年、六二頁］。

（15）稲葉正枝［一九六三年、一八一頁］。

（16）野上俊静［一九七八年、二七五頁］。

（17）Snellgrove and Richardson [1980: p.151].

（18）趙改萍［二〇〇九年、六八—六九頁］・黎国韜［二〇一〇年、六〇—六九頁］・沈衛栄［二〇一〇年、五〇七—五二八頁］・王尭［二〇一一年、七五—八九頁］など。ただし、しばしば仏教界外部の筆記者によって呪術的な様態で描かれるこれらの儀礼が、実際は厳密な儀軌にもとづく正統的な修法であったと推測されることは、たとえば沈衛栄・李嬋娜［二〇一二年、三二七—三八三頁］を参照。

（19）「少くとも仏教のより高次な思想を貴族達が要求していたとはいいにくい」［稲葉正枝、一九六三年、一八一頁］。「一般中国世界において、また単純なモンゴル族の元朝によって理解され希われていた修功徳による利益は、極めて現世的・世俗的・実利的なものであったといってよい」［野上俊静、一九七八年、一二九—一三〇頁］。

（20）松本史朗［一九八七年、二五〇頁］。

（21）「八思巴……少長、学富五明」（『元史』巻二〇二、釈老伝）。なおパクパの学問、とくにその「彰所知論」については、王啓龍［一九九九年、二三五—四八五頁］などを参照。

（22）Moule and Pelliot（ed., tr.）[1976, vol.1, pp.201-202]. 高田英樹訳［二〇一三年、一八四—一八六頁］。ラテン文字表記は、Benedetto（ed.）[1928, p.71] に拠る。

（23）Moule and Pelliot（ed., tr.）[1976, vol.1, pp.188-189]. 高田英樹訳［二〇一三年、一六五—一六六頁］。

（24）Moule and Pelliot (ed., tr.) [1976, vol.1, pp.201-202]. 高田英樹訳［二〇一三年、一八四―一八六頁］。

（25）Moule and Pelliot (ed., tr.) [1976, vol.1, pp.105-112]. 高田英樹訳［二〇一三年、五一―五九頁］。

（26）Moule and Pelliot (ed., tr.) [1976, vol.1, pp.145-146]. 高田英樹訳［二〇一三年、一〇九―一一〇頁］。

（27）この事例を含め、モンゴル人支配集団が「道士のもつ神秘な力」を用いたことについては、高橋文治［二〇一一年、二七四頁・三一八―三四一頁］を参照。また道士の呪術的行為としては、世祖によってチベット仏教が本格的に採択される以前の事例も知られている。たとえば憲宗四年（一二五四）三月、勅命により燕京にて道士に儀礼をおこなわせたところ天候をよく操ったので、彼らの「神秘力」が認められ、道教への評価がにわかに高まったと言う［窪徳忠、一九九二年、一三六―一三七頁］。

（28）地方官の禱雨の成功を顕彰する元代前半の石刻文書として、たとえば次のものがある。至元十三年（一二七六）「解州庁壁記」（『山右石刻叢編』巻二五）・元貞二年（一二九六）「重修五龍廟記」（『同前』巻二八）・大徳六年（一三〇二）「応潤廟祈雨記」（『同前』巻二九）。

（29）元代のシャマニズム関する論考としては、袁冀［二〇〇四年B、六一―八五頁］・賽音吉日嘎拉（趙文工訳）［二〇〇八年、一―一二頁］を参照。

（30）『近光集』巻二、立秋日書事、第二首・『張光弼詩集』巻三、輦下曲、第九六首。

（31）野上俊静［一九五三年、三―三四頁・八九―九〇頁・二〇五―二〇六頁］。

（32）野上俊静［一九七八年、一五七頁］。

（33）藤島建樹［一九七五年、一四九―一五〇頁］。論文のなかで藤島は、これが一九四九年に発表されたのち東洋史学界に多大な影響を及ぼしたウィットフォーゲルの征服王朝論に触発されての立論であることを述べている。

（34）藤島建樹［一九六七年・一九七三年・一九七五年］。

（35）西尾賢隆［一九六九年、六八頁］。

（36）『仏祖歴代通載』巻二二、世祖弘教玉音百段。

（37）藤島建樹［一九七三年・一九七五年］。

（38）藤島建樹［一九七五年、一六二頁］。ただしもちろん初代院使である桑哥の場合は、タムパ＝クンガータクの弟子である［野上俊静、一九七八年、二四三頁］から、チベット仏教信徒ということになる。また藤島自身ここで、仏教尊信の形跡が認められる文宗期のある院使の事例に言及している。

（39）Franke [1994, IV]. (Franke, H., *From Tribal Chieftain to Universal Emperor and God: The Legitimation of the Yüan Dynasty*, München:

Bayerischen Akademie Der Wissenschaften, 1978. の再録）

（40）石濱裕美子［二〇〇一年、二五―四四頁］。

（41）野上俊静［一九七八年、一四〇頁］。

（42）西尾賢隆［一九七一年、九九頁］。

（43）Poppe [1957, pp.63-66]・西田龍雄［一九五七年、二六一―二六九頁］。

（44）この sečen が、おそらく世祖を指す固有名詞であろうことは、西田龍雄［一九五七年、二六三頁］。

（45）北川誠一［一九八四年］は、ジュヴァイニーやラシード＝ウッ＝ディーンがそれぞれその著書のなかで、チンギスの「世界支配権」を神によって与えられたものとしていること、つまりイスラーム教徒の立場においてその正当性を承認していることに着目している。北川はまた、グルジアとキリキア＝アルメニアの両キリスト教王国においてもチンギスに対する統治権神授説が唱えられていることを指摘し、キリスト教によっても同様の承認がおこなわれたことを明らかにした。これを示す文書の一つには、イエス＝キリストがチンギスの前に現れ、正義や公正をなすことを条件にモンゴル族に全地上を与えると言った、と記すという。

（46）石濱裕美子［二〇〇一年、三八―四〇頁］によれば、パクパの転輪聖王説の初出である一二七六年（至元一三年）の彼の著作ではモンケとクビライとがこれに該当する神聖存在として描かれ、のち一二七八年の著作において、チンギスもまたそのように記されると言う。注目すべき指摘である。これによって、パクパの転輪聖王説が当初はトルイ系の君主位掌握こそを説明しようとするものであったものの、結局のところチンギスの権威に回帰し、クビライのための論理としては後退した、という推測の可能性が生じうるからである。

（47）野上俊静［一九五三年、三〇三―三〇四頁］。

（48）Wright [1957, pp.97-98, 1959, p.67].

（49）Wright [1959, pp.86-91]. なお、妹尾達彦［二〇〇一年、九六―九八頁］は、中国における仏教の後退というこの問題を、「キリスト教圏やイスラーム教圏とくらべて、仏教圏のみが、儒教をはじめとする伝統的価値観の台頭によって、一一世紀以後、徐々にその普遍性を失って解体してゆく」現象ととらえ、「普遍」と在地的「固有」との相剋という議論へと展開している。

（50）たとえば本書第二部第二章で見るように、元代の漢民族官僚たちは、仏事に「応験無きこと、断じて知るべし」（『元史』巻一七五、張珪伝）、「祈禱」するも「未だ嘗て其の応験を剋定せず」（『歴代名臣奏議』巻六七、鄭介夫上奏）と、その存在価値をにべもなく否定する見解を上奏のかたちで発している。このような状況にある以上、仏教教理に拠る言説が仏教界外部の人々に対しておよそ有効ではないことは、モンゴル人支配層も認知せざるをなかったはずである。

(51) 山田慶児［一九八〇年、一九三頁］。

(52) モンゴル人政権における統治権の正当化原理については、海老澤哲雄［一九七九年］に詳しい。また、近年では姚大力［二〇一一年、一三九―一九四頁］が考察を加えている。

(53) 長尾雅人［一九五七年、二三八頁］による居庸関蔵文造塔功徳記訳文。

(54) 『元史』巻七二―七五、祭祀志、郊祀上・下、宗廟上・下。

(55) 『元史』に見える国家所営の道教祭祀については、野上俊静［一九七八年、一八四頁・一九九―二〇〇頁］を参照。また高橋文治［二〇一一年、二六七―二六八頁］は、『秋澗先生大全文集』中の文書から、太一教が国家祭祀の一翼を担うものとして世祖政権によって認定されていたことを示した。このほかにもたとえば、『清容居士集』巻三五には崇真万寿宮や長春宮における設醮斎文数点が、巻三七にも茅君などの道教尊格や道士への加封文書が数点見え、『燕石集』巻一一・一二にも各地の天妃廟に派遣された代祀の記録や斎文が残るなど、元が道教に委ねた典礼に関する材料は少なくない。

(56) 陳高華［二〇一〇年、一一四―一二一頁］。

(57) Moule and Pelliot (ed., tr.) [1976, vol.1, p.201]. 高田英樹訳［二〇一三年、一八四頁］。

(58) 「又命也里可温於顕懿荘聖皇后神御殿作仏事」（『元史』巻三二、文宗本紀、天暦元年（一三二八）九月戊寅条）、「中書省臣言、甘粛甘州路十字寺奉安世祖皇帝母別吉太后於内、請定祭礼。従之」（『元史』巻三八、順帝本紀、後至元元年（一三三五）三月丙申条）。

(59) イスラーム教が安西王アナンダに受容されたことは、『集史』[Boyle (ed., tr.), 1971, pp.323-324] の記述によって広く知られている。松田孝一［一九七九年、五二頁］を参照。安西王家のイスラーム教信仰については懐疑的な見解も提出されている［王宗維、一九九三年、九八―一一六頁］が、明確な反証をともなうものではない。他方、彼が全真教を尊信していたことも指摘されており［温玉成、一九八四年、九六頁］、またパクパの弟子に当たるチベット仏教僧がアナンダの教誡師であったことも伝えられている（Tshal pa Kun dga' rdo rje, *Deb ther dmar po*, with the commentary by Dung dkar blo bzang 'phyin las, Pe cin: Mi rigs dpe skrun khang（北京、民族出版社）, 1981, p.51）。時期は不明ながら、安西王府で仏教僧が活動したことを示す材料はほかにもある（『稼亭集』巻六、大崇恩福元寺高麗第一代師円公碑・『牧隠文藁』巻一四、西天提納薄陁尊者浮屠銘幷序）。この王家も、モンゴル人王侯の通例どおり、いずれの宗教にも好意的であったようである。このようなかでイスラーム教への尊奉が実際なされていたとしても、とくに不可解ではあるまい。

(60) 『清容居士集』巻三五には「皇帝本命長春宮祈福斎文」・「皇太后為皇太子祈福設醮斎文」が見え、皇帝・后妃ら帝室の信仰を獲得していたという点においては、道教もまた同様であったことを伝える。晩期に至るまで元帝室が道教への尊信を維持しつづけたことは、たとえば元統三年（後至元元年、一三三五）に集賢学士が「旨を奉じて」真定路の道観でトルイに対する儀礼を代祀している（『雁門集』巻八「元統乙亥秋、集賢学士只児哈丹奉旨代祀真定路玉華宮余備監礼」）ことなどによって知られる。このほか元帝室の道教尊信については、高橋文治［二〇一一年、二七四頁］を参照。

（61）このため、たとえばスネルグローヴとリチャードソンは、「改宗こそしないが」、世祖は少なくともチベット仏教の強力かつ献身的な施主にはなった、という表現を用いている［Snellgrove and Richardson, 1980, p.148. 奥山直司訳、一九九八年、一九四頁］。

（62）藤島建樹［一九六七年、六四頁］。

（63）品秩など宣政院の沿革については、野上俊静［一九七八年、二二一―二三九頁］。

（64）藤島建樹［一九七一年、三九頁］。

（65）『元史』巻八九、百官志、崇福司条、およびその中華書局本に付された校勘記〔一五〕（北京、中華書局、一九七六年、二二七五頁）を参照。

（66）藤島建樹［一九六七年、七〇頁］。

（67）野上俊静［一九七八年、一三三―一三五頁］。

（68）野上俊静［一九七八年、一四〇頁］。

（69）「帝師八思巴者……学富五明……謁世祖于潜邸、与語大悦、日見親礼。中統元年、世祖即位、尊為国師、授以玉印。命製蒙古新字、字成上之。……至元六年、詔頒行於天下。……遂升号八思巴曰大宝法王、更賜玉印」（『元史』巻二〇二、釈老伝）。

（70）「帝嘗問帝師云、修寺建塔有何功徳。帝師云、福廕大千。由是建仁王護国寺、以鎮国焉」（『仏祖歴代通載』巻二二、世祖弘教玉音百段）。

（71）「帝謂脱脱曰、朕嘗作朶思哥児好事、迎白傘蓋遊皇城、実為天下生霊之故」（『元史』巻四三、順帝本紀、至正十四年（一三五四）正月丁丑条）。

（72）Moule and Pelliot (ed., tr.) [1976, vol.1, pp.201-202]. 高田英樹訳［二〇一三年、一八四―一八六頁］。

第一部　チベット仏教の導入——「崇奉」という認識の成立とその政治的機能

第一章　元初におけるチベット仏教導入と漢民族社会

序言

序章で策定した課題と方法にしたがい、本章ではまず、観察者たちが〝いまこの元という国家はチベット仏教を寵遇している〟と認識し、記述するときの、その判断の根拠は何であったのかを検討する。具体的には、元代当時にあって「国家……国師・宗師を崇奉して以て祈禱を厳《とうと》ぶは、天に事うるの誠を尽くすと謂うべきや。……公帑を罄竭して以て西番の好事に供うるは……」(『歴代名臣奏議』巻六七、鄭介夫上奏、核実)、「今、国家の財賦の半ばは西番に入る。紅帽禅衣の者の便ち公然と宮禁に出入するに、朝を挙げて相い尚《とうと》び、貲を傾けて以て之に奉らざる莫《な》し」(同前、僧道)、「其の教(仏・道)を主《つかさど》る者、尊礼せらるること神の若し」(『呉礼部文集』巻一〇、異端説)、「時に国家の西僧を尊寵するに、其の徒、甚だ盛んなり」(『仏祖歴代通載』巻二二、五台普寧了性講師)などの筆記がなされるときの、「国家」のチベット仏教に対する「崇奉」「厳」「尚」「尊礼」「尊寵」という認識が、何にもとづいてなされているかを見いだす作業である。

この作業においてとくに留意すべきは、ではなぜ観察者のなかでこの現象が認知対象として選択され、なおかつ記述までされねばならなかったのかという点、すなわち認知・発言を促す動因が何であったかという点である。中国域の人々にとってチベット仏教は外部からもたらされた新来の文化であり、しかもそれは帝室宗教として導入されたわけであるから、必ずしもそこに認知の焦点を当てずにいることも充分にありえたはずである。このことは、たとえば同じく外来系の帝室宗教であったキリスト教の場合と比較して考えるとよいかも知れない。帝室のキリスト教尊信に関してなされた記述は、チベット仏教の場合に比較して明らかに少ない。これはまず直接的には、そこに関心を抱いた記述者が少なかったことの結果にほかならない。かりに、実はキリスト教儀礼のほうがチベット仏教のそれよりも頻度や支出額において盛大であった——序章で述べたように、このたぐいの仮定を否定しうる材料・方法があるわけではない——としても、そのことが彼の意識を素通りすれば、観察者はそれを〝事実〟として認識せず、結果的に彼の〝事実〟とはなりえない。これに対してチベット仏教の場合、それが「崇奉」されていると断言する前記のような文書が、避けようもなく多く残存する。そしてこれが我々の前に、いわゆる〝事実〟として屹立しているわけである。当時のある種の人々にとって、チベット仏教に対する「崇奉」現象のみが、なぜこのように、ひどく無視しにくい対象であったのか。

本章においては以上の問いをめぐる基礎的作業として、称号設定や官衙組織などの制度面、すなわち静的な形式のなかに、チベット仏教への「崇奉」がどのように観察されているかを整理する。考察の題材は、主に『元史』の官署設置記事や職位規定記事に求める。これらは、崇仏に協賛的な仏教界発の文書や、逆に批判そのものを目的とする反仏教的官僚の弾劾文書に比較すれば客観的ということになるのかも知れない。しかし、少なくとも人為的事象に関して、客観叙述などはもちろんありえない。まして『元史』へと流れこむ諸文書の書き手たちが総じて儒教を奉ずる知識人であったという事実は、いかにしても動かしがたい条件として、このの ち見ていく諸文書に底流していることであろう。

第一節　帝師位の設定と漢民族社会

太祖以来つねにモンゴル人政権は、みずからのために福徳祈願をさせうるかぎりにおいて、およそあらゆる宗教を許容した。世祖代に入っても、序章において見たように、様々な宗教の祈禱を好意的に受け入れるというかぎりにおいては、彼らの姿勢に変化があったわけではない。しかし一方、世祖政権が宗教に示した姿勢には、抜本的な変化の様相が読みとられつつあった。それが、仏教、とくにチベット仏教に対するきわだった厚遇である。史料には、この宗教に対して示されつつある恩遇が、仏事や造寺などの範囲を超え、政治的地位や官制機構に関わるものであったことが記される。どうやら世祖期において、チベット仏教への「崇奉」が、政権の新たな方針として受信されはじめていたらしい。

（一）「帝師」設置

そのなかにあって、もっとも明示的であり、なおかつ象徴的なものとして様々に書きとめられた世祖政権の動きは、宗教界最高位のものとして「帝師」なる地位を設け、その初代にチベット仏教僧パクパ＝ロドゥーギェンツェンを据えたことである。こののち元の歴代政権は、その末期に至るまでのあいだに順次十余名のサキャ派系チベット仏教僧を帝師に任命し[①]、これに各種の大権を賦与していくことになる。たとえば対チベット交渉における権威的存在と位置づける[②]一方、中国域内においても、仏寺の改名改組を承認したり、帝室が関わる新寺の住持僧を推薦したりする権限を与え、また免囚を奏請する権限や百官が班列する朝政の場に席を有する権限までをも認めた[③]。宗教の枠に収まらぬ存在として、帝師を設定したわけである。これに対して、道教の正一天師やキリスト教の崇福司使などとして他の宗教的首長も設置されてはいたが、これらはあくまでも当該宗教に関わる権限を与えられていたにすぎなかった[④]。よって、帝師がこれらとは異なる次元の存在として置かれていることは歴然としていた。帝師が元代崇仏の一大象徴とされることも、不可解なまでに尊貴性を強調されたこの設定から見て、ゆえなしとしない。

帝師位の設置に先だち、パクパは「国師」位を与えられている。庚申の年の末（一二六〇―一二六一）、カラコルムから移動して燕京近郊に駐蹕した世祖は、「梵僧八合思八 'Phags pa」を国師に任じて玉印を与え、釈教を「統べさせることとした（『元史』巻四、世祖本紀、中統元年十二月乙巳条）。『元史』世祖本紀の同年条には、三月に世祖の即位、四月に中書省設置、五月に中統建元と、新政権発足のための動きが列挙される。したがってパクパの国師任命が同年の十二月に発せられたことは、これが単に一僧侶への恩顧的措置ではなく、新政権が支持する宗教者を指名し、なおかつ特定の地位を賦与してそれを明示しようとした政治的動向であり、一連の体制構築のなかの一階梯であったことを示唆する。

とはいえ、色目人仏僧への国師号授与というのみであれば、憲宗政権によるカシミール僧那摩に対する賜号という先例がある（『元史』巻一二五、鉄哥伝）。この国師任命は、それまで漢地仏教界統領を委ねてきた臨済の海雲印簡よりも上位に色目人宗教者を置こうとする政策的な処遇と解されている。漢地統治に関心が高かったトルイ系の政権ならではの配慮であろうし、したがって発足したばかりの世祖政権がパクパに与えた処遇も、基本的には、憲宗期以来のこの路線の継承であることにはなる。また中国域において、仏教僧に賜与される尊号としての「国師」の語は、古くは北斉代の僧法常に与えられた称号として記録され、そののちの時代においてもこれを授与する慣例は存続していた。このように見れば、パクパへの国師号授与も同様の処遇形式の範囲内のことであり、いまだ必ずしも決定的なものであったわけではない。

しかし、そののち約十年を経た至元七年（一二七〇）、政権はみずからが称揚するこの仏教僧への処遇を、新たなかたちで示す動きに出た。それが、より高位のものとして新たに「帝師」位を設け、チベット仏教僧パクパをこれに昇叙するという動きである。

帝師位についてまず検討すべきは、その登場が、元代社会を構成する諸集団のうち、いずれの集団がとくに鋭く反応するものであったか、という問題である。なぜなら、この地位に注目し、それが前例をみないほどに尊貴なものと設定されていると判断した者たちこそが、政権のチベット仏教寵遇がそれまでとは異なる段階に入ったことを読みとり、そこに言説を投じ、それによってこれを〝できごと〟〝事実〟として浮かびあがらせていく人々のはずであるからである。このことを政権内のチベット仏教尊信主体、すなわちモンゴル人支配集団の側から見れば、帝師位という新たな地位によって、何ものの、どのような反応を惹起したか、という問題となる。はたして帝師位の登場は、こののちともにチベット仏教僧を寵遇していくことになるモンゴル人支配集団内部に向けての標識として機能するものであったのか、あるいは、尊信対象とするチベット仏教僧たちにこそ感得させるものであったのか。それとも、他の何ものかの注視を引き起こすものであったのか。

（二）漢語「帝師」

この問いを考えるための重要な材料は、「帝師」が本来何語で発信されていたのか、という点である。かりにモンゴル語の称号が元型として先行していたのであれば、帝師位はモンゴル人同胞が反応・理解すべき地位として設けられたことになるし、チベット語の称号がまず作られたのであれば、いままさに賜号しようとするパクパらチベット仏教僧に政権の恩遇を感受させる地位として発信されたものであったことになろう。そしてそのいずれの場合も、現在に伝わる「帝師」という漢語称号はその訳語に過ぎないことになる。

しかし元の「帝師」号は、おそらくもともとこの「帝師 di šhi」という漢語のかたちで登場している。モンゴル文において帝師を指す“dhišhi”の語は、この漢語に相当すると考えられている[11]。また、この問題に関して最も有効な材料は、蔵文史料に残る帝師の表記である。蔵文諸史料は『元史』に帝師号授与者として記載される僧侶たちのその称号を、“Ti shri”などのかたちで記録している[12]。チベット語としては意味をなさないこの文字列は、明らかに漢語「帝師」の音写である。

たとえば五世ダライラマの『チベット王臣記』が“Ti shri”について記しており[13]、順次遡って『サキャ世系』[14]、『賢者の宴』[15]、『漢蔵史集』[16]、『ヤルルン尊者教法史』[17]のいずれもが、パクパやその後代の帝師の称号を“Ti shri”,“Ti shri”,“Ti shrī”などと音写表記している。このことは、帝師号に相当するチベット語の称号が存在しなかったことの結果にほかならない。また、もしもかりにモンゴル語をはじめとする他のいずれかの言語における帝師号が存在し、本来それを以て呼ばれていたとすれば、蔵文筆記者はそちらを音写するはずである。したがって、帝師号はやはり一貫して漢語「帝師」であったことになる。

「帝師」号のみではない。「国師」号も、“Gu shri”,“Gug shri”などと音写されてこれらの蔵文史料中に散見する[18]。国師号の場合、チベット仏教僧に与えられた事例が漢文史料に見える「灌頂国師」[19]・「大元国師」[20]などのバリエーションまでもが、それぞれ“Kon rding gu shri”[21],“Ta dben gu shri”[22]などのかたちで蔵文史料中にその音写表記をなまなましくとどめており、漢語がいかに忠実にチベット文字で写しとられたかを伝えている。前記の“Ti shri”,“Ti shrī”などの記載は、しばしばこれら“Gu shri”,“Gug shri”などの記載とともに、いずれも元から与えられた称号として記されるから、チベットにおいて「帝師」という漢語称号が、同じく漢語の「国師」号と並んで通用していたことは間違いがない。

以上の蔵文諸史料はすべて元の中国支配が終焉したのちの文書であるが、同時代の『シャルゥ文書』十一点のうち八点にも“Ti shri”が見え、トゥッチはこれを『元史』の「帝師」として処理している[23]。もっともこれらは、ほかならぬ帝師からの発給文書であるという意味で元の側の文書であり、当時のチベットにおける用語の実態を反映していない可能性がなくはない。これは居庸関チベット文造塔功徳記中の“Ti shri”[24]も同様である。したがって元代当時のチベット側の書き手が“Ti shri”,“Gu shri”といった漢語からの音写のかたちでこれらの称号を認識していたか否かの最終的な決定は困難であったわけであるが、これは『紅史』が提供されることによって解決された。『紅史』においても確かに、サキャ派僧らが元から拝受した称号として、“Ti shri”,“Gu shri”の音写表記を用いている。稲葉正就・佐藤長の和訳はこれらをすべて「帝師」「国師」とした[25]。稲葉による帝師研究[26]も、漢文史料の「帝師」と『紅史』の“Ti shrī”とを突きあわせることによって、その画期的な精度を発揮したものである。『紅史』は、たとえばパクパへの称号授与を、「セチェン（世祖）が王位に登られてのち、Gu shrī、Ti shrī[27]に順次に任命なさり」[28]（DM, p.48）と記す。この記述は、国師ののち帝師に就任した、とする漢文史料の情報ともよく一致する。『紅史』サキャ派の章は、パクパののちの時期に関しても“Ti shrī”号を七件、“Gu shrī”号九件を記しており（*DM*, pp.49-52）、これら“Gu shrī”のうちの二件は“Ta'i dben gu shrī”, “Ta dben gu shrī”（*DM*, p.50）、すなわち先に述べた「大元国師」号である。したがって、チベット側の書き手が元代当時から一貫してパクパらの称号を漢語「国師」「帝師」を音写したかたちで認知していたことは疑いない。

近年では、国師・帝師の印璽の検討からも、これらの称号がやはり漢語であったことが指摘されている[29]。また、西夏において高僧に与えられた「帝師」という漢語称号との系譜関係がさかんに議論され[30]、この漢語の出所までもが判明しつつある。

以上のように、世祖代に提示された「帝師」号は、「国師」号ともども、当初からこの漢語として発信され、それがそのまま通行していたものである。このことは、これらの称号が発する意味、とくに中国域における僧侶向けの称号としては新規のものである「帝師」位の登場が、まずは漢語を使用する人々によって注視され、いちはやくそれに対する推考が開始されたであろうことを示唆する。つまり元の治下にあって、政権の新方針をごく早期に察知し、そこにチベット仏教「崇奉」を読みとった集団、そしてそれを〝できごと〟として造形する言説の生産へとただちに反応しえた集団は、至元七年時点にあってすでに圧倒的な多数者であり[31]、さらに南宋併合後は全人口の九割以上を占めることになる[32]漢語使用者たち、すなわち漢民族社会[33]であったことになる。

第二節　帝師「崇奉」という判断の根拠と判断主体

(一)「国師」との対比

漢民族社会は、おそらく単に「帝師」設置をすみやかに認知したばかりではない。より重要なことは、このとき彼らが、同時に以下のような意味をも読みとらざるをえなかったことである。

第一は、この帝師なる地位が、古くから中国において仏僧に与えられてきた「国師」号に類する称号であり、なおかつそれよりも上位の地位として設定されている、という点である。これは、国師であったパクパという人物の昇叙というかたちで帝師位が出現させられたことによって、はっきりと読みとられたはずである。『元史』(巻二〇二、釈老伝)は、「遂に号を升《のぼ》して八思巴を大宝法王と曰い、更めて玉印を賜う」とし、「帝師」の文字を脱落させるという混乱[34]を含みつつも、「升号」があったことは記している。また、帝師位が国師から「升」されての地位であるとの明瞭な理解が元代にあってすでになされていたことは、至正元年(一三四一)の序をもつ『仏祖歴代通載』(巻二一、帝師発思八行状)に、「庚申(一二六〇)、師は年二十二歳、世祖皇帝登極して中統を建元するに、尊んで国師と為し、授くるに玉印を以てす。……庚午(一二七〇)、師は年三十二歳、時に至元七年、……号を升して帝師大宝法王とし、更めて玉印を賜い、諸国の釈教を統領せしむ」と見えることによって知られる。同じく元代に成立した『勅修百丈清規』も、これにごく近い記述を残す[35]。

帝師号授与は、直接的には元の国字、いわゆるパクパ文字を作成したことへの褒賞とされている。だが、その褒賞が単なる施与などのかたちにとどまらず、ことさら地位の昇叙という手続きにまで踏みこまれたことの理由の一つは、「国師」との対比を前提に、新しい称号を打ち出す好機であったことにあろう。これによって「帝師」号は、「国師」号という古くからの称号を比較指標としてともなうかたちで登場することとなった。その結果、高僧伝や正史において「国師」の記録を多く保持し、その伝統を知る漢民族社会は、新たに「帝師」なる地位が設けられたことをある種の衝撃を以て受けとめ、なおかつこの称号が帯びる優越性を確実に感知することになったはずである。ひるがえって言えば、「帝師」位の重要性をより深刻に察知しえたのは、漢文史籍に親しんだわけではない世祖や[36]パクパら当事者たちよりもむしろ[37]、「国師」の語とそれに関する知識を彼らの文書のなかに蓄えてきた漢民族の人々、とくにその識字階層であったことになる。

このことは、一方の蔵文史料がパクパの国師・帝師号授与をどのように伝えるかを比較することによって、より明らかとなる。前記の『紅史』（*DM*, p.48）には、世祖がパクパを「国師、帝師に順次に任命」したと記されるのみであって、国師ののち帝師にという順序は把握されているらしいものの、これが昇叙であることが述べられているわけではない。たしかに、「国師」の伝統を知らなければ、これが「帝師」なる新称号を発足させての破格の恩遇であることは理解すべくもない。チベット側にとって、いずれの称号もほぼ同時期に外来語としてもたらされた称号であるにすぎず、よってそれぞれのもつ重さを直接的に読みとることは困難であったはずである。こうして元代文書においてすでに帝師位に関するチベット側の理解には限界があったことがうかがわれるわけであるが、この限界はのちの蔵文史料に至ってさらにおおきく露呈する。『ヤルルン尊者教法史』（*YJ*, p.155）の当該部分の記述は、「帝師、国師などの称号を順次に受けて」と見え、帝師と国師の記述順序が入れかわってしまっている。また五世ダライラマの『王臣記』（*D5*, p.96）のパクパ伝は、「帝師」になって「灌頂国師」[38]の印璽をはじめとする様々な献呈を受けたと記す。帝師、国師、という記述順序は『ヤルルン』に類し、なおかつ帝師に就任してから国師の印璽を受けるという不合理な叙述が生じているわけである。元代当時にあってすら帝師号の位置どりが充分に理解されてはいなかったため、後代においてその知識がさらに曖昧なものになっていったことが分かる。これは、帝師号が発揮しうる機能、すなわち国師という比較指標があるがゆえに容易にその高位設定を見積もらせうるという機能が、当然のことながら、チベットにおいては発効しなかったことを示す。

以上のような蔵文文献と対照するとき、国師からの「升」であると明記した漢文文献のありようは、いま出現した帝師位なるものを、既存の国師位との対比において定置しうる明確な〝できごと〟として把捉せざるをえなかった漢語系の書き手たちの、画然たる認識の証左と言える。

帝師と国師との対比をとおして漢民族社会が読みとったであろう焦点の第二は、少なくとも文字の選択の問題として、国の師よりも皇帝の師のほうがより尊いとされた、という点である。象徴的に言えば、「国」という概念の上位に、「帝」という一者が置かれたということになる。このことは、世祖政権がみずからの君主権の至高性を漢民族社会に対して謳いあげた一つの事例と見てよいかも知れない。明・清へと続く、より長期的な展望からとらえても、チベット仏教という存在をとおして「国」と「帝」という二つの概念が対置され、なおかつそのときすでに、いわば与件として、後者の優越性が示されていたことは注意されてよい。

たとえば周知のとおり、元代において崇仏の批判者たちは仏事の過剰をしばしば槍玉に挙げるが、その批判は、国家財賦の消耗をもたらす仏事の主催者がほかならぬ「国」の主権者たる「帝」であるという根本矛盾をつねに抱えこんでいる。このとき「帝師」という称号が存在し、それによって「帝」の崇仏姿勢が公的に明言されていることは、いま糾弾しようとするその崇仏活動が元という「国」においては正当かつ恒常的な規定方針であることを批判者たちに気づかせ、矛盾を矛盾としてむきだしにする。「帝師」の一語はつねにこのようなかたちで、「国」において「帝」がどれほどの至上存在か、そしてこれが推進する崇仏活動にいかに強固な基盤が設定されているかを、人々に提示するものである。

国師との対比において帝師を認知した人々が読みとったであろう焦点の第三として、帝師が襲替される地位であったという事実に注意しておく必要があるだろう。帝師襲替については、初代パクパ西帰にともなう二代帝師への継承が至元十一年（一二七四）におこなわれた段階で、早々に察知されえたかも知れない。これを含め、世祖代においては五代までの帝師の任命、すなわち四回の帝師襲替がおこなわれ、そのうち二代と三代とのあいだに三年ほどの空白期間があることを除けば、他の三回はいずれも前帝師の示寂ないし退任の同年中に済まされたと考証されている。成宗代以降の帝師襲替も、十代と十一代のあいだ、十一代と十二代のあいだに空白期間があったようであるが、それも二年または三年ほどのものであり、他の襲替はいずれも同年中あるいは翌年中におこなわれたとされる。(39) これらのことは、帝師という地位が、突出した僧侶が出たときに特別に設けられるものではなく、必ずそこに一人のチベット仏教僧が充当されることになっている常設の地位である、として読みとられたことを意味する。

さらに言えば、帝師位が襲替されるものであるとする認識は、以上のような実例からの判断によってのみならず、これに関する政権の発言をとおしても導かれていた可能性がある。『元典章』（典章二四、戸部巻一〇、僧道税、和尚休納税糧）は、

> 大徳七年正月十七日、欽奉せる聖旨。……薛禅皇帝（世祖）は巴吉思八 'Phags pa 師父に根底《たい》して帝師の名分の聖旨・玉印を与えて委付せり。如今、巴吉思八師父に替頭《かわり》て衆くの和尚を管《つかさどら》せよと、輦真監蔵 Rin chen rgyal mtshan に根底《たい》して帝師の名分の聖旨・玉印が与えられたるなり。恁《なんじ》ら衆くの和尚らは輦真監蔵帝師の言語に別《たが》うことなく、経文幷びに教門の勾当のうちに謹慎して行え。這《かく》般、宣諭せられたり。……

と記し、初代帝師パクパに「替頭《かわり》て」その職務を遂行する者として、のちの帝師リンチェンギェンツェン(40)に「帝師」の地位を与えた、とする通達が出ていたことを伝える。帝師が襲替されるべきものであることは、このようなかたちで明示されてもいたわけである。

前述のとおり、帝師は宗教行政をはじめとする種々の権限の保持者とされていたから、なるほどその空位は回避されねばならなかったものではあろう。また、さらなる一面において帝師はサキャ派からの入質者でもあった(41)から、間断なくその座が埋められることが望ましかったことも理解しうる。しかし、「国師」を「升」して「帝師」号を与えたという経緯によって、帝師は何よりもまず国師の上位に位置する宗教者であると言明されていたはずである。

ここで問題となるのは、「国師」と「帝師」が、それぞれどのようにその宗教者としての尊貴性を理解されたかという点である。南北朝期から存在し、パクパもかつてそれを冠していたところの伝統的な「国師」位は、ある僧

侶に突出した学識なり徳性なりが認められたときその個人に対して授与される、との原則にもとづく地位である。したがって、たとえばモンゴル人政権下においてもまさにその状態があったように[42]、複数の国師が存在することもありえたし、逆に原理的に言えば、たえて該当者が存在しないこともありうる。つまり国師位は、あるとき特に授与されるという、その非恒常性によってこそ、被授与者が聖性を有することの顕彰ないし保証として機能する地位である。これに対して帝師位は、常設ポストであるがゆえに、傑出した人物の出現いかんにかかわらず、ともかくあるチベット仏教僧がその座に充当されるであろう地位、として理解される余地をはらむ。実際のところ歴代帝師のなかには、出家さえしていないにもかかわらず任命された少年帝師もいたし[43]、一方、高僧であったろうと推測されている人物もいる[44]。しかしこうした実態いかんにかかわらず、必ず誰かがこれを継ぐという就任方式そのものによって、帝師の聖性は必ずしも保証されていないという理解が、観察者のなかで容易に成立しうることとなっている。

帝師は、国師よりもさらに尊貴な高位聖職者として設定されている。しかし、この最高位に就いた人物が実際に聖性をもつか否かは不明であり、観察者はこの当然の問いに関して宙づりの状態に置かれている。つまり帝師は、その就任方式上、彼自身が神聖であるか否かは暗然としている一方、これを設定した権力機構が彼を神聖と主張していることのほうはごく瞭然としているという、聖職位としてはいささか不利な設定のうえに成りたっている。この場合、彼を神聖であるとする権力側の態度が明示的であればあるほど、実はその聖性保証がなされていないという懐疑的要素とのあいだの落差は顕在化するだろう。誰の目にも明らかなこの落差とそれがもたらす疑念は、「国師」位が備えてきた聖性保証の論理を比較材料としてもつ人々にとってはとくに明瞭に、およそ見逃しがたい特性として認知されたはずである。こうして「国師」を知る漢民族社会のなかに、「帝師」なるこの新たな地位を注視せざるをえない動機が生じ、そのときそこに「国家」の強固な意図が容易に看取されたがゆえに、この「国家」はチベット仏教を「崇奉」している、との揺るぎない読みとりが開始されたと考えられる。

『元史』釈老伝は、襲替した新帝師が京師に迎え入れられる際の盛儀を次のように伝えている。

> 其（帝師）の未だ至らずして之を迎うるに、則ち中書の大臣、馳駅して百騎を累ねて以て往き、過ぐる所にて供億送迎す。京師に至るの比《ころお》い、則ち大府に勅して法駕・半仗を仮して以て前導と為さしむ。省・台・院の官以及《および》百司庶府に詔して並びに銀鼠の質孫を服《き》せしむ。毎歳二月八日の迎仏の威儀を用て往きて迓《むか》えしめ、且つ礼部尚書・郎中に命じて専ら迎接を督《ひき》いしむ。其の卒して舎利を帰葬するに及びては、又た百官に命じて郭を出でて祭餞せしむ。

帝師が京師に進んでくる路程にあってすでに、中書省の高官が百騎の下僚を従えて迎接に奔走する。いよいよ入京するに及んでは、法駕と半仗、すなわち二千余人の儀仗が出る。中書省・御史台以下の百官がそろって白銀の衣裳に身を包み、これを迎える。こうした一連の儀礼は、礼部の高官たちがその運営をとりしきる。帝師の葬送に際しても百官が都城郭外に出て見送るとあるから、帝師襲替に当たっては、葬送・入京の二回にわたり、この格式の儀礼が短期間内に執行されたことになる。

　中央諸官衙の官員たちが動員されて郊迎すること自体、尋常ならざる厚遇である。しかしより重要なことは、この儀礼に列している百官のうち、あるいはこれを目撃している京師の人々のうち、「国師」を知る人々においては、必ずしも聖性ゆえにこの帝師なる宗教者が世に在るわけではない、という認識が生じうることである。しかもその認識は、まさにいま眼前で進行している帝師襲替それ自体によって導かれる論理的帰結にほかならない。彼らは考える――何はともあれ一人のチベット僧が法駕に乗って迎え入れられるであろう、それがこの政権の方針であるのだから、と。こうして帝師の聖性に関する根本的疑義によって生じた関心・認知を抱く人々が環視するなか、帝師は最高の聖性表象たる「仏」に擬されて移動していく。

　批判的な視線においては戯画的にさえ映るであろうこの厚礼は、しかしあえてそれが実行されることにより、ときに不合理な蕩尽をも辞さない権力体の存在を、瞭然と国都住民に示す機能をはたしたはずである。また、動員される官僚たち、なかでもとくに儒家的教養によって立つ漢民族官僚たちに対しては、彼ら自身の価値観念に抵触する仏教の、しかも彼らの言う西戎出身の、なおかつ聖性の保証もない宗教者の迎接儀礼に、確かにみずからが参加している、という認識を迫るものであり、それによって彼らに、元という政権に官職を得ているみずからの立場を、自身の去就のありようとして判然と自覚させる機能を発するものであったと考えられる。

(二) 宣政院との関係

元初の人々、とくにそのうち漢民族社会に属する人々は、政権の崇仏に関していま一つの事象を認識せざるをえなかった。それが帝師とならんで元代崇仏の象徴として広く知られる仏教統領機関、すなわち宣政院の設置である。元はこのほかにも都功徳使司や太禧宗禋院など仏教関連の官署を少なからず設置しており、この全体像そのものも特異とされるが、それらのなかでも、宣政院が史上まったく類例をみない特殊な存在であることは、従来さかんに論じられている。(45)

宣政院の特殊性をきわだたせる最大の特徴は、理解しにくいほどにその品秩が高いという点である。宣政院は、まず「総制院」として「至元初」に成立した(『元史』巻八七、百官志、宣政院)。総制院は秩正二品であった(『元史』巻八四、選挙志、「凡吏員考満授正七品」条)が、のち至元二十五年(一二八八)、「釈教総制院を改め宣政院と為」すとともに「秩従一品」とする昇格がおこなわれた(『元史』巻一五、世祖本紀、至元二十五年十一月甲辰条)。

中書省の右・左丞相が正一品官、平章政事が従一品官、六部の尚書が正三品官であることなどと比較して、元の宗教関連官署・官職が一般に高品秩であることには、つとに注意がはらわれている。(46)しかし、たとえば道教統領機関である集賢院が従二品、廟礼・郊祀など儒教典礼を扱う太常礼儀院が正二品、キリスト教統領機関の崇福司は従二品である(『元史』巻八七・八八・八九、百官志)から、宗教関連の諸官府のなかにあっても、従一品という宣政院の品秩の高さは突出している。同じ従一品官衙としては、枢密院・御史台・行中書省といった重要機関が列なっており（『元史』巻八六・九一、百官志）、宣政院がいかに高く位置づけられているかは、品秩に意識を向ける人々において明確に認知されたはずである。

ではそのとき、宣政院がこうして異様なまでの高品秩に設定されたことの理由は、どのように解釈されたのであろうか。もちろん、すでに指摘されているように(47)、みずから初代宣政院使を兼任することになる尚書右丞相桑哥が、宣政院への昇格改組をおこなうことによって自身の権力基盤の強化を図ったことは疑いないし、当時にあってもそれは察知されていたに違いない。しかし宣政院高品秩の理由は、その職掌規定として提示されたある要素によって、実は容易に理解されうる構造になっていたと考えられる。それが、この官署と帝師との不可分の位置づけである。

前記『元史』百官志の宣政院記事は、その前身である総制院について、「至元の初め、総制院を立て、領いるに国師を以てせしむ」とする。ここで「国師」とある者は、おそらくパクパである。至元初年当時、あるいは数人の国師が並存していたかも知れないが、一つの官衙を「領」いる国師となれば、それは数年後に帝師となるパクパ以外には考えにくい。つまり百官志は、宣政院がもともと高位チベット仏教僧を頂点に戴く官署として発足した、と伝えていることになる。また『元史』は釈老伝においても、「乃ち宣政院を立つ。其の使と為りて位第二に居る者は、必ず僧を以て之と為し、帝師の辟挙する所に出づ」として、宣政院長官である院使二名のうちの仏僧用ポストの人事権を帝師が有していたことを記す。こうした『元史』所収記事をもとに、すでに諸研究は宣政院を「帝師に直属(48)」する機関と解してきたが、この理解はまた、元代当時にあっても同様になされたはずのものである。したがって宣政院の突出した高品秩は、もちろん帝室の崇仏という大きな背景のもとに解釈されはしたであろうが、より直接的には、この組織と帝師との関係によって無理なく理解されたと見てよい。たとえば、桑哥が失脚したのちも宣政院それ自体はとくだんの打撃を受けることなく、高品秩官府として元代を通じて安定的な存在たりえたことなども、この組織が帝師との連繋という強力な基盤に立脚していたこと、あるいはそのように理解されていたこと、それゆえ何人もこの官署にあえて手を触れなかったことの結果であろう。

宣政院と帝師との不可分性を示すいま一つの要素は、宣政院に与えられた職掌規定である。『元史』百官志の宣政院記事は、それを「釈教僧徒及び吐蕃の境を掌りて之を隷治す」と記す。治下仏教僧徒の統轄とチベット地域の統轄という、行政分野としてはまったく次元の異なる二つの職掌の兼併は、しかしここにチベット出身の帝師という存在のあることを考えあわせれば、いたって合理的、少なくとも現実的とは見なされうる設定である。むしろ、帝師という存在を考慮しないかぎり、およそ理解しえない職掌規定であると言ってもよい。

以上のように、統属規定においても、職掌規定においても、宣政院は帝師と不可分の機関として認知すべく設定されている。またこのことが必ずしも空文ではないと観察されえたことは、たとえば『シャルゥ文書』において、帝師からの呼びかけの対象となっているチベット関連の役職者に宣政院下属宣慰使司の官員が含まれている[49]ことなどによって知ることができる。また中国域における仏教界統領という職掌に関しても、たとえば『通制条格』（巻二九、僧道、河西僧差税）に、河西僧の差発に関して帝師と宣政院とが動いたことを伝える延祐元年の中書省案件が見え、このような場面で帝師と宣政院との繋がりが読みとられえたことが分かる。同様の例としては、同じく『通制条格』（巻二九、僧道、商税地税、皇慶元年四月十七日中書省奏）に、「僧・道・也里可温・荅失蛮」ら宗教者の税糧について、「完沢篤皇帝（成宗）の時分の羊児の年（元貞元年、乙未、一二九五）に、完沢丞相等の省官・荅失蛮等の宣政院の官は、吃剌思八斡即児 Grags pa 'od zer 帝師根底《に》商量」した、と記される事案も見いだすことができる。もっとも、宣政院が関係したことが記される様々な行政文書のなかにあってこのように帝師が直接登場する例は必ずしも多くはないから、はたして帝師が宣政院の実務執行にどの程度携わっていたかの推測は困難である。しかし、中書省との折衝が必要となる局面で帝師の関与を仰ぐことができたというこれらの事例から考えれば、宣政院が帝師に「領」いられる機関としてふるまいえたことは事実であろう。つまり宣政院は、確かにこの官衙は帝師という権威に直結する機関である、と観察者に理解させうる存在であったと言える。

このように帝師と宣政院とは、統属・職掌において二重構造をなすことにより、政権のチベット仏教尊崇の方針を読みとらせたと考えられる。この体制は、具体的には以下のような効果を保証したはずである。

第一に、政権によるチベット仏教崇奉を明確に指し示す指標《スケール》がいま一つ加わったことである。帝師位が、国師位という比較対象からの昇叙として発出されたことにより、その尊貴性が表現されたことは前述した。たしかに目を引くものではあるが、ここに数値的な指標が付帯されているわけではない。ところが宣政院は、中国の伝統的官制である九品制度のなかで、高ランクの数値を有している。この結果、当該官衙の頂点に位置づけられた帝師の尊貴性が、数値という客観指標において固定的に表現されることになる。しかも、総制院から宣政院への改変というかたちで、正二品から従一品への昇格のステップをも示しているから、宣政院官秩の高さは強く印象づけられたはずである。そして何より、これらのことに直接的に反応するであろう人々、つまり彼らのなかにあって九品官制こそが尊貴の指標であった人々が、「帝師」という語に鋭く反応したであろう漢語・漢文の使用者たち、すなわち漢民族であったことに留意しておかなければならない。

帝師・宣政院二重構造の効果の第二は、帝師位が、観念ないし儀礼を担う宗教的首長としての側面に加え、宣政院という行政機構を「領」いる存在、すなわち人事権や宗教行政上の裁定権などを委ねられた政治的職権保有者としての側面を併せもつ存在として認識されえたことである。たとえば、百官がいならぶ「正衙の朝会」に帝師も陪席したことを『元史』釈老伝は帝師への寵遇の一例として特記しているが、宣政院との関係からすれば、それは必ずしも不当なことではないことになる。また、宣政院が関与する案件においては、たとえば前記した元貞元年の事例がそうであるように、「僧」のみならず「道・也里可温・荅失蛮」が一括して扱われる場合が多いから、宣政院の頂点に位置する帝師の地位は、行政系統上、道教・キリスト教・イスラーム教を含む宗教界の総攬者と見なされうることになる。これは、観念的な意味での宗教の長という以上の実体を帝師に見いださせる要素であったろう。このように帝師位は、宣政院という官衙との関係をとおして、政治的側面における尊貴性をも表現することとなっている。

帝師と宣政院とが二重構造をなす効果の第三は、仏教、なかでも帝師を輩出するチベット仏教を崇奉している主体が何ものであるかと問われたとき、それは帝室である、と、限定しきれない論理を生み出したことである。宣政院は、あくまでも行政機関であり、国家機構である。したがって、帝師の「領」いるものとして宣政院がある限り、少なくとも組織上、政権はその総体としてチベット仏教を奉戴していると言明していることになる。つまり帝師・宣政院二重構造は、目下のチベット仏教に対する厚遇が、ひとり帝室の尊崇のみによってではなく、国家全体の規定方針にもとづくものとして運営されている、との解釈を観察者に迫るものである。本章冒頭に挙げた数点の元代漢文文書に、チベット仏教を「国家」が崇奉しているとの記述があることは、事実、そのような解釈がなされたことの反映にほかならない。こうして、「国家」レベルにおける崇仏という理解が導かれたことは、具体的にはたとえば、宣政院の官職の授与というかたちで親仏教的な人材を官僚のなかに再生産するサイクル[50]をもたらした。そしてより根本的には、このモンゴル人政権がいかなる性格をもつものであるかという点に関して、中国域の在来住民たる漢民族にとって瞠目すべき知見をもたらした。——この政権は、何らの躊躇も弁明もなく、そればかりか公的で正当な善き事業として、高らかに崇仏を「国家」方針の一つと位置づけている、との知見である。かつて中国域に君臨した歴代国家は、北族の建てたそれをも含めて、基本的には儒教理念をかかげてきた。しかも唐宋変革ののち、漢民族社会は抑仏崇儒へとおおきく舵を切っていた。しかしいま、それらに何ら拘束される気配もなく、いわば悠然と、体系的な崇仏体制が「国家」政策として掲げられつつあった。こうして漢民族の観察者の前に、元と称しはじめたこの「国家」は、その独自の姿を以て立ち現れることとなった。

結語

元初、世祖政権が中国域にチベット仏教を導入する際に樹立した帝師・宣政院の体制に着目し、国家によるチベット仏教「崇奉」という〝事実〟をそこに読みとる認識・判断がいかなる人々において発生したのか、何が動因となってこの認知の回路が開かれ、何を根拠として確信されていったのかについて検討した。

チベット仏教「崇奉」という認識を、すみやかな反応のうちに、なおかつ動かしがたい判断をともなってみずからのなかに生み出した人々は、元代社会を構成する諸集団のうち、漢語・漢文を用いる人々、すなわち漢民族であったと見られる。世祖政権は「帝師」という高位の地位を設定し、これをチベット仏教僧に与えた。まず、この尊号は当初から漢語のかたちで提示されていた。しかもこのとき「帝師」位は、中国域伝統の「国師」位と比較するかたちで設置されたから、漢民族はその優位性を容易に認知しえた。これに加えて、帝師は宣政院を率いる存在として造形されており、その宣政院は中国式官制における高品秩という数値的指標をともなっていたから、漢民族はその優位性を明瞭に認知した。これらの根拠があったがゆえに、「帝師」位をチベット仏教僧に授与するという政権の動きは、必然的に彼ら漢民族の認識の流れに乗ることとなった。その結果、彼らはこれを「崇奉」と判断し、皇帝以下のモンゴル人支配集団が打ち出した一つの〝事実〟〝できごと〟として確信せざるをえなかった。

マルコ＝ポーロの書は、たしかに「バクシ」に対するモンゴル人王侯の傾倒を力説しはするが、そこに何らかの指標をともなう根拠が述べられているわけではない。そもそも尊信対象であるチベット仏教僧はもちろん、当の尊信主体であるモンゴル人王侯でさえ、自分たちのあいだで樹立しつつある尊信体制の特異性を、漢民族ほどに明確には読みとらなかったはずである。彼ら帰依処・施主のどちらにとっても「ティーシ」という尊号は耳慣れない外来語であって、それが放つ意味の読みとりが自動的に開始するわけではなかった。ましてやその背後をかためる官制上の位置づけについて、これを特殊なものとして目を見張らざるをえない理由が彼らにあるわけでもなかった。

以上のことから考えて、現在に至るまで連綿と関心を抱かれつづける元の「崇仏」とは、元代の漢民族社会に属する人々が観察者として形成したその認識において、見いだされ、注視され、〝できごと〟としてとらえられていった諸現象であることになる。

第一部第一章　注

(1) 稲葉正就［一九六五年、一〇一—一五六頁］。ただし十代帝師は出身不明とされている。

(2) それがはたしてどれほどの実効性をもったかは議論の分かれるところであるが、少なくとも元が帝師をチベットにおける政治的権威者として位置づけようとしていたことは、たとえば『シャルゥ文書』(Zhalu Documents [Tucci, 1949, vol.2, pp.747-755]) が、「王の制詔によりて。某々帝師の言葉。」で開始する書式をほぼ定型としていることに明らかである。

(3) 西尾賢隆［一九六九年、六七—六八頁］。

(4) 正一教教団に対して元は正一天師なる位を与えて厚遇したが、これには道教界内部での権限を認めているにすぎない（『元史』巻二〇二、釈老伝、正一天師）。この例を含め、元が道教諸教団に与えた権限が、帝師を戴く仏教に与えたものと比較すれば多分に限定的なものであったことは、高橋文治［二〇一一年、二七六—二七八頁］を参照。イスラーム教関係では、「哈的大師」と呼ばれるイスラーム教徒コミュニティの長老とおぼしき地位があったようであるが、『元典章』（典章五三、刑部巻一五、問事、哈的有司問）には、彼らはあくまでも「掌教念経」のことを管理すべきであって、刑罰・戸籍・納税・訴訟などについては管轄外であるとする規定が記される。これとほぼ同様の記載は、『元史』（巻一〇二、刑法志、職制上）にも見える。キリスト教関連の職位としては崇福司使を挙げうるが、これの職掌も十字寺などの「祭享等事」を掌領することとされる（『元史』巻八九、百官志、崇福司）。実際はキリスト教徒が絡む納税の事案などに関与する例はあったようである［陳垣、一九八一年、四九頁］が、これも同教徒の範囲内のことであって、帝師の大権とは比較にならない。

(5) 『元史』当該部分には「帝師」とある。これが「国師」の誤りであることは、野上俊静［一九七八年、八頁］・王啓龍［一九九八年、一二一頁］・陳慶英［二〇〇七年、七五頁］を参照。

(6) 張雲［一九九四年、七六—七八頁］は、那摩がアリクブケとも緊密な関係にあったこと、しかもその関係が憲宗代末期の時点できわめて密接なものであったことを示す史料を紹介している。そうであるとすれば、中統元年に世祖がパクパを国師に任じたことには、那摩ではない国師を必要とした、という理由を考えるべきかも知れない。

(7) 野上俊静［一九七八年、一五六—一五七頁］。

(8) 「唯北斉有高僧法常。……斉王崇為国師。国師之号、自常公始也」（『大宋僧史略』巻中、国師）。

(9) 前注に示した『大宋僧史略』（巻中、国師）には、陳・隋・唐代における国師号の事例もまたいくつか列挙される。他の文書にも、歴代帝室の愛顧を伝える国師の事例として以下のようなものがある。「僧昭者、通於術数、居両浙、大為銭塘銭鏐（呉越、太祖）所礼、謂之国師」（『五代史補』巻二、僧昭説踏銭）、「嵩嶽慧安国師。……煬帝徴、師不赴。……高宗（唐、高宗）嘗召、師不奉詔。……武后徴至輦下、待以師礼」（『景徳伝灯録』巻四、嵩嶽慧安国師）、「今賜悟達国師爲号」（『宋高僧伝』巻六、唐彭州丹景山知玄伝）、「勅諡大達国師」（『同前』巻一一、唐汾州開元寺無業伝）。このことからすれば、元代の中国においても、仏僧に与えられる尊号としての「国師」号はとくに奇異なものではなかったであろう。

（10） 稲葉正就［一九六五年、一〇五―一〇七頁］・王啓龍［一九九八年、一八〇―一八三頁］・陳慶英［二〇〇七年、一二八―一二九頁］・中村淳［二〇一〇年、四六―四八頁］。

（11） 西田龍雄［一九五七年、二六五頁］。なお、Poppe [1957, pp.63-64, p.112 (note 122)] は、このパクパ文字モンゴル語碑文の "dhishi" を、チベット語の "sde srid"――しばしば「執権」と訳される。元末にはパクモドゥ派のジャンチュブギェンツェンがこれを称している――と解している。現在ではもはやこの語釈は承認されがたいわけであるが、しかしポッペのこの見解は、この問題の要諦に触れるものである。モンゴル語として理解できない以上、受けとる側のチベット語であったはずであると見たポッペの推論はごく自然なものであり、論理的にはむしろ筋が通っている。しかしパクパが授与された称号は、以下に述べるように、明らかに「帝師」という漢語であった。つまり与える側のモンゴル人にとっても、受けとる側のチベット仏教僧にとっても、それを直接的には理解することのできない他言語の称号であったわけである。この不自然さ、あるいは作為性こそが、「帝師」設定の根幹にあるものである。したがってやはり問題の核心は、なぜ世祖政権はことさらこの漢語の称号をここで振りだして見せねばならなかったのか、という点にあることになる。

（12） 張怡蓀主編『蔵漢大辞典』（北京、民族出版社、一九八五年（一九九三年版も同頁）、一〇二六頁）も、"Ti shri" を元制の「帝師」として採録する。

（13） rGyal dbang lnga pa (Ngag dbang blo bzang rgya mtsho), *Bod kyi deb ther dpyid kyi rgyal mo'i glu dbyangs*（以下 *D5* と略記）, Pe cin: Mi rigs dpe skrun khang（北京、民族出版社）, 1988 (4th print), pp.96-101 に、パクパおよびそののちの "Ti shri" に関する記載が見える。

（14） パクパの帝師号は、Ngag dbang kun dga' bsod nams, *Sa skya'i gdung rabs ngo mtshar bang mdzod*（以下 *SDR* と略記）, Pe cin: Mi rigs dpe skrun khang, 1986, pp.158-159, p.212, p.242 に "Ti shri", "Ti shi" として見え、パクパののちの帝師に与えられた称号も同様の表記で *SDR*, p.241, pp.243-245, pp.247-248 に見える。

（15） dPa' bo gtsug lag phreng ba, *Chos 'byung mkhas pa'i dga' ston*, Pe cin: Mi rigs dpe skrun khang, 1986, vol.2, p.1349, pp.1425-1426 に "Ti shri" についての記載がいくつか見える。

（16）パクパの帝師号が“Ti shrī”として dPal 'byor bzang po, *rGya bod yig tshang chen mo*（以下 *GBYT* と略記），成都：Si khron mi rigs dpe skrun khang（四川民族出版社），1985, p.327 に見える。また，パクパ以降の帝師の同称号が“Ti shri”として *GBYT*, pp.336-344, pp.354-356 などに散見する。

（17）パクパの帝師号が“Ti shri”として Yar lung jo bo Shākya rin chen, *Yar lung jo bo'i chos 'byung*（以下 *YJ* と略記），成都：Si khron mi rigs dpe skrun khang, 1988, p.155 に記される。また，パクパ以降の帝師の同称号が *YJ*, p.158, p.161, p.167 などに見える。さらに歴代の“Ti shri”が，*YJ*, p.168 以降に列挙される。

（18）“Gug shrī”（*SDR*, p.241, p.247），“Gu shri”（*GBYT*, p.335），“Gu shri”（*YJ*, p.155, p.167）など。

（19）「以燕鉄木児居第賜灌頂国師曩哥星吉 Nam mkha' seng ge，号大覚海寺，塑千仏於其内」（『元史』巻三九，順帝本紀，後至元二年是歳条）。

（20）「帝（順帝）乃詔以西天僧為司徒，西番僧為大元国師」（『元史』巻二〇五，奸臣伝，哈麻）。

（21）*YJ*, p.166.「灌頂国師」の音写は，“Kontring gu shri”（*GBYT*, pp.336-337）などのかたちでも蔵文史料中に散見する。

（22）*YJ*, p.170. 同じく *YJ* には“Thung ling shi skya'o（統領釈教?）ta dben gu shri”（p.167）も見える。また「大元国師」の音写は，“Ta'i dben gu shrī”（*GBYT*, p.338），“Ta'i dben gu shri”（*GBYT*, p.339, pp.340-341, p.345）などのかたちでも記されている。

（23）Tucci［1949, vol. 2, pp.747-752, p.705（note 938）］.

（24）長尾雅人［一九五七年，二三八頁］によって「帝師」と比定されている。

（25）稲葉正就・佐藤長共訳［一九六四年，一一九―一二五頁］。

（26）稲葉正就［一九六五年］。

（27）ここで『紅史』が「師」の部分の綴字を“shrī”とすることは，サンスクリットの“śrī”（“dpal”（Tib.））を想起させ，尊称たる意味を読みとらせようとしたものかも知れない。その一方で，『ヤルルン尊者』など他史料には“Ti shri”や“Gu shri”として“shri”末尾を長母音化させていない綴字もまた存在するわけである。このことを含め，これまで見てきた“Ti shri”や“Gu shri”などのあいだに綴字のばらつきがあることもまた，これらが別言語からの音写であることを裏づけるものである。

（28）Tshal pa Kun dga' rdo rje, *Deb ther dmar po*（以下 *DM* と略記），with the commentary by Dung dkar blo bzang 'phyin las, Pe cin: Mi rigs dpe skrun khang, 1981. なお，ガントク版『紅史』も同じく“Gu shrī”,“Ti shrī”と表記する（Tshal pa Kun dga' rdo rje, *Hu lan deb ther*（*The Red Annals, Deb ther dmar po*），Part 1, Gangtok: Namgyal Institute of Tibetology, 1961, fol.22a）。

（29）中村淳［二〇一〇年，三七―四一頁］。

（30）この議論については、聶鴻音［二〇〇五年］参照。

（31）愛宕松男［一九四三年、一二一頁］によれば、至元七年（一二七〇）のモンゴル人・色目人合計の戸数は約三九万戸、漢人戸数は約一九三万戸とされる。また、金の遺民である「漢人」のうち漢語使用者がどの程度の比率にのぼるかは推定しがたいが、女真人・契丹人のあいだにも漢語が浸潤していたことを考えれば、それがかなりの高率にのぼるとは見てよいだろう。

（32）至元二十七年（一二九〇）の戸数総計一三一九万六二〇六戸のうち、南宋遺民、いわゆる「南人」は一一八四万八〇〇余戸［梁方仲、一九八〇年、一七六―一七七頁］であり、この数値のみ見れば全体の八九・七パーセントほどを占めることになる。その余がモンゴル人・色目人・漢人となるわけであるが、このうちモンゴル人・色目人合計と漢人との比率がほぼ一対五とされていること、なおかつこの漢人のうちのかなりの人々が漢語使用者であると見られることは、前注で述べたとおりである。

（33）本書においては、元代中国社会構成員のうち、通常漢語を用い、その教養体系・慣習などにおいて漢文化に属する集団を「漢民族」と表記し、考察対象とする。具体的には、諸史料に「蒙古人・色目人・漢人・南人」と記される四分類のうち、おおむね「漢人・南人」に相当する。このうち「南人」が「漢民族」であることは言うまでもあるまい。「漢人」の分類概念についても、それが漢語・漢文化の範囲に属するか否かを指標とするものであったことを、舩田善之［一九九九年、四四―五五頁］が明らかにしている。たとえば女真人・契丹人は、『南村輟耕録』では「漢人」に分類され、一方、『元典章』においてはしばしば「漢人」と並列表記、つまりは漢人の枠内に入っていない。この点について舩田は、ある女真人・契丹人が漢語・漢文化に属する場合に「漢人」として分類されたことを指摘した。このように元代にあっては、漢語・漢文化の担い手であるか否かという指標が、少なくともその担い手たち自身にとって、有効なカテゴリーとして機能している。よって本書は、この集団を「漢民族」と呼び、考察をすすめる。また、その属性ないし特質という面においては、橋本萬太郎・鈴木秀夫［一九八三年、三頁］による「漢民族」の定義、すなわち「漢字を識っている人びと、および漢字を識ろうと願っていた（けれども、実際にはそれがかなわなかった）人びとの集団」に準拠し、漢文・漢字によって括られる集団であることを重視する。「漢字を識ろう」とする過程において、不可避的に儒教的な観念が注入される――その観念をどの程度内在化するかは別として――わけであるが、このことが元のチベット仏教問題と密接に関わると考えるためである。

（34）前掲注(5)で述べたように、『元史』は世祖本紀において、パクパの国師就任とすべき記事を「帝師」就任と誤解して記している。ここで釈老伝記事が帝師の語句を出していないことは、この混乱と関係するかも知れない。

（35）「庚申、世祖聿登大宝、建元中統、遂尊為国師、授以玉印、任中原法主、統領天下釈教。……至元七年庚午……升号帝師大宝法王、更賜玉印」（『勅修百丈清規』巻二、帝師涅槃）。なお、パクパの称号はその死後さらに追贈されて「皇天之下一人之上開教宣文輔治大聖至徳普覚真智佑（祐）国如意大宝法王西天仏子大元帝師」という長大なものとなる（『勅修百丈清規』同前・『仏祖歴代通載』巻二一、帝師發思八行状・『山居新話』「巴思八帝師法号」条）。

（36）吉川幸次郎［一九六九年、二三六頁・三一〇頁］は、趙翼の言う「元諸帝多不習漢文」（『廿二史箚記』巻三〇）に関連して、程度の差はあれ仁宗・英宗・文宗・順帝らは「翰墨と縁を結んだ」が、世祖については、「漢語を耳できいて解することは出来た」ものの、「漢文を大たいに於いては読めなかった」とする。他の研究者の多くも、元の皇帝が漢文漢籍への造詣を示すようになるのは元代中期以降と見ることでほぼ一致している［蕭啓慶、二〇〇七年、下冊、五八一―五八二頁］。他方、嘎爾迪［二〇〇四年、一三五―一三九頁］は、世祖が漢文典籍に習熟し、漢詩を詠むこともできたとして、作例一点を挙げる。ただし、この漢詩が世祖自身の作であると見なしうる根拠をここで示しているわけではない。この詩についてはフランケ［Franke, 1994, V, p.30］が、これほど精妙かつ伝統的な漢詩であるからには、おそらくいずれかの著名な詩人が勅命によって詠んだものであろうと推測している。

（37）パクパが漢籍に親しんだことを示す材料は見いだせない。なお、パクパの「彰所知論」は沙羅巴によって漢訳されている（『大正新脩大蔵経』一六四五）。

（38）前掲の民族出版社刊 *D5*（p.96）には“kwa din gu shri”とあるが、デプン版（東洋文庫 No.349-2609, fol.56b）には“gān din gu shri”とある。明らかに「灌頂国師」である。Tucci［1949, vol. 2, p.626, p.680（note 47）］参照。

（39）以上の帝師襲替については、稲葉正就［一九六五年］に拠る。

（40）これを二代帝師リンチェンギェンツェンと見るか、六代帝師ジャムヤンリンチェンギェンツェンと見るかについては、見解が分かれている。中村淳［二〇一〇年、五六頁］参照。

（41）乙坂［一九九九年、三二―三四頁］。

（42）福田洋一［一九八六年、六六頁］。

（43）至元十九年（一二八二）から二十三年（一二八六）まで在任した［稲葉正就、一九六五年、一一六―一二一頁］三代帝師ダルマパーララクシタについては、『紅史』が「ダクニチェンポ＝ダルマパーララクシタは戊辰の年（至元五年、一二六八）にお生まれになって、ラマ＝パクパが亡くなられたのち、御歳十四で朝廷に赴き、身は在家者でありながら、ラマ（パクパ）の御位のごとくにおわした。そののち、皇子ジビクテムールの息女ペルデンを（妻として）賜わった」（*DM*, p.48）と伝える。『漢蔵史集』も彼について「十四で朝廷に行き、身は居士でありながら、ラマ（パクパ）の御位のごとくにお勤めになった」（GBYT, p.333）と記す。出家者でさえなかった少年が、おそらくはパクパの甥であるゆえを以て、帝師とされたわけである。

（44）たとえば五代帝師は、中国仏教を含む仏教界全体から広く尊崇を得た人物であったろうとされている［藤島建樹、一九六三年、二四七—二四八頁］。

（45）野上俊静［一九七八年、二二一—二三九頁］・藤島建樹［一九六七年・一九七三年・一九七五年］など。

（46）袁冀［二〇〇四年Ｂ、一五三—一五四頁］。

（47）藤島建樹［一九六七年、七〇頁］。桑哥がチベット仏教僧タムパの弟子であり、そののちパクパと密接な関係を築いた人物であることは、Petech［1980, pp.195-199］参照。

（48）野上俊静［一九七八年、三七頁］・藤島建樹［一九七五年、一八一頁］。

（49）Tucci［1949, vol. 2, pp.747-752, Zha lu Documents, II, III, V, VI, VII, VIII］.

（50）藤島建樹［一九七五年、一七七—一七八頁］。

第二章　儒教とチベット仏教

序言

前章で見たように、元の政権下にあって帝師号・宣政院の出現に即時的に反応し、なおかつこれを「崇奉」と判断しうる指標をもった集団は、漢民族社会であったと考えられる。しかし、漢民族社会に属するすべての人々がひとしなみにその判断をおこなったわけではあるまい。過去歴世の「国師」についての知識が「帝師」への着目を促し、官制体系への関心が宣政院への注視を生んでいるとすれば、この反応を起こした人物は、基本的には漢民族のなかの識字階層であったはずである。ではたして、事態はたしかにそのようであったと言えるのか。さらにはその識字階層のなかでも、とくにどのような人々がチベット仏教「崇奉」という認識を抱き、それを叙述しているのか。たとえば、この波に乗って恩顧を分与されうると期待した漢民族仏教僧たちがそのような言説を残しているのか。それとも、他の立場に位置する人々なのか。

本章ではまず、元が示した新路線に反応せざるをえなかった受信者とは結局のところどのような属性をもつ人々であったかを、上記のような観点から特定する。次に、彼らのなかで「国家」によるチベット仏教「崇奉」という認識や記述が成立したことが、元の中国支配に何らかの機能をもたらしうるものであったか否かを考えることとする。

第一節　儒教的観念と帝師

（一）儒教「帝師」観念の存在

漢民族社会に属する人々が世祖政権の発動した新体制に鋭く反応し、これを仏教への「崇奉」と判断したとき、おそらく彼らが受けた衝撃は、単にいま、ある一つの宗教に対して突出した恩遇が示されつつある、ということへの驚きではない。彼らが受けた最も根源的な衝撃は、その「崇奉」のありようが、中国社会が伝統的に培ってきた儒教イデオロギーと抵触するものであった点にあると見られる。

まず、大きな指標の一つであったであろう「帝師」という尊号について考えてみよう。たしかに中国域において、仏僧用の常設的地位としての「帝師」は、元世祖政権が初めて設けたものである。[1]しかし、「帝師」という漢語がそれまで記されなかったわけではない。文字どおり皇帝の師と仰がれた人々を表すものとして、「帝師」という表現は既存していた。問題は、それが一般的には儒教を以て帝王の教導にあたる人物を表す言葉であったことである。

例として、歴代の正史における「帝師」の表記を取り上げてみよう。元代以前に成立した正史のなかからは、「帝師」の語が当てられた十名ほどの人物を見いだすことができる。そのうち黄帝の師とされる風后、および遠い過去の伝説的人物として記される場合の張良[2]とを別にすれば、彼らは例外なく皇「帝」の儒学の「師」である。すなわち、前漢昭帝の「師」であった韋賢は『詩経』『尚書』などに通じた大儒であり[3]、元帝の「帝師」孔覇[4]は孔子後裔の儒者であり[5]、成帝の「帝師」張禹[6]は太子時代の帝に『論語』を講じた人物である。[7]後漢代においても、鄧弘[8]、桓栄[9]——後述するように、元世祖至元年間に王惲がこの「帝師」桓栄に言及しつつ一篇の文書を書くことになる——

とその子の桓郁[10]、張酺[11]が、いずれも儒者たるを以て「帝師」「先帝の師」などと記される。魏晋南北朝期に入っても、孫権に儒学を以て仕えて[12]「帝師儒」と記される闞沢[13]、魏の高貴郷公に『尚書』を講じて[14]「帝師」とされる鄭沖[15]、五経に通じて北斉武成帝の侍講を勤めた「帝師」張雕[16]と、儒者「帝師」という記載事例は見える。陳朝廃帝をその皇太子時代から一貫して教導し、帝の即位後も「猶お帝師たりて入りて講授し、甚だ尊寵せら」れたと記される顧越もまた、儒学の家に生まれ、経籍を以て進講に当たった人物であった[17]。

これらの事例から見て、元初の漢民族知識人の一般的教養において「帝師」という語彙は、基本的には、儒教イデオロギーが力をもった漢代とその余勢の残る時代における皇帝の儒学の師を指す言葉であったと考えられる。したがって世祖政権がチベット仏教僧に与えるものとして「帝師」という言葉を持ち出したとき、いちはやくこれに反応したであろう漢民族社会、少なくともそのうちの識字階層は、単にチベット仏教僧が「帝師」として崇奉されるのだということを読みとったのみではあるまい。彼らはそのとき同時に、この「帝師」は儒者ではない、という読みとりをおこなったはずである。つまり「帝師」という漢語称号を直接的に認知した漢民族社会にとって、チベット仏教僧「帝師」の設定は、何よりもまず、儒者を師と仰ぐ君主、すなわち儒教君主たる中国皇帝という観念との摩擦として感知される事象であったことになる。

もちろん漢代以来の儒者「帝師」は、単に皇帝の師となったある人物を指す一般的語句であって、称号であるわけではない。よって、元初にあって両者の対比が意図的にもくろまれていたか否かは分からない[18]。世祖政権は、ごく単純に、西夏の事例を参照して帝師なる称号を採用したに過ぎないかも知れない。いずれにせよ序章で述べたように、チベット仏教奉戴者たちの指針そのものに相当する言説は、現存史料中に見いだしえない。だがここでの課題、すなわち〝現在の国家・君主はチベット仏教を尊崇している〟との判断が元代においていかにして成立しているのか、という問いに則して考えれば、「帝師」という漢語語句に直接反応しうる漢民族知識人たちにとって、この語句が、儒学の「帝師」という既存概念との対比を呼び起こすものであったことには注目せざるをえない。

そしてこのことはすなわち、チベット仏教僧への「帝師」号授与という世祖政権の新路線に対して最も鋭く反応するであろう集団が、漢民族識字階層のなかでも、儒家的な教養を基盤とする知識人、つまりは一般的かつ標準的な漢民族知識人であったことを示唆する。彼らは、みずからを漢民族における指導的・普遍的な存在であると自負するとともに、宋代の儒学復興とそのなかでの朱子学の誕生、そしていまその朱子学が興隆する流れのなかにあって、儒家としての自覚を深めつつある社会集団であった。このような人々にとって、儒者ではない「帝師」の出現は、注視せざるをえない事態であったはずである。そのときおこなわれた彼らの読みとりは、単にモンゴル人支配者がチベット仏教を崇奉している、というのみのものではなかったに違いない。そこには同時に、この支配集団はその君主を儒教的君主という枠にはおさまらない存在として造形しようとしているという、彼らにとってきわめて深刻な読みとりが付帯されていたはずである。

(二) 元初における儒教「帝師」観念の事例――趙天麟・王惲

(1) 趙天麟

ここでは元代の儒士、すなわち儒家知識人[19]において、〝帝師とは皇帝の儒学の師である〟とする観念が確かにあったことを、世祖期の二件の文書に見てみよう。はじめに取り上げるものは、京師における仏寺営繕事業の抑制を世祖の時に説いたものとして伝世する趙天麟の上奏文（『歴代名臣奏議』巻三一六、営繕）である。この奏文は、抑仏を主張する際の根拠として、「孔子は乃ち帝王の師」、すなわち君主の師たるものは儒者である、とする観念を明記したものとして注目される。

天麟はまず、目下の大都・上都においては、「府庫の財を発し、生霊の力を役」することにより、「画棟の天を挿して飛甍の霧に隠れ」るほどの「巧麗」な仏寺が造営されている、として現状を描く。そのうえで、「乃ち下民の財と下民の力を以て色身の相好を粧点するは、臣の竊かに以為《おも》えらく、如来の本意に非ざるなりと」と述べる。

こうして、「民」の財と力を吸い上げて物質的栄華で飾ることがはたして如来の意にかなうのであろうかと、まずは仏教的な筋道を用いて崇仏事業を批判してみせた天麟は、ここからにわかに批判の拠り所を儒教的な立場へと転換する。

欽みて惟えらく、皇国の武にて四方を定め、文にて一統を綏《やす》んじ、歴世の帝王の大柄を握り、百家道術の宗盟たること、皆な孔子の三綱五常の力なり。豈に宜しく独り綱常を絶滅するの教えを崇ぶのみか、天下を率いるを以て浮図の人を奉信すべきや。

ここで天麟は、現政権が一統を達成して「帝王」の権力を掌握したことはすべて「孔子の三綱五常の力」のたまものである、との言辞を唐突に持ち出している。なるほどこれは儒教を奉ずる知識人にとって疑うべからざる通念であろうし、儒仏の対置もまた彼らの好むところのものではあるが、しかし直前までの仏寺建設批判から、なぜこれほど性急に儒教の問題へと論点が移行するのだろうか。天麟のこの論理展開の理由を示唆するものが、直後に記される次の文章である。

臣、又た以《おも》えらく、京師は天下の瞻仰する所なり。孔子は乃ち帝王の師、綱常の主なり。而るに其の廟学の猶お闕然たること、臣、先に献ずる所の万言策の内に已に之を言えり。

天麟が儒教へと話柄を移行させていく文脈のうえで基点となっているものが、この「孔子は乃ち帝王の師」とする部分であることが分かる。この「帝王」は、言うまでもなく前段の「歴世の帝王の大柄」の「帝王」であり、またこの奏文中しばしば記されている「天下」という言葉に、その統率者として対応するところのものである。「大柄」を以て「天下」を率いる「帝王」たるもの、その「師」は孔子である、という儒家の基本的観念がこうして導かれることとなっている。

つまり天麟は、単に民の疲弊のみを理由に仏教への過剰負担を批判しようとしているわけではない。「仏寺」の荘厳は、その一方において「廟学」という儒教的制度が冷遇されているとの認識を天麟のなかですみやかに喚起し、それが不当であるという反応を引き出している。仏教寵遇への批判をこうして一気に儒教閑却に対する批判へと直結させる、その論理的結節点として作用しているものが、孔子こそが「帝王の師」である、あるいは、孔子を師と仰ぐものこそが「天下」を率いる「帝王」である、とする彼の観念にほかならない。「孔子を師」とする、という記述は、このあと、仏教・道教を「父子の恩なく、君臣の義もなし」と一蹴したあとで、

今、国家、其の一節を取りて其の寺観を崇ぶは猶お可なるがごときなるも、孔子を師として独り廟学を崇興するの資費を惜しむが如きに至りては、此れ臣の言う無き能わざる所以のものなり。

と、現「国家」においても当然そうであるべきことがらとして、いまいちど反復される。

以上の上奏が書かれた年次は記されていない。しかし世祖代に建築された主要な大規模国家寺院のうち、大都城外の大護国仁王寺の工期は至元七年十二月から至元十一年三月まで、同城内の大聖寿万安寺のそれが至元十六年十二月から至元二十五年四月までである。[20]したがって、天麟の憂慮する壮麗な仏教建築群が京師に出現したのは早くとも至元十年代であるから、彼がこの上奏が書いた時点では、すでにパクパへの帝師号賜与（至元七年）はなされていたはずである。

東平――序章で見たように、ここには至元元年に「西僧」が雨乞いのため派遣されている――の布衣であったと言われる趙天麟（『新元史』巻一九三、趙天麟伝）は、『元史』にはその名が記載されていない。はたしてこの文書も、実際に上聞に達したか否かは分からない。しかし天麟が書いたというこの文書の存在は事実であるし、この文書が書かれたとき、チベット仏教僧が政権から「帝師」と呼ばれて称揚される状況にあったこともほぼ疑いがない。天麟はこれらの状況を、仏教重視という現象として読みとる。そしてそれをすみやかに儒教軽視と結びつけ、不当、と反応する。このときその論拠として、孔子こそが帝王の師である、と、彼にとっては言わずもがなの常識をあえて書きとめる。

このような思考の流れをもつ者たちが、いまみずからが目睹している国家の崇仏的動向のなかにあって、あろう

ことか仏教僧に「帝師」の呼称が与えられた、という事態に無反応であったとは考えにくい。あるいは趙天麟がこの奏文を編んだこと自体、パクパが帝師とされたことと無関係ではないのかも知れない。異域の仏教僧への「帝師」号授与は、儒教的な国家観念をもつ者に「帝王の師」とは本来いかなる者であるべきかについての自身の観念をあらためて想起させ、彼にとってはあまりにも当然のこの通念を、ことさら紙上に書きつけさせる動因たりうるものであるからである。

だが、天麟が「孔子は乃ち帝王の師」と記し、よって廟学整備こそが国家当然の義務であるとしたためたとき、すでにそこには、この儒教側の論理を飲みこむ陥穽が口を開けていたと言わねばなるまい。孔子が帝王の師であるゆえに廟学が整備されねばならないのであれば、いまや仏教僧が「帝王の師」なのであるから、寺院荘厳はしごく当然の施策である――。この新たな論理に逢着するまでに、いかほどの障害があるであろうか。孔子の学徒たる過去の「帝師」とはまったく異なる、そればかりか儒教が批判の対象としつづけてきた仏教から「帝師」が出現したいま、漢代以降、中国域において一般に認められ、説明を要しなかった「孔子は乃ち帝王の師」という大前提に対して、ではなぜそうであると言えるのか、という根源的問いかけが頭をもたげる可能性はもはや皆無ではない。自明の公理であった儒教国家観念は、ここに至って相対化の危機にさらされる。このようにチベット仏教「帝師」の設定は、漢民族社会の公準であった儒教的観念がいまや絶対的なものとはされていない、という判断を、モンゴル人政権下の儒家知識人たちのなかに生じさせうるものであった。

(2)　王惲

次に、世祖期のいま一つの事例として、王惲が残した文書を見てみよう。至元十八年（一二八一）に皇太子チンキムに進呈された「承華事略」のうち、「崇儒」（『秋澗先生大全文集』巻七九）と題された一篇である。これは文字どおり儒教尊崇をひたすら勧める文書であって、仏教への言及は一切ない。しかし、チベット仏教僧に与えるものとして「帝師」なる漢語称号が出現したことが当時の儒家知識人の「帝師」観念といかに抵触する事態であったか、という点に関して言えば、王惲のこの一文は、先の趙天麟奏文よりもさらにその矛盾を深く浮彫するもののようである。

周知のとおり「承華事略」は、過去歴朝の皇太子たちの事蹟を典範として挙げ、以てチンキムを教導することを目的として撰文された。「崇儒」もその例に漏れず、前半部分で、漢明帝がその皇太子時代に桓栄——前述のとおり、「帝師」として『後漢書』に記される人物である——に粛々と師事していたこと、唐玄宗も皇太子時代に褚無量から『孝経』『礼記』などを進講され、この師をあつくもてなしたこと、(21) 同じく唐順宗も皇太子時代に学を好んで師を礼遇したことを述べる。過去の皇太子たちが儒学の師を拝した様を、縷々説いていくわけである。ついで王惲は、チンキムへの語りとして、次のように記す。

臣惲観ずるに、明帝の書を奉りて報謝し、順宗の師に見ゆるに先ず拝し、聖上（元世祖）の国学を立てて冑子を教え、殿下の儒士を選んで経典を講ぜしむるは、皆な師を尊び、道を重んずるの故を以てするなり。然るに其の師を尊べば、必ず其の教えを崇ぶ。夫子の教えは尭・舜・文・武の道なり。尭・舜の道は三綱五常、是れなり。夫子、修めて之を明らかにす。故に百代の帝王の師たり。

ここで王惲も、趙天麟と同じく、孔子こそが「帝王の師」という語句を出している。ただし王惲は、国学（国子学）を立てた現皇帝も、あるいは儒学者から講経を受けている皇太子本人も、すでにその規範内に立っている、という点を強調する。すなわち、世祖・チンキムともに「帝王」にふさわしく今まさに孔子を「師」として仰いでいると述べ、崇儒路線という、つまりは王惲自身にとって望ましい状態を、まずは既成の〝事実〟として描いてしまう。この現状描写を前提としたうえで、そこにいまだ欠落点のあることを、惲は次のように説きはじめる。

切に見るに、方に今、文儒の事の教化に関係するも、曠《むな》しくして未だ挙がらざること数事。如《すなわ》ち学校の未だ興らずして、人材、育つ所の無きこと。儒戸の未だ復されずして、士風、下に絶えたること。孔殿の未だ修されずして、帝師、其の位を虚しくしたること。襲封の未だ定まらずして、祀事、其の主を乏《か》きたること。洒掃の未だ給されずして、祖庭、之が為に蕪《あ》れたること。如し或いは当に行わんとすれば、惟だ殿下、意を其の尊師重道の実に留め、千古に光賁たらんことを。

目下の崇儒体制の不備として、ここで王惲が挙げるものは次の五点である。学校の制度が整わず、「人材」が育たない。儒戸が尊重されず、「士風」が低下している。孔殿がいまだ整備されず、「帝師」の地位が埋められていない。孔子後裔への衍聖公襲封(22)がいまだなされていないため、「祀事」を司るものがいない。財政的裏づけが不安定であるため、「祖庭」が荒れている。これらのうちここで問題となる箇所は、「孔殿未修、帝師虚其位」、すなわち、孔子廟が未整備であり、「帝師」の「位」が「虚」である、と記す部分である。

至元十八年に王惲は、いま帝師はいない、と述べている。それゆえこの虚なる「位」を満たすべきである、と皇太子に求めているわけである。しかしこれは、パクパに「帝師」位が授与されてから十年余りが過ぎ、すでに二代帝師も逝去した時点での発言である。彼がこれらチベット仏教僧「帝師」を知らなかったとは考えられない(23)。またここで王惲が、従来の中国域の漢語文献においては「帝の師」を指す一般的用語であった「帝師」という文字列を、何ものかがそこに座るべき「位」として持ち出していること自体、チベット仏教僧に授与される明確なポストとしての元の「帝師」を経験しつつあることの反映でなければならない。その王惲が、いまだ「帝師」が空「位」であるから、つまりは前段で記した「百代の帝王の師」の座が埋められていないから、これを迎えるべきである、と述べる。もちろん、それを桓栄や褚無量のごとき「儒士」のなかから迎えよとする趣旨である。

王惲は、自分が「帝師」と呼ぶ「帝師」は現在いないのだ、と記述する。これは、文書の上呈先であるチンキムや彼を含むモンゴル人王侯たちへの訴えであるよりもむしろ、王惲みずからを含む漢民族知識人たちの記憶に、自身のこの認識を刻印しておこうとする営みであろう。チンキムはある程度漢語を解したとされるし、またパクパからよく教えを受けていた(24)人物である。その人物に奉ずる文書として、すでに発足していたチベット仏教僧「帝師」

を黙殺・否定するがごときこの一文を書きえたとすれば、王惲は、モンゴル人王侯たちからの好意的応答はもちろん、懲戒のたぐいさえ予期していないだろう。このことはまず、元初において、「帝師」という漢語地位の出現に最も尖鋭に反応し、それによる波紋なり動揺なりの発生した場が、やはり漢民族知識人社会であったことを裏づける。

さらにこの文書は、漢民族社会のなかで起きているその波紋が、単に彼らが「帝師」なる漢語を解するということのみによって生じているわけではなく、本来「帝師」は儒者である、という観念を既有していたことによってこそ引き起こされていたことを示している。儒教「帝師」設置を訴えようとするこの文書は、それとは似て非なる「帝師」の存在に対する認識と不可分である。パクパらチベット仏教「帝師」の出現が、儒教「帝師」の不在という想念をすみやかに彼らのなかに生じさせたと見なければならない。

この文書においていま一つ重要な点は、以上のような認識と叙述を経ることによって王惲が、モンゴル人支配集団、わけてもその君主権力の圧倒的な自律性を感知せざるをえなかったであろう点である。中国域における儒教「帝師」観念にまったく束縛されることなく、仏教「帝師」をにわかに出現させたその処置は、この異民族支配者がどのような立場を以て中国統治に臨もうとしているかを示すに充分であった。この君主は、みずからを、何ものを「帝師」と呼んでもはばからないほどに絶対的な存在としている――。撰文の過程で、王惲は必然的にこの気づきに至らざるをえない。このようにチベット仏教「帝師」の設置は、現行君主権力が、ながく中国域を律してきた儒教規範からさえ完全に自由な普遍存在として自身を表現していることを、漢民族知識人に認知させるものである。

この文書が進呈された至元十八年、一人の少年がチベットから元廷に向かって移動しつつあった。翌十九年に三代「帝師」とされるダルマパーララクシタである。パクパの甥に当たるこの人物は、在家の居士のまま、十五歳で帝師位に就く。(25)「帝師」の出現を求める王惲の進言は、こうして間もなく、僧侶ですらない若年「帝師」が仏教界から現れるという現実を以て報われることになる。

（三）元代中期における儒・仏「師」観念の摩擦——孛朮魯翀

以上のように、世祖代に発足したチベット仏教僧の「帝師」は、漢民族知識層がもつ儒教の「帝師」観念と抵触する構造のなかに投げこまれたわけであるが、相い反するこれら二つの「帝師」観念がそののちどのような状況を生んでいくかを、いささか先取りして、元代中盤の事例に見ておこう。文宗代、ある人物が帝師への拝礼様式に抵抗して周囲を慄然とさせた光景が、次のように書き残されている。

> 帝師の西方自り至るに、百官に勅して郊迎せしむ。公卿は膜拝して觴《さかずき》を進め、師は坐して之を受く。公、立ちて以て觴を進めて曰わく、師は釈迦の徒、天下の僧の師なり、余は孔子の徒、天下の士の師なりと。師、笑いて起ち、觴を挙げて卒に飲む。観る者、凛然たり。（『滋渓文稿』巻八、元故中奉大夫江浙行中書省参知政事追封南陽郡公謚文靖孛朮魯公神道碑銘幷序）

前章で述べたように、新任の帝師がチベットから到来する場合など、帝師の京師入りに当たっては百官郊迎の厚礼が用いられた。これは、その迎接の際、高官が長跪俯伏して奉ずる杯觴を座位の帝師が受けとるべき場面で、「公」、すなわち主人公の孛朮魯翀が立ってこれを差し出し、帝師も笑ってまた立ちあがり、杯を受けたという逸話である。『元史』（巻一八三、孛朮魯翀伝）では、翀の言葉が「帝師は釈迦の徒、天下の僧人の師なり。余は孔子の徒、天下の儒人の師なり。請う、各《おのおの》礼を為さざるを」と記され、帝師を上位とする礼を彼が拒絶し、互いを対等者として振るまうよう求めたことが、より明瞭に表現されている。

孛朮魯翀は、彼に古文を指導した姚燧をして「其の践履は一に仁義を以て準と為し、文章は師伝を待たずして能くす。後進に是に倫比するもの無し」と称讃せしめた学徒であり、地方の儒学教官を皮切りに累遷し、中央においては礼部や翰林兼国史院の官職などを歴任した儒臣である（『滋渓文稿』同前）。また、翰林院にあって進講したおり、儒仏道三教のいずれが「貴」であるかとの下問に対して「釈は黄金の如し、道は白璧の如し、儒は五穀の如し」と答え、では儒教が最も「賤」なのかと問いを重ねる皇帝に、黄金や白璧がなくとも何の支障もないが「五穀は世に豈に一日として闕《か》くべきや」（『南村輟耕録』巻五、三教）と答えたと記される。道教・仏教に対する儒教の優越を強く主張する人物と目されていたわけであり、帝師に対して対等の行動をとったという前掲『滋渓文稿』の逸話も、彼のこうした姿勢の一環として書きとめられたものであろう。

注意すべきは、帝師との対等を示そうとする孛朮魯翀が発した言葉が、帝師も自分も「師」である、とするものであったと記述されていることである。これは、まずもって孛朮魯翀自身が、互いの「師」としての立場に意識を向けていたことを示している。さらには、この逸話を顕彰文のなかに採っている以上、文書の書き手である蘇天爵もまた翀のその議論と行為に共感を抱いていたことが明らかである。帝「師」という存在が、翀と天爵という二人の儒士のなかで、彼らにとっての「師」の観念――本来は儒者に冠される栄誉であり、しかし今はチベット仏教僧がそのように呼ばれているところの――を揺さぶっていることは疑いない。

とはいえ孛朮魯翀の主張は、現下の帝師という存在への挑戦としてはさして有効なものではない。帝師が、これに膜拝して杯を進呈すべきほどに尊貴とされた根拠は、彼が天下僧衆の「師」であると同時に、「帝師」であるからにほかならない。したがって孛朮魯翀の言い分は、事態の基底にあるこの厳然たる条件から論点をずらした詭弁と言われればそれまでのものである。帝師は僧人の師、自分は儒人の師、それぞれ別の教えに属し、なおかつそれぞれ「師」たる者なのであるから、互いに礼を為さざることとしよう。帝師を頂点として元が構築した崇仏体制下にあってはかなりの程度に空疎なこの言動を、孛朮魯翀のものとして記したのちに蘇天爵は、これに対して帝師は笑って非礼を許したと筆記する。もちろん追悼文であるからには、翀の剛毅にさしもの帝師も微苦笑を禁じえなかったことを描き、以て故人を称えようとする文脈ではあろう。しかし、帝師の泰然たる応対を記すこの描写は、翀の主張が帝師という存在にとって何ら打撃たりえない、帝師は不快を示す必要さえない、という現状認識を、撰文者がいったんくぐりぬけたのちに成立するものである。

百官郊迎という皇帝なみの格式を以て迎えた帝師に対して、反仏教的な儒臣が、儒仏を並置して対等礼を求める。

一座の者が震えあがる。しかし帝師は寛容な態度を以て対応する。事態をこのように読みとり、伝え、あるいは記述する過程において、観察者・伝聞者・記述者たちは、帝師がまさしく「帝師」であり、絶大な優位性を当該政権によって保証されたものである、というみずからの認識を通過することになる。ここで「帝師」の存在は、儒家知識人たちが儒仏の二項対置という論理を持ち出すことを誘発し、そして同時に、自身のその論理の限界を意識させる表象として作用している。

このように元の「帝師」位は、儒教的な君主観念・国家観念をもつ人々、つまりは中国域における標準的な知識人たちにとって、その儒教的な規範への抵触として察知される事象であり、したがってきわめて看過しにくい事象であった。彼らはこのとき次のように判断する。この宗教を奉戴することによってモンゴル人支配集団は、自集団を、とくにその頂点たる君主を、儒教の枠組みに拘束されないものとして表現している——。この読みとりが、儒教を戴く人々において不可避的に生じたとき、チベット仏教への尊崇という〝できごと〟が、そのかたちを成して屹立したと言える。

第二節　儒教儀礼とチベット仏教奉戴

前節までに見たように、帝師設置という新機軸を意味あるものとして認識せざるをえなかった漢民族社会において、とくに深刻な意味をこの地位が放ったであろう理由の一つは、これが儒教的観念とのあいだで摩擦を生ずる属性をもつことにあった。本節では帝師以外の事象にも範囲を広げ、世祖代におけるチベット仏教の展開のさせかたに、儒教的儀礼制度との接点が組みこまれていたことを見ていく。さらに、成宗代以降にも同様の設定が指向されたことを示す事例を挙げ、儒仏の対置というこの方針が元代を通じて存在したことを確認する。

（二）太廟と仏事

帝師設定にも先んじて、儒仏の接触がまず顕著に現れたのは、太廟祭祀をめぐる場面である。旧燕京城における太廟造営の詔勅は中統四年（一二六三）に出され、[26]至元三年（一二六六）十月にはその落成をみた。[27]その後の経緯を『元史』（巻七四、祭祀志、宗廟上）は次のように記す。

（至元三年）十一月戊申、神主を祏室に奉安し、歳ごとに冬祀を用てすること初礼の如し。四年二月、初めて一歳十二月に時物を薦新するを定む。六年冬、時享畢《お》わるに、十二月、国師僧に命じて仏事を太廟にて薦めしむること七昼夜。始めて木質金表の牌位十有六を造り、大榻金椅を設けて祏室前に奉安し、太廟にて仏事を薦むるの始めと為す。七年十月癸酉、勅して宗廟の祝文は国字を以て書かしむ。

至元六年、冬烝が終わった後の太廟において、「国師僧」に仏事を執行させたとの記事である。世祖本紀は、この六年冬の時享についてはとくに記さないまま、「仏事を太廟にて作すこと七昼夜」（『元史』巻六、世祖本紀、至元六年十二月己丑条）と、仏事の挙行のみを記す。これらにより、太廟導入のごく早い段階において、儒教儀礼の根幹に位置するこの祖宗祭祀の場に、儒教が異端とするところの仏教の儀礼が組みこまれていたことが判明する。つまり世祖政権の親儒教的な動きのただなかにあっても、そこに仏教が介在させられることにより、儒教原理に則した儀礼体系をそのまま遵守するかたちとなることは回避されていたわけである。

ここで太廟での仏事を奉献している「国師」は、おそらくパクパである。彼が翌至元七年に国師から帝師に昇叙されることは前述した。したがって、至元六年当時、かりにいく人かの国師が存在していたとしても、この仏事の執行者に任じられる人物は彼をおいてほかに考えにくい。このことは、遡って、パクパへの国師任命を記す世祖本紀記事（『元史』巻四、中統元年十二月乙巳条）と同日の条に、「始めて太廟を祭享するの祭器・法服を制す」として太廟祭祀着手の記事もまた置かれていることが、あるいは偶然ではないことを疑わせる。少なくとも、パクパ寵遇と太廟儀礼構築とが平行して進行していた、という時系列上の情報は留意してよい。

また前掲の祭祀志記事は、太廟祭祀の祝文を国字で書くべしとの詔勅が至元「七年十月癸酉」にくだったことにも言及している。世祖本紀によればその十二日後の乙酉に廟祀が執行されているから、[28]おそらく当該詔勅は、そこで国字祝文を用いよとの具体的指示であったものだろう。それが何語の文章であったかは分からない。しかし前年二月に頒行されていたパクパの国字が、ここで用いられたことは間違いない。またこうしてこの間の記録が残存していることは、太廟祭祀に対して皇帝が示した態度を、漢文系の筆記者が充分に認知していたことを意味する。このこともまた、世祖政権による太廟儀礼の開始にあたって、そこにチベット仏教的要素を介在させようとする動きがあったこと、なおかつこのモンゴル人支配者の動きが漢民族知識人の意識に判然と刻まれたことを示している。

この前後の経過をパクパの側から確認しておこう。まず中統元年、彼が国師に任命されたのと同日に、太廟祭祀整備の通達も発せられる。至元六年二月、彼の作成した文字が国字として世に出される。至元六年十二月、おそらく彼は太廟で仏事を執行する。翌至元七年のいずれかの時点で、彼は帝師に昇叙される。そして同七年冬の太廟祭祀には、前年に頒行された彼の国字が用いられる。

こうしてたどると、パクパへの処遇には、このチベット仏教僧の存在を太廟祭祀に関与させようとする方針もまた連動していることが了解される。パクパは、政権が太廟儀礼を伝統的様態のまま丸ごと飲みこむわけではないことを示すためにも、漢字ではない新たな「国字」創出の功績を担わねばならず、また太廟で仏事を執行するという特異な儀礼様態の現出に参与せねばならなかったのではないか。

このように考えれば、帝師位なるこの地位がごく尊貴なものとして新設されねばならなかった理由の一つとして、それによって非漢字・非儒教の文化的要素を儒教原理にもとづく祭祀に接触させることが可能であった、という点を挙げるべきことになるだろう。モンゴル人政権は、中国域在来の儒教的装置を採用して漢民族人心の糾合を試みつつも、その儒教的枠組みを綻びさせる異質な要素を挿入しているのであり、そしてその異質要素として、彼らが施主として尊奉するチベット仏教を充当していると見てよい。

太廟での仏事実施を直接的に伝える記事は、世祖期にいま一つ存在する。至元十三年（一二七六）九月の事例である。本紀には、

国師益憐真に命じて仏事を太廟にて作さしむ。（『元史』巻九、世祖本紀、至元十三年九月壬辰朔条）

とあり、一方、祭祀志は、

（至元）十三年九月丙申（五日）、仏事を太廟にて薦めしむるに、仏事の便とする処に即きて大いに祭らんことを命ず。（『元史』巻七四、祭祀志、宗廟上）

とする。この仏事の場合も、執行者とされた「国師」は、おそらくチベット仏教僧である。(29) 両記事の日付にずれがあるのは、それぞれの命がくだった日付であるためであろう。

ここで、太廟における仏事にあたっては「仏事の便とする処」に即して盛大に祭れ、との勅命が出たと書きとめられていることには注意してよい。太廟でおこなうとはいえ仏事は仏事らしく執行するように、とする皇帝の意思表示のあったことが、漢文文書として書きとめられているからである。モンゴル人政権はそこに矛盾があることを充分に認識したうえで儒教儀礼の場に仏教を介在させようとしている、と、この記録を残した漢民族知識人が見てとっていることが分かる。

（二）朝儀と国家寺院

太廟という儒教的空間におけるチベット仏教の儀礼が注視されていた一方で、チベット仏教の空間の側に儒教儀礼がとりこまれる事態も、漢民族知識人によって観察されていた。『元史』（巻六七、礼楽志、元正受朝儀）は、

期に前だつこと三日、聖寿万安寺にて習儀す。或いは大興教寺。前だつこと二日、殿庭に陳設す。期に至るの大昕、侍儀使、導従の護尉を引き、各《おのおの》其の服を服《き》て、入りて寝殿の前に至る。牙牌を捧げて跪き、外辦に報ず。

として、元日の三日前、大聖寿万安寺または大興教寺にて元正朝儀の演習がおこなわれたことを記す。万安寺・興

教寺とともに国費で建立・運営される国家寺院として著名なものであり、なおかつ後述するパクパ推挽のネパール人仏師阿尼哥がそれらの建立に関わっていたから[30]、チベット仏教色の顕著な仏寺であったと目される。このように元代にあっては、文武官僚の跪拝礼や舞楽要員による奏楽などからなる礼楽典礼が、チベット仏教風の仏教寺院において繰り広げられていたわけである。

　万安寺・興教寺での習儀がどの時点から開始されたかは判然としない。前記『元史』礼楽志は、その序文および「制朝儀始末」の項で、至元六年から伝統的な礼楽典礼の調査などが開始されたのち、至元八年八月に朝儀が制せられ、「是自り、皇帝即位・元正・天寿節……皆な朝会の儀の如し」であったと記す。しかし万安寺は先に触れたとおり至元十六年十二月に着工して至元二十五年四月の落成、一方の興教寺はさらに遅れて至元二十年の着工である[31]。したがってこれらの寺院での習儀は、追って順次に開始されたものかも知れない。ただし万安寺での習儀が世祖代にはすでに執行されていたことは、『元史』（巻五一、五行志、火不炎上）に、

　此の寺（大聖寿万安寺）、旧名は白塔。世祖より以来、百官習儀の所と為す。其の殿陛・闌楯、一に内庭の制の如し。

とあることによって知られる。この記事はまた、百官習儀の場にふさわしく、その殿宇のきざはしや欄干の設いが禁裏宮闕のそれに倣ったものであったことを記している。そうであるならば、升殿する者は歩数や歩幅などを儀典当日と同様に予行し、殿庭にある人々も儀式の大要を容易に把握することができたものであろう。あるいは万安寺内のこの建築物は、当初から習儀を前提として設計造営されたと見るべきかも知れない。

　また国家寺院で習儀された典礼は、ひとり元正儀礼のみではなかった。『元史』礼楽志は、先に引いた「元正受朝儀」の項に続き、他のいくつかの儀礼についても記す。そのうち「皇帝即位受朝儀」は、「期に前だつこと三日、万安寺にて習儀す」と見え、万安寺で習儀されたことが明らかである。加えて「天寿聖節受朝儀　如元正儀。郊廟礼成受賀儀　如元正儀」とあるから、これら二儀礼の習儀もまた万安寺または興教寺でおこなわれた可能性がある。実

際たとえば、『張蛻庵詩集』（巻一）の「四月十四日習儀白塔寺有旨翥升院判」と題する詩は、順帝の天寿聖節三日前に万安寺で習儀が実施されたことを詠んだものであろう。順帝の「天寿節」は「四月十七日」[32]であるからである。またここで張翥が記す「升院判」は、至正年間の彼に「陞礼儀院判官」（『元史』巻一八六、張翥伝）という昇叙があったことを指すと見られるから、確かにこれは順帝代のことである。

このように、朝儀のなかでも重要度の高いいくつかの儀礼が、その執行に先だつものとして万安寺または興教寺での演習を付随させていたことが判明する。元代、儀仗や楽隊を引き連れた官僚集団は、世祖の定めた典範に則り、まずはチベット仏教的な意匠にあふれた国家寺院の境内に足を踏み入れ、「礼楽」の重要儀典を粛々と営んだわけである。

（三）先聖先師像とネパール人仏師

パクパの推挙によって世祖・成宗に仕え、国家寺院の建築や造像に従事したネパールの工芸家阿尼哥の事蹟については、石田幹之助らの報告によって広く知られている。[33]また、ある寺院が阿尼哥の手にかかることが当該寺院をチベット式仏教寺院であったと見ることの論拠として用いられる[34]ことからも分かるように、元のチベット仏教奉戴路線が具体的に顕現されていくうえで、彼の活動は大きな役割を担っていた。前記の大聖寿万安寺や興教寺も、その事例である。

阿尼哥に関してここで問題とすべきは、彼の仕事が仏教の範囲を超え、儒教関連施設にも及ぶものである、と当時にあって理解されていたことである。彼に関する基本的伝記史料である程鉅夫所撰の神道碑は、至元二年（一二六五）にある銅像の補修によって「天巧」の名声を獲得した阿尼哥が、そののち世祖の命により、国家寺院の荘厳や人匠総管府の統轄など、公的事業に次々と起用されていく様を述べる。そのなかで、至元十一年（一二七四）に上都の仏寺造営が命じられたことが記されるが、この夏の都において阿尼哥に託された仕事として程鉅夫が挙げるものは、それのみではない。

（至元）十一年、乾元寺を上都に建つ。制は仁王寺と等し。上都の国学の始めて成り、夫子・十哲を肖祀せしむるに、公（阿尼哥）に詔して之を為《つく》らしむ。（『雪楼集』巻七、涼国敏慧公神道碑）

とあるように、上都の国子学に祀る孔子および孔門十哲の像を造るよう彼に詔勅がくだったと記している。チベット仏教様式を専門とする仏師に、儒教祭祀用の尊像制作が委ねられた、と儒士である程鉅夫が認知し、記述しているわけである。

このあと程鉅夫は、京師内外で国家寺院の施工に当たる阿尼哥の活躍と世祖の厚遇、そして世祖崩御に際して阿尼哥が営んだ仏事のことなどを記し、阿尼哥自身はやはり基本的には仏教的人物であったことを描く。しかしこれに続けて、成宗代に入ったのちに阿尼哥が、たとえば京師における三皇廟の建築を担当し、[35]あるいは崇真万寿宮が落成すると詔勅を受けてそこに安置する像を制作するなど、またもや漢民族の伝統祭祀施設の整備に用いられたことを記す。また『元代画塑記』（儒道像）も、大徳三年（一二九九）に三清殿の神像奉納に関して聖旨がくだり、阿尼哥がその塑像百九十一体の制作に当たったことを伝えている。これらの記事から見て、阿尼哥はしばしば詔勅を受けて中国在来の聖王信仰や道教神祭祀の造営事業を担当していたことになる。君主権力によって、このチベット仏教系色目人が漢民族固有祭祀の施設設置に参与させられていたことが分かる。

このの ち阿尼哥は、ふたたび儒教祭祀に関与する。程鉅夫はこれを、

（大徳）六年（一三〇二）、国学の文廟成るに、復た命じて之に肖位を為らしむ。先猷に遵うなり。公（阿尼哥）、詔を奉じて感激し、益《ますます》心思を尽くせり。

と記す。大都の孔子廟建造（『元史』巻二〇、成宗本紀、大徳六年六月甲子条）について言及したものである。上都に続いて大都国子学の孔子祭祀施設においても、詔勅によって、このチベット仏教系仏師の手になる聖人像が出現したと述べるわけである。阿尼哥が感激を以てこの仕事に専心したと記し、崇儒的意味づけを与えていることを

も含めて、チベット仏教系の人材と儒教との接触がここで「復た命じ」られたことへと、程鉅夫がその認知の焦点を合わせていることが分かる。

この大都孔子廟の塑像制作については、阿尼哥への言及を欠きつつも、『元代画塑記』（儒道像）も記述を残している。そこでは、「大徳六年九月、勅を奉じて文廟を建つ。……是に於いて諸色府に下して先聖先師像を塑せしむ。旨を奉ずらく、至聖文宣王一位に準じ、亜聖並びに十哲の一十二位」として、尊像がやはり孔子およびこれに配祀された先師たちのそれであったことが判明する。

阿尼哥が携わったと程鉅夫の書きとめたこれら儒教尊像がどのようなものであったのか、たとえば、チベット式仏像に類する風貌をもち、以て儒士たちの抑仏観念や華夷観念に逆らうものであったのか、といった問いを満足させうる材料はない。いま試みに、『元代画塑記』が載せる大徳六年の先聖先師塑像の用材リストを、同書中の、チベット仏教式と見られる寺院の仏像用材リストと比較すると、(36)先聖先師像用材二十七種のうち少なくとも十九種が仏像の用材と重複しており、双方の尊像躯体の基本的様態はある程度近似したものであったことを想像させる。しかし他方、仏像の用材リストにあって儒教尊像の用材には見えない原材料が、「回回胭脂」などの色素用材を含めて三十種以上にのぼっているから、極彩色の仏像に比較して、孔子らの像はより抑制的な、つまりは人物像として違和感のないものであったと推測することもできなくはない。さらに言えば、前述のとおり『元代画塑記』の大徳六年先聖先師像記事は、これに阿尼哥が関与したか否かについての情報を載せていない。したがって、程鉅夫の記す阿尼哥の関与とは、あくまでも担当官署の長として孔子廟整備に参与したということであって、塑像制作に阿尼哥自身がどの程度かかわっていたかは不明とすべきなのかも知れない。

しかし、その像容がどのようなものであるにせよ、あるいはそこにどれほど阿尼哥の手が入っているかは不明であるにせよ、勅命によってチベット仏教系の仏師に儒教尊像の制作を担当させたという認識と記述が、程鉅夫という儒家知識人によってなされたことは動かない。そしてこのことはすなわち、儒教のもつ抑仏観念・華夷観念との摩擦がそこにあったことを意味する。

元代、モンゴル人政権が儒教祭祀施設を設けるとしたとき、はたしてそこにどのような造形が与えられるかについて、漢民族社会、なかでも儒家知識人には、ある種の危惧や興味が生じたはずである。このとき、その事業を推進する中心人物として帝師パクパに近い色目人が任じられたことは、儒教的観念をもつ人々にとって必ずや認知の対象となり、当該政権がいままさに儒教支持の姿勢を示しつつも、実はそこで何ごとがおこなわれているか、の読みとりを開始させずにはおかない。程鉅夫の記述は、その痕跡の一つである。

こうして阿尼哥を採用することをとおし、元が漢民族社会から反応を引き出したであろうことの残像は、時代がくだり、明代北京の巷間に流れたという一篇の笑話などにも見いだしうるようである。この戯談は、「元世祖」が「既に中華を主るに、華人をして皆な辮髪・縋髻・胡服」の身なりをさせていたところ、「太学」を視察したおり、その「先師孔子及び四配の十哲像」がみな「冠冕・章服」といういでたちであることに気づいた。そこで「有司に命じて縋髻・胡服を作りて以て之に易えしめ」た、というものである。[37] 前政権を自由に揶揄できるようになったとき、元世祖は孔子に辮髪胡服させた、という笑話を漢民族社会が生み出したことは、彼らが異民族政権に関してこうしたイメージを共有し、なおかつ自分たちがこの紋切り型のイメージを抱いてしまうことを互いに笑いとばしたからにほかならない。そして彼らの意識の流れの基層には、漢民族社会の正統たる儒教典礼に対して異民族政権がどのような姿勢を以て望むのか、という一点への注視が存在する。

明代の漢民族社会に共有されたこの注視・関心は、おそらくはより切実な危惧と希求をともなうかたちで、元初の漢民族社会に存在したはずである。モンゴル人の政権が、国子学を設け、孔子廟を設ける。この事業は、漢民族の、とくにその儒士たちの関心を揺さぶらずにはおかない。それゆえ彼らはこの事業のありようを具体的に認識せざるをえず、これにともなって、そこに安置される孔子や顔回の像の制作にチベット仏教系の仏師を関与させるモンゴル人君主権力の動きをも明瞭に認識せざるをえない。崇儒の動向でありつつ、しかし同時に儒教が否定するところの異質な要素を介在させる営みでもあるこの一連の事業は、その両価性によって、儒教に対して政権がとるであろう方針が決して伝統準拠的なものではありえないことを、漢民族社会に受信させるものであったと考えられる。

（四）成宗代以降――神御殿と国家寺院

これまで見てきたように、世祖代のチベット仏教導入にあたっては、これと儒教的観念とのあいだにいくつかの接点が組みこまれることにより、元という政権が必ずしも無条件に儒教的諸制度を受容するわけではないことが観察されていた。では、世祖が薨じて守成の時代に入った後続政権においても、この方針は看取されつづけたのであろうか。この点を、「神御殿」または「原廟」と記される祭祀を題材として考えておこう。

元の成宗代以降、祖宗祭祀の一形態として、太廟とはまた別に、「神御殿」あるいは「原廟」と称する施設が設けられていたことはよく知られている。大聖寿万安寺・大護国仁王寺など十箇所ほどの国家寺院内、あるいは真定の道観内に神御殿が設けられ、故人となった皇帝・皇后ら主要な帝室構成員の御容が祀られた。とくに文宗天暦元年（一三二八）から順帝後至元六年（一三四〇）にかけては、この祭祀の専管官衙として太禧宗禋院（はじめ太禧院）が置かれ、神御殿祭祀が盛大に執行されたとされる。これらのことは大藪正哉[38]・中村淳[39]の先論に詳しい。

中村はとくに、神御殿を併置するこれら国家寺院が建築様式や所蔵像容の点でチベット式の仏教寺院である可能性が高く、また神御殿に祀られた御容もおそらくチベット式画像であったとして注意を促している。元代崇仏の主要な舞台であり、したがって当然チベット仏教寺院であろうと想像されるこれら国家寺院であるが、実は全体として見れば、中国仏教とチベット仏教とが混在する場であったらしいことが近年判明しつつある。たとえば竺沙雅章[40]が明らかにしたように、世祖によって大聖寿万安寺の初代住持に任じられた人物は華厳宗の漢民族僧侶であり、あるいは成宗所建の大天寿万寧寺や武宗所建の大崇恩福元寺の住持にも、同じく華厳宗漢民族僧が就任している。つまり、寺院運営の面においては中国仏教の役割が大きい。また伽藍配置などにも、中国仏教的な特徴が顕著であったらしいことが推測されている。[41]しかしそのようななかにあって、中村が指摘するように、神御殿にはチベット仏教的な色彩が濃厚であったとすれば、これはむしろ重視されねばならない。中・蔵両仏教が併存する国家寺院内にあって、ひときわチベット仏教的要素を際だたせていた施設として、その存在が浮上するからである。

とはいえ「神御殿」「原廟」を設けて祖宗御容の祭祀をおこなうこと、しかもそれらをときに仏寺や道観にも置くことは、元代に特有の現象ではない。宋や金にもこうした儀礼様式はあり、またそれらの情報が具体的に元に伝わってもいた。まず金のそれに関しては、『金史』（巻三三、礼志、原廟）が金代「原廟」の設置場所や御容の移動・奉安儀礼などを採録していることによって明らかである。なおかつ元がこれらの先例への意識を早くから有していたことも、たとえば金代のある時期に御容の一つが置かれていた聖安寺に、[42]初期の世祖政権が祖宗の神主を祀った形跡があることによって推測しうる。[43]一方の宋、とくに北宋において盛大であった神御殿祭祀に関することがらも、元は詳細に把握していた。「忌日を以て太上皇・皇太后の御容に享祀す。本路の官吏の祭奠するに、太常博士、宋の会要を按じて其の儀を定む」（『元史』巻七五、祭祀志、神御殿）などとあるように、元代の御容祭祀は、いわゆる「宋会要」を参照して執行されている。このように、神御殿祭祀が前代、とくに宋のそれを継承するものであったことは、かりに元の漢民族官員が何らかの批判をここに加えようとするとき、それがきわめて困難であったことを意味する。さらに留意すべきは、宋代においても神御殿が仏寺に設置される場合が少なくなかった点である。[44]したがって、こうした先例を知る元が神御殿を仏寺に置いたこともまた、何ら批判しうることがらではなかったことになる。

しかし元代の神御殿祭祀は、以下の点において、漢民族社会、とくにその儒家知識人が抱く観念に抵触する事象であったと考えられる。

第一に、宋の場合、仏寺・道観に祀られていた神御を元豊年間ごろから宮中の神御殿に迎える動きを示していること、[45]すなわち神御殿祭祀を皇城外の仏・道の空間から皇城内部へと回収する方向にあったことである。このことからすれば、仏寺・道観に神御殿を展開させるという元代の動きは、基本的に宋代とは逆行するものであったことになる。つまり、宋が進めていた儒教による帝室祖宗祭祀掌握という方針に対して、現政権はこれを逆転させ、ふたたび仏・道関与の道を開こうとしている、と解される余地があった。

第二に、神御殿が仏寺に存在したがゆえに、仏教関連官衙に所属しない官僚たちにも、仏寺空間でのその祭祀に参加する機会が生じた点である。たとえば、「翰林学士承旨斡赤を遣わして太祖・太宗・睿宗の御容を普慶寺にて祀らしむ」（『元史』巻二九、泰定帝本紀、泰定元年（一三二四）八月辛亥（辛酉または癸亥か）条）、「太祖・太宗・睿宗の御容を大承華普慶寺にて祭る。翰林院官を以て事を執らしむ」（『元史』巻三〇、泰定帝本紀、泰定四年（一三二七）二月甲戌条）、「中書省・翰林国史院官に命じて太祖・太宗・睿宗の御容を普慶寺にて祀らしむ」（『元史』巻三三、文宗本紀、天暦二年（一三二九）二月丙申条）、「中書省・翰林国史院官に命じて太祖・太宗・睿宗の御容を大普慶寺にて祀らしむ」（『元史』巻三四、文宗本紀、至順元年（一三三〇）七月丁巳条）などと記されるように、中書省や翰林院（翰林兼国史院）の官僚たちが仏寺に赴いて神御殿祭祀に当たることとなっている。

このうち、とくに問題となるのは翰林院である。太祖・太宗・睿宗（トルイ）の御容はもともと翰林院に置かれ、至治三年（一三二三）に普慶寺に移されたのち、至順二年（一三三一）にはふたたび翰林院に戻されたとされる[46]。したがって、これらが仏寺内神御殿に安置されていた時期においてもその祭祀が翰林院の官員に命じられたことは、なるほど理解できないことではない。しかし翰林院が、その職務上、儒教的教養の深い漢民族知識人を官員として多く擁する官衙であったことをここで考慮しないわけにはいかない。

試みに、大承華普慶寺での神御殿祭祀に翰林院官が遣わされたことを伝える前掲諸記事の当時に、翰林院在任者としてどのような人物が名を列ねていたかを瞥見してみよう。まず「翰林学士承旨」が普慶寺に派遣されたという泰定元年当時の翰林院には、たとえば呉澄が在籍し、皇帝への進講や『英宗実録』編纂などに従事している（『呉文正集』附録、危素「臨川呉文正公年譜」泰定元年甲子条）。「翰林院官」が同寺で祭祀をしたと記される泰定四年には、国家仏事にきわめて批判的であった張珪が、翰林学士承旨として記載されている。(47)「翰林国史院官」の普慶寺派遣が記録される天暦二年二月当時には、曹元用が翰林侍講学士であり、孔子祭祀に派遣されたりなどしている（『元史』巻三三、文宗本紀、天暦二年二月癸巳条）。曹元用は鎮江の儒学正の経歴などをもつ儒士であり、礼楽や太廟儀礼に通じていた（『元史』巻一七二、曹元用伝）。彼のこの孔子祭祀記事は、「翰林国史院官」による普慶寺での神御殿祭祀記事の三日前の条に当たる。

もちろん、これら儒教色の鮮明な人物その人が、仏寺内神御殿の祭祀に出向いたものか否かは分からない。しかし、名儒呉澄、あるいは仏事批判の主唱者たる張珪の所属先であり、また儒教祭祀の執行機関でもあった翰林院が、チベット仏教色に彩られた神御殿の儀典を担当するという状況は、儒教的価値規範をもつ漢民族知識層にとって看過しやすい事態ではない。

また翰林院から仏寺内神御殿への官員派遣を伝える前記事例のうち、天暦二年と至順元年のそれは、神御殿祭祀の専門部署として太禧宗禋院が置かれていた期間内の事例である。このことは、太禧宗禋院の設置が、神御殿祭祀に関わる翰林院の職責を解くものではなかったこと、したがってそこに生ずる儒仏の摩擦を低減させるものではなかったことを意味する。

のみならず、その太禧宗禋院のほうにも、儒仏の矛盾を看取できないことはない。たとえば太禧宗禋院官員に任命された人物のなかには、先述した孛朮魯翀を見いだすことができる。人事上の無配慮か――あるいは周到な配慮の結果であるのか――、儒仏道のうち儒教こそが有意味であるとの発言や、帝師への対抗的態度を以て記録されることになるこの人物が、太禧院設置にともなって「僉太禧宗禋院兼祗承神御殿事」に叙任されている（『元史』巻一八三、孛朮魯翀伝）。実際に彼自身が仏寺内神御殿に赴いて典礼を執行したか否かを伝える材料はない。しかし彼が、これに関わる立場に置かれたことまでは疑いがない。このように、太禧宗禋院設置という局面においても、神御殿の存在が儒士を仏寺空間での祭祀に巻きこむ可能性をもたらしていたことが分かる。

神御殿祭祀が儒教的観念とのあいだに生んだ矛盾の第三点は、それが太廟祭祀の権威を損なうものと受けとられていたことである。たとえば「明経」を以て翰林修撰などを歴任した李黼は、監察御史を拝した際に、

首言すらく、禴祠烝嘗は古今の大祭なり。今、太廟にては唯だ二祭のみなるに、日《ひび》に仏祠・神御に享《すす》むるは礼に非ざるなり。宜しく経に抝りて之を行うべし。（『元史』巻一九四、忠義伝、李黼）

と上申している。儒臣にとって御容祭祀は仏事とともに頻度過多であり、回数の少ない太廟祭祀との関係においても、「礼に非ざる」ものであったことが分かる。さらに同記事は、この後段において、当該上奏に対して皇帝が「不報」であったことを記しており、彼の言う「非礼」な状態を改変しようとはしないモンゴル人支配者の姿勢を、漢民族の官員たちがこのとき受信したことをも伝えている。同じく神御殿祭祀と太廟祭祀との接点を示すものとしては、太廟享祭と同日に「顕宗の御容を大天源延聖寺に奉安」（『元史』巻三〇、泰定帝本紀、泰定三年十月庚辰条）したとの事例もある。祖宗祭祀という点で共通する太廟祭祀と仏寺内神御殿祭祀とを連動させたものであろうが、抑仏を旨とする儒教原理から見れば、これもまた「非礼」であることは言うまでもない。

以上のように、チベット仏教色を提示しつつ国家寺院内に設けられていた神御殿は、単に帝室が奉戴する仏教にも祖宗祭祀を担わせたというにとどまらず、儒教的観念と抵触するいくつかの要素をもっていた。それによって、祖宗祭祀は儒教が担当するという漢民族社会の通念が確実に相対化される結果を生んでいる。また、これらのことが儒臣たちの眼前で展開されるよう、その官制体系・人員配備が設定されてもいた。

神御殿をめぐっては、最後に一つの事件を想起してよいだろう。元末の至正二十八年（一三六八）六月十五日、大聖寿万安寺が落雷によって焼け落ちた（『元史』巻四七、順帝本紀、至正二十八年六月甲寅条）という一件である。このできごとは、亡国を表象する災異の一つとして『元史』五行志（巻五一、火不炎上）に記録されている。記事は、「雷雨中に火の空よりして下る有り。其の殿脊東の鰲魚口に火焔出で、仏身の上に亦た火起こる。帝、之を聞きて泣下す」と述べ、天空からくだった火炎が仏殿と仏像を焼き、順帝がこれに落涙した様を伝える。いま元とい

う政体から天命が去るにあたり、その要因の一つが異端たる仏教への傾倒であったことを天が示した、とする災異説であり、亡国に抑仏崇儒的な解釈をほどこしたものである。

しかし一方でこの五行志記事は、「唯だ東西二影堂の神主及び宝玩器物のみ免るるを得たり」として、万安寺神御殿の霊牌は焼け残ったと述べる。このあと記事は、西の影堂が世祖の神御殿、東の影堂がチンキムのそれであったことを記す。焼け跡にこの事象を読みとる観察者の意識のありようは、次のような関心と解釈がそこにあったことを暗示する。——はたして天は神御殿の神主に対しても災異をくだしたのであろうか、否、この祖宗祭祀施設のみは容赦されたものらしい。

神御殿を併置することにより、儒教がその責務としてきた祖宗祭祀儀礼の一端をからめとった国家寺院は、元末の観察者にとって、そしてその観察を正史に採録した明初の史官にとって、もはや純然たる異端の空間として単純に攻撃しうる存在ではなくなってしまっている。しかしむしろそれゆえにこそ、チベット式仏塔の聳えるこれら元の国家寺院は、儒教的心性にとって問題を含む存在であったのではないか。このことを、神御殿が儒教的観念とのあいだで摩擦を生んだ第四の、そして終極の点として挙げるべきであろう。

第三節　チベット仏教導入の政治的機能——儒仏の位相

(一) 儒教原理の相対化

これまで見てきたように、元代におけるチベット仏教導入は、単に中国域にとって新来の仏教を国家のものとして称揚し、政権が誇りうる独自の文化的諸装置を示すというのみの現象ではなかった。そこには、ある方向性が底流している。それが、儒教的制度とのあいだに接点を設けるかたちでチベット仏教を用い、それによって儒教原理を相対化する、という指向である。

世祖政権は、中統元年十二月十二日（乙巳）、太廟の祭器・法服を制定してこの儒教祭祀を採択する方針を示すと、同日、パクパを国師に任じた。至元六年二月にパクパ文字を国字として頒行し、同年十二月にはパクパと見られる国師に太廟にて仏事を営ませた。至元七年には儒教的観念にとって看過しがたい帝師という漢語称号をパクパに与え、また同七年以降、太廟祭祀にパクパ文字を用いることとした。至元八年に元正をはじめとする主要朝儀の整備に着手すると、これらの事前演習を新建の国家寺院でおこなう制度を順次樹立していくが、そこで指定する寺院の建築には、パクパ推挙のチベット仏教仏師を任命した。至元十一年には上都の孔子廟を建造し、その尊像の制作を同じその仏師に委ねた。至元十三年、またもや太廟で仏事をおこない、これもおそらくチベット仏教僧に執行させた。こうしてあたかも楔を打ちこむかのごとく、儒教的制度を採用する過程にチベット仏教の要素を介在させていることが分かる。

世祖政権発足後十年ほどの間に、劉秉忠らが中心となって中国式の行政機構や儒教的諸制度を導入する動きがあったことはよく知られている(48)。『易経』に由来する漢語国号「大元」の採用は、最も顕著な事例であろう。太廟の制度が開始されたことも、その典型的な一例である。あるいは、伝統的な礼楽の復興に向けて積極的な努力がはらわれたことなども知られている。そこでは許衡が重要な役割をはたし、また他の儒学者たちも金の儒者からその礼楽を学ぶといった活動を見せたという(49)。

制度や儀礼ばかりではない。儒士を官員として用いることの政治的有用性に、モンゴル人政権は気づきはじめていた(50)。その潜邸時代においてすでにクビライのもとには、姚枢や許衡たち蘇門派・張徳輝たち封龍山派・王鶚たち金からの投降儒士など六十名以上の儒家知識人が集い、刑州や隴西に派遣されては、「大いに治まる」と『元史』が記すところの治績をあげていたと言う(51)。こうした状況のなかで、征服支配にとって在地の知識人は有用であるという理解が生まれ、世祖政権発足ののち、儒教的な制度や人材の導入という方針を採らせたものであろう。

もちろんこれらのことが、元において儒教が国家理念として採用されたことを意味するわけではまったくない。

元の皇帝は武宗に至るまで太廟の親祭さえおこなっていない[52]のであるから、政権中枢のモンゴル人支配集団、とくにその君主位が、被征服民の教学である儒教との距離をむしろ維持しようとする性格をもっていたことは疑いない。

しかし世祖政権初期の儒士にとっては、新皇帝がついに親儒教的な体制を構築しようとしている、と判断しうる事態が進捗していたことも間違いない。彼らは、潜邸時代のクビライに「儒教大宗師」の称号を奉ったほどに、このモンゴル人王侯が儒教的伝統の擁護者たることを期待していた[53]。その登極ののち、儒士たちは自分たちの期待が確かに成就されていく様を一連の施策のなかに見いだし、これらを一つまた一つと記録していった。儒教的諸制度が世祖政権によって着々と採用されていることを伝える漢文文書が『元史』などのかたちで現在こうして存在していること自体、その結果にほかならない。

そして、これまで見てきたチベット仏教導入に関わるいくつかの局面は、こうした期待のうちに儒教的諸制度の復興を読みとりつつあった、まさにその人々が、同時にこれを相対化する要素として、チベット仏教の介在をも読みとらざるをえなかったことを示している。元代崇仏の象徴である「帝師」が、何ものの意識に、どのように訴えかけるものであったかは繰りかえすまでもあるまい。この称号に特定の意味を読みとった人々、すなわち漢民族の儒家知識人たちはまた、太廟祭祀・孔子祭祀・朝儀礼楽の再興という彼らにとって望ましい事態を経験すると同時に、次のようなみずからの判断をも経験せざるをえなかった。——この政権は、漢民族伝統の儒教的制度のあれこれをこうして採用しつつも、決してその旧来の体系を遵守しようとしているわけではない。むしろ君主が「崇奉」する異質の要素をもちこみ、伝統祭祀の場を浸食することも辞さない、との判断である。

この構図を、チベット仏教奉戴者、すなわち皇帝以下のモンゴル人支配集団の側から見れば、中国域の統治に有用な儒教的制度のあるものを導入しつつも、そこにチベット仏教を組みこむことにより、政権が儒教原理に飲みこまれるわけではないことを漢民族社会に認知させる効果を得ていることになる。その潜邸期を含めて世祖の政治集団は、儒教に関心を示す一方において、それが金の衰亡要因となったのではないか、あるいはモンゴル人政権に対してその華夷思想が抵触しないかなど、懸念される危険についても関心を示していた[54]。このことから見て、儒教的制度の導入にあたっては、政権があくまでも儒教に対して一定の距離を保っていることを表現し、とくに儒家知識人たちにそれを認知させることが、重要な布石と意識されたはずである。このとき、チベット仏教を介在させることによってこの目的を達しえたとすれば、それはモンゴル人支配集団にとって小さからぬ政治的成果である。

とはいえ、漢民族の伝統的儀礼体系に何らかの別の要素が差し挟まれてこれが相対化される、ということであれば、他の形態となる可能性もあったはずである。たとえば、ほかならぬモンゴル固有のシャマニズム的要素がここに組みこまれることもありえたわけであるし、むしろその選択のほうが、モンゴル人にとっても外来文化であるチベット仏教を用いるよりも自然でさえある。しかも実際のところ、しばしば漢文文書が書きとめているように[55]、モンゴル伝統のシャマニズム祭祀は元廷において実施され、漢民族知識人によって認識されてもいた。しかし、そこに何らかの意図があったか否かはともかく、少なくも事実経過のうえで、儒教的制度との接点に置かれてこれを相対化したものは、モンゴル本俗の巫覡祭祀ではなく、あるいは他の何らかの宗教ではなく、チベット仏教であった。そしてこのことは結果的に、単に儒教を相対化するにとどまらない政治的機能を発揮したのではないか。

(二)「異端」超越による絶対的君主権の表現

元代中晩期の胡助に、「万安寺にて習儀を観る」(『純白斎類稿』巻八)と題する一首がある。

衛士の金吾は梵宮を塞ぎ、旌麾は妍麗にして寒空に映ゆ。元会に倣陳して千官粛たり、朝儀を恭習すること万国同じ。礼楽は雍容たり全盛の日、衣冠は文雅たり太平の風。小儒拭目して還《ま》た心酔し、帰りて書燈に対せば守歳窮まれり。

これが、元旦に先だっておこなわれた万安寺での習儀を詠んだ詩であることは疑いない。「元会」に備えて「朝儀」を「恭習」する「千官」たちが、「礼楽」に合わせて美々しく「衣冠」ひらめかせている様が歌われている。また題名に「万安寺」「習儀」と場面を特定しているのみならず、詩中にも「梵宮」の言葉を置いているから、胡助自身、これが仏教寺院でおこなわれていることを明瞭に意識してもいる。そのうえで胡助は、この習儀が「全盛」「太平」の顕れであり、みずからも「心酔」した、と手放しの賛辞を列ねる。

万安寺に関わる胡助の詩はこれのみではない。「慶雲頌」（『純白斎類稿』巻一八）と題して、万安寺内の神御殿祭祀を賀した一篇が残っている。その序において胡助は、

> 皇朝、作匠を将て善く御容を織らしむ。其の工の妙なること絵画の及ぶ所に非ずして、前古に未だ之れ聞かざるなり。泰定二年（一三二五）冬十一月、英宗皇帝御容の既に成るに、旨有りて万安寺に奉安す。越ゆる辛酉（至治元年（一三二一））、丞相の百僚を率いて儀仗を備え、綵輿を導引するの次、教坊の楽の作《お》こるや、慶雲見《あらわ》る。中書参議臣王士熙の頌を作りて以て盛美を紀すに、草野の臣胡助、竊かに焉を観るを獲たり。其の頌の序に曰う有り、昔《さき》ごろ至治元年、百官の仁宗御容を迎えて万安寺に至るに、慶雲見る。……と。

と、かつて仁宗御容を万安寺に奉安した際に「慶雲」が現れたことを筆記する。この序に導かれる「慶雲頌」のなかでは、今回泰定二年の英宗御容奉安の際にも、「普天同慶」を象徴する「五色流麗」たる「雲」が発生したことを歌いあげ、仁宗・英宗を「前聖・後聖」として称えるとともに、「皇元」が「河清海晏、式武昌運、歴年億万」であることを寿いでいる。つまり胡助は、これら二回の万安寺内神御殿祭祀のいずれにおいても慶雲の瑞祥が起き、この聖なる帝統への天の承認が明らかになったとして、これを称賀する文書を生産しているわけである。

自伝（『純白斎類稿』巻一八、純白先生自伝）によれば、胡助は至正年間初期に致仕するまでに儒学教授・翰林編修・太常博士などを歴任した人物である。典型的な儒臣と言えよう。先の万安寺習儀詩のなかでも、彼は自身を「小儒」と表現している。しかも胡助は、自分の死後に仏事など営むことは不孝であると同自伝のなかで子供たちに厳しく戒める[56]ほどに、反仏教的姿勢を露わにする人物であった。またたとえば、百一歳の長寿をまっとうした知己の伝を編んだなかでも、胡助は仏教に関して次のように述べている。

韓吏部の諫仏骨表に歴言すらく、古え自り帝王の黄帝・尭・舜・禹・湯・文・武の若きは、年皆な百余歳。是の時、百姓安らかに寿を楽しむ。考うるに中国に未だ仏の有らざるなり。漢・魏・宋・斉・梁・陳の君は仏に事えて漸く謹むも、年代の猶お促《みじか》きがごとし。梁の武は寿たりと雖も台城に餓死す。仏に事えて福を求むるも、乃ち更に禍を得たりと。篤論と謂う可し。……是に由りて之を観るに、異端の信は人に無益にして、世俗の猶お酷《はなは》だ仏老に事えて以て福寿を祈るがごときは、是れ惑なり。(『純白斎類稿』巻一八、桂坡李至愚先生期頤伝)

韓愈を援用して仏教批判を展開する胡助は、仏教を「異端」と記してはばからず、それへの信仰に益がないことを説く。文意そのものは、長寿延命に仏教はおよそ効がないという程度のものであり、その「異端」性をとくに主張しているわけでさえない。つまり胡助にとって、仏教が異端たることはもはや議論の対象とすべき命題ですらなく、自明の前提でしかない。ここでの「異端」の語が、単に「仏」の言い換えとして選択されているに過ぎないほどに、それは彼のなかで定着した観念である。

この胡助が、当代の仏教、とくにチベット仏教の隆盛に対してどのような見解を抱いていたかは、たとえばある五言詩(『純白斎類稿』巻二、京華雑興詩二十首、其六)の次の字句に表れている。

嗟《あ》あ彼の西方教、崇盛の何ぞ煒煌たる。至尊は猶お弟子のごとく、奴隷は侯王に視《なぞら》う。

「至尊」は「弟子」のごとし、と詠んでいることから見て、これは帝師をはじめとするチベット仏教僧への皇帝の帰依を慨嘆したものであろう。「西方教」という表現も、チベットから迎請される仏教僧たちを連想させる効果を生んでいる。また、この連作二十首のうちの「其四」としては、「諸儒」が「経筵」にて「尭舜の道」「帝王の学」を皇帝に進講することによって「皇風」「継統」は輝かしく永続する、という一首が置かれている。これにより胡助の連作詩は、いずれも皇帝を教導している存在として儒教と仏教とを対置し、そのうえで、前者の正当な栄光と後者の不当な隆盛、というあからさまな色分けを描いて見せることとなっている。

これほどまでに仏教の「異端」性を強く認識・表現する人物が、ある年の瀬、百官参集する習儀の「全盛」「太平」

に「心酔」したとまで高らかに謳ったとき、その場は、ほかならぬ「異端」たる「西方教」の「梵宮」、「万安寺」であった。また彼が、「御容」の奉安にあたって「慶雲」の瑞祥が発生したと称賀詩文を編んだときも、その場は、やはり「万安寺」であった。胡助は、みずからが本来「異端」とする仏教の場でいま展開されている事象を、それらが権力機構の執行する儀典であるがゆえに、称賀することになる。実は不本意であったのかも知れないし、あるいは、それがどこで執行されるにせよ、儒教原理に則した礼楽典礼・祖宗祭祀であるがゆえに、実際に称賀していたのかも知れない。

そのいずれであるかにかかわらず、ここで明確な点は、万安寺というチベット仏教色の色濃い空間に構築されたこれらの儀典が、胡助という一人の儒臣のなかで、ある種の圧力を発揮していることである。それは、いま眼前にある事象を彼が認知するに際して、「異端」の場というマイナス価を捨象させ、さらに一気に「全盛」「太平」「慶雲」という最上のプラス価の地点へと、彼自身による意味づけを上昇させる力である。「異端」の超克を経過させることによって、政権が企画する儀典形態への同意や鑽仰の度合いを、よりおおきく引き出していると言い換えてもよい。

しかもこの儒臣のなかでは、「至尊」が「弟子」のごとく「西方教」に帰依していること、よってそれこそが「異端」性を超えて臣下から鑽仰の姿勢を引き出すこの構図の根本にあるものであることもまた明瞭に認識されている。したがって、みずからが本来の「異端」観念を圧して「慶雲」を見なければならないその事由が、最終的には君主の絶対性という一点に帰着することをも、彼は理解せざるをえない。

こうして、万安寺での習儀と神御殿祭祀が儒教的観念の持ち主たちに元の君主権の至高性を効率よく認知させていることが分かるが、この構図は、太廟におけるチベット仏教仏事にも通底する。太廟という場で示された仏教の「異端」性は、儒教を旨とする人々にとって看過しがたいものである。仏教が出家を、つまりは祖宗祭祀の放擲を是とするものである以上、その儀礼を祖宗祭祀の場でおこなうこと自体、原理的背反以外の何ものでもない。この背理ゆえに、儒家知識人たちは異域の僧侶が執行した仏事に気づき、これをみずからの意識のなかに取りこまざるをえず、その結果、「異端」崇奉を犯してなお傷つかない君主権の絶大を感知せざるをえない。太廟でのチベット仏教僧仏事を記した漢文記事の存在は、このようにして漢民族知識層がその事象を事象として認識した痕跡である。またそれは同時に、儒教所定の「異端」の規範を超越しうるほどの全能の存在として元の君主がそこで提示されていることを、彼らが認識した痕跡でもある。

以上のように考えるとき、パクパら帝師の存在もまた、同様の構図のなかにあることに気づく。「至尊」が「西方教」の「弟子」たることを慨嘆した胡助の例を引くまでもなく、皇帝が仏教僧を「師」とすることは、儒家知識人にとって「異端」的現象にほかならない。しかも先に述べたように帝師位は、その襲替方式ゆえに、中国域伝統の仏教者用尊号にはそれとして備わっていた聖性保証さえ付帯しておらず、この点においても、漢民族知識階層にとっての「異端」性を発揮しうる存在である。そのうえで、帝師の入京に際しては百官郊迎の場が設けられ、儒家官僚を含む人々はそこに参加し、帝師を礼賛することが求められた。孛朮魯翀が帝師の優越性への挑戦的態度をとった場がまさにこの郊迎儀典中であったこと、なおかつこの椿事の結末が悠然たる帝師の温容という記述によって締めくくられていることは、帝師をめぐるこれら一連のできごとの構造をよく集約している。みずからの規範において「異端」にほかならない「西方教」の僧侶を鑽仰する儀礼の場にみずからを置くこととなったとき、儒士たちは、自身のその行為が、この僧侶を師と仰ぐ「至尊」の存在によって生み出されていることを認知せざるをえない。

このように、儒教的な儀典体系に「異端」たるチベット仏教が組みこまれることによって、君主権の至高性を了解せざるをえない認知の枠組が、漢民族社会、とりわけその儒家知識階層のなかに動かしがたく構築されることとなっている。単に、何らかの異質な要素を権力によって混入して儒教的装置を相対化する、というのみであれば、モンゴル固有の巫覡祭祀でも、他の何らかの祭祀体系でも、基本的には構わなかったはずである。しかし、元の動きはそのようなものではない。混入するその要素として、儒教が「異端」として排斥しつづけてきた仏教を充てることにより、進行するこの事態を儒教に拠る教養人たちに間違いなく認識させ、なおかつ彼らの儒教的観念により大きな負荷を与えている。「異端」であるがゆえに、一つには必ずや彼らの意識に把捉されるという発効性の高さが確保され、いま一つには、否定から礼賛へと解釈変更を迫る加圧の大きさが確保される。

このとき、みずからに強いられるこの大きな負荷分の理由を儒士たちが求めれば、その視線の先には、皇帝の「崇奉」によるチベット仏教の「崇盛」という図が掲げられていた。「異端」を「崇奉」し、なおかつこの「異端」を正統の場に導入してもなお、そこから何らの失点を負いさえしない絶対至高の存在、として元の君主権力がみずからを表現していることを、彼らは読みとらざるをえなかった。なぜなら、儒教をこそ正統とする観念に拠る以上、正統の裏面にあって正統を正統たらしめる「異端」から意識をそらすことも、そしてこの「異端」性を超越しようとする権力の動きを看過することも、彼らにはできなかったからである。

結語

元初、政権のチベット仏教崇奉を確実なかたちで認知した漢民族社会にあって、とりわけ尖鋭に反応した人々は、その知識階層をなす儒家知識人たちであった。その結果、彼らはチベット仏教「崇奉」を明確な一つの現象として認識し、それを動かしがたい〝事実〟〝できごと〟として、みずからの見る世界像のなかに定置した。

彼らがこの認識に至った重要な契機は、世祖政権がチベット仏教僧をそこに配置するものとして「帝師」位を設定したことにあった。中国域には漢代以来の伝統として儒学の「帝師」という概念が既存しており、この儒者「帝師」概念と、いま政権によって示された「帝師」の存在とは抜本的な矛盾をきたした。そのため儒士たちは、この新来の仏教に対する政権の処遇に注意を向け、そしてそれを特殊なまでの恩遇であると判断・確信することを余儀なくされた。

世祖期の儒士たちは、儒学の師こそが「帝王の師」であるとする上奏文を記し、あるいは、いままさに儒者たる「帝師」を置くべしとする皇太子への説諭文書を作成した。彼らがこうして、みずからにとって自明である儒家「帝師」の正統性をあえて強調する言論行為に踏みこんだことは、彼らの置かれた前記の状況と無関係ではあるまい。くだって元代中盤には、帝師その人に向かって儒学の「師」との対等性を主張した一人の儒臣の対抗的言動を、これに反発さえしなかった帝師の優位的態度とともに、同じく儒臣の立場にあったいま一人の人物が書きとめた。この叙述は、儒家知識人たちの「帝師」概念がチベット仏教僧「帝師」の存在と明らかに摩擦をきたしていたこと、そしてそれゆえに、君主によるこの仏教僧たちへの「崇奉」という現象を、彼らが読みとらざるをえなかったことを示している。

元初に開始されたチベット仏教奉戴路線が、このように儒教的な観念と抵触するものであったことを示唆する材料は、「帝師」のみではない。漢文の諸史料はこのほかにも、世祖政権が太廟においてチベット仏教僧に仏事を営ませたこと、朝儀演習の場としてチベット仏教色の強い国家寺院を指定したこと、孔子廟に祀る先聖先師像の制作をチベット仏教系の仏師に委ねたことを記述している。このことは、儒教的儀典にチベット仏教が接触するという現象が、儒家知識人たちのなかで明確に像を結んでいたことを示すものである。成宗代以降の国家寺院内の神御殿祭祀もまた、太廟の権威と抵触し、なおかつ儒士の拠る官署をこの仏寺内祭祀に携わらせるという点で、同様の構造において認知されるものであったと見てよい。

以上のように元のチベット仏教導入は、そこに儒仏の二項対置という構造を組みこむことにより、漢民族社会、とりわけ儒家的教養を共通基盤とするその知識階層のなかに、モンゴル人君主権力によってチベット仏教が「崇奉」されているとの認識を確実に形成させた。そしてこのことは、元の中国支配において次のような政治的機能をもたらしたと考えられる。

一つには、儒教原理にもとづく儀典制度に別体系の要素を介在させることによって、漢民族社会において基本的なイデオロギーでありつづけたこの体制教学を相対化したことである。これまで見てきたかたちでチベット仏教が導入された時期は、一方において儒教的な政治・儀礼制度のあるものを導入した時期でもあった。このなかにおいてチベット仏教が儒教を相対化したことは、元と称しはじめたこの北方民族政権が、国家理念として全面的に儒教を採択するものではまったくないことを、被支配集団にして人口多数者である漢民族社会に読みとらせる機能をもった。これはすなわち、儒教を特徴づけるもののうちモンゴル人の利害や伝統と抵触する観念――たとえば華夷観念・長子優先観念――を、あるいはモンゴル帝国カーンの君主権を掣肘する可能性のある思想――たとえば革命説・災異天譴説――を、元が無条件に受けいれるものではまったくないことを、漢民族社会に読みとらせることを意味した。

元のチベット仏教導入がはたしたいま一つの機能は、チベット仏教が儒教にとって単に異質な要素であったのみでなく、儒教がみずからの正統性を説くうえで好んで依存してきたところの「異端」、つまりは仏教の一種であったことによって発揮された。元の官僚たちは帝師郊迎や国家寺院での儀礼演習に参加することとなっていたし、所属先によっては、国家寺院内に設けられた祖宗祭祀施設での典礼を執行する場合もありえた。このため官職にあった儒家知識人は、眼前で展開する事態の近しい観察者として、あるいはときにその担当者として、これらの現象を不可避的に認識せざるをえなかった。また、これは彼ら政権内の儒士に限ったことでもなかった。阿尼哥の関与が記される孔子廟も、仏事が執行された太廟も、習儀会場や神御殿設置場所とされたいくつかの国家寺院も、皇城の壁の外部にある。したがって政権外の儒士もまた、これらの現象に対する認識の波に巻きこまれる機会にさらされていた。

こうした状況のなかで、広く漢民族の儒家知識人社会は、現政権が自分たちの「異端」観念をやすやすと超えるものであることに気づかぬわけにいかなかった。とりわけその尊崇主体、すなわち元の君主権力が、「異端」を「崇奉」してなお傷つくことのない強靱な存在としてみずからを表現していることを、儒士たちは確実に理解していくこととなった。これをモンゴル人支配集団の側から見れば、チベット仏教の導入とその尊崇という事業を展開することにより、漢民族社会に対し、その公準たる儒教的〝正統-異端〟観念を超越する絶対的な君主像を受信させる機能を得ていることになる。

元の君主がチベット仏教崇奉によって漢民族知識人社会から獲得したこの果実は、中国域において仏教が広く信仰されていた唐代以前に、その崇仏君主たちが崇仏行為を盛大におこなうことによって得たであろう果実とは、まったく異なるものである。宋代を通じ、儒教への回帰と仏教からの乖離という大きな転回が、漢民族知識階層のなかで進展していた。つまりチベット仏教を奉戴する元のモンゴル人支配者たちは、儒教的な〝正統-異端〟観念が強化されたただなかにあって、それのみか政権みずからが儒教的制度を一部導入しつつあったその渦中にあって、「異端」を「崇奉」するという姿勢をあえて提示したことになる。このことによって彼らは、みずからの元という政体が戴くその君主権が、儒教の規定する規範によって何らの拘束も受けない超越的・絶対的なものであるとする主張を、漢民族社会に受けとらせたと言える。

もちろん、このようにとらえられている〝事実〟とは、チベット仏教崇奉の諸相から導き出された儒家知識人なりの認識と判断の結果に過ぎない。パクパらチベット仏教僧たちにも彼らなりの、あるいはマルコ＝ポーロら他の集団構成員たちにもまた彼らなりの、そしておそらくは信徒たるモンゴル人王侯自身にもまた彼らなりの、認識と判断、そしてそれが生み出す〝事実〟があったはずである。あるいは漢民族社会という単位で考えてみても、これまで見てきた認識が基本的にその識字階層においてこそ成立しうるものであることは、いかほど重視しても重視しすぎることのない制約的条件である。しかし、儒教的な諸制度を設けて儒家知識人を体制に巻きこんでいった世祖以降の政権にとって、たとえそれが漢民族社会という大海のごく少数者であるとしても、彼ら儒士たちに現行政体における君主権の超越性・絶対性を感知させることは、価値の低い手続きではない。

以上の結果は、次の問いへの誘惑をあらためて呼び起こすものではある。皇帝以下のモンゴル人支配集団は、彼らの統治にとって明らかに有用と見られるこうした政治的機能の発効を企図したうえで、チベット仏教を導入・奉戴したのであろうか。

序章において述べたように、我々はこの問いを直接に解決させせうる材料に恵まれていない。当然、たとえば「帝師」という漢語称号の採用に動いた漢語系の人物――おそらくは仏教界に親和的な立場の人物――はいたはずであるが、その間の経緯なども史料上に痕跡をとどめていない。何ものかの作為へとたどり着く道は、あいかわらず閉じている。したがって、世祖政権はたまたま伝えられた西夏の「帝師」という尊号をパクパらに贈ったに過ぎず、太廟での仏事も、ネパール人仏師の担当にかかる孔子像制作も、仏寺での習儀も、いずれもとくだんの意図などないまま単に諸事情によってそのようになったに過ぎず、ところが結果的にそれらの措置が、偶然にも漢民族の儒教的世界観に抵触するものであった、と考えても不合理ではない。ただしその場合、たとえば場所の設定という点ではいかなる選択の余地もあった新都において、あえて仏寺に習儀の場が決定されたことがはたして偶然か、といった疑問や、そもそもはたしてこれほど偶然が重なるものであろうかという疑問に対して、何らかの回答は必要となろう。

また実は、その後の時期において、儒仏の対置を前提としてチベット仏教奉戴路線を推進しようとする支配集団側の意図が露出した場面が見いだせないことはない。第三部第一章で述べるように、仁宗期以降、元は孔子廟にならって「帝師殿」なる施設を中国域内各地に設置し、パクパ像を孔子像に、パクパと関係の深い僧侶たちの像を顔回ら従祀の儒者たちの像に模して祀るという事業に着手する。このこと自体、阿尼哥の問題などとは比較にならぬほど直接的に儒教とチベット仏教とが接触した事例であるが、注目されるのは、この事業に関して、崇儒的な一派が「百王の師」たる孔子をパクパと同列に扱うことは妥当ではないと異議を唱えたこと、しかし皇帝以下の崇仏勢力がその諫止を圧して帝師殿案を推進していることである。そうであるとすれば、科挙を実施するなど一面では儒教への理解を示して見せた仁宗期のモンゴル人支配者たちは、他面においては儒教とチベット仏教とを摩擦させることでもたらされる機能について充分に意識し、それを前提として新たなチベット仏教奉戴策を組み立てていたことになる。本章で見た王惲は、「帝師」パクパを師とした皇太子に向けた文書のなかで、「孔殿」がいまだ顧みられておらず「帝師」の位は虚である、と記した。これは元代の儒家知識人たちが共通して抱いた所感であろう。これに対してのちの仁宗期のチベット仏教奉戴者たちは、元の帝統が「帝師」とする「帝師」の位が、パクパ以来一貫して虚ではなかったことを、各地に「帝師殿」を修建することによって示して見せたわけである。

視線をさらに後代に伸ばせば、チベット仏教導入によって元の支配集団が獲得したこの機能を、その後ふたたびチベットから迎請し、国都応天府郊外の霊谷寺にて亡父帝母后追善の盛大な仏事を営ませた。このとき群臣は表を稼動させた政権のあることに我々は気づく。緒言において触れたように、明永楽帝はカルマ派のテシンシェクパを奉って称賀し、とくに翰林院の儒家官僚たちは、そこでの瑞祥発生を歌った呈祥詩文を編んだ。君主権力が、儒士たちの眼前でチベット仏教を重用し、なおかつこの「異端」を祖宗祭祀という儒教原理に接触させて見せ、さらには彼ら儒教を奉ずる教養人たちから礼賛を引き出している。この構図は、元代のそれとよく重なるものである。仏事ののちテシンシェクパに与えられた法号とパクパの法号とのあいだに類縁性が認められること[57]も、元のチベット仏教僧への処遇を永楽政権が強く意識していたことの明証であろう。しかも永楽政権の場合、それがたまたま偶然にこの事業をおこなった、ということはありえない。永楽帝が元代諸帝と同様の意味においてチベット仏教信徒であったわけではないし、何より明は儒教理念国家である。したがってこの明代の事例に関しては、チベット仏教を用いて当該君主の絶対性を主張するという明確な政治的企図のもとに永楽政権がそれを展開した、と考えざるをえない。帝位争奪抗争を経て成立し、したがってその君主権を正当化する必要に強く迫られていたこの政権は、元代のチベット仏教尊崇が発揮した機能についてよく理解し、これをふたたび発動させたのではないか。

本章を閉じるにあたり、ここでの結果がもたらすさらなる論点について付言する。

第一は、元代の漢民族社会に現れた儒学の新たな潮流に関連する問題である。南宋から流入した朱子学が華北の知識階層に与えた衝撃については、これまで様々に説かれてきた。すでに儒学者として名声を築いていた許衡が、朱子学の書物を入手するや弟子たちのもとに持ち帰って感激を語り、弟子たちもそれまで用いていた儒学教本を焼き捨てて師に応え、以後はともに朱子学の徒として研鑽を積んだという著名な逸話などは、新儒学が熱狂をともなって漢民族社会で抬頭していく様を伝える典型的な事例であろう。近年では、知識人たちの文集を博捜した研究によって、元代における全国的な朱子学の受容の様態がさらに明らかとなっている。[58] 元代の儒家知識人たちのこうした状況に照らせば、元初においてチベット仏教に組みこまれた儒教との摩擦という要素は、元代をとおして、漸次その意味を増していったと考えるべきことになる。また朱子学は道・仏を「異端」視することにおいていっそう峻厳であったから、「異端」とされるがゆえにチベット仏教がはたしえた諸機能が、元代を通じての朱子学の隆盛に随伴するかたちで、より安定的かつ効率的に発動したという可能性を見ておく必要もあろう。仁宗代以降の帝師殿設置などは、その一例と位置づけるべき事象かも知れない。

第二の問題は、チベット仏教尊崇という事業がもたらす機能が、はたしてモンゴル人支配集団にとってのそれのみであったか、という点である。元の崇仏をめぐる漢文文書を考えるとき、その最も興味ぶかい特質の一つとして、チベット仏教を含む仏教を「異端」とする言説が封殺されている形跡が見えないことを挙げることができる。先に見た胡助の文書のほかにも、仏教を「異端」と指弾する漢文文書、あるいはチベット仏教を攻撃する漢文文書は珍しいものではない。これは、しばしば清代などとの差異として言われるところの、元の言論統制が比較的緩慢であったことの一例ではあろう。しかしこれはまた、ここまで見てきたように漢民族社会の〝正統–異端〟観念に脅かされないという論理で君主権の絶対性が感知されているからには、むしろこの「異端」性こそが有用であり、したがってこれに関わる言道の開放にこそ合理性があった、という理解によっても説明しうるものである。

そのうえで焦点となるのは、一方の漢民族社会の側においても、こうして「異端」として糾弾しうるチベット仏教尊崇という事象が確保されていたことが、ある種の社会的機能を担っていたのではないか、という点である。モンゴル人支配者の尊崇を受けて常に眼前にある「異端」は、〝正統–異端〟二項対置の一方として、漢民族社会の儒教「正統」観念を支えつづけたはずである。そうであるとすれば糾弾しうる「異端」の存在は、異民族支配下の自集団の意識を賦活する言説の源泉として、儒教的な基盤に拠る漢民族知識人にとって有用性の低いものではない。なおかつ彼らが、「異端」たるチベット仏教を標的としてこれをめぐる国費消耗や社会紊乱などの批判をおこないえたことの、その論理構成にも注目してよいだろう。趙天麟の上奏に見たように、彼らが「異端」のもたらす混乱を訴えるとき、そこには、〝民（天意の指標）—君主（天意拝命者としての「正統」）—仏教（「異端」）〟という三項を以て社会的・政治的矛盾を説明し、そのうえで第三項排除をおこなうという論理が組みてられている。彼らはこの論理によって、モンゴル人政権そのものを直接の対象とせずに現状批判をする一つの方途を保証されていたことになる。またその結果として、みずからが現政権を承認することの正当性を、自他に対して示しえているとも言える。とくにこの後者の機能が、ひるがえってモンゴル人政権にとってもまた有用であることを考えれば、チベット仏教尊崇が元代社会において発した機能は、複数の社会集団にまたがる循環型のそれであり、なおかつ政治・社会の両面においてとらえるべきものであることになる。

しかし元代漢民族社会においてチベット仏教が演じた役割は、おそらくこうした考察の範囲にさえ収束するものではあるまい。政治的・社会的にある程度広く射程をとってとらえようとしても、それを〝機能〟として考えるかぎり、なお把捉しきれないものをその背後に豊かに残すに違いない。袁桷は、初夏の上都でおこなわれた仏教例祭を詠んだ「皇城の曲」（『清容居士集』巻一六、開平第四集）に、チベット仏教高僧の威容を織りこんでいる。

歳時相い仍お游事を作し、皇城に隊を集めて喧《かまびす》しきこと憧憧たり。螺を吹き鼓を撃つは雑部の伎、千優百戯は群れて追い従う。宝車の瑰奇は晴日に輝き、舞馬の装轡は玲瓏を揺らす。紅衣は裾を飄《ふ》かせて火山と聳え、白傘は空を撐《さ》えて雲葉と叢がれり。

ここで紅衣の裾を翻している人物は、仏に擬されて巡行した輿上の帝師である。袁桷という儒士の本来拠るべき観念において、チベット仏教僧のこの勢威は、もちろん望ましからぬものであったには違いない。しかし袁桷は、みずからの世界の点景を鮮やかに伝えようとしたとき、真紅の僧衣をたなびかせる異域の僧侶の華麗な姿を選び、そしてそれを筆記した。このこともまた、元という時代を生きた漢民族知識人にとっての一つの事実とせねばなるまい。

第一部第二章　注

(1) 元代前の中国仏教界においても仏教僧を「帝王の師」と記す事例を見いだしうることは、西尾賢隆［一九六九年、八〇頁］所引の梁代慧約に関する『続高僧伝』記事を参照。ただし、それが元の帝師のような襲替される常設的地位であったわけではない。

(2) 「張子房道亜黄中、照隣殆庶、風雲玄感、蔚為帝師」(『宋書』巻二、武帝本紀、義熙十三年正月条)、「雖子房之蔚為帝師……」(『梁書』巻七、太宗王皇后伝附王骞)。

(3) 「韋賢、家在魯。通詩・礼・尚書、為博士、授魯大儒、入侍中、為昭帝師」(『史記』巻二〇、建元以来侯者年表、孝宣時所封、扶陽条)、「賢為人質朴少欲、篤志於学、兼通礼・尚書、以詩教授、号称鄒魯大儒。徴為博士、給事中、進授昭帝詩……昭帝崩……帝(宣帝)初即位、賢以与謀議……以先帝師、甚見尊重」(『漢書』巻七三、韋賢伝)。

(4) 「及元帝即位……覇以帝師賜爵号褒成君……」(『漢書』巻八八、儒林伝、周堪)、「孔子以大聖而終於陪臣、未有封爵。至漢元帝、孔覇以帝師賜爵、号褒成君、奉孔子後」(『晋書』巻一九、礼志)。

(5) 「孔光字子夏、孔子十四世之孫也。……覇生光焉。……覇亦治尚書……昭帝末年為博士、宣帝時為太中大夫、以選授皇太子(のち元帝)経……元帝即位、徴覇、以師賜爵関内侯、食邑八百戸、号褒成君……」(『漢書』巻八一、孔光伝)。

(6) 「至成帝時、丞相故安昌侯張禹以帝師位特進、甚尊重」(『漢書』巻六七、朱雲伝)、「禹以帝師見尊信」(『漢書』巻七一、彭宣伝)、「故自帝師安昌侯……」(『漢書』巻一〇〇上、叙伝)。

(7) 「張禹……従沛郡施讎受易、琅邪王陽・膠東庸生問論語、既皆明習……初元中、立皇太子、而博士鄭寛中以尚書授太子、薦言禹善論語。詔令禹授太子(のち成帝)論語、由是遷光禄大夫」(『漢書』巻八一、張禹伝)。

（8）鄧弘は安帝擁立の功臣である鄧隲の弟にあたり、若くして『尚書』を修め、禁中にて帝に進講するや諸儒の多くこれに帰附したという儒者である。鄧弘の死の直後は、弘が「帝師」であったゆえを以て、その一族の封爵が決せられたりもしている。「元初二年（一一五）、弘卒。……弘少治欧陽尚書、授帝禁中、諸儒多帰附之。……後以帝師之重、分西平之都郷封広徳、弟甫徳為都郷侯」（『後漢書』巻一六、鄧隲伝）。

（9）桓栄は、光武帝に『尚書』を進講するとともに、皇太子（のち明帝）を教導した（『後漢書』巻三七、桓栄伝）ことによって「帝師」と記される。「昔五更桓栄、親為帝師」（『後漢書』巻三七、桓栄伝附桓郁）、「沛劉長卿妻者、同郡桓鸞之女也。……対曰、昔我先君五更、学為儒宗、尊為帝師。……」（『後漢書』巻八四、列女伝、劉長卿妻）とあるごとくである。また桓栄は、その堅苦しいまでに礼にかなった所作を見た光武帝が笑って指さし、「此真儒生也」（『後漢書』巻三七、桓栄伝）と称え、以後ますます崇敬したという逸話の主である。

（10）栄の子である郁も、父の業を伝えて『尚書』を説き、門徒つねに数百人を抱える一方、父の死後は「先師の子」として明帝から尊ばれ、ともに経書を論じた儒者である。皇太子時代の章帝の教授につけられ、ついで和帝が幼くして即位するとまたこれを教導したため、「累世の帝師」と記される。「郁字仲恩、少以父任為郎。敦厚篤学、伝父業、以尚書教授、門徒常数百人。栄卒、……帝（明帝）以郁先師子、有礼譲、甚見親厚、常居中論経書、問以政事、稍遷侍中。……永平十五年（七二）、入授皇太子経、遷越騎校尉、詔勅太子・諸王各奉賀致礼。……和帝即位、富於春秋、侍中竇憲自以外戚之重、欲令少主頗渉経学、上疏皇太后曰、……宜令郁・方（劉方）並入教授、以崇本朝、光示大化。由是遷長楽少府、復入侍講。……郁、経授二帝、恩寵甚篤、賞賜前後数百千万、顕於常世」（『後漢書』巻三七、桓栄伝附桓郁）。「又屯騎校尉桓郁、累世帝師」（『後漢書』巻二三、竇融伝附竇憲）。

（11）張酺もまた明帝の御前でたびたび『尚書』を講じ、皇太子時代の章帝の侍講を勤めた。「酺、少従祖父充受尚書、能伝其業。又事太常桓栄。……永平九年（六六）、顕宗（明帝）為四姓小侯開学於南宮、置五経師。酺以尚書教授、数講於御前。……遂令入授皇太子（のち章帝）。酺為人質直、守経義、毎侍講間隙、数有匡正之辞、以厳見憚。及粛宗（章帝）即位、擢酺為侍中・虎賁中郎将」（『後漢書』巻四五、張酺伝）。また和帝代に入って張酺の発言をめぐり朝廷で波紋が起きた際には、彼が「先帝師」であったがゆえに、和帝はその処置に苦慮している。「称（晏称）乃劾奏酺有怨言。天子（和帝）以酺先帝師、有詔公卿・博士・朝臣会議」（『後漢書』同前）。

（12）「闞沢……家世農夫、至沢好学……追師論講、究覧群籍、兼通暦数、由是顕名。……孫権……以沢為尚書。嘉禾中、為中書令、加侍中。赤烏五年（二四二）、拝太子太傅、領中書如故。……毎朝廷大議、経典所疑、輒諮訪之。以儒学勤労、封都郷侯。……権嘗問、書伝篇賦、何者為美。沢欲諷喩以明治乱、因対賈誼過秦論最善、権覧読焉」（『三国志』巻五三、呉書、闞沢伝）。

（13）「則太子少傅山陰闞沢、学通行茂、作帝師儒」（『三国志』巻五七、呉書、虞翻伝、裴注所引会稽典録）。

(14)「嘉平三年（二五一）、拝司空。及高貴郷公講尚書、沖執経親授」（『晋書』巻三三、鄭沖伝）。

(15)「史臣曰、若夫経為帝師、鄭沖於焉無愧」（『晋書』巻三三、史臣曰）。

(16)「張雕……偏通五経、尤明三伝、弟子遠方就業者以百数、諸儒服其強辨。……世祖（武成帝）即位……値帝侍講馬敬徳卒、乃入授経書。帝甚重之、以為侍読、与張景仁並被尊礼、同入華光殿、共読春秋。……子徳沖……以帝師之子、早見旌擢」（『北斉書』巻四四、儒林伝、張雕）。『北史』（巻八一、儒林伝、張彫武（張雕））にもほぼ同じ記事が見える。

(17)「顧越……家伝儒学、並専門教授。越幼明慧、有口辯、励精学業、不捨昼夜。弱冠游学都下、通儒碩学、必造門質疑、討論無倦。……陳天嘉中、詔侍東宮（のち廃帝）読。……毎侍講東宮、皇太子常虚己礼接。越……乃上疏曰、……伏惟皇太子天下之本、養善春宮、臣陪侍経籍、於今五載。……及廃帝即位……領天保博士、掌儀礼、猶為帝師、入講授、甚見尊寵」（『南史』巻七一、儒林伝、顧越）。

(18)ただし、政権はチベット仏教を含む仏教の価値を認めている、と儒士に認識させる場を、潜邸期の世祖たちが設定していることは注意してよいだろう。憲宗代、三回にわたって挙行された道仏論争のうち、皇弟クビライ主催で執行された第三回論争がそれである。その場には仏教側がおよそ三百人、道教側が二百余人、これら以外の陪席者が二百人ほど集められており、この陪席者のなかは、竇黙・姚枢といった儒者がいた［野上俊静、一九七八年、一六七頁］。この論争では、のちに国師・帝師とされるパクパが弁論をおこない、世祖が仏教の勝利を宣言することに寄与している［中村淳、一九九四年、五二―五四頁・乙坂、二〇〇〇年、四一―四二頁］。召集されていた儒士たちは、皇弟とこのチベット僧との連繫を眼前で示されたわけである。道仏の論争という場に儒者が陪席させられていたこと自体、主催者のモンゴル人に何らかの意図があった結果であろう。こののち世祖政権がチベット仏教と儒教とを対峙させていく、その動きの萌芽を、ここに見ることができるかも知れない。

(19)本書においては、「儒家知識人」の語によって、儒学典籍による教育を受け、政治理念として儒教を奉ずる漢民族知識人を表記する。姚従吾［一九六九年、六頁］の「儒家知識份子」の用語に準拠するものである。

　一般的に、中国の「知識人」とするのみで儒学の徒を指しうるとも思われるが、本書は儒・仏・道の別に関わる論題を扱うため、とくに「儒家知識人」の語を用いることとする。これはまた、もともとは儒家的教育を受けた知識人でありながら何らかの理由で道士・仏僧に転じた人物［趙琦、二〇〇四年、一八―二八頁］を除き、その時点で儒教を奉戴する立場にある漢字・漢文識字者を指すカテゴリーとして用いている。なお元代漢民族知識人の概況や研究状況については、王明蓀［一九九二年、一四六―二四七頁］・森田憲司［二〇〇四年、一一―六二頁］・趙琦［二〇〇四年、一―三二頁］・蕭啓慶［二〇〇七年、上冊、三七一―四一四頁］・李修生［二〇一二年、一―一七頁］・牧野修二［牧野修二編、二〇一二年、四六五―六三五頁］などを参照。

また本書では、「儒家知識人」の表記が煩瑣と思われる場合には「儒士」の語も用いた。両者はまったくの同義とする。「儒士」の語は、研究者ごとにその指示対象に差異が生じているが、ここでは趙琦［二〇〇四年、三頁］による「儒士」の概念規定に拠り、前記「儒家知識人」と同義として用いる。趙琦は「儒士」を、登科・入仕の有無などにかかわらず儒学教育を基盤とする知識人総体としてとらえ、「儒戸」はもちろん、儒人・儒生・士人などを含む包括なカテゴリーとして規定している。これを、たとえば蕭啓慶［二〇〇七年、上冊、三七一―三七三頁］の理解と照らしあせると、その下位集団の扱いなどにおいて相違はあるものの、「儒士」集団のとらえかたそのものに関しては齟齬がなく、元代の儒家系の知識人を総体のかたちで指す語として妥当と考えられる。

さらに、以上の「儒家知識人」「儒士」集団のなかで、とくに学者としての側面が顕著な人物を考察対象として取り出す必要がある場合は、これを「儒学者」、または略して「儒者」とも表記する。

他方、「儒家知識人」の母集団である漢民族の識字者全体は、「漢民族知識人」「漢民族識字階層」などと表記する。前述の儒家から転身した者も含め、一定水準の識字能力と、それにともなう文化的素養をそなえた仏僧・道士もここに含まれる。このほか本書の論題には直接は関わらないものの、同様の能力・素養をもつ女性や吏員らもまた、情報の共有者として潜在的にここに含めて考えている。

（20）王璧文［一九三七年、一三五頁・一三八頁］。

（21）王惲がここで引いているものは、太極元年（七一二）に皇太子（のち玄宗）が「国学」で釈奠した際に、褚無（无）量が『孝経』『礼記』を進講し、褒賞を受けた場面である。この逸話は『旧唐書』（巻一〇二、褚无量伝）に見え、『新唐書』（巻二〇〇、儒学伝、褚无量）も簡略に記している。

（22）「承華事略」が上呈された翌年の至元十九年（一二八二）には、南宋にて衍聖公を襲封していた孔洙が入覲し、譲爵等のことが取り決められている（『元史』巻一二、世祖本紀、至元十九年十一月丁卯条）。

（23）パクパへの「帝師」号授与に関して、これはその死（至元十七年）後に追贈されたものではないかとする見解が近年提出されていること、しかし、至元九年段階で「大元帝師」の称号を記す事例を碑文史料に確認しうること、よって従来の定説どおり至元七年説を採るべきことは、中村淳［二〇一〇年、四六―四八頁］を参照。

（24）福田洋一［一九八六年、六七頁］。

（25）稲葉正就［一九六五年、一一六―一二一頁］。また第一部第一章注（43）参照。

（26）劉迎勝［二〇一〇年、三頁］。

（27）王崗［二〇〇三年、二〇三頁］は太廟の竣工を至元元年十月とする。『元史』巻五、世祖本紀、至元元年十月庚戌条に、「有事于太廟」

とあることによるものであろうか。たしかにこの時点で実質的に祭祀が執行されたものであろうが、いまは『元史』巻六、世祖本紀、至元三年十月丁丑条、および巻七四、祭祀志、宗廟上、至元三年冬十月条に「太廟成」とあることに従う。劉迎勝［二〇一〇年、五一一八頁］も至元三年を採る。

（28）「癸酉、勅宗廟祭祀祝文、書以国字。乙亥、宋人攻莒州。乙酉、享于太廟」（『元史』巻七、世祖本紀、至元七年十月条）。

（29）この「国師益憐真」は、パクパの異母弟であり、至元十一年から至元十六年まで二代帝師として在位した「亦憐真 Erinčin (Mon.), Rin chen rgyal mtshan (Tib.)」［稲葉正就、一九六五年、一一三―一一六頁］であるかも知れない。しかしそうであるとすれば、なぜ帝師ではなく国師と表記されているかが問題となる。とはいえ、これが高位のチベット仏教僧であることまでは間違いあるまい。

（30）石田幹之助［一九四一年、二五一―二五二頁］。

（31）王璧文［一九三七年、一三八頁・一四〇頁］。

（32）『黒城出土文書（漢文文書巻）』（内蒙古文物考古研究所・阿拉善盟文物工作站・李逸友編著、北京、科学出版社、一九九一年）肆、礼儀類、礼儀、Y1:W105（九四頁）。『元史』（巻三八、順帝本紀、巻頭）も「延祐七年四月丙寅（十七日）、生帝于北方」とする。

（33）石田幹之助［一九四一年］によって、『雪楼集』『元代画塑記』など関連史料の検討、ならびにそこから得られる伝記的情報の整理はなされている。また吉崎一美［二〇〇二年］は、ネパール側の史料を用いるとともに石田以降の諸研究も総合し、広汎な報告をおこなった。吉崎によれば、阿尼哥は「アネーカ」の音写であると言う。一方、チベット側史料においては、『漢蔵史集』(dPal 'byor bzang po, *rGya bod yig tshang chen mo.* 成都：Si khron mi rigs dpe skrun khang, 1985, p.281) に「ネパール人エネルガ E ner dga'」と見え、おそらくこれが阿尼哥であろう。『漢蔵史集』当該記事は、阿尼哥が「ジュチュ Dzu chu に」マハーカーラを祀る寺院を建立したことを載せる。これについては後掲する程鉅夫撰の神道碑記事も、至元十三年のこととして「涿州」の寺院建造について記しており、阿尼哥の事蹟のなかでも重視された造営事業であったことをうかがわせる。なお『漢蔵史集』当該記事によれば、このマハーカーラの顔は「蛮子 sMan tshe の方角を御覧になっていた」。南宋攻略のための祈禱の場であったということのようである。

（34）中村淳［一九九九年、六六頁］。

（35）程鉅夫は、これを元貞元年（一二九五）のこととして記している。一方、『元代画塑記』（儒道像）にも、「元貞元年」の「三皇殿」「三皇像」造営の記事が見える。ただしそこには阿尼哥の関与はとくに記されていない。

（36）ここで先聖先師像の用材と比較したものは、『元代画塑記』（仏像）延祐五年正月三十日条に見える青塔寺後殿の塑像用のそれである。鋳造仏を含まない塑像仏像のみの用材リストであることが明記されていることから、これを比較に用いた。先聖先師像の用材二十七種のうち、平陽土・明膠・黄子紅など十九種が青塔寺塑像の用材と重複し、連辺紙・熟西碌・穰子の三種が、それぞれ青塔寺仏像用材の腹裏連辺紙・腹裏西碌・稲穰と重複する可能性があり、残る五種の材料は青塔寺塑像には用いられていない。一方、先聖先師像に用いられず、青塔寺塑像には用いられている材料は、回回胭脂・藤黄（ガンボージ。ガルシニア由来の黄色顔料）・蛤粉（炭酸カルシウム系白色顔料）・白木炭などを含む三十三種を数える。このように青塔寺塑像の材料のほうが明らかに多種類であることは、基本的にはその仏教尊像が四天王や諸菩薩など多種の尊格像であることによるものと考えられる。しかし同時に、それら仏教尊像が様々な材料を駆使した複雑なものであったこと、とくに臙脂色・黄色・白色などの彩色がより細緻なものであったことをも示唆しているようではある。

（37）『菽園雑記』巻六。なお、この笑話の下げは、緇髻・胡服はたまらないと子路像が不平をならして上帝に訴えたところ、上帝が、自分も古来「天」と呼ばれてきたが現在は「騰吉理《テングリ》」と呼ばれている、これも時勢であるから今はしばし耐えよと諭した、というものである。また『菽園雑記』（巻二）は、元・明の相違を列挙した記事のなかで、「前代の文廟の聖賢は皆な塑像を用て」したが「本朝の初めて国学を建つるに、塑像を革去し、皆な木主を用て」したとして、明が元代の聖賢塑像を撤去したことを記す。これはもちろん朱熹の見解に則してのことではあろうが、同時に、元による儒教祭祀の遺物を清算しようとする動きでもあったかも知れない。

（38）大藪正哉［一九八三年、一二七―一四二頁］。

（39）中村淳［一九九九年、六三―七二頁］。

（40）竺沙雅章［二〇〇〇年、二二〇―二二四頁］。

（41）福田美穂［二〇〇八年］は、建築物やその配置などの観点から元代国家寺院に考察を加え、それらが必ずしもチベット様式を全面的に採用したものではなく、むしろ伽藍構成要素や建築方法においては中国様式が顕著であったとしている。

（42）「（大定二十一年（一一八一））是年五月、遷聖安寺睿宗皇帝御容于衍慶宮、皇太子親王宰執奉迎安置」（『金史』巻三三、礼志、原廟）。なお、金代の原廟についてのより詳細な記事は『大金集礼』（巻二〇、原廟上）に見える。聖安寺睿宗御容の移置に関しても、その大定二十一年五月二十九日条のなかで細説されている。こうした情報を、『金史』編纂官たちは利用できたものであろう。

（43）「（中統）二年九月庚申朔、徙中書署、奉遷神主于聖安寺。……（至元十七年十二月）癸巳、承旨和礼霍孫、太常卿太出・禿忽思等、以祏室内栗主八位并日月山版位・聖安寺木主俱遷」（『元史』巻七四、祭祀志、宗廟上）。

（44）たとえば宋太祖の神御殿七箇所のうち四箇所がそれぞれ「太平興国寺」「応天禅院」「揚州建隆寺」「滁州大慶寺」という仏寺に置かれている（『宋史』巻一〇九、礼志、神御殿）。

（45）「元豊五年（一〇八二）、作景霊宮十一殿、而在京宮観寺院神御、皆迎入禁中、所存惟万寿観延聖・広愛・寧華三殿而已」（『宋史』巻一

○九、礼志、神御殿)。なお、金においても仏寺内原廟から御容を回収する動きが認められることは、前掲注(42)を参照。

(46)『元史』巻七五、祭祀志、神御殿。ただし、泰定三年(一三二六)に「太祖・太宗・睿宗」の御容を「翰林国史院に於いて」祭ったとの記事がある(『元史』巻三〇、泰定帝本紀、泰定三年二月甲申条)。普慶寺の御容とは別に翰林院にもなお御容は置かれていたものであろうか。なお、王沂の「和楊汝似奉遷三朝御容玉堂詩韻二首」(『伊浜集』巻九)は、至順二年に普慶寺の御容が翰林院に移された際の典礼を詠んだ称賀詩であろう。

(47)『元史』巻三〇、泰定帝本紀、泰定四年三月辛酉条。ただし、張珪は泰定三年に翰林学士承旨を拝した直後、その病を察した泰定帝によって家居静養を許されている(『元史』巻一七五、張珪伝)から、実際にこの職を以て出仕したか否かは定かではない。とはいえ、この泰定四年三月の本紀記事は、「翰林学士承旨」張珪に対する召還令を記したものである。

(48)中書省設置・漢語国号の採択・十道宣慰使司における儒者官員の登用など、世祖政権における漢民族的ないし儒教的統治機構の構築については、村上正二[一九六〇年]が簡約に整理し、その理由を理念的側面から検討している。姚従吾[一九六九年]は、より具体的な側面から、世祖政権が儒教を統治に用いた理由を解析している。

(49)Chan [1967, pp.131-133].

(50)姚大力[一九八三年、六四頁]。

(51)姚従吾[一九六九年、二—六頁]。潜邸期クビライと儒士との関係については、八田眞弓[一九七九年、九七—一〇二頁]も参照。

(52)王崗[二〇〇三年、二〇六頁]。

(53)Chan [1967, p.120]・八田眞弓[一九七九年、九五頁]。

(54)姚従吾[一九六九年、七—九頁]。

(55)序章で見たように、『元史』(巻七七)祭祀志、国俗旧礼には、元廷における巫覡の諸儀礼が伝えられている。このほかにもたとえば、『張光弼詩集』(巻三)「輦下曲」に、巫臣が馬乳を用いておこなう除夜の追儺儀礼が詠まれるなど、シャマニズムの記録は散見する。

(56)「於是、輙先命戒二子曰、我死斂以時服、不得用浮図氏作仏事。……若違吾言、是為不孝」(『純白斎類稿』巻一八、純白先生自伝)。

(57)テシンシェクパに与えられた法号は「万行具足十方最勝円覚妙智慧善普応佑国演教如来大宝法王西天大善自在仏」(『明太宗実録』巻六五、永楽五年三月丁巳条)。パクパの最終的な法号は第一部第一章注(35)を参照。とくにその「……佑国如意大宝法王西天仏子……」前後の部分は、テシンシェクパの法号によく踏襲されている。

(58)馬淵昌也[一九九二年、六一—七七頁]。

第二部　否定的反応

第一章　反発：楊璉真伽の発陵をめぐる漢文文書

序言

第一部においては、皇帝をはじめとする元のモンゴル人支配者はチベット仏教を「崇奉」「尊寵」している、という強固な認識を漢民族社会がなぜ抱かざるをえなかったのか、そしてその認識が元の統治にとっていかなる効果を生むことになったのか、という問いに対して、帝師・宣政院・国家寺院など、制度や組織の側面から検討を加えた。そこでは、元によるチベット仏教導入が、漢民族社会、とくにその教養階層の共通基盤であった儒教的価値観念に抵触する図式のなかでおこなわれていること、そのため彼ら漢語言説の担い手たちはこの新来の仏教を無視しえず、よってこれに対する認知と言及を開始せざるをえない構造のなかに取りこまれていたことが観察された。こうして漢民族知識人たちは、彼らの正統たる儒教的観念において「異端」にほかならない仏教を公然と「崇奉」してのける現行君主権力が、それによっていかにみずからを強大なものとして主張しているかを、必然的に認識・叙述することになっていったと考えられる。

とはいえこれらの制度や組織は、なるほどチベット仏教を軸とするこの構造を恒常的に現出させるものではあったにせよ、あくまでも静的なものである。政権に参加して帝師・宣政院と接触する機会をもった官員、あるいは国家寺院での盛大な仏事を目睹した国都居住民などはたしかに帝室のチベット仏教尊寵を不可避的に認識し、その意味するところを解釈してゆくことになったはずであるが、しかしその他の人々にとって、これら恒常的・静的な現象を観察する機会がいかほどあったか、さらにはそれらを意味あるものとして認識すべき内因がいかほどあったか、という点においてはおのずから限界があったと考えねばならない。ところが一方で我々は、元はチベット仏教を崇奉したとの認識が、様々なかたちで元代の漢文文書中に多く書きとどめられていることを知っている。これほどの印象を植えつけ、なおかつそれを筆記させたものは何であったのか。前記の静的構造とはまた別の何らかの要因、たとえば、政権外部の人々からのものを含め、より広汎な注目を集めるに足る動的な現象が生起し、これを〝できごと〟として言及せざるをえない衝撃を元代漢民族社会に与えているのではないか。

このような視点で考えるとき、その〝できごと〟に該当する可能性のある事件が、世祖至元年間に見いだせなくはないことに気づく。河西出身のタングート人とされる[1]チベット仏教僧「楊璉真伽（楊 Rinchen skyabs ?）[2]」が、紹興会稽山の南宋諸帝の陵墓を発したとされる史上著名な事件である。

厚葬を旨とする漢民族社会に痛烈な打撃をもたらしたこの事件に関しては、元代をとおして少なからぬ漢文文書が作成された。璉真伽はまた、杭州の南宋故宮跡地の接収にも関係しており、それによってさらにこの人物への言及が煽られることとなった。のち明代に入っても、陵墓・宮闕の双方に対する侵犯をおこなったこの異国僧への注視は衰えることがなかった。むしろ大手を振って批判することが可能となったぶん、言及対象として愛好された観がある。清初に万斯同が『南宋六陵遺事』なる発陵関連文書集を編んだところ、元代の文書のみならず明代のそれが多く載録される結果となったことなどは、その端的な結果である。文書の世界のみではない。明の卜世臣の戯曲『冬青記』は、「兇暴異常」「窮驕極淫」の楊璉真伽が「発尽宋陵、焚膚撤骨」（第三二齣、啓宴）した暴挙と、この遺骨をひそかに拾って改葬した人々の義挙とを描き、観客の前にこのチベット仏教僧を歴然たる悪役として示して見せた。[3] 清代の戯曲『冬青樹』も、同様の趣向である。[4] 事件はこうして文字を解さない人々をも巻きこみつつ、ながく広く漢民族社会に伝承されていった。近いところでは魯迅が、「掘開宋陵、要把人骨和猪狗骨同埋在一起」という所業があったとして、これを「元朝的国師八合思巴」の行為と誤認[5]しつつ筆記している。[6] 元のチベット仏教奉戴の象徴たるパクパの名を、この言論人は、故郷で起きた陵墓発掘事件の主役として記憶していたわけである。

以上のような概況から考えれば、チベット仏教僧に対する元の崇奉を漢民族社会に読みとらせることになった主要な動的要因として、元代当時からすでにこの発陵事件が作用していた可能性は低くあるまい。本章は、この点を検証しようとするものである。

また本章は一方において、より長期的な観点からの課題、すなわち緒言において述べた明代に関する課題への足がかりを求めようとするものでもある。チベット仏教を寵遇したことで知られる元・明・清の三帝室のうち、元と清のそれの場合は、北方民族出身の君主を荘厳するために非漢民族的・非儒教的な宗教を援用したものとして、その基本的な構造自体は理解しうる。しかし問題は、ある時期の明の君主権力もまた元代のそれに倣うかたちでチベット仏教を奉戴した、という点である。

明の皇帝によるチベット仏教尊崇の第一幕を、いまいちど簡単に見ておこう。永楽五年（一四〇七）二月、永楽帝はチベットから迎請したカルマ派の転生活仏テシンシェクパに父帝母后追善のための仏事を京城郊外霊谷寺にて修建させた。もしもこれのみならば、外夷の朝貢を効果的に演出したなどといった理由で、ひとまず説明することはできる。しかし奇妙なことにこの仏事に際しては、翰林学士をはじめとする官僚たちが、永楽帝の「聖孝」を嘉して慶雲甘露などの「瑞応」があったとする称賀の表や、これらの奇跡を華麗に描写する詩歌のたぐいを献呈した。さらに、たたみかけるかのごとく、同年四月付けで一篇の御製文書が作成された。そのなかでは、テシンシェクパが京師を去ったのち永楽帝が同寺を訪れて祈りをささげたところ、これに応える数々の奇跡が数日にわたって発生したことが綴られ、光に彩られた絢爛たる「霊応」の様子が詳細に筆記された。このように永楽帝とその官僚たちは、チベット仏教儀礼を契機として皇帝にまつわる奇跡が発生し、そしてその奇跡は皇帝の神聖性の証明にほかならない、とする言説を二重三重にはりめぐらせている。

なぜ、儒教を国家理念として明確に掲げ、漢民族復興を旗印とした明において、その君主権力が、儒教の異端とするところの仏教の儀礼を、それもよりによって外夷たるチベット仏教僧の提供するそれを、みずからの聖性証明として用いているのか。また儒士から成るその官僚集団は、なぜここでこれに同意しているのか。この難解な課題はたしかに難解ではあるが、一三世紀以降の中国域の君主権力によるチベット仏教尊崇という現象を、異民族政権による支配という観点のみに還元することなく、より一般的な問題へと展開する端緒となるはずのものである。

この課題に対する一つの解法として、次のような説明を提起することができるだろう。霊谷寺での奇跡発出を言明した明永楽政権の動きは、君主と官僚集団とが共有する儒教とはまた別に、君主権力のみが独占的に付帯するいま一種の正当性証明原理として、チベット仏教を採用したものなのではないか。我々は、洪武期に進行した君主位への極端な権力集中が、その後、建文期の儒家官僚集団によっていったん分権的なものへと解体されようとしていたこと、これに対して永楽政権が君主への集権構造を再構築しようとする存在であったことを知っている。(7) この状況に照らせば、儒家官僚集団からさえも隔絶した超越的君主権を表象するため、皇帝専用に特化した独自の正当性証明の原理が永楽初期に求められたとしても不合理ではない。つまり、ここで永楽政権は、官僚たちにとって異端であるチベット仏教によってさえ君主は正統な奇跡を発現させうることを主張し、以てその君主権の絶対的聖性を示すとともに、当代永楽帝本人がまさしくその適格者であるとする正当性証明をおこなっているのではないか。

以上のような説明が可能であるならば、明の皇帝によるチベット仏教尊崇という一見不合理な現象は、宋代以降の君主権力強大化という大きな趨勢と関連させて理解しうるものとなる。これをさらに前後代に敷衍すれば、元と清という二政権もまた、漢民族の儒家官僚をそのふところに抱え、しかもそこから超越した普遍的・絶対的な君主権を必要としたという点において、明と同様の条件下にあったことに気づく。つまりこの二つの征服政権は、政権そのものの統治権を正当化する必然性が高かったのみならず、その統治権の極点に位置する君主権を摑みだし、これを絶対化する必然性が高かった政権である。全体をこのようにとらえるとき、元・明・清によるチベット仏教崇奉は、唐宋変革を経て極大化した君主位を戴くこととなった時代の政権が、その隔絶した絶対性を表象するため、儒教原理を超克する新たな原理をもちこもうとした運動と位置づけうることになるだろう。

このように、永楽期霊谷寺仏事に関連して生産された諸文書を、皇帝を単体で神聖化するための正当性証明言説として見た場合、そこで提出されている認識・言明のうち、次の二点を有意味な要素として抽出することができる。

第一は、君主はその絶対的聖性ゆえに、彼の登位や在位の正当性を証明しうる正統的な、すなわち儒教的な奇跡――いわゆる瑞祥――を、仏事や仏寺参詣などの仏教的な、すなわち異端的な儀礼をとおしてさえ起こしうる、という話素である。霊谷寺仏事関連の諸文書のなかでは、「舎利祥光」などの仏教的な奇跡とともに、「鳳羽」「龍章」などの典型的瑞祥、あるいは「陽燧」の光や「方諸」の水といった『周礼』に関わる用語が記述され、そこで起きた奇跡が中国皇帝権力用のものとして定式的な、つまりは儒教が指定する正統的な正当性証明であることが描出されている。前記の「聖孝瑞応」なる翰林学士らの献呈歌題も、父母への「孝」という儒教的徳目に対する天の「応」を表現しようとするものにほかならない。これらをとおし、当該皇帝は仏教儀礼という異端のインプットによってさえ、儒教的・正統的なアウトプットを顕現しうるほどの聖性保有者であるという論理が示され、この新たな次元において、彼の正当性が強く主張されることとなっている。

看取すべき話素の第二は、このようなかたちで皇帝が聖性を発揮するに当たり、チベット仏教がその契機としてこれを媒介しえている、とするものである。これはすなわち、元代において中国域に新来したこの仏教には、中国皇帝権力が望ましい奇跡を起こすうえでのスイッチ、あるいは皇帝が起こす奇跡を顕在化させるブースターたりうる何らかの神秘的能力がある、とする話素である。

永楽期の皇帝とその官僚たちは、霊谷寺がらみで発信した一連の文書において、以上の二つの内容を主張している。しかし、儒教イデオロギー集団である明の政権において、なぜこのような主張が成立しえているのであろうか。本来ならば、異端であり外夷でもある宗教者の存在など容認することなく、ましてやその神秘性など語らずにいることこそが、儒教の徒のあるべき態度であったはずである。ところが永楽政権の君臣はともに、この異域の仏教僧の神秘的能力に媒介されて皇帝がその正当性を証明しうるとする認識を共有し、その認識にもとづいて奇跡の解釈をほどこし、そしてそれを証言する文書を生産している。

いつ、そしてなぜ、彼ら儒教的な漢民族知識人がこのような認識・解釈を共有することとなったのか。成立後まもない永楽政権において、にわかにこの認識や解釈の回路が生み出され、ただちに稼動しえたとは考えられない。また、先行する洪武期にこうした認識・解釈が新たに発生している形跡もない。したがってこの認識と解釈の型は、すでに元代の漢民族知識人たちのなかで、何らかの理由によって醸成されていたものでなくてはならないことになる。前章で述べたように、永楽帝がテシンシェクパに与えた法号が明らかにパクパの法号を下敷きにしていることなどから見て、おそらく永楽政権は元代のチベット仏教採用を参照し、そこに政権にとっての何らかの有用性を読みとっている。そのとき永楽政権は、君主の聖なる奇跡を顕現する媒体としてチベット仏教を機能させうる可能性、つまりはチベット仏教を君主権の正当性証明原理の一環と解させうる可能性を読みとっていたのではないか。

はたして我々もまた、チベット仏教に対するこうした認識・解釈が形成されていった軌跡を、元代において見いだしうるであろうか。楊璉真伽をめぐる以下の考察は、この点をも課題とするものである。

第一節　それぞれの〝事実〟——君主は発陵を承認していたか

楊璉真伽らによる宋帝諸陵の発掘(8)は、元代の漢民族社会、とりわけ江南の漢民族知識人たちのあいだに、大きな反響を巻きおこした。漢民族にとって墳墓への侵犯は凶行以外の何ものでもなかったから、当然の反応であろう。

早くは周密が、「楊髡発陵の事、人皆な之を知る」(『癸辛雑識』続集上、楊髡発陵)と記している。そののち元末までのあいだに発陵を糾弾する漢文文書が次々と増産されていったことは、たとえば『南村輟耕録』(巻四、発宋陵寝)が収録する羅霊卿「唐義士伝」とその題跋数点などに明らかである。前章までに見てきたように、世祖政権は帝師・宣政院・国家寺院を設けるなどによってチベット仏教奉戴路線を着々と構築しつつあったが、これらの動きを察知しにくい地方の人々、とくに大人口地帯である江南に在住する漢民族の多くにとっては、楊璉真伽とその配下の「西番僧」「河西僧」[9](『癸辛雑識』別集上、楊髡発陵)たちの行動こそが、印象的に認識されたチベット仏教の情報として最初期のものであったはずである。パクパらを優遇することによって政権が尊崇対象として称揚しつつあったチベット仏教は、発陵事件をひっさげた楊璉真伽が稀代の悪役として登場するに及んで、いよいよ漢民族社会に華々しく迎えられたと言えるだろう。

至元十四年(一二七七)に江南釈教の「総摂」に任じられた(『元史』巻九、世祖本紀、至元十四年二月丁亥条)楊璉真伽が、そののちどの時点で宋陵を発したかについてはいまだ決定されていない。至元十五年・至元二十一年・至元二十二年の諸説が併存し、明代以来ながらく論争されてきた。[10]このうち至元十五年説は『宋遺民録』の程敏政や『南宋六陵遺事』の万斯同らの支持するところのものであるが、[11]至元二十二年説も、筆記者である周密の没年から見て比較的早い段階で記述された年次であるため重視されている。もっとも、以下に見る『元史』記事を採るかぎり、至元二十一年以前のいずれかの時点で、少なくとも一部の陵墓は発掘されていたことにはなる。

このように発陵の問題は、それぞれの史料が提供する事件像にかなりの偏差のあることを特性とするが、それは年次に関してのみではない。いま一つ、皇帝がこれを承認していたのか、それともその与り知らぬところでおこなわれていたのか、という点に関しても、史料間でおおきく情報が割れている。言うまでもなくこの分岐は、発陵が単に一僧官とその与党による私的行為に過ぎなかったのか、それとも政権の公認下におこなわれた事業であったのかに関わるものであり、事件の根幹に触れる。以下、これら二様の事件像を検討していこう。

（一）世祖の承認

(1)『元史』世祖本紀

発陵関連の文書群のなかにあって、『元史』所載の記事は分量のうえではさして優位なものではない。しかしそれらの記事、とくに世祖本紀に残る数条の発陵関連記事は、一つの明確な特徴をもっている。それは、発陵が楊璉真伽の独断専行にかかるものではなく、皇帝の承認をとりつけつつ推進された事業であり、その意味において公的事業であった、と読ませる要素を顕著に含んでいることである。現在の諸研究[12]は、発陵が政権の利害に適合することを以て、それが世祖の同意下におこなわれたとする見解で一致しているが、これはまたすでに『元史』が示すところでもあると言える。

宋陵についての『元史』世祖本紀の言及は、まず至元二十一年九月に見える。

江南総摂楊璉真加の宋の陵冢を発して収むる所の金銀宝器を以て、天衣寺を修す。(『元史』巻一三、世祖本紀、至元二十一年九月丙申条)

発陵により楊璉真伽(加)の獲得した宝物を財源として天衣寺が修築された、と述べた記事である。原文「以江南総摂楊璉真加発宋陵冢所収金銀宝器修天衣寺」によってより明らかなように、宋陵を「発」した主体は璉真伽とされているが、天衣寺を「修」した、そちらの主語は彼ではない。「修」は主語無表記の扱い、すなわち当該本紀の皇帝が行為主体として指示されており、世祖が陵墓副葬品を天衣寺修築の資金源に充てることを承認した、したがって当然ながら発陵のことも承知していた、と読むべき記事となっている。

続いて世祖本紀は、翌二十二年正月付けで次の記事を載せる。

宋の郊天台を毀《こぼ》つ。桑哥言わく、楊輦真加の云うに、会稽に泰寧寺有り。宋、之を毀ちて以て寧宗等の攢宮[13]を建つ。銭塘に龍華寺有り。宋、之を毀ちて以て南郊を為ると。皆な勝地なれば、宜しく復して寺と為し、以て皇上・東宮の為に祈寿すべしと。時に寧宗等の攢宮は已に毀ちて寺を建てたり。勅して郊天台を毀ち、亦た寺

を焉《ここ》に建てしむ。(『元史』巻一三、世祖本紀、至元二十二年正月庚辰条)

桑哥と楊璉真伽という、よく知られた提携者たち(14)によって、寧宗等の陵墓の土地に寺院を再建する案件が上奏されたことが記される。これらの宋陵が泰寧寺なる仏寺を壊毀して造営されたものであり、同じく宋の南郊も龍華寺を破壊して造営されたものであるとして、ここに寺を復旧して皇帝と皇太子の長寿を祈るべきことを、彼らチベット仏教系色目人官員が提起したとある。

この上奏の全体に対する皇帝の返答は記されていない。しかし郊天台については、これを撤去して寺を建てるべく「勅」が出たことが明記されるし、一方の陵墓についても、郊天台と同様にこれらもかつて仏寺であったことが主張されたと記すのであるから、建寺に肯定的な皇帝がこちらの復旧案、つまりは陵墓撤去案にも肯定的であったと読ませる叙述と言ってよい。実際、この記事の末尾には、寧宗等の陵墓を破壊して跡地に寺を建てる事業がこの時点ですでに推進されていることが記されている。このように当該記事は、政権の最終的意志決定機構である皇帝権力が宋帝諸陵の破壊に同意していた、少なくともそれを承知していた、と読まざるをえない内容となっている。

以上の二条が、発陵に近い時期のものとして残されている世祖本紀記事である。いずれも、発陵について皇帝が情報を得ており、そのうえでそれを是認していたとするものである。さらに本紀は、以下に挙げる二点の事後記事によっても、発陵が公認されていたとする叙述を補強していく。

一点めは、至元二十九年三月記事である。周知のとおり、至元二十八年正月の桑哥失脚ののち楊璉真伽の様々な行為は烈しい批判を浴びることとなり、世祖本紀至元二十八年のいくつかの記事も、官員を派遣して璉真伽らによる官物盗用を追究させ(『元史』巻一六、世祖本紀、至元二十八年五月戊戌条)、彼の権勢に頼って税を逃れていた人々から徴輸する(同前、六月丙戌条)など、公有財横領や脱税幇助といった彼の行為が次々と摘発されていったことを述べる。そのうえで本紀は、至元二十九年三月の次の記事で、いよいよ発陵がらみの問罪について言及する。

楊璉真加の土田・人口の僧坊に隷せらるる者を給還す。初め璉真加、重ねて桑哥に賂《まいな》い、擅《ほしいまま》に宋の諸陵を発

> して其の宝玉を取る。凡そ家を発すること一百有一所、(15) 人命を戕《そこ》なうこと四、諸贓を攘盗詐掠すること鈔十一万六千二百錠、田二万三千畝、金銀・珠玉・宝器称是たり。省台諸臣の典刑に正して以て天下に示さんことを乞うに、帝、猶お之の死を貸すも、其の人口・土田を給還せしむ。(『元史』巻一七、世祖本紀、至元二十九年三月壬戌条)

発陵をとおして彼に人命毀損・財物横領の罪があった、として中書省・御史台の官員が処罰を求めたところ、土地と民の返還は決裁されたものの、世祖によって璉真伽の死罪が免除されたことが記される。

この記事において、問罪されている対象が発陵等にともなう違法蓄財と傷害行為であって、発陵それ自体ではないことに注意しなくてはならない。これは、先に見た至元二十一年・二十二年記事が、皇帝は発陵の事実を知ったうえで事後処理案への同意を表明した、と読みうることとよく呼応する。二十一年・二十二年記事が前提として存在する以上、この二十九年記事で「擅に宋の諸陵を発して其の宝玉を取」ったと指弾されることのうち、「宝玉」を「取」ったという部分はなるほど璉真伽の「擅」恣行為であろうが、「諸陵を発」したことそれ自体は彼が「擅」におこなった行為であったわけではないと解すべきことになる。したがって二十九年のこの段階で、発陵自体について問罪された形跡が見あたらないということが、記述の脱落ではなく、なるほど実際そうであったろうと、整合的に読めてしまう。これに加えて、「帝」が「死を貸《ゆる》」したこと、すなわち璉真伽には死罪が想定されていたものの、それを世祖が抑止したことが述べられるため、君主権力が発陵を承認していたとする理解に、さらなる確信がもたらされることになる。

世祖本紀において、発陵は皇帝の合意下に推進されていたとする報告を補完する記事の二点めは、璉真伽の血縁者に対する政権の態度を記した至元三十年二月記事である。

> 阿老瓦丁・燕公楠の請に従い、楊璉真加の子、宣政院使暗普を以て江浙行省左丞と為す。(『元史』巻一七、世祖本紀、至元三十年二月己丑条)

璉真伽が断罪されたのちの時点で、息子の暗普[16]が江浙行省左丞に任命されたことを伝える記事である。あるいはこの人事自体、江南における璉真伽の事跡のうち、正当なものはそれとして評価し、それを子に継承させようとした政権の態度の明証と見てよいのかも知れない。しかしこの記事からまず看取すべきは、璉真伽に対する江南社会の深刻な怨嗟に関して世祖政権が驚くほど無頓着であるという点である。この当時、江浙行省の治所は杭州にあり[17]、そして後述するように璉真伽の活動の主要な舞台の一つはほかならぬ杭州であった。そのため結果的にこの人事は、「江南の民の楊璉真珈を怨むを以て、其の子、江浙行省左丞暗普を罷めしむ」（同前、至元三十年五月丙寅条）と、在地の反発の激しさゆえに三ヶ月後には撤回される。

発陵の一事を失態と認識していれば、軽々にこのような人事を発するはずはない。したがってこの任官記事は、かつて発陵を承認した皇帝以下政権中央の姿勢がこの時期に至ってもとくだん改変されていないことの結果と解さざるをえない。世祖代最末期にこの記事を置くことによって世祖本紀は、公的な承認のもとに宋陵破壊がおこなわれたとする、その一貫した伝達内容にさらなる一石を積み上げている。

以上が『元史』世祖本紀の描くところの発陵事件である。もちろんこれは、宋濂ら明初の編纂者たちが漢民族の習俗に対するモンゴル人政権の無理解を描くことに躊躇しなかったことの結果ではあろう。しかし彼らとて記事を捏造するわけではない。むしろごく短期間に編纂された『元史』は、その藍本の原形をよくとどめているとされる[18]。したがって本紀の主たる原典であった漢文原本『世祖実録』[19]、さらに遡って起居注や時政記などの当代史[20]においてすでに、これまで見た記事の原情報が存在していたと見るべきことにはなる。これはつまり、成宗代に『世祖実録』を編纂した王惲たち、そして世祖当代の記録文書担当官たちが、事態をこのようなかたちで記していたことを意味する。しかし、元の政権内部の文書官たち、とりわけ漢文実録編纂官らによって、みずからの君主が発陵を容認する人物――彼らにとってそれは、項羽[21]や則天武后[22]なみに暴虐な人物、ということになる――であるという情報がほんとうに記述されたのであろうか。そもそも、そのような状況認識、すなわち皇帝は確かにそのような姿勢であるという認識・判断が、彼らにおいて成立しえたのであろうか。

(2)　君主の承認という原情報が成立しえた蓋然性

この問題に関して第一に注目すべき点は、これまで見た『元史』世祖本紀記事において、発陵がとくだん隠蔽されている形跡がないこと、つまりはごく通常的に取り扱われた案件として記載されていることである。これは、その行為者と承認者とのあいだで、発陵がことさら凶行であるとは意識されていなかったことを示唆する。むしろ、とくに至元二十二年正月記事などは、桑哥・璉真伽らが自分たちの治績として発陵に言及する様を伝えたものでさえある。

現在の我々の視点からすれば、璉真伽と「河西僧」「西番僧」らは、仏教者であり、なおかつタングート系・チベット系の人物であるから、漢民族の厚葬型とは別の死生観と葬礼習俗の持ち主であったとの推測が可能である。(23) そうであってみれば、少なくとも仏寺復旧という彼らにとっての絶対善がその結果としてあるかぎり、彼らから見て異俗であるところの土葬墓の撤去を必ずしも禁忌侵犯とは意識しなかったとしても不合理ではない。そして、このように行為者たちが崇仏推進のための有意義な事業として公然とおこなっていたとすれば、いましも崇仏路線を構築しようとしているモンゴル人君主がそれを承認したとしても、これもまたさして不可解なことではない。

ここで重要なことは、いま我々がおこなったこれらの判断が、『元史』原典を作成した元廷の漢文史官たちにおいても、おそらく充分に成立しえたはずであることである。なるほど、たとえば宋代の墳寺の盛行に見るように、(24) 中国において仏教は漢民族が求める葬礼に適応する方向をとっていた。しかし仏教が本来的には漢民族の厚葬型・土葬型の埋葬原理とは異なる方向性をもつものであったこと、具体的にはたとえば火葬をおこなうものであったことは、中国社会においてつねに意識され、また反発されてもいた。とくに経済的な理由などから実態として火葬が漸増しつつあった宋代においては、あたかもそれと表裏するかのように、仏教式葬礼への反感が強く表明されるようになっていた。[25] なおかつ仏教の問題とはまた別に、チベット系の「氐・羌」が火葬の習慣をもっていることについても、早くは『荀子』が記している。[26]『旧唐書』は火葬を「党項羌」、すなわちタングートの習俗として伝える。[27] 宋代にも司馬光が「羌俗」として火葬に言及している。[28]

これらの知識を動員すれば、仏教僧であり、タングート系・チベット系でもある璉真伽・「河西僧」・「西番僧」たちや、チベット仏教僧タムパの弟子であり、[29] 自身おそらくチベット・ウイグル混合の家系とされる桑哥が、[30] 漢民族とは異なる死生観の持ち主であろうこと、よって土葬型・遺体保持型の埋葬観念の埒外にいるであろうことは、元の漢民族知識人にとっても充分に推し量りうることである。したがって『元史』世祖本紀原典の書き手たちは、発陵を含む諸事業を璉真伽や桑哥らが肯定的な崇仏行為として推進していく、この一連の現象を、ありうる事態として合理的に認知しえたものであろう。同時に、行為者たちがこうして事業をあくまでも崇仏的善行として報告し、なおかつそこに皇帝・皇太子のための祈福という事業目的も付けている以上、異民族出身の崇仏的君主の側も、これに乗って肯定的に反応するであろうこと——モンゴル人自身は、埋葬地の侵犯を極端に嫌う観念の持ち主であったにもかかわらず[31]——をも、漢文記録者たちは、同じくありうる事態として認知しえたはずである。

このように行為者・承認者双方にとって肯定的事業であるならば、それを実録等に記録することにも、とくに問題があるわけではない。『元史』に前掲の諸記事が存在していることは、漢文原典に存在したこれらの情報をモンゴル人支配層が注視しなかった、あるいは知りつつもとくだん抹消に動く必要を認めなかった、そしてその条件下で元代の史官たちが確かにこれらの情報を残したことの結果と見ることができる。

君主は発陵を承認している、という判断・確信へと元代の漢文史官たちを導いたであろう第二の要素は、発陵に関する案件が動いた至元二十一年・二十二年前後の段階で、すでに璉真伽の江南における諸般の活動への批難が起きていたこと、しかしそれにもかかわらず彼の活動を制止する対応を政権が採らなかったことである。たとえば「西僧楊璉真加、浮図を宋故宮に作るに、高宗の書く所の九経の石刻を取りて以て基を築かんと欲す。致遠力《つと》めて之を拒《ふせ》ぐに、乃ち止む」（『元史』巻一七〇、申屠致遠伝）とあるように、杭州での璉真伽の仏塔建立に際して宋帝への不敬行為ありと見た申屠致遠がその阻止に当たっているが、伝の記述順から推して、これは至元十年以降、同二十年以前のことである。致遠の運動によって問題の行為そのものは回避されたとあるものの、建立事業総体は続行している（『元史』巻一四八、董俊伝附董文用、至元二十二年条）し、璉真伽に何らかの譴責がおこなわれた形跡もない。また亦力撒合の伝（『元史』巻一二〇）にも、「江淮釈教総摂楊輦真加の諸の不法の事を劾するに、諸道竦動す」とあり、具体的内容および政権内の反応を欠くものながら、璉真伽が弾劾されていることが伝わる。これも記述の順序と亦力撒合の職歴から見て至元二十一年以前のできごとである。これらの記事が示すように、璉真伽の江南での活動に関しては、桑哥失脚にともなって追究が始まる至元二十八年を待つまでもなく、すでに至元二十一年・二十二年前後の時点で臣僚の一部から警鐘・弾劾が発せられており、皇帝以下の政権中枢は、それを受信していたにもかかわらず璉真伽を任用しつづけていたことになる。このような状況である以上、漢文史官を含む政権内の漢民族知識人たちが、この僧官による事業——自分たちにとっては奸悪でしかない発陵を含めて——は君主・政権によって容認されている、と判断することは充分にありえたはずである。

君主の承認という判断を成立させえたであろう要素の第三は、陵墓破壊に関して璉真伽らの挙げた理由が必ずしも無根拠ではなかったことである。世祖本紀至元二十二年正月記事で見たように、璉真伽らは、寧宗等の陵がかって泰寧寺を「毀」って造営されたものであるとして、陵墓撤去と泰寧寺復旧の理由を説明している。これに関しては、後述するように、「泰寧寺の僧」が璉真伽に発陵を勧めたと『癸辛雑識』が記しており、確かにこの寺が関与していることが分かる。さらには『宋会要輯稿』（礼三七、寧宗永茂陵）に、嘉定十七年（一二二四）閏八月の寧宗死去にともない陵墓造営地が検討された結果、「泰寧寺なるもの有り。素より形勢の区を擅にし、絶勝の境たるの名あり」とあって、泰寧寺の土地を選定したことが南宋政権側の記録として残されていたことも判明する。このとき泰寧寺が移置されたのか、寺領が削減された程度なのかは定かではない。しかし同文中、「則ち僧徒は寧保にして其れ動揺を為さざるか」と話題となっていることから推せば、建築物を「毀」つなどのことはあったかも知れない。もともと泰寧寺は、証慈禅院の僧侶たちが昭慈献烈（昭慈聖献）皇太后攢宮に香火をあげるために用いていた道場を、詔勅によって「泰寧寺」と賜額した仏寺であった（『宋会要輯稿』同前）から、新たな陵墓造営のためにその処遇が左右されたとしても不可解ではない。つまり、桑哥をとおして璉真伽が挙げた陵墓撤去の事由は、これを撤去の事由たりうると考えるか否かは立場によるとしても、その論拠となる事柄そのものは具えていたわけである。またこのことは、たとえばここで見た宋の『会要』に由るなどして[32]、元廷の漢文を解する官僚たちが接しうる情報でもあったはずである。

　君主の承認という状況観察を可能としたであろう第四の要素は、前記至元二十二年正月記事が言うところの、発陵と郊天台破壊とが連動しておこなわれた、という点である。発陵はさておき、前政権の郊祀執行権を回収することのほうは、中国域を統治する新政権にとって必須の手続きである。かりにモンゴル人政権の側に郊祀儀礼への関心がなくとも、被治者の側がそこに政治的機能を見いだしているからには、新政権としてその祭祀権を掌握したことを彼らに示す階梯は必ずや踏まれねばならない。ましてや元はその漢民族官僚たちの働きかけを容れてみずからも郊祀を採用していく[33]ことになるのであるから、南宋の郊祀施設の撤去は当然の政治的手続きである。

　また、先の泰寧寺の場合と同じく、璉真伽の言う南宋郊天台と龍華寺との関係も、裏づけがとれる。『宋会要輯稿』（方域二、臨安府、紹興十三年二月二十五日条）によれば、郊祀の「円壇」は「龍華寺西の空地」に設けられている。あくまでも「空地」にであって、龍華寺そのものを破壊したわけではないのかも知れない。しかし会要がそれを「龍華寺西の」と表現していること自体、その空間を龍華寺と結びつけて認識していることの痕跡である。龍華寺の側がそこを寺領と主張しえたとしてもおかしくはない。少なくとも、当該地はかつて龍華寺であったという主張が仏教界に存在し、隣接した位置関係ゆえにそれなりに説得的であった可能性は多分にあるだろう。したがって郊天台が龍華寺の旧地であるとする璉真伽らの主張は、やはり単なる虚構として退けうるものではなかったはずである。

こうして璉真伽たちはいま、郊天台・陵墓を一括して撤去する理由として、仏寺復旧という名分を持ちあわせている。ここで、江南仏教界のこの主張に乗せるかたちで宋の郊天台を消滅させうるとすれば、それは政権にとって悪い一手ではない。つまり発陵が、旧政権の統治権拝受装置の抹消という不可欠な政治案件と抱きあわされて提起されている以上、世祖ら政権中枢部がそれを承認することは確かにありうる。そして、確かにありうる、というこの判断は、政権内の漢民族官僚において容易に成立しうるものである。むしろこの判断は、当のモンゴル人支配者たちよりも、郊祀祭祀の政治的意味が浸透している漢民族官僚たちにおいてこそ成立しやすいものであるとさえ言える。

以上の諸点から見て、皇帝は発陵を承認しているという判断と記述とを、同時代の漢民族官僚たちは充分になしえたと考えられる。したがって現在『元史』世祖本紀記事として存在する発陵や復寺に関する情報は、世祖代に近い時点で書かれた漢文原典[34]のなかに既存していたと見てよいだろう。世祖当代の起居注や時政記などにすでに筆記されていたかも知れないし、少なくとも大徳八年進呈の『世祖実録』には、この情報は記されていたはずである。『世祖実録』編纂事業の中心には王惲が、また編纂官の一人として孛朮魯翀があった[35]。前者はかつて皇太子チンキムに上呈した文書のなかでチベット仏教帝師を無視するかのごとき言辞を記した人物であり、後者もまた帝師への礼を拒んだ行為が伝記記事として記される人物である[36]。彼らを含む元代の漢民族史官たちは、江南においてチベット仏教僧がいかなる行為をなしたかを、そして何より、みずからが身を置く権力組織の頂点たる皇帝がそれにどのように関与したかを、このように認識し、そしてそれを〝事実〟として記述することを選択したと言える。

(二)世祖無辜説と楊璉真伽への攻撃

こうして『元史』に流れこむ官撰系の文書は、自分たちの戴く君主権力は発陵に合意したとして、いわばかなり冷徹な観察と叙述をおこなっていたと考えられるが、これとは対照的に、現存の発陵関連文書の大半を占める私撰系の文書は、世祖は発陵に関して責任がない、との内容を基調とする。そこでは、発陵の責任はあくまでも璉真伽やその背後の桑哥を含めた仏教界にあり、世祖とその政権は彼らに欺かれていた、として事件の経緯が説明される。君主を無罪としたうえで、仏教集団、とくにチベット仏教関係者に批判を向ける話型をとるわけである。

しかし、たとえばかりに世祖の承認という理解を促す前記の諸情報に接する機会のない場合であっても、璉真伽が官職を帯びているというその一点を以て、彼の行為が君主・政権の意向に沿ったものであるとの理解はごく当然のこととして導かれるものである。事実これから見ていくように、世祖の承認を否定する文書においては、君主の無関与を説明する〝事実〟がそれぞれ出現するのであるが、そのような〝事実〟がことさら書かれねばならないこと自体、君主は発陵を承認していたという理解こそが、やはり書き手たちの認識の基底にあったことの証左にほかならない。しかしそうであっても、あるいはそれゆえにこそ、君主の失点――漢民族にとっては大失点である――を個人として筆記することは回避せねばならないと考えられたものであろう。いずれにせよ結果的に私撰系の漢文諸文書は、ひたすら璉真伽らの専擅的行為として発陵を描き、皇帝はむしろ被害者であった、とする言説群を形成することになっている。

(1)　在地仏教僧「説誘」説――周密

その最も初期の事例として、大徳二年（一二九八）に没した[37]周密の『癸辛雑識』を見てみよう。続集上「楊髠発陵」では、発陵の経緯が次のように説明される。

楊髠発陵の事、人皆な之を知れども、其の詳らかなるを知る能わず。余、偶《たまたま》当時の其の徒の互告状一紙を録《しる》し得たり。庶《こいねが》わくは其の首尾を知る可からんことを。云わく、至元二十二年八月内、紹興路会稽県泰寧寺の僧宗允・宗愷なる有り、陵木を盗斫して、陵を守れる人と争訴せり。遂に亡宋の陵墓に金玉異宝有りと称して楊総統を説誘す。楊侍郎・汪按撫の寺地を侵占せりと詐称して名と為し、文書を出給す。河西の僧人を将帯し、人匠丁夫を部領して前来し、寧宗・楊后・理宗・度宗の四陵を将て盗むに発掘を行い、棺槨を割破して尽《ことごと》く宝貨を取ること其の数を計《かぞ》えず。

まず泰寧寺の二僧が、陵墓の木材を奪取しようとして墓守と悶着を起こした。そこで彼らは、陵墓には宝物ありと称して璉真伽を「説誘」した。ことに当たっては泰寧寺の土地が侵占されたと「詐称」し、これを陵墓撤去のための名目とした。周密がたまたま入手した発陵実行者たちの「互告状」には、このように記されていたとある。

『癸辛雑識』は別集上にも同じく「楊髡発陵」と題する記事を載せる。

乙酉（至元二十二年）の楊髡発陵の事、天衣寺の僧福聞、号は西山なる者に起こり、剡の僧たる演福寺の允沢、号は雲夢なる者に成る。初め天衣は乃ち魏恵憲王の墳寺なれど、聞、楊髡に媚びんと欲して遂に其の寺を献じ、継いで又た魏王の冢を発して多く金玉を得たり。此を以て遽《にわ》かに発陵の想を起こすに、沢、一に力めて之に賛成す。遂に泰寧寺の僧宗愷・宗允等をして楊侍郎・汪按撫の寺地を侵占せりと詐称せしめて名と為し、文書を出給す。河西僧及び凶党の沈照磨の徒の如きを将帯し、人夫を部領して発掘す。……或いは謂う、西番僧回回、其の俗に帝王の髑髏を得れば以て厭勝して巨富を致すべしとするを以て、故《ことさら》に盗み去るのみと。

この記事は、泰寧寺二僧のさらなる黒幕として、天衣寺の僧侶がいたとする。この「天衣寺」は、先に見た『元史』世祖本紀至元二十一年九月記事で、「宋の陵冢を発して」得られた「金銀宝器」を以て「修」されたと言及されている「天衣寺」に違いあるまい。周密の当記事によれば、本来ここは宋の宗室魏恵憲王（孝宗皇子趙愷）の墳寺であり、それにもかかわらずこの天衣寺僧は璉真伽に媚びるため寺を献じ、のみならず魏王の陵冢を発して宝物を奪取した、さらにこれによってついに帝陵発掘を思いたち、泰寧寺の二僧にくだんの「詐称」をおこなわせて発陵のことを起こした、とある。

前記のとおり泰寧寺も昭慈献烈皇太后陵冢の墳寺であったわけであるから、周密の描くところ、実に発陵の一事は、宋帝室陵墓を供養すべき仏寺の漢民族僧侶たちが元の色目人僧官を「説誘」しておこなった帝陵破壊行為にほかならないことになる。この認識自体、儒教の徒である漢民族教養人が当時の仏教界をどのように見ていたかを示す興味ぶかい事例ではあるが、ここで着目すべきは、発陵をあくまでも在地の漢民族僧侶の策謀として語る話の流れである。もちろん福聞・允沢らと宗愷・宗允とがどのような関係にあったか、あるいは彼らと璉真伽との連繋が具体的にどのようなものであったかなど不明な点が多いし、寺地侵占が「詐称」されたとあるものも、『元史』や『宋会要輯稿』に伝えられた前述の寺地転用問題と関連するのか否か判然としない。とはいえ、発陵は在地仏教僧たちの「詐称」に始まり、これに「説誘」された「楊総統」率いるところの「河西僧及び凶党」や「西番僧」たちによって実行された、とする記事が周密によって筆記されたことまでは分かる。

この在地の僧侶たちによる「説誘」説を採ることによって周密の二記事は、陵墓撤去事業の主体である現政権を、そしてその最終責任者たる世祖を免責する論理を構築している。もちろんそこでなされた「詐称」を看破できなかったという責任はあるとしても、皇帝が発陵に加担していたという可能性は完全に払拭されていると言ってよい。事件の舞台という点でも、君主の耳目の届かない現地において一連の事態が展開した、とのことが明確に提示される。こうして君主・政権の無罪性が表現され、他方、責任のすべては、泰寧寺・天衣寺・演福寺の漢民族仏教僧および璉真伽といういま一種の仏教僧に帰されることとなっている。また、「楊髠」という誹謗的呼称を以て登場する以上、璉真伽が痛烈な断罪の対象とされていることは確かであるとしても、しかし描かれる経緯から見て、むしろ漢民族僧たちこそが元凶であると読める内容となっていることが周密記事の特徴である。

⑵　桑哥「易」「詔」説——袁桷

発陵については袁桷も、大徳七年（一三〇三）に没した宋宗室出身の翰林学士趙与票への追悼文二点のなかで言及している。

公、諱は与票、字は晦叔、宋燕懿王徳昭九世の孫なり。……（至元）十四年、使を遣わし、上駅して京師に来らしむ。幅巾深衣して上京にて見《まみ》ゆ。……十六年、翰林に入らしめ待制と為す。直学士に陞して復た集賢を兼ねしむ。又た三年、侍講学士に遷して実録を纂するに預からしめ、太中大夫を加う。是に於いて侍講すること十四年なり。……公の侍講たるや、言わく、江以南にて括責して営聚するは、皆な大臣の其の党類と私に植貨せるものにして、累ぬること鉅万たり。願わくは、今年の田租を寛くして以て赤子を緩めんことを。宋の世《よよ》の陵寝の毀掘さるること、及び故宗室大姓を移徙せること、皆な初詔の本旨に非ず。乞うらくは、其の私擅の罪を正さんことをと。天子、以て然りと為す。（『清容居士集』巻三二、翰林学士嘉議大夫知制誥同修国史趙公行状）

「大臣」および「其の党類」によっておこなわれた「江以南」での奸悪について、翰林侍講学士の職にあった趙与票が劾奏したとする記事である。この「大臣」については、これが「桑哥」であることを文書後段が記しており、したがって袁桷が、桑哥配下にあって江南で不当な利殖行為をおこなったという「其の党類」に璉真伽を含めていることは間違いない。記事は、彼らがもともとの「詔」の「本旨に非」ざる宋帝陵発掘と趙氏宗室移徙とをおこない、その「私擅の罪」を趙与票が告発した、と記す。いわゆる「矯詔」[38]によって発陵がなされたと述べているわけである。

またこの記事のなかで、与票の訴えに接した世祖が「然り」と返答した、と記していることも重要である。このたびの発陵が矯詔による不当なものであることを皇帝が知っていた、と読ませるものであるからである。

袁桷によるいま一点の伝記記事においては、矯詔であるとの記述がより直接的なかたちとなっている。

公の侍講たるや、言わく、江南にて箕斂急督あること、大姓を移括せること、宋の世の丘壟の暴露さるること、皆な大臣の擅に書詔の明旨を易えたるなりと。（『清容居士集』巻二八、翰林学士嘉議大夫知制誥兼修国史趙公墓誌銘）

「大臣」、すなわち桑哥が「書詔」の主旨を「擅」に「易」えることによって、宋帝歴代の陵墓の暴露がおこなわれた、と与票が述べたとされている。「易」という言葉によって矯詔をかなりあからさまに表現しており、先の記事には見える世祖返答の部分が、さすがにこちらでは存在しない。

注意すべきは、いずれの文書においても矯詔に関する記述はこれのみで終わっており、勅命歪曲というこの不祥事を告げられた世祖が桑哥の処罰に動いたか否かについては、いっさい言及されないことである。とくに「行状」では、矯詔があったとの指摘に対し、了解した、と世祖に返答させており、よって当然何らかの処罰が記されてしかるべきところ、しかしそれに相当する記述がない。その内容いかんにかかわらず矯詔という行為それ自体が大罪であって、これがおこなわれたとする告発、そしてそれを受理したとする君主の反応を描きつつ、その事後処理について記さないことは、いかにしても不全の感を免れない。

実はこの点に関して、袁桷はある種の解決を用意してはいる。両伝記はともに、この矯詔告発記事に続けて、与票がいま一つの桑哥劾奏をおこなったことを述べる。それは、「庚寅歳（至元二十七年、一二九〇）」に濃霧や地震が発生し、続く「正月甲辰[39]（至元二十八年正月五日）」には虎が出没したとして、これらは「姦臣」が専権していることの「象」たる「変異」であるからすみやかにこれを正すべし、と訴えるものであったと言う（字句は「行状」に拠る）。当時、桑哥への弾劾が相いついでおり[40]、至元二十八年正月壬戌（二十三日）にはついに官職を剥奪されるに至る（『元史』巻一六、世祖本紀、当該日条）から、与票も批判者の一人として粛正を進言していたとの逸話と読めるだろう。問題は、この与票の劾奏に接した世祖の態度を袁桷がどのように描いているかという点である。文中においては、「上意、微かに忤《さか》うが若し」（「行状」）として、与票の主張が世祖の考えとわずかにくいちがっていたかのようであったこと、よって与票がみずから閉門して処罰を待ったことが語られる。ところが間もなく世祖が「真に公に忤うには非ず」（「行状」）であるのみか、実は与票を高く評価していることが次第に明らかになってゆき、特別に恩賞なども与えられたとする。こうした説明ののち、「世祖皇帝」の「神量測られず」（「墓誌銘」）、「神武沈断たる」（「行状」）と、その名君ぶりを礼賛して逸話が閉じられる。つまり袁桷は、与票の重ねての桑哥告発に即応しなかったとしても、ひそかに世祖はこれをよく理解していたのであるとして、伝記の主人公たる与票がもちろん君主の信頼にあずかっていたとする趣旨と、その彼が一時蟄居していたというできごととの摺り合わせを試みている。これによって、矯詔の告発に対する世祖の対応策が記されないという前段部分の矛盾も、ほんとうのところ世祖は理解していたのだが、と読ませることになるから、ひとまず解決することにはなっている。

この矯詔説が、いつ、どのように発生したのかは分からない。趙与票は至元十六年以降一貫して翰林兼国史院に所属し、在職のまま大徳七年に没したと袁桷は記している。袁桷自身も、大徳初年に翰林兼国史院検閲官とされたのち応奉翰林文字同知制誥兼国史院編集官、そののち翰林修撰、ついで翰林待制という経歴であるから、この間、趙与票自身または彼に繋がる人々から情報を伝聞する機会はなくはなかったことになる。[41]だが、矯詔の告発があったことの傍証たりうる他の材料を袁桷が挙げているわけではないし、何よりこれはきわめて検証しにくい情報である。これら二つの記事それ自体、ある意味では、世祖が深謀遠慮によって与票の告発への即時対応を控えたことを述べ、以てこれら一連の〝事実〟が世に隠れていた事情を説明したもの、つまりはそれが検証されがたいことを縷々述べたてた文書であるとも言える。したがって、我々が確実に把捉することのできる事象とは、発陵はあくまでも桑哥・璉真伽らの罪悪行為であって「神量」「神武」の世祖にはもちろん責任がなかったとする〝事実〟を、成宗代から英宗代にかけて翰林院・集賢院系の職を歴任したこの袁桷なる能文官僚が、大徳七年以降いずれかの時点において記述した、ということのほかにはない。

またかりに袁桷の両記事を額面どおりに読むにしても、そこに描かれている発陵と矯詔をめぐる世祖の動きは理解しやすいものではない。そこでの世祖は、矯詔があったと耳にし、しかもそれに「然り」と反応しながらも桑哥を処罰しないばかりか、そののち与票を閉門蟄居に追いこむという不可解な態度をとっているのであって、これを「測」りがたい「神量」のなせるところ、という説明で切り抜けようとする文脈はいささか苦しいものである。しかし、中央に在って発陵を推進した権臣桑哥はまぎれもなく世祖が重用した人物であったし、しかも前節で見たように、発陵がおこなわれた当時の官界においては世祖がそれを承知しているという認識・判断が成立してもいたと考えられるから、こうした条件のもとで世祖の非関与を認めうる何らかの〝事実〟を見ようとすれば、なるほど事件の背後にたとえばこのような経緯が〝発見〟されねばなるまい。

大徳八年には、漢文原本『世祖実録』二百十巻が進呈されている。先に見たとおり、おそらくそこには世祖が発陵を承認していたとしか読めない記事が含まれていたはずである。文責が複数の担当者にまたがる編纂物であり、また次王朝が『元史』を編纂するまで秘本とされる実録の場合、この内容の登載もあえて回避されなかったものであろう。あるいは袁桷も、実際は史官たちと同様に、君主は承認していたという認識を共有していたかも知れない。しかし、個人として、また人目に触れる追悼文のなかで発陵に言及した袁桷は、あくまでもそれは奸臣の矯詔によるものであった、という情報を掲げて撰文している。

また、前掲の周密記事が江南の漢民族僧侶たちにも罪過を引き受けさせていることと比較し、矯詔説を導入したこの袁桷記事が、罪過は政界内部で発生した、とするものである点にも注意すべきであろう。在野の周密、他方、官僚として元廷にあった袁桷それぞれが、みずからの生きる範囲のなかに〝真実の〟犯人を見いだしていたことが分かる。とくに、江南在地で陰謀がおこなわれたとする周密の記事と比べ、策謀は皇帝の膝元でおこなわれたとするこの袁桷の記事は、ではそのとき皇帝は何をしていたのだと疑念を抱かせるきわどい筋立てとなっているわけであるが、あえて世祖を登場させ、彼もまた被害者であったと言及することによって、むしろ明示的にその無罪性を語る構成となっている。

さらには、袁桷の文書において、世祖の無辜を証言する人物がほかならぬ趙氏の与票であることはとりわけ重要である。宗室出身と言っても、与票その人は進士に登第して鄂州の教授を勤めていた（「行状」）ほどであって、帝統嫡流に近い人物であったわけではない。しかし、与票が至元十四年に招聘されて上都で世祖と面謁した際、「宋の亡ぶの根本の所在」（「墓誌銘」）が話題とされていることが示すように、元廷は彼をあくまでも亡宋趙氏の一員として遇していた。また漢民族言論界にあっても、やはり彼が降伏した前宗室の出身者という立場において見られていたことは、たとえば彼の死に寄せられた挽歌が、「瓊林に身は蚤《つと》に貴きも……従容として候《うかが》う北の門」（『雲林集』巻四、輓趙方塘学士）、「南北を混同して風塵を静め、一たび飛ぶ雲路九万里、終に老ゆ玉堂の三十春」（『中庵先生劉文簡公文集』巻二一、挽趙方塘）と、その恭順と離郷の生涯への哀悼を以て彩られることなどに反映している。この人物の口から、われわれ趙氏の陵墓への冒瀆は矯詔によっておこなわれたものである、と言明させていることは、たしかに君主のための強力な免責証言であると言わねばならない。

こうして袁桷の文書においては積極的に世祖の無罪が表現され、その結果、必然的に桑哥と「其の党類」たる璉真伽の罪過が強調されることとなっているが、罪を負う存在として彼らがまたいかに好適であったかは、たとえば周密記事に登場する泰寧等寺の某々ら漢民族僧侶との対比によって明らかであろう。首謀者が名もなき在地の僧侶などではなく、桑哥・璉真伽という名だたる君側の奸とその与党であれば、彼らの策謀として発陵事件を総括し、無辜の君主と奸悪の権臣、という単純かつ定式的な善悪話型のなかに事件を流しこむことが可能となる。この明解さ、安定感は、発陵にまつわる情報を合理化し、なおかつ安全に言及したい言説生産者たちにとって、ごく魅力的なものであったはずである。

発陵は矯詔に起因する、とする説明は、「桑哥矯制」として明代に継承された。(42) この話型は、君主をあえて登場させ、より明確にその免責証言へと踏みこむことを選択した一方、その代替の標的たる桑哥・璉真伽ら色目人権臣を事件の全面責任者として鋭く指し示すものである。先行する周密文書の話型においては在地の漢民族仏教僧にも分散していた罪過が、チベット仏教僧およびチベット仏教に連なる官員のもとに集中されていると言ってよい。君主に反漢民族的・反儒教的姿勢があった可能性を払拭しようとする言説生成の過程で、その疑念を吸収させる存在としてチベット仏教系色目人に照準が定まり、彼らへの攻撃が尖鋭化していったことが分かる。

(3)　世祖無辜説の通行――陶宗儀所引「唐義士伝」

以上のように、君主の無罪が〝証明〟される過程でその責任を引き受ける何らかの存在が必要となり、これを充当するものとしてチベット仏教僧の罪過が確信されていくわけであるが、その最終的な形態として、陶宗儀『南村輟耕録』（巻四）「発宋陵寝」所載の羅霊卿「唐義士伝」を挙げるべきであろう。

「唐義士伝」は、至大四年（一三一一）に羅霊卿の友人の倪某が霊卿に「曰」ったという発陵に関する情報と、これに対する霊卿の発言部分から成る。この「唐義士伝」を、さらにいくつかの題跋とともに陶宗儀が載録したかたちとなっているから、発陵事件報告は二重の入れ子状態で存在する。また題名のとおり、あくまでもその主題は発陵に憤激した唐珏の義挙であり、しかも彼の夢見まで絡んだ因果奇跡譚となっているため、事件報告と見るよりは、もはや説話と呼ぶべきものである。とはいえ明代以降、諸書に収録されるのみならず舞台脚本化もされるほどに支持を得た話型であり(43)、これこそが、文字の限界をも超えて最も普及していく発陵関連言説と言ってよいだろう。

事件の経過についてのここでの叙述においては、在地僧の策謀や権臣による矯詔など、君主を免責しうる隠れた〝事実〟に相当するものはとくにない。璉真伽がその「執焰爍人、窮驕極淫」たる行動様態のままに発陵をおこなったという情報が、周知当然の話として、いきなり投入される。

> 歳戊寅（至元十五年（一二七八））、江南浮屠を総ぶる者にて楊璉真珈なる有り。恩を怙《たの》みて横肆たれば、焰を執りて人を爍《と》かし、驕を窮め淫を極むること、具さに状《の》ぶる可からず。十二月十有二日、徒役を帥いて蕭山に頓まり、趙氏の諸陵寝を発す。残れる支体を断ち、珠襦玉柙を攫《と》り、其の歯を焚き、骨を草莽の間に棄つるに至る。唐（唐珏）、時に年三十二歳、之を聞きて痛憤す。

以下、唐義士が里中の少年らとともに密かに遺骨を収拾し、かわりに他の暴骨を置いておいた云々の顛末が詳細に語られる。璉真伽の発陵は、もはや本題である唐珏義士伝の単なる枕にしか過ぎない。このあと璉真伽は、唐義士らの収骨の話の直後、わずかに次のかたちでふたたび言及されたのち、この語りから消える。

越ゆること七日、総浮屠令を下し、陵骨を裒《あつ》めて牛馬の枯骼の中に雑置せしめ、一塔を築いて之を圧す。名づけて曰わく、鎮南と。杭の民、悲戚して仰視するに忍びず。了《つい》に陵骨の猶お存《たも》たるるを知らざればなり。禍淫爽《たが》わず京師に流伝し、上つかた四聡に達するに、天怒赫赫、風雷の号令を飛ばし、首禍たる者を捽《つか》みて北せり。

このように唐義士伝の話型では、璉真伽すなわち悪という等式が確固たる前提としてまずあり、発陵をすべてこの等式によって処理しているため、事件発生の経緯をとくだん語る必要さえもなくなっている。また、江南の漢民族僧侶も桑哥も登場せず、発陵の行為者としては璉真伽ただ一人のみが挙がり、罪過の焦点が彼に絞りこまれてもいる。

この話型のいま一つの特徴は、璉真伽の行状を知った皇帝が「赫赫」たる「天怒」を発し、「風雷」のごとき号令を飛ばして彼を引っ捕らえた、という一幕の存在である。これによって世祖は発陵に関して無罪であるばかりか、逆にそれを罰する存在として提示されることとなっている。璉真伽の江南釈教都総摂・江南釈教都総統の官職名が、「総江南浮屠」「総浮屠」という曖昧な表記となっていることも、皇帝権力へと繫がる官員たる彼の立場から視線をそらしたものと読めないことはない。

次に問題となるのは、「具さに始末を聞」いた羅霊卿が語り手の倪某に「曰」ったという言葉である。

霊卿……曰わく、……聖朝は量包覆燾にして恩は獝狘にも完し。亡国の遺胤を煦育し、坦《たい》らげて驚猜せしむること無きに、何物か異端、忌み憚ること無く敢えて爾《しか》せり。今に至りて之を言うも、痛哭を為す可きのみ。

ここで羅霊卿は、元を「聖朝」と呼んでその潔白を表現したうえで、この「聖朝」が宋遺民を温かく遇していたにもかかわらず「異端」が敢えて発陵の凶行に及んだのだ、と「痛哭」する。「異端」という語を持ち出すことによって、発陵事件を璉真伽の「異端」性の結果として一気に処理しようとする論理である。

ただし羅霊卿は、この極端に単純化した理解への道を足早に進みつつも、途中、わずかに立ち止まり、次の一言を漏らしている。――「聖朝」は「聖朝」であるがゆえに、「獝狘」、すなわち璉真伽のごとき凶徒さえをも、その

「恩」沢の傘の下に覆っていた、と。

なぜこの一文が置かれねばならなかったのか。この「恩」は、倪某の語りの部分の「……楊璉真珈なる有り。恩を怙みて横肆」の「恩」に対応している。羅霊卿は、璉真伽の「異端」性という解決点に事件のすべてを吸収させた映像を見ようと急ぎつつ、一方でやはり、この「異端」が「聖朝」の「恩」によってこそ勢力をふるっていた、というみずからの認識から逃れることができていない。そこで、「異端」に対する君主・政権の「恩」顧という、いかにしても見えてしまうこのきわめて不都合な〝事実〟を、「聖」なる存在であるがゆえの無差別の「恩」愛、というかたちで合理化する手続きが踏まれていると読める。「異端」にすべてを負わせようとする際の論理的破綻を、こうしていったん弥縫したうえで、羅霊卿言説はようやく心置きなく璉真伽を糾弾することを得ている。

以上、君主・政権の承認下でおこなわれたと認識・判断できてしまう発陵事件に関して、君主・政権には何ら責任がないとするそれぞれの〝事実〟を見いだそうとした、いくつかの文書をたどってきた。在地漢民族僧侶による策謀という説の発生は周密が死去した大徳二年（一二九八）以前、袁桷によって矯詔説が筆記されたのは趙与票が死去した大徳七年（一三〇三）以降の、おそらくはそこからさして遠くない時期であり、また「唐義士伝」は至大四年（一三一一）に語られたものとされている。漢民族知識人社会は、発陵承認の汚名から君主を救うこれらいくつかの話型を、かなりの速度で生産していることになる。そしてこれはそのまま、楊璉真伽という一人のチベット仏教僧へと、問責と攻撃の矛先が求心化していった速度でもある。

在地僧侶策謀説を採る文書は間接的に、そして矯詔説を採る文書は直接的に、世祖は欺かれていたのであって無罪であるとし、発陵事件に関して君主・政権をニュートラルな位置に置いた。「唐義士伝」型の言説はさらに進んで、君主とその「聖朝」が無罪であることは言わずもがな、すみやかにその犯人たちを処罰した正義の存在であると述べ、〝反〟発陵の動きをする役どころを新たに見いだすとともに、この位置に君主・政権を置いた。漢民族社会の言論形成が君主・政権を発陵の罪過から遠ざける方向をたどり、それにともない、いわば反比例的に、チベット仏教僧への攻撃が強化されていったことが判明する。

第二節「異端」——仏僧という認識枠の適用

(一) 永福寺

(1)「永福大師」

儒教的な祖霊観念およびそれと一体化した厚葬の習俗をもつ漢民族の人々が、彼らにとって見逃しがたく、したがってその原因ないし元凶を求めずにはおれない発陵という事件を経験し、なおかつ君主や当該政権を攻撃することを回避しようとしたとき、その代替として、他の何ものかを標的にすることは充分に理解しうる。しかし楊璉真伽は、僧官とはいえ官員であり、まさにその君主・政権が送りこんできた権力末端にほかならない。このような人物を、漢民族言論界はなぜこれほど直進的に攻撃目標として見定め、激越な批判言説を加えているのであろうか。

この問いがなされねばならないことは、次のような仮定を挿入してみることによって明らかになるかも知れない。もしも発陵が、璉真伽という僧官によってではなく、たとえば南宋接収時の将領たちによっておこなわれていたら、(44) あるいはたとえば接収後に乗りこんできた一般官員によっておこなわれていたら、これまで見てきたような諸種の発陵批判の言説群を、漢民族社会は生み出しえたであろうか。

このように考えるとき、璉真伽を攻撃する諸文書のなかで、彼にどのような呼称があてがわれているかは示唆的である。周密の二記事は、関係者の「互告状」の引用部分においては彼を「楊総統」と記す。しかしその一方、密自身の地の文ではすべて「楊髡」の呼称を用いており、この事件を楊という「髡」、すなわち仏教僧のおこなった行為として描く方針で一貫している。仏教僧の蔑称である「髡」には罪人や刑罰の義もあるから、その否定的なニュアンスを含めて、発陵は僧侶がしでかした凶行、と明示してしまっているわけである。陶宗儀の載録した羅霊卿文書もまた、楊を「異端」と表現することによって、彼の仏教僧としての側面を強調する。「異端」は、漢民族知識人が儒教的立場から仏教を表現する際の常套的な語句であるが、とくに『南村輟耕録』においては、帝師の説く仏法や、パクパの推挙で帝室に仕えたタムパの存在を「異端」と記してこれを揶揄する記事が見えており、(45)「異端」という言葉によって仏教を、とりわけチベット仏教を批判する傾向が顕著である。

このように、彼を発陵の元凶として名指ししようとする文書において璉真伽は、その官員としての側面ではなく、仏教者としての側面が前面に押し出されるかたちで語られる。これによって、官員たる彼の行為は君主・政権の意向に沿ったものであるはずだ、というごく当然の状況認知から意識の焦点をずらし、仏教僧という「異端」の所業をそこに見て、事件をこれに収斂させる論理が生み出されていると言える。

しかし、ではなぜ璉真伽は、これほどまで容易に仏教僧という範疇で処理されえたのであろうか。璉真伽に発陵の罪を全面的に負わせる羅霊卿言説でさえ、彼が元の恩顧を被っていたと言及せざるをえなかったことは、この人物が官員であるという認識から漢民族言論界が実はそれほど逃れきれてはいなかったことを示している。また、彼はたしかに仏教僧であるにはあったが、河西出身者であり、あるいは後述のように「西番形像」の見慣れぬ仏像や仏塔を杭州に出現させたチベット仏教の僧侶であって、漢民族仏教僧とは明らかに異質な存在として江南に立ち現れたはずである。この人物を、いかにその失脚後とはいえ、誹謗的に仏教集団を括る「髡」や「異端」など漢民族社会に既存した認識枠に繰りこみ、すみやかに攻撃対象としてしまえていることには、やはり何らかの理由がなくてはならない。

この問題に関して取り上げるべきは、江南釈教都総摂、のち江南釈教都総統という職位とともに彼が名乗っていたところの「永福大師」なる称号である。この称号は、彼が官員としての立場の一方で、任地たる江南の一仏寺の所属僧としての立場をも表明していたことの痕跡である可能性がある。もしもそうであるとすれば、彼を仏教の範疇内の者と見なし、それによって批判対象としうる論理を円滑に成立させた要因の一つが、ここにあることになろう。

璉真伽の「永福大師」号が見える最も早期の事例は、杭州普寧寺版大蔵経の『仏本行集経』（巻六〇）至元十六年（一二七九）八月付け刊記に「宣授江淮諸路釈教都総摂永福大師」とあり、また『大方広仏華厳経』（巻四〇）至元十六年十二月（一二八〇）付け刊記にも「江淮諸路釈教都総摂永福大師」とあるとして、小川貫弌[46]が紹介した記載である。小川はさらに、『大方広仏華厳経』の至元二十七年（一二九〇）十月付けの識語も紹介しており、ここには「江淮諸路釈教都総統永福大師楊璉真佳」とあると言う[47]。僧官職号は総摂から総統へと改変[48]されているが、「永福大師」号のほうは十六年段階から一貫して用いられていることが分かる。

璉真伽の「永福大師」号についてはフランケ[49]が、チベット・中国両域の境界に位置する永福鎮、または国都の永福寺を指すかと推測し、このうち永福寺であるとすれば、璉真伽がもともとここに所属していたものかも知れないと述べた。しかしここでフランケが挙げた大都の永福寺（大永福寺、青塔寺）は、延祐年間に「新寺」と記されている[50]ものであるから、至元十六年時点で璉真伽が称した「永福大師」には関係しない。また陳高華[51]は、この「永福大師」は地名でも仏寺名でもなく世祖が上層仏教僧に与えた称号であると見るが、たしかにこれが称号であることは明らかであるとしても、称号に仏寺名が組みこまれていないとは限らない。

おそらく璉真伽の「永福大師」については、杭州霊隠寺の西に位置する永福寺との関係を検討する必要がある。はじめに、当時の道仏の確執を仏教側の視点で伝える『至元辨偽録』を見てみよう。この文書には張伯淳による序文[52]が付されており、そこではまず至元十八年に頒行された聖旨において道教典籍の焼却や道士の仏僧への転向または還俗が命じられたなどのことが述べられ、ついでこうした政権の抑道崇仏路線がさらに、

> 是の時に当たるや、江南釈教都総統永福楊大師璉真佳の大いに聖化を弘め、至元二十二春自り二十四春に至るの凡そ三載に仏寺を恢復すること三十余所。四聖観の如きは昔の孤山寺なれば、道士胡提点等の邪を舎《す》てて正に帰し、道を罷めて僧と為る者、奚《なん》ぞ啻《た》だに七八百人のみならんや。上永福帝師殿の梁栱の間にて挂冠せり。

という経過をたどったことが説かれる。釈教都総統の「永福楊大師璉真佳」が至元二十二年から二十四年にかけて四聖観など三十余箇所を仏寺に復旧したこと、道士数百人を僧侶に転じさせたことが述べられるとともに、その転向の執りおこなわれた場所が、「上永福」の帝師殿であったことが記されている。(53)

璉真伽の活動によって道士が棄教した舞台とされるこの「上永福」が、同文中に璉真伽の呼称として記される「永福楊大師」の「永福」と関連していると見ることに無理はあるまい。そのうえでいま田汝成『西湖遊覧志』（巻一〇、北山勝蹟）を見ると、

洞（呼猿洞）に対して、旧くは上・下永福寺、天聖寺有り。今、廃す。永福寺、形勝山の下に在り。一名、資厳山。宋隆国黄夫人の功徳院なり。宏規巧搆にして丹艧相い輝き、瓦は碧光の琉璃を用てす。咸淳九年、建つ。至元の時、分けて上・下両院と為す。内に金沙池・銀沙池・福泉亭・雨花亭・石笋厓有り。

とあり、杭州飛来峰呼猿洞の向かいに「上・下永福寺」なる仏寺のあったことが知られる。宋度宗の咸淳九年（一二七三）、すなわち至元十年には度宗生母の隆国夫人黄氏のための豪壮な功徳院がここに設けられ、(54)同じく至元中に「上・下」両院に分割されたとある。『西湖遊覧志』当時、つまり明嘉靖年間には廃寺であったと言うこの永福寺は、その後の復興と荒廃を経て、二〇〇一年以降本格的な修復を施され、(55)現在、霊隠寺の西に隣接するいま一つの仏寺として盛様を見せている。璉真伽がそこで道士を転身させたと張伯淳の記した「上永福」とは、この杭州「上「永福寺」なのではないか。

『至元辨偽録』それ自体は、仏教的立場からの歪曲があるとして議論の少なくない文書である。宋の進士であり、よって儒士である張伯淳が、おそらく翰林直学士という職責上この奉勅撰文書に寄せた当該序文においてすら、道士の棄教を「邪を舎てて正に帰」するものと表現するあたり、やはり仏教寄りのバイアスがかかっていることは否めない。璉真伽の活動を「聖化」と記すことなども同様である。しかし璉真伽が道士に圧力をかけたということには疑いの必要はないし、彼のこうした活動の拠点を上永福とした場所の記述にも問題はあるまい。しかも張伯淳は

杭州近郊崇徳の人であり、元に帰順したのち、至元二十三年には杭州路儒学教授の職に任じられてもいた[56]。たとえば彼が前掲文中「四聖観」として言及しているものが杭州の道観であるように[57]、至元二十二年から二十四年にかけて璉真伽が抑道崇仏活動に従事したという舞台には杭州が含まれており、伯淳自身その状況を知る機会もあったことになる。したがって彼が「上永福」と記した仏寺が杭州の上永福寺である可能性は低くはない。

とはいえ杭州永福寺を璉真伽の「永福大師」と関連づけることには、見逃しがたい疑問がいくつかある。第一は、永福寺と璉真伽との関係をうかがわせる材料のうち、張伯淳文書が至元二十二年から二十四年にかけての痕跡、そして後述する飛来峰碑文が至元二十六年・二十九年の痕跡であって、彼が遅くとも至元十六年には永福大師と名乗っていたと見られることからすれば、その時点からかなりの時間を経た一時期の重複が認められるに過ぎないという点である。換言すれば、至元十四年に釈教都総摂として江南に現れた璉真伽が、十六年以前のいずれかの時点で早々にこの杭州の一仏寺名を自称に採ったということの必然性を見いだしにくい。宋宮跡地処理を当初から計画していたとすれば、なるほど杭州に活動拠点を置いたことまでは理解できるとしても、なぜ永福寺に着目したのか。あるいは飛来峰造像もまた視野に入れたうえでの選択であったかも知れないが、それならばなぜ大刹霊隠寺ではなく永福寺なのか。

疑問の第二は、永福寺がいかなる宗派の仏寺であったかという点に関わる。明の呉之鯨『武林梵志』(巻五、北山分脈)は、この寺を「永福禅院」とも「上・下永福寺」とも記している。したがって元初にあってもこの寺は、霊隠寺と同じく禅刹であった可能性があるだろう。ところが諸研究[58]においては、世祖政権が江南の禅宗を抑制する方針を採っていたこと、璉真伽はその忠実な体現者であったことが指摘されている。この人物が禅宗寺院の名を冠していたとすれば、これをどのように説明すべきか。たとえば、重要な管理対象であるからこそあえて禅刹の一つに自身の拠点を置いた、といった理解は可能であるのか。

以上の疑点がある以上、「永福大師」と杭州永福寺との関連については、慎重に検討をつづけるべきであろう。

とはいえ、以下に述べる飛来峰の問題は、このチベット仏教僧と永福寺との関係を、いやがうえにも推測させるものではある。

(2) 永福寺と飛来峰

霊隠寺に向かいあう丘陵斜面に開鑿された飛来峰石仏群は江南の摩崖仏跡としてつとに著名であるが、霊隠寺隣地の永福寺も、やはり同じく飛来峰に相い対する位置にある。いま「永福」の楊璉真伽が飛来峰に摩崖仏を造営した、と解しうる題記碑文が、少なくとも二点存在する。一点は壑雷亭に面する壁面に彫られた至元二十六年造の無量寿仏像(59)（写真）題記(60)、いま一点は、飛来峰西端の呼猿洞エリアにある至元二十九年造の阿弥陀仏三尊像(61)の題記(62)である。いずれの仏龕も永福寺からほど遠からぬ距離に位置していたと考えられ、とくに呼猿洞の至元二十九年阿弥陀仏三尊の龕は、前掲『西湖遊覧志』が「洞（呼猿洞）に対して」かつて「上・下永福寺」があった、と記していることから見て、永福寺に結びつけて認識される場所であったと言える。ここに、後述のごとく「永福楊総統」「永福大師楊」造像と碑刻された飛来峰摩崖仏が存在することを、偶然の符合として看過することにはむしろ無理があるだろう(63)。

〈**至元26年　無量寿仏像**〉（2009年3月　筆者撮影）

二〇〇二年一二月から翌年五月にかけて、杭州市文物考古所が永福寺遺構の発掘調査をおこなった。瑠璃瓦や大量の南宋期龍泉窯陶瓷が出土したことなどから、発掘された遺址は前掲『西湖遊覧志』が記すところの咸淳九年（至元十年）に造営された永福寺伽藍の跡であろうと推定されている。(64) 至元十四年に楊璉真伽が征服政権の一員として江南に入った時点で、ここには宋帝生母の香火院として四年前に建てられたばかりの「宏規巧搆、丹雘相輝、瓦用碧光琉璃」たる美麗な梵宇があったことになろう。のち至元二十年代に璉真伽が飛来峰仏龕を開鑿させたときにも、おそらくその対岸にはこの伽藍が存在していたのではないか。これらの材料から推せば、璉真伽がこの仏寺をみずからの拠点と称していた可能性は、やはり見ておく必要がある。

もしも璉真伽が以上のように永福寺という在来の仏寺に足場を置く存在として理解されていたとすれば、発陵関係文書のなかでこの色目人僧官が、官員としてよりもむしろ僧侶としての側面をクローズアップされ、それゆえ「髡」「異端」として元凶の役割を負わされていることも、ごく整合的なことがらである。官員を、しかも君主側近の権臣に繋がる官員を、たとえその失脚後であれ糾弾することは、ともすれば君主のかつての失態を描出してしまうことになりかねない。しかし璉真伽に、江南仏教界の一員としてのいま一つの顔を容易に求めえたとすれば、漢民族社会、とくにみずから正統を以て任ずる儒家知識人たちは、躊躇なくその一面のもとに彼を位置づけ、必要に応じて「異端」として攻撃しうる充分な根拠を獲得していたと言える。

またかりに璉真伽と永福寺との関係がなかったとしても、以下にたどるように、彼は伝統的な仏教名勝である飛来峰に明確な足跡を残している。彼にこの行為があればもはやそれのみで、漢民族言論界は、新政権が送りこんできたこの官員を仏教界に属する一僧侶と見なすに足る理由を得ていたことになるだろう。

(二) 飛来峰碑文

(1) 至元二十六年無量寿仏像題記

璉真伽の飛来峰造像仏二点の碑文について見ていこう。至元二十六年無量寿仏像題記は、まず前半において、

大元国杭州仏国山石像賛。永福楊総統、江淮に重望を馳す。霊鷲山中に旌《あらわ》さんと、飛来峰上に向かう。蒼崖の

石を鑿破し、黄金像を現出せり。仏名は無量寿、仏身に万象を含み、無量にして亦た無辺、一切の人瞻仰す。[65]此の功徳の幢[66]を樹つること、能く比況[67]を為すもの無し。此の大施門に入るや、喜は大丞相に有り。省府の衆くの名官、相い継ぎ来りて称賞す。

と、江南で声望を馳せていた「永福楊総統」が「黄金像」を飛来峰に現出させたこと、その功徳の大なることを述べたてる。賛同者として言及されている「大丞相」は、行省丞相を指すか、あるいはいっそ桑哥を指すかも知れない。当時、江浙の官員のあいだには桑哥に阿諛する動きがあり、至元二十七年にはその徳政碑が江浙行省によって官立されている。[68]また「省府」の「名官」たちが次々とやってきて「称賞」したとあるものは、桑哥最盛の当該期[69]において、この中央権臣につながる璉真伽のモニュメントへと当地の官員たちが足を運んで礼賛を表明したことを伝えたものであろう。このあと碑文は、花雨が降り注いだなどの定型的な頌句を並べたうえで、

願祝すらく、聖明の君の仏寿の無量に与らんことを。法界の衆生の為に尽く煩悩の障りを除かんことを。我、是くの如くの説を作せり。此の語、即ち妄に非ず。至元二十六年重陽の日、霊隠虎岩に住せる浄伏、謹述す。大都海雲易庵の子安、書丹す。武林の銭永昌、刊《きざ》む。

と、世祖の無量寿を祈願して閉じる。霊隠寺の僧侶が撰文し、同じく禅刹である大都の海雲寺の僧侶が書丹を担当したとあって、杭州・京師の在来仏教教団がともにこの立碑に動いていたことが分かる。またこの盛大な事業が「省府」の官員たちの親しく目睹するところであったわけであるから、石仏造立に邁進する璉真伽の純然たる仏教僧としての側面は、仏教界外部の知識人社会においても広く観察されることとなったはずである。

幽邃な飛来峰は、元代をとおして詩の題材として好まれた。[70]かの黄溍も同じく名儒とうたわれた項炯とともに探訪している[71]ほどであるから、儒仏の境を超えて慕われる名跡であり、注目度の高い空間であったと言えよう。発陵にことのほか関心を示している周密も、宋の孝宗と太上皇となった高宗の一行が避暑に訪れた土地として、かつての飛来峰の姿を筆記している。[72]この周密から見れば、あるいは「唐義士」を含む周密周辺の人々[73]、そして周密の読

者たちの目から見れば、宋帝諸陵を暴いた当の本人「楊髡」が、宋諸帝の足跡の残る名勝飛来峰に石仏を刻み、現地官員たちの「称賞」を浴びていたことになる。

(2)　至元二十九年阿弥陀仏三尊像題記

璉真伽の造像を記す第二の碑文、至元二十九年阿弥陀仏三尊像の題記は、次のものである。

> 大元国功徳主宣授江淮諸路釈教都総統永福大師楊、謹んで誠心を発し、浄財を捐捨し、工に命じて阿弥陀仏・観世音菩薩・大勢至菩薩聖像三尊を鐫造せしむ。端《まさ》に祝延を為すに皇帝の聖寿万安[74]、闊闊真妃の寿齢綿遠、甘木羅太子・帖木厄（児？）[75]太子の寿筭千秋たらんことを。文武百官の禄位に常居して自身の世寿延長を保つを祈るに、福基永固にして子孫昌盛し、吉祥如意たらんことを。至元壬辰二十九年仲秋吉日、建つ。

先の二十六年題記が璉真伽の事業に寄せられた霊隠寺の僧侶による礼賛記であったのに対し、この二十九年題記は璉真伽名義の祈願文となっている。帝室構成員の名を具体的に挙げて彼らの寿福を祈願するとあって、璉真伽の宗教者としての営みを直接的に示すものと言える。

しかしこの題記に関して何といっても問題となるのは、至元二十九年という、そこに記された年次である。従来、至元二十八年正月に桑哥が失脚したのち、その与党たる璉真伽も次々と不法行為を暴かれて「歴史上」から「消失」[76]したとされてきた。璉真伽は至元二十九年はじめに死没したのではないかとする見解もある。[77]前記のとおり死去はしていないと考えられるが、二十八年以降一気に彼の罪状が暴かれていくことを伝える諸記録から見れば、たしかに社会的には「消失」していなければ不可解でさえある。具体的に、至元二十八年五月に彼が「検挙」された、とする見解も提出されている。[78]この璉真伽が、なぜ二十九年秋に石仏を建立した人物として、「釈教都総統」という職名もそのままに、碑文に登場している[79]のであろうか。

至元二十八年五月における璉真伽「検挙」の根拠とされる『元史』（巻一六、世祖本紀）至元二十八年五月戊戌条には、「脱脱・塔剌海・忽辛の三人を遣わして僧官江淮総摂楊璉真伽等の官物を盗用せるを追究せしむ」とある。文字どおり読めば、査察官を派遣して官物濫用について追究したことまでを言うものであって、検挙などその後の処置について述べられているわけではない(80)。もちろんこのほかにも璉真伽告発に関する文書は散見するが、そのほとんどは、彼への処罰を記さないまま、罪状あるいは占奪財の返還についてのみ伝える(81)。これほど罪状が書き立てられているからには捕縛されなかったとは考えにくいし、また、至元二十八年中にその身柄が拘束されたことを示すかと考えうる材料もなくはないが、その記述内容が明確ではない(82)。一方、先に見た『元史』（巻一七、世祖本紀）至元二十九年三月壬戌条には、「省台諸臣の典刑に正して以て天下に示さんことを乞うに、帝、猶お之（楊璉真伽）の死を貸すも……」とあって、この時点で彼がいまだ刑罰に処されていないこと、そして世祖がその死を免除していることが記される。つまり、璉真伽が至元二十九年仲秋付けの仏像題記を発することは不可能であったと決定するに足る積極的な材料を挙げることはできず、一方で、それが不可能ではなかったと解せなくはない材料はあるわけである。

　さらに言えば、この題記碑文が存在する以上、璉真伽自身がどのような状況にあったかにかかわらず、〝至元二十九年に楊璉真伽が

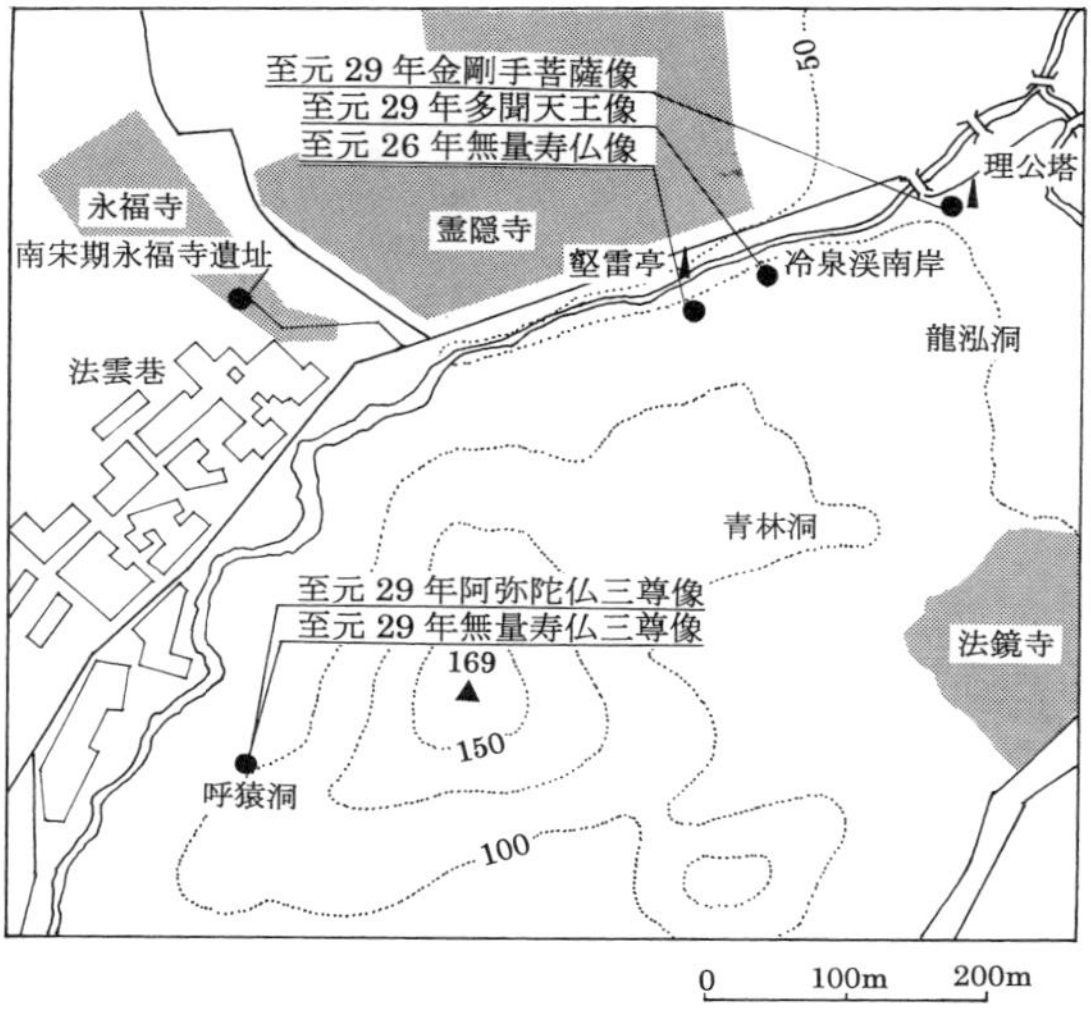

〈飛来峰周辺図〉

（黄湧泉［1958 年、飛来峰石窟平面示意図］・洪恵鎮［1986 年、50 頁］・杭州市歴史博物館等編［2002 年、8 頁］・現地調査（2009 年 3 月）・杭州市文物考古所（兼任杭州市歴史博物館）唐俊傑教授の御教示（2010 年 1 月）により作成）

石仏を寄進した〃とする言説が発信された、という事実が、それとして存することになる。内容のうえでもこの碑文は、政治的・社会的にはもはや破綻したと見えたはずの璉真伽が仏教界においてはいまだ健在であり、諸路釈教都総統という地位を失ってもいないことを言明しているのであるから、相応の意志をともなって発出されたものでなくてはならない。何ものか――璉真伽自身であっても、他の何ものかであっても――が、著名な仏跡に新たな石仏を出現させるという開示性の高い手段を用いつつ、桑哥の失脚と刑死にともなう厳しい追究を経てなお江南仏教界の統率者としての立場を、そして世祖一家の名を挙げて祈りを奉ずる帝室用宗教者としての立場を、璉真伽がいまだ維持していると主張している。このことは、認めざるをえない。

次に、この至元二十九年阿弥陀仏三尊像題記（◎）を、これと関連すると見られる他の二点の飛来峰題記（○）とともに検討してみよう。それぞれの施主名と題記日付の部分は、以下のとおりである（傍点は筆者）。

◎阿弥陀仏三尊像（呼猿洞）「大元国功徳主宣授江淮諸路釈教都総統永福大師楊」「至元壬辰二十九年仲秋吉日建」

○無量寿仏三尊像[83]（呼猿洞）「大元国功徳主資政大夫行宣政院使楊」「至元壬辰二十九年七月仲秋吉日建」

○多聞天王像[84]（冷泉渓南岸）「大元国大功徳主資政大夫行宣政院使楊」「至元壬辰二十九年七月仲秋吉日建」

一見して気づくように、これら三点は、「七月」の文字が入るか否かを除けば、日付の表記が一致する。また無量寿仏三尊像題記と多聞天王像題記とは、日付の表記が完全に一致、施主名も「大」字の有無を除けば一致するから、これら二件の尊像が「行宣政院使楊」なる同一人物によって同時に造営されたことは間違いあるまい。問題は、無量寿仏三尊像[85]、多聞天王像[86]それぞれについて、あるいは阿弥陀仏三尊像を含めた三件すべてを総合して[87]、この「行宣政院使楊」が楊璉真伽であるとする見解があることである。同じ年の仲秋に、同じ「楊」姓が刻まれているのであるから、当然こうした解釈は提出されるであろう。

他方、多聞天王像に関してのみではあるが、楊璉真伽とは別に、「行宣政院使楊」なる他の人物が存在したとする見解を、鄧鋭齢[88]が行宣政院研究のなかで述べている。飛来峰には、至元二十九年のものとして理公塔下の金剛手菩薩像の題記もあり、(89)その日付は「至元二十九年閏六月□日建」、施主名は「大元国功徳主栄禄大夫行宣政院使脱脱夫人□氏」とある。鄧鋭齢は、まずこの「行宣政院使脱脱」を、至元二十八年に行宣政院使とされたことが至正『金陵新志』（巻六、官守志、本朝統属官制、行宣政院）に載る「脱脱」に比定する。ついで『両浙金石志』所載の至元二十九年飛来峰多聞天王像題記に言及し、これを脱脱と同時期に行宣政院使の任に在った「楊謹」なる人物の造営として述べる。「謹」は人名には含まれまいが、(90)楊璉真伽とは関係なく、院使脱脱と同時期に「行宣政院使楊」といういま一人の院使がいた、とする立場として理解される。たしかに行宣政院使は二員とされているから、(91)その点での矛盾はない。

至元二十九年無量寿仏三尊像・同年多聞天王像の題記に記される「行宣政院使楊」と、同年阿弥陀仏三尊像題記に記される楊璉真伽とは、別人なのか、同一人物なのか。日付表記がほぼ一致する題記において、一人の人物が「江淮諸路釈教都総統」「行宣政院使」という二様の官職名を冠して書かれることは、一般的には考えにくい。しかも後述するように、これらのうち阿弥陀仏三尊像題記と無量寿仏三尊像題記とは、同時期であるのみならず、ともに撰文されている可能性さえあるから、一人二職号は明らかに矛盾する。もちろんたとえば、高位の地位である行宣政院使を偽って被せるといったことはありえなくはないであろうが、そうであるとすれば阿弥陀仏三尊像に釈教都総統の官職名を書くことは矛盾する。これと同じ理由で、実際のところ璉真伽はこの時点で行宣政院使に就任していた、または釈教都総統とこれを兼任していた、(92)とする最も極端な解釈もひとまずは却けられる。他方、無量寿仏三尊像と多聞天王像の「行宣政院使楊」は、鄧鋭齢の解釈どおり、楊璉真伽とは別人物として実在してもおかしくはない。行宣政院使脱脱の夫人が金剛手菩薩像を寄進することが機縁となって、脱脱の朋輩たるいま一人の行宣政院使楊も寄進に及ぶ、といった経緯もありえなくはあるまい。また、夫人が造像している以上、夫たる脱脱に飛来峰における情報は容易に達すると考えられたであろうから、実在しない行宣政院使名をあえて碑刻する危険が冒されるとは思われない。以上の諸点から見て、無量寿仏三尊像・多聞天王像の寄進者「行宣政院使楊」と璉真伽とを一人の人物と比定することは、少なくとも現段階では困難である。

しかし璉真伽と「行宣政院使楊」との関係は、やはり大きな問題として残される。なぜなら先に見た璉真伽の阿弥陀仏三尊像の題記文面そのものと、「行宣政院使楊」の無量寿仏三尊像のそれとが、酷似しているからである。両碑銘の文字列をそのまま見てみよう（傍点は筆者）。

◎阿弥陀仏三尊像題記「大元国功徳主宣授江淮諸路釈教都総統永福大師楊、謹発誠心、捐捨浄財、命工鐫造阿弥陀仏・観世音菩薩・大勢至菩薩聖像三尊。端為祝延皇帝聖寿万安、闊闊真妃寿齢綿遠、甘木羅太子・帖木厄（児？）太子寿筭千秋。文武百官常居禄位、祈保自身世寿延長、福基永固、子孫昌盛、吉祥如意者。至元壬辰二十九年仲秋吉日建」

○無量寿仏三尊像題記「大元国功徳主資政大夫行宣政院使楊、謹発誠心、捐捨浄財、命工鐫造無量寿仏・文殊菩薩・救度仏母聖像三尊。[93]祝延聖寿万安、闊闊真妃寿齢綿遠、甘木羅太子・帖木厄（児？）太子寿筭千秋。祈保自身世寿延長、福基永固、子孫昌盛、如意吉祥者。至元壬辰二十九年七月仲秋吉日建」

寄進者名・尊像名を除けば、傍点部分が異なるのみであることが分かる。これほどの一致を示す以上、これら二点の同年「仲秋」の題記は、ともに作成されたものと見なくてはなるまい。この無量寿仏三尊像と同一月・同一人物によって寄進されたことが明記される先の多聞天王像の題記でさえ文面がここまで近似してはいないから、題記の撰文に関する限り、璉真伽の阿弥陀仏三尊像と「行宣政院使楊」の無量寿仏三尊像とは、異様なまでの連関の深さを示していると言わざるをえない。ともに呼猿洞エリアに位置し、[94]またともに三尊像であることも、両者の関係の深さを暗示する。

この点をどのように理解すべきなのか。両者が別人であるとの前提に立てば、璉真伽はこの「行宣政院使楊」とごく親密な間柄であったことになろう。行宣政院は至元二十八年に建康に設けられ、そののち至元三十年には杭州に移置された官署であるが、[95]その設置は、桑哥失脚にともなう璉真伽の権力失墜に対応したもの、すなわち釈教総統所という僧官官衙から行宣政院という俗人機構への切り替えがなされたものと指摘されている[96]。つまり至元二十九年前後における行宣政院は、僧官璉真伽「消失」後の江南仏教界統率の空白を埋めるための俗権的機関として稼動しつつあったと推測されているわけである。その院使と璉真伽とが、実はともに石仏寄進をおこなうほどに近しい関係であったという可能性は、問題として小さくはない。これをある種の円滑な業務引き継ぎの一場面と見て碑文の記述どおりに承認するか、あるいはおよそ考えにくいことと見て解釈しなおす——たとえば、行宣政院使の楊某が何らかの理由で自身の名義と実際は「消失」していた璉真伽の名義との二そろいの三尊像を呼猿洞に造ったと考える、あるいは、やはり両者とも璉真伽であるとする解釈に立ったうえで全体像をまったく異なるかたちに組み立てる——かは見解が分かれるところであろう。

とはいえ璉真伽関連言説の構造を検討する今回の考察にとって、問題はむしろ次の点にある。それは、璉真伽の造像を伝える至元二十九年仲秋付けの題記が存在するのみならず、これと同年同期の行宣政院使の題記二点もまた存在し、とくにこのうち一点は璉真伽題記とともに制作されたとしか考えられない文面をもち、しかも同じく呼猿洞に刻まれている、という飛来峰石刻文書のありようそのものである。璉真伽自身の実態いかんにかかわらず、これら三点の至元二十九年碑文の存在のしかたそれ自体が、「消失」してしかるべきこの人物が石仏寄進をなしえた、それも江南仏教統領機構として新たに登場しつつあった行宣政院とのごく緊密な連携のもとにこの行為をなしえた、とする言説を発出していたこととなる。

至元二十九年仲秋の時点で璉真伽がどのような状況にあったのか、彼みずからが実際この題記を奉納しているのか否かは分からない。しかし江南仏教界が、この時点で「釈教都総統永福大師楊」が健在であるとする文書を、仏教界外部の人々の目にも触れうるかたちで発していた、その事実には疑いがない。しかも他の同年題記を総合すれば、璉真伽のこの崇仏的活動が江南仏教統領の新機構たる行宣政院の了承下におこなわれたと解しうるかたちにさえなっている。こうした事態を仏教界外部の一般漢民族知識人の目から見れば、発陵をおこなったあの人物は政治的・社会的にいかに衰敗しようとも仏教界において不動の力を発揮しうる、という情報が提供されたことを意味する。この情報の存在は、漢民族社会において、彼を「髠」「異端」と認識しうる拠り所としてよく機能するものである。これによって、発陵という耐えがたい事件の責任を何ものかに求めようとする漢民族の知識人たちは、不死鳥のごとく強靭な「髠」の姿を飛来峰に見いだし、これを攻撃対象とする言論を生産することが可能であったと考えられるからである。

飛来峰には、いま一点、楊璉真伽に関わる著名な石像群がある。璉真伽その人と「閩僧聞、剡僧沢」、すなわち天衣寺僧福聞・演福寺僧允沢であると伝えられる冷泉渓南岸の僧形人物像三体である。(97)題記をもたない龕であって、なぜこれが璉真伽ら発陵の三僧とされてきたのか、その根拠は定かではない。だが、遅くも一六世紀にはこれが璉真伽たちであると考えられていたことには、むしろ充分な根拠がある。これらの像には、補修の痕跡が報告されている。(98)そして明代諸書には、嘉靖年間に杭州知府として赴任した人物が飛来峰にて「楊璉真伽」らの「石人三」を「髠賊、髠賊」と罵って傷つけた、これを三日のあいだ梟して棄てた、「誅髠賊碑」も建てられた、などのことが伝えられる。(99)つまり確かにこれらの像は、「楊髠」たちであるとして扱われてきたものである。璉真伽による寄進であると刻まれた無量寿仏や阿弥陀仏三尊が飛来峰に登場したのち、人々はながくこの名勝の地に、かの「異端」の姿を見つづけたと言うべきであろう。

(三)「異端」

(1)　仏僧としてのふるまいの背景

ではなぜ璉真伽は、これほどまでに仏教僧、それも在地仏教界内部に溶けこんだ仏教僧としての側面を顕著に提示していたのであろうか。本来彼は在来の中国仏教とは異質なチベット仏教の僧であるし、何より政権が新たな服属地に派遣した官員である。単に江南仏教を管理するということであれば、在地仏教集団から超越した位置にあってこれを統轄することは充分に可能であったはずであるし、ある面ではそのほうがむしろ効率的でさえあったはずである。

ここで発陵に関連すると考えうる璉真伽の動きを、少し範囲を広げて俯瞰してみよう。一つには、杭州鳳凰山の宋宮の跡地を仏教施設に転用していることが挙げられる。後述するように、至元二十年代に世祖政権はここに五つの仏寺を建設するが、これは江南釈教都総統たる璉真伽によってなされた事業である。[100] そしていま一つ、彼が宋宗室を元廷に召喚する任務に当たっていたことも挙げるべきであろう。至元二十三年に、「桑哥の請に従い、楊璉真加に命じて宋の宗戚謝儀孫・全允堅・趙沂・趙太一を質に入らしむ」（『元史』巻一四、世祖本紀、至元二十三年正月癸未条）と記録されるものがこれである。恭帝を含む宗室の主要な人々は臨安陥落直後すでに伯顔によって北送されていたが、[101] 残余の一族の入質に璉真伽が動いていたことが分かる。前掲袁桷文書が記す趙与票の訴えのなかに、発陵にならんで「故宗室大姓を移徙せること」（「行状」）・「大姓を移括せること」（「墓誌銘」）は権臣の画策による、とあるものは、このことを指している。

先に見たように、楊璉真伽は至元十五年あるいは至元二十一・二十二年前後のいずれかの時期に宋帝陵を発し、また至元二十二年ごろには宋郊天台の破壊をおこなっている。これらと同じ時期に、宋宮跡地の使途転換と宋宗室収容にも携わっていたわけであり、戦後処理、とくに旧政権施設の撤収や旧支配集団の管理に、璉真伽が体系的に関わっていたことが了解される。

なぜ、この僧官がこれらの事業に起用されたのであろうか。その理由の一端は、旧政権施設がどのような名目によって撤収されたか、あるいは撤収後にどのように転用されたか、という点に示されているだろう。陵墓も郊天台も、かつて仏寺であったという理由で撤去され、跡地には仏寺が復旧された。宋宮の跡地にも仏寺が建てられた。これらの事例から見て、在地仏教界と元との利害を一致させ、仏教界から事業の正当性や協賛を引き出すかたちで、陵墓・郊天台・宮城など旧政権主要施設の撤去が推進されていたことが分かる。このとき、在地仏教界と元とをつなぐ人材として、僧官楊璉真伽が当てられたことになる。

この構図は、璉真伽が江南各地で道教施設に圧力を加えた場面にも共通する。仏教界にとって道教に対する優越はつねに望ましいものであったから、璉真伽が道観を圧迫していることも一見ごく当然の成りゆきと映る。しかしこの場合、おそらく問題は道仏抗争の範囲にとどまるものではない。周知のとおり、南宋諸帝は深く道教に傾倒していた。そのため璉真伽が移置したり廃したりした道観のなかには、宋宗室の愛顧を受けたものが少なくなかった。[102] 在地仏教界の利益代弁者として動く彼の行動は、ここでも宋宗室の痕跡を消去するものとして機能している。

以上の璉真伽の活動様態は、彼に負わされた役割が、単に江南仏教界を統轄するのみであったのではなく、仏教界を利用し、そこから正当化事由を引き出すかたちで旧政権の人員や施設を処理することを含むものであったことを示唆する。そうであるならばたしかに璉真伽は、江南仏教界の外部にあってこれを管理する存在としてではなく、その内部に在ってこれと利害をともにする存在として活動せねばならなかったはずである。これを世祖の政権中央から見れば、この僧官を送りこむことによって、江南漢民族社会のなかから政権と利害を一致させる集団を摑みだし、彼らの権益を保護するというかたちをとりながら旧政権の残痕を処理する方途が確保されていることになる。もちろん、こうした征服工程のなかで必ず発生する在地住民の憤懣を、璉真伽と彼が所属する在地仏教界に吸収させうることは言うまでもない。こうして璉真伽は、政権による旧南宋領接収策進展のなかにあって、必然的に「楊髡」たる存在形態を規定されていたと言える。

⑵　儒仏の位相

ここで、発陵という行為が、元初の漢民族社会、とくに儒教的観念を共通基盤とするその知識階層にとって、どのようなできごとであったかを確認しておこう。漢民族の死生観においては、人は死後も肉体が残存するかぎり受動的な感覚を維持するものであり、したがって遺体は自然に腐朽するまで保存せねばならないとされ、そのために土葬が適切と考えられてきたし、また父祖の屍をそのように葬ることこそが「孝」とされてきた。[103] 死生観にもとづく埋葬習俗が、儒教道徳と不可分のかたちで重視されていたわけである。こうした規範に拠って生きる人々にとって仏教は、たとえば家系断絶につながる出家主義などによってすでに多分に「異端」的であることに加え、いまだ感覚を有している遺体を焼くという恐るべき習俗をも有するがゆえに、とくに葬送場面において、その「異端」性の露出する観念体系であったと言える。宋代以降の漢民族社会が、唐代まで勢力をもった仏教思想から離れ、儒教・道教という民族固有の観念に回帰していったことはよく知られるところであるが、そのなかにあって発陵という行為は、とりわけ仏教の「異端」性を暴露する明証として儒家知識人には受けとめられたと見てよい。

さらにここで加算して考えるべき要素がいま一点ある。璉真伽登場以前の南宋代江南社会において、仏教界がより具体的に「異端」性を読みとられていたこと、それも葬送の場面において著しい禁忌侵犯を読みとられていたことである。その顕著な例が、ホロート[104]の紹介した周煇の『清波雑志』（巻一二、「浙右水郷風俗」条）記事に見える。一二世紀の杭州に暮らした周煇によれば、当地一帯では「僧寺」が利得を得るため火葬後の遺骨を預かり、池を穿って男女の別なくそこに遺骨を浸していると言う。しかしすぐに池がいっぱいになるため、こんどは深夜ひそかに遺骨を取り出し、荒野にこれを「散棄」しているとして、周煇はその「酸楚」を慨嘆する。彼のこの報告は、漢民族教養階層が仏教からの乖離という思潮の大転回をはたすそのさなかにあって、仏教の「異端」性が、江南仏教界の葬送行為において明白に観察されていたことを示す。

璉真伽は、新附地の接収を円滑に推進するため、みずからが江南仏教界の内部者であるとの立場を採った。だがそのとき江南仏教界は、漢民族社会一般、とくにその文化的中核を担う儒家知識人にとって、以上に見たような存在であった。よって璉真伽は、「異端」を「異端」としてあぶりだそうとする儒士たちが環視するただなかで、「異端」のレッテルをすでに重く背負った在地仏教界とともに、陵墓撤去という事業に着手していたことになる。

かりに元の将領や一般官員が陵墓撤去に当たっていたとしたら、それはなるほど酸鼻きわまる蛮行と受けとられはしたであろうが、すみやかに「異端」という観念的枠組みのもとに処理され、この「異端」を指弾するかたちで批判言説が盛大に生み出される、というその後の展開には至らなかったはずである。これを批判言説の生産者たる儒家知識人たちの立場から見れば、必ずや共通の話題となりうるこの事件を、征服政権そのものを直接の批判対象とすることなく「異端」の禁忌侵犯行為として攻撃しうる、その根拠が、仏僧璉真伽という認識方法によって保証されていたことを意味する。

璉真伽の行為が反儒教的「異端」の範疇で読みとられた場面としては、それがもと仏寺であったという理由で南宋郊天台の撤去を桑哥経由で提言し、勅許を受けて「郊天台を毀ち、亦た寺を焉《ここ》に建」てたという前掲『元史』(巻一三、世祖本紀) 至元二十二年正月庚辰条の事例も挙げることができよう。郊祀が儒教的国家儀礼の最も重要なものの一つである以上、郊天台の破壊はたしかに儒教的装置に加えられた冒瀆である。とはいえ考えてみれば、宋は儒教イデオロギー国家なのであるから、その旧址撤去はなかば不可避的に儒教関連諸施設の破壊をともなわざるをえない。しかしそのとき、実施に当たった人物が崇仏行為の一貫としてそれをおこなっているとすれば、それはより明瞭に反儒教的「異端」行為と位置づけられて認識されうるであろう。政権交替事業であるという一方の判断から視点をずらし、「異端」がそれにふさわしく正統を踏みにじった行為として、このできごとを認知することが可能であるからである。観察者たる江南社会のみではない。『元史』記事がこの事業を「寺」への土地利用転換として載せることは、政権中央もまた同様に、これを崇仏事業というかたちで進める方針を採っていたこと、もちろんこれに関する情報もその文脈で管理していたことを示唆する。

璉真伽の活動に反儒教的要素が見いだされていたことを示す具体的事例としては、先に触れた申屠致遠の伝記記事もまた参照すべきものである。そこでは、致遠が杭州の総管府推官であったときのこととして、

西僧楊璉真加、浮図を宋故宮に作るに、高宗の書く所の九経の石刻を取りて以て基を築かんと欲す。致遠力めて之を拒ぐに、乃ち止む。(『元史』巻一七〇、申屠致遠伝)

との逸話が記される。宋高宗が書いたというこの「九経」は、『中庸』言うところの天下を治める九つの大道のことであったかも知れないし、『易経』など九種の儒家経典のことであったかも知れない。いずれにせよそれは、儒教君主たる宋帝が儒学的文辞を記した石刻であったはずである。この碑石を、後述するチベット式仏塔の基部の石材として璉真伽が使用しようとし、申屠致遠が阻止したことを伝える記事である。同伝によれば、致遠は杭州に派遣されるこれ以前、おそらく至元十年（一二七三）またはその直後に太常太祝兼奉礼郎とされており、これに在職中、祭牲についての質問を太常卿から受けたりなどしたと言う。至元十二年にも、彼が同職の立場から太廟祭祀について意見を具申したことが伝わっている（『元史』巻七四、祭祀志、宗廟上、至元十二年十月己未条）。このように儒家的儀典の識者として活動していた人物が、旧政権皇帝の「九経」石刻を仏塔建築に用いようとした「西僧」の行為を見とがめたという所伝は、璉真伽にまつわる事態が、儒仏二項対置的な構図において認識されていたことを示すものである。

璉真伽の活動を儒仏の位相においてとらえる記述は、『南村輟耕録』（巻四、発宋陵寝）所収の「唐義士伝」題跋の一つにも見いだすことができる。董石林のものとして陶宗儀が引くその文は、

釈の焔は天を熏べ、墨の毒は骨に残る。啻《た》だに屍に鞭うつのみならず、骸を刖《き》るの惨あるも、執《いきお》い張りて威慴たれば、孰《たれ》か其の鋒を攖《つか》まん。儒流唐進士、世籍《よよ》さるるに陽和の生育し、雨露の涵濡せるの恩を念い、忠憤激発す。室を毀ち貲を捐《す》て、義に仗《よ》りて儔《ともがら》を集め、遺骼を暴露の後に潜ませ、游魂を獣髑の中より抜く。身首は異処たるを免れ、支体は烈炎を脱す。漆身の隕鉞に視《なら》う者、尽く下風に在り。精誠は天を動かし、奇節は世を震わす。

として、「釈」の悪と「儒」の善という明確な二項対置構造のうちに発陵を叙述する。「釈」「墨」が、遺体への狼藉をはたらく。一方「儒流」の唐義士が、かの漆身の豫譲のごとき「忠憤」「精誠」の「奇節」を発揮し、遺骨を救って「天」をも動かす。こうして、「釈」の背後にあったはずの政権や皇帝などにはまったく言及されないまま、遺

骨を暴いて獣骨中に置くという「釈」の「惨」たる行為が描かれ、これに抗する「儒」の「義」の行為が語られることにより、事件全体が儒仏の善悪対立の過程として提示される。また、唐義士の拠って立つ価値規範を、「陽和」「雨露」といった温順な自然の運行を暗示する表現によって記す部分なども、彼が「儒」の徒として「天」の摂理に順う存在であったことを言うものであり、一方の「釈」の行為に「焔」「烈炎」の字句を当て、それが「天を熏べ」るとさえ記すことと、きわだった対比を見せる。

官員璉真伽が陵冢発掘をおこなっていることは、すなわち君主・政権は発陵を承認しているという〝事実〟の認識を迫るものであり、実際のところ先に見たとおり、政権内部においては史官たちがおそらくこの〝事実〟を記録してもいた。しかし、みずからの欲求において発陵に言及しようとする漢民族の筆記者たちは、この〝事実〟を認識することを、あるいは少なくともその認識を記述することを、選択しなかった。その理由の一つは、これまで見てきたように、彼らにはまた別の〝事実〟を見る選択肢が提供されていたことにあったと考えられる。その〝事実〟には、仏僧璉真伽が、いかにもそれにふさわしく、発陵という「異端」の行為に手を染める様をありありと見いだすことが可能であった。こうして周密や陶宗儀は、そして後代の漢民族知識人たちは、このチベット仏教僧の「異端」行為として、発陵に関する言説を豊かに積み上げていくこととなった。

第三節　奇跡

本章序言において、明永楽政権がチベット仏教によって君主権の正当化をおこなっていること、そこでは二つの話素がその有効性を支えていたことを述べた。一つは、当該君主の正当性を証明しうる定型的・正統的な奇跡が起きたとする話素であり、いま一つは、そのように君主の聖性が発現されるに当たってチベット仏教の神秘的な力が促進的触媒として作用したとする話素である。以下、璉真伽の発陵に関する言説のうちに、これら二つの話素が原初的な形態で発生していることを見ていこう。ただし、そこで正当性証明の奇跡を起こしている君主とは、現君主たる世祖ではない。そして璉真伽に認められているチベット仏教の力も、君主の聖なる奇跡と同方向に作用する肯定的な力というわけではない。発陵を書きたてる元代の漢文文書の書き手たちが見ていたものは、のちに永楽政権の官僚たちが永楽帝のために見ることになるものと比較すれば、あたかも陰画のごとく反転した奇跡の図であった。

（一）「天人」——君主権の正当性証明としての奇跡の発現

(1)　周密「楊髠発陵」

発陵事件の過程で君主の聖性を示す奇跡が起きたと報告する最初期の記事は、これもまた『癸辛雑識』のなかに見いだされる。首謀者の一人である演福寺僧允沢や「河西僧及び凶党」たちが人夫を率いていよいよ発掘に及ぶ様を、周密は次のように記述する。

遂に先ず寧宗・理宗・度宗・楊后の四陵を発し、宝玉を刧取すること極めて多し。独り理宗の陵の蔵する所は尤も厚く、棺を啓くの初め、白気の天に竟《わた》る有り。蓋し宝気なり。理宗の尸、生くるが如し。……十一月に至り、復た徽・欽・高・孝・光五帝の陵、孟・韋・呉・謝四后の陵を発掘す。徽・欽の二陵[105]、皆な空にして一物も無く、徽陵に朽木一段有り、欽陵に木燈檠一枚有るのみ。高宗の陵、骨髪は尽く化し、略《ほぼ》寸骸も無く、止だ錫器数件・端硯一隻有るのみ。孝宗の陵も亦た蛻化して余る無く、止だ項骨の小片有り、内に玉瓶爐一副、及び古銅鬲一隻有るのみ。嘗て有道の士の能く蛻骨して仙たりと聞くも、未だ骨を併せて蛻化するを聞かず。蓋し天人なり。（『癸辛雑識』別集上、楊髠発陵）

まず、理宗陵を発するや「白気」が「天」にゆきわたったとして、宋帝と「天」との融和的関係を象徴する奇跡が語られる。ついで高宗と孝宗の遺骨に蛻化が起こっていたことが報告され、これが彼らの「天人」たるがゆえの奇跡と判じられる。いずれも、発陵という奇禍を被ることによって「天」の属性を帯びた存在としての南宋諸帝の聖性が発現されたとの言説であり、彼らが間違いなく天命を拝受した天子、すなわち君主としての正当性をもった存在であったとの主張がなされている。

さらに周密はこののち記事の末尾で、演福寺僧允沢の非業の死に言及する。「方に理宗の尸を移さんとする時、允沢、旁らに在りて足を以て其の首を蹴り、以て懼るること無きを示す。奇痛を覚ゆるに随い、一点、足心より起こりて、此より足疾に苦しむ」こととなり、数年後、「潰爛双股、堕落十指」の状態で死に至ったと記される。負の報応譚として皇帝の聖性を示したものであるが、周密は別箇所（『癸辛雑識』別集上、二僧入冥）においても、発陵のことを悔やみつつ悲惨な末期を迎える允沢を描き、これを「天理果報の事」と結んでいる。僧侶の死を聖性侵犯に対する報応として繰りかえし記すのみならず、それを「天理」の問題と明確に意味づける処理を施したものである。

⑵　陶宗儀所引「唐義士伝」

発陵に際して南宋皇帝に対する「天」の承認が顕在化したとする奇跡譚は、『南村輟耕録』所収の羅霊卿「唐義士伝」においても見いだすことができる。私財を投げうち人を集めて遺骨を回収した「義士」唐珏は、そのしばらくのちのある日、突然の目眩に襲われて昏倒し、ほとんど絶命せんばかりの状態に陥った。蘇生した彼は、次のような夢を見ていたことを語りはじめる。

吾、黄衣の吏の文書を持ちて来り告ぐるを見る。曰わく、王、君を召すと。我を導きて往く。観闕の巍峩たりて宮宇の靚麗たること、殆ど人間に非ず。一り冕旒にて殿上に坐する有り。数《いく》たりかの黄衣の貴人の逡巡降楫して曰わく、君の掩骸せるを籍したり、其れ以て報い有らんと。唐、乃ち陞謁せんとて王前に造《いた》る。王の謂いて曰わく、汝の受命せるや、窶《やつ》れ且つ貧しく、兼ねて妻も若子も無きなり。今、忠義、天を動かす。帝の命ずらく、汝に伉儷・子三人・田三頃を錫えと。拝謝して降出す。遂に覚むるも、罔として其の何たるかを知らざるなり。

そののち唐義士は、彼の義挙を知った有力者に厚く遇され、「故国の公女」を娶るとともに「故国の公田」を手に入れ、男子にも恵まれる。こうして「凡そ夢中にて神の許す所」はすべて現実化する。「天人」宋帝の遺骸そのものが超常現象を起こしたとする周密のなまなましい奇跡譚に比べれば、この義士伝がいささか世知辛い報応物語に落ち着いてしまっている感は否めない。あたかも六朝志怪から唐代伝奇への推移を、時間を縮めて見るようではある。とはいえ、このあと羅霊卿への語りの末尾において、自分は長らく銭塘にあってこのことに詳しい、唐珏は今もまだ恙なく暮らしている、として話者の証言が付けられるあたり、志怪に類する結構はそれなりに確保している。またこの話型は明清代に至って『冬青記』『冬青樹』という演劇台本として継承されもするから、漢民族社会においてごく目ざましい影響力を獲得していく奇跡譚と言える。

旧主に対する義士の「忠義」が「天を動」かしたと語るこの陶宗儀載録文書も、周密の文書と同様に、宋帝と「天」との密接な連関の結果としての奇跡を描くものとなっている。宋帝が「天」から命を受けた神聖君主であることが明確に表現されていると見てよい。唐義士の本来の「命」が天帝によって改善されるという筋立ても、宋帝と「天」との不可分性を強調するものである。

また先に見たように、陶宗儀がこの文書に付した董石林の題跋においても、義士の忠節が「天を動」かしたとの語句が復唱されており、「天」という授命主体と宋帝との関係において事件を理解しようとする意識の同調が、複数の筆者のあいだで起きていることが分かる。さらには、同じく「唐義士伝」題跋として陶宗儀が収録した詹厚斎の皇慶二年（一三一三）夏五月付けの一文は、義挙を知って「泣下」したとみずからの感激を述べたうえで、義士の幸運を、「天地惟一の感応の理にて、感有れば必ず応ず。其の報を得るは固より其の理なるのみ」と意味づける。「天地」の「応」という用語を以て、天と人との相関という儒教的な解釈をおこなった例と言えるだろう。

ある社会において、聖なる遺物に何らかの衝撃が与えられたとき、むしろその聖性の光彩が増したかのごとく奇跡の発現が述べたてられる事例は特殊なものではない。たとえば、欧州中世のキリスト教世界が生んだ移葬記などはその典型であろう。キリスト教においては、ある聖者の死後に奇跡が起こることによってこそ当該聖者の聖者たる地位は確立したとされるが、ときにその遺体・遺骨が何らかの理由で発掘・移動・改葬されるとき、奇跡発生率の高まる傾向があると言われる。(106) 元初江南においても、もしも発陵がおこなわれなければ、墳墓から白気が噴出して「天」に帰したり、蛻化した遺体がその「天人」たる資質を示したり、あるいは遺骨救済の義士のために「天」が動いたりという奇跡が、ある人々の想念に浮かぶことはなかった。ましてや、この想念を文書化して他者と共有しようとする――共有されるであろうことが見こまれるからこそ、こうした超常現象が、怪力乱神を語らないはずの漢民族知識人たちによって筆記される――動きは起きなかったはずである。この意味で璉真伽の行動は、奇跡発生に至る事態推移のうえで、まさに不可欠の要素として作用していることになる。宋諸帝の聖性を賦活し、かつ顕在化させる役割が、それに割り振られているからである。

以上のように漢民族言論人たちは、発陵事件にまつわる奇跡譚を生み出す過程において、ある皇帝が「天」に繋がる正当な儒教君主であることを証明するに足る聖なる奇跡が、璉真伽というチベット仏教僧の行為を契機として顕現しうる、という解釈を生み出している。宋の諸帝の聖性を証明する正統的な奇跡が、「異端」たる仏教僧、それも「西番」の仏教僧の行為をとおして生起したとしているわけであり、宋帝の聖性を主張することと引き換えに、奇跡発生の新たな回路がここで案出され、承認されていると言ってよい。もちろんここで璉真伽に与えられた役どころは、あくまでも〝反〟聖性として聖性に刺激を与えることにある。しかしたとえそれが負の契機というかたちにおいてではあれ、儒教的な正統観念・華夷観念においては「異端」「外夷」の存在にほかならないチベット仏教僧を、中華帝国君主のための正統的奇跡現象と関連づける論理がここで創出されていることには、注意がはらわれねばならない。

（二）「鎮南塔」——チベット仏教僧の神秘的能力

（1）「鎮南塔」と「尊勝塔」

こうして漢民族の知識人、なかでも儒家知識人たちが、新来のチベット仏教を介して「天」子の正統的奇跡が発生しうるという認識の回路を開拓していったことをたどることができるが、これに付随して彼らは、チベット仏教そのもののなかにも神秘的能力ありとする認識を生み出していったようである。

諸先論において、璉真伽の発陵は世祖政権の同意下でおこなわれたとする見解が一般的であることはすでに述べた。その論拠の一つとして、暴いた宋諸帝の遺骨を璉真伽が杭州の宋宮跡に埋め、「鎮南塔」なるチベット仏教式仏塔を建ててこれを圧した、との点がしばしば挙げられる。[107] その名も「鎮南」という塔の存在が示すように、これは南宋の故宮や諸帝の王気を呪術的に封印しようとする世祖政権の動きであり、この政治的意図を忠実に体現した者が璉真伽であった、とする見解である。なるほど、南宋攻略戦に際して涿州の仏寺でチベット仏教僧タムパにマハーカーラ祈禱をおこなわせたことなどからすれば、世祖政権が宋宮跡地にチベット仏教式寺院を建てて江南鎮定の祭祀を執行させるといったこともありえなくはないのかも知れない。[108] だが世祖政権とその意を承けた璉真伽は、はたして「鎮南塔」を建てているのであろうか。

宋の故宮は、至元十四年（一二七七）に民間の失火が飛び火して焼失した（『始豊稿』巻一〇、宋行宮攷）。至元二十二年には「上の命を以て浮屠を亡宋の故宮に建つること有り。有司の奉行は急迫にして、天の大いに雪を雨《ふ》らすも山に入りて木を伐らしむれば、死する者数百人。而るに猶お併せて大いに仏寺を建てんと欲す」（『道園類稿』巻五〇、翰林学士承旨董公行状）と、人命の犠牲をともなう突貫態勢で宋宮跡地に仏塔の建築が進められ、あわせて仏寺も建設されつつあったことが記される。この「上の命」とは、「国の社、遂に墟となる。（至元）二十一年、旨有り。即ち其の故《もと》居る所の杭州鳳皇山の行宮に大寺五を建つ」（『金華黄先生文集』巻一一、鳳皇山禅宗大報国寺記）とあるものであろう。至元二十五年の時点では、「江淮総摂楊璉真加言わく、宋宮室を以て塔一を為《つく》り、寺五を為るに、已に成れりと。詔して水陸地百五十頃を以て之を養わしむ」（『元史』巻一五、世祖本紀、至元二十五年二月丙寅条）とあるように、「塔一」「寺五」がすでに完成している。

この「寺五」の名は、嘉靖『仁和県志』（巻一二、寺観、城外寺院）に、「大報国禅寺」「興元教寺」「般若寺」「小僊林寺」「尊勝寺」と伝えられる。これらが禅宗（報国寺）・天台宗（興元寺）・白雲宗（般若寺）・慈恩宗（僊（仙）林寺）・チベット仏教（尊勝寺）の五派に分与されたことは、先論によって明らかになっている。[109] またこの「塔一」が、諸史料に杭州の「白塔」として言及されるチベット式仏塔であり、大都の大聖寿万安寺の白塔に類するものであったであろうことも指摘されている。[110] チベット仏教によって王気を封殺しようとする政策の痕跡と目されている「鎮南塔」が、この白塔を指すことは疑いない。問題は、この「鎮南塔」を指すものとして、いま一つの名称が浮上することである。

それを示す記述が、『始豊稿』の割注部分（小字表記箇所）に見える。

明くる年は至元十四年（一二七七）為り。民間にて失火し、飛燼の其の宮室に及ぶに、焚燬して殆ど尽く。後十年、西僧嘉木揚喇勒智[111]の朝に言うに、即ち其の基に仏寺五 興元と曰い、報国と曰い、白塔と曰い、般若と曰い、小仙林と曰う、塔一 尊勝と曰う を造る。而して壇廟も亦た皆な夷《たい》らげ、民居僧舎と為せり。（『始豊稿』巻一〇、宋行宮攷）

ここでは、「尊勝」が塔の名であるとされている。五寺のうちのチベット仏教の尊勝寺が、「白塔」寺として記述されていることにも注意される。

「尊勝塔」という記載は、嘉靖『仁和県志』にも見いだせる。ただしそこでは、

尊勝寺、五寺の一なり。即ち宋の寝殿の基に之を為れり。基址は高亢にして、下に曲水流觴亭の遺迹の猶お存する有り。楊璉真伽、宋の諸陵を発するに、鎮南塔を岡上に建てて以て王気を鎮むるなり。其の形は壺の如し。其の寺の鐘は即ち宋の故内の禁鐘なり。……寺の旁に尊勝塔有り。一名、白塔。俗に一瓶塔と呼べり。宋の故

内、鳳凰山の岡上に在り。基の周は数十丈、高さは一百丈、規制甚だ大にして、其の形は壺の若し。内に仏経数十万巻・仏菩薩像数万躯を蔵せり。周飾するに堊を以てすれば、其の色は雪の如し。元初、楊璉真伽の建つる所なり。至順辛未正月十四日黎明、雷の之を震わし、至正末に張氏の燬く所と為れり。（嘉靖『仁和県志』巻一二、寺観、城外寺院、尊勝寺）

とあるように、「鎮南塔」と「尊勝塔」という二つの仏塔が存在することとされている。(112)「鎮南塔」が尊勝寺にあり、「尊勝塔」は尊勝寺の「旁」にあるという少々矛盾した説明ながらも、ひとまず別々のものとして処理されているわけである。しかし、両者とも「楊璉真伽」が建てたものであるとし、形状も鎮南塔が「其の形は壺の如」き塔で、尊勝塔も「其の形は壺の若」き塔であると言う。そうであるとすれば、璉真伽はそっくりな壺型仏塔二基を隣接して建てているのであって、杭州初の新奇なチベット仏教式仏塔がツインタワーよろしく同時期に二体出現していたことになる。その場合、まず間違いなく〝二塔である〟〝璉真伽は二塔も建てた〟として認識・言及されるはずであるが、璉真伽の塔がここに二体存在したとする元代文書は見いだせないし、この嘉靖『仁和県志』記事そのものですら、結果的に楊璉真伽所建塔を二点記すことになってはいるものの、璉真伽は二塔を建てたと述べているわけではない。これは明らかに、嘉靖の時代において「鎮南塔」系と「尊勝塔」系の二系列の情報が併存しており、両者とも尊勝寺に結びついてしまうことから生じた混乱である。この混乱は同じく嘉靖期の『西湖遊覧志』にも認められる。(113)

たとえば以下に見る元代の郭畀の実地探訪記録も、目睹している璉真伽所建チベット式仏塔にかなりの関心を寄せて記述しているにもかかわらず〝そっくりな隣の塔〟にはまったく言及しておらず、第二の塔なるものは存在しなかったことをうかがわせる。やはり、『元史』に「塔一」とあるとおり、塔は一基のみであったと見るべきであろう。では、その塔は、「鎮南塔」であったのか、「尊勝塔」であったのか。

郭畀の探訪記は、至大元年（一三〇八）十月十八日、晴天のもと彼が杭州「鳳凰山」の「旧宮地」一帯を散策したおりの記録である。彼はそこで「万寿尊勝塔寺」を訪れている。宋宮跡地の寺であるから、これは疑いなく璉真伽の建てた尊勝寺である。したがって尊勝寺のより詳細な名称が「万寿尊勝塔寺」であったことが知られる。この寺名から考えれば、ここに「尊勝塔」という仏塔があったとしてもおかしくはない。この日の郭畀の足どりをたどってみると、

是の日、大般若寺に遊ぶ。寺は鳳凰山の左に在り。即ち旧宮地なり。地勢高下して其の処所を辨ずる可からず。次で楊総統の建つる所の西番仏塔を観る。突兀たること二十丈余り。（以下、西番仏塔の描写。後述）次で万寿尊勝塔寺に遊ぶ。亦た楊を其の姓とする者の建つる所なり。正殿の仏は皆な西番形像にして、赤体の侍立し、金装を用てすと雖も自然の意無し。……次で新建せる報国寺に遊ぶ。（『客杭日記』至大元年十月十八日条）

とあって、大般若寺のあと、「楊総統」が建てた「西番仏塔」を見物し、次に「万寿尊勝塔寺」で「西番」様式の仏像を見たあと、報国寺に移動している。「西番仏塔」が「万寿尊勝塔寺」に隣接して立っていることが分かる。この位置関係から見て、この璉真伽の「西番仏塔」がチベット仏教寺院であった「万寿尊勝塔寺」の塔であり、「尊勝塔」であったと考えることに無理はあるまい。

元末の銭惟善も同地に足を運び、「九日、武仲仁と尊勝塔寺に登る」（『江月松風集』巻七）と題する詩を詠んでいる。その名も「尊勝塔寺」と呼ばれているからには、やはりここに「尊勝塔」がなくてはなるまい。しかも銭惟善はこの詩の後半において、

香火あり今朝の寺、雲山たり前代の宮。雕闌は陳迹に在り、白塔は瞑烟に籠もる。雨は蛟龍の柱に注ぎ、風は孤鳳の桐を悲しむ。惟だ応うるは江上の水、千古英雄に酹《そそ》ぐ。

と、この塔を「白塔」と表現しているから、これが璉真伽所建のチベット式仏塔であることも確実となる。銭惟善にはまた「晩雨に白塔を過ぐ」（『江月松風集』巻九）の一首もあり、そこではかつての「宋宮」「寝殿前」に「崔嵬」たる威容をもって立つ「白塔」が詠まれている。

以上のことから見て、璉真伽が、つまりは元世祖政権が建てたチベット式白塔とは、万寿尊勝塔寺の「尊勝塔」であったろう。チベット仏教において尊勝塔 rNam rygal mchod rten は、釈迦の生涯を象徴するいわゆる八大仏塔の一つとして定式的な名称であるから、(114) チベット仏教寺院であったこの寺の仏塔名として多分にありうるものである。あるいは、尊勝仏母 rNam rgyal ma の塔の意である可能性もなくはない。飛来峰には元代のものとされる尊勝仏母像の作例があり、そのうちの一つは仏母を塔で蓋う表現が施されている。(115) 璉真伽は、まさしく郭畀が「西番仏塔」と記したように、チベット仏教の様式に則ってナムギェル塔、またはナムギェルマの塔を建てたのであって、その漢訳名が尊勝塔であり、この尊勝塔を擁する寺院が万寿尊勝塔寺であったと考えられる。

⑵　「鎮南」塔の〝発見〟

それでは、前記嘉靖『仁和県志』等に見える「鎮南塔」という呼称はいったい何ものなのであろうか。この塔名が登場する現存最初期の記述は、先に挙げた陶宗儀所引「唐義士伝」のなかに見える。諸陵を発した楊璉真伽が、

残れる支体を断ち、珠襦玉柙を攫《と》り、其の胔を焚き、骨を草莽の間に棄つるに至る。……総浮屠令を下し、陵骨を裒《あつ》めて牛馬の枯骼の中に雑置せしめ、一塔を築いて之を圧す。名づけて曰わく、鎮南と。杭の民、悲戚して仰視するに忍びず。

と描かれる部分である。まず、ここでは「鎮南」と「塔」とが直結していないことに気づく。明初の張孟兼も同様に、「璉……白塔を築く。号して曰わく、鎮南と」(116)（『白石山房逸稿』巻下、唐珏伝）のかたちで記す。ところが、のちの嘉靖『仁和県志』（前掲）や『西湖遊覧志』（巻七、南山勝蹟、鳳凰山）、さらにくだって康熙『杭州府志』（巻三六、事紀上、景炎三年（祥興元年、至元十五年）十二月条）には「鎮南塔」と見え、この名称が、時間を経る過程で一つの固有名詞として熟していったものであることを推測させる。

また、この陶宗儀所伝文書はもともとが「義士」奇跡譚という読み物であるうえ、たとえば周密『癸辛雑識』で

は主犯格で言及されている漢民族僧たちのことをいっさい書かず、ひたすら璉真伽の凶行として発陵を描くたぐいの記事なのであるから、そのまま実態の記録として読むべき性質のものではない。むしろここから読みとるべきは、「鎮南」の塔なるものが、なぜ話者・筆者の想念のなかで像を結んでいるのか、さらには、それが言説中どのような機能をはたしているかという点である。

ここでの璉真伽は、掘り出した陵骨をいったん野ざらしにしたあと、わざわざ牛馬の骨と混雑して塔下に「圧」し、これを「鎮南」と称している。もちろん実はすでに唐義士が収骨していたという筋立てが話の骨子であり、璉真伽が遺骨を圧するどころか無駄骨を折っていることを嗤う場面なのではあるが、骨を圧しようとするこの人物の行動と目的は明確に叙述される。これによって、南宋諸帝の遺骨にはこれを圧しなくてはならない何らかの力があると璉真伽は認識していた、という意味内容が形成されていることは留意してよい。さらに注目すべきは、この内容を提示する以上、その論理上の必然として、これを塔によって圧しようとするチベット仏教の側にもそのための呪力がある、という事項を、書き手も読み手も了解せざるをえなくなっていることである。もちろん、そのような力がないにもかかわらず愚かにも璉真伽はこの挙に及んだと読む余地を摘んであるわけではない。しかしそのように読めば主題たる義士の活躍は意味を失うし、杭州民衆の悲嘆という一段も理解できなくなってしまう。つまりここでこの文書がおこなっていることは、チベット仏教という新来の宗教の神秘的能力を承認することによって、それが「圧」さねばならない対象として、南宋諸帝の力を証明しようとする試みである。

このように見れば「鎮南」塔なる存在が、元の側ではなく、南宋を思慕する漢民族の側においてこそ意味をもつものであったことが了解される。そもそも、みずからがいまだに江南を鎮撫しなくてはならない存在と危惧しているかのような「鎮南」という名称を、元が選択するであろうか。実際のところは危惧していたとしても、あるいはかりに危惧していたとすればなおさら、そのことを漢民族社会に示すような漢語名称を採るとは考えにくい。この点、末端とはいえ元の官員として生きた郭畀(117)や銭惟善(118)が「尊勝塔」という本来の名称でこの塔を呼んでいることはごく当然のことである。元がチベット仏教の呪力によって「鎮南」したがっているという言説を必要としたのは、元の側ではなく、「鎮」められた「南」の国の王気いまだありと述べたい人々でなければならない。

「鎮南」塔とは、漢民族社会が、なかでも南宋への好感を抱く人々が、設置者によって尊勝塔と名づけられていたチベット式仏塔に見いだした、いま一つの名称である。「唐義士伝」が陶宗儀の記すとおり至大四年（一三一一）の伝聞であるならばそれ以前、どんなに遅くも『輟耕録』成立の至正二十六年（一三六六）には、尊勝塔を「鎮南」の塔と見る認識は成立している。そののち、とくに明初に元の南宋併合を否定的に語ろうとする言説が出たなかで、宋帝陵骨を「鎮」「圧」「厭」するための塔であったとする認識が頻繁に表明されたこと[119]を経て、「鎮南」塔は、一つの〝事実〟として地歩を固めていったと考えられる[120]。

元代当時にあって、どの程度の割合で人がこれを「鎮南」塔として認知していたかは分からない。またそのうちどの程度の人々が、璉真伽はここに陵骨を埋めようとしたのだと考えていたのかも分からない。だが、宋宮跡地に建てられたこの壺型白色塔が人々の注意を強く喚起し、しばしば反感を漏らさせていた様子をたどることはできる。たとえばいまいちど郭畀の探訪記に戻ってみよう。先の引用で略した部分を含めると、白塔についての記述は次のようにある。

> 次で楊総統の建つる所の西番仏塔を観る。突兀たること二十丈余り。下は碑石を以て之を甃するに、先朝の進士題名幷びに故宮の諸様の花石有り。亦た龍鳳を鐫刻するもの有るも、皆な乱砌されて地に在り。山峻《たか》くして風寒く、細看するを欲せずして下る。次で万寿尊勝塔寺に遊ぶ。

南宋の進士題名石や故宮の石材が塔の下積みに用いられているとして、寂寥感あふれる光景を描出している。寒風も吹くのでよくよく見たいとは思わなかったという表現も、みずからがそれを痛ましく思ったことを示そうとしたものであろう。とくに、「龍鳳」の彫刻を施した故宮の部材もまた「乱砌」されて地にあるという報告は、南宋の皇帝皇后の象徴が切り刻まれ、白塔を詣でる人々の足下にあると言っているにほかならない。旧政権の聖性表象を否定するものとして璉真伽の西番仏塔が観察されていることが分かる。このあと郭畀は「万寿尊勝塔寺」に回り、「西番形像」の仏像には「自然の意無し」と違和感を吐露したあと寺門に向かうが、そこでも「門に四つの青石柱を立つ。盤龍を鐫鑿すること甚だ精緻なり。上に猶お金銅鐘一口有り。上に淳熙改元に会観すの篆字の銘を鋳る在り。皆な故物なり」と、往時宋宮を飾った龍紋の石柱や孝宗淳熙元年（一一七四）の銘文をもつ鐘があることに気づく。こうして郭畀は、「西番仏塔」や「西番形像」をもつ仏寺を巡りながら、かつて南宋の君主権を象徴した遺物が遺棄されたり流用されたりしている様を次々と発見して歩く。

　これは散策の途次に現れる対象を現れるがままに認知している――もちろん対象が対象として分節されて認識される以上、そのようなことはそもそもありえないわけであるが――視線ではない。ここに写されているものは、この場所が南宋故宮であるという厳然たる前提を抱く認知主体が、したがって必然的に、認知対象としてこれら遺物に焦点を当てて巡り歩かざるをえなかった、その外界認識のありようにほかならない。失われた過去の世界への遡及的意識をほぼ確実にともなうかたちで、璉真伽の仏塔という眼前の事象が経験されていることが分かる。

　郭畀は、これより二十日ほど前の九月二十七日にも白塔を見ている。ただしそのときは、鳳凰山の隣に位置する呉山からこれを遠望している。

> 晩晴に呉山に登る。下のかた視やれば、杭城の烟瓦の鱗鱗として処所を辨ずる莫し。左顧すれば西湖、右俯すれば浙江。故宮の蒼莽たるを望むに、独り白塔の屹立するを見るのみ。（『客杭日記』至大元年九月二十七日条）

いまはもはやそれが存在しないにもかかわらず、「故宮」[121]を望見した、とみずからの行為を認識していることにも注目させられるが、それに加えて、自身のその行為の結果を、ただ「白塔」が屹立しているのが見えただけであった、とする叙述は、璉真伽の塔が漢民族の教養人たちにおいてどのように感知されていたかを端的に物語るものであろう。彼らにとって、それはまさに宋宮に鎮座した元の存在そのものであった。

　郭畀が注視した宋代進士の題名石には、元末明初の張昱も言及している。「東坡龍井に回す、題名は塔磚の上。

豈に期さんや後百年、過ぐる者の瞻仰を為すを」（『張光弼詩集』巻四、題名石）として、やはりそれが「塔」の造営部材として使われたことを詠んでいる。張昱にはまた、「白塔誰か営む所ぞ、又た復び平地と為れり。猶お百年に人有りて、閑来に興廃を説かん」（『同前』巻四、観拆白塔有賦）の詩もある。ともに転句に「百年」の文字を含むところから見ると、あるいは二首は関連させられているかも知れない。両者とも作成時期は特定できないが、その題名が示すように、後者ではすでに白塔は「拆《さ》」けている。これによって「又た復《ふたた》び平地」となったとする部分は、以前にも一度そこが更地になった、つまりは南宋宮室が失われた、というできごとに思考を向けたことによってはじめて生ずる表現である。璉真伽の仏塔は、それ自体が存在しなくなったあとですらも、人々に宋故宮を想起させる媒体として作用しつづけていたと言える。

(3)　「応」――「鎮南塔」の終焉

張昱が見たとおり、璉真伽の白塔は元代晩期には姿を消している。まず至順二年（一三三一）年に雷火によって塔は壊れ、さらに元末の張士誠勢力が城を造るに際して最終的にこれを毀ったと考えられている。[122] この落雷[123]については、張翥が「雷火、故宮の白塔を焚く 辛未（至順二年）二月十三日」と題して次のように詠んでいる。

数声蟄を起こして乍《たちま》ち雷を聞き、驟《にわ》かに落ちて千山に白雨来れり。恐るらく怪龍の電に遭いて取るにや有らん、未だ応なき仏塔は魔災を被る。人は伝う、妖鳥の譌火を生めりと。誰か覓《もと》めん、胡僧の劫灰を話《かた》るを。豈に復た神霊に遺恨有らんや、冷煙残燼は荒台に満つ。（『張蛻庵詩集』巻四）

選択されている語彙から明らかなように、これは単に雷火で白塔が焚けたとする叙景詩ではない。耳をつんざく雷鳴と驟雨の天空を「怪龍」が跳梁し、「魔災」によって白塔が焚かれた。その怪しい火は「妖鳥」が吐いたのだと人は言った――。こうして超常的表現を連ねることによって張翥がここでおこなっていることは、璉真伽の塔の崩壊はやはり特殊なかたちで起きたし、また人々もそのように解した、とする叙述である。「胡僧」が語る劫火説を否定する部分は、仏家の説を貶めるとともに、璉真伽という異域の仏僧をここで確実に想起させるための一節であろう。「未だ応なき仏塔」の字句も、後段を読むにしたがい、「神霊」との関係における「応」が「未」だなかった仏塔の意であることが了解されてくる。『張蛻庵詩集』には他の箇所で「山霊の応」(124)の用例があり、これも同じく「霊」の「応」のことを言っている。つまりこの詩は、「神霊」侵犯に対する「応」が当然あるべきであるにもかかわらずそれが未然状態であった白塔に、いよいよ起こるべくして「応」が起きた、と詠じたものである。

張翥が白塔を鎮南のためのものと見ていたか否かにかかわらず、いま落雷によって「遺恨」が浄化されたという詩中の「神霊」が、ここ「故宮」の主であり、「胡僧」らによって陵を暴かれた南宋諸帝の神霊、あるいはその諸帝を守護する神霊を指していることは疑いあるまい。単に漠然たる神威が示されたと見ての表現ではなく、天子に対する冒瀆に「応」が起きたと解したうえでの記述と言える。

したがってここで示された奇跡の構造をより普遍的にとらえれば、この「応」には、天子に授命するところの天が人事に感応して起こす「応」(125)、すなわち董仲舒以来の儒教的災異説にもとづく天譴としての災害(126)が見いだされていることになるだろう。早くは『癸辛雑識』の、あるいは後発の『南村輟耕録』の記事に見たように、発陵関連の元代漢文文書においては、発冢された南宋諸帝が「天」の承認を受けた存在であることを強調しようとする言及がおこなわれていた。詹厚斎による「唐義士伝」への皇慶二年題跋が、宋帝に忠節を尽くした義士に褒賞たる奇跡が発現したとして、そこに天地の「感応の理」を見いだしていたことなどはその顕著な例である。

この論理にしたがえば、諸帝への侵犯に対しては「天」の「応」たる災異があってしかるべきと人々は解していたはずである。彼らにとってほぼ自明なこの論理を共有する漢民族知識人の一人として、張翥もまた白塔の終焉に天の「応」を見ていたものであろう。唐義士にもたらされた善き「応」と比べれば、あるいはのちに永楽政権が彼らの皇帝にそれがもたらされたとの言説運動を展開するところの「瑞応」と比べれば、ここで璉真伽の白塔が被った「応」は、懲戒として逆の向きに作用する力ではある。しかし双方の奇跡がともに、人事に対する天地自然の感応という天人相関の原理において読みとられたものであることには変わりはない。璉真伽のチベット式仏塔の存在が、君主権に関する儒教的な説明原理の方向に吸収されつつあることが分かる。

白塔の崩壊に関するこの解釈の方向は、「塔成りて始めて天を刺し、塔壊れて漸く地を平らぐ。一曲冬青花、江山粛として秋に思う」として『梧渓集』（巻四下、白塔行）に見える一首にも共通する。「天」を刺していた塔が壊れてようやく「地」が平らいだとする部分は、白塔を天地の調和を歪める存在とあからさまに表現したものと言えよう。詩に付された王逢の引は、「始め宋の諸陵、総統楊璉真伽に故内へ遷置せらる。鎮むるに白塔を以てす」として、楊璉真伽の白塔が宋帝を「鎮」するのためのものであったとの情報を投じる。これによって、白塔と天子との、すなわち白塔と天との対立的構図が描かれ、白塔の「壊」がこの構図のなかで出来したものであることが示唆される。

もっとも王逢は、同文において「至正己亥（至正十九年、一三五九）、予の銭塘に游ぶに、平章張士信の塔を壊して城を甃するに会う」とするように、張士誠の弟による杭州築城の現場に居合わせ、これによって最終的に「壊塔」されたことを目撃している。ところが一方で彼は、唐珏の「冬青行」の一節を「羊児年犬児月、霹靂一声天地裂く」として同文中に引用し、「右、雷門唐珏玉潜先生、雷の白塔を震わすに感じて作るなり」と述べてもいる。「羊児年」が辛未を指しているとすれば、これも張翥の詩と同じく、至順二年辛未の落雷を発陵事件と結びつけて災異説的に記述した事例となる。しかも『輟耕録』（巻四、発宋陵寝）を見るかぎり、唐珏のこの詩はどんなに遅くとも至大四年（一三一一）以前の作であって、実際は至順二年の落雷とは関係しない。またここで王逢が「羊児年犬児月」と引用した部分は、おそらく本来「犬之年羊之月、劈歴（または霹靂）一声天地裂く」（『南村輟耕録』同前・『元詩紀事』巻二一、唐珏、冬青行）であり、「羊児年」ではない。あるいはこれは、辛未の年に白塔が落雷を被ったという知識をもっていた王逢が、唐義士に「霹靂一声」の詩があることを知ったとき、「犬」と「羊」とを逆転させるという誤解を交じえつつ、この詩と落雷とを結びつけた結果なのかも知れない。もしくは王逢が耳にした時点ですでに、この義士の詩が「羊児年」のかたちで、つまりは至順二年の落雷を暗示するかたちで人々に伝承されていたものかも知れない。いずれにせよ、何らかの段階で唐義士の詩に変更が加えられてまで、これは遺骨救済の英雄が鎮南塔への落雷に感じて詠んだもの、と解しうる言説が発生していた形跡があることになる。[127]

璉真伽の白塔が「雷」というかたちで「応」たる損傷を受けたというこの話型は、のちの二つの類話を想起させる。一つは、大都の白塔、すなわち大聖寿万安寺のチベット式仏塔が至正二十八年（一三六八）六月十五日に雷火によって焚けおちたという逸話である。これは『元史』の順帝本紀のみならず五行志にも記事として載せられている。[128]したがって明初においてこの事件は、単なる偶然の災害ではなく、天意を反映した災異として位置づけられていると見てよい。五行志の当該記事を含む部分（巻五一、志第三下、五行二）は『元史』の続修にかかるものであるが、続修も洪武三年（一三七〇）七月には完成しているから、[129]万安寺白塔の焼失は、そのわずか二年ののちに災異説によってすみやかに説明・記録されていることになる。いま一つの類話は、清の蒋士銓の『冬青樹』（巻上、第一八齣、夢報）のなかで、唐義士の夢に「楊璉真伽の生魂」が冥界の鬼卒に引かれながら現れ、「身は雷霆に触れて砕けり」と述べる場面である。『輟耕録』所収の唐義士の予知夢譚を土台とし、そこに璉真伽への負の報応という要素を付加したものであるが、その天の鉄槌の具体的手段として「雷」が用いられていることは、彼の白塔が落雷で損壊したとする先の言説と密接に関係するだろう。

明代以降に成立したこれら二つの逸話が、元のチベット仏教尊信とそれにともなうチベット仏教僧の専横が天地の感ずるところとなり、雷という応を引き起こした、との解釈にもとづくものであることは言うまでもない。しかしこの論理の基本部分、すなわちチベット仏教の僧侶や装置に対して天意が示される、という骨格部分は、璉真伽の白塔への落雷を災異説的に意味づけようとする張翥や王逢においてすでに認めうるものである。王逢の没年は洪武二十一年（一三八八）とやや遅れるが、[130]張翥は至正二十八年、すなわち洪武元年（一三六八）に没しているから、[131]その理解は元末までには成立している。楊璉真伽の仏塔をめぐって、チベット仏教を天意・天命という君主権の説明原理と連結させる解釈の例を、漢民族社会は元の治下にあってすでに生んでいることになる。

またこの解釈は、ひとり張翥あるいは王逢のみのものであったわけではない。遡って、璉真伽の白塔が「鎮南」の塔であるという認識が漢民族社会において発生したとき、この認識それ自体のなかに、いずれ聖性冒瀆に対する反作用としての超常的現象が起きて塔が除かれる、という結末はすでに内包されている。なぜなら、白塔を旧漢民族政権の君主を封圧するための呪術的装置と見た以上、当然その終焉に関しても、単なる偶然や人為によってではなく、君主権の発出源である天の感応力によって災異がもたらされるであろうとの予見が織りこまれているからである。この意味で「鎮南」塔は、本性的にいつの日か必ずや天の「応」を受けるべき存在であり、そしていまついに起こるべき「応」が起きて罹災したことになる。くだんの白塔を「鎮南」塔と見る認識の回路ないし知覚解釈を以てその世界に生きた人々は、同じその回路によって首尾よく「鎮南」塔のありうべき終末を見いだし、これをまたみずからの世界の現象として認知したと言えるだろう。白塔の終焉を意味ある災異の結果として描いた詩文は、こうした一連の認識の過程から生じた言説にほかならない。

しかし以上のことはまた、このとき漢民族社会が、天が感応力を発揮して解除せねばならないほどに有効なものとしてチベット仏教の超常的な力を認知していたことをも意味している。「鎮南」の塔が、その名にたがわず、天意を受けた君主の聖性を鎮圧する力を確かにもって宋宮跡地に屹立していたことを、人々はその崩壊の過程においても認めている。こうして元代の漢民族社会は、楊璉真伽という印象ぶかいチベット仏教僧をめぐる体験と記憶を通じて、この新来の仏教が、天命を受けた神聖君主の霊威を封じ、以て天の「応」を発動させるたぐいの神秘的能力をもつ、という認識を醸成していった。

結語

　楊璉真伽に言及する文書をたどり、モンゴル人政権のもとで江南に登場したこのチベット仏教僧が漢民族言論人たちによってどのように叙述されたか、そしてそれがなぜかを見てきた。発陵やチベット式仏塔建築などの彼の活動に関しては、元代にあってすでにいくつかの話型バリエーションが発生しており、それらは基本的に、漢民族の儒教的観念に著しく抵触するこれらのできごとを、君主・政権によるものではなく、璉真伽およびその与党の逸脱的行為と規定しようとする方向をもっていた。

　ただし発陵については、これを皇帝の認可のもとにおこなわれたものとする記述が、世祖当代の記録文書・成宗代成立の漢文版『世祖実録』など、『元史』の系譜上に位置するいずれかの文書中に存在していたと推測される。このことは、世祖代・成宗代の官撰記録作成に当たった漢民族官僚たちが、発陵は君主以下政権の公認下に実施されたものと認識していたことを示唆する。実際のところ仏教僧たちが掲げた仏寺復旧という理由は根拠のないものではなかったし、また漢民族社会において培われていた仏教に関する知識を前提とすれば、葬送習俗を異にする彼らがこの挙に及ぶことは理解できないことではなかった。なおかつ、当時すでに発せられていた璉真伽に関する告発に君主・政権がとくに対応を示さないという現況である以上、彼が護教的善行として提起する発陵もまた肯定的に公許されうるであろうことを、記録者たちは起こりうる現象として理解しえた。つまり、帝室の仏教奉戴路線のもと、望ましい崇仏事業の一つとして発陵が推進されつつあった経過を、記録者たちは充分にありうる事態として認知しえたわけである。こうして、発陵は璉真伽や桑哥らの提起を容れた君主・政権の公的承認のもとに実施された、とする型の言説が、次代に正史として引き継がれる実録系の官撰漢文文書として生産されていたと考えられる。

　他方、私撰にかかる諸文書のなかでは、発陵はひとえに楊璉真伽らの擅恣行為であるとする型の叙述が次々と生み出されていった。現地の漢民族僧らが璉真伽を誘動して発陵を策謀したとする説が大徳二年以前に記述されたことに続き、大徳七年に没した南宋宗族一員の追悼文書のなかでは、この趙氏の証言のかたちで、璉真伽と結ぶ桑哥が世祖の詔勅を偽ったとする矯詔説が記述された。これらは、発陵が璉真伽や桑哥という官員によっておこなわれていること、したがって当然その君主・政権の公許のもとでおこなわれたと判断されうるものであったことから視線をそらし、それぞれ別の〝真相〟を見いだすことによって、君主・政権の非関与を描いたものである。さらに至大四年に語られた情報として至正二十六年成立の文書に載録された記事においては、もはや発陵は何らの説明もないまま璉真伽の凶行として言及され、対して君主は、それに関与していないばかりか、むしろ激怒してこの僧侶を罰する存在として叙述された。こうして元代漢民族言論界は、彼らにとって極端な不祥事である発陵という事件の有責者から君主を除外する数種の型の文書を生み出し、しかも後発の話型となるにしたがい、君主・政権の無辜性をより明確に示す傾向を強めていった。これは同時に、発陵に関する譴責と批難の標的が璉真伽というチベット仏教僧に絞りこまれていく過程でもあった。

ではなぜ璉真伽はこれほどまで容易に批難の対象として用いられえたのか。それは彼の存在様態が、官員としての側面のみならず、僧侶としての側面を顕著に看取しうるかたちで造形されていたからである。杭州飛来峰対面の永福寺に関連すると見られる「永福大師」の称号を名乗り、あるいはその飛来峰に仏龕を寄進する――しかもその一つは官員としてはすでに破綻していたはずの至元二十九年付けの題記をもつ――璉真伽の姿は、まごうかたなき仏教僧であり、儒家的教養を基盤とする漢民族知識人にとって「異端」として躊躇なく攻撃を加えうるものであった。

しかし、それではなぜ璉真伽はこれほどまで明確に僧侶という様態を採ったのか。それはおそらく彼に委ねられた新附地接収の職責と関わっている。臨安降伏直後に仏教界統領者の肩書を以て送りこまれたこの僧官は、発陵による仏寺復旧に携わったのみならず、故宮跡地の使途転換・郊天台の撤去・宋宗戚の北への移送など、旧政権の施設・人員の撤収業務をも担っていた。これらの事業を推進するに当たって璉真伽は、みずからの仏教僧としての立場に拠って、事業を正当化するための事由を江南在地仏教界から引き出す方法をしばしばとった。この意味で璉真伽は、政権による征服事業を在地宗教集団の利権行為に乗せるかたちで展開しうる結節点として存在していたと言える。彼の官員としての職務内容には、仏僧として在る、ということが含まれていたと言い換えてもよい。漢民族撰述者の手になる発陵関連諸文書が、彼を容易に「異端」の「髠」と規定し、よってすみやかに彼に罪過を負わせえたことは、以上の理由による。

本章の課題の一つは、チベット仏教の存在とこれに対する元の崇奉を漢民族社会に広く読みとらせる契機として、璉真伽とその活動が作用していたか否かを検証することにあった。これまでの結果から見て、このチベット仏教僧と発陵事件が漢民族社会に衝撃を与え、政権によって今しも導入されつつあるこの新来の仏教への認知度を一気に押しあげたことは疑いない。厚葬を旨とする漢民族にとって陵冢侵犯はいかにしても認知・言及せざるをえない事件であったことに加え、璉真伽という主人公が仏僧というかたちで現前したがゆえに、君主・政権を攻撃することなく、これを存分に批難することが可能であったからである。とくに儒教への回帰と仏教「異端」視という思潮のなかにあった当時の漢民族知識人たちにとって、璉真伽と彼の諸事業は、まさに「異端」の雛型にふさわしい事例であり、ゆえに積極的な認識・叙述の対象として機能した。世祖政権は、国家寺院建築・パクパらへの帝師号授与・宣政院設置などチベット仏教奉戴事業を体系的に展開しつつあったが、これらがまずは国都あるいは官界という場において効力を発揮するものであったのに対して、地方・在野を含めた広汎な漢民族社会にチベット仏教とそれに対する元の崇奉を知らしめ、そこから多彩な言論を持続的に引き出しつづけたという点において、璉真伽とその行動という題材がはたした役割は小さなものではない。元代漢民族社会にあって、政権が演出するチベット仏教の盛様に直接触れる機会をもたなかった人々も、またその機会を得ていたにせよ、政権お手盛りの尊者たちへの認識・言及の理由をとくだんもたず、黙殺したり、あるいは認知さえしなかったであろう人々も、璉真伽をめぐる話題に接するや、この新参の仏教者たちへの認識を開始せざるをえなかったからである。

しかし、ではこうして璉真伽という言論の主題によって元にもたらされた効果が、尊貴かつ優位な帝室宗教としてチベット仏教を提示しようとした政権の基本路線に合致するものであったとかと言えば、それは必ずしもそうではあるまい。璉真伽の行為、なかでも発陵は、単に積極的な言論対象となったのみならず、あまりにも明瞭な負の評価を負ってしまっている。第一部で見たように、たしかに元のチベット仏教導入においては、たとえば儒教儀礼施設でチベット仏教仏事が営まれるなど、儒教・仏教二項対置構造のなかでチベット仏教奉戴が示され、それによって、チベット仏教の尊崇主体である皇帝が、儒教にとって「異端」たる仏教を崇奉してなおその聖性に何ら陰りを帯びることのない強大な存在であることが表現されていた。したがって儒教原理から見た璉真伽の「異端」性も、単に彼が仏教僧であるというかぎりにおいては、すなわち、儒教が仏教に与えてきた定位置としての「異端」であるという範囲においては、むしろ政権の基本路線に沿うものであったとさえ言える。しかし、ひとたび彼が墳墓を暴くという行為に踏みこんだとき、この二項図式中の「異端」に対する反応とは異なる深度の反応が、漢民族社会において発動した。漢民族知識人たちが、ときに非合理な言辞さえ厭わず一斉に璉真伽の奸悪を書きつのり、なおかつ新たな話型を増産して彼の罪過の証明を補強しつづけたことは、その結果にほかならない。死生観という、ある社会の精神性の基底に横たわる観念に著しく抵触したことにより、楊璉真伽の行為は、儒教教育の過程で培われる型どおりの「異端」への反発の次元を超え、より根源的な反発を誘発したと考えられる。

もちろん、漢民族の言論界において楊璉真伽はあくまでも楊璉真伽という一個体であって、尊崇すべき宗教者として政権の称揚を受け、ときに帝師・国師の称号を与えられもしたチベット仏教僧の集団とはまったく別のものとして認識されていたのではないか、という疑問は当然うかんでくるものである。しかし、政権の側から見ればきわめて不都合であったことには、漢民族言論界は璉真伽を、まぎれもなく帝師・国師をはじめとするチベット仏教僧の集団に属するものとして認識していた。桑哥との連携が明確である以上、その認識はむしろ必然であったかも知れない。『癸辛雑識』が発陵に際して璉真伽のもとで動いた僧侶たちを「西番僧」「河西僧」と表記したこと、あるいは郭畀が璉真伽所造の仏塔仏像を「西番」のそれと記述したことは、この認識の結果である。また元末の浙江で書かれた『楽郊私語』(「徳蔵寺在県北五十里」条) 所載の逸話では、璉真伽は実に「国師」の肩書を以て表記されている。ある婦人たちの墓を璉真伽が暴こうとしたとするこの逸話は、発陵関連の伝承のなかでもとりわけ誹謗的傾向の強いものの一つであるが、そのなかでの璉真伽が、「総摂」「総統」ではなく「国師」の称号を冠されていることは、漢民族言論界が彼をどのような範疇において理解していたかを映すものである。

こうして元は、漢民族社会に璉真伽を投じることによって、そのチベット仏教崇奉体制に対する認知をおおきく進展させるとともに、他方において、チベット仏教に向けられる漢民族知識人の否定的評価をも同時に抱えこむことになった。このことは、こののち元がチベット仏教奉戴路線を持続していこうとするとき、儒教にとっては「異端」ではあるものの、これはこれとして優れた宗教・儀礼体系である、という単純な論理に拠ることが困難に陥ったことを意味する。すでに宋代以来の抑仏崇儒の潮流のなかにあり、いままた発陵という強力な主題を得て「楊髡」への、あるいは「西番僧」「河西僧」への否定的言説を積み上げていく漢民族社会に対して、チベット仏教を君主権の正当化原理として作用させることは、政権にとってはたして可能なことなのか。

これに対する回答は、こののち政権のチベット仏教奉戴事業が展開されるなかで、ある特定の方向性が模索されていく過程として示されることとなろう。たとえば第三部で見ていくように、チベット仏教儀礼に際して定型的な瑞兆が発生したとする漢文文書が現在に伝わるが、その瑞兆は儒教的な用語をちりばめた体裁で記述されている。あるいは、儒家が天意の鑑とするところの民の歓喜がチベット仏教を中心に据えた都市祭典において具現した、と記す漢文文書も存在する。このように、チベット仏教に儒教的な正当化原理を連関させ、これら二体系を止揚するかたちで元の君主権の正当性を説明しようとする言説が、漢民族の文書生産者たちによって生み出されていくことになる。

とはいえここで注意すべきは、これまで見てきた璉真伽関連の文書において、こうした正当化の論理を可能とする要素が、原初的な形態ながらすでに胚胎していることである。発陵関連文書のなかでも早期のものである『癸辛雑識』は、白気が「天」にのぼるなどの奇跡を記して宋帝たちが「天人」であったことの証明とし、また後代に大きな影響を及ぼす『南村輟耕録』所収の義士物語も、義士に対する「天」の感応奇跡譚を以て宋帝と「天」との一体性を描いてみせた。この義士物語を泣涕しつつ読んだと述べる題跋は、義士の身に起きた奇跡を「天」の「応」と記し、儒家的な感応論のなかでこれを意味づけた。発陵という異常な行為がおこなわれた、その衝撃のなかにあって、あたかもそこで生じた綻びを繕うかのように、「天」による奇跡、つまりは君主権の正当性を証明しうる正統的な奇跡がそこで発動したとする解釈を漢民族社会は生み出している。

またかりにこれらの奇跡譚のみであったならば、そこに描かれた奇跡とチベット仏教とのあいだに意味ある関連は感知されていなかったと考えることもできるかも知れない。しかし、これらと並行して漢民族言論人たちは、璉真伽が仏塔のもとに「天人」たる皇帝の聖性を封じる能力の持ち主であるとする言説をも発出している。本来は尊勝塔という名称であったはずのチベット仏教式白塔を、呪力をもつ「鎮南」の塔と記したとき、そしてこの塔が「応」たる天災を順当に被ったと述べたとき、漢民族社会は、中国皇帝位に関わる神秘的能力をチベット仏教のなかにすでに認めていたことになる。

本章冒頭で挙げた第二の問いに移ろう。チベット仏教僧の奇跡的能力を介して永楽帝の登位正当性を証明する奇跡が発生したとする言説を明永楽政権が発したのはなぜか、この漢民族政権においてなぜそれが政治的に有効と見なされたのか、という問題である。この論理の直接的な系譜は、第三部において述べるように、元代に政権の言論戦略下で生産されたチベット仏教関連の礼賛文書に遡ることができる。しかし、さらにその淵源を求めれば、宋帝の聖性とそれを保証する「天」意示現の奇跡とを述べるため、漢民族社会の側が内発的に生み出した諸文書、すなわちこれまで見てきた楊璉真伽をめぐる諸文書に行き着くことが分かる。帝陵破壊や故宮跡地での築塔などによって受けた深刻な衝撃が、中国皇帝権力およびその背後にある「天」の存在とこの新来の仏教とを結びつける想念を、漢民族社会のなかに発生させたと考えるべきであろう。もちろん発陵関連文書において「天」の奇跡を起こす皇帝とはあくまでも過去の漢民族政権の皇帝たちであって、現行モンゴル人政権の皇帝ではない。だがひとたび漢文文書が、チベット仏教をとおして元の皇帝の起こす奇跡を語ろうとしたとき、その奇跡を「天」の承認を示す儒教的・正統的な奇跡として描きえたことは、発陵関連の諸言説と無関係ではありえない。楊璉真伽という一人のチベット仏教僧の行動に視線を注ぎ、諸種の言説を積み重ねるそのなかで、この「異端」の宗教が「天」につながる君主の奇跡を導きだし、それによって当該君主の神聖性・正当性が証明されるという道筋をも、漢民族社会は見いだしつつあったからである。

第二部第一章　注

（1）陳高華［一九九一年、三八五頁］。

（2）Franke [1994, VIII, p.321]. 彼の子の名が「楊暗普」と伝わるから、「楊璉真伽」が、「楊」という漢語姓と「璉真伽」というチベット名またはタングート名の音写から成ることは疑いない。熊文彬［二〇〇三年A、七五頁］は、『元人伝記資料索引』［王徳毅・李栄村・潘柏澄編、一九八七年、第三冊、一五六八頁］に従い、「唐兀語」で「璉真」は「宝」、「加」（伽）は「大」の意としている。ただし音は示されていない。一方、タングートにおいてはチベット語の僧侶名が通行していたと見られる［聶鴻音、二〇〇五年、二〇八―二一五頁］から、この「宝」がチベット名の“Rinchen”であることは充分に考えられる。したがっておそらく「璉真」は、フランケが指摘したとおり、“Rinchen”であろう。また、元代漢語音で「伽」字は“kiɛ”、またこれに代わってときに用いられている「珈」字は“kia”であった［李立成、二〇〇二年、二二二頁・二三四頁］から、この部分もフランケの挙げた“skyabs”、あるいはこれに近い音の語であったと推測される。

（3）乙坂（朱憶天訳）［二〇〇五年、三七七―三七八頁］。

（4）鈴木虎雄［一九六七年、五二九—五五七頁］。

（5）この誤認は魯迅自身に由来するものではない。理宗の頭骨が「帝師」の手に渡ったとする明・清代以来の伝承の系譜に属する。彭瑋「書輟耕録後」（万斯同『南宋六陵遺事』所収）、李慈銘の「輟耕録」読書記（由雲龍輯『越縵堂読書記』（上海、上海書店出版社、二〇〇〇年）子部、小説家類、輟耕録、咸豊庚申六月二十六日条）を参照。

（6）魯迅「清明時節」（『魯迅全集』第五巻、北京、人民文学出版社、一九七三年、花辺文学、五一六—五一八頁）。

（7）檀上寛［一九九五年、三九九—四三二頁］。

（8）発陵に関する代表的な先論としては、閻簡弼［一九四六年］・Demiéville [1973, pp.17-26]・野上俊静［一九七八年、二四〇—二六六頁］・Franke [1994, VIII, pp.321-328] がある。

（9）旧西夏領に当たる河西地域においてチベット仏教が浸透していたことについては、熊文彬［二〇〇三年A、六七—七〇頁・二〇〇三年B、一八—三〇頁］を参照。なお元代にあって「河西僧」は、法制上も漢民族僧とは異なる扱いを適用された（『通制条格』巻二九、僧道、河西僧差税）。

（10）年次をめぐる論争については、閻簡弼［一九四六年、四〇—五〇頁］参照。

（11）夏承燾［一九七九年、三八〇—三八二頁］。

（12）陳高華［一九九一年、三八九頁］・熊文彬［二〇〇三年B、一二一頁］・鄧鋭齢［二〇〇四年、上冊、七七頁］。

（13）北方の陵園を失った南宋は、紹興の会稽山を陵寝の地として選び、逝去した皇帝をここに埋葬した。その際、これを「攢（欑）（かりにほうむる）宮」と称し、失地回復ののち祖宗陵園の地に正式な陵墓を建設する意志を示した。楊寛（西嶋定生監訳、尾形勇・太田有子共訳）［一九八一年、九一—九二頁］参照。閻簡弼［一九四六年、三七—四〇頁］が、南宋陵墓は本来「攢宮」と称するべきであるとしたことはこの理由による。本稿では、一般的な語である「陵墓」「陵寝」などを用いる。

（14）野上俊静［一九七八年、二四〇—二六六頁］。

（15）璉真伽の発冢が宋皇帝陵のみにとどまらない広範囲のものであったことは、「発掘故宋趙氏諸陵之在銭唐・紹興者及其大臣塚墓凡一百一所」（『元史』巻二〇二、釈老伝）、「和靖先生……楊璉真珈、亦発其墓焉」（『遂昌雑録』「和靖先生」条）などとして伝えられている。

（16）楊暗普については、陳高華［一九九一年、三九四—三九七頁］参照。そこではとくに、暗普が江浙行省左丞の職を解かれたのちも仁宗代に至る長期にわたって宣政院の要職を占めつづけたことへの注意が喚起されている。

（17）「（至元）二十一年、自揚州遷江淮行省来治于杭、改曰江浙行省」（『元史』巻六二、地理志、江浙等処行中書省、杭州路）。

（18）市村瓚次郎［一九三九年、四四〇頁］。

（19）市村瓚次郎［一九三九年、四四一—四四四頁］・邱樹森［一九八七年、五六頁］。

（20）市村瓚次郎［一九三九年、四四三頁］・張帆［一九八八年、六八—七一頁］。

（21）その虚実は別として、項羽は始皇帝陵を発掘した、との伝承がながらくおこなわれてきた［王子今、二〇〇七年、六五—七〇頁］。

（22）「処俊孫象賢……坐事伏誅、臨刑言多不順。則天大怒、令斬訖仍支解其体、発其父母墳墓、焚爇屍体、処俊亦坐斵棺毀柩」（『旧唐書』巻八四、郝処俊伝）。

（23）璉真伽自身が、どのような葬送観念の持ち主であったかを示す材料は見あたらない。しかし陵墓撤去を公的案件として上申している以上、まず彼がそれを絶対的凶行とは意識していないことは疑いあるまい。おそらく河西出身の彼も、チベット仏教僧という立場にふさわしく、土葬とはまったく異なる習俗を以て伝えられる一三・一四世紀チベットの葬送観念に属する人物であったものであろう。また彼の提案をとりついだ桑哥も、本文で後述するように、出自のうえでも宗教的にもチベット文化圏内の人物であったから、埋葬方法に関して璉真伽と近似した観念をもっていたと考えられる。当時のチベットの葬礼としては、山口瑞鳳［一九八七年、八—一四頁］が指摘するように、修道士オドリーコによる報告が参照される。オドリーコによれば、チベットにおいては天空にこそ楽園があるとして遺体を鳥葬に付することがおこなわれていたと言う。また山口［同前］は、死者への追憶と敬慕のゆえにその頭骨で酒器をつくるとするオドリーコやルブルクのウィリアム修道士の報告にも触れ、法器として頭蓋骨を用いる事例との関連を検討している。このこともあるいは、璉真伽配下の「西番僧」が宋理宗の頭骨を持ち去ったと記される（『癸辛雑識』別集上、楊髠発陵）ことと、何らかの関係があるかも知れない。これらの点から見て、璉真伽や「河西僧」「西番僧」および桑哥は漢民族の厚葬習俗とはまったく異なる死生観を有しており、少なくとも厚葬型の土葬こそが正当とは考えていなかったと推測しうるであろう。

（24）竺沙雅章［二〇〇二年、一一一—一四三頁］。

（25）Groot [1897, pp.1394-1409]. また、宋代には火葬の禁令が出されていたものの、実はその禁令が現状を考慮した緩やかなものであったと見られることについては、宮崎市定［一九九三年、二〇三—二〇七頁］を参照。

（26）那波利貞［一九二一年、六二—六三頁］。

（27）斎藤忠［一九八七年、一九九頁］。

（28）Groot [1897, pp.1395-1396]. なお、ここでホロートが指摘しているように、司馬光は火葬批判の主要な論客であった。

（29）野上俊静［一九七八年、二四三頁］。

（30）尹偉先［一九九八年、八二頁］。

（31）袁冀［二〇〇四年A、三〇頁］。

（32）宋の『会要』諸本がどの時点で元廷にもたらされているかは判然としないが、至治年間に典礼様式を検討した際（『元史』巻七二、祭祀志、郊祀上、至治二年九月条）、あるいは天暦年間に『経世大典』を編纂した際（『元史』巻三三、文宗本紀、天暦二年九月戊辰条・巻一八一、虞集伝）に、「宋会要」が参照されたと見える。

（33）『元史』巻七二・七三、祭祀志、郊祀上・下。

（34）洪武朝の『元史』編纂官たちがほぼ「南儒」であったこと、したがって十三朝実録の漢文版や『経世大典』など漢文原典を使用しているに過ぎず、モンゴル文など他言語の情報は『元史』に流入していないことは、邱樹森［一九八七年、六一—六二頁］参照。

（35）邱樹森［一九八七年、五六頁］。

（36）第一部第二章第一節参照。

（37）夏承燾［一九七九年、三六六頁］。

（38）たとえば『新元史』（巻二二三）桑哥伝は、「時桑哥、与江南釈教総統揚璉真伽相表裏請発宋諸陵。桑哥矯詔可其奏」と、これを桑哥の「矯詔」として明記している。

（39）『元史』（巻一六八）趙与票伝は、これを至元二十八年「正月甲寅（十五日）」と記す。

（40）野上俊静［一九七八年、二四六—二四七頁］。

（41）『滋渓文稿』巻九、元故翰林侍講学士知制誥同修国史贈江浙行中書省参知政事袁文清公墓誌銘。

（42）たとえば彭瑋は成化五年（一四六九）の「書輟耕録後」（『南宋六陵遺事』）のなかで、「元世祖二十一年甲申、桑哥為相与江南浮屠総摂楊輦真伽相表裏、嗾僧嗣古・妙高上言、欲毀宋諸陵。明年乙酉正月、桑哥矯制可其奏。於是発諸陵」と記している。またそののち田汝成『西湖遊覧志余』（巻六、版蕩凄涼）が、彭瑋のこの記述をいささか潤色しつつ紹介しており、明代における矯詔説伝播の様子を伝える。

（43）鈴木虎雄［一九六七年、五一六—五五七頁］・乙坂（朱憶天訳）［二〇〇五年、三七七—三七八頁］。

（44）南宋接収前後の元軍にあって、墳墓の発掘という行為は必ずしも議論の埒外にあるものではなかった。未然に終わってはいるが、たとえば征服戦のさなか、文天祥の一族の墓を発するという動議が軍内で提出されている［王子今、二〇〇七年、一六一—一六二頁］。

（45）「帝師来啓太子母后曰、向者太子学仏法、頓覚開悟。今迺使習孔子之教、恐壊太子真性。后曰、我雖居於深宮不明道徳、嘗聞自古及今、治天下者、須用孔子之道。捨此他求、即為異端。仏法雖好、乃余事耳。……帝師赧服而退」（『南村輟耕録』巻二、后徳）。「大徳間、僧膽巴者、一時朝貴咸敬之。……（膽巴）荅曰、仏法譬猶燈籠、風雨至、乃可蔽、若燭尽、則無如之何矣。此語即吾儒死生有命之意。異端中得此、亦可謂有口才者矣」（『同前』巻五、僧有口才）。

（46）小川貫弌［一九四三年、七八―七九頁・一九六九年、二一―四頁］。また、竺沙雅章［二〇〇二年、二九七頁］参照。なお、ここに「江淮」とあるように、璉真伽関連文書において、その釈教都総摂・都総統の職号に冠される地名部分の表記は、「江南」「江淮」の両様があり、一定しない。

（47）小川貫弌［一九六九年、六頁］。

（48）総摂から総統への改変については、陳高華［二〇一〇年、一四五―一四九頁］。

（49）Franke [1994, VIII, pp.321-322].

（50）「永福営繕司、秩正五品。延祐三年、以起建新寺、始置営繕提点所」（『元史』巻八七、百官志、崇祥総管府）。この「新寺」については、ついで延祐五年（一三一八）のこととして「九月……辛巳、置大永福寺都総管府、秩三品。……十一月……癸未……勅大永福寺創殿、安奉順宗皇帝御容」（『元史』巻二六、仁宗本紀、延祐五年条）と見え、その管理体制と伽藍建築が整えられていく過程が記録される。至治元年（一三二一）記事に「大永福寺成、賜金五百両・銀二千五百両・鈔五十万貫・幣帛万匹」（『元史』巻二七、英宗本紀、至治元年二月壬子条）とあるものは、この伽藍の竣工を伝えるものであろう。

（51）陳高華［一九九一年、三八六頁］。

（52）『仏祖歴代通載』（巻二一、大元至元辨偽録随函序）にも収録される。なお、『至元辨偽録』の「辨」字は北京図書館古籍珍本叢刊所収景印元至正七年釈念常募刻本に拠る。大正新脩大蔵経テキストは「辯」とする。

（53）この「帝師殿」は、仁宗期以降の帝師殿とは異なるものであろう。第三部第一章注（31）を参照。

（54）咸淳『臨安志』（巻七九、寺観、寺院）に「隆親永福院、在霊隠寺西。充随龍温国夫人成氏香火院。慶元六年（一二〇〇）、賜今額」と記される「永福院」は、霊隠寺との位置関係から見て、この永福寺かも知れない。そうであるとすれば、永福寺は黄氏香火院が設置される以前から宋帝室と関わりの深い寺として存在していたことになる。

（55）唐俊傑・杜正賢［二〇〇八年、六七―六八頁］。

（56）「公、名伯淳、字師道。……尋擢進士第、監臨安府都税院。……陞観察推官、除太学録、然自此帰矣。至元二十三年、授杭州路儒学教授、除浙東道按察司知事」（『雪楼集』巻一七、翰林侍講学士張公墓誌銘）。「張伯淳、字師道、杭州崇徳人」（『元史』巻一七八、張伯淳伝）。

（57）陳高華［一九九一年、三九一頁］。

（58）陳高華［一九九一年、三九二—三九四頁・二〇一〇年、一五二頁・一五九頁］・竺沙雅章［二〇〇二年、二九四—三〇二頁］。

（59）浙江省文物管理委員会編［一九五六年、図三四］の「楊璉真伽造像」、黄湧泉［一九五八年、一七—一八頁・図四六］の「第五七号龕」、洪恵鎮［一九八六年、五一頁・五七頁図三］の「第六〇龕」、浙江省文物考古研究所編［一九八六年］の「No.一二八」、杭州市歴史博物館・杭州市文物保護管理所・杭州市文物考古所編［二〇〇二年（以下、杭州市歴史博物館等編［二〇〇二年］と略記）、一一九—一二一頁］の「第八九龕」。

（60）浙江省文物考古研究所編［一九八六年、図版説明、No.一二八］・杭州市歴史博物館等編［二〇〇二年、一二一頁］。当該題記は、このほか『両浙金石志』（巻一四）・『六芸之一録』（続編、巻七）にも見える。『両浙金石志』所載のものは浙江省文物考古研究所および杭州市歴史博物館等の採録とほぼ一致するが、『六芸之一録』のものは文字の異同が多い。なお、本章原載（二〇一〇年）発行ののち間もなく刊行された飛来峰研究［謝継勝主編、二〇一〇年、上冊、三一二頁（謝継勝・熊文彬分担執筆）］にも、同題記が採録された。従来の採録に比べ、「仏名無量寿、仏身含万象」前後の部分がより正確であるようである。よって当該題記に関する以下の検討においては、必要に応じてこれを反映させていることを追記する。

（61）浙江省文物考古研究所編［一九八六年］の「No.一〇八」、杭州市歴史博物館等編［二〇〇二年、一三六—一四〇頁］の「第九八龕」。

（62）浙江省文物考古研究所編［一九八六年、図版説明、No.一〇八］・杭州市歴史博物館等編［二〇〇二年、一四〇頁］。

（63）飛来峰磨崖仏群を対象とする考古文物研究においては、璉真伽が「永福寺」に駐錫しており、そのため「永福大師」と呼ばれるとのことが、ほぼ自明の事項として語られている［高念華、二〇〇二年、一九頁］。陳高華やフランケの所論を検討しての指摘ではなく、またこの「永福寺」がどの永福寺であるかも指示されていないが、おそらくここで問題としている霊隠寺西の永福寺を指しているだろう。このことは、飛来峰の璉真伽造像石仏を考えた場合、おのずから当地の永福寺が彼の所属寺院として浮上しうることを示唆する。さらに近年、頼天兵［二〇一二年、一六四—一六六頁］によっても、楊璉真伽がこの杭州永福寺に住していたとする見解が示された。

（64）唐俊傑・杜正賢［二〇〇八年、六七頁］。

（65）浙江省文物考古研究所編［一九八六年、図版説明、No.一二八］・杭州市歴史博物館等編［二〇〇二年、一二一頁、題記説明］とも「入」とするが、杭州市歴史博物館等編［同前、同頁］所掲の写真から「人」と見る。

（66）杭州市歴史博物館等編［二〇〇二年、一二一頁、題記説明］には「憧」とあるが、浙江省文物考古研究所編［一九八六年、図版説明、No.一二八］に従い、「幢」とする。

（67）浙江省文物考古研究所編［一九八六年、図版説明、No.一二八］・杭州市歴史博物館等編［二〇〇二年、一二一頁、題記説明］とも「此況」とするが、文脈および杭州市歴史博物館等編［同前、同頁］所掲の写真から、「此」ではなく「比」と読む。

（68）「至元庚寅（至元二十七年）冬、江浙行省官立相哥・沙不丁輩徳政碑。穹窿莫比、特闕坐石」（『南村輟耕録』巻二三、爐鳴）。

（69）野上俊静［一九七八年、二四六頁］。

（70）『五峰集』巻四「飛来峰」および巻五「飛来峰」・『純白斎類稿』巻一三「飛来峰」・『金台集』巻二「宝林八詠為別峰同禅師賦」・『張光弼詩集』巻四「飛来峰」「呼猿洞」など。

（71）『金華黄先生文集』巻四「遊西山同項可立宿霊隠西菴」。

（72）「淳熙十一年六月初一日、車駕過宮、太上命提挙伝旨、盛暑請官家免拝。……上領聖旨、遂同至飛来峰看放水簾」（『武林旧事』巻七）。

（73）周密と「義士」唐珏との間に親交があったことについては、闔簡弼［一九四六年、四九頁］、およびSun Chang [1986, p.372].

（74）浙江省文物考古研究所編［一九八六年、図版説明、No.一〇八］には「歳」とあるが、杭州市歴史博物館等編［二〇〇二年、一四〇頁、題記説明・題記写真］によって「安」と見る。

（75）浙江省文物考古研究所編［一九八六年、図版説明、No.一〇八・No.一〇七］・杭州市歴史博物館等編［二〇〇二年、一四〇頁・一二五頁］はともに、この至元二十九年阿弥陀仏三尊像題記の当該部分、および呼猿洞の同年無量寿仏三尊像題記（後掲）の当該部分を「戹」とるが、拓本および写真［杭州市歴史博物館等編、二〇〇二年、一四〇頁・一二四頁］から推測して、「児」字の一部が欠損したものかも知れない。テムルの音写として、「帖木児」は一般的であろう。

（76）陳高華［一九九一年、三九四頁］。

（77）野上俊静［一九七八年、二五〇頁］・今井浄圓［一九九八年B、一三〇頁］・竺沙雅章［二〇〇二年、三〇一頁］。『元史』巻一七、世祖本紀、至元二十九年三月壬戌条の解釈のしかたによるものと見られる。

（78）鄧鋭齢［二〇〇四年、上冊、七七頁］。陳高華［二〇一〇年、一五五頁］も、年次には触れないながら、桑哥案に牽連して璉真伽は「捕」らえられたとする。

（79）これに関しては、近年、桑哥失脚によっていったん失職した楊璉真伽が、至元二十九年三月に世祖によって助命されたのち釈教都総統に「復職」し、同年七月に飛来峰の造像に当たった、とする見解が出された［頼天兵、二〇一〇年、六二―六三頁］。一方、謝継勝・熊文彬［謝継勝主編、二〇一〇年、上冊、三一一頁］は、桑哥失脚後も璉真伽はすぐには失職せず、釈教都総統として至元二十九年の造像をおこない、のちまもなく罷免されたとした。どちらの見解も、至元二十九年の阿弥陀仏三尊像造像がその題名記の記すとおり「江淮諸路釈教都総統永福大師楊」によってなされており、これがほかならぬ璉真伽である、と見ることによっている。

（80）野上俊静［一九七八年、二五七頁］も、この五月戊戌記事を、璉真伽の官物盗用の嫌疑を調査させたもの、と、文字の範囲内で解し、拿捕などがあったとはしていない。また野上［同前］は、この五月戊戌条所載の査察が、十三日後の辛亥条に「罷脱脱・塔剌海・忽辛等理算僧官銭穀」と伝えられる結果に終わったことを以て、官物盗用の追究そのものが「ほとんど有耶無耶のうちに葬られた」と見ている。

（81）『廟学典礼』巻三、江淮等処行尚書省至元二十八年四月榜文・『元史』巻一七、世祖本紀、至元二十九年三月壬戌条・『元史』巻二〇、成宗本紀、大徳三年七月庚辰条（『通制条格』巻三、戸令、寺院佃戸、大徳三年七月初三日中書省奏に詳細記事）・『元史』巻二〇二、釈老伝「有楊璉真加者」以下の記述。

（82）『元史』（巻一六、世祖本紀）至元二十八年十月己丑条に「勅没入璉真加・沙不丁・烏馬児妻、並遣詣京師」とある。「没入」されたのが、璉真伽自身であるのか、彼の妻であるのか、決定しにくい。ただし陳高華［一九九一年、三九四頁］は、これを璉真伽の妻と見ている。そうであるとすれば、これは璉真伽の拘束を伝える記事ではない。また『元史』（巻一六、世祖本紀）至元二十八年十一月乙卯条には、「沙不丁・納速剌丁滅里・……璉真加・……」たち七名の「桑哥党与」が「今或繋獄、或釈之」されているとして、処罰の不徹底をなじる監察御史の言が載せられる。「釈」とあるからには、全員が少なくともいったんは捕縛されているのかも知れない。しかしいずれにせよこれに対する世祖の返答の記録は「桑哥已誅、納〔速〕剌丁滅里在獄、唯沙不丁朕姑釈之耳」という、はなはだ疎漏なものであって、璉真伽がこのときどのような状況下にあったかは推測しえない。

（83）浙江省文物考古研究所編［一九八六年］の「№一〇七」・杭州市歴史博物館等編［二〇〇二年、一二二―一二五頁］の「第九九龕」。

（84）浙江省文物考古研究所編［一九八六年］の「№一五九」・今井浄圓［一九九八年A、四九六頁］・杭州市歴史博物館等編［二〇〇二年、一二二―一二三頁］の「第七五龕」。

（85）洪恵鎮［一九八六年、五一頁］は、至元二十九年「呼猿洞第70龕釈迦《ママ》三尊」を璉真伽の造像と推測しており、これはその図版［洪恵鎮、同前、五七頁、図四］を見るかぎり、浙江省文物考古研究所編［一九八六年、№一〇七］・杭州市歴史博物館等編［二〇〇二年、一二二―一二五頁］の呼猿洞無量寿仏三尊像である。この点からすれば、洪恵鎮は「大元国功徳主資政大夫行宣政院使楊」を楊璉真伽と考えていることになる。ただし、ここでは呼猿洞無量寿仏三尊像と同洞阿弥陀仏三尊像とが混乱して扱われているようでもある。

（86）莫高［一九九七年、三七〇―三七一頁］。

（87）高念華［二〇〇二年、一八―一九頁］。

（88）鄧鋭齢［二〇〇四年、上冊、七七―七八頁］。

（89）浙江省文物考古研究所編［一九八六年、図版説明、No.一五八］・今井淨圓［一九九八年A、四九六頁］・杭州市歴史博物館等編［二〇〇二年、二一五頁］。このうち杭州市歴史博物館等編のみ、「閏六月」「日」の間に空白があるものと見ている。いま、これに従う。

（90）「謹発誠心」の表記は、他の三点の至元二十九年題記、すなわち呼猿洞の阿弥陀仏三尊像題記と無量寿仏三尊像題記、および理公塔下の金剛手菩薩像題記のいずれにも含まれる定型句である。

（91）西尾賢隆［一九七一年、八八―八九頁］。

（92）三碑文すべてを璉真伽所造と見る高念華［二〇〇二年、一八―一九頁］は、このとき璉真伽が釈教都総統と行宣政院使とを兼任していたと見ている。行宣政院使二員のうち第二位の院使には僧侶が就任したと考えられており［西尾賢隆、一九七一年、八八―九七頁］、この兼職も官制上ありえなくはないのかも知れない。しかし、至元二十九年秋の時点の璉真伽にそれがありうるか否かはまた別の問題であろう。至元二十八年をとおして厳しく弾劾・追究され、二十九年三月には死罪を免除されたことが記録されるこの人物が、その秋にはむしろ高位職を兼任しつつ返り咲いていたということは、一般的には考えにくい。だが、その可能性が〝ない〟、という論証が可能であるわけではない。

（93）杭州市歴史博物館等編［二〇〇二年、一二五頁］の題記説明は「聖」字を欠くが、同書所載［一二四頁］の拓本写真には「聖」字が見える。また浙江省文物考古研究所編［一九八六年、図版説明、No.一〇七］も、「聖」字を記す。

（94）浙江省文物考古研究所編［一九八六年、図版説明、No.一〇七・No.一〇八］。

（95）西尾賢隆［一九七一年、八八頁］・鄧鋭齢［二〇〇四年、上冊、七七―七八頁］。

（96）鄧鋭齢［二〇〇四年、上冊、七七頁］。なお、前掲注（92）で述べたように、西尾賢隆は行宣政院使二名のうちの第二位には僧侶が任用されていたのではないかと見ている。そうであるとすれば、脱脱の朋輩たるいま一人の行宣政院使「楊」某が僧侶であった可能性があることになる。至元二十九年、璉真伽と行宣政院使楊という同じく楊姓を名乗る二人の僧侶が、ともに三尊像を一組ずつ呼猿洞に造立したのであろうか。

（97）浙江省文物考古研究所編［一九八六年］の「No.一九六」・杭州市歴史博物館等編［二〇〇二年、二一八―二一九頁］の「第七三龕」。

（98）洪惠鎮［一九八九年、九一―九二頁］・杭州市歴史博物館等編［二〇〇二年、二一九頁］。

（99）黄湧泉［一九五八年、四頁・七―八頁］。

（100）陳高華［二〇一〇年、一五七頁］。

（101）「（至元十三年二月）庚申、召伯顔偕宋君臣入朝。……（三月）丁丑、阿塔海・阿剌罕・董文炳詣宋主宮、趣宋主㬎同太后入覲。……五月乙未朔、伯顔以宋主㬎至上都」（『元史』巻九、世祖本紀、至元十三年）。

（102）璉真伽が仏寺に改変するなどした杭州の道観としては、たとえば太一宮・四聖観・龍翔宮がある（『廟学典礼』巻三、江淮等処行尚書省至元二十八年四月榜文）。このうち太一宮は高宗の勅建にかかり（『宋史』巻三〇、高宗本紀、紹興十七年十月癸卯条）、以後、高宗・孝宗・寧宗がそこに行幸している（『宋史』巻三〇、高宗本紀、紹興十八年三月庚辰条・巻三五、孝宗本紀、淳熙十四年六月甲申条・巻三九、寧宗本紀、嘉定八年四月乙未条）。四聖観への高宗の信奉もよく知られ（『西湖遊覧志』巻八、北山勝蹟、四聖延祥観）、龍翔宮も理宗ゆかりの宮観と伝えられている（『西湖遊覧志』巻一七、南山分脈城内勝蹟、龍翔宮）。

（103）宮崎市定［一九九三年、一九九―二〇〇頁］。

（104）Groot [1897, pp.1397-1398].

（105）周密は『癸辛雑識』の別箇所（後集、徽宗梓宮）においても、徽宗・欽宗の遺骸および楊璉真伽の発陵について言及している。北方で客死した二帝の遺骸が実際のところ金から返還されたか否かへの疑問が南宋において伏在しており、それが発陵事件を契機に噴出したことをうかがわせる。この理由によっても、金に次ぐ北族政権が送りこんできた璉真伽の行為は、とりわけ注目され、激しい批難を呼び起こしやすいものであったのではないか。

（106）移葬によってその聖者に対する人々の関心が煽られ、奇跡言説が生じやすくなるのではないかと指摘されている。渡邊昌美［一九八九年、七五頁・一七一頁］参照。

（107）陳朝雲［二〇〇四年、二二〇―二二一頁］・陳高華［二〇一〇年、一五九―一六〇頁］。

（108）たとえば、延祐七年（一三二〇）ごろ、宋宮跡地の五寺の一つである報国寺の住持が次のように述べたという事例などは、こうしたことに関連しなくはないかも知れない。「延祐六年……其明年、江浙行中書省左丞相脱歓荅剌罕領行宣政院事、択可任興復之寄者、得大訢、以為住持。訢既涖法席、則告于衆曰、世祖皇帝肇建兹寺、以鎮南服、非它列刹比。宏模偉略、当垂之億万斯年」（『金華黄先生文集』巻一一、鳳皇山禅宗大報国寺記）。報国寺設置には「世祖皇帝」の「鎮南服」の思いがこめられている、と、この僧侶は考えている。ただし言うまでもなく、呪力を以て王気を封じたとする璉真伽「鎮南」塔の話型と、ここで言う一般的な祈願としての「鎮南服」とのあいだには、質的な隔たりがある。

（109）陳高華［二〇一〇年、一五八―一五九頁］。

（110）宿白［一九九六年、三六六頁］。

（111）楊璉真伽を指す。『日下旧聞考』巻一五五、存疑、「至元二十一年九月、以江南総摂嘉木揚喇勒智発宋陵冢」条を参照。

（112）陳高華［二〇一〇年、一五八—一六〇頁］も二塔説を採る。ただし嘉靖『仁和県志』とは逆に、尊勝塔寺には「尊勝塔」があり、これとは別に「鎮南塔」が存在したとする。いずれも別称が「白塔」であったとし、このうち「鎮南塔」が郭畀の「西番仏塔」であると見る。

（113）「鳳凰山。……元時、納胡僧之説、即故宮建五寺、築鎮南塔以圧之、而茲山到今落寞。……報国寺。元至元十三年、従胡僧楊璉真伽請、即宋故内建五寺。曰報国、曰興元、曰般若、曰仙林、曰尊勝。報国寺即垂拱殿。……興元寺即芙蓉殿、般若寺即和寧門、仙林寺即延和殿、尊勝寺即福寧殿、下有曲水流觴。楊璉真伽発宋諸陵、建塔其上。其形如壺、俗称一瓶塔、高二百丈、内蔵仏経数十万巻、仏菩薩像万躯。堊飾如雪、故又名白塔。至順辛未正月十四日黎明、雷震之。至正末、為張士誠所毀。其寺鐘、即故内禁物也。西有望江亭、大江百里、盱睫可覧。至今有尊勝巷」（『西湖遊覧志』巻七、南山勝蹟）。「尊勝巷、内有尊勝寺。……尊勝寺。在正陽門外尊勝巷、故宋福寧殿也。元僧楊璉真伽改殿為寺、有尊聖《ママ》塔、俗称白塔」（『同前』巻一九、南山文脈城外勝蹟）。

（114）八大仏塔としては、たとえばタール寺のものがよく知られている［金申、二〇〇七年、五一頁］。

（115）杭州市歴史博物館等編［二〇〇二年、一九五—一九九頁］所掲「第八四龕」の「尊勝仏母坐像」とこれを蓋う「喇嘛塔」。同前［二〇〇頁］の「第九六龕」も尊勝仏母像とされている。これらは写真から推して、かつて浙江省文物考古研究所編［一九八六年］が「№一一七—№一二二」の「不空羂索観音像」「金剛像」「供養天像」等の群像として挙げた仏龕、および「№一六六」の「不空羂索観音像」として挙げた仏龕である。飛来峰元代石仏の解析に、チベット仏教の観点が導入されてきた過程がうかがわれる。なお飛来峰の尊勝仏母像については、宿白［一九九六年、三六六頁］が検討している。宿白［同前、一〇三頁］はまた、サキャ北寺の尊勝仏母塔の作例を図解とともに詳説する。このほか飛来峰尊勝仏母像に言及したものとして、洪恵鎮［一九八六年、五二頁］・今井淨圓［一九九八年A、四九七—四九九頁・一九九八年B、一二四—一二五頁］・金申［二〇〇七年、五三頁］がある。

（116）叢書集成三編所収景印続金華叢書民国十三年刻本による。『宋遺民録』（巻六、張孟兼、唐珏伝）も「鎮南」とする。文淵閣四庫全書本『白石山房逸稿』は、当該箇所を「南鎮」とする。

（117）「（郭）畀、字天錫。歴饒州路鄱江書院山長、処州青田県臘源巡検、調平江路呉江州儒学教授、未上、江浙行省辟充椽（掾？）史」（至順『鎮江志』巻一九、人材、仕進、土著、元）。

（118）「惟善、字思復、銭塘人。至正元年、省試羅刹江賦、時鎖院三千人、独惟善拠枚乗七発辨銭塘江為曲江、由是得名、号曲江居士。官副提挙」（『明史』巻二八五、文苑伝、楊維楨附銭惟善）

（119）「璉、又易宋内為諸浮屠、乃裒陵骨雑馬牛枯骼、築白塔、号曰鎮南、以為陵骨良已鎮、而不知真骨之他存也」（張孟兼『白石山房逸稿』

巻下、唐珏伝）、「羌僧賊楊、萌悪躪藉后妃皇族体魄、皆沈圧塔下。塔在臨安密近故内」（王賓『光菴集』南宋諸陵復土記）、「時夏人楊輦真加為江南総摂、奏請如三僧言、遂発諸陵、取其金宝、以諸帝遺骨瘞于杭之故宮、築浮屠其上、以厭之」（『明太祖実録』巻五三、洪武三年六月庚辰条）。なお、このうち張孟兼・王賓の文書は『宋遺民録』（巻六、唐玉潜）に採録されており、明代における通行をうかがわせる。

（120）たとえば『明史』（巻二八五、文苑伝、危素）に「夏人楊輦真珈為江南総摂、悉掘徽宗以下諸陵、攫取金宝、裒帝后遺骨、瘞於杭之故宮、築浮屠其上、名曰鎮南、以示厭勝」とある。正史に採録されるに至ったわけである。前注に示したように、すでに先行文書において「圧（壓）」「厭」の双方が見えたが、ここでは「厭勝」の表現が採られ、より呪術的な色彩を強調することとなっている。

（121）璉真伽の塔に言及したものではないが、南宋宮城跡地に仏寺が建てられたことを詠んだ詩は他にも存在する。たとえば、その「冬青樹引」によってしばしば義士譚に関連づけられる謝翺は「……今日凄涼仏子家……万年枝上挂袈裟」（『晞髪遺集』巻上、過杭州故宮二首）と詠んでいる。張翥も「長至日偕諸友遊故宮」と題して「皇天有数混南邦……内井龍沈軍檄在、西郊鬼泣帝車降……殿鎖秋塵暗仏幢」（『張蛻庵詩集』巻四）と詠み、「南邦」の「故宮」に「仏幢」が翻っている様を慨嘆する。五ヶ所も仏寺が建てられたのちも漢民族知識人たちはここを「故宮」と認識することを停止せず、したがって、いまそこが仏寺に転用されているという事態を注視しつづけていると言える。

（122）陳高華［二〇一〇年、一六〇頁］。

（123）この落雷と白塔の損壊については、伝承にかなりのばらつきがある。本文で述べるように、張翥『張蛻庵詩集』（四部叢刊続編所収景印鉄琴銅剣楼蔵明刊本・文淵閣四庫全書本）の「雷火焚故宮白塔」には、この「雷火」による「白塔」の「焚」が「至順二年（一三三一）二月十三日」のことであるとの注が付されている。これはおそらく自注である。同詩集では詩の題名に同様の短い注が付されることが少なくないが、それらにはしばしば張翥の個人的なことが記されており、自注と見なしうるからである。またこれも本文で見るように、王逢は「雷震」があったと見ているようではあるが、焼けたとはしていない（『梧渓集』巻四下、白塔行後引）。徐一夔は「元末之乱、張氏毀塔造城」（『始豊稿』巻一〇、宋行宮攷）として張氏のことを記すのみで、雷には触れていない。王賓は「至正十九年己亥、雷火震焔壊塔」（『光菴集』南宋諸陵復土記）とし、雷の「火」「焔」による損壊説を採るものの、それを至正十九年（一三五九）年のこととする。至正十九年は、張士誠一派が最終的に白塔を破壊した年と考えられる（『梧渓集』同前）が、王賓はこの年に問題の落雷があったとしていることになる。以上のものが元末から明初にかけて記されている。くだって嘉靖期の田汝成は「至順辛未（至順二年）正月十四日黎明、雷震之。至正末、為張士誠所毀」（『西湖遊覧志』巻七、南山勝蹟、報国寺）として、至順二年に雷が塔を「震」わせたとの説を採る。至順二年という年次は張翥の所伝と一致するが、日付が異なる。嘉靖『仁和県志』（巻一二、寺観、城外寺院、尊勝寺）も、「至順辛未正月十四日黎明、雷震之。至正末、為張氏所燬」として、『西湖遊覧志』とほぼ同一の情報を載せる。このように通覧すると、璉真伽のチベット仏教式白塔が落雷で焼けているのか、それとも震わせられただけなのか、またそれが結局いつのことであるのか、明確には伝えられていないことが分かる。しかしこれは裏を返せば、情報が曖昧であるにもかかわらず、それでも多くの筆者が、白塔は人為によって崩壊する以前に雷によって何らかの被害にあっている、と書くことを欲したことを意味する。そこに天の感応を見いだそうとしたものであろう。

（124）「般若南朝寺、思公第一伝。……山霊応夜々、来礼仏燈前」（『張蛻庵詩集』巻一、衡山福厳寺二十三題為梓上人賦、般若寺）。

（125）これに類する「応」の観念を示すものとして、『元史』（巻五〇、五行志）に「人与天地、参為三極、災祥之興、各以類至。……而人之生也……修之則吉、不修則凶……徴之於天、吉則休徴之所応也、不吉則咎徴之所応也。天地之気、無感不応、天地之気応、亦無物不感」の例が見える。

（126）たとえば『元史』（巻五〇、五行志）の挙げる「五行、二曰火。炎上、火之性也、失其性為沴。董仲舒云、陽失節、則火災出。於是而濫炎妄起、災宗廟、焼宮館、雖興師衆弗能救也」。

（127）『遂昌雑録』（「宋太学生東嘉林景曦」条）には、いま一人の義士とされる林景熙の詩に「犬之年羊之月、辟歴一声天地裂」とあると見える。『南村輟耕録』（巻四、発宋陵寝）も、「遂昌鄭明徳先生の書く所」によるとしてこの詩を記すが、そこではこの部分が「羊之年馬之月、劈歴一声山石裂」とされている。つまりここでも年次が「羊」に変更されていることになる。たとえば、「羊」と「楊」の音通を暗示し、「辛未」の落雷に意味を見いだそうとする意識が共有されていた結果でもあろうか。

（128）『元史』巻四七、順帝本紀、至正二十八年六月甲寅条・巻五一、五行志、火不炎上、至元二十八年六月甲寅条。第一部第二章第二節（四）参照。

（129）市村瓚次郎［一九三九年、四三九頁］。

（130）『明史』巻二八五、文苑伝、戴良附王逢・『元詩選』初集辛集、最間園丁王逢。

（131）『元史』巻一八六、張翥伝・『元詩選』初集戊集、張承旨翥。

第二章　批判：元の崇仏に対する漢民族官員の諫奏
――「聖」と「異端」の刻印

序言

元の崇仏は、それこそが国家衰亡の主因と後人に評させるほどの盛大を誇った。国費による仏事が頻々と催され、大規模な国家寺院が順次設立された。なかでも帝室の帰依処として帝師を設置したことを頂点に、チベット仏教僧に対する崇奉はめざましかった。朝廷にあっては彼らによる儀礼がしきりに執行された。彼らのチベットへの帰還に当たっては、施与の品を山と負わせた荷駄が列なった。チベット仏教僧たちが仏事の際に修功徳として免囚をおこなわせたことなども、そこに金品の授受が絡んでいるとする批判とともに、歴代に例を見ない崇仏のありようとして広く知られている。

元の仏教奉戴事業に関する我々のこうした知識は、実はしばしば、これら事業の弊害と抑制とを訴える漢文上奏書、ないしその上奏について伝える漢文の記録文書によって導きだされている。たとえば、仏事が重い財政負担をもたらしていること、またこれに付随した免囚が社会的混乱を惹起していることは、これらを抑制すべしとする進言をおこなった中書省のモンゴル人・色目人高官たちの事跡として、彼らに関する漢文伝記のなかで伝えられている[1]。同様の上奏がほぼ元代をとおして中書省・御史台など関係機関から断続的に提出されたことも、『元史』の各本紀が記すところである[2]。チベット僧やチベットへの使臣たちの駅站使用に関しては、許可文書の不正支給や鋪馬への積載過重などを訴える具体的な上奏文書が、比較的まとまった分量で『永楽大典』に残っている[3]。

しかし崇仏事業の抑制を説くこれらの上奏は、多くの場合、たしかに抑制的ではあるものの、あくまでも実務上の問題点を指摘してその改善を求める建議であり、崇仏事業それ自体を否定したり、ましてや崇仏そのものを非難したりする要素を含んでいるわけではない。たとえば、仏事用歳費の増額分が「金千一百五十両・銀六千二百両・鈔五万六千二百錠・幣帛三万四千余匹」にのぼるから淘汰すべし[4]とか、仏事の際の布施が世祖代に比較して「歳に金三十八錠・銀二百三錠四十両・繒帛六万一千六百余匹・鈔二万九千二百五十余錠」も増額しているから削減すべし[5]といった具体的な提言であって、仏事それ自体の停止を求めるものではない。むしろ、抑制を加えることによって仏事をはじめとする崇仏事業の円滑な運営を目指そうとする基本線上にある議論と言ってよい。

このことは、同様の上奏がほかならぬ宣政院、すなわち元の崇仏路線の中心にあってこれを推進する立場の行政機関からも提出されていることによって確認しうる。たとえば至順二年（一三三一）には、「宣政院の臣」が「旧制にては列聖の神御殿及び諸寺にて作す所の仏事は毎歳計えて二百十六。今、其の十六を汰《よな》げて定式と為さん」ことを提起し、文宗も「制して可」という対応を示している[6]。たしかに回数削減を提言してはいるものの、それによってその挙行を「定式」として確保しようとする趣旨であって、仏事を否定するものではない。宣政院はまた駅站運用に関しても、ある「和尚」らが不当に令旨を入手して鋪馬や飲食を求めているとしてその令旨の回収を求めたり[7]、諸王・駙馬の「西番」への使臣が馳駅する際に恣横のふるまいがあるとしてその規制を求めたり[8]といった上奏を発しているが、彼らの駅站使用そのものを否認しているわけではまったくない。むしろ規定を遵守させることによって僧侶やチベットへの使者が利用する駅站の安定的管理を図ろうとする提言であり、仏教擁護に偏したとされる宣政院にふさわしい上奏である。

このように崇仏事業の抑制を提起する上奏は、一般に、それらを執行するうえでの実質的問題点とそれに対応する具体的善処策を内容としている。つまりそこで提起されているものは、あくまでも円滑かつ持続可能な崇仏事業の運営方法であって、崇仏事業そのものを否定する要素を含むわけではない。皇帝の応諾がほぼ定式化していることも、これに対応する回答としてごく当然のことであろう。

ここで重要なことは、この方向での奏議が崇仏事業の抑制を求める上奏として一般的・標準的であったというのみならず、元という国家においては、この上奏のありようこそが合理的であったという点である。なぜなら、元の崇仏事業は世祖期に明確な指標を以て提示されて以来の一貫した国家方針であって、ときの皇帝・モンゴル人王侯たちの個人的な信仰や、ましてやいわゆる「溺仏」の結果であったわけではないからである。

モンゴル帝国の伝統のもと、世祖政権も治下のあらゆる宗教に好意的な関心を示し、またしばしばみずからそれらの儀礼を執行した。それはとりもなおさずこの政権が、世界征服者の後裔たる自身の存在を、およそすべての既存宗教によって祝福され、そしてそれらを超越する絶対的存在として主張することを旧来どおり継続したことを意味する。だがその一方で世祖政権は、明らかに他よりも突出したかたちで仏教を、なかでもチベット仏教を尊奉する体制を構築している。パクパを帝師に任じたのみならず[9]、その死後、二代から五代までの帝師を順次に立てることによって[10]、これが襲替されるべき常設の地位であることを明示した。加えて帝師に直属する従一品の行政機関として宣政院を設置し、さらには都功徳使司や延慶司など崇仏事業の具体的運営に関わる実務機関をも配備するなど[11]、官制体系のうえでも崇仏事業を推進していく方針を明確に打ち出した。

では、なぜこれほどまでに仏教への比重を示さねばならなかったのか。ここまでの考察ですでに見てきたように、そこにはおそらく世祖政権と儒教との関係が作用している。世祖政権の崇仏体制構築の経緯を見ると、それが太廟祭祀や中国式官制体系を構築する動きと並行していることが判明する。周知のとおり世祖政権は、漢地統治の比重増大にともない儒教的な儀礼や統治様式を導入していったが、崇仏体制はこれと同時並行的に構築されているわけである。こうして、一方で崇仏を掲げることによって、その一方における儒教的な装置の採用が必ずしも儒教国家への転換を意味するわけではないことを世祖政権は表現しえている。仏教を寵遇することが、儒教をとりこみながらも儒教を相対化するための、いわば第二極として機能していると言ってもよい。つまり世祖政権が示した崇仏路線とは、あらゆる宗教や理念を超克する普遍絶対存在たることを自任するモンゴル人政権が、儒教への接近をはかる過程において、その儒教が「異端」として最も強く反応する仏教への傾斜の度合いをとくに上げてみせることにより、みずからの統治権説明原理が儒教の枠にとどまるものではないことを示そうとする動きであったと理解しうる。

以上のように、世祖政権は明確な国家的方針として崇仏体制を構築している。したがってそののち継続する元の崇仏事業は、その中国支配にとって正常かつ正当な国家政策であり、よってこの体制の維持こそが、いわゆる「世祖の成憲」(12)であったことになる。そうである以上､その実施規模等について抑制を求める声はあがりうるとしても、崇仏事業そのものを否定する言議などは、本来、提出されるはずのないものである。

ところがいま我々は、元代の崇仏抑制的な漢文上奏書のなかに、崇仏体制それ自体を、さらには仏教そのものを否定する論点からその非を訴えるもののあることを知っている。これらの奏文は、すでに世祖の定制として運営されている国家の崇仏事業に対して、あえて原理的次元に立ち入るかたちでその不当性を主張しようとする。いったいなぜ、このような文書が存在するのか。たしかに宋代以降の漢民族教養階層においては仏教を否定する思潮が一般的であったから、緩やかであったとされる(13)元の文書統制から見て、崇仏批判文書が野に在って書かれることはありうることであろう。しかし、よりによって皇帝に伝達される文書、すなわち帝師や崇仏諸官衙との関係において崇仏事業の主体の位置に配置されている君主位に向けた奏文として、そのような原理的論点をとる文書が作成されたことは不可解と言わざるをえない。いったい何ものが、このような上奏を撰述したのか。それは実際に君主にまで到達したのか。到達したとして、そこに危険はなかったのか。もしも到達しないのであれば、このような文書を書くことの意味がどこにあったのか。そして、なぜこのような文書が伝世しているのか。以下は、これらの疑問をめぐる考察である。

第一節　李元礼——中央官僚の諫奏

（一）諫奏——「聖」性との抵触

崇仏の是非、さらにすすんで仏教の是非という根本問題に踏みこむ上奏の最初期の事例として、監察御史李元礼による元貞二年（一二九六）の諫奏（『国朝文類』巻一五、諫幸五台疏(14)）を挙げることができる。聖旨によって五台山(15)での仏寺建立が開始されたこと、および皇太后が五台山に赴いて仏事を執行しようとしたことに対し、これを諫止しようとする奏文である。

まず李元礼は、現制にあっては監察御史が諫官の役割を担うとして「烏《いず》くんぞ得失を坐視して一言も無く、以て聖治の万分の一に裨益すべけんや」と述べ、「聖治」こそがこの奏議の目指すものであることを冒頭で掲げる。そのうえで、「五台に寺宇を剏建」するに当たっては数万人をくだらない「工匠夫役」を徴発するため、「男は耕す暇あらず、女は織る暇あらず」という事態を招いているとして、民生への圧迫を指摘する。ここまでは一般的な崇仏事業抑制上奏にもしばしば見られる現況報告であり、よって通例どおり、続くくだりで当該土木工事の停止や規模の縮小といった具体的建議に入るかと予期させる。しかし李元礼はとくに何の提言もなさないまま、この造寺問題については言及をここで終えてしまう。

転じて李元礼は、皇太后の五台山巡行のことへと話題を移す。この部分が奏文の大半を占めるから、これこそが本題であることが了解される。まず、その不可なることを五点の理由を挙げて次のように主張する。

又た聞くならく、太后親《みずか》ら五台に臨みて金幣を布施し、広く福利に資せんとすと。其の行く可からざる者五有り。何則《なん》ぞや。

時は盛夏に当たりて禾稼方《まさ》に茂り、百姓の歳計は全て秋成に仰ぐ。扈従の経過すること千乗万騎なれば、蹂躪無きにしもあらず。其れ不可の一なり。

太后、春秋已に高きに、親ら聖体を労《つか》れしむ。往復の暑途は数千里、山川険悪にして風日を避けず。軽《かるがる》しく霧露を冒して万一調養の宜しきを失わば、悔いても将に及ぶ無からんとす。其れ不可の二なり。

陛下、即位より以来、祖宗の成憲を遵守して正に競業持盈に当たるの日《ひび》なり。凡そ上の挙動は必ず簡冊に書し、以て万世の則を貽《のこ》す。書するも法《のっと》らざれば、将《は》た焉くんぞ之を用いんや。其れ不可の三なり。

夫れ財は天より来らず、皆な民に出づ。今、朝廷の費用は昔時に百倍するに、又た労民傷財して以て土木を奉ず。其れ不可の四なり。

仏は本より西方の聖人にして、慈悲方便を以て教えと為し、物競に与らず。天下の珍玩を窮めて供養すと雖も喜を為さず、一物として献を為すこと無しと雖も亦た怒を為さず。今、太后、国家の為に蒼生の為に崇奉祈福するも、福未だ獲受されず。而るに先んじて聖体を労れしむれば、聖天子は定省の礼を曠《むな》しくし、思親の懐を軫《いた》ましめん。其れ不可の五なり。

扈従の多い一行が農作物を蹂躪する危険があるという第一点、高齢の皇太后が暑熱のなかを移動して体調を崩す懸念があるとする第二点はともに実務上の問題であり、よって通例的にも提起されうる論点であろう。しかし第三点で、これまで「陛下」は「祖宗の成憲」を遵守して政務をおこなってきたにもかかわらず、いまその「挙動」、すなわち「万世の則」とされるべきその「挙動」に、このようなものがあってはならないとすることは、崇仏事業のために皇太后を送り出した今回の皇帝の処置そのものを明確に不当と位置づけたものであり、実務的範囲を逸脱した発言と見なければならない。しかも、すでに述べたように世祖が帝師・宣政院などの制度を開始している以上、本来、元にあっては崇仏こそが「祖宗の成憲」なのであって、この李元礼の主張は本質的にまったく意味をなしていないはずのものである。

ところが李元礼は次の第四点に、「財」はすべて「民に出」づるとの前提づきで、「今」の朝廷の費用は「昔時」の百倍である、との指摘を置く。これによって、〝現在よりもはるかに小規模で、民を苦しめなかった崇仏事業〟として前段の「祖宗の成憲」を読みとりうることとなり、その結果、「祖宗の成憲」にもとづき今回のことを止むべしとする第三点の論旨が、それとして理解できてしまう。つまり李元礼の論理展開は、世祖が始動した崇仏政策を、〝抑制的なかたちで崇仏事業を執行する政策〟なるものにいったん置き換え、この抑制的な姿勢のほうを「成憲」と見なすことによって、元において崇仏事業は正当であるという根本部分から議論をそらそうとしたものである。崇仏を国是とした基本原則のほうを迂回し、頻度・程度の問題として論点をすりかえたと言ってよい。

こうして、本来は崇仏こそが世祖の成憲であるという絶対的な条件から逃れる隘路を開鑿した李元礼は、第五点として、崇仏の不可なることをさらに観念的な方向から主張する。ここでは「聖」字を三箇所用いており、それぞれを仏陀・皇太后・成宗に配当している。まず「西方の聖人」として仏陀に言及する。ただしこれは、聖人たるもの過剰な「供養」など喜びはしないとして、儀礼をともなう宗教としての仏教を否定する文脈へとつながる。これに続けて皇太后・皇帝が現下の崇仏事業を執行していることに論及し、それが不当であり、彼らの「聖」性を毀損するものである、とする決定的な指摘をおこなう。「国家」「蒼生」のために「崇奉祈福」しているものの何らの恩恵も獲得されておらず、いたずらに高齢の皇太后の「聖体」をそこない、「聖天子」たる成宗がその「定省の礼」「思親の懐」を傷つける事態をもたらすのみである、と述べる部分がこれである。仏教も本来は聖なる教えではあろうが、その聖性は物質的次元を脱したところに求められるものであり、これに逆行する崇仏事業は国家と民のために何ら裨益するところがないばかりか、それのもたらす損耗が「天子」の「聖」性を蝕んでいるとして、その不当性を論断するに至っている。

以上のように五つの理由から太后巡行の不可を説いたあと、李元礼の諫奏は次のように閉じられる。伏して願わくは、中路にて廻轅して深宮に端居し、倹《つづま》やかにして以て徳を養い、静かにして以て神《こころ》を頤《やしな》わんことを。上には先の皇后の懿範に徇《したが》うを以てし、次には聖天子の孝心を尽くさしむるを以てし、下には元元の望を慰むるを以てせんことを。此《か》くの如くあらば、則ち祈福を待たずとも福自ら至らん。臣元礼、謬《あやま》りて言路に当たるに僭越を避けず、惓惓として已まざること、誠に以て臣子愛君の心の切なればなり。冀《こいねが》わくは其れ一たび聖聴を悟さんことを。其の言わざるの責を受けん与《よ》りは、寧ろ敢えて言うの罪を獲ん。天下幸甚。

皇太后の一行はすでに出発しており、これを途次で引き返せと進言している文書であったことが分かる。帝室構成員、それも皇帝の尊属に当たる人物の行動を撤回させようとするものであり、きわめて重い言議と言わねばならない。「僭越」「敢えて言うの罪」とみずから述べていることも、したがってこの場合は単なる常套句ではない。そして実際、のちに見るように、彼のこの諫奏は大きな問題に発展することとなる。

この文書を全体として見たとき、まず顕著な特徴として、前述のものも含めて「聖」字が多用されている点を挙げることができる。冒頭から順次にたどれば、次の七句になる。この諫言によって「聖治」に裨益したい／太后が巡行によってみずから「聖体」を消耗させている／仏は西方の「聖人」である／太后が「聖体」を消耗させている／太后巡行により「聖天子」の孝養の礼が損なわれ、孝心への障害となっている／太后は「聖天子」に孝心を尽くさせよ／この諫奏によって「聖聴」を目覚めさせることを願う。このうち一箇所は仏陀に、二箇所は皇太后に、残りの四箇所は皇帝である成宗に当てられた「聖」字である。

これらの「聖」の概念が、仏陀の一箇所を例外として、基本的には儒教規範における「聖」性として提示されていることは疑いないだろう。「聖天子」という語が二度にわたって用いられていることは、その最も分かりやすい指標である。皇太后が深居して「徳」を養うべきであるとすることや、皇帝の「孝心」などを挙げることなども同様である。第五の論点の末尾を「聖天子」の「定省の礼」「思親の懐」という孝養の徳目で結んだことも、儒教的色彩を強く出した叙述である。「祈福」をいささか冷笑的に扱うことも含め、儒教的な観点から崇仏事業の無効性を説き、さらにすすんで崇仏事業が儒教君主の「聖」性に抵触すると論じた文書と言える。

ではなぜこれほどまでに原理的な論点へと立ち入らねばならなかったのか。この奏文の内容、すなわちすでに進行していた皇帝尊属の崇仏事業を停止すべしとの諫言は、あまりにも重大なものである。その異常な諫奏をあえておこなおうとするとき、より深い次元に遡って崇仏を不当とする理由を言い立てる必要に迫られ、ついに君主の「聖」性という論点へと李元礼は踏みこまざるをえなかったものと見られる。

そのとき、李元礼にこの決断をくださせたものは、生起する事象に対する彼の認知と行為の様式であり、さらにはそれらすべての根底にあった観念の体系であろう。『元史』（巻一七六）李元礼伝によれば、李元礼は真定に生まれ、易州や大都路の儒学教授の職にあったと言う。のち「太常太祝に遷り、博士に陞」されたとあるから、太常寺の属官である太祝を経て、同じく博士に昇格したものらしい。世祖・裕宗らの諡号の定撰など儒教儀礼関係の撰文に多く関わったと記され、能文の儒家官僚として頭角を現したことが分かる。元貞元年には、監察御史に抜擢されている。問題の諫言を上疏したのは、その翌年のことである。

このような経歴から見て、李元礼はその儒家としての観念体系がもたらす現状認識と行為規範ゆえに、実務上の常套的批判の範囲を逸脱し、崇仏行為そのものの非正当性という論点に立ち至ったと考えて間違いないだろう。監察御史の職責ということのみであれば、具体的統制提言の範囲内にとどめておくことこそが妥当な態度であったはずであり、冒頭で述べたように、仏事諫奏としては実際そのかたちのものが一般的であったからである。だが李元礼は、「聖」なる君主は崇仏行為を避ける、とする奏文をあえて上呈した。ここで彼に一線を超えさせたものは、みずからが儒士としていかなる文書を発出すべきかという問いへの回答であったと見なくてはならない。

しかしこれもすでに述べたように、崇仏の体制は世祖が敷設した定制であり、政権維持のための国是であった。儒教儀礼を導入するにあたり、元の君主があらゆる宗教を超越した絶対的聖性の保有者であること、とりわけ儒教に依存する存在などではないことを、儒教側が最も反応しやすい崇仏体制を組織的に組み上げてみせることによって、ほかならぬ儒士たちに示そうとしたものである。したがって李元礼の諫奏は、いままさにみずからとその政権の統治権正当性を儒教の枠を越えた普遍的なものとして主張している、その君主位に向けて、中国を統治しうる正当な君主とは「聖天子」であること、すなわち儒教君主であることを述べた言説であったことになる。はたして李元礼自身がそこまでを意図していたか否かは分からない。しかし結果として彼の諫奏は、元が掲げる汎宗教的・汎民族的な君主像を否定し、儒教的・漢民族的なそれへの限定を求めるものにほかならなかった。

（二）諫奏文書の処理とその波紋

では、モンゴル人支配集団の側から見れば錯誤的とも言うべきこの李元礼の上奏は、実際に上呈されたのであろうか。さいわいこの事例に関しては『元史』李元礼伝が奏文とともにその後の経過を伝えており、原理的論点に触れた抑仏諫奏がどのように処理されたのかを考えるうえでの稀少な情報を提供している。前述の奏書をほぼ全文に近いかたちで載録した直後、李元礼伝は次のように続けられる。

台臣、敢えて以聞せず。大徳元年、侍御史万僧なるもの御史中丞崔彧と合わざれば、架閣庫に詣《いた》りて前章の之を封ずるを取るに、入奏して曰わく、崔中丞の私党たる漢人李御史は大言を為して仏を謗り、宜しく寺を建つべからずとすと。帝、大いに怒り、近臣を遣わして其の章を齎さしめ、勅して右丞相完沢・平章政事不忽木等をして鞠問せしむ。不忽木の国語を以て訳して之を読むに、完沢曰わく、其の意は正に吾と同じなり。往《いにし》え吾も嘗て此を以て諫むるに、太后の曰わく、我の喜びて此の寺を建つるには非ず、蓋し先皇帝の在りし時、嘗て之を為すを許すを以てするなり、汝の知る所に非ざるなりとすと。或の万僧と与に完沢に面質さるるに、不忽木、抗言して曰わく、他の御史の懼れて肯えて言わざるに、惟だ一御史のみ敢えて言うは、誠に賞《とうと》ぶ可きなりと。完沢等、章を以て上聞す。帝、沈思すること良久《やや》しくして曰わく、御史の言は是なりと。乃ち万僧を罷め、元礼の職を復す。

ここにあるように、御史台の官員たちは李元礼の奏文をあえて上呈することなく、そのまま架閣庫が保管していた。ところが翌大徳元年（一二九七）、御史中丞崔彧と敵対していた侍御史の万僧なる人物がこれを発見し、彧の配下に「大言謗仏」の文書ありとして成宗に報告した。成宗は「大いに怒」り、さっそくその文書を取り寄せさせると、右丞相完沢・平章政事不忽木にことの次第を調べさせた。不忽木が奏文をモンゴル語に翻訳し、崔彧・万僧からの聴取も進む。この過程で完沢・不忽木そろって李元礼の諫止に賛意を抱く。その旨が上奏される。成宗はながらく黙考したのち李元礼の「言」を「是」とし、万僧を罷免するとともに、李元礼を復職させた。

これによって以下のことが分かる。第一に、この種の上奏のなかには途中で封殺されるものがなくはなかったことである。これは同時に、現存する上奏文が必ずしも実際に上聞されたものとは限らないということをも意味する。李元礼の文書は台臣たちによって差し止められており、もしも万僧という人物が政争の道具として使うことがなければ上聞に達するはずのないものであった。このようにいずれかの段階で差し止められた上奏は、そのまま埋没した場合もあろうし、上聞されないまま何らかの別のかたち、たとえばのちに書き手の文集に収録されるなどのかたちで伝世する場合もあったであろう。また、もともとどこにも提出されておらず、筆者の文書箱のなかにしまわれていたものが世に出た上奏文、という場合さえ想定しなければならないかも知れない。

第二に、この李元礼の上奏が、やはり不穏当なものと見なされていることである。なるほど仏を聖人と呼ぶといった配慮はなされている。しかし皇太后の行為を差し止めるべしと冒陳するものであり、そのために崇仏は聖性と抵触するという原理的主張にまで突き進んでいるわけであるから、台臣たちはこれを上聞しない処置を採ったものであろう。李元礼自身、この上言は封奏のかたちで提出していたらしい(16)。前掲記事は完沢たちのとりなしのあと李元礼の職が「復」されたとするから、いったん監察御史を罷免されてもいるはずである。これらのことから見て、世祖所定の崇仏路線への批判は、明らかに危険な発言であったと考えてよい。

第三に、この種の上奏文が原文の含意そのままのかたちでモンゴル人支配者たちに到達したとは考えにくいことである。李元礼の上奏文はモンゴル語に翻訳されたのちモンゴル人右丞相や成宗に受信されている。これは漢文上奏一般に共通したプロセスであろうが、実務的な奏文とは異なり、この種の奏文がもつ観念的な議論の部分――李元礼の上奏で言えば、たとえば「定省の礼」や「思親の懐」など儒教的価値規範や意味の広がりを背後にともなう部分――が、書き手のこめた意味そのままに政権内のモンゴル人に伝達されたとはかぎらない。この事例ではたまたま不忽木という崇儒的な色目人が翻訳に当たっているが、それでも「聖」なる治者は崇仏しないなどという儒教的な観念にもとづく君主論の趣意がはたしてどの程度まで理解されたかは分からない。少なくとも前掲の簡略な顛末記のかぎりにおいては、成宗と廷臣たちの議論はもっぱら「建寺」の是非をめぐって展開しているようであり、聖性の毀損という李元礼奏文の根本的論点が俎上にのぼっている形跡がない。何より、その観念的な含意に及んでまで漢文上奏文を十全に理解せねばならない必然性が、皇帝や一般のモンゴル人・色目人官僚にあるわけではないのである。したがって儒教系の漢民族官僚が崇儒こそが聖世の道とする理念をいかに上疏しようと、それがどれほど皇帝をはじめとする政権中枢のモンゴル人・色目人に認知されえたかは定かではない。筆を尽くして理念上の議論に入りこめばこむほど、むしろまったくの徒労に帰する結果に陥らざるをえなかったのではないか。

第四は、この事件が万僧と崔彧との政争の一局面として進行していることである。構図としては、御史台内部で御史中丞崔彧と侍御史万僧とが対立し、御史台下属の察院に所属する監察御史のうちの李元礼が崔彧に近い人物であった、ということになる。万僧という名から推して、あるいは仏教界に属する人物であったかも知れない。ともあれこの万僧は、崔彧を攻撃するため、帝室愛顧の仏教を擁護する立場をみずからの拠りどころとした。注意すべきは、この事例に限らず、元代においては政権内の権力闘争が抑仏派対崇儒派の抗争という構図を呈する場合が少なくない点である。もっとも、これは政権内で崇仏か崇儒という理念的な問題が問題として問われていたためではなく――繰りかえすように、元の君主権力はこれらのいずれをも超越した次元にこそ自身の立脚点を置いていた

——、桑哥や鉄木迭児といったいわゆる権臣が品秩の高い宣政院使職を丞相職などとともに兼任したこと、[17]つまりは権臣たちが国家の崇仏機構をみずからの足場として利用したことから派生的に生じる現象であったと考えられる。[18]とはいえ結果としてこのことは、同種の奏文を上呈した場合、かりにそれが翻訳を介した不完全なかたち、すなわち原文に実は籠められている批判的な意味内容を稀釈させたかたちで伝達されるとしても、「謗仏」の要素をいささかでも含むことによって、容易に崇仏派からの攻撃の理由となりうる危険性[19]をはらんでいたことを意味する。

以上の諸点を総合すれば、崇仏を批判するこの種の抑仏諫奏を上げることには次のような条件がともなっていたことになる。まず、上奏が途中で封殺されてしまう可能性があった。またかりに上聞されたとしても、根幹部分である儒教理念的な論点が認知されるとはかぎらなかった。一方、抑仏的要素をもつ諫奏は官員相互の権力闘争に利用される危険があり、深刻な事態を招きえた。つまり総じてこの種の諫奏をあえておこなうことは、それによっていかほどの効果が期待できるかは定かではなく、一方、その危険のほうは小さくない行為であったことになる。そして何よりこれらすべての基層には、本来元においては崇仏こそが世祖の「成憲」たる国家方針であって、これを覆せという提言がはたして意味をなすのか、という根本的な条件が横たわっていた。しかしそれにもかかわらず李元礼は先の上奏文を撰述した。以下に見ていく書き手たちも同様である。彼らは、いったいどこに意義を見いだしていたのか。

第二節　張養浩・張珪・蘇天爵——その後の中央官僚たち

（一）張養浩

(1)　諫奏の経緯

直言の人としてよく知られる張養浩も、国家の崇仏を否定する奏文を奉呈した一人である。『元史』（巻一七五）

張養浩伝によれば、彼は幼いころから読書を好み、これを認められて東平の学正に任官した。その後、不忽木の後援などによっていくつかの職を経たのち、武宗代に監察御史を拝する。武宗が南郊祭祀を代祀で済ませたところ、たまたま天候が荒れたことを以て養浩は「天、之の変を示す」と揚言し、「時相」の顰蹙を買ったと言う。儒教的理念を政界において主張しようとする姿勢を見せていたことが分かる。

この張養浩が至大三年（一三一〇）九月に提出した「時政書」（『張文忠公文集』[20]巻一一）は、さらに深い動揺を政界に与えた。あまりにも「切直」な奏議であったため、これを容れることのできなかった「当国者」たちが彼を翰林待制に遷したうえ罪をかぶせて政界から放逐しようとしたこと、身の危険を察知した養浩が姓名を変えてしばし遁去せざるをえなかったことを『元史』張養浩伝は伝えている。この奏文が武宗に到達したか否かも不明であるが、状況から考えれば、「当国者」らが差し止めたと見るべきかも知れない。

「時政書」に憤った「当国者」たちとは、武宗期の尚書省設置を推進した一派である。至大二年九月[21]に設置されて至大四年正月の武宗崩御の翌々日に廃止された尚書省であるが、実はそれ以前、武宗即位の直後の大徳十一年にいったん立ちあげられ、ところが反対にあってひとまず取りやめになったことが、『元史』（巻二二）武宗本紀の大徳十一年諸記事に見える。そのうちたとえば九月辛卯条は、反対論の一つとして、官署・官員の増置濫設は民に益するところがないとする「御史台臣」の「言」があったことを伝えている。当時の御史台に反尚書省の傾向が強くあったことが分かる。こうした情勢のなかで監察御史に任官した張養浩も、発足した尚書省が「横恣」であることを、世祖代の「桑葛」（桑哥）の事例を引きながら揚言していた。[22]一方、彼らと対峙する尚書省派には、たとえば脱虎脱がいた。この人物は大徳十一年に尚書省に任用され、これが頓挫した直後に宣政院使とされている。まもなく至大二年に尚書省がふたたび置かれると、以後その左丞相・右丞相として大権を行使した。[23]先行する桑哥やのちの鉄木迭児の場合と同じく、ときの権臣が宣政院を足場の一つとし、仏教奉戴の立場を鮮明にして権力強化を図ろうとする現象がここでも発生していることが分かる。このような政局にあって、彼らと対抗する張養浩は、抑仏崇儒の立場をおのずと強調することにならざるをえない。政権内部の派閥系統が結果的に崇仏対崇儒の色分けを帯び、その関係性のなかで、より原理的な論点をもつ抑仏の諫奏が出現するという図式は、李元礼の場合と共通する。

(2)「異端」

問題の「時政書」は、尚書省設置をはじめとする時下の政治的問題[24]について、十一の綱目を挙げて批判を加えたものである。冒頭において、現今の状況が太祖以来の国風からいかに逸脱しているかを説くが、なかでも「世祖皇帝時……今……」の句を十回連続させ、世祖の方針と現況との違いを強調する論述は目を引く。以下の議論を、世祖の定制に根拠を求めるかたちで進めようとすることを予告するものであろう。しかし、帝師・宣政院などを立てて崇仏体制を設定したのは、ほかならぬその世祖政権なのである。はたして張養浩はどのようにして崇仏批判を展開しようというのであろうか。

十一の綱目のうち、張養浩が崇仏批判に当てたのは第九綱目である。[25]ただしここでは、道教と合わせて、いわゆる「僧道」批判というかたちをとっている。まずその題目を、

九に曰わく、異端、太《はなは》だ横《ほしいまま》にす。

とし、「異端」の語句を掲げる。以下の僧道批判が「異端」批判であることを、前提として示したものである。李元礼の上奏が儒教的な規範や儀礼を「聖」として括り、この枠から外れるものとして仏教の非聖性・不当性をあぶりだそうとしたものであるとすれば、張養浩の論述は、仏教という対象そのものに「異端」の名を貼りつけ、これを正面から糾弾するものであることが分かる。むろん儒教において仏教を異端とすることは何ら特殊なことではない。しかし、崇仏を旨とする君主に向けた文書において、あえてこの位置づけを持ち出すことから議論を始める構成は特殊と言わざるをえないし、よってそれは張養浩の明確な意図の結果でなければならない。

こうして開始した第九綱目はまず、古来、生業に従事しない「閑民」がいかに「農夫」たる一般の「民」を害す

る存在であったか、また富の偏在がいかに農利を脅かしてきたかを述べる。儒教的な農本・均産の理念を説いたものである。続いて現状分析に入るが、そこでもまた、「民」が飢渇に苦しんでいる一方で彼らの生産活動に寄食する「釈老二氏の徒」が暖衣飽食を楽しみ、ときに妻子をもち、仏寺道観の造営荘厳に余念がないこと、禍福死生についての「妄談」「謬論」にふけっていることを指摘する。いずれも社会一般における僧侶・道士の弊害を対象とした議論であって、おそらくこれは、彼が当該綱目の後半で「昔、世祖皇帝、嘗て天下の僧道にして室有る者を沙汰せんと欲し、籍して之を民とせんとす」と述べ、世祖政権による僧侶妻帯取り締まりの事例[26]を自説の論拠として挙げることと対応している。前記のように「時政書」は、典範として世祖代を称揚し、そこからの乖離を指弾する構成をとろうとする。しかし実際のところ、帝師・宣政院以下の国家崇仏体制を設けた主体はその世祖政権にほかならない。そこで張養浩は、世祖代に示された僧侶道士に関する資格規定——もちろん同種の規定は中国において通時代的な基本原則であって、元世祖政権のそれに限ったものではない——を持ち出し、このことを以て世祖は仏教に対して抑制的であったと言おうとしていると見られる。

このようにして議論の展開を図った張養浩であるが、しかしこれに続けて現状批判を重ねていくなかで、やはり国家による僧道の採用、とりわけ仏教の重用という問題に言及せざるをえなくなっている。僧侶がこれほどの社会紊乱をきたしていることの原因について、

　而るに人、其の不蚕・不稼・不賦・不征たるを見るに、声色自如として又た世の欽む所と為り、国家の重んずる所と為りたれば、則ち望風して奔り効《なら》い、髠首して従い游ばざる莫し。姦民の日に繁きの所以は、実に此に本づく。今、夫れ田野の農は終歳勤労すれども猶お饑寒の苦を免れざるに、彼の一祝髪は則ち情欲厭足たるも敢えて誰何するもの莫ければ、固より其れ彼の難を舎《す》てて此の易を為すを訝《いぶか》る無きなり。

と、述べる部分である。「国家の重んずる所」となっているがゆえに、「髠首」「祝髪」して遊惰の存在となる「姦民」が増加している、と説いている。ここで張養浩は、「国家」の崇仏路線こそが社会悪を日々深刻化させている「本」、

つまりは根本原因である、と指摘してしまっている。なおかつこの部分では、「髡首」「祝髪」と仏僧に特定するかたちで批判対象を描き、僧・道のうち仏教を前面に持ち出している。これは、国家の寵遇という話題に及んだとき、仏教の問題こそが張養浩のなかでクローズアップされたことを示すものである。

養浩はさらに続けて、

其れをして業とする所に精厳たらしめ、真に能く国の為に祝釐延祚せしむれば、猶お為ち庶幾《すなわ　こいねが》うがごときも、今や盗獲たる者の焉に有り、姦敗たる者の焉に有り、謀反大逆たる者の焉に有り。夫れ人は必ず先ず斉心明徳たりて、然る後に以て天地を動かし、鬼神をして感ぜしむ可きに、苟しくも穢悪の身に周《あまね》ければ、彼の神明、方且《まさ》に悪みて之より走避するに暇あらず、矧《いわ》んや肯えて其の祭を歆《よろこ》びて之に福を降さんや。

として、「穢悪」の存在たる宗教者が「祭」をしてもまったく効力がないことを訴えるが、この議論のなかで、彼らには「国」のために「祝釐延祚」することが期待されている、との内容を述べている。つまり張養浩は、当今の仏教僧の勢いが、たとえば帝室内のある人物が個人的に彼らを寵遇しているといったことの結果ではなく、政権が国家儀礼として僧道に祭祀執行を命じていること、すなわち国家としての公的・体系的な採用の結果であることに触れてしまっているわけである。そして終盤を、

臣、嘗て略《あらあら》国家の経費を会するに、三分を率と為さば、僧に二を居く。之を以て軍を犒《ねぎら》わば則ち卒に余糧有り、之を以て民を振《にぎ》わさば則ち民に余粟有り、之を以て国を裕かにせしむれば則ち国に余資有り。彼の焼壇設醮して吹螺伐鼓するは奚《なんす》為れぞや。近ごろ至大二年十一月、昊天寺、因無くして火《や》けたり。天意較然たれば、明監と為す可し。伏して望むらくは、今自り省臣に諭旨し、凡そ天下に夫《か》の有室の僧・尼・道士・女冠の流の有らば、移文して括会し、幷《なら》びに勒して民と為し、以て世祖皇帝の行わんと欲して未だ及ばざるの睿意を竟《お》えんことを。豈に曠代未聞の盛典を為す可からざるや。

と総括し、第九綱目を終える。「国家の経費」について言及し、その三分の二が「僧」――この部分でも道教は消

えて、仏教が単独で記されている――に流れていると指摘する。

ここに至ってついに張養浩は、社会一般の僧侶・道士という問題から、「国家」による「僧」への崇奉という問題へと焦点をずらさざるをえなくなっている。「三分の二」の根拠は、単にみずからが財政に関わった際の会計と記すのみで何ら具体的には示されておらず、したがって論拠というにはあまりにも薄弱なのではあるが、ともあれ「僧」へと注ぎこまれるこの巨額の「国家の経費」を以てすれば軍卒や民に賑恤してなお余りあるとして、国家の崇仏事業に非難を加える。そして、ここまで非難したからには、いよいよ国家財政「三分の二」を投じての崇仏事業の問題に切りこむかと思われるのであるが、ところがそうではない。このあと論点を一転させ、またもや世祖代に表明された僧侶・道士の資格規定の問題へと戻り、そのままこの綱目を終えてしまっている。先に見た「昔、世祖皇帝」が僧道淘汰を企図したという部分に対応する改善策を示し、議論をまとめようとするわけである。

(3)　張養浩奏文の矛盾

以上のように、張養浩の奏文は多分に論理の混乱をはらんだものである。国家崇仏事業の抑制と社会一般における不適格僧侶の管理とはおよそ分野の異なる問題であって、議論として噛み合うものではない。つまり、かりに社会一般における不適格僧侶問題を解決したところで、「三分の二」の国費を費やしていると養浩が批判する国家崇仏事業のありようが変化するわけではない。史料に見るかぎり、経費がかさむ元の崇仏事業は、おしなべて帝室教誡師たるチベット仏教僧をその中心に据えて組み立てられたものである。たとえばチベット式の仏塔をもつ国家寺院の造営事業・西辺駅站が悲鳴をあげるほどのチベットへの財物送付・帝師入京の際の郊迎式典・帝師の輿の前後に隊列が連なる游皇城のパレードなど、その事例にはことかかない。もちろんチベット仏教僧が居住する主要な仏寺には漢民族の僧侶も混在していたし、それのみか大聖寿万安寺をはじめとする主要な国家寺院の住持には華厳宗系の漢民族僧が充てられてもいた。とはいえチベット仏教僧の存在に何らの措置もとらずに崇仏にともなう国費負

[27] [28] [29]

担を削減できるわけではないことも明白である。ところが養浩の示す打開策のほうは、無資格の僧侶を民籍に戻して帰農させせよとするものであるから、これは基本的に漢地・江南出身の私度僧を対象としたものであって、チベット仏教僧を介して投じられる国費負担の問題とは直接には関係しない。

もちろん張養浩自身、議論のこの矛盾に気づいていなかったはずはない。たとえば次に見る張珪の奏文が、国家による崇仏事業の過重についての綱目と、社会一般における不適格僧侶についての綱目とを分けて論じているように、元代当時にあってもこれら二つの問題は明らかに別分野のものとして認識されている。したがって国家の崇仏が弊事諸般の原因であると言ったからには、たとえば後述の鄭介夫がまさしくそうであるように、張養浩も本来は帝師以下のチベット仏教僧の問題に言及すべきであったはずである。しかし養浩は、この問題に触れることを一貫して回避している。彼の議論のずれは、ひとえにこの点に起因していると言ってよい。チベット仏教僧に関する直言は、宣政院と密接につながる脱虎脱をはじめ、帝室に近い「当国者」たちに格好の攻撃材料を与えるものであるから、これを避けようとする配慮も働いたことであろう。またこの奏議全体を、典範たる世祖代からの乖離を修正せよとの論旨において構成しようとしたため、ほかならぬその世祖政権によってチベット仏教を軸とする崇仏事業体制が構築されたという事実から、この第九綱目での論点を引き離しておく必要があったものと見られる。

このように苦しい論述をみずからに課した張養浩であるが、しかしそのなかでわずかに、国家の崇仏事業そのものの不当性という論点に議論を接近させている部分がある。前掲の文書終盤において、唐突に「至大二年十一月」に「昊天寺」が失火原因などないはずであるのに火災に遭った、その「天意」や「較然」としている、と述べている箇所がそれである。この一文は、おそらくその前年の至大元年十一月に昊天寺で大規模な仏事が挙行されたことを伏線としている。多大な「国家の経費」を投じての仏事が「天意」にもとるものであったために天災がもたらされた、との指摘であり、張養浩がここで災異説を用いて国家の崇仏事業を批判しようとしていることは注意してよい。第九綱目の題目として「異端」という概念を掲げたことと、昊天寺の火災は天譴であるとするこの一文とが呼応しているからである。国家による崇仏を批判しようとして論理矛盾の壁に阻まれ、それでもあえて養浩にその非を記述させたものは、彼のこの「異端」観念、すなわち儒教的な世界認識であったと言えるだろう。

(二) 張珪

(1) 諫奏の経緯と論点

若くして世祖に引見されてよりのち歴帝に仕えた張珪もまた、泰定元年（一三二四）六月に奉呈した上奏文のなかで国家の崇仏を批判した。当時の張珪は中書省平章政事であったから、本章で取り上げる五人の奏文のうち最も地位の高い人物からの崇仏批判であることになる。周知のとおり張珪は仁宗代・英宗代をとおして鉄木迭児の一派と対立しており、この上奏のなかでも、すでに敗れていた一派の残存勢力を粛清すべきことを説いている。李元礼や張養浩と同じく、政界において崇仏派と対峙する位置にあった人物と見てよいだろう。儒者であるという点もまた、これまでの書き手と同様である。

このとき泰定帝は、「災異を以て、詔して百官に集議せしめ」（『元史』巻一七五、張珪伝）ていた。張珪の上奏は、この要請に応えて枢密院・御史台・翰林院・集賢院の官員らとともに議論し、その結果をまとめて中書省左司員外郎の宋文瓚[35]とともに上呈したものである。

当該奏文は『元史』（巻一七五）の張珪伝に収録されている。[36]前半において鉄木迭児余党への処罰・歳貢方物の適正化・冗官の抑制などの提議を順次述べたのち、ちょうど中盤のあたりで、国家の崇仏について次のように言及する。

古え自り聖君は惟だ治政にのみ誠にすれば、以て天地を動かし、鬼神をして感ぜしむ可し。初めより未だ嘗て僧道に徼福して以て民を厲《や》ましめ国を病ましめざるなり。且《しばら》く至元三十年を以て之を言わば、醮祠仏事の目は百有二に止む。大徳七年、再び功徳使司を立つるや、積もりて五百有余たり。今年一たび其の目を増さば、明年即ち指して例と為し、已に倍すること四の上たり。僧徒、又た営幹の近侍に復《もう》して仏事を買作し、指すに算卦を以てす。奏請を欺昧して布施莽斎を増修せしむるも、自ら特奉・伝奉と称すれば、所司敢えて較問せず、供給して後を恐る。況んや仏は清浄を以て本と為し、不奔不欲たるも、僧徒の貨利を貪慕すること、自ら其の教えに違う。一たび需むる所を事とすれば、金銀鈔幣は数計す可からずして、歳用の鈔は数えて千万錠、至元の間に数倍す。凡そ供うる所の物は悉く己れの有と為し、布施等の鈔は復た其の外に出づ。生民の脂膏は縦《ほしいまま》に其の欲する所にして、取るに自らの利を以てし、妻子を畜養す。彼れ既に行い潔きを修めざれば、適《も》し天神を褻慢するに足るとも、何ぞ以て福を要めんや。比年、仏事愈《いよいよ》繁きも、累朝の国を享《う》くること永からず、災を致《まね》くこと愈速し。事に応験無きこと、断じて知る可し。

　臣等議すらく、宜しく功徳使司を罷め、其の至元三十年以前及び累朝忌日の醮祠仏事の名目に在らば、止だ宣政院をして修挙を主領せしめ、余は悉く減罷すべし。近侍の属の並びに巧計擅奏して妄りに名目を増すことを得ず。若し特奉・伝奉有らば、中書の復奏に従いて乃ち行わんことをと。

一読して明らかなように、国家仏事とその執行官衙である都功徳使司に対象をしぼりこんで批判を加えたものである。そのため、かつてある先論のなかで「百害あって一利なき功徳使司の廃止を絶叫(37)」した上奏として紹介されもした。具体的には、都功徳使司を廃止して関係業務を宣政院所轄に一本化し、仏事も至元年間に準じた低率で挙行すべしと主張しており、このかぎりにおいては仏事を是認したうえで改善策を示す一般的な抑仏上奏であるかに見える。しかしこの奏文も、以下の論点において、より原理的な次元に踏みこむ崇仏批判となっている。

　第一の点は、古来「聖君」たる者が「僧道」に福を求めて「民」や「国」を傷つけることは決してなかった、と説く冒頭の記述である。これまで見てきた二者の上奏と同じく、僧道奉戴は「聖」性に抵触するおこないである、とする主張が明確に示されている。しかもこの一文は、僧道に祈福させることが「厲民病国」につながることを説明しているわけでさえない。僧道に祈福させるという「厲民病国」のおこないを古来「聖君」が犯したことはない、と、いきなり言っているのであって、仏事が「民」を「厲」ませ、「国」を「病」ませる弊事であるという記述内容は、何ら説明不要な自明の前提としてここでは記されている。こうして張珪の奏文は、崇仏は君主と国家の「聖」性に反するという観念が当然のことながらいま君主とのあいだで共有されている、との宣言から議論を開始する。

この奏文の原理的論点の第二は、単に仏事回数の低減を求めるのではなく、都功徳使司という行政組織そのものの撤廃を求めたことである。これは一見したところ実務的提言のように思われる。しかし、実際はそうではない。なぜなら、都功徳使司は仏事専管官衙として世祖の至元十七年に設置された組織であり、その意味では世祖の定制たる国家の崇仏体制を最も色濃く体現する行政機関であったからである。これに対して、たとえば宣政院は不適格僧尼の管理なども職掌としていたから、実態は崇仏に偏していたとはいえ、もともとの位置づけとしてはむしろ中立的な機関である。したがって、張珪がここで宣政院の存続を是認し、他方、都功徳使司を批判の標的としていることは、後者が純然たる崇仏機関であったことによるだろう。そしてこのことはすなわち、張珪が国家の崇仏体制それ自体をここで否定しようとしていることを意味する。

ところが張珪の上奏は全体として、張養浩の上奏がそうであったのと同じく、「世祖の成憲」を奏議の論拠とする結構を採っている。[38] このため世祖政権所設の都功徳使司の廃止を訴えることは抜本的な矛盾であり、また張珪も明らかにそれを意識している。なぜならこの奏文は、世祖代には年に「百有二」会にとどまっていた仏事が「大徳七年、再び功徳使司を立」てるや「五百有余」会に激増したと述べ、世祖代の典範にもとる過剰な形態をもつものとして仏事の不当性を指摘しているからである。[39] これは、都功徳使司が世祖至元年間に設立されたものであることには触れないまま、「大徳七年」という句を置くことによって成宗代の再置のほうに注意を誘導し、世祖代から視線をそらすことを試みた痕跡と見ることができる。[40] しかし、それでも大徳七年のそれが「再立」であったとは記述せざるをえなかったのであるから、都功徳使司が世祖政権の所産であったことは泰定帝期にあっても周知のことがらであり、張珪自身それを充分に承知していることになる。先の張養浩奏文が、たとえ嚙み合わないものであれ、ともかく世祖代の事例を持ち出して論拠としようとしたものであるとすれば、張珪の奏議は、世祖代に関わる重要な事項をあえて無視するという操作によって、からくも崇仏事業の不当性を主張しようとしたものと言える。

張珪奏文を根源的な崇仏批判としている第三の点は、やはりここでも儒教的な災異説が援用されていることである。国家の崇仏路線のもとで僧徒が「生民の脂膏」をほしいままに貪っていると糾弾したうえで、近年、仏事は「いよいよ繁」くなっているにもかかわらず、かえって各帝の治世は「永からず」、「災」は「いよいよ速」くなっているとしている。天意と相い通ずる「民」が苦しみ、よって仏事に比例して災異が増加している、と述べたものであり、これは儒教的な観念において国家仏事を完全に否定した発言にほかならない。

(2)　災異説をめぐる状況

このように張珪奏文もまた災異説を用いているわけであるが、問題は、これがひとり発信者の側が災異説を打ち出してきた、というものではなかった点である。前記のとおり、張珪らは「災異」を憂慮した泰定帝の詔勅に応えてこの上奏を提出したと『元史』は記している。つまり上奏の受信者たる皇帝の側が、すでに儒教の観念である「災異」を認めたうえでその原因と対処策を求めていた、もしくは、真意はともかく少なくとも漢民族官僚たちがそのように解釈しうる姿勢を示していたわけである。こうした状況のもと、その「災異」という標的にめがけて崇仏批判の一矢を放ったものが張珪の奏文であったことになる。

しかし、それではなぜ泰定帝は「災異」などを認めた、あるいは、漢文史官たちがそのように記録しうる態度に出ていたのであろうか。災害を君主に対する天譴と解して責めを負わせるこの儒教教説を、本来、モンゴル人皇帝が諾々と受容するいわれはない。たとえばかつて成宗は、「天変」を言い立てる上言に対して「此れ漢人の説く所なるのみ。豈に一一聴従すべきや」と、これを一蹴している。[41] これと同様に、泰定帝も災異説など無視すべきところであったのではないか。

ここで注目されるのは、『元史』泰定帝本紀に残る災異記事である。張珪の上書がおこなわれた泰定元年六月に先だち、同年四月の本紀には、皆既月食や地震などの災異が記録されはじめる。(42)上奏直前の五月になると、漢民族官僚のみならずモンゴル人・色目人官僚たちも災異の頻発を言いたて、ついには泰定帝即位以前からの近臣として政権の中枢を担っていた旭邁傑や倒剌沙までもが、(43)災異ありとして引責の辞職を申し出たことが記される。(44)もちろんこれらの記録は、実際に何がしかの災害が起きていたことを背景としてはいるであろう。しかし一般に災異に関わる言説は、何らかの程度・頻度でつねに起きていたはずの自然現象に、ことさら「災異」なるものを見いだす回路が人々のなかで強く作動したときに発生する。この泰定帝初期の場合も、前年八月の英宗弑逆、およびその前後の政局の転変がもたらした衝撃によって、人々のあいだで災異説への関心が煽られた結果と見るべきであろう。張珪の奏文が、「累朝の国を享くること永からず」として短期政権の続いたことを災異と関連づけていることは、これを裏づけるものである。こうした情勢のなかにあって泰定帝も何らかの対応を示す必要を察知し、臣僚たちの言う「災異」に君臣ともども立ち向かおうとする態度を表現したものが、先の「集議」を求める「詔」の発布と考えられる。「災異」を認めて対策を募る姿勢を示すことで、政局の動揺を吸収しようとしたわけである。(45)

この状況を背景として考えるとき、張珪の上奏が、「災異」という観念がにわかに政治的な有用性を帯びたこの流れに投ずるかたちで持論たる崇仏批判を発したものであったことが了解される。本来は儒教的な災異説などとは無縁なはずのモンゴル人君主が、混迷する政界にあって、少なくとも術策上この観念を取りこまざるをえなかった。このとき、張珪奏文はまさにその災異説を以て崇仏事業の反「聖」性を訴えたことになる。

張珪の上奏については、これに対する皇帝の回答もはっきりと残っている。『元史』張珪伝に、「帝、従わず」と見えるものがこれである。同伝はまた、その直後に張珪がいまいちど「天象」に鑑みて「臣らの議を允す」ことを上言したこと、しかしこれに対してもやはり「帝、終に従う能わず」であったことを伝える。

もちろんこれは、張珪の奏議全体に対する回答ではある。崇仏事業についてのみ言えば、泰定三年には仏事の回数を百三十七会に減らすとの詔勅が出され、また都功徳使司を廃止する措置もとられたから[46]、泰定帝政権は張珪の抑仏案をそれなりに受けいれたと見られなくはない。しかし、実際にこの仏事回数規定が遵守されたか否かは不明である。むしろ『元史』各本紀のなかで、泰定帝本紀に登載される仏事実施の記事はきわだって件数が多い[47]。この件数が実施頻度の実態を反映しているわけではないが、考慮の材料にはなるだろう。またかりに年間百三十七会であったとしても、この頻度で国家仏事を挙行する姿勢が抑仏的であるとは言えまい。さらには、いったん廃止されたはずの都功徳使司も、その後の三年のあいだに、泰定帝自身ないしその直後のいずれかの皇帝によって再置されている[48]。これらのことを総合すれば、張珪による崇仏事業抑制の建議は、結局のところモンゴル人君主の採るところとはならなかったと見なければならない。

だが、言うまでもなく元の君主権力にとってこれはあまりにも当然の反応である。都功徳使司等を置いての崇仏体制こそが世祖の樹立した定制なのであるから、これを無視した奏議を受けいれる余地はない。しかし張珪の上疏と泰定帝の反応という局面において見れば、ここでは皇帝がいったん儒教の災異説に乗っているという前提があるから、その流れのなかでの泰定帝の却下は、いかにも不当なことと読めてしまう。この意味で張珪の崇仏批判諫奏は、元の体制においてはおのずから却下されざるをえず、そして却下されることによって当該君主が儒教的な「聖君」であるか否かに疑義を投げかけ、ついにはその聖性を査定しようとする性格を帯びたものであったと言える。

（三）蘇天爵

(1) 上書の時期

中央官僚からの発言として最後に取り上げるものは、蘇天爵による諫奏である。天爵は、はじめ同郷の安熙から劉因の朱子学を授けられた[49]。国子学に入ってからは呉澄・虞集の薫陶に浴し[50]、延祐四年の監試では馬祖常が彼を第一位に挙げた[51]。これによって順調な入仕をはたしたのち、中央・地方の官職を三十回ほども転任し、至正十二年（一三五二）に没した。[52]元代後半の儒臣を代表する一人である。

『滋渓文稿』に二十点ほど現存する章疏のうち「災異建白十事」と題するもののなかで、彼は国家の崇仏に対する批判を述べている。この上書の年次は判然としない。ただし奏文中のある箇所で天暦元年（一三二八）の詔勅について言及しているから、この年よりのちのものであることは間違いない。蘇天爵自身の言葉によれば、彼は地方にあった至順三年（一三三二）五月にいったん監察御史を拝したものの京師に向かう途次の同年八月に奎章閣の授経郎に改められ、その後、翌元統元年の十二月（一三三四）にふたたび監察御史を拝すると、元統二年四月に翰林待制に転任するまでの「凡そ四月」のあいだ「察院に在」ったと言う（『滋渓文稿』巻二八、題松庁章疏後）。一方、陳旅の「跋松庁章疏」（『滋渓文稿』巻首・『安雅堂集』巻一三）は、年次の記載を欠きつつも、「御史」であった「四閲月」のあいだに彼が「四十有五」の章疏を上げたこと、その上疏のなかでは「当に天変を畏るべき」を訴えていたことを述べる。この内容は「災異建白十事」のそれに該当するだろう。また後掲するように、奏文には「今、朝廷の政教は惟《こ》れ新たにして」と見え、これは至順四年六月の順帝即位、または同年十月の元統への改元を指すと解することができる。よってこの奏文は、元統元年末から翌年にかけての四カ月のあいだ、監察御史として彼がきわめて旺盛な上奏をおこなっていた時期の一点である可能性が高い。

⑵　儒教国家における「災異」と「異端」

本奏文は、その題名が示すとおり、「災異」に鑑みての献策として上呈されたものである。儒教の認識様式であるはずの「災異」という概念が、ここではそのまま奏疏の理由として持ち出されていることに気づく。これもまた先に見た泰定帝期の情勢と同様に、災異説が元廷において通行していたことを示すものかも知れない。[53]しかも蘇天爵は奏疏冒頭の部分で、

洪《ああ》、惟れ天朝の列聖臨御するに、深仁厚沢にして群生を涵育す。或いは災異に遇うも猶お修省を思い、徳音を

誕布し、務めて実恵を施す。是れ則ち祖宗の畏天愛民の盛徳なり。

と述べ、「祖宗」以来の諸帝が「仁」政を施し、ときに「災異」に遇えば「修省」に務め、いよいよ「畏天愛民」の「徳音」「盛徳」を広めた、として過去を描出している。つまり天爵は、元という政体が一貫して儒教国家でありつづけてきた、という言説を、以下の諸綱目の起点としてまず配置しているわけである。

また、こうして「天」こそがすべての基準であるとする儒教的な観念をおおきく掲げることによって、この奏文は「祖宗」、とくに「世祖」の束縛から比較的自由になっている。全文中、三箇所で「世祖皇帝」の先例を引きはするものの、その一方で「武宗皇帝」「文宗皇帝」の先例も「便民」「施仁」の施策として称揚しており、明らかに世祖代のことが相対化されている。張養浩や張珪の崇仏批判が結局のところ世祖の定制という壁に阻まれて矛盾をきたしたことから考えれば、この蘇天爵の足場のとりかたは注目されてよい。

国家の仏教奉戴に対する天爵の批判は、同章疏の第四綱目として叙述される。以下がその全文である。

一つ。古えに在りて訓有り、善を作さば祥を降し、善ならざれば殃を降すと。蓋し人の善を為し悪を為すと言うは、殃咎各《おのおの》其の類を以て応ずればなり。後世、仏教の既に中国に入るに、始めて言わく、人の能く仏事を修奉すれば輒《すなわ》ち福利を獲ると。小民之を信じ、或いは悟ること能わず。甚だしきに至りては、国家を有《たも》つ者、其の府庫を傾けて金帛を捨施し、供仏飯僧して唯だ至らざるを恐るるのみ。然るに其の徴験たるや、蓋し観《み》る可し。是れ以て中外の臣の其の罷む可きを言う者、十の常に八九たるに、国家の崇信方《まさ》に篤く、遽《にわ》かに已《や》むに忍びず。邇者《ちかごろ》徽政院の臣、府庫の充たずして金帛の給せざるを以て、懿旨を啓奉すらく、凡そ興聖宮に在りて常例たるの好事は一切罷止すと。今、朝廷の政教は惟れ新たにして方に孝治を図るに、宜しく東朝の意を体し、凡そ大内の常例の好事は宜しく権《か》りに停止すべし。豈に惟だ浮費を制節し、国財を裕かにする有るのみならんや。庶幾《こいねが》わくは異端に惑わず、政化に関《あずか》る有らんことをと。（『滋渓文稿』巻二六、章疏）(54)

崇仏事業のうち仏事を問題としたものであり、観点としては張珪のそれに近い。仏事によって福が得られるとする教説を庶民が信じてしまっていること、さらに甚だしきに至っては、国家を預かる人々がこれを信じて仏僧への喜捨に国庫を傾けていること、しかしもちろん応験などあるはずもなく、官員のほとんどが仏事は罷むべしと言っていることを、ごく簡約に述べている。続いて、財政難によって興聖宮での常例仏事が停止されたという近年の事例を挙げ、大内における常例の仏事もこれにならっていったん停止せよとの具体的な提案を記す。

蘇天爵自身、ここでの主張こそが「中外の臣」たちに共通した見解であるとしているため、この奏議があたかも一般的な上奏であるかのように読めてしまう。しかしこの諫奏もまた、これまでの三編と同様に国家の崇仏に対する決定的な否定を含み、その点で通例外のものとなっている。

まず、「国家を有《たも》つ者」が「福利」を得んとして「小民」なみに誤った教説を信じ、国富を投じて崇仏に邁進するのみか、それがまだ不十分ではないかと恐れる有り様である、と述べる点である。さらには「国家の崇信方《まさ》に篤く、遽かに已むに忍びず」と畳みかけ、「国家」が過ちをすみやかに停止することもできずにいるとして糾弾してもいる。もちろんこのように言われる「国家」とは、儒家官僚をも含む政権総体ではなく、崇仏の主体であるモンゴル人支配集団が占める政権中枢部分であることになる。とくにここでは、崇仏に批判的な「中外の臣」という存在が示されるため、それとは別のものとして、崇仏の主体が画然とあぶりだされることになっている。これによって、「小民」および「国家を有つ者」が無益な崇仏に傾倒し、これを「中外の臣」が批判する、というかたちで三局を提示するから、「国家を有つ者」の「小民」なみの愚昧という映像がおのずから描かれることになる。

この批判をさらに深化させているものが、末尾に置かれた「庶幾わくは異端に惑わず」の一句である。張養浩と同じく、蘇天爵も「異端」性を以て国家の崇仏事業を否定しようとしたことが分かる。なおかつこの末尾のまとめかたは、冒頭の部分、すなわち「善」をなすか「不善」をなすかによって「降祥」「降殃」という「応」がある、とする部分と対応している。つまり、瑞祥・災異説を含む天人相関的な儒教の世界観をあらかじめ示したうえで、この綱目の中盤部分で「不善」をなしている現状を指摘し、その結論において、これこそが「異端」に「惑」っている状態であると断定する構造となっている。

しかしこの蘇天爵の議論が、元の国家理念、具体的にはその君主位の設定のありように照らして、まったく噛み合っていないことは言うまでもない。元の君主は、およそいかなる宗教・思想体系においても承認されるべき絶対神聖君主として造形されている。それゆえ皇帝たちは、たしかに儒教の聖天子としても君臨したが、同時に仏教の如来や転輪聖王ともされたし、あるいは旧来どおりのシャマニズムによって聖性を保証される存在でもあった。元にあって、儒教は単一的なイデオロギーとして採用されているわけではないのである。したがってここで蘇天爵が儒教の「異端」観念を振りかざしたことは、元の崇仏に対するものとしては埒外の批判であって、本来意味をなさない。儒教原理そのものに論拠を求めた蘇天爵は、なるほど張養浩や張珪を縛った世祖の成憲という桎梏から逃れることを得てはいるが、元がべつだん儒教国家であったわけではないという最も基本的な条件によって、かえってより深い矛盾に陥っている。

この蘇天爵の上奏が、順帝、あるいはときの権臣伯顔――この人物は元統二年十一月の時点で「宣政院」を「領」する地位も兼ねていた(55)――をはじめとする主要な官僚たちの知るところとなったのか、知られたとして、どのような反応を受けたのかは伝えられていない。『元史』（巻一八三）のその伝によれば、蘇天爵は元統二年中に監察御史から翰林待制に遷ったあと、まもなく中書右司都事へと転任し、そののちもめまぐるしく転任を重ねている。混乱した政治・社会情勢のなかで次々と転属させられていたわけであり、この不敬と矛盾に満ちた上奏が何ものかによって見とがめられる余地さえなかったものかも知れない。そもそもわずか「四閲月」のあいだに次々と上呈された「四十有五」の章疏に関して、しばしば翻訳を必要としたであろう政権中枢のモンゴル人・色目人が、どれほど反応しえたであろうか。この頻度で奏疏を提出した蘇天爵の態度にも、実際の応答を期待したというよりは、儒教規範にもとづく上言の敢行という行為そのものを文書のかたちで残そうとする意図を看取すべきであるように思われる。この奏文が彼の文集に収録されていることも、それを裏づけているだろう。

第三節　鄭介夫――中央政界外部からの諫奏

（一）鄭介夫

最後に、中央政界の外部からなされた諫奏の事例として、成宗代から仁宗代にかけて三次にわたって書かれた鄭介夫の奏文を検討してみよう。彼の崇仏批判上奏は、その内容があまりにも苛烈であるという点で、とりわけ特殊なものである。これまで見てきた諫奏のすべてが、本来は不可侵たる部分に関して批判をおこなったという点でみな異例なのではあるが、それらに比較してもなお、その上奏の侵犯ぶりはきわだっている。

鄭介夫および彼の奏文については、従来、不明な部分が少なくなかった。ところが近年、李鳴飛・張帆によってこれらの詳細が明らかにされつつある(56)。二氏によれば、鄭介夫は南宋滅亡直前のころ、すなわち元の至元年間前半に、浙江衢州の儒戸に生まれた。これまでの諫奏提出者たちと同じく、彼も儒学の徒であったわけである。大徳四年（一三〇〇）には何らかの経緯でケシクの職を得ており、したがってこのときには京師に在住している。しかし大徳七年（一三〇三）二月の人員整理にあって失職したらしい。ちょうどそのころ、おそらく大徳七年閏五月から六月ごろに、第一次奏文「一綱二十目」を上書した。まもなく雷州路の儒学教授を拝命したが、任地に発つ前の同年八月、京師にて地震を体験する。いまだその余震が続いていたなかで第二次奏文「因地震論治道疏」を撰述・上呈すると、同年末ないし翌八年初頭のころに雷州へと向かった。その数年ののち、税務官として湖南にあった仁宗初年の至大四年（一三一一）に第三次の上奏となる「四事」を上書する。以後いくつかの官職・任地を経たものの、おおむね八品から九品の下級職に終始した。退休とともに帰郷し、旧稿の整理などをして晩年を過ごした。死去の時期ははっきりしないが、後至元元年（一三三五）にはすでに没しているだろうとされる。李鳴飛・張帆はまた鄭介夫上奏を現在に伝える『歴代名臣奏議』（巻六七・六八、治道）所収テキストを検討し(57)、そこに三次の上奏がすべて収録されていること、ただし原型とは異なるかたちで組みかえられていることを指摘するとともに、どの部分が本来どの上奏に含まれていたかをも考証した。

この現存テキストには、国家の崇仏を批判する記述として四つのブロックを見いだすことができる。いま、そのそれぞれが三次の上奏のいずれに含まれていたかを李・張二氏の考証をもとに整理し、上奏の年代順にA・B（A・Bは同一上奏内）・C・Dとすると次のようになる。

・A：第一次上奏「一綱二十目」中の「核実」の一部――『歴代名臣奏議』巻六七「核実」の中盤。「国家設立太史司天……其余事務、往往皆然」の約二〇〇字。

・B：第一次上奏「一綱二十目」中の「僧道」――『同前』巻六七「僧道」の全部。「一、僧道……以寛民力可也」の約一二〇〇字。

・C：第二次上奏「因地震論治道疏」の一部――『同前』巻六八、十四葉裏（永楽本）「僧道所当抑也……執政者何不深省乎」の約一二〇字。

・D：第三次上奏「四事」のうちの一部――『同前』巻六八、巻頭「切謂釈道之教……惟聖朝其採択焉」の約一五九〇字。

以下、各ブロックを見ていこう。

（二）鄭介夫の諫奏

A．第一次上奏中の「核実」における仏教批判――大徳七年上半期

鄭介夫は第一次上奏一綱二十目のうちの「核実」と題するもののなかで、虚偽を排して実態にもとづく国政をおこなうべしとの議論を、いくつかの事例を挙げて展開している。Aブロックは、その事例の一つとして国家による仏事挙行を批判する部分である。

国家の太史・司天を設立して以て占測を明らかにせんとし、国師・宗師を崇奉して以て祈禱を厳《とうと》ぶは、天に事

うるの誠を尽くすと謂う可きや。今、日月薄蝕するに、則ち期集鼓奏して以て推暦を彰信するのみなれば、未だ嘗て其の応験を剋定せず。星象失躔するに、但だ托辞禳度して以て官物を分受するのみなれば、未だ嘗て其の変の故を指称せず。公帑を罄竭して以て西番の好事に供うるは、徒らに妄僧の酒色を資くるのみにして、金帛を盛陳して以て黄冠の醮筵に副《そ》うるは、但だ貧道の口体を充たすのみ。比来《ちかごろ》仰観俯察するに、災異の迭興するは、其れ儆戒を示して亦た云《こ》れ至るなり。而るに恬として畏懼の心無く、修禳の実に藐爾たるは、豈に虚文にて対越するに非ざるや。蒼蒼は上に在るも臨鑑遠からざるに、豈に具文にて敬を繆《いつわ》るの能く感通する所ならんや。反って躬ら修徳すれば則ち妖沴自ら消え、過を悔いて善を作さば休祥自ら降り、斯《ここ》に上帝に事うるの実を昭らかと為すなり。凡そ此の数端、特に其の甚しき者にて、其の余の事務も往往皆な然るなり。

ここで介夫は、「公帑」を傾けて「西番の好事に供」する「国家」の方針が「徒《いたず》らに妄僧の酒色」に資するだけのものであると述べ、チベット仏教を名指しするかたちで、彼らに対する崇奉事業に批判を加えている。「国師」と明記して高位僧を指弾していることにも注目してよい。だが、これのみであれば崇仏事業による財政負担と僧侶の腐敗という現況を訴える範囲にとどまるものであり、表現の程度に違いはあるにせよ、一般的な抑仏奏議と質的に異なるわけではない。問題は、この上奏の論点がそこにとどまっていないことである。

鄭介夫がここで提起しているものは、いま「国家」において「天に事《つか》うるの誠」「上帝に事うるの実」が尽くされているか、昭らかにされているか、という論点である。判断指標として儒教の価値規範を掲げ、崇仏事業がこれに合致するか否かという構成を採っていることが分かる。当然のことながら崇仏は否定されることとなるが、その結論へ向かう過程で持ち出されるものが、「日月薄蝕」「星象失躔」などの「災異」が「迭興」している、とする彼の現状解釈である。彼もまた災異説を持ち出し、その儒教的論理にもとづいて議論しようとしているわけである。

鄭介夫の見るところ、これまでどれほど「西番の好事」をおこなおうと成果はなかった。のみならず、「災異」が続くのは「天」の「儆戒」が示されているためにほかならない。ところがこれに畏懼することもなく、あいもかわらずこの虚偽の儀礼をおこなったところで、「蒼蒼」、すなわち天との感通はかなわない。むしろそのような儀礼を悔いて「躬《みずか》ら修徳」すれば、「妖沴自《おのずか》ら消」え、「休祥自ら降」るであろう。

直言はしていないものの、「躬ら修徳」すべき者として成宗が指示されていることは言うまでもない。その結果として「休祥」、すなわち吉祥が示されるであろうと述べており、天譴たる災異・天子の修省・応たる瑞祥、という儒教的な世界運行プロセスが語られている。中盤すでに「西番の好事」をおこなう「妄僧」と表記されているチベット仏教僧たちは、この世界像のなかで、「修徳」にしたがっておのずから消えゆく「妖沴」の元凶と描かれるに至る。国家仏事を、世界の順天運行を支える君主の役割を阻害する要因として明確に位置づけたものであり、崇仏という国家方針を原理的な次元で完全に否定した言説と言える。

B. 第一次上奏中の「僧道」における仏教批判――大徳七年上半期

同じく第一次上奏に含まれるBのブロックは、それ自体「僧道」と題され、もっぱら仏教・道教に対する批判で占められた長文である。まず、三国・六朝ののち釈老が広まり、人君もこれを好むことしばしば過剰であったが、その祈禱は無益なばかりか、むしろ民草の生活をおびやかしてきたと過去を概観してみせる。そのうえで鄭介夫はいったん「仏は聖人なり」と述べ、それゆえ仏が人の敬奉や儀礼を求めるはずはないとして以下の文章へと誘導する。

仏教の人は不貪・不妬・不傷生・不害物を以て好事と為し、故に即心是仏と云うなり。何ぞ嘗て玉帛を陳ね、香燈を厳かにし、晨夜誦経礼拝し、人を殺すに至りて致祭し、囚を縦ちて恩を示すを以てして、名づけて好事を作すと曰いけんや。今、国家の財賦の半ばは西番に入る。紅帽禅衣の者の便ち公然と宮禁に出入するに、朝を挙げて相い尚び、貲を傾けて以て之に奉らざる莫し。此れ皆な庸僧の此の妖妄を作すにして、仏の真心の本性に非ざるなり。

荘厳に設えられた国家仏事を、本来の仏教の精神にも背くものとして批判した叙述である。とくに「囚を縦《はな》ちて恩を示す」とある記述は、あからさまにチベット仏教僧の仏事免囚を指して糾弾したものである。国家の財賦の半ばが「西番」に入る、とする部分も直接的にチベット仏教を批判したものであるし、「宮禁」に出入して崇奉を受けている「紅帽」とあるものもチベット仏教僧を指し示している。(58) そのうえで彼らが「庸僧」であり、これらの「妖妄」をなしていると述べており、崇仏事業のなかでもとくに帝室のチベット仏教崇奉を取り出して正面から否定する文面となっている。

上奏はこのあとしばらく道教およびその張天師についての批判を述べ、しかるのちに仏道二教に対する奉戴を、

愚氓俗子の以て仏と為す所、以て天師と為す所の者を知らざること云《か》くのごときは何ぞや。但だ赭き其の頭を見れば即ち指して仏と為し、黄なる其の冠は即ち指して天師と為すのみ。百喙すと雖も其の惑を解く能わず、其れ世道の一慨たる可し。

と非難する。「赭《あか》き其の頭を見れば即ち指して仏と為」す信奉者を「愚氓俗子」と痛罵するが、この紅帽の僧侶が禁裏に出入するチベット仏教僧を指している以上、これは皇帝を含む宮禁の人々を「愚」「俗」と謗っていることにほかならない。しかも「見赭其頭即指為仏、黄其冠即指為天師」の部分が対句となっていることから考えれば、この紅帽の僧侶とは道教の正一天師に相当する仏教の首位者、つまりは帝師を指していることになる。皇帝以下帝室の帝師尊崇という最も先端に位置する問題に触れ、それを「愚」「俗」の「惑」として「慨」嘆するという極端な述奏である。

ついで鄭介夫は、「宣政院・道教所」を設けて僧侶・道士を一般有司の管轄から除外したことを「朝廷の特に寵異を加」えたものとして批判する。また各地に僧録司・道録司を設置したこともいたずらに僧道を跋扈させる結果をもたらしているとして、それらの革去を求める。さらに、こうした僧道衙門を金代の制度を継承した「弊政」として否定するが、そこでは、

且つ僧道に衙門を另設すること、三代以下、前に未だ聞かざる所なり。亡金は人を棄てて鬼を尚び、故に二司を立てて民官と鼎立せしめて三とす。豈に巍巍たる聖朝と謂うもの、古の聖王の常法に師《なら》わずして残金の弊政を踵《つ》がんや。

と、「人を棄てて鬼を尚《とうと》」んだ「亡金」「残金」などにならうことなく、「巍巍たる聖朝」の名にふさわしく「古《いにしえ》の聖王の常法」に則り、かくのごとき不当な衙門を撤廃すべきであると訴える。「聖朝」「聖王」の語を連続させて、国家・君主の聖性と仏教とは背反するという論点を示すものであり、これまで見た奏文と同じ方向性をもつ議論と言えるだろう。この「聖王の常法」なるものが儒教を指すことは言うまでもない。

C. 第二次上奏中における仏教批判――大徳七年下半期

以上の上疏ののち間もなく、京師の地震を体験したことを契機に、鄭介夫は第二次の上奏「因地震論治道疏」を上呈した。以下がこの第二次上奏に含まれる仏教批判、Cブロックである。

僧道は当に抑うべき所のものなり。而るに紅帽・黄冠巷陌に駢闐し、二司の頭目郡県に分布す。朝廷上下の之を仰ぐこと日月の如く、之を畏るること雷霆の如し。而して官府士民の之を嫉むこと仇讎の如く、之を悪むこと蟊賊の如し。使《も》し能く祈請して福を獲、禳度して禍を免るれば、必ずや地震の変の無からん。其の虚妄を為すこと、顕然として知る可し。今、一番の災異は則ち一番の好事なり。災異愈《いよいよ》甚しくして好事愈広し。豈に天地の示儆の至るに、専ら僧道に布施するの階と為さんや。政を執る者、何ぞ深く省みざるや。

第一次上奏においてすでに「西番の好事」には効果がなく、むしろ「天」の「儆戒」として「災異」が起きていると述べていた鄭介夫が、その直後に起きた地震をまさにその「災異」の最たるものとして挙げ、自説を反復したことが分かる。

ここでも「紅帽」と記して仏僧のなかからチベット仏教僧を選りわけて提示しており、またそれに呼応して、「之を仰ぐこと日月の如く、之を畏るること雷霆の如し」というありさまの尊信主体を「朝廷上下」と表現している。しかもこれの対句として、「官府士民」は「之を嫉《うら》むこと仇讎の如く、之を悪むこと蟊賊の如し」であると述べているのであるから、たとえば蒙昧な民草が釈・老に惑溺しているといった話とはまったく逆で、士庶一般は冷ややかな眼を向けているにもかかわらず、朝廷のみが愚かにも――Bブロックのいう「愚」「俗」である――この祈禱の効果も出せない高位の仏僧や道士を日月のごとく崇めている、と言ってしまっているわけである。末尾を「天地の示儆」たる「災異」に臨んで「執政」する者は「深省」すべしと儒教的な打開案で結ぶが、したがってこれも、たとえば民政の停滞といったものを挙げて修省を要請するなどとは次元が異なる。釈老崇奉という、ほかならぬ君主以下の「執政」者たち自身が宮禁で営んでいる行動そのものを摑みだし、それこそが今回の地震という「天地の示儆」の対象であると断罪したうえで、修省を要求したものである。

D．第三次上奏中における仏教批判――至大四年

第一次・第二次上奏から七年後の仁宗初年、鄭介夫は第三の、そして最後の上奏「四事」を撰述した。Dのブロックはその「事」の一つに当たる抑仏諫奏である。これまでのA・B・Cと比べて分量が最も多く、僧道に対する批判の思いを介夫が強く保ち続けたことをうかがわせる。

ここではまず三教のうち儒教こそが「聖人の道」であるとして、これに対する仏教・道教の劣位を説く総論を展開する。Dブロックの全文約一五九〇字のうち、この総論のみで六七〇字ほどを費やしている。孔子の言動などに言及しつつ人倫を重んずる儒教の優位性を説き、対して仏教や道教の目指すところが個人にとってはともかく「天下百万億の蒼生」のためには無益であって、これら二教のために「法」や「陰陽」や「人」のありようは久しく打撃を受けてきたとの説明が縷々くわえられる。なおかつこの総論では「聖人」「聖道」などとして「聖」字を四箇所用いており、みずからの評価の指標が「聖」性であることを示そうとする姿勢が顕著である。

もちろんこれらの内容は、儒士にとって当然の教条に過ぎない。しかし、国家方針として崇仏を明示している政権の君主に当てた文書において、長々とそれを開陳することが当然であったはずはない。たとえば前記の蘇天爵は、〝元は儒教イデオロギー国家である〟という架空の前提から議論を出発させていた。これに比較して、こうして鄭介夫が儒教の優位性という総論からあえて説き起こしていることは、〝政権は儒教を専一的イデオロギーとして採択しているわけではない〟という彼の率直な現状認識をまず立脚点として選び、その地点から以下の議論を進めようとしたことを示唆する。

こうして長大な総論を述べたあと、いよいよ鄭介夫は現況の分析に入る。

今、禅衣を披《き》る者を見れば便ち拝して仏と為し、黄冠を戴く者を見れば即ち稽《ぬかず》きて仙と為すも、彼、自身に於いて尚お保つ克《あた》わざるに、何ぞ能く人に及ぼさんや。乃ち之に頼りて以て聖躬の寿考を祝し、国祚の延長・黎庶の安楽を祈らんと欲するは、大愚に非ずして何ぞや。

ここでも第一次・第二次上奏における僧道批判がほぼ繰りかえされている。ただし、Bブロックで「紅帽禅衣」「赭其頭」などとしていたこととは異なり、単に「禅衣」とのみ記しているから、チベット仏教僧に特定しての批判が後退したかに見える。ところが、鄭介夫はこれに続けて、

往年、都下に留まるに、帝師の死し、馳駅して小帝師を取りて来り代わらしむるを見るに、一尋常の庸厮に過ぎざるのみ。朝の上下を挙げ、城の老弱を傾けて郊迎し、望風頂礼して道旁に羅拝するも、敬う所の者の何たるか、慕う所の者の何たるかを知らず。其の愚、一に此に至るかな。力めて其の非を排さんとすれば反って怪怒を招き、指して仏を毀ち道を謗ると為して、幾ど漆沐の解く可からざるものの若し。

との一文を投ずる。これは現存する元代の崇仏批判文書のなかでも、おそらく最も過激な部類に属する記述であろう。Bブロックにおいてすでに暗に帝師を指す僧侶とその信奉者たる帝室を非難していたが、今回はそのまま「帝師」の名称を以てこれを批判している。――かつてみずからが京師に在ったとき、ある「帝師」が没し、それにと

もなう次代「小帝師」の招聘を目にすることになった。ところがその「小帝師」たるや、「一尋常の庸断」に過ぎなかった。その入京に当たっては朝廷や都の上下老若あげての郊迎の礼がとられたが、人々はこの人物が実際はかくのごとき者であることを知らずに敬礼羅拝していた。その「愚」かなること、ここに至った。

鄭介夫がこのように描写しているものは、おそらく五代帝師から六代帝師への襲替ではないかとされている。[59]そうであるとすれば、六代帝師は就任当時すでに四十八歳または四十七歳[60]に達していたから、年齢ゆえに「小帝師」と呼ばれるはずはない。よって、これは蔑視的な記述と見なければならない。続く「庸断」は、文字どおり〝とるに足らないこもの〟の意であろう。Bブロックにおいてすでに「庸僧」との表現を用いていたが、こちらはさらに激しい。「断」は、もともと刑罰として雑役奴隷に落とされた者を指す文字であったわけであるから、強度の誹謗表現である。もっとも、ではなぜ鄭介夫がこの帝師を「庸断」と見たものか、その根拠が述べられているわけではない。ましてや人々がみな「敬う所の者の何たるか、慕う所の者の何たるかを知らず」という状態にあるなか、なぜ鄭介夫のみがこの僧侶の「一尋常の庸断」たるを喝破したと言いうるのか、その理由を説明しているわけでさえない。これに続くくだりでは、かくのごとき存在に過ぎない帝師を崇奉する「非」を排斥しようとすれば、かえって「仏を毀」つものと指弾されるありさまであると鄭介夫は嘆く。もちろん、それにもかかわらず自分はあえてその「非」を直言している、とする趣旨である。

こうして帝師を批判したあと鄭介夫はいったん現状の問題から離れ、僧道に対して節度を保った事例として南朝の皇帝たちの逸話を紹介したりなどする。そののちふたたび現今の問題に戻り、「今、天下の大寺観、租入は鉅万、徒衆は千百、饗用は宮籞に過ぎ、積蓄は邦賦に侔《ひと》し」という状況に陥っているとして、その経済面・社会面における負担を指摘する。これと対比的に唐代の廃仏政策をまた過去の好ましい事例として紹介したあと、現状打開策として僧侶・道士の大幅な削減を次のように提起する。

宜しく此の意を体し、先ず西番大師の京都に留まる者を将て礼を以て敦く遣わし、悉く還国せしむべし。外に天下の寺観の銭糧は拘して官に輸せしめ、其の游手惰農の夫の蚕食常住して俗人に異なる無きは各《おのおの》農務の本に帰せしめよ。

以下、選別を経て残った僧侶・道士に対する米・銭・絹の官給額など、ひどくこまごまとした提言が披露されたあと、末尾に「聖朝」の「採択」を望むとあり、Dブロックは終わる。

ここで改善の第一歩として、「先」ず「西番大師」を厚礼をもって帰還させよとするあたりは、三回の上奏すべてを通じてチベット仏教僧への尊崇を批判しつづけてきたことと整合する提言である。この「大師」に帝師をも含ませていることは疑いあるまい。とくにこの第三次上奏では正面から帝師批判をおこなっているわけであるから、首尾一貫した主張であるとさえ言える。またこれは、帝師に関してのみの提議ではない。元は帝師号のほかにも国師・国公などの称号をしばしばチベット仏教僧に与えていた。[61] おりしもこの第三次上奏がおこなわれた至大四年に新帝仁宗から「鈔万錠」を建寺費用として賜与されたという「国師板的答《パンディタ》」はおそらくチベット仏教僧であるし、翌皇慶元年（一三一二）に、ある官僚の免罪を進言して仁宗にたしなめられた「国師搠思吉斡節児 Chos kyi 'od zer」は明らかにチベット仏教僧である。[62] 鄭介夫はここで単に西僧・西番僧などとするのではなく「西番大師」と表記しており、こうした高位のチベット仏教僧に対する批判であることを明らかにしている。これはすなわち宮廷と深いつながりをもつチベット仏教僧の存在すべてを排撃する主張であり、皇帝以下帝室のチベット仏教崇奉を根底から否定しきった言論にほかならない。

(三)　鄭介夫諫奏の特質

以上が鄭介夫の崇仏批判上奏のあらましである。特徴として、次の点を挙げることができるだろう。第一に、儒と僧道との対比を強調し、儒教という「聖」の観点から仏教・道教への批判をいまおこなっていることを明示しようとする点である。第二に、儒教教説のなかでもやはり災異説を用いることによって、国家による仏教・道教への崇奉、とくにそれらによる国家儀礼を批判する点である。第三には、チベット仏教崇奉への批判が明瞭である点である。とりわけ帝師尊崇に対して正面からの批判を加える展開は他に類例を見ない。第四に、こうして高位チベット仏教僧の存在を標的として掲げたことによって、皇帝以下モンゴル人支配集団の崇奉行為を「愚」「俗」「惑」と直言するに至っている点である。

以上の諸点、とりわけ第三点・第四点を含むことは、いずれも特異な今回の五名の事例のなかでもきわだって異質である。しかも、これほどの諫奏をおこなったにもかかわらず、彼が政治的に何らかの不利益を被った形跡——李元礼の場合のような——が認められない。それればかりか大徳七年に彼が雷州路儒学教授の職を得たことは、第一次上奏に対する褒賞の意味をもったものであろうとされている。[63]これらのことは当然のことながら次の問いを生む。この鄭介夫の崇仏批判、なかでも皇帝を含むモンゴル人支配者たちのチベット仏教尊奉を批判する奏文は、はたして実際に上呈されたものなのであろうか。

李鳴飛・張帆によれば、鄭介夫は自身の奏稿をすべて所持しつづけ、晩年には第三次上奏を第一次上奏に繰り入れるなどの修訂をおこなっており、その結果が現在の『歴代名臣奏議』テキストであるという。[64]このことからすれば、これまで見てきた彼の文書は後年の改筆や増補の結果である可能性がなくはない。しかしながら一方、大徳七年上半期に「核実」「僧道」をそれぞれ一「目」として含む第一次上奏「一綱二十目」を鄭介夫が上書したこと、それが受理されて中書省の認知するところとなっていたことは、おそらく疑いがない。なぜなら、これも李・張が挙げたように、『元典章』（典章四五、刑部巻七、通奸許諸人首捉）に「鄭鉄柯（鄭介夫の別名）」の陳言として登載される中書省の咨が明らかに『名臣奏議』に残る「二十目」の一つ「厚俗」に相当するからである。[65]また、大徳十一年刊行の『新編事文類聚翰墨大全』にこの「一綱二十目」の摘要・篇名が採録されていることも指摘されている。[66]したがって、第一次上奏の一部としてA・B奏文、少なくともその原型に相当する奏文が上呈されたことはほぼ疑いない。そしてそれによって何らの不利益も被らなかったばかりか逆に褒賞にあずかったのであれば、C・D

奏文、あるいは少なくともその原型を含む第二次・第三次上奏を上呈したとしても不可解ではあるまい。もちろん後年の修訂の過程でより激しい表現が加えられたなどの可能性を捨象しうるわけではないが、これはもはや検討の方法がない。

この問題をめぐっては、おそらくむしろ次の点に留意すべきだろう。鄭介夫の場合、李元礼・張養浩・張珪・蘇天爵の四名とは、その立場に大きな違いがあった。李元礼ら四名は、それぞれ河北の真定（李元礼・蘇天爵）・易州（張珪）、山東の済南（張養浩）に出身した漢人であり、なおかつ抑仏諫奏を上呈した時点において中書省平章政事（張珪）・監察御史（李元礼・張養浩・蘇天爵）の地位にあった。このことは、彼らの上奏が無視されにくいものであったこと、またそれゆえ政治的抗争にも利用されうるものであったことを意味する。これに対して鄭介夫は南宋併合まもない時期の南人であり、とくに第一次上奏の時期においては、どのようにしてか得ていたケシクの職を失った無名無官の人物でしかなかった。第二次・第三次の時点においても、わずかに地方の下級官員であったに過ぎない。このような人物から出された上奏文が、すべてそのまま送達ルートに乗り、翻訳のうえ上聞されたと考えることには無理がある。「厚俗」のように穏当有用と見られて送達の手続きに乗せられた部分があった一方、モンゴル人支配者たちの崇仏に対する批判という不敬的内容をもつ部分は、李元礼の例から推しても、いずれかの段階で削減された可能性が高いだろう。そして李元礼と異なり鄭介夫は政争に巻きこまれるような立場にはなかったから、いったん除かれた部分はそのまま埋没し、応答もないかわりに処罰されることもなく終わったはずである。事実、鄭介夫自身、みずからの上奏がほとんど無視されたとの不満を抱きつづけていたと言われる。(67) このような条件を勘案すれば、彼が現存テキスト、ないしそれにごく近いものを実際に上呈したとしてもさして不合理ではない。

いずれにせよ鄭介夫の上奏行為は、政界においてはとくだんの波紋を起こすことなく終始した。しかしそれゆえにこそこの人物の崇仏批判は、儒士たる一官員の率直な発言であったと見てよい。とくに、みずからの上奏が良くも悪くも省みられないことを知った時点での第三次奏文のそれは、持論をより直接的に述べた文書であろう。したがって、第一次上奏では比較的婉曲であった帝師への批判が、この奏文においてさらに辛辣なかたちへと尖鋭化していることは、チベット仏教僧に象徴される政権の崇仏体制に対し、元代の儒士が批判の意識を明確にもっていたことを示すものである。

また、崇仏体制が「世祖」所定であることを処理しかねた張養浩や張珪の奏文が明らかな矛盾をきたしたことや、蘇天爵が仏教を「異端」と切って捨てるため元を純然たる儒教国家とする虚構のうえに議論を組み立てたことと比較すれば、鄭介夫の上奏は、たしかに根拠の不明な誇傷などはあるとしても、全体の論理の点ではいたって整合的なものである。それはひとえに、彼の奏文が憚ることなくチベット仏教僧、とくに高位のそれに言及し、彼らに対する支配者の尊奉行為を批判の焦点としえていることによる。鄭介夫は四つのブロックのいずれにおいても、「世祖」という言葉を記していない。また、「異端」という言葉も用いていない。つまり、ごく実質的に皇帝・帝師を中心とする元の崇仏の具体相をそのまま批判の対象としたため、「世祖」という過去の典範や、「異端」という儒教的な枠組みに論拠を求める必要がなく、そのため中央に在った諫奏者たちが陥ったような論理の破綻から免れているわけである。

こうして、政治的にはさしたる影響力をもたなかった鄭介夫の奏文は、それゆえむしろ事態に即応し、そのかぎりにおいては論理の通った批判たることをえた。その結果、後述するように、彼のこの発言は当時の漢民族社会においてかなりの注目を集めることとなる。そしてこの社会的反響こそが、彼とその奏文の記憶をのちの時代へつないでいくこととともなる。

第四節　反響

（一）李元礼・張養浩・張珪・蘇天爵の上奏に対する反響

これまで見てきた五人の上奏は、国是たる崇仏を根底から否定したという点で注目すべきものである。これに加えてさらに検討すべきは、これら上奏すべてについて、著名な儒家知識人たちの反響を示す文書が元当代のうちに書かれていること、そしてそのいずれもがこれらの上奏に対して称賛の立場を表明していることである。(68)

李元礼に関しては、虞集がその上奏のことを顕彰している。「題故国子司業李公挽詩後」（『道園類稿』巻三二）のなかで、監察御史を拝した元礼が五台山の仏寺建造をめぐって上疏したところ「天子、之の為に改容し」、御史台・中書省は「之の為に竦《すく》み懼れ」た、と記したものがこれである。程鉅夫も、元礼の死を悼んだ「李庭訓御史挽詞」（『雪楼集』巻二八）のなかで、「士林の嗟《なげ》きは博く洽《あまね》く、言路は公の忠を惜しむ」と記し、その言官としての活動を忠節と讃えた。程鉅夫は続けて「儒術は今方《まさ》に貴く」と詠み、彼の行為を儒士としてのそれと位置づけている。そしてもちろん李元礼の称賛者としては、この奏文そのものを『国朝文類』に収めた蘇天爵がいる。同書（巻一三―巻一五）は元礼を含む九名の奏議を元代奏文の精粋として選択しており、その顔ぶれとしては許衡・郝経・馬祖常らが並ぶ。蘇天爵が、いかに李元礼の上奏を重視したかが分かる。しかも、蘇天爵自身の諫奏が前記のとおり元統元年から二年にかけてのことであるとすれば、それは『国朝文類』が成った元統二年とちょうど同時期である。その場合、蘇天爵は単に李元礼の上奏文を評価していたというにとどまらず、みずからそれにならう行為を決断したことになるだろう。

張養浩の「時政書」については、その祠堂碑を撰述した黄溍が「時政の弊を疏すること万余言、権姦を力拄し、幾《ほと》ど禍を蹈まんとするも悔いず」(69)と述べ、奸悪な権力者に抗った上疏としてこれを讃えた。張起巌もまた養浩のための神道碑に、「猶お時政の敝を疏して之を上《たてまつ》ること幾万言。是に於いて枋政する者、深く之を銜《ふく》む」(70)と記している。

呉師道が、「上る所の時政書は万言、権奸の法度を変更するの便ならざるを力詆し、幾ど禍を蹈まんとするも測らず」[71]と記述したことも同様である。

張珪については、彼を蔡国公に封ずる際の制誥を呉澄が撰文しており、そのなかで「謇謇の節、詎《なん》ぞ敢えて詭随せん。侃侃として言うに、類《み》な多く裨益す」[72]と述べている。これはおそらく問題の上書のことを指すだろう。張珪の蔡国公封拝は泰定二年二月のことであり（『元史』巻二九、泰定帝本紀、泰定二年二月己亥条）、よって呉澄は、前年六月におこなわれた珪の上奏の記憶がいまだ新しいなかで撰述しているからである。それのみか呉澄は、泰定元年二月以降、ほかならぬ張珪の推挙によって経筵官として泰定帝に侍講していた[73]。よって元年六月の上奏の内容や、これに対して泰定帝が「従わず」であった顚末を、充分に承知していたはずである。それらのことをすべて踏まえたうえで呉澄は、張珪の直言はみな裨益するところが多かった、と記したことになる。

張珪が泰定四年に没したのちの追悼文書でも、その上奏は称賛を以て記述された。それらのなかには、「謇謇たる危言、身を顧みず」[74]であったと珪を讃える張養浩の詩句も見える。あえて諫奏に踏み切った老臣の行為を、すでに十七年ほどを経た自身の経験と重ねあわせての挽歌であろう。そして、このように上奏のことを以て張珪を顕彰したとき、張養浩はみずからもまた死後、かつてのその諫奏のことを以て人々に追悼され、記憶されるであろうことを確信したはずである。事実、張珪に二年おくれて没した張養浩は、前記のとおりその「時政書」のことを顕彰する黄溍らの追悼文を手向けられている。

張珪の上奏についてはまた、その墓誌銘を編んだ虞集が、「又た手ずから疏して極論すらく、法度の寛弛し、紀綱の日に壊れ、汚穢の賊虐たるに恬として怪と為さず、逆順の不明なれば人心に禍乱の鑑の遠からず、惟だ聖明の其の乾剛を奮いて以て之を振徳すれば、則ち仁厚の沢の党偏すること無からんと。報ぜず」[75]と記している。上奏の趣旨にある程度まで踏みこんで記述したうえで、これを顧みなかった泰定帝の態度をも明記したものである。

御史時代の蘇天爵の活発な上書ぶりについては、黄溍が「読蘇御史奏稿」（『金華黄先生文集』巻二二）を書いているが、これはおおむねその人事関連の建議に見識があったことを讃えたものであり、直接「災異建白十事」に言及しているわけではない。とはいえこれも、儒士たちのあいだで互いの「奏稿」を読み、ときにそれについて文書を記すことがおこなわれていたことを示すものである。一方、陳旅の「跋松庁章疏」は、先に触れたとおり、「災異建白十事」に該当すると考えられる蘇天爵の奏文について述べている。陳旅はそこで「当に天変を畏るべき」ことなどを訴えた天爵のこの上疏を、「凡そ政治の未だ善からざる、民隠の未だ恤《すく》われざる、風俗の未だ正されざる、賢者の宜しく進むべくして未だ進まざる、不肖の宜しく退くべくして未だ退かざるもの、皆な之を言う」と讃えた。この陳旅には、官途に就く以前、学才を認められて虞集と親しく交遊していた時期がある(76)。蘇天爵も国子学で虞集に学んでいるから、儒学をとおした緊密な人間関係のなかで相互の文書への言及が慣例となり、奏文への褒賛もその一環としておこなわれたことをうかがわせる。

（二）鄭介夫の上奏に対する反響

残る鄭介夫の上奏は、奏文そのものが破格であるのみならず、これへの反響のありようにおいても注目すべきものである。まず、前述のとおり『新編事文類聚翰墨大全』(77)に大徳七年上半期の第一次上奏の摘要が採録されており、同書は大徳十一年に福建で刊刻された民間の類書であるから、鄭介夫の上奏がごく短期間のうちに、地理的にも社会的にも広い範囲で伝えられていったことが分かる。

さらに具体的な例としては、掲傒斯・李孝光が鄭介夫に詩を贈り、そのいずれもが介夫の上奏を詠みこんで讃えていることが指摘されている。それによれば、掲傒斯と鄭介夫との接触はおそらくは至治元年（一三二一）、介夫が某地の司獄の職を終えて京師に向かった時期のことではないかと言う(78)。そうであるとすれば、延祐年間初期に翰林兼国史院編集官に任じられて以来すでに才名の高かった掲傒斯(79)が、みずからその詩の題で「鄭司獄」と呼ぶところの卑職の人物に、「一日上書するに天下に聞こゆ(80)」の詩句を捧げたことになる。鄭介夫が地位に見合わぬ令聞に浴していたこと、それがひとえに「上書」によるものであったことを示す事例である。

いま一人の献詩者である李孝光に関しては、その詩の冒頭に「衢州の城下、清江好し」[81]とあることから、すでに退休して衢州開化に帰郷していた鄭介夫を孝光が訪問しての対面があったのではないかとされている。[82]この詩のなかで李孝光は、鄭介夫の上奏を「河汾策」——隋の文帝に王通が上奏したところの、いわゆる「太平策」——になぞらえ、「後世」に「名」を残すものと讃えている。李孝光は、至正八年（一三四八）に五十三歳で没した人物であるから、鄭介夫よりも若年のはずである。また、こののち順帝に謁して召されることになる李孝光も、介夫との会見の当時は、いまだ楽清の雁蕩山五峰下に隠棲する無官の士に過ぎなかったはずでもある。しかし「少《わか》くして博学」であった李孝光のもとには、その無官隠居の時代においてすでに「四方の士、遠来」し、彼から「学を受」けていたと記録される。[83]この人物が、わざわざの訪問であったか否かは定かではないものの、同じ江浙とはいえ麗水一帯の山地をはさんで往来が必ずしも容易ではなかったはずの開化に赴き、たかだか正八品の県丞で終わった鄭介夫にこの詩を献じたことは、やはり介夫の上奏に関する世評が高かったことの一証であろう。

これらに加えて、鄭介夫と彼の上奏に関する後代の評価を決定的に固める文書が、おそらくその死後、後至元元年（一三三五）に記述された。宋濂、二十六歳の作である。

昔、成宗皇帝の万方に臨御せるや、天下の広く、一人の耳目の及ぶ所に非ざるを以て、群臣に直言極諫の者有らば、咸《み》な焉を嘉納す。讜議を来らしめ、群情に達するの所以にして、政治に功とするなり。大徳中、三衢の鄭以吾、禁中に宿営す。時政に缺遺する所有るを覧《と》りて、太平策一綱二十目を疏して之を上る。上、其の忠を嘉し、特に以吾に命じて雷陽教授と為す。濂、取りて之を読む毎に、未だ嘗て成廟の徳の盛んなるを仰歎せずんばあらざるなり。隋文帝の時、河汾の王通の太平十二策を以て之を奏せざること非ざるに、文帝用いる能わざれば、通、遂に東帰し、六経を続けて以て学者に伝う。嗚呼、以吾の賢は未だ必ずしも能く通に過ぐること有らざるも、上、猶お其の言を采りて之を用う。通をして今日に生かしむれば、則ち其の道必ずや将に大いに時に行われ、六経必ずしも続けられざる有らんとす。是に由りて之を論ずれば、惟だ成廟の聖、隋文の其の万に一も髣髴たらざるのみならず、亦た以て士の遇合するを見る可くして、苟しくも明時に当たりては小善と雖も必ず録《と》られ、若し猜暴の主に値《あ》わば縦《たと》い大賢たるとも亦た容れられざる所有らん。道の時に繋《か》かる所の者は、夫れ豈に人力の為す可きなるや。澧陽の張君、逢うに以吾の策を喜誦す。嘗て手ずから之を録し、且つ濂に請うらくは之に識《しる》さんことをと。是に於いて辞せずして其の後に題す。重紀至元元年夏六月十九日、濂、題す。(84)（『宋学士先生文集』輯補（明天順五年黄誉刊本）(85)、太平策後題）

鄭介夫の上奏文を好んで誦していたという知人が、これをみずから写して宋濂に勧めたとあり、同奏疏が共感をともなって人の手から手へと拡散していく過程を知ることができる。「濂、取りて之を読む毎《ごと》に」云々と記しているから、宋濂は自身もまた繰りかえしこの奏文を読んでいることを表明しようとしているだろう。

文中、鄭介夫の上奏は成宗に上達したことになっている。のみならず、その忠誠を「嘉」した成宗が「特に命じて」介夫を雷陽の儒学教授に任じたとさえ述べる。とはいえこのとき宋濂は、鄭介夫の上奏をめぐる状況を実際このように考えてはいないはずであるし、また読み手がこれを額面どおり受けとるとも考えてはいないはずである。(86)しかし、それにもかかわらずことさらこのような状況設定を記したうえで、成宗は介夫の上奏を嘉納した、と描いた宋濂は、続けてその成宗への礼賛へと筆を進める。隋の王通、およびその上奏を用いなかった文帝を比較対象として登場させ、鄭介夫の「賢」は必ずしも王通を上回るものではないが、「成廟の聖」は隋文帝のそれとは比較にならぬほどのものであり、もしも王通が今の世にあったならばその「道」が「大いに行」われたであろう、と述べている。介夫の上奏の存在を、成宗の「聖」性の問題へと転化させようとする論述展開である。

ここで宋濂の言う「聖」性が、儒教の価値体系における君主の聖性であることは言うまでもない。「成廟の徳」と「成廟の聖」の二句をともに盛りこむことなどはその表れである。またこの文章が讃えるところの鄭介夫の奏疏が、論拠として「叔孫通」や「賈誼」、さらには「孔子」その人の言を引き(87)、あるいは「礼楽」や「三綱五常」の護持こそが普遍の典範であるという前提に立って対策を述べるなど、議論全体を儒教の教条のうえに組み立てたものであることからもそれは明らかである。なかでも先に見た鄭介夫の仏教への批判は、双方とも一つの教説体系であるだけに、儒教の教条主義的な姿勢をとりわけ露わにした議論と言ってよい。(88)

このように考えれば、宋濂が自分にとっても読者にとってもそれが虚像であることを充分に認識しつつ、上奏を歓迎する儒教的神聖君主の姿をあえて描出しようとするとき、鄭介夫の諸議論のなかでもとくにその崇仏批判が有用性の高い論点であったことは疑いがない。〝徹底した抑仏諫奏を嘉納する皇帝〟という造形は、純然たる儒教君主の表現として効果のうすいものではないからである。たとえそれが虚像であれ、文書中にそのような成宗の姿を残すことこそが宋濂にとって意味ある行為であったとすれば、鄭介夫の仏教批判はその格好の素材として機能していることになる。政治的には不毛であるはずの抑仏諫奏が漢民族知識階層の反応をかきたてた要因の一つは、まさにこの機能にあったと考えてよいだろう。

これほどの関心を宋濂は鄭介夫に寄せているのではあるが、のちに宋濂が編纂の主幹をつとめた『元史』には、その上奏についてはもちろん、鄭介夫の存在についてすらまったく言及がない。かつて撰文までして激賞したこの人物のことを忘却したとは考えにくいから、史官としての宋濂が、何らかの理由――たとえば鄭介夫の地位から見てその上疏に関しては不可解な点があるなどの理由――によって採録には至らなかった可能性があるだろう。だがその逡巡は、称賛文を記した後至元元年の宋濂においても、すでに生じうるはずのものである。したがってこのとき若き宋濂は、上奏の経緯については懐疑を抱きつつも、あえてこの称賛文を撰述したことになる。いまみずからの生きる元の「天下」が「聖」なる儒教君主の「臨御」する世であることを言表するために、激烈な崇仏批判を含む鄭介夫のこの上奏はきわめて好適な題材であったからである。

以上のように、崇仏批判を含む諫奏については元当代のうちに積極的な賛同の文書を確認することができる。もっとも、李元礼の上奏が崇仏問題に特化したものであることを除けば、他の上奏はこれ以外の論点をも含む総合的なものであり、したがって褒賛においてもとくに抑仏献策への賛意が表明されているわけではない。しかし、これらの上奏が危機を招くこともあったこと、それでもあえて上奏がなされたことへの賛同がしばしば述べられているから、当該上奏に仏教問題という禁忌領域への侵犯が含まれることを称賛者たちが意識しなかったはずはない。このことは、宋濂の文書が鄭介夫の上奏への賛美をとおして皇帝を儒教的な理想君主、つまりは反仏教的な君主として表現したことによっても確認できよう。

（三）諫奏文・称賛文の蓄積とそれらが描き出す国家像

抑仏諫言を含む上奏に対する称賛文書の存在は、モンゴル人政権所定の崇仏政策を抜本的に否定する諫奏が治下の漢民族教養階層に積極的に受け入れられ、共感や賛意を醸成し、そしてこの共感・賛意もまた順当に文書化されていったことを我々に教える。ここで重要なことは、こうして上奏文と称賛文とが連鎖的に生産されていく過程で、元が儒教国家であると言明する――書き手たち自身、それが虚像であることを充分に承知したうえで――文書の蓄積が進んだことである。

諫奏への共感を筆記した人々、すなわち虞集・程鉅夫・黄溍・張起巌・呉師道・呉澄・陳旅・掲傒斯・李孝光・宋濂、および上奏者でもある蘇天爵・張養浩について考えてみよう。一見して明らかなように、これは元代の儒学者のなかでも主要な存在と認められている人々である。たとえば、彼らのうち張起巌・張養浩を除く全員が『宋元学案』に登載され、この二人も『宋元学案補遺』には載せられている。さらに虞集・黄溍・呉師道・呉澄・陳旅・掲傒斯・李孝光は『元儒考略』の段階で取り上げられている(89)。つまりこれら称賛者たちは、いずれかの儒学学統のなかに明確な位置を占めることによって、後代の儒学史研究においても確固たる位置を認められた儒者である。元代の知識人社会のなかにあって、とくに知名度が高く、影響力をもった人々と考えてよいだろう。彼らの称賛を受けることの価値は、その当時にあって小さなものではなかったに違いない。さらには、こうした人々の文書は残存しやすい――我々が、ここで見ているように――から、称賛がながく伝えられることも期待しえたはずである。
一方、上奏の奉呈者たちはどうであろうか。五人のうち、蘇天爵・張養浩はいま見たとおり声望の定まった儒学者である。張珪もまた、文天祥の門友である鄧光薦の弟子として『宋元学案』（巻八八）に採録される。しかし、残る李元礼・鄭介夫は『元儒考略』『宋元学案』『宋元学案補遺』のいずれにも採られていない。学統上に画然と位置づけられる儒士とは少しく異なる扱いを明・清代の評価において受けているわけであり、この位置づけは、元代当時においてもほぼ同様であったろう。

このように、上奏を奉呈した人々は必ずしも儒学者として高名であった人物に限られるわけではない。ところが国家の崇仏への批判を含む彼らの特殊な諫奏に対しては、当代屈指の儒学者たちがこぞって反応し、その行為を讃える文書の生産に次々と乗り出した。つまり、かりに本人が学者というよりは実務官僚であったり、あるいは鄭介夫のように無名の人物であったとしても、儒教色の強いこの種の諫奏をおこなうことは、儒学史に連なる名儒たちの関心を強く引くことにつながったわけである。

なおかつ、称賛者たちが一様に筋目ただしい儒学者であったことは、いま一つの、それも元代当時にあってすでに明確であった具体的事象に直結していた。それは、称賛者たちと翰林兼国史院との繋がりである。諫奏への反響を残した上述の人々の任官歴をたどると、そのほとんどがこの官署の職をいずれかの時点で経験していることが判明する。すなわち、虞集は翰林兼国史院の待制・編修官・直学士・侍講学士を、程鉅夫は応奉翰林文字・修撰・直学士・学士・承旨を、黄溍は応奉翰林文字・編修官・直学士・侍講学士・承旨を、呉澄は学士を、陳旅は応奉翰林文字を、掲傒斯は編集官・応奉翰林文字・待制・直学士・侍講学士を拝しており、宋濂も元代すでに編集官の職を経ていた。また、蘇天爵は翰林国史院典籍官・応奉翰林文字・待制の、張養浩は待制・直学士の在職経験がある。[90]残る呉師道・李孝光も、翰林院ではないものの、それに近い系統の官職をたどっている。[91]つまり彼ら称賛者たちはおしなべて元の漢文官撰文書の修撰・管理を委ねられた文人集団に属していた。

唐・宋代の翰林院が宰相を含む中枢的官職へと昇進するエリートたちの経由する重点官衙であったこととはまったく異なり、元の翰林兼国史院は、文字どおりもっぱら漢文文書の作成・管理と修史とに従事する機関にすぎなかった。漢民族の学者たちが、政治的決定にかかわる地位から疎外され、それでも彼らなりの伝統に根ざした栄誉を与えられるかたちで、この機関に配置されていたわけである。彼らこそは、過去の翰林院が国政中枢へのルート上にあったこと、そしてルートへの参入が科挙や教育機関で求められる儒士としての学識・教養・技能に裏づけられていたことを、もっとも深く理解していた人々であったはずである。言い換えれば彼らは、思想のみならず人材育成や人事配分などをも含む総体としての儒教国家体制を〝あるべき〟状態として知悉し、そして自分たちがまさに本来その主体で〝あるべき〟との意識をもつ人々であった。諫奏の称賛者たちは、総じてこの型に該当している。

このように見れば、禁忌に触れるほど儒教色の強い諫奏を上げることは、翰林兼国史院に集うこうした人々の関心を引きやすく、よって彼らの好意的反応を獲得する蓋然性が高い行為であったことが了解される。そして当然このことは、修撰官たるこれらの人々が編述する当代の記録文書のなかに、その諫奏に関する情報が書きこまれる可能性が生ずることをも意味した。自身の崇儒的な諫奏のことが、儒教的観念を以て著録されつつある官撰記録文書のなかで肯定的に記され、そしていずれ編纂される正史のなかに保存されるとすれば、上奏者にとってその価値は小さなものではない。

実際、たとえば李元礼を讃えた程鉅夫が『成宗実録』編纂官の一人であること(92)と、『元史』成宗本紀に李元礼の諫奏のことが記されていること(93)とは無関係ではあるまい。また、当の諫奏のことを除いてはさしたる内容がないにもかかわらず『元史』列伝に李元礼の専伝が立てられ、そこに上呈後の事態についての記事とともに、奏文そのものさえほぼまるごと保存されていることも、それを同じく程鉅夫の存在と関連づけて考えることができるかも知れない。『成宗実録』において、この諫奏のことが奏文そのものをともなうかたちで採録されていた可能性がなくはないからである(94)。少なくとも、のちに『元史』編纂の段階でこれらの収録に責を負うことになる宋濂が、元代当時にあってすでに崇儒的諫奏を賛美するという行動をとる人物であったことは看過すべきではない。

以上のことは、政治的には徒労であるばかりか危険でもあり、奏文そのものとしても矛盾をはらまざるをえない崇仏否定の諫奏を、あえて発しようと決意させる理由の一つたりうるだろう。儒教色の濃厚な奏文は、翰林院系儒者官僚たちから共感を引き出し、彼らによる褒賛文書撰述さえ誘発するものであった。彼らは、漢民族知識人社会における強い影響力の持ち主であり、なおかつ次代へと引き継がれる官撰記録文書を纂録する立場にある人々であった。よって彼らからの称賛は、当然みずからに社会的名望をもたらすものであるとともに、自身の奏文の伝播と保存をも促すものでもあったから、諫奏をあえておこなうことの価値は低くないと見積もられえたのである。

このことを裏づけるように、今回の五人の事例のうち、おそらく皇太后の行動に関するものであったため封奏のかたちをとった李元礼のものを例外として、他の奏文については、それが上呈先以外にも広く知られることを書き手本人が是認していた、と見ることができる。

まず張養浩・蘇天爵の場合、それぞれの文集に問題の奏文が収録されている。張養浩が生前みずから編纂した四十巻本文集は伝わらないが、現行二十八巻本の内容もまた張養浩の編纂方針にもとづくものであったこと、つまり張養浩自身に「時政書」を文集に収録する意志があったことは確認しうる。[95]また『滋渓文稿』は周知のとおり蘇天爵在世中に刊行されているから、彼がその奏文を世に出してよいとしていたことは疑いない。張珪の泰定元年上奏の場合も、その内容は枢密院・御史台など複数機関の官員との合議をもとにしており、なおかつ上呈の際にも宋文瓚をともなっていたほどであるから、奏文のことが広く知られるであろうことは当初から織りこみずみであったはずである。残る鄭介夫がその三次に及んだ上書の奏文を所持しつづけ、退休後も修訂を試みていたことはすでに述べた。当然これは、奏文が人に知られることを前提とした行為でなければならない。これらのことから見て、抑仏諫奏の上呈者たちは、自身の奏文と行為とが政権外部にまで知られ、反響を起こすことを予期していたものであろう。そして先に見たそれぞれへの称賛文は、実際その予期するところが現実となったことを示している。

これまでのことを俯瞰的に見れば、同じく儒士である漢民族の官員たちが、互いに二重の構造をなして抑仏諫奏を含む上奏関連文書を生産していることを看取しうる。まず、監察御史職にあるなど上疏の機会をもった人物が、あるとき崇仏を否定する漢文の奏疏を上呈する。だが皇帝を筆頭とするモンゴル人支配集団は崇仏を善き国家方針として推進しているのであり、よって彼らの上奏は政治的にほとんど意味をもたない。ところがこれらの諫奏文書は、政界にあって文林を形成する名流儒者官僚たちの受けとめるところとなり、彼らによる称賛の文書が生産される。これによって諫奏者およびその奏文は漢民族社会における関心を獲得し、情報の拡散・保存の可能性を高める。そして次に諫奏を試みようとする人物は、みずからの名と奏文がこの流れに乗ることを知っている。

こうして政権の内部にあって儒家知識人たちは、上奏者と称賛者という二種の立場から相互に循環的な言論活動を展開し、元代においても抑仏崇儒を前提とする上奏がなされていた、と、示す文書を積み上げていった。彼らにとってそれが、元もまた儒教理念を戴く国家であった、あるいは少なくともそのようにあるべきことが合意されていた、との言説を送り出す行為にほかならなかったからである。

結語

崇仏こそが正当と既定されていた体制下にあって、およそ意味をなさないはずの崇仏否定の諫奏が、何ものによって、そしてなぜなされたのかについて考えてきた。

これらの諫奏は、漢民族官員のうち儒家知識人であることが明らかな人物によっておこなわれていた。彼らの諫奏は崇仏を「異端」として原理的に否定する深度にまで至っているが、それは、儒教対仏教という二項をそこで設定し、仏教に「異端」性を指摘することによって儒教の「聖」性を表現する論理構成を採ったことに理由があった。

監察御史など中央政界内の人物が上書に及ぶ場合、しばしばそこに崇仏を旨とする権臣グループとの派閥抗争が関係しており、したがってこのような抑仏諫奏は深刻な危険をともなった。なおかつ諫奏の内容そのものも、世祖所定の崇仏体制を批判しようとするため、小さからぬ論理的破綻を含まざるをえなかった。一方、中央政界外部の下級官員が上疏した事例においては、高位のチベット仏教僧に対する批判を含むなど、より実態に沿った直言を見いだすことができるが、それは同時に、この訴えが黙殺されたことを示すものでもあった。

このように、徒労でしかないうえに危険、そして何より、内容や論理のうえでいかにしても矛盾を払拭できずに終わる諫奏が、なぜあえて撰述されたのか。一つには、この種の上奏に鋭敏に反応する漢民族知識人社会のありようがその背景にあった。崇儒の色彩の濃いこれらの諫奏に対しては当代を代表する儒者官僚たちが称賛を表明したため、彼らに由来する名望がもたらされたし、さらには官撰史籍に登載される可能性さえ生じた。つまり、政治的にいかに無意味かつ危険であっても、あるいはそうであるからこそなおさら、みずからが抑仏崇儒的諫奏をあえて発したという事実は、みずからの属する社会集団において高い評価をともなって知られ、記憶される結果につながった。したがって、儒士である官員にとってこの種の諫奏を試みることは、意味のない行為ではなかった。

しかし、では単にこうした社会的評価ゆえに上奏者たちはこのような諫奏を発したかと言えば、それは妥当な理解ではあるまい。世に知られる、青史に残る、という外在的価値は、たしかにその行為を促す効果をもったはずではある。だがまず彼らにとっては、崇儒の観念に則して国家の崇仏を否定する諫奏を発するという自身の決定そのものに、第一義的な意味があったのではないか。人に知られる目算がなくともこのたぐいの諫奏がなされえたことは、李元礼の事例によって推測しうる。あるいは張珪や蘇天爵のように、すでに充分な声望に恵まれた人物がこの種の諫奏を残している事例もある。このように考えれば、元という体制のもとにあって負荷の重いこの言論行為は、むしろその負荷のゆえにこそ、儒士としてあることの自覚と価値とをみずからに確認させる手段として、それ自体が意義をもつものであったと言えるだろう。

以上の結論に至るまでに観察された事項のうち、重要と思われる三点について次に述べる。

第一は、これらの諫奏において災異説への依存が顕著に認められる点である。これは、〝善きこと〟として世祖政権が敷設した崇仏体制を〝善からぬこと〟として否定しようとする矛盾を、災異という超越的な論拠で強引に乗り越えようとしたことの結果である。しかしそれは同時に、もともとは儒教的な世界観のなかで認識されるはずの災異現象が、崇仏事業に関しても見いだされうる、ということを儒士の側がみずから認めたことをも意味する。つまり、チベット仏教僧が主導する崇仏事業に対しても天は感応する、と、これらの諫奏は認めてしまっている。そして、いったん災異説の適用対象となれば、そこに天譴を見て否定するのみで終わるとは限らない。災異は瑞祥と表裏のものである。したがって発言者の立場によっては、まったく逆に、そこに瑞祥を見ることもありうることになる。事実、第三部第三章において見るように、ある種の漢詩文にはほぼ共通して、チベット仏教僧主導の仏教儀礼に際して彩雲などの典型的な瑞祥が発生したとの称賀句が出現する。もともと儒教のものである指標を以てチベット仏教を認めるという奇妙な回路が発生しているわけであるが、抑仏諫奏における災異説の援用は、これときわめて近い位置にある。

第二に、崇仏批判諫奏とこれへの称賛文とが循環的に蓄積されることは、とりもなおさず〝元は儒教国家である〟との言説が蓄積されることであった、という点である。もちろん、これは虚像である。元の崇仏が帝師や宣政院などの制度的裏づけを以て定められた公的な方針である以上、これを否定する諫奏は、単に不穏当であるばかりか、不合理かつ不可解な言論行為にほかならない。実際、これらの諫奏がどれほどの論理矛盾をきたしていたかを、あるいは称賛文のなかで某皇帝は諫奏を嘉納した云々といった虚偽がいかに歴々と述べられていたかを、ここで想起するまでもない。しかしそれにもかかわらず、仏教を「異端」とし、対して「聖」なる儒教を戴くものとして現君主・現政権を描いた奏文と称賛文とが連鎖的に生産され、一つの文書群を形成した。それが虚像であっても、あるいは虚像であればなおさら、ひとしくそれを投射する文書が一定量存在することの影響は小さくない。しかも元が国家方針として崇仏を継続するからには、これへの異議を唱えるこの種の文書もまた延々とその出現の機会を与えられつづけていたことになる。つまり元の崇仏体制は、儒家知識人の側から見れば、〝元は儒教国家である〟〝儒教は「聖」である〟という発言の動機と機会とを持続的に提供する装置として作用している。

第三点は、統治権正当性の説明原理として儒教を見たときの、その強固な独尊的性格である。諫奏であれ、それらへの称賛文であれ、そこには儒教のみを一尊的に戴くことこそが正当な君主・政権の条件であるとの観念が自明かつ普遍的な前提としてまず存在し、諸議論はその先の部分で展開されている。つまり、彼らは儒教イデオロギーを採用することの是を説いているのではない。当然そうであるところの君主・政権が、その道から逸脱していることを諫めているのである。何らかの排他性はあらゆるイデオロギーに共通するものではあろうが、これほどの独尊的な態度があからさまに文書化され、しかもそれが諫奏関連文書すべてに一貫して観察しうることには、注意すべきであろう。これまで見てきた人々が、論理の不整合や架空の描写さえ辞することなく、いわばかなりの無理をおして儒教の「聖」性を訴えねばならなかったことは、宋代の儒教興隆を経て、さらにはいま征服支配を受けるなかで、儒教的観念がいかに漢民族知識人たちへの拘束力を強めていたかを示す一つの事例である。

そしてこれをモンゴル人支配集団の側から見るとき、当然そこには何らかの政策的対応が必要とされざるをえなかったであろうことに気づく。世界征服者たるみずからの統治権は地上のあらゆる教説によって正当化されるべしとするモンゴル人政権にとって、儒教規範のみに限定することこそが「聖」性の条件であるとする儒士たちのこの言論行為は、根本的な矛盾にほかならない。そうであるならば、彼ら儒士たちが示すこの独尊的な態度こそが、中国支配に当たって儒教的制度を一部採用することを決断した世祖以降の政権にとって、これと同時並行的に崇仏体制を構築せざるをえなかった、その理由であったのではないか。ある地域の一教説などに縛られる政権ではないこと、ましてやその価値規範によって正当性の査定を受けるがごとき政権ではないことを、どのようにして儒教エリートたちに表明するか——。この課題を前にした征服支配集団にとって、儒教にとって最も明瞭な「異端」である教説の併用こそが、その確実な手段の一つであったはずだからである。

第二部第二章　注

（1）世祖代末期、仏教者たちが祭祀のため「金銀幣帛」を要請したことに世祖が難色を示していたところ、中書省平章政事の不忽木が、仏は貪らないことを旨としたはずであると述べ、これによって仏教側の要請が却下された。不忽木は成宗代初期においても「西僧」が仏事の際におこなう免囚は「乱法」であると進言した、と記されている（『元史』巻一三〇、不忽木伝）。あるいは英宗代の至治三年（一三二三）、皇帝が仏事を命じたことに対して当時中書省右丞相の職にあった拝住が、財は民が生み出すものであり、その使途に節度がなければ民はその困窮に耐えがたいとする諫奏を上げた。拝住はまた、ある「西方僧」が仏事を修めて免囚すべきであると述べた際にも、それは「金幣」を求めてのことであろうと僧侶を非難するとともに、宰相たる自身の無能ゆえに治世隆盛の志がこのようにして阻まれるとの上言を英宗におこなったと言う（『滋渓文稿』巻二八、題丞相東平忠献王伝）。

（2）第二部第三章第二節（一）参照。

（3）『永楽大典』巻一九四一六―一九四二六、「站」字の項。

（4）『元史』巻三三、文宗本紀、天暦二年正月丁丑条、中書省の上奏。

（5）『元史』巻三八、順帝本紀、元統二年四月乙酉条、中書省の上奏。

（6）『元史』巻三五、文宗本紀、至順二年五月甲辰条。

（7）『永楽大典』巻一九四二五、拘収冗濫執把、大徳二年六月初二日宣政院奏。

（8）『永楽大典』巻一九四二〇、（大徳十年正月）三十日宣政院使沙的・同知宣政院事桑哥答思等奏。

（9）中村淳［二〇一〇年、四五―四八頁］。

（10）稲葉正就［一九六五年、一〇一―一二六頁］。

（11）野上俊静［一九七八年、一二九―一四一頁・二二一―二三九頁］。

（12）「世祖成憲」という表現が、何らかの事柄の妥当性を主張する際の定型句として元代の諸文書に散見する。たとえば、「今上皇帝丕纂聖緒、動遵世祖成憲、於崇儒重道惓惓也。泰定元年春、誕降兪音、国子監立碑如台臣所奏……」（『呉文正集』巻五〇、崇文閣碑）、「今天下郡邑被災者衆、国家経費若此之繁……。宜遵世祖成憲、汰冗濫蚕食之人……」（『歴代名臣奏議』巻三一四、災祥、文宗天暦二年御史中丞史惟良上奏）といったたぐいである。

（13）章培恒・安平秋主編（氷上正・松尾康憲訳）［一九九四年、一〇一―一一〇頁］。

（14）『歴代名臣奏議』（巻二八七、巡幸）にも採録される。『元史』（巻一七六、李元礼伝）も、一部省略してはいるが、この上奏文を載せる。

（15）元代の五台山におけるチベット仏教の隆盛については、趙改萍［二〇〇九年、一二六―一三五頁］参照。

（16）「五台山仏寺成、皇太后将親往祈祝、監察御史李元礼上封事止之」（『元史』巻一九、成宗本紀、大徳元年三月庚寅条）。

（17）藤島建樹［一九七五年、一七四―一七七頁］。

（18）李元礼の上奏を擁護した崇儒派の不忽木、および上奏当時の李元礼の上官にあたる御史中丞の崔彧が、桑哥に敵対した人物であることはよく知られている。また、前掲注（1）で述べたように、至治年間には中書右丞相の拝住が英宗の仏事を諫止しているが、ここには彼と鉄木迭児一派との抗争［蕭功秦、二〇〇三年、二七九―二八〇頁］が絡んでいたと見られる。元末には孛羅帖木児が「西番僧人好事」の禁止を請願しており（『元史』巻四六、順帝本紀、至正二十四年八月是月条）、おそらくこれも彼の政敵であった察罕帖木児の一派に宣政院使の搠思監がいた［藤島建樹、一九七五年、一七三頁］ことと無関係ではあるまい。

（19）たとえば、のちの至治元年（一三二一）、寿安山における仏寺建立に対して監察御史四名が抑止の諫奏を上げたところ、英宗は激怒し、四名のうち二名を誅殺、残る二名を杖刑・配流に処した。この処断は鉄木迭児一派の圧力による。このときの奏文自体は残されていないが、四名のうち二名は非漢民族であることから見て、おそらくは単に造寺を諫止するのみの通例的な上奏であったものだろう。それでもひとたび権力闘争に利用されるや、抑仏的要素をもつ上疏は、このように苛烈な結果を招きえた。内容の軽重にかかわらず、きわめて危険な諫奏であったと言える。この「四御史」諫奏の事件については、以下を参照。『元史』巻二七、英宗本紀、至治元年二月丁巳条・巻二九、泰定帝本紀、至治三年十二月己未条・泰定元年正月丙辰条・泰定二年正月乙未条・巻一二四、塔本伝附鎖咬児哈的迷失伝・巻一七七、張思明伝。『至正集』巻七四、公移、言監察御史李謙亨等量移・巻七七、公移、正始十事。『呉礼部文集』巻一、至治四御史詩成憲甫廉使徴賦。

（20）元統三年刊刻二十八巻本『張文忠公文集』を底本とした校定テキスト（李鳴・馬振奎校点『張養浩集』長春、吉林文史出版社、二〇〇八年）を用いる。

（21）李鳴飛［二〇〇八年、一七頁］。ただしこのときの尚書省成立をどの時点と見るかについては、設置建議の通過・人事決定・条画の全国発布など一連の手続きのどれをとるかによって、至大二年の「七月」［周良霄・顧菊英、一九九三年、五八九頁］、「八月」［藤島建樹、一九七五年、一五五頁］など、少しく見解が分かれる。

（22）張起巌「大元勅賜故西台御史中丞贈攄誠宣恵功臣栄禄大夫陝西等処行中書省平章政事柱国追封浜国公謚文忠張公神道碑銘」（『張文忠公文集』附録）。

（23）藤島建樹［一九七五年、一五五―一五六頁］。『元史』巻二三、武宗本紀、至大二年八月癸丑条・己未条・九月癸未条・十一月丁酉条。

（24）尚書省設置を機軸とする武宗代の政治改革に対して、理財をよしとしない儒臣たちが一貫して批判を加えていること、しかしながらこの改革が当時にあって相応の合理性をもったものであったことは、しばしば説かれるところである。なかでも李鳴飛［二〇〇八年、二八頁］は、張養浩の「時政書」を取り上げ、その批判には実態に照らして矛盾する部分が少なくないことを具体的に指摘している。

（25）第九綱目以外にも、同奏議中には国家の崇仏事業について批判する議論を見いだせる。たとえば第五綱目「土木太盛」では、中都の「南寺」、および「五台」における仏寺の建立・重修事業を論難し、第七綱目「倖門太多」では、諸王駙馬の庇護のもとで専横をきわめる「無頼之徒」のたぐいとして「淫僧邪巫」を挙げている。

（26）「至元二十八年十月初八日、宣政院官奏奉聖旨節該。有媳婦的和尚有呵、宣政院官人分揀者。……種田呵、種納的数目、俺根底説者。道来。欽此」（『元典章』典章三三、礼部巻六、和尚不許妻室）などを指すものであろう。

（27）中村淳［一九九九年、六七頁］。

（28）野上俊静［一九七八年、二八五―二九七頁］。

（29）竺沙雅章［二〇〇〇年、二二〇―二二四頁］。

（30）後述の泰定元年上奏において、国家仏事のことを批判したあと、末端官属冗員問題・馬政問題・辺防問題などの各綱目を論じ、そののちに「僧道出家……往往畜妻子……」として妻帯僧侶の問題を取り上げている（『元史』巻一七五、張珪伝）。

（31）『元史』（巻二二）武宗本紀、至大元年十一月辛巳条に、「以銀七百五十両・鈔二千二百錠・幣帛三百匹施昊天寺、為水陸大会」と見える。ただし仏事から火災まで一年ほど時間が空いているから、そのあとまた同様の仏事が同寺で執行されたかも知れず、張養浩が念頭に置いていたものがこの仏事そのものであったか否かを決定することは困難である。とはいえ張養浩に天譴を読みとらせたものが、近い時期に武宗政権によってこの寺で営まれた仏事であったことは間違いあるまい。

（32）ただし、昊天寺では世祖が仏事をおこなっている。つまり、張養浩にはいささか気の毒ながら、武宗政権は世祖の典範に従って同寺での仏事を挙行していたことになる。しかも「作仏事於昊天寺七昼夜、賜銀万五千両」（『元史』巻五、世祖本紀、中統三年十二月戊寅条）とあるから、銀の施与額のみで見れば、世祖政権によるもののほうがはるかに盛大である。また、至大元年の同寺仏事における「七百五十両」という少々半端な賜銀の額は、この中統三年の「賜銀万五千両」のちょうど二十分の一に当たる。これが偶然でないとすれば、武宗政権は世祖政権による先例を踏まえて昊天寺仏事を企画している可能性があるだろう。

（33）『元史』巻一七五、張珪伝。なお、『元史』（巻二九）泰定帝本紀の泰定元年六月庚申条に、この上奏を指すと見られる張珪の上疏についての記事が見える。ただしそこでは、仏事や都功徳使司についての批判がその提訴項目の一つであったことは省略されている。この本紀記事のありようには、注意をはらうべきである。第二部第三章注（21）参照。

（34）張珪は宋の遺臣であった鄧光薦を師としている（『元史』巻一七五、張珪伝・『宋元学案』巻八八、巽斎学案、鄧氏門人、承旨張澹庵先生珪）。またこの上奏の数カ月前に太子や諸王大臣子弟のための経筵が開かれることとなったとき、呉澄や鄧文原らとともに張珪も進講官に任命されている（『元史』巻二九、泰定帝本紀、泰定元年二月甲戌条）。

（35）『元史』張珪伝はこのときの宋文瓚を「左右司員外郎」と記すが、『誠意伯文集』（巻八、前江淮都転運塩使宋公政績記）には「左司員外郎」と見える。なお、宋文瓚のこの政績記には次のような逸話が記されている。至治年間、浙西のある人物が、中央の「権貴」におもねるために不当に田地を国家に献納しようとした。ときの「執政者」がこれに応じて官幣を動かし、なおかつ土地を「普慶僧寺」の寺領とすべく「宣政院官」を送りこんできた。ここに及んで浙西は騒然となったが、策謀者たちの「威猛」を憚って誰もが逆らえずにいた。ところが、このとき浙西道粛政廉訪司に在任していた宋文瓚が敢然とこれに抵抗し、不正の摘発に動いた。当然「執政、大いに怒り」、内外の人々は「驚駭」したが、宋文瓚自身は恐れるところがなかったと言う。この「普慶僧寺」は国家寺院の一つである大承華普慶寺（『元史』巻八七、百官志、崇祥総管府）、「執政者」は至治元年に二度目の宣政院使兼任を拝命していた鉄木迭児［藤島建樹、一九七五年、一五六―一五七頁］、ないしその一派の人物であった疑いが濃いだろう。いずれにせよ張珪は、下僚のなかでもこうした反仏教勢力的・反宣政院的な行政経験をもつ宋文瓚を従えて、泰定元年の上奏を奉呈したわけである。

（36）『歴代名臣奏議』（巻三一四、災祥）にも同文が載る。

（37）野上俊静［一九七八年、一三六頁］。

（38）当該上奏のうち、仏事に関する綱目に先だつ部分に、「臣等議、宜遵世祖成憲」「凡事悉遵世祖成憲」の記述が見える（『元史』巻一七五、張珪伝）。

（39）これが何に拠った数値であるかは分からない。たとえば『元史』世祖本紀は、至元二十二年から至元三十年までの各年末尾の一条でそれぞれ当年の仏事挙行回数を示すが、それらにおいては最多の年でも年間七十二会と見えるにとどまる。第二部第三章〈表1〉参照。

（40）世祖死没の直後に成宗政権はいったん都功徳使司を廃止し、その後「大徳七年」にこれを復活させた［野上俊静、一九七八年、一三〇―一三二頁］。

（41）『元史』巻二〇、成宗本紀、大徳三年正月己丑条。ただし、のちに成宗も災異を理由とする賑恤に同意し、この説に歩み寄りを示したことが記録されている（同前、大徳六年十二月辛酉条・巻二一、大徳八年正月己未条）。ひとまずそのような態度を示すことが有用と見てのことであろうか。あるいは、もはや積極的な反発を繰りかえすことに倦んだモンゴル人君主の姿を、ついに理解に至ったものとして漢文史官が記したものであろうか。

（42）「夏四月……辛未、月食既。……庚辰、以風烈・月食・地震、手詔戒飭百官」（『元史』巻二九、泰定帝本紀、泰定元年四月）。

（43）泰定帝政権の人的構成・性格については、周良霄・顧菊英［一九九三年、五九七―五九九頁］・朱耀廷［二〇〇七年、二二〇―二二一頁］・楊訥［二〇一二年、三三―三八頁］を参照。鉄失一派が粛清されたのち、旭邁傑や倒剌沙らを中心とする政権運営がなされたとされている。

（44）「五月丁亥、監察御史董鵬南・劉潜・辺笥・慕完・沙班以災異上言……。壬辰、御史台臣禿忽魯・紐沢以御史言、災異屢見、宰相宜避位以応天変……。丞相旭邁傑・倒剌沙言、比者災異……罪在臣等、所当退黜、諸臣何罪」（『元史』巻二九、泰定帝本紀、泰定元年五月）。

（45）泰定帝政権下においては、以後も災異が政治的懸案事項として取り沙汰された。その過程で、本章で見た論者たちと同種の上奏を、他の儒者官僚もおこなっていた形跡がある。たとえば、詳細は不明ながら、曹元用の伝に「（泰定）三年夏、帝以日食・地震・星変、詔議所以弭災者、元用謂、応天以実不以文、修徳明政、応天之実也。宜撙浮費、節財用、選守令、恤貧民、厳禋祀、汰仏事、止造作以紓民力、慎賞罰以示勧懲。皆切中時弊」（『元史』巻一七二、曹元用伝）と見える。曹元用のこの上奏については、次章においてふたたび触れる。

（46）野上俊静［一九七八年、一三八頁］。

（47）第二部第三章〈表1〉〈表2〉参照。

（48）野上俊静［一九七八年、一三八―一三九頁］。泰定三年（一三二六）八月にいったん廃止された都功徳使司が、天暦二年（一三二九）十一月にふたたび廃止されていること、すなわちこの三年のあいだにいったん復置されていることによる。これについて野上は、泰定帝の死後に復立されたのではないかと推測している。たしかにそのように考えることが自然であろう。とはいえその根拠たりうる材料は見いだしえないから、泰定帝代のうちに復置された可能性を捨象しうるわけではない。野上はまた、この天暦二年の廃止ののち至順三年（一三三二）には都功徳使司がまたもや復活していること、その後は元代をとおして存在したと見られることを述べている。

（49）『宋元学案』巻九一、静修学案。

（50）『滋渓文稿』序（趙汸撰）・『宋元学案』巻九二、草廬学案。

（51）『滋渓文稿』跋（馬祖常撰）。

（52）『元史』巻一八三、蘇天爵伝。

（53）蘇天爵は、ある「西方僧」が「災異」を理由に「宜大修仏事、釈囚徒」と皇帝に働きかけていたことを、英宗代至治三年（一三二三）

の逸話として書きとめている（『滋渓文稿』巻二八、題丞相東平忠献王伝）。免囚を挙げていることから見て、これはチベット仏教僧かも知れない。いずれにせよこの色目人僧は、仏事・免囚を執行することによって君主は天から承認をとりつけることができる、と述べていたことになる。本来、君主の治績に対する天の査定であり、その意味で君主権力を掣肘する装置たりえていた儒教の災異説が、仏教側によってその刺を抜かれようとしていたこと、そしてこれに天爵が注意をはらっていたことが分かる。「災異建白十事」とした天爵の上奏は、このような動きに対する危機感を背景に負っていたのではないか。

（54）この奏議は『歴代名臣奏議』（巻三一四、災祥）にも収録されている。

（55）藤島建樹［一九七五年、一六三頁］。

（56）李鳴飛・張帆［二〇〇九年・二〇一一年］。

（57）鄭介夫の上奏の一部は『荊川先生右編』（巻三六）にも採録されている。『歴代名臣奏議』所収テキストとは少しく文字の異同がある。

（58）元の法制においては「土鉢（チベット）和尚」が「紅衣服」を着用するものとされ、これを「漢児和尚」が身につけた場合は罪に問われた（『通制条格』巻二九、漢僧紅衣）。

（59）李鳴飛・張帆［二〇一一年、一一二―一一三頁］。この推定は、鄭介夫が大徳四年にケシクに任官したのち、大徳七年末ないし八年初頭のころまで在京していたらしい点から導き出されている。たしかにこの期間における帝師襲替は五代タクパウーセルから六代ジャムヤンリンチェンギェンツェンへの一回のみである［稲葉正就、一九六五年、一二四―一二九頁］から妥当な推定である。とはいえケシク入署以前の鄭介夫についての情報は甚少であり、彼が大徳四年以前には京師に在住していなかったと断定しうるわけではない。したがって、たとえば至元十九年（一二八二）に彼がすでに在京していたとすれば、当時わずか十五歳であった三代帝師の就任［稲葉正就、同前、一一六―一一八頁］を見た可能性が生じ、その場合は奏文中の「小帝師」も、ある程度の事実を踏まえた表現であることになる。しかし李・張［二〇一一年、一一二頁］によれば、鄭介夫の生年はおそらく至元二年（一二六五）から至元十二年のあいだではないかと言う。そうであるとすれば至元十九年当時は十八歳から八歳のあいだであり、なおかつ南人であることから見て、彼がこの時期すでに在京した可能性はさして高いとは思われない。よって奏文中の「小帝師」は、やはり壮年の六代帝師を指したものであり、したがって侮蔑を意図した表現と読むべきであろう。

（60）稲葉正就［一九六五年、一二八―一二九頁］が示した就任年次・出生年次による。

（61）たとえば『紅史』サキャ派の条は、複数のクン氏出身者が国師 gu shrī や国公 guï gung の称号を与えられたことを具体的人名とともに記す（Tshal pa Kun dga' rdo rje, *Deb ther dmar po*, with the commentary by Dung dkar blo bzang 'phyin las, Pe cin: Mi rigs dpe skrun

（62）khang, 1981, pp.49-52)。
（63）『元史』巻二四、仁宗本紀、至大四年五月癸未条・皇慶元年十月甲子条。
（64）雷州路儒学教授は典型的な地遠官卑の職ではあるが、鄭介夫の経歴から見れば、これへの任官は破格の厚遇であったとされる［李鳴飛・張帆、二〇一一年、一一〇―一一一頁］。
（65）李鳴飛・張帆［二〇一一年、一一九―一二〇頁］。
（66）李鳴飛・張帆［二〇〇九年、三九八―三九九頁］。
（66）李鳴飛・張帆［二〇一一年、一〇九頁］。
（67）李鳴飛・張帆［二〇〇九年、三九九頁］。
（68）明代に入ってのち、崇儒を掲げたこれら上奏に対して褒賛的反応があったことは当然のことであろう。本章で取り上げた五人の上奏のうち、張養浩の奏文を除くすべてが『歴代名臣奏議』に収録されていることも、その一例である。
（69）『金華黄先生文集』巻八、故陝西諸道行御史台御史中丞贈攄誠宣恵功臣栄禄大夫陝西等処行中書省平章政事柱国追封浜国公謚文忠張公祠堂碑。
（70）『張文忠公文集』附録、大元勅賜故西台御史中丞贈攄誠宣恵功臣栄禄大夫陝西等処行中書省平章政事柱国追封浜国公謚文忠張公神道碑銘。
（71）『呉礼部文集』巻一五、張文忠公雲荘家集序。
（72）『呉文正集』巻九〇、封張蔡国公制。
（73）袁冀［一九七八年、八六―八九頁］。
（74）『張文忠公文集』巻八、哭張澹庵平章。
（75）『道園類稿』巻四六、中書平章（政事蔡国）張公墓誌銘。
（76）『元史』巻一九〇、儒学伝、陳旅。
（77）李鳴飛・張帆［二〇一一年、一〇九頁］。同書の版本については複雑な問題があるものの、鄭介夫奏文に関する記述は大徳十一年初刊版に存するとされている。なお、同書については仝建平［二〇一一年］も参照。
（78）李鳴飛・張帆［二〇一一年、九九―一〇〇頁・一一七―一一八頁］。
（79）『元史』（巻一八一）掲傒斯伝に見える李孟や王約による評価を参照。
（80）『掲文安公全集』（李夢生標校『掲傒斯全集』上海、上海古籍出版社、二〇一二年）詩集巻八、送鄭司獄帰衢州却赴調京師。

（81）『五峰集』巻一〇、次鄭以吾清明韻。
（82）李鳴飛・張帆［二〇一一年、一〇〇—一〇二頁］。
（83）以上、李孝光については『元史』（巻一九〇、儒学伝、李孝光）に拠る。
（84）後至元への改元は同年十一月である（『元史』巻三八、順帝本紀、後至元元年十一月辛丑条）から、六月時点では元統三年であった。のちに改めたものか。
（85）羅月霞主編『宋濂全集』（杭州、浙江古籍出版社、一九九九年）所収。ただし引用中の一部の文字は、文淵閣四庫全書本『文憲集』（巻一二）および四部備要所収拠嘉慶厳栄校刻本排印『宋文憲公全集』（巻四五）に収録される「題太平策後」に従う。
（86）すでに李鳴飛・張帆［二〇一一年、一一一頁］が指摘しているように、従八品でしかない地方の儒学教授任官の命を皇帝が直接くだすとは考えにくい。もちろん宋濂は、そのことを踏まえたうえで、なおかつ読み手の側も当然これを美辞と解するであろうことを前提として、あくまでも褒顕のためにこのように書いているはずである。
（87）鄭介夫上奏のうち、儲嗣・厚俗・定律の綱目（『歴代名臣奏議』巻六七）。
（88）鄭介夫上奏のうち、厚俗の綱目（『歴代名臣奏議』巻六七）。
（89）これらの人物について『元儒考略』『宋元学案』『宋元学案補遺』（それぞれ『考略』『学案』『補遺』と略記）が記載するところの巻を示す。なお『学案』に記載がある者については『補遺』にも記載があるが、これを省く。虞集、『考略』巻三・『学案』巻九二。程鉅夫、『学案』巻八三。黄溍、『考略』巻四・『学案』巻七〇。張起巌、『補遺』巻四。呉師道、『考略』巻三・『学案』巻八二。呉澄、『考略』巻三・『学案』巻九二。陳旅、『考略』巻三・『学案』巻九二。掲傒斯、『考略』巻四・『学案』巻八三。李孝光、『考略』巻三・『学案』巻八二。宋濂、『学案』巻八二。蘇天爵、『学案』巻九一。張養浩、『補遺』別附、巻三。
（90）以下、『元史』（宋濂のみ『明史』）所収の各人の伝から、翰林兼国史院の官職任官を伝える記載を挙げる。その時期も付記するが、当該伝記においてそれが明らかにならない場合は、その他の史料によって補っている。虞集（巻一八一）は仁宗代に「除翰林待制、兼国史院編修官」、泰定帝代に「拝翰林直学士」。程鉅夫（巻一七二）は世祖代に「為応奉翰林文字」「進翰林修撰」「加翰林集賢（直）学士」、成宗代に「拝翰林学士」、仁宗代に「為翰林学士承旨」。黄溍（巻一八一）は文宗代に「為応奉翰林文字・同知制誥、兼国史院編修官」、順帝代に「除翰林直学士・知制誥同修国史」「陞侍講学士・知制誥同修国史・同知経筵事」。張起巌（巻一八二）は順帝代に「遷翰林侍講学士・知制誥兼修国史」「拝翰林学士承旨・知制誥兼修国史・知経筵事」。呉澄（巻一七一）は英宗代に「遷翰林学士」。陳旅（巻一九〇）は順帝代に「為応奉翰林文字」。掲傒斯（巻一八一）は仁宗代に「授翰林国史院編修官」「升応奉翰林文字、仍兼編修」、順帝代に「遷

翰林待制」「改翰林直学士」「陞侍講学士・同知経筵事」。宋濂（『明史』巻一二八）は順帝代に「授翰林編修」。蘇天爵（巻一八三）は泰定帝代に「改翰林国史院典籍官、陞応奉翰林文字」、順帝代に「遷翰林待制」。張養浩（巻一七五）は武宗代に「除翰林待制」「遷翰林直学士」。

（91）呉師道は順帝代に「国子助教」「（国子）博士」に任じられ（『元史』巻一九〇、儒学伝、呉師道・『呉礼部文集』附録、元故礼部郎中呉君墓表（張枢撰））、李孝光も順帝代に「以秘書監著作郎召」「陞文林郎・秘書監丞」であったと言う（『元史』同前、李孝光）。前注で挙げた虞集たち翰林院任官経験者も、しばしば国子学や秘書監の職を経ている。同じく文書・文教担当官僚として、呉師道・李孝光は彼らと近い位置にあったと見てよい。

（92）邱樹森［一九八七年、五六頁］。以下、元代の各実録の編纂官に関しては、これに拠る。

（93）『元史』巻一九、成宗本紀、大徳元年三月庚寅条。諫奏がおこなわれたのは元貞二年であるから、翌年の記事として載っていることになる。この一年のずれは、大徳元年三月庚寅条が五台山仏寺竣工を記したものであり、これに付記するかたちで李元礼の諫奏のことが記されていることによる。なお、張養浩の上奏についても、今回取り上げた「時政書」ののちの上奏のことではあるが、『元史』本紀（巻二七、英宗本紀、至治元年正月丁亥条）が記している。また張珪の泰定元年上奏についても、仏事に関する部分を省略するかたちではあるものの、『元史』本紀（巻二九、泰定帝本紀、泰定元年六月庚申条）が短く記している。呉澄が編纂に加わっていた『英宗実録』、および張起巌が加わっていた『泰定帝実録』に、これらの記録があったものであろう。他方、順帝代の蘇天爵の上奏については、『元史』順帝本紀に記事が見えない。これは、順帝の実録が編まれなかったことと関係するかも知れない。そうであるとすればこのことも、翰林兼国史院の儒者官僚たちがこの種の上奏に関する情報を保存する役割を担っていたことを裏面から示唆する材料と言える。

（94）明実録を見るかぎり、奏文そのものが実録に収録されることは充分にありうる。たとえば洪武九年（一三七六）、「災異」ありとして「直言」を募る詔勅が出される事態が起きたことを『明太祖実録』（巻一〇九）洪武九年閏九月庚寅条が記している。そして同実録は十六日後の丙午条において、淮安府海州儒学正であった曽秉正なる人物が詔勅に応じて提出した奏文を、かなりの分量で、つまりおそらく奏文の原型をとどめるかたちで、収録している。また、この奏文の直後には「上嘉之」と見え、洪武帝がこれを評価したとの記事として実録に採られていることが分かる。『元史』李元礼伝が、問題の上奏文を載せたのち、成宗がそれを理解したとの記事を置くことは、この明実録記事の体裁とよく似る。以上のことから推して、李元礼の上奏に関する記事が、奏文を含むかたちで『成宗実録』に採録されていた可能性はなくはあるまい。

（95）我々が今回それを用いたように、張養浩が天暦二年（一三二九）に死没したのち元統三年（後至元元年）一三三五）に子の張引が刊行した二十八巻本『張文忠公文集』（前掲、李鳴・馬振奎校点『張養浩集』）には「時政書」が収録されている。そして孛朮魯翀によるこの二十八巻本の序文（「張文忠公帰田類稿序」）によれば、張引が序文を依頼するため持参したものが「公（張養浩）の輯むる所の帰田類稿二十八巻」であったと言うから、この書は張養浩自身が決定した内容をそのまま踏襲したものであったと見てよい。なお、文淵閣四庫全書の二十二巻本『帰田類稿』では翀の序文の当該部分が「三十八巻」と見えるが、いま二十八巻校点本では同箇所が「二十八巻」とあり、孛朮魯翀の序文がほかならぬこの元刊二十八巻本に寄せられたものであることが確認される。

第三章　否定：「元之天下、半亡於僧」の原像
――国家仏事に関する元代漢民族史官の記事採録様態

序言

元代、治下にあった漢民族社会は、帝室主導にかかる政権のチベット仏教尊崇に対して様々な反応を示した。中国在来のそれとは明らかに異質であったとはいえ、同じく仏教という既知の枠組みに属するチベット仏教は、十分に漢民族の認知と関心の対象たりえた。またこれまで見てきたように、チベット仏教導入に当たっては、これと儒教的要素とを接触させる場面を政権が随所に設定していた。ゆえに、漢民族社会はいわば不可避的にこの新来の仏教に反応せざるをえなかった。

彼らの反応の痕跡は、たとえば楊璉真伽の事件のように広汎な世論のかたちで史料上に残る場合もなくはないが、しかしより一般的には、識字階層のある者が示した個別的反応のかたちで残存する。本書第三部において見るように、漢民族の知識人、とくに政権に参加した知識人たちの言説のなかには、モンゴル人王侯が尊奉するこの仏教に向けての肯定的な反応をうかがわせるものも実は少なくない。しかしその一方、当然のことながら、否定的な反応

を伝える文書もまた容易に見いだすことができる。前章で取り上げたような諫奏のかたちで、あるいはある人物の伝記的情報のかたちで(1)、チベット仏教寵遇のありように対する否定的な言説はしばしば発出されている。しかし、否定的方向をもつ漢民族社会の反応の痕跡は、これら直接的に否定の意味を発する文書の範囲にとどまらないのではないか。

本章では、『元史』に残された国家仏事関連記事をとおし、元代の漢民族知識階層、なかでもとくに政権内の漢文史官たちが、皇帝以下モンゴル人支配集団の主導によって自政権が推進するチベット仏教奉戴事業を、基本的にどのような事柄であるとして記していたかを考える。もちろん『元史』は明初の編纂物に過ぎない。また、『元史』に散在する仏事関連記事のなかには、特定の主張・見解を示すことなく、単に仏事の実施を伝えるのみのものも少なくない。しかし実録等を原典とするこの編纂物に、元代の書き手たちの反応を映しだす材料を見いだすことがまったく不可能ではないかも知れない。また、一見したところ何ら評価を含まない〝事実〟記録であっても、もとよりその〝事実〟なるものが書き手たちの事象認知と撰文を経て形成された産物にほかならないのであるから、そこには記録者たちの反応が、いわゆるバイアスのかたちで残っているかも知れない。

おそらく結果的に、『元史』のなかで仏事に関する〝事実〟を淡々と提示して見せる諸記事は、縷々理由を挙げて仏事の非を糾弾した批判言説よりも、むしろ深刻な否定的反応を物語る材料として立ち現れることになるだろう。なぜなら、そこに描かれた〝事実〟が、「一代の治体」に関わる「濫」たる「仏事」（『元史』巻二〇二、釈老伝）を抑制しようと心をくだきつつ、結局はこの崇仏行為に流されていく皇帝以下政権の姿であったからである。

第一節　課題の設定

（一）題材――『元史』仏事関連記事

元の皇帝権力が仏教を、とくにチベット仏教を崇奉したことは、およそ疑う余地のない事象として我々を含む後人の理解のなかに根付いている。しかし序章において述べたように、チベット仏教が他の宗教をしのぐ尊崇対象であると言明した皇帝自身による文書があるわけではないし、むしろ諸種の史料を総合すれば、世祖以降の皇帝たちもまた、キリスト教や道教など周辺にむらがるあらゆる宗教に対して憲宗以前の諸帝と同様に好意を示し、それぞれの儀礼をおこなわせることに熱心であった状況が浮上する。そして、宗教に対するこうした多対応的な姿勢こそが総体的に見て元の君主権力の本質的特性であった、すなわち、その時々の状況に応じて「異なる上着をまとうように」それぞれの宗教が提供する神聖君主像をみなみずからのものとし、以て複数の統治権正当化原理を自在に駆使しようとする政治戦略がそこにあった、との総括がすでになされていることも序章で述べたとおりである。だがそれにもかかわらず我々は、やはりそのなかにあってもチベット仏教こそが突出した尊崇を元の皇帝たちからかちえていたのではないか、という疑いから逃れることが難しい。

我々をこの疑いに導く大きな要因の一つが、『元史』の存在であることは疑いない。ことさら釈老伝を立て、官員や民に乱暴狼藉を働きつつも恩赦に与かるチベット仏教僧をそこに描き、あるいはチベット仏教僧を殴ったり罵ったりした民は手や舌を切るという法令があわや発布されんとした顚末を伝えるなど[2]、その印象はあまりにも深い。道・仏の専伝が設けられたこと自体、『魏書』釈老志以来となる異例の体裁であり、さらにそこにチベット仏教僧たちによる侠客まがいの活劇や、彼らの横恣の裏づけとなっている帝室の尊信ぶりが描写されているとあっては、その影響からはいかんとも免れがたい。

もっとも『元史』中のチベット仏教関連記事が、みなこのように否定的な意味内容を発しているわけではない。『元史』全体として見れば、仏教関連官衙の重畳的配置・帝師の設定・国費による仏寺の運営などの崇仏的施策が、制度面の情報として淡々と記されるに過ぎない場合が多い。崇仏に対して概して批判的な釈老伝それ自体のなかでさえ、訳業で活躍したチベット仏教僧や、国字を作成したパクパのことなど、とくだんの価値評価をともなわない、むしろ読みようによっては肯定的な印象をもたらす情報が盛りこまれてもいる。

しかしこうしたなかにあって、国家が執行する仏事に関連する『元史』の諸記事は、それが望ましからぬ事象であるとの価値評価を顕著に含み、その結果、一つの特異な言説群を形成することとなっている。記事の件数そのものが少なくなく、言及範囲が元代ほぼ全期に分布するという点においても、政権の崇仏活動に対する書き手の否定的反応を安定的に伝える材料であると言ってよい。

『元史』中の仏事関連記事が仏事を悪しき事象として記述する際の主要な論点は、その頻度と支出の過剰が国家財政にもたらす負担の側面である。この点を取り上げた批難としてよく知られるものは、前章でも見た張珪らによる泰定元年（一三二四）諫奏の次の部分であろう。

> 且《しばら》く至元三十年を以て之を言わば、醮祠仏事の目は百有二に止む。大徳七年、再び功徳使司を立つるや、積もりて五百有余たり。今年一たび其の目を増さば、明年即ち指して例と為し、已に倍すること四の上たり。……歳用の鈔は数えて千万錠、至元の間に数倍す。……比年、仏事愈《いよいよ》繁きも、累朝の国を享《う》くること永からず、災を致《まね》くこと愈速し。事に応験無きこと、断じて知る可し。（『元史』巻一七五、張珪伝）

ここに見える「功徳使司」（都功徳使司）は、仏事などの修功徳事業に当たる専門官衙として、世祖政権が至元十七年（一二八〇）に設けた機関である。[3] 崇仏的国家機関としてはすでに総制院（至元二十五年以降、宣政院）が存在していたが、これとはまた別に、より実務的な崇仏事業執行機関として置かれたとされる。しかも奇妙なことに世祖政権は、至元二十一年（一二八四）、仏事執行のためのものとして延慶司なる官署も設置している。職掌が重複する二機関が存在していたわけであり、それゆえそののち改廃や統合が試みられたらしいが、結局のところ延祐年間以降、同じく仏事を扱うこれら二つの官署が併存するかたちでおおむね維持されたと見られている。

担当機関がこれほどまでに手厚く配置されているからには、結果として仏事が増加の傾向をたどったことは不思議ではない。そして何より、その仏事が国費を以て公的機関が執行するという意味で文字どおりの国家仏事であった点、またそのことがこの官制体系によって明らかすぎるほど明らかであった点こそが、元の国家仏事の特徴であり、それに関する言説を容易に発出させることになる実質的な基盤であったと言える。

仏事への批判のなかで主要な位置を占めたいま一つの論点は、仏事に際して囚人の赦免がおこなわれたことに対して設定されていた。仏教側の論理においては、免囚も修功徳の善行であったわけであるが、『元史』は一貫してこれを弊事として描く。実際のところその免囚はしばしば僧侶の利殖行為と絡んでいたため、否定的なかたちでこれを認識・叙述することは必ずしも不合理ではなかった。しかもこの免囚批判にあっては、たとえば、

> 西僧の歳ごとに仏事を作すに至りては、或いは恣意に囚を縦《はな》ちて以て其の奸宄を售《う》り、善良なる者をして暗唖に恨みを飲ましめ、識者をして之を病《うれ》えしむ。(『元史』巻一〇二、刑法志)

とあるように、「西僧」、すなわちチベット仏教僧を名指しで批判することが少なくない。あるいは、色目人でありながら崇儒抑仏の立場をとった不忽木の伝記のなかで、

> 西僧の仏事を為すや、罪人を釈《ゆる》して祈福せんことを請う。之を禿魯麻と謂う。豪民にして法を犯せる者は皆な之に賄賂して以て免れんことを求む。主を殺し、夫を殺す者の有るに、西僧、被《き》るに帝后の御服を以てするを請い、黄犢に乗りて宮門に出でて之を釈し、福を得る可しと云う。不忽木曰わく、人倫は王政の本、風化の基なり。豈に其の法を乱すこと是くの如きを容る可きやと。(『元史』巻一三〇、不忽木伝)

と記すものも同様の一例である。修功徳のためとする免囚の背後で「賄賂」の授受がなされていた、と記述している。「禿魯麻 gtor ma」(供物)というチベット語や、「西僧」という呼称を記すことによって、これらの行為の主体はチベット仏教僧であると特定してもいる。さらにはこうした事態の背景に、「福を得」んとする「帝后」の「西僧」

への厚い尊信があったことをも述べており、帝室のチベット仏教尊崇に対する批判さえ表出する記事となっている。

以上のように『元史』中の仏事関連記事は、国家を疲弊させる元凶として仏事を描く傾向が著しく、なかでもとくにチベット仏教優遇への否定的反応をしばしば露出させる。耳目がとらえる外界を儒教的な分節様式によって認知していく過程を、つまりは標準的な元・明代漢民族知識人における事象認知のありようを示す言説群と見てよいだろう。こうした『元史』をそのまま読めば、「天下生霊」のために仏事を挙行しているのだ、とする皇帝の言葉（『元史』巻四三、順帝本紀、至正十四年正月丁丑条）などは、もはや暗愚な君主の妄言としてしか意味をなさない。

一方、仏事を挙行する側の人々は、同じ事象を眼前にしたとき、彼らとはまったく異なる認知をおこなっていたはずである。彼らが体験している世界においては、仏事によって光輝に満ちた安寧が世にもたらされるという仏教側の条理こそが掛け値なしの〝事実〟であり、事実このかたちの〝善き事実〟が、蔵文・蒙文文書(4)のみならず仏教者の編んだ漢文文書(5)のなかに記されてもいる。

しかし『元史』の仏事関連記事は、一連の〝悪しき事実〟を後代に提供しつづけ、そして我々はおそらく、仏教側文書のバイアスを即座に弁別するほどには、『元史』の儒教的なバイアス、すなわち反仏教的なバイアスに対して弁別をかけることができない。純然たる宗教である仏教の側が出した文書に比較すれば、儒家の側の文書には党派性を感知しにくいこともあろう。そもそも政治的事象に関する漢文文書の語彙――たとえば前記不忽木伝のなかで言えば「王政」「法」といった言葉――が基本的には儒教的観念によって裏打ちされているのであるから、儒家の視点を完全に払拭してこれらの文書を読むことが原理的にほぼ不可能であるという事由もある。

だが、仏教側の文書が仏教的世界観の所産であるのと同様に、『元史』もまた、儒教的な枠組みに支えられた事象認知の結果であることに変わりはない。したがって『元史』中の仏教関連記事、なかでも仏事関連記事が一見いかに〝客観的〟に〝事実〟を伝えるものと見えたとしても、何らかの方法で、そこから儒教の徒である書き手たちの反応を抽出しうる可能性がなくはないはずである。

（二）検討の方法

そのうえで問題となるのは、『元史』仏事関連記事に認められる仏事への否定的な要素が、明初の編纂官たちの選択の結果に過ぎないのか、それとも元代の書き手の反応に遡ることができるのか、という点である。明洪武政権は正史編纂史上未曽有と言われる性急さで『元史』を編ませ、加えてその編纂官たちがほぼ江南の儒家知識人、いわゆる「南儒」に限られていたため、漢文以外の原典を利用しうることもなく、また元の掌故を知悉したうえでの編集でもなかったとされる。(6) 仏教関連の分野で言えば、たとえば実際には帝室や仏教界の側の言説が蒙文・蔵文碑文などのかたちで残存していた(7)にもかかわらず、これら崇仏する側にとっての〝事実〟のほうは一切無視された。したがって、『元史』仏事関連記事の多くが否定的事象の記録として残存していることが、最終的には明初の纂輯者たちの言語上の限界や儒教一尊的な価値観念を経由しての結果であることにまず疑いはない。ではこの方向性は、『元史』編纂の段階においてはじめて加えられたものなのか、それとも原典である元代漢文文書の段階ですでに与えられていたものなのか。

『元史』の本紀・志・表・列伝のうち、仏事関連記事は主として本紀と列伝に存在する。このうち列伝の内容は、明初編纂時の裁量におおきく左右されていると見なければならない。墓誌などを含めれば無数に存する原典から纂修する列伝は、必然的に編纂時における取捨の産物たる側面が強くならざるをえないからである。『元史』列伝の編纂に際しても、『国朝名臣事略』や『后妃功臣列伝』などすでに指摘されている(8)ものを含め、様々な原典が参照されたはずであるから、そこで明初の編纂者たちの裁量を大幅に被っていることは疑いない。なおかつ『元史』の場合、単純に巻数で見れば、九七巻というその列伝の分量は全二一〇巻の五割にも届いていない。この比率は、二十四史のなかでとくに低い。(9) よほど精選したと見るか、急ぎ仕事の余儀ない結果と見るかはともかく、『元史』列伝が明初の編纂段階での選択を、あるいは限界を、深く被っていることに間違いはない。とくに、仏教関連ということで言えば、『元史』列伝の特異点の一つがほかならぬ釈老伝を立てたことであり、しかもそのなかに元の国家仏事の弊風たる姿を完膚なきまでに描きつくしたくだりなどが見えるわけであるから、列伝中の仏事関連記事が洪武期の儒家知識人たちの方針を強く反映して撰文されていることは明らかである。以上のような理由から、今回の作業では列伝記事は基本的に対象から除外し、本紀に限定して考察を加えることとする。[10]

本紀の主要な原典としては、寧宗期以前については十三朝実録および睿宗・裕宗・順宗・顕宗の各実録が、そして実録の存在しない順帝期に関しては『庚申帝大事記』などが挙げられている。[11]明初、これら原典を圧縮する際に採録記事の選択や整理がおこなわれたわけであるが、それが徹底を欠いたものであり、よってかえって原典のかたちをよく残していると考えられることは、早くから指摘されている。[12]また列伝の比率が低いこととは対照的に、『元史』本紀巻数が全巻数に占める割合は二割超にのぼり、この数値は歴代正史本紀のなかで目立って高い。[13]この点も、『元史』本紀が原典の様相を比較的よく保存している可能性を示唆するものである。さらに言えば、おそらく今回の作業の過程で、本紀の仏事関連記事に看取しうる採録様態の基本的な特性が、明初編纂時にではなく、すでに実録修成までに決定されていたことが判明するはずである。

『元史』本紀を対象とする方法は、まずは以上のような史料上の条件によって策定されるが、同時に以下の二つの目的によっても選択されるものである。第一に、ここでは国家的崇仏事業に対する元代漢民族知識人の否定的反応のなかでも、特定個人による意識的な批判、すなわち批判のための批判ではなく、複数の人々が共通して抱いていた一般的な反応としてのそれを抽出することを目指す。冒頭に述べたように、ある一人の漢民族言論人が崇仏事業に対して発出した批判の言説を見いだすことはさして難しいことではない。では、不特定多数からなる漢民族知識階層のなかで常態として存在した標準的な反応、つまりはより深層にあって、あまりにも当たり前で無自覚であるがゆえにむしろ強固な反応を観察することはできないか。おそらくそのための一つの方法として、たとえば文書作成に関わる何らかの立場に配された複数の書き手たちが、国家による崇仏を〝客観的〟に、あるいは少なくとも〝非個人的〟に――もちろん、そのようなことはありえないわけであるが――記録しようとしたとき、どのような記述をおこなったか、という点を見ていく方法がありうるだろう。非個人の立場の書き手たちによる文書において、対象とされた事象のどのような側面が切り取られ、どのような性格をもつ事象として記されているか。これらの点で一定の方向性ないし恣意性が認められるとすれば、それは彼らに共通の反応に由来する可能性があるからである。そしてこの方法による場合、その材料としては、複数の叙述者が〝事実〟の記録として組織的に蓄積するかたちの記録文書が候補たりうることになる。

本章の考察の第二の目的は、国家的崇仏事業に対する漢民族知識層の反応のなかでも、政権外の漢民族知識人の反応ではなく、政権内部の人々、すなわち漢民族官員たちのそれをとらえることに置く。在野の知識人たちが征服政権の崇仏行為に否定的に反応することは、当然に過ぎる。検討すべきは、この政権に参画して生きた漢民族知識人たちが、間接的にではあれ自分が加担していることになる国家仏事に対してどのように反応していたかという点である。なおかつこの検討に当たり、第一の目的に照らして個人名義の批判言説や翼賛言説が除外されるから、適切な材料としては、何らかの官僚組織のもとで恒常的に積み上げられ、ある種の標準性なり匿名性なりを備えた文書が挙がることになる。

以上二つの目的に即応する材料が、起居注や時政記などの当代記録文書[14]、あるいはそれらを原典とする歴代の実録[15]であることは言うまでもない。しかしそれらが失われているいま、その系譜上に位置する『元史』本紀を見ていく方法が試みられるべきであろう。以下、考察を進めていこう。

第二節　否定——仏事抑制記事

（一）仏事抑制記事の分布と内容

『元史』本紀の仏事関連記事は、担当機関である都功徳使司・延慶司の設置改廃やその官員の任免を伝える組織面の情報を除けば、いずれも次の二種の記事に分類できる。一種は、仏事に対する皇帝以下政権の対処姿勢を記す記事であり、いま一種は、国家仏事が挙行されたことを伝える実施記事である。これら二種に分類できてしまうこと、換言すれば、記録者たちが国家仏事という事象を、基本的にこの二つの局面に特化して記録しようと発想したらしいことに、まず注意しなくてはならない。

このうち前者の記事群は、国家仏事に関する元代の官僚たちの政治的議論および諸帝の姿勢を、元当代ないしは明初の漢民族史官たちがどのように記述していたか、を示すものである。いまこれらの記事を通覧すると、そこに一つの基調を読みとることができる。ここに採られる仏事関連上奏は、すべて例外なく、仏事の抑制すべきことを要請したものである。そして皇帝の態度として記されるものも、後述する理由によって別範疇で扱うべき順帝本紀中の数例を除けば、いずれも仏事を抑制しようとするものである。つまりこの記事群が描くものは、元にあっては皇帝と官僚とが一丸となって常に仏事抑制に営為努力していた、という〝事実〟にほかならない。

具体的に見ていこう。まず世祖本紀においては、「都功徳使脱烈を罷む。其の仏事を修設するに妄りに費やせるの官物は、皆な徴《もと》めて之を還さしむ」（『元史』巻一二、世祖本紀、至元十九年（一二八二）十一月戊寅条）の一条が見える。ここで描かれる世祖の動きは、ある都功徳使が仏事に際して官物浪費をおこなったということに対する是正策であって、あくまでも個別事例の範囲を出ないものであるから、仏事一般が問題となる成宗本紀以降の仏事抑制記事とは性格を異にする。とはいえ、仏事における「妄費」を抑えようとする皇帝の姿勢は、すでに明確に記述されている。

成宗本紀には、仏事の執行そのものに対する議論[16]が記録されはじめる。大徳七年（一三〇三）の「中書左丞相答剌罕言わく、僧人の仏事を修めて畢わるや、必ず重囚を釈す。人を殺すこと妻妾の夫を殺すに及ぶ者有るも、皆な名を指して之を釈す。生者は苟免せられ、死者は冤を負う。於《ああ》、福の何《いず》くにか有らんやと。帝、之を嘉納す」（『元史』巻二一、成宗本紀、大徳七年四月庚午条）の記事がこれである。枢要な官職にある人物から仏事の弊害を訴える上奏がなされたことを記し、続けてこれに対する皇帝の応諾を記す、という記事のパターンが登場している。また、仏事抑制の理由として免囚の不当性を挙げるというパターンも、すでに出現していることが確認される。

この記事にある「答剌罕」は哈剌哈孫である。(17) 曽祖父が太祖に仕えて以来の譜代近臣ではあるが、「儒者の談ずるを聞きて輒ち喜」び、尭・舜以下の聖王をめぐる「儒生」たちの談義に耳を傾け、また京師の廟学の整備に尽力し、あるいは郊祀の復活に向けて働きかけるなど、儒教への理解の深い人物として漢文の墓碑銘に筆記されることになる大官である。(18) この哈剌哈孫が中書左丞相の要職に在って仏事の負の側面を告発し、皇帝がこれを「嘉納」した――。成宗当代の漢文記録官たちは事象をこのように切り取って文書を記し、のちに『成宗実録』を編んだ程鉅夫ら(19)もまた、これを伝達すべきできごととして選択し、彼らの実録に採録したことになる。

武宗本紀中には、大徳十一年十二月付けで次の記事が見える。

丁巳、中書省の国用浩穣にして民の貧しく歳の歉《あきた》らざるを言うを以て、宣政院に詔して仏事を併省せしむ。……中書省の臣言わく……元貞自り以来、仏事を作すの故を以て罪有るを放釈すること太《はなは》だ寛やかに失し、故に有司は遵守する所無し。今、請うらくは、凡そ内外の法を犯せるの人は悉く有司に帰して法に依りて裁決せんことを、……と。皆な之に従う。（『元史』巻二二、武宗本紀、大徳十一年十二月丁巳（一三〇八）条）

記事はまず冒頭において、即位早々の武宗に対して中書省が国費支出の過大と民の貧困とを訴えたところ、この新帝は仏事削減の詔勅を宣政院に発した、と述べる。後段ではさらに、このとき中書省から仏事における免囚を是正すべしとの具体的提議が出されていたことを記したうえで、武宗がこれに「従」ったとする。中書省という基幹的官府による仏事抑制要請とこれに対する皇帝の同意というパターンの記事が、武宗代に関しても存在していたことが分かる。もっとも、この三日後の庚申条として、「庚申……勅すらく、内庭にて仏事を作すに、重囚を釈すこと毋く、軽囚を以て之を釈せと」（『元史』巻二二、武宗本紀、大徳十一年十二月庚申条）とあり、実態としては皇帝以下の仏事執行者たちが免囚を停止しているわけではないことが示されている。ところがこの記事も、内廷における仏事であるという制限的条件と、重罪人の赦免はともかく禁ずるとの帝意を記述することによって、額面のうえでは、三日前の議論を受けて仏事やその免囚を抑制しようとする皇帝の姿勢を表現するものとなっている。

仁宗本紀にも、「各寺にて仏事を修むるに、日に羊九千四百四十を用う。勅すらく、旧制に遵い、易《か》うるに蔬食を以てせよと」（『元史』巻二四、仁宗本紀、皇慶二年（一三一三）二月己卯条）とあり、仏事を簡素化しようとする皇帝の姿勢が記録されたことを伝える。また仏事にともなう免囚に関しても、仁宗がそれに抑制的であったとして、「功徳使亦憐真等の仏事を以て重囚を釈さんことを奏するも、允さず」（同前、皇慶二年二月丁亥条）との記事がある。ここでは仏事執行機関たる都功徳使司の長が免囚推進者として示されるとともに、皇帝はこれを牽制する側として描かれている。この翌々月のできごととしても、「西僧、仏事を作すの故を以て累《しき》りに重囚を釈す」ことを含む数項目の問題を挙げて「御史台臣」が「悉く其の弊を革めんことを請う」たところ、「制して曰わく、可」という仁宗の応答があったとの記事が見える（同前、皇慶二年四月乙酉条）。

英宗本紀には、仏事に直接言及するかたちでの抑仏的な記事は見えない。ただしそれに準ずるものとして、「西僧灌頂の疾《や》むに、囚を釈さんことを請う。帝曰わく、囚を釈して祈福すること、豈に師の為に惜しまんや。朕思うに、悪人の屢《しばしば》赦さるるは反って善良を害す。何ぞ福の有らんやと」（『元史』巻二八、英宗本紀、至治二年十二月辛卯（一三二三）条）との記述がある。チベット仏教僧がらみの免囚に対する皇帝の懐疑を記した記事である。もっともこれとて、懐疑するがゆえに免囚を許さなかったのか、懐疑しつつも「師の為に惜しま」ず免囚してしまったのかは記されていない。またここでは皇帝の憂慮が、免囚がもたらす社会的矛盾よりも、そうした矛盾にもかかわらず免囚することで真実「福」がもたらされるか否かという効果のほどに向けられていると表現されているのであるから、むしろ君主の崇仏的な側面を、それが現世利益希求のゆえのものであったという補助情報さえ付けて活写した記述[20]と言えなくはない。しかし一方でこの記事は、赦免される者を「悪人」とする形容句を英宗の言葉として用いつつ、その釈放への逡巡を述べさせており、皇帝が必ずしも仏教側の論理に飲みこまれず、独自の裁定をしようとしていることを描写している。このため文意としてはあくまでも、仏教界からの免囚請願に対して皇帝はこれを安易に許容しはしなかった、としてその抑仏的な姿勢を提示するものとなっている。

仏事を抑制しようとする皇帝以下政権を描く記事は、泰定帝本紀にも存在する。[21]「御史台の臣曰わく、……賈胡の宝を鬻《ひさ》ぐこと、西僧の仏事を修むること、費やす所貲《はか》られずして国に益無し。並びに宜しく除罷すべしと。之に従う」（『元史』巻二九、泰定帝本紀、泰定二年（一三二五）七月壬申条）の一条は、御史台官員の言葉として、仏事は国家にとって無益であるとの否定的発言をさしはさみつつ、抑制上奏とそれに対する皇帝の同意とを記す。後述する仏事実施記事との関連で言えば、ここで仏事執行者をことさら「西僧」と表記していることにも注意すべきである。続いて翌年記事として、「功徳使司に命じて、歳修の仏事を一百三十七に簡かしむ」（『元史』巻三〇、泰定帝本紀、泰定三年（一三二六）三月甲子条）の一条が見える。年に百三十七回の国家仏事という頻度は決して低いものではないにもかかわらず、この数値まで「簡《はぶ》」かしめた、という表現を当てることによって、これを皇帝の仏事抑制的治績として示している。同年付けでは、「中書省の臣言わく、西僧は毎に元辰に仮りて重囚を釈さんことを疏し、政典に乖《もと》る有り。請うらくは之を罷めんことをと。旨有り、今自り当に釈さんとする者は、宗正府に勅して審覆せしむと」（同前、泰定三年十一月癸卯条）の記事も見える。吉日の放生儀礼として免囚が挙行されていることに対する中書省の抑制要請であり、仏事の語が直接用いられているわけではないが、ここでも「西僧」と記して、チベット仏教僧の免囚行為を批判対象としている。またこれに対する皇帝の応対が実質的には免囚を許容するものであったにもかかわらず、大宗正府による審議という一定の制約を設けた点が述べられることにより、抑制的処置として表現されることになっている。

文宗本紀においても、仏事抑制の上奏とこれに示される皇帝の同意という叙述パターンは継承される。まず天暦二年（一三二九）付けで、

中書省の臣言わく、朝廷の賞賚は宜しく濫《みだ》りに功罔《な》きに及ぶべからず。鷹・鶻・獅・豹の食、旧は肉の価二百

余錠を支するに、今は増して万三千八百錠に至る。控鶴、旧は六百二十八戸に止むるに、今は増して二千四百戸たり。又た仏事の歳費、今を以て旧に較ぶれば、増多すること金千一百五十両・銀六千二百両・鈔五万六千二百錠・幣帛三万四千余匹なり。請うらくは悉く揀汰せんことをと。之に従う。(『元史』巻三三、文宗本紀、天暦二年正月丁丑条)

と見える。控鶴、すなわち近衛近習の増戸うんぬんはともかく、禽獣の餌代と同列に仏事への過剰支出を非難する中書省の論調は、穏やかなものではない。これへの応答として皇帝の同意が記されなければ、むしろ不自然であろう。これを記録記事の採択という観点から見れば、皇帝がここで仏事抑制上奏に同意することは当然であるとして読み手がそのまま受け容れるであろう君臣間の光景が、記すべき〝事実〟として選択されていると言える。

しかし、このやりとりののち一年半ほどを経た時点のこととして、「中書省の臣言わく、近歳、帑廩虚空たり。其の費に五有り。曰わく賞賜す、曰わく仏事を作す、曰わく衙門を創置す、曰わく冒支の請を濫りにす、曰わく衛士鷹坊を続増するなり。請うらくは、枢密院・御史台・各怯薛《ケシク》の官と同に汰減を加えしめんことをと。之に従う」(『元史』巻三四、文宗本紀、至順元年(一三三〇)七月庚午条)の記事が見え、仏事削減についていままた中書省が上訴していること、そして文宗もまたふたたびこれに同意したことが伝えられる。この内容から考えれば、先の天暦二年正月丁丑条が記す文宗の「従」はおよそ実効をともなうものではなかったのではないかと疑われるわけであるが、こうした点には一切の言及がなされないまま、抑制しようとする中書省の要請に対して皇帝はこのたびも「従」という対応を採ったという事象のみが、執拗に示されつづける。

この翌月にも、「中書省の臣言わく、内外の仏寺三百六十七所、用いる金・銀・鈔・幣は貲られず。今、国用充たざれば、宜しく裁省に従うべしと。省人及び宣政院の臣に命じて裁減せしむ。上都にて歳ごとに仏事を作すこと百六十五所たるに、定めて百四所と為し、有司に令して永く歳例と為さしむ」(同前、至順元年閏七月庚子条)として、あいかわらず中書省と皇帝とが仏事の淘汰に腐心しているとの記事が置かれる。仏事を淘汰せよとの勅令を、上限の数値を入れるかたちで示した記述は、皇帝の仏事抑制的な姿勢を具体的に記録しようとした痕跡であろう。もちろん、上都のみで「百四」回というこの数値は、全地域総計で年間「一百三十七」とした泰定三年三月の上限回数と明らかに矛盾しており、したがっておそらく実質的には、わずか四年前に示された上限の目安が早くも弛緩した、あるいはもとより有名無実であったことの証左と読めてしまうわけであるが、ここでもこうした実態に関する言及は一切なされない。実施実態についての情報をこれほど杜撰なかたちで放置したまま、記事はただひたすら、崇仏事業を「裁省」「裁減」することが君臣間で取り決められた、という場面のみを切り取って提示する。

それればかりか文宗本紀は、泰定年間の上限枠を文宗政権が無視していることを、しごくあっさりと書いてしまっている。至順二年（一三三一）の記事に、「宣政院の臣曰わく、旧制にては列聖の神御殿及び諸寺にて作す所の仏事は毎歳計えて二百十六。今、其の十六を汰げて定式と為さんと。制して可とす」（『元史』巻三五、文宗本紀、至順二年五月甲辰条）とあるものがこれである。年間二百十六回という「旧制」が、いったいどの時期の「制」であるのか、五年前に出された百三十七回という上限はどこにいったのか、といった点にはまったく触れられないまま、ともかくも「汰《よな》」げた、という字句が記されている。もっともこの記事には、宣政院が出した淘汰案がわずか十六回の削減であったとして、その寥々たる数値を伝えようとする含みがあるのかも知れない。しかし、仏事回数削減案が提出されて皇帝がこれを認可した、というかぎりにおいては、この記事も従前のパターンから何ら逸脱するところがない。むしろ、皇帝のみならず仏教担当機関の宣政院もまた削減の方向に動いていたことを伝えるという点では、政権の仏事抑制的な態度をより積極的に表現した記録であるとさえ言えなくもない。

（二）実録からの系譜関係——比較指標としての順帝本紀記事

『元史』最後の本紀である順帝のそれにおいても、数件の仏事抑制的な記事を見いだすことができる。しかしそれらは、これまで見てきた世祖本紀から文宗本紀までの仏事抑制記事と比較して、内容あるいは様式において明瞭な差異を示す。周知のとおり、末帝たる順帝の治世に関しては実録が存在せず、『元史』編纂者たちは順帝本紀編纂に当たって別種の情報源に依拠せざるをえなかった。したがって順帝本紀が収録する仏事抑制的な類似記事がこれまで見た抑制記事と似て非なる性格を示すことには、実録という原典をもたなかった、その成立条件との関連を考える必要がある。

ただし順帝本紀においても、初期に現れる次の二件の記事までは、前記の仏事抑制諸記事とほぼ同じパターンを認めることができる。まず元統二年（一三三四）三月付けで、「中書省の臣言わく、興和路にて仏事を起建するに、一路の費やす所、鈔万三千五百三十余錠たり。請うらくは、上都・大都の例に依り、膳を僧に給するの銭は其の冗費を節せんことをと。之に従う」（『元史』巻三八、順帝本紀、元統二年三月甲辰条）として、仏事における飯僧費用の支給削減を求める中書省の提起と順帝の同意とを伝える記事が見える。続いて翌月付けで、「中書省の臣言わく、仏事の布施、費用太《はなは》だ広し。世祖の時を以て之を較ぶれば、歳に金三十八錠・銀二百三錠四十両・繒帛六万一千六百余匹・鈔二万九千二百五十余錠を増す。請うらくは、累朝の期年忌日を除くの外、余は皆な罷めんことをと。之に従う」（同前、元統二年四月乙酉条）と、仏事回数の引き締めについて、同じく中書省の発議と皇帝の同意があった、とする記事が存在する。いずれも、ここまでしばしば登場した中書省と皇帝とのあいだの仏事抑止に向けてのやりとりと同パターンであり、実録経由ではないものの、それに近い性質の文書、おそらくは本来ならば実録の原典となったはずの官撰記録文書に拠った記事であると推測される。しかしこの二件を最後に、このパターンに属する記事は順帝本紀から姿を消す。

代わってこののちの順帝本紀には、仏事抑制的な要素を含みながらも、これまでの仏事抑制記事とはいくつかの点で異質な記事三件が記される。まず、至正十四年（一三五四）正月付けで、次の一条が見える。

帝、脱脱に謂いて曰わく、朕の嘗て朶思哥児好事を作し、白傘蓋を迎えて遊皇城せしむるは、実に天下生霊の為の故なり。今、刺麻に命じて僧一百八人を選び、仍お朶思哥児好事を作さしむるに、凡そ用いる所の物は官

自ら之を給し、民を擾《みだ》すこと毋かれと。（『元史』巻四三、順帝本紀、至正十四年正月丁丑条）

この記事は、これまで見てきた仏事抑制記事に比較して、次の諸点において異質である。第一に、至正十四年という年次である。これは前掲元統二年の二記事から二十年を経過したものであり、この間の時間的な開きが著しい。ここまで仏事抑制諸記事およびそれに準ずる免囚抑制記事は、世祖本紀の至元十九年（一二八二）記事から成宗本紀の大徳七年（一三〇三）までの間がおおきく空くものの、この大徳七年記事として一定のパターンが登場してからのちは、大徳十一年（十二月（一三〇八））が二件、皇慶二年（一三一三）が三件、至治二年（十二月（一三二三））一件、泰定二年（一三二五）一件、泰定三年（一三二六）が二件、天暦二年（一三二九）一件、至順元年（一三三〇）が二件、至順二年（一三三一）一件、そして順帝の元統二年（一三三四）が二件と、比較的安定した頻度で出現している。とくに、順帝代に近い英宗・泰定帝・文宗の三本紀においては、その間隔が狭まってもいる。これに対して、当該記事までの二十年という空白は、やはり目を引く。この間の原情報に何らかの断絶があった可能性を考えてよいだろう。

第二に、当該記事は語彙の選択において、在前の仏事抑制諸記事とは異なる性格を示す。まず、「仏事」ではなく「好事」の語を用い、しかもその仏事名を「朶思哥児 gdugs dkar」（白傘蓋）とチベット語音写のかたちで表記している。同仏事を「白傘蓋仏事」と表記する事例が『元史』にはあるのであるから、[22] ここでもその語を用いてしかるべきところなのであるが、この記事の表記はそうなってはいない。また「剌麻 bla ma」の語にも注意される。仏事の役僧を彼に選ばせるとあるから、この「剌麻」はおそらく帝師ないしそれに類する高位の皇帝近侍僧である。この人物を「剌麻」と記す表記は、順帝の口跡をそのまま写した結果であろう。こうした口語的でなまなましい字句の適用は、先に見てきた仏事抑制諸記事のそれとは別種のものである。

第三の、そして最も注意すべき点として、当該記事において皇帝の崇仏的傾向が明瞭に表現されていることを挙げることができる。ここで順帝は仏事執行の費用に関して民間に負担をかけぬよう通達しており、たしかにこの限りにおいては仏事抑制的な態度を描かれているとは言えるが、しかし一方において、「天下生霊」のためにこれを執行する、として仏事の正当性を主張してもいる。このように仏事を本質的に善いこととする皇帝の言動は、これまでの仏事抑制諸記事が描かなかったところのものである。

仏事抑制的な内容をもちつつも、これまでの仏事抑制諸記事とは一線を画する順帝本紀記事の二件目は、

> 是歳、枢密副使李士瞻の上疏して時政を極言すること、凡そ二十條。……三に曰わく、経筵に御して以て聖学を講ぜんことを……十一に曰わく、仏事を省きて以て浮費を節せんことを、……と。（『元史』巻四六、順帝本紀、至正二十二年（一三六二）是歳条）

として枢密副使の上奏を伝える記事である。内容としては定石どおりに仏事抑制の上奏を記したものであるが、これも以下の二点において、一連の仏事抑制記事とは性格を異にする。

第一に、これは「是歳」の条に登載されており、いずれも具体的な日付をともなっていた仏事抑制諸記事の様式から外れる。

第二に、この記事には、仏事抑制的上奏に対する皇帝の応対が記されていない。この点は、のちに検討するように、実はきわめて重要である。もちろんここで枢密副使は仏事の案件を含む「二十條」の提起をおこなっているのであって、皇帝の回答部分の欠如が、必ずしも仏事抑制提案に対する無視を意味するわけではない。しかし一方、奇妙なことに当該記事のほぼ直後には、この時にあって皇太子が「西番・高麗諸僧」を近侍させ、自分は「儒書」を学ぶよりも「仏法」を聴聞するほうを好むと語ったとする文章[23]が置かれ、儒学を軽んじ仏教に傾倒する帝室の現状が示される。これによって、直前に位置する当該記事の上奏二十項目のうち第三項の儒学尊重と第十一項の仏事抑制の二項が、臣下がこのように訴えねばならなかった悪しき現状への警鐘として意味を発することとなり、この上奏に対する皇帝の回答が記されていないということも含めて、一つの整合的な映像を描いてしまう。それはすなわち、臣僚が仏事抑制を求めているにもかかわらず崇仏に余念のない帝室、という映像にほかならない。この記事

のありようは、ときにかなりの矛盾をきたしてまで皇帝の仏事抑制的姿勢という映像を貫徹させようとしていた先の仏事抑制諸記事とは、根本的に異質なものである。

仏事抑制記事と類似しつつ性格を異にする順帝本紀記事の三件目は、至正二十四年（一三六四）八月付けの次の一条である。

是月、孛羅帖木児の請うらく、狎臣禿魯帖木児・波迪哇児禡を誅し、三宮の急がざるの造作を罷め、宦官を沙汰し、銭糧を減省し、西番僧人の好事を禁止せんことをと。（『元史』巻四六、順帝本紀、至正二十四年八月是月条）

まず、この記事も「是月」付けであり、特定の日付をもっていない。また、至正十四年記事と同じく「好事」という表記を用いており、それ以前の記事が「仏事」の語を用いていた通例から外れる。さらには、至正二十二年記事と同様に、この記事もまた皇帝の応答を記載していない。ここで上奏をおこなっているのは、同八月に中書左丞相から中書右丞相に昇任した孛羅帖木児である。(24) したがって、仏事抑制諸記事に頻出した中書省の提起と皇帝の同意という類型的記事であるかと予期されるのであるが、当該記事には皇帝の回答部分が欠けており、このパターンから逸脱してしまう。

以上のように、順帝本紀においても仏事抑制的な記事を見いだしうるものの、本紀後半のものは、内容あるいは様式のうえで、それ以前の一連の仏事抑制諸記事とは異なる状態を呈している。具体的に言えば、元統二年付け記事二件までは文宗本紀までの仏事抑制記事とほぼ同じパターンをとるが、そのあと二十年分の空白を経て、至正十四年付け以降に出現する三件の記事は異質な要素を示している。このことは、順帝代の至正年間初期において起居注の体制が早くも麻痺したこと、(25) すなわち順帝至正期に関しては、実録が存在しないばかりか、その原典となるべき当代記録文書の段階ですでに混乱が生じていたことと関係するだろう。元統二年付けの仏事記事における旧パターンの保持、その後の空白期、そして至正十四年付け以降の記事の変質という流れは、至正年間初期に始まる文書集積システム崩壊の過程として理解できることであるし、至正二十二年是歳条・至正二十四年八月是月条が日付をもたない記事であることも、その端的な反映と考えられる。おそらく元統二年付けの二件までは、本来ならば実録の原典となったはずの何らかの組織的官撰記録が残存していたものに拠っており、至正期に関する三件は別種の情報源から流れこんでいると見てよいだろう。

このように、順帝本紀至正年間部分に置かれた非実録系の類似的記事に異質性が認められることは、ひるがえって、世祖本紀から文宗本紀までに収録される仏事抑制諸記事の特性が、『世祖実録』から『文宗実録』までの各実録に由来することを示唆するものである。したがって、あくまでも政権一体となった仏事抑制の様を提示しようとする仏事抑制諸記事の特性は、元代に官撰記録文書を蓄積した人々、とくに元代最終稿となる各漢文実録の編纂官たちによって、すでに方向づけられていたと考えうることになる。

（三）実録に〝仏事肯定記事〟は併存していたか

以上のように、『元史』世祖本紀以降文宗本紀までに現存する仏事抑制記事の基本的性格が元の実録段階ですでに形成されていたことまでは推測が可能であるが、しかしこれがそのまま実録諸本における仏事関連記事の性格を反映しているとは限らない。残る問題は、次のような可能性のあることである。それは、実のところ実録諸本においては崇仏を善しとする皇帝以下仏事推進者たちの動向もまた一方の〝事実〟として登載されていたにもかかわらず、明初の『元史』編纂者たちがこの部分を切り捨て、仏事抑制記事のみを残したのではないか、という可能性である。つまり、たとえば仏事による国家安泰を説いてその挙行を促す帝師・宣政院・都功徳使司などの上奏、そして善き治者としてこれに賛同した皇帝の仏事修斎命令など、仏事執行者側の論理に則した〝仏事肯定記事〟〝仏事促進記事〟といったものもまた実は各実録には併存しており、ところが明初の「南儒」たちが自分たちにとって異端的であるこれらの記事を削除した、といった可能性である。だが、以下の諸点によって、この可能性はおそらく低いとの推測が可能となる。

第一の点は、上述した順帝至正年間に関する記事の存在である。これらは、仏事抑制的とは言いがたい皇帝や皇太子の姿を赤裸々に描くものであるが、順帝本紀はこれを採録している。これによって、明初の『元史』編者たちが、釈老伝や刑法志を編むときと同様に、本紀を編むうえにおいても、元の諸帝の崇仏的態度を著録することに何らの躊躇も覚えなかったことが分かる。そうであるからには、彼らは世祖から文宗の本紀編纂に際しても、もしも原典の各実録に皇帝が仏事を礼賛促進しようとしたという記事があったならば、とくに排除することなくそれらを採ったはずである。しかし結果としてそのような記事は、文宗までの本紀には存在していない。よって、『世祖実録』から『文宗実録』までの実録諸本は、仏事肯定記事といったたぐいのものを含んでいなかったと考えるべきこととなる。

第二の点は、『元史』列伝が収録する仏事関連記事の内容である。『元史』は列伝においても仏事に関わる記事を少なからず含んでいるが、そのなかには、順帝本紀後半のそれと同じく、仏事を抑制すべしとの提議に対して皇帝の応答が明確ではない記事が見える。[26]そればかりか、仏事抑制的動向に皇帝が必ずしも同調しているわけではないことを示す記事さえ載せている。[27]この点もまた、第一の点と同じく、非実録系の原典には皇帝の仏事肯定を伝える記事があったこと、そして明初の編纂者たちがこれを排除していないこと、したがって本紀纂修に当たっても、実録に本来存在していた仏事肯定記事を削除して仏事抑制記事のみを選択的に残す、といった操作があったわけではないことを示す材料である。

第三の点は、仏事抑制記事それ自体の論理に関わるものである。これまで見てきたように、仏事抑制記事は宣政院をも含む官僚組織と皇帝とが一体となって仏事抑制に動いていることを一貫して述べるものであるから、これらの一方において、仏事肯定という逆方向の記事群が併存することは明らかな矛盾である。かりにこの矛盾を弥縫して双方の記事群をともに採録しようとすれば、たとえば、仏事執行そのものは国家安泰のために有効かつ正当な国事項目ではあるものの、費用過重と免囚という運用面の欠陥がある、といった論理が示されねばならない。しかしその場合、皇帝や官僚の抑制的言説のなかに、仏事それ自体は有用であり善である、といったたぐいの譲歩ないし擁護の痕跡——非実録系記事である前掲順帝本紀至正十四年正月丁丑条の皇帝の発言にまさしく見られるような——が認められねばならないはずである。しかし、仏事抑制諸記事においてそのような言辞は見いだせない。むしろ逆に、たとえば泰定二年七月壬申条の「西僧の仏事を修むること……国に益無し。……宜しく除罷すべし」という御史台官員の上奏と、これに対する泰定帝の「従」という返答のように、仏事は無益なものであるから抑制すべし、とする君臣間のやりとりを記す記事があるほどである。

以上のことから見て、『世祖実録』から『文宗実録』までの実録諸本の段階においても、現在『元史』本紀に見るのと同様に、仏事推進者たちの論理に則した仏事推進的な記事は併存せず、仏事抑制記事が矛盾のないかたちで登載されていた可能性が高いと考えられる。

（四）仏事抑制記事の特性と機能

これまでの検討結果を踏まえたうえで、元代の漢文記録文書編纂官たちが仏事について記述するとき、その言説生産にどのような特性があったか、またそこに彼らにとってのどのような機能が期待されていたかを整理してみよう。

⑴　仏事すなわち弊事という位置づけとその恣意性

まず最も基本的な特性として看取しうることは、仏事は悪弊である、とする皇帝と臣下の見解が不断に記述されつづけていることである。元代の漢文史官たちが、政権内部にありながら政権所修の仏教行事をこうして常に否定的な方向で叙述していたことは、彼らが儒家的教養に拠って立つ人々であったことからすれば、一見、さして不可解なことではないかのようではある。しかし元の仏事は、そのときどきの皇帝や后妃の嗜好によっておこなわれる行事ではなく、その執行のための専門官署を重層的に設置しつつ国費を投じておこなう組織的な国家儀礼であった。この公的方針をもつ政権の内部において、仏事すなわち弊事とする否定的な位置づけこそが皇帝をはじめとする政権の一貫した認識である、と読ませる記事が繰りかえし書きつづけられたことは、容易に看過しうるものではない。しかも書き手たちは、正史原典としてその情報が後世に継承されることを前提として、これらの言説を蓄積しているはずである。

以上のことは、記録文書の記事採録において、元代の漢文史官たちがかなりの強度のバイアスを一定してかけつづけていた可能性を示唆するわけであるが、これについては以下の諸点をあわせて考えることが有効かも知れない。

第一に、国家仏事に言及する元代の漢文文書を全般的に見た場合、仏事に対する価値評価が必ずしも否定的であるとは限らないという点である。第三部で見ていくように、政権内の書き手としては、たとえば趙孟頫が、チベット仏教僧によって五台山で修建された仏事においてマハーカーラの神異が起きたとする礼賛文を残した。柯九思や張昱も、帝師主導の白傘蓋仏事を含む大都の仏教的祭典を肯定的に詠じている。つまり元代の漢民族官員たちは、そのときどきの立場や感興によって、翼賛的なものも含め、実は様々な言説を国家仏事に関して発していた。したがって、『元史』本紀に流れこむ実録系の情報が一貫して仏事を弊事として記述していたことは、官撰記録文書として何を後代に伝達するか、という問いを前にした書き手たちの選択的な言説行為であったことになる。なかでも具体的には、次代に編まれる正史に何を書かせるか、を念頭に置いた漢文史官としての選択・決定の結果であったと言えるだろう。

第二の、そしてより根底に位置する問題は、元代の漢文史官たちが、後世に伝えるべき〝事実〟として、仏事という〝悪しき〟行事を抑制しようとする皇帝以下政権の姿を記すことを選択したとき、それが実際彼ら書き手の認識に映じていた政権の姿そのものであったとはとうてい考えられないという点である。官員として国都にあった書き手たちが、帝師をはじめとするチベット仏教僧に対する帝室の肯定的評価、それを受けて仏事執行に動く諸機関、そしてその結果としての盛大かつ頻繁な〝善き〟仏事の挙行、という執行側のありようを認識しなかったはずはない。したがって、仏事抑制的な政権という〝事実〟を一貫して記録しつづけた歴代編纂官たちのなかでは、実はそれとはまったく矛盾する〝事実〟、すなわち仏事を信奉推進する政権という〝事実〟が像を結んでおり、そのうえで、これを捨象するという選択が同時になされていた——他方、この選択を経ていない別系統の情報が、列伝や順帝本紀の非実録系記事である——ことになる。

このように『元史』本紀の仏事抑制記事は、元代漢文官撰史官たちのきわめて恣意性の高い採録方針によって形成されていると考えられる。ではしかし、なぜこれほどまでに彼らは恣意的でなければならなかったのか。あるいは、これほどの恣意性を介在させながらも、なぜことさら仏事抑制記事を生産しようとしたのか。

⑵　抑仏的皇帝の描出

世祖から文宗までの七本紀の仏事抑制記事を、そこで皇帝のどのような態度が記されているか、という点を基準に分類すると、以下の三種の形式に整理しうる。すべての仏事抑制記事は、この三種のいずれかに属する。また仏事抑制記事に準ずる免囚抑制記事二件（〔　〕内）も同様に分類しうる。

A. 関連官衙による仏事抑制上奏と皇帝の応諾が記される形式

大徳七年四月庚午条・大徳十一年十二月丁巳条・皇慶二年四月乙酉条・泰定二年七月壬申条・〔泰定三年十一月癸卯条〕・天暦二年正月丁丑条・至順元年七月庚午条・至順元年閏七月庚子条(28)・至順二年五月甲辰条。

B. 皇帝側からの仏事抑制的措置や通達が単独で記される形式

至元十九年十一月戊寅条・大徳十一年十二月庚申条・皇慶二年二月己卯条・泰定三年三月甲子条。

C. 仏事促進的要請に対する皇帝の却下ないし難色が記される形式

皇慶二年二月丁亥条・〔至治二年十二月辛卯条〕。

総じて見ればこれらのバリエーションは、官僚側を登場させるか否か、登場させるとすればどのように登場させるか、という点での違いであって、他方、皇帝の抑制的態度が記されるという一点においてはまったく例外がないことが分かる。

三類型のうち、A型の事例数が最も多い。成宗本紀一件・武宗本紀一件・仁宗本紀一件・泰定帝本紀二件・文宗本紀四件と、比較的まんべんなく分布することも特徴である。A型においては仏事抑制案の上奏者が記されるが、その内訳は、丞相を含む中書省官員が六件（大徳七年四月庚午条・大徳十一年十二月丁巳条・泰定三年十一月癸卯条・天暦二年正月丁丑条・至順元年七月庚午条・至順元年閏七月庚子条）、御史台官員が二件（皇慶二年四月乙酉条・泰定二年七月壬申条）、宣政院官員が一件（至順二年五月甲辰条）となる。このうち最晩期の宣政院の上奏のみは、年間二百十六回の仏事のうち十六回を削減して定式としようとするものであって、たしかに抑制記事ではあるものの、むしろ二百回という回数を確保しようとするものであったのではないかとの読み手の疑惑を誘発するかのような表記であり、他の記事とはいささか趣を異にする。しかし残る八件の事例は、上奏発信主体が中書省または御史台という主要機関であったと伝える記事であり、仏事抑制こそが政権の基本方針であった、との意味内容を表現したものと見ることができる。

こうして発議主体にかなりの重みがあったことを示したうえで、いずれの提起にも皇帝は仏事抑制に応諾したと記述するものであるから、A型記事は、官僚機構の中核に位置する人々の具申に賛同して皇帝も仏事抑制に腐心していた、という内容を明示的に伝達しようとする言説と言える。これに対して、実録由来ではない順帝本紀の前記至正二十二年是歳条の場合、枢密副使からの仏事抑制上奏という点ではA型の形式をとりうるものでありながら、先に注目したように皇帝の同意という決定的な要素を欠落させており、このためA型の形式から外れる構造となっていることが分かる。換言すれば、中書省をはじめとする基幹組織とともに仏事抑止に邁進する君主としてモンゴル人皇帝たちを記すことが、元代の漢文官撰史官たちの記述の特色であったことになる。また皇帝の仏事抑制的な言辞が単独で示されるB型、皇帝が仏事促進派を掣肘するC型は、皇帝の抑仏的な性格を別の角度から保証するバリエーションとなっている。

しかしながら、このような皇帝の描写が、漢文史官たちの観察・認識における皇帝の姿をありのままに写した結果であるとはおよそ考えられない。なるほど、本紀が記すこれら官員たちの抑制上奏は基本的に費用負担や免囚という運用面を問題としているから、むしろ仏事を持続させるために皇帝がそれに肯首したとしても偽りではあるまいし、同じ理由でみずから先んじて抑制の詔勅を出すこともあったものであろう。だが元の皇帝にとって、世祖が樹立した崇仏体制は国是たる「成憲」であり、よって仏事の積極的推進こそが望ましい基本方針である。『元史』そのものにおいてさえも、釈老伝が皇帝の崇仏ぶりを描いて余すところがないし、何より仏事抑制諸記事それ自身が、途絶えることなく出現するみずからの存在によって、あるいはそこで語る百三十七回・二百回などの鷹揚な上限回数表記によって、皇帝が仏事を抑制してなどいないことを暴露しつづけている。したがって政権内の漢文史官たちの観察・認識においてもまた、皇帝は歴然たる崇仏皇帝であり、まさしく仏事推進の首魁であったと考えざるをえない。事態をこのようにたどるとき、仏事抑制記事に強く介在していると見られる恣意性が、実質的には、皇帝をどのように描いて記録を残すかという点に関して加えられたものであったことが理解される。

しかもこの恣意性は、皇帝への奏読に備えて抑仏的な〝善き〟皇帝を描こうとした、という理由によるものではない。(29)なぜなら皇帝たちは、過剰支出など運用面の問題はともかく、世祖「成憲」たる崇仏行為そのものは善いこととしていたからである。また、より大きなその背景としても、太廟や南郊などの儒教儀礼を善いこととして執行し、道教儀礼や土地神等の祭祀も善いことであるから執行するのと同様に、当然、仏教儀礼も善いことであるがゆえに励行する、という図式を皇帝側は提示していた。したがって漢文官撰記録の書き手たちが抑仏的な皇帝という〝事実〟を欲し、その姿をのちの正史に採られるべき情報として原典に埋めこんでおく方針を採ったことは、皇帝への配慮によるものではない。では彼らはなぜ、抑仏的な皇帝像をことさらに描出せねばならなかったのか。

⑶　儒仏の位相

本章冒頭に述べたとおり、一般的に、仏事が弊事として語られる際の主要な論点の一つは、それが国家財政に過剰負担を及ぼすことに置かれていた。したがって『元史』本紀の仏事抑制記事においても、皇帝の抑仏的姿勢というとき、その描写が主としてこの点への彼の理解と同意というかたちで展開されていることはごく当然のことである。しかしこれらの記事が伝えようとしているのは、単に、国費を消耗させる仏事の弊害を皇帝は賢明にも理解していた、という情報なのであろうか。

そもそもなぜ、仏事による国費支出が政治課題であったとして描出されねばならないのか。政治権力体の基本的な運動の一つが儀礼執行である以上、国家儀礼への国費投与それ自体は、政権内部で批判が起きる性質のものではない。このことは、一方の儒教儀礼が『元史』においてどのように言及されているかを参照すれば明らかである。郊祀や太廟儀礼が国費を消耗しているというたぐいの批判言説を『元史』に見いだすことはできないし、逆に、それらの整備や皇帝親祭を促す議論は随所に登載される[30]。したがって仏事抑制記事として書き手たちが真に表現しようとしたものは、結果としての財政負担そのものよりも、仏事がこの政権の支出費目として本質的に不当なものであるということ、つまりは仏事抑制という〝事実〟の基盤に当然あるべきところの原理的な部分であったのではないか。

たしかにこれまで見てきたように、本紀中の仏事抑制記事においては「西僧の仏事を修むること……国に益無し」（前掲、泰定二年七月壬申条）という批判までは観察しうるものの、それが「異端」[31]であるとして停止を求めるなどの抜本的な批判言説は見えない。国家仏事の当・不当という原理的な議論ではなく、費用など実務上の議論に照準をあてることで、皇帝がそれら実務面に関して示した抑制的な姿勢を〝事実〟として摑みとり、一方においてこの皇帝が仏事そのものは正当としているという望ましくない〝事実〟に触れることを回避しているわけであり、文面上は、これが元代の漢文官撰史官たちの方針であったと見ることができる。

しかし元の漢民族官員たちは、元という国家においても仏教が原理的に「異端」であるということを、おそらく何らかのかたちで描出しようとしていた。たとえば同じく『元史』のなかでも本紀以外の記事、すなわち列伝に保存されている記事では、漢民族官員によってときとして敢行された儒教的立場からの本質的な仏事批判が伝えられる場合がなくはない。その典型が、前章で見た張珪伝所載の上奏である。この事例ほど明瞭ではないものの、列伝にはこのほかにも、たとえば次のような記事が存在している。

> （泰定）三年（一三二六）夏、帝、日食・地震・星変を以て詔すらく、災を弭《や》む所以の者を議せと。元用謂わく、天に応ずるは実を以てし、文を以てせず。徳を修め、政を明らかにすること、天に応ずるの実なり。宜しく浮費を撙《お》さえて財用を節し、守令を選んで貧民を恤《あわ》れみ、禋祀を厳《とうと》んで仏事を汰《よな》げ、造作を止めて以て民力を紓《ゆる》め、賞罰を慎んで以て勧懲を示すべしと。皆な切に時弊に中《あ》たれり。（『元史』巻一七二、曹元用伝）

「天に応」ずるとあるからには、文中の「禋祀」は禋郊を、すなわち祭天の儒教儀礼を指している。つまりここで曹元用は、打ち続く災異を止めるため政権がとるべき「応天」の行為として、儒教儀礼を励行すること、そして同時に「仏事」を淘「汰」すること、を挙げていることになる。また冒頭に災異説的な論題を掲げていることからすれば、これは費用負担などの現実面に関する批判ではなく、「天」という授命主体に対する正当・不当の問題として仏教儀礼を正面から攻撃した言説と読みうる。

ここに見るように、やはり元の漢民族官員にとって、儀礼執行に関わる諸負担がひとしなみに「弊」であったわけではない。彼らにとって、かりに儒教の儀礼であればそれはむしろ「弊」を克服するための正当な「応天」の行為であり、他方、仏事はそれが仏事であるがゆえに、すなわち「応天」たる正当な儀礼ではないがゆえに、「弊」として告発の対象たる行為であったと言える。おそらく元にあっては実態として仏事費用が巨額にのぼったことが彼らの攻撃に拍車をかけたものではあろうが、儒教的価値観念をもつ人々にとっては、すでにそれ以前の本性的な意味において仏事は弊事であったことが知られる。なおかつ構文から見て、ここで曹元用は明らかに「厳禋祀」と「汰仏事」とを二つ一組として認識している。単に異端である仏事への傾倒が悪いとのみ批難しているのではなく、その一方において儒教儀礼が十全に省みられていないことを不当と訴えているわけである。このことは、曹元用という漢民族官僚において国家仏事と儒教儀礼とが二項対置構造のかたちで認識されていたことを示す。

曹元用は仁宗本紀・英宗本紀の原典である二実録の編纂に従事した（『元史』同前、曹元用伝）。『仁宗実録』は至治三年（一三二三）二月、『英宗実録』は至順元年（一三三〇）五月に進呈されているから[32]、彼が当該上奏で抑仏崇儒的主張をおこなったのは、まさにこの間のこととなる。

しかもこの問題は、曹元用という一個人の範囲にとどまらない。むしろここで注視すべきは、元の漢文実録の編纂が儒家知識人たちによってほぼ完全に掌握されていたという、より基層的な条件であろう。むろん実録進呈者として非漢民族の翰林学士承旨二名の名が残ることから分かるように[33]、実録編纂事業の全体が漢民族官員に握られていたわけではない。しかし現存する四点の実録進表が王惲・程鉅夫・袁桷・謝端によって撰述されていることから見て[34]、実録原本たる漢文版の著述そのものは、やはり漢民族文書官によって担われていたと考えねばならない。しかも、漢民族官員のなかでも儒家的な人材が国史纂修の任に当たるという方針があった、あるいはそのような方針があると当の漢民族史官たちが筆記していたことは、世祖が「国史」編修に当たる「儒士」を「勅選」したとの記事や[35]、仁宗が「国史院」の「儒臣」を「朕、自ら選用」したとの記事を[36]、ほかならぬ『元史』本紀が載録していることによって知られる。また実際、歴代の実録編纂官たちがおしなべて儒学者であったことは、彼らの伝記的情報、たとえば『宋元学案』などが提供する学統情報によって確認することができる。実録に由来する『元史』本紀のうち、国家仏事関連記事を登載する世祖・成宗・武宗・仁宗・英宗・泰定帝・文宗の七本紀（治世一年に満たなかった明宗・寧宗の本紀は仏事関連記事を含まない）について言えば、それぞれの原典である七実録の編纂者として現

在確認されている漢民族官員は、一人の例外もなく全員が儒学の徒と見なしうる人物である。[38] [39]

このように、元代を通じ一貫して儒家的な集団であったその漢文官撰史官たちが、はたして単に国費節約に努める皇帝を描くためだけに、仏事抑制記事を採録しつづけたのであろうか。彼らがそれらをとおして後代に伝達しようとしていたものは、異端であるとして仏教を遠ざける君主、すなわち彼らにとって正統的な儒教君主の姿であったに違いない。政権内部にあった彼ら文書官たちは、仏事抑制記事を筆記することによって、みずからの参画するモンゴル人国家が崇儒の皇帝率いるところの儒教イデオロギー政体であるという〝事実〟を、史上に刻印しようとしていたと見てよいだろう。

郊壇を設けはしたもののなかなか親祭しようとはしなかったモンゴル人皇帝たちのもと、都功徳使司や延慶司という修仏事国家機関が置かれるという状況のなか、元を儒教イデオロギー国家と見なすことがいかに不合理であるかを最も明瞭に理解していたのは、他の何ものでもなく、儒教の何たるかを知る彼ら儒家史官たち自身であったはずである。そのようななかにあってなお、あるいはそのようななかにあったからこそなおさら、彼らは彼らの皇帝が儒教的な、つまりは彼らにとっての正当な君主であったことを示しうる〝事実〟を把捉しようとした。元代を通じて漢文記録官たちが、記事採録にあえて恣意性を介在させつつ、仏事抑制に心を傾ける皇帝たちの行跡を描出しつづけた理由は、ここにあると考えられる。

⑷　仏事抑制記事の安定的生産を支えたもの

漢民族知識人、なかでもその政権参加者が抑仏崇儒的な〝善き〟皇帝とその政権を表現しようとするとき、その意味内容を漢文読者に伝達しうる確実性という点で、仏事抑制記事が有用であったことは以上のように理解しうるのではあるが、仏事抑制記事を生産することの有用性はおそらくこれのみにとどまらない。彼らにとっての仏事抑制記事のいま一つの価値は、これを採取しうる機会が比較的安定してもたらされる点にあったと考えられる。先に見たように、仏事抑制記事および「西僧」免囚の抑制記事は、ごく短期に終わった明宗・寧宗政権の本紀を除いて、世祖以降文宗以前の本紀すべてに分布する。そのため『元史』においては、やはり元代にあっても抑仏崇儒こそが一般的指針であった、との〝事実〟が写像されることとなっている。

元の崇儒的側面として『元史』本紀は、このほかにもたとえば仁宗期の科挙(40)や文宗に至ってようやく実現した南郊親祭(41)を記録するが、これらはむしろ、儒家知識人にとっては常態たるべきその仕儀に至るまでいかに難航したかを、つまりは元がいかに儒教になじまなかったかを、暗に読みとらせてしまうものでもある。これに対して、仏事抑制記事の安定性、あるいは反復性はきわだっている。そしてそれは、言うまでもなく、実際のところ仏事の執行が元代を通じてまったく衰えなかったことの結果にほかならない。つまり仏事抑制という〝事実〟記事は、実はこれとまっこうから矛盾する〝事実〟、すなわち諸帝が高頻度で仏事を執行させており、それに比例して臣僚たちの仏事抑制的上奏もまた一定頻度で通ることがあったという〝事実〟によって保証されていたと見なくてはならない。このように考えれば、歴代君主の抑仏崇儒的な姿勢の証明として元の漢文史官たちが積み上げてきたこれらの記事は、構造上、皇帝たちの熱心な崇仏行為によって裏づけられていたと言える。

歴帝のこうした崇仏に加えて、抑仏的記録の安定的な生産を支えた条件としては、崇仏的国家機関の存在も挙げるべきであろう。都功徳使司や延慶司によって公的国家行事として常態化していた元代仏事のありようは、漢民族記録官たちが、仏教関連の何らかの事象について定常的に採録しようとしたとき、叙述対象としてよくその目的に応えたはずである。これまで見てきた仏事抑制諸記事が、皇帝の仏事抑制的な姿勢を描くパターンにおいて斉一的であり、また分布状態においても安定的であることは、こうした背景の結果にほかならない。総じて言えば、実はおしなべて崇仏的であった歴代諸帝と崇仏的国家組織の存在こそが、あたかも永久機関のごとく、皇帝の抑仏的姿勢という反転した〝事実〟を史官たちに生み出させつづける動力であったことになる。

以上、仏事抑制記事の特性とその機能について考えてきた。元代各期の漢文官撰史官たちは、君主権力主導のもとで政権が組織的に仏事を励行するという体制のなかにあって、その君主が仏事に何らかの抑制を加えるべしとの意志を表明した事例をとらえ、これを治績として記録した。具体的な内容から見れば、この抑制の意志表明は財政負担や免囚など運用面における実質的弊害に関してなされており、崇仏を国家方針とする君主にとっても円滑な仏事推進のために同意しうるものであったから、そのような事例を見いだすことは不可能ではなかった。

しかしこれらの記事は、儒教的な観念をもつ書き手たちにとっては、仏事を悪しきものとする君主、すなわち抑仏崇儒の理想的君主がそのあるべき行動を採った、という〝事実〟の存在を意味した。また書き手たちは、のちに『元史』が編まれるとき、彼らと同様の観念をもつ編纂者たちが、これらの記事をみずからと同様の意味において読みとることを知っていた。なおかつ歴代君主たちが実は一貫して仏事推進者であったという条件によって、元の各時期の記録官たちは、仏事抑制記事を採録する機会を安定的に確保してもいた。こうして彼ら漢文官撰史官たちは、みずからが官員として身を置く国家が儒教理念を戴くそれであった、と、後代に表現しうる確実性の高い情報構築の手段を有し、それを行使したと言える。

第三節　告発——仏事実施記事

(一) 仏事実施記事の発する意味

以上のように元代の漢文史官たちは、仏事抑制記事を記すことによって、みずからの奉職する政権がつねに仏事を抑制しようと指向していた、とくに、仏教に好意的であったと見える歴代モンゴル人皇帝も国家理念においてはあくまでも儒教的・正統的な規範のもとにあった、と読みとらせる〝事実〟を後代に残した。しかしそれは、『元史』本紀仏事関連記事の一方の側面に過ぎない。先に述べたように、『元史』本紀にはいま一種、このときこの仏事が実行された、と記す実施記録の記事群がある。そして総体として見れば、これら仏事実施記事が抑制記事に混在す

〈表 1〉『元史』本紀所載の仏事実施記事[1]

記号：●チベット仏教僧の関与が記載されるもの　○チベット仏教僧が関与した可能性のあるもの　▲免囚
略記：〔大聖寿〕万安寺、〔大護国〕仁王寺、〔大承華〕普慶寺、〔大天源〕延聖寺、〔大崇恩〕福元寺

巻	年 / 月 / 日（西暦年）	執行僧	執行場所	期間 ［年間挙行数］	備考
			世祖本紀		
5	中統 3/11/ 丁亥（1262）		聖安寺		「仏頂金輪会」、および道観での建醮の命[2]
5	中統 3/12/ 戊寅（1263）		昊天寺	7 昼夜	「作仏事」。賜銀 1 万 5000 両
5	至元 1/4/ 壬子（1264）	●西僧	東平・太原・平陽		「祈雨」のため西僧を分遣。旱魃につき
6	至元 3/4/ 庚午（1266）	僧	中都（金中都）の寺観		「祈福」の命。中都の僧・道に対して
6	至元 6/12/ 己丑（1270）[3]		太廟	7 昼夜	「作仏事」
7	至元 8/5/ 己巳（1271）		瓊華島		「修仏事」
7	至元 9/7/ 戊寅（1272）	都城僧		9 会	「誦大蔵経」
9	至元 13/2/ 辛酉（1276）		順徳府開元寺		「設資戒大会」
9	至元 13/9/ 壬辰[4]（1276）	●国師益憐真[5] Rin chen?	太廟		「作仏事」の命
9	至元 13/9/ 辛酉（1276）		京師		「設資戒会」
10	至元 16/6/ 甲辰（1279）		五台山		「作仏事」
10	至元 16/7/ 癸酉（1279）	（散都[6]）		15 日	「修仏事」の命
10	至元 16/12/ 丁酉（1280）	諸国教師・禅師 108 人	大都万安寺		「設斎円戒」の命。同日条、万安寺建立・帝師亦憐真[7]示寂の記事
11	至元 18/3/ 丙申（1281）	●丹八[8] 八合赤 Dam pa Pakṣi? ら	東海・済源廟		「修仏事」
13	至元 22「是歳」（1285）	諸路の僧 4 万人	西京（大同路）普恩寺	7 昼夜	「作資戒会」
13	至元 22「是歳」[9]（1285）	●帝師也憐[10] 八合失 Ye (shes) Rin (chen) Pakṣi? ら	万安寺・興教寺・慶寿寺など	［19 会 / 年］	「仏事」逓作の命
14	至元 23「是歳」（1286）	●西僧	万寿山・玉塔殿・万安寺	［30 会 / 年］	「仏事」逓作の命
14	至元 24「是歳」（1287）	●西僧監臧宛卜卜思哥 rGyal mtshan(…?) ら	大殿・寝殿・万寿山・五台山など	［33 会 / 年］	「仏事」逓作の命
15	至元 25/12/ 庚辰[11]（1289）	○亦思麻[12] ら 700 余人	玉塔殿・寝殿・万寿山・仁王寺など	［54 会 / 年 ?］	「仏事」逓作の命
15	至元 26「是歳」（1289）	●帝師・西僧	万安寺	［20 会 / 年］	「仏事」逓作の命。万安寺行幸のことを併記

16	至元 27「是歳」（1290）	●帝師・西僧	万寿山厚載門・茶罕脳児・万安寺・桓州南屏庵・双泉など	［72 会 / 年］	「仏事」通作の命
16	至元 28/12/ 辛卯[13]（1292）	○羅蔵 Blo bzang ら	万安寺・涿州の寺など	［50 会 / 年 ?］	「仏事」通作の命。同日条、五代帝師任命記事
17	至元 29「是歳」（1292）	国師・諸僧・呪師		［72 会 / 年］	「仏事」通作の命
17	至元 30「是歳」（1293）			［51 会 / 年］	「作仏事」
成宗本紀					
18	元貞 1/1/ 壬戌（1295）	僧 7 万人	万安寺		「飯僧」。国忌を以て
20	大徳 6/3/ 壬寅（1302）	僧		7 昼夜	「水陸大会」修建の命
武宗本紀					
22	大徳 11/6/ 甲寅（1307）	僧	内郡・江南・高麗・四川・雲南諸寺		「誦蔵経」の命。三宮[14]のための祈福
22	至大 1/11/ 辛巳（1308）		昊天寺		「為水陸大会」。施銀 750 両・鈔 2200 錠・幣帛 300 匹
仁宗本紀					
24	皇慶 2/7/ 癸巳（1313）				▲囚徒 29 人。「作仏事」を以て
25	延祐 1/3/ 乙巳（1314）	僧人			▲獄囚。「作仏事」を以て
26	延祐 5/9/ 甲戌（1318）				▲重囚 3 人・軽囚 53 人。「作仏事」を以て
26	延祐 6/9/ 癸巳（1319）				▲大辟囚 7 人・流以下囚 6 人。「作仏事」を以て
英宗本紀					
27	延祐 7/2/ 丁巳（1320）				「修仏事」
27	延祐 7/2/ 己巳（1320）		京城四門		「修鎮雷仏事」[15]
27	延祐 7/3/ 甲午（1320）		宝慈殿		「作仏事」
27	延祐 7/4/ 乙丑（1320）			7 日	「作仏事」。仁宗の喪礼につき
27	延祐 7/5/ 己丑（1320）	僧			「禱雨」の命
27	延祐 7/6/ 甲寅（1320）		万寿山		「修仏事」。京師の疫病につき
27	延祐 7/6/ 甲戌（1320）		寧夏		「修……仏事」。給鈔 212 万貫
27	延祐 7/10/ 壬子（1320）		文徳殿	40 日	「作仏事」
27	延祐 7/11/ 丁亥（1320）		光天殿		「作仏事」
27	延祐 7/12/ 丙寅（1321）		延春閣		「修秘密仏事」
27	至治 1/1/ 丁丑（1321）		文徳殿		「修仏事」
27	至治 1/5/ 丁亥（1321）		大安閣		「修仏事」
27	至治 1/10/ 辛丑（1321）		大内		「修仏事」

28	至治 3/4/ 壬戌（1323）	僧	「天下諸司」に命じて		「誦経」10 万部の命
28	至治 3/4/ 己卯（1323）		京師の万安寺・慶寿寺・聖安寺・普慶寺、揚子江金山寺、五台万聖祐国寺	7 昼夜	「水陸仏事」修建の命
			泰定帝本紀		
29	至治 3/10/ 癸亥（1323）		大明殿		「修仏事」
29	至治 3/11/ 己丑（1323）		中都昆剛殿		「修仏事」
29	至治 3/12/ 丙子（1324）		嶺北守辺	月ごと	「仏事」月修を嶺北守辺諸王に命ず。寇兵を退けるため
29	至治 3/12/ 己卯（1324）	僧	大内		「仏事」修建の命。厭雷のため
29	泰定 1/1/ 壬寅（1324）	●（←西番経）僧	光天殿		「西番経」誦経の命
29	泰定 1/2/ 己未（1324）	●（←西番仏事）経僧 40 人	寿安山寺	3 年間	「修西番仏事」
29	泰定 1/2/ 甲子（1324）	●僧108人・帝師	京城		「作仏事」。游皇城にともなうもの
29	泰定 1/4/ 癸亥（1324）		寿昌殿		「修仏事」
29	泰定 1/4/ 甲戌（1324）	呪師			「仏事」修建の命。厭雷のため
29	泰定 1/6/ 丁卯（1324）	○（←鎮雷坐静仏事）	大幄殿？		「作鎮雷坐静仏事[16]」
29	泰定 1/6/ 辛未（1324）	○（←黒牙蛮答哥仏事）	水晶殿		「修黒牙蛮答哥仏事[17]」
29	泰定 1/9/ 乙巳（1324）	僧 1 万人			「修仏事飯僧」。昭献元聖皇后忌日につき
29	泰定 1/10/ 丙子（1324）	●帝師	延春閣		「仏事」修建の命
29	泰定 2/2/ 己亥（1325）	●西僧	延華閣		「焼壇仏事」修建の命
30	泰定 3/2/ 乙未（1326）		崇天門		「修仏事」。厭雷のため
30	泰定 3/3/ 丙寅（1326）	僧	臨洮・鳳翔・星吉児宗山など		「仏事」修建のため僧侶を派遣
30	泰定 3/5/ 乙巳（1326）		31 箇所で		「修鎮雷仏事」
30	泰定 3/9/ 辛亥（1326）	●帝師	大明・興聖・隆福三宮		「灑浄仏事」修建の命
30	泰定 3/12/ 己亥（1327）	●帝師			「仏事」修建の命。▲重囚 3 人
30	泰定 4/2/ 壬午（1327）	○（←帝師示寂にともなう仏事）			「仏事」を塔失鉄木児・紐沢[18]に命じて監修せしむ。帝師示寂につき
30	泰定 4/3/ 丙午（1327）	●西僧			「止風仏事」修建の命
30	泰定 4/5/ 丁卯（1327）		賀蘭山・諸行宮		「修仏事」
30	泰定 4/10/ 癸卯（1327）	●帝師	延聖寺		「仏事」修建の命
30	致和 1/1/ 戊子（1328）	●帝師	禁中		「仏事」修建の命

30	致和 1/3/ 庚辰（1328）	僧 1000 人	鎮国寺（仁王寺）		「仏事」修建の命
30	致和 1/3/ 丙戌（1328）	●帝師・僧[19]	塩官州[20]		「仏事」修建の命。仏塔 216 を造営、海溢厭伏のため
30	致和 1/7/ 癸未[21]（1328）		欽明殿		「修仏事」
文宗本紀					
32	天暦 1/9/ 戊寅（1328）	高昌僧・也里可温	延春閣・顕懿荘聖皇后神御殿		「仏事」修建の命
32	天暦 1/10/ 己丑（1328）	●西僧			「仏事」修建の命
32	天暦 1/11/ 辛未（1328）	●西僧	興和新内		「作仏事」
32	天暦 1/11/ 戊寅（1328）		五台寺		「作仏事」
32	天暦 1/11/ 丙戌（1328）				「作水陸会」
32	天暦 1/12/ 丙午[22]（1329）	諸僧	大明殿・延春閣・興聖宮・隆福宮・万歳山		「仏事」修建の命。同日条、福元寺の武宗神御殿に行幸の記事
32	天暦 1/12/ 辛丑（1329）	高昌僧	宝慈殿		「仏事」修建の命
32	天暦 1/12/ 辛丑[23]（1329）	●西僧 100 人	徽猷閣	7 日	「作仏事」
33	天暦 2/1/ 己巳（1329）				「作仏事」
33	天暦 2/2/ 辛丑[24]（1329）	○(←遊皇城仏事[25])			「建遊皇城仏事」
33	天暦 2/5/ 乙亥[26]（1329）		万安寺世祖神御殿・玉徳殿・延聖寺		「作仏事」。同日条、万安寺に行幸の記事
33	天暦 2/9/ 乙卯（1329）		大明殿・興聖宮・隆福宮		「作仏事」
33	天暦 2/10/ 甲辰（1329）	ウイグル僧 108 人	興聖殿		「作仏事」
33	天暦 2/10/ 戊申（1329）		広寒殿		「作仏事」
33	天暦 2/11/ 乙卯（1329）	○(←帝師による授戒にともなう仏事)		60 日	「作仏事」。帝師による（皇帝への？）授戒につき
33	天暦 2/11/ 丙辰（1329）	●帝師・群僧	延聖寺	7 日	「仏事」修建の命。明宗の供養。同日条、道士に建醮せしむとの記事
33	天暦 2/12/ 辛卯（1329）	●帝師とその徒	凝暉閣		「仏事」修建の命
33	天暦 2/12/ 甲辰（1330）	高麗僧・漢僧 340 人	福元寺		「誦仏経」の命。明年正月の武宗忌辰に先立って
33	天暦 2/12/ 壬子（1330）		（武宗）神御殿		「作仏事」。武宗御容の織成につき
34	至順 1/4/ 壬午（1330）	●西僧	仁智殿	この日から同年 12 月まで	「仏事」修建の命
34	至順 1/4/ 庚寅（1330）			7 日	「仏事」修建を有司に命ず。陝西の飢饉につき
34	至順 1/4/ 己酉（1330）				「作仏事」
34	至順 1/5/ 己卯（1330）		五台山		「仏事」修建のため遣使

34	至順 1/6/ 庚子（1330）		河南・湖広・江西・甘粛の各行省		「誦蔵経」を各行省に命ず。施鈔 3 万錠
34	至順 1/7/ 丁巳（1330）	●西僧			「仏事」修建の命。皇子燕王[27]のために。同日条、普慶寺での神御殿祭祀の記事
34	至順 1/8/ 辛酉（1330）	僧 170 人	京師	7 日	「仏事」修建の命。世祖誕生月につき
34	至順 1/9/ 丙午（1330）	●西僧	大明殿		「仏事」修建の命
34	至順 1/11/ 甲申（1330）	●帝師・西僧	内外 8 ヶ所	この日から歳末まで	「仏事」修建の命
34	至順 1/12/ 丁卯（1331）	●西僧	興聖宮・光天宮 16 ヶ所		「仏事」修建の命
35	至順 2/2/ 己未（1331）	●西僧	1 周歳		「仏事」修建の命。皇子古納答剌[28]のために
35	至順 2/3/ 癸巳（1331）		徳興府		「仏事」修建を玥璐不花[29]に命ず。同日条、累朝神御殿への製名の記事・道士に建醮せしむとの記事
35	至順 2/3/ 庚子（1331）	●西僧	上都へ移動する皇帝の各宿営地		「仏事」修建の命
35	至順 2/4/ 丙午（1331）	●西僧	五台山・霧霊山	各 1 ヶ月	「仏事」修建の命。皇子古納答剌のために
35	至順 2/7/ 乙酉（1331）	●西僧	万歳山憫忠閣	この日から 8 月 8 日（皇帝大都還御の日）まで[30]	「仏事」修建の命。同日条、道教神を祭祀せしむとの記事
35	至順 2/10/ 己酉（1331）				「作仏事」。皇子古納答剌のために。▲死罪者 2 人・杖罪者 47 人
35	至順 2/10/ 辛酉（1331）	●西僧	興聖宮	15 日	「仏事」修建の命
36	至順 3/4/ 戊午 /（1332）				▲御史台所囚の県尹 1 人・刑部の囚 26 人。「作仏事」を以て
36	至順 3/7/ 乙亥（1332）	僧	鉄幡竿		「仏事」修建の命。施金 100 両・銀 1000 両・幣帛各 500 匹・布 2000 匹・鈔万錠
			順帝本紀		
41	至正 7/2/ 甲戌（1347）		興聖宮		「作仏事」。賜鈔 2000 錠
43	至正 14/1/ 丁丑（1354）	●剌麻選僧 108 人			「朶思哥児好事」（白傘蓋仏事）修建の命。「游皇城」[31]の例によるもの

1　事例採取は以下の基準による。
・ある国家仏事がそれ以前のいずれかの時点で挙行されたことを漠然と示す記事（『元史』巻12、世祖本紀、至元19年11月戊寅条に見える「仏事」など）は除外し、当該日に皇帝が仏事を実行した、あるいは実行の勅令を発した、という明確な伝達内容をもつ記事に限定する。
・皇姉（『元史』巻26、仁宗本紀、延祐6年7月甲戌条）や皇太子（『元史』巻43、順帝本紀、至正14年11月是月条）など、皇帝以外の帝室構成員を施主とする仏事は原則的に除外し、皇帝によって発動されたものに限定する。これによって、そのとき皇帝が、仏事抑制記事で表現されている“仏事を抑制しようとする正当な君主”の枠から逸脱した、と告げる記録を抽出することとする。
・文宗本紀に関しては、天暦2年正月から8月の明宗在位中のものであっても、文宗が主催したと見られる事例である限り、当該文書の言う「帝」による仏事であるため、これを採る。下記注24・注26参照。
・仏教に特化していない儀礼や宮廷饗宴に類する行事を除外し、一般的な意味での国家仏事の記録を採る。たとえば、「勅燕王遣使持香旛、祠嶽瀆・后土・五台興国寺」（『元史』巻7、世祖本紀、至元9年正月辛巳条）とあるように別種の祭祀対象とともに仏寺へも遣使して焼香させたり、「命西僧禜星」（『元史』巻34、文宗本紀、至順元年7月壬子条）とあるように通常は司天監に執行させる星祭をチベット仏教僧におこなわせたり、「時帝怠於政事、荒于游宴、以宮女……等一十六人按舞、名為十六天魔、首垂髪数辮、戴象牙仏冠、身被纓絡……」（『元史』巻43、順帝本紀、至正14年是歳条）とあるようにチベット仏教的な内容をもつ舞楽を宮中で挙行させたりするなどの事例が除外される。
・神御殿祭祀は本来宗廟儀礼であるが、神御殿における「仏事」と明記される事例は採る。

2　仏事修建の勅命は「勅」「命」「令」「詔」などの表現を以て記されるが、表ではこれらを「命」に統一して記す。

3　『元史』（巻74、祭祀志、宗廟上）に「（至元）六年冬、時享畢、十二月、命国師僧薦仏事于太廟七昼夜」とあるものに相当する。なお、この「国師」はおそらくパクパである。第一部第二章第二節を参照。

4　『元史』（巻74、祭祀志、宗廟上）は、「（至元）十三年九月丙申（5日）」に太廟にて仏事がおこなわれたことを記す。この壬辰（1日）の仏事と同じものであろうか、別のものであろうか。

5　「国師」号と「帝師」号とが混乱したとすれば、二代帝師「亦憐真」（リンチェンギェンツェン（在位、至元11年（1274）－至元16年（1279）［稲葉正就、1965年、113-116頁］））であるかも知れない。第一部第二章注（29）参照。

6　「命散都修仏事」とある。散都なる人物が執行僧であるのか、担当官員であるのか、判然としない。

7　二代帝師。上記注5参照。

8　タムパ＝クンガータクであろう。本章注（42）参照。

9　前項と同条記事であるが、あいだに他の記事をはさんで個別記事となっているため、またこの年以降の世祖本紀是歳条に定型的に現れる年間仏事回数記事に属するため、別件として扱う。

10　四代帝師イシーリンチェンを指すようである。少なくともこの至元22年時点で帝師であった三代ダルマパーララクシタではない。イシーリンチェンの帝師就任は至元23年である［稲葉正就、1965年、122頁］が、いずれかの段階で、のちの帝師号を冠してここに記されたものであろう。

11　この記事を含めて前後のいくつかの記事は、庚辰条ではなく、おそらく「是歳」条とすべきところ、その旨の表記が脱落しているのではないか。「凡五十四会」として仏事挙行の年間総数を記す形式は、この前後の年の場合、是歳条に記されるからである。この庚辰条には、他にも、たとえば年間断死罪数など、前後の年では是歳条に記載される記事が見える。

12　“Ye shes（…?）”など、チベット仏教僧の名であろうか。少なくとも漢民族僧の名ではない。

13　至元25年12月庚辰条と同じく、おそらく「是歳」条とすべき部分に含まれる記事である。

14　ここでは武宗とその皇太子（のち仁宗）、および彼ら兄弟の母后の三者を指す。たとえば『元史』

巻 116、后妃列伝、順宗昭献元聖皇后、大徳 11 年 5 月条に、彼ら三者に関して「三宮協和」と見える。

15 「鎮雷」が、神力、加持力を意味する “Byin rlabs” の音写であるか、漢字どおりの意味であるかは判断しにくい。たとえば『元史』釈老伝に記される「鎮雷阿藍納四」は、“Byin rlabs rab〔tu〕gnas〔pa〕”（加持安住）と解されている［野上俊静、1978 年、56 頁］。なお、後出の「厭雷」と記される事例は、明らかに落雷よけの仏事である。

16 “Byin rlabs gtso chen” の音写であろうか。野上俊静［1978 年、58 頁］参照。なお当該記事は「鎮雷坐静仏寺」とあるが、中華書局本校勘記も指摘するように、「仏事」の誤りと見られる。

17 “Kṛiṣṇa-yamāntaka” であろう。野上俊静［1978 年、57-58 頁］参照。

18 この時点で中書右丞相であった塔失鉄(帖)木児（『元史』巻 29、泰定帝本紀、泰定 2 年 12 月戊寅条・巻 30、泰定帝本紀、泰定 4 年 7 月己亥条）と、御史大夫であった紐沢（『元史』巻 30、泰定帝本紀、泰定 3 年 10 月甲戌条・巻 31、明宗本紀、歳戊辰（天暦元年）9 月条）であろう。

19 ここでは「詔帝師命僧修仏事」とのみあるが、『元史』巻 50、五行志「五行一曰水」項の致和元年 3 月条にも同仏事は記載されており、そこには「西僧」による祈禱であったとある。

20 浙江塩官州ではこの前年に「海水溢、侵地十九里」（『元史』巻 30、泰定帝本紀、泰定 4 年 4 月癸未条）が記録され、その翌月には正一天師に「海溢」対策の醮儀を執行させている（同前、5 月癸卯条）。当該仏事も同様のものと考えられる。なお元は、従前から塩官州の「海神」を「霊感弘祐公」として祀っていた（『元史』巻 20、成宗本紀、大徳 3 年 2 月壬申条）。祈禱を要する対象と意識されていたようである。

21 この癸未（23 日）に先だち、同月庚午（10 日）に泰定帝は没している（『元史』巻 30、泰定帝本紀、致和元年 7 月条）。それにもかかわらずこの仏事を記録すべしと記録官に判断させる何らかの理由があったものであろうか。

22 この丙午（18 日）は丙申（8 日）の誤りか。中華書局本校勘記参照。

23 前項と同日条記事であるが、あいだに他の記事をはさんでいるため、別件として扱う。

24 この日は明宗の在位期間（天暦 2 年正月丙戌－同年 8 月庚寅）に含まれるが、文宗（同年 4 月癸卯から皇太子、8 月己亥に皇帝再即位）の命による仏事であったため文宗本紀に登載されたものと見られる。游（遊）皇城にともなう仏事とあり、2 月の游皇城は大都で挙行されるから、このとき大都に在った文宗の発動した仏事であることはほぼ間違いない。

25 游皇城の仏事は、帝師が衆僧を率いてこれをおこなう。『元史』巻 77、祭祀志、国俗旧例を参照。

26 前項と同じく、これも大都に在った文宗（当時、皇太子）の命によるものと見られる。同日、万安寺に行幸しているのは文宗である。

27 この時点の燕王は文宗長子の阿剌忒納答剌である（『元史』巻 34、文宗本紀、至順元年 3 月戊午条）。彼はこの仏事の数カ月後の至順元年末に立太子され（同前、至順元年 12 月戊申条）、直後に没した（『元史』巻 35、文宗本紀、至順 2 年正月辛卯条）。

28 文宗の次子。のちに燕帖古思と改名（『元史』巻 36、文宗本紀、至順 3 年 3 月癸巳条）。順帝即位後、高麗へ放逐される途上で殺された（同前、巻末後至元 6 年 6 月条）。

29 この時点で御史大夫であった玥璐不花(華)（『元史』巻 33、文宗本紀、天暦 2 年 12 月戊申条・巻 34、文宗本紀、至順元年 2 月壬寅条・巻 35、文宗本紀、至順 2 年 5 月乙未条）であろう。

30 「命西僧……作仏事起八月八日至車駕還大都日止」とあり、当該記事当日（7 月乙酉（12 日））から 8 月 8 日の還御の日までの意か、8 月 8 日から還御の日までの意かを判断しにくいが、この年の大都への還御は 8 日 8 日である（『元史』巻 35、文宗本紀、至順 2 年 8 月辛亥（8 日）条）ため、前者と考えられる。

31 順帝本紀には、至正 11 年・12 年にも游皇城の記事が存在する（『元史』巻 42、順帝本紀、至正 11 年 2 月是月条・至正 12 年 2 月己丑条）。これらの游皇城の際にも大明殿での仏事がともなったはずであるが、これら二件の記事には、当該至正 14 年正月丁丑条の「好事」や天暦 2 年 2 月辛丑条の「仏事」に類する仏事の記載がない。よって、これら二件はこの一覧からは外れる。

ることによって『元史』本紀は、仏教、なかでもチベット仏教を恩遇する政権の姿勢に対して漢民族知識人が示した否定的反応を、おのずから表出することとなっている。

本紀中、「仏事」「大会」などとして国家仏事が記載される事例を摘出すると、〈表1〉のようになる。作業の目的は、仏事の実施実態そのものをではなく、あくまでも実施を伝える記事の登載状況を見ることにあるため、当該日の実施を伝える記事のみでなく、当該日に実施の勅命が出たことを伝える記事も採る。これら実施勅命記事の場合も、その勅命に対応する実施記事がのちに改めて記されることはないから、記事の日付が必ずしも実施当日とはかぎらないことを除けば、皇帝の意志にもとづく仏事実施の記録であるという点において、当該日実施記事と基本的に差異はない。そのほか〈表1〉注1に記した条件にもとづき、当該日において皇帝が仏事実施または仏事実施勅命発布という崇仏行為をおこなった、との〝事実〟を示そうとした記事を採ることとする。

記述内容の点から見れば、これら仏事実施記事は単にある仏事がおこなわれたことを伝えるのみの純然たる記録記事であって、発願の目的や執行形態などの情報が付記されることはあっても、批判的な言辞をともなうことはない。しかし注意すべきは、これら実施記事が置かれる一方において、先に見た仏事抑制記事もまた存在していることである。つまり『元史』本紀においては、淡々たる仏事実施記事が散在するなか、皇帝が臣僚と一丸となって弊事たる仏事を抑止しようとしていたとの〝事実〟を描く抑制記事が、所々に杭のごとく打ちこまれている。この結果、それ自体としては単なる行事記録に過ぎない仏事実施記事が、〝この日、弊事が執行された〟〝この日、皇帝はみずから奉ずるところの抑仏崇儒の正統的規範から逸脱した〟ことを指し示す失点の記録となり、告発の意味を発することとなっている。

（二）各本紀の採録方針

仏事実施記事が発する上記の意味を踏まえたうえで次に留意すべきは、これらの記事が実態としての実施状況を反映した記録群ではまったくないという点である。元代の仏事挙行頻度は、これまで見てきたように、年間百数十余回あるいは二百回などの上限回数が削減案として掲げられるほどのものである。ところが『元史』本紀中の実施記事は、〈表1〉に見るように、最も多い天暦二年でも年間十一件が記されるに過ぎない。つまりこれらの記事は、仏事の実態を伝える逐次的記録などではおよそなく、むしろきわめて低い率で記された記録ということになる。したがって我々が問うべきは、なぜこれらの実施記録がことさら書かれねばならなかったのか、という点となろう。このとき、書き手たちにとってこれら実施記事の採録は君主・政権の失点を計上することである、という基本的条件が重要な意味をもつことは言うまでもない。

また仏事実施記事においては、チベット仏教僧の仏事への関与をいかに扱うか、という点が構成上の一つの焦点となっている。いま各本紀の仏事実施記事を、「西僧」「帝師」などとして記されるチベット仏教僧の存在（〈表1〉●・○印）を指標として分類すると、いくつかの型を見いだすことができる。第Ⅰの型が世祖本紀中の記事群であり、仏事執行者としてチベット仏教僧の存在がしばしば記される。第Ⅱの型は成宗と武宗の二本紀の記事で、チベット仏教僧が関与したとの記述が消滅している。第Ⅲの型として、仁宗・英宗本紀の記事が画される。チベット仏教僧関与の記述が存在しない点では第Ⅱの型と同様であるが、一方、その他の付帯情報ないし記事件数の点で第Ⅳの型に通ずる変調が生じており、過渡的な位置にあるものである。第Ⅳの型が泰定帝・文宗本紀の記事である。仏事執行者がチベット仏教僧であることの記述がふたたび出現するとともに、他にも特徴的ないくつかの要素をもつ。

短期に終わった明宗・寧宗治世の本紀は、仏事関連記事をもたないため考察の対象外となる。残る順帝本紀も、仏事実施記事を登載してはいるものの、その状況が文宗本紀までの記事のそれとは根本的に異なり、考察対象から除外される。まず、〈表1〉および後掲〈表2〉に見るように、三十余年に及ぶ順帝治世に対してわずか二件という登載件数は極端に零細な数値である。とくに直前の文宗本紀・泰定帝本紀と比較して、落差がきわめて大きい。なおかつこの低数値は、実態として仏事をおこなわなくなった——たとえばこの時期の各種災害や叛乱などによって――ことの反映、と考えることもできない。前述のとおり、至正二十二年・二十四年の段階にあってもまだ枢密院や中書省から仏事を抑制すべしとの上奏がなされており、あいかわらず高頻度で仏事が執行されていたと見られるからである。したがって実施記事のこの低率は、順帝本紀が原典たる実録をもたなかったことに関連すると考えて誤りない。よって順帝本紀記事は、元代史官たちによる〝事実〟採録の特性を考える今回の考察の対象からは除外すべきことになる。何より、抑制記事がそうであったように、実施記事においてもこのように順帝本紀記事の異質性がごく明瞭である点は、世祖から文宗までの各本紀の仏事関連記事が示す特性が、やはりそれぞれの実録に由来するものであることのいま一つの証左として重視すべきであろう。

(1) 第Ⅰの型――世祖本紀

第Ⅰ型の世祖本紀記事の特徴は、チベット仏教僧に委ねての仏事であることが記される事例が多いことであるが、これに加えて、その僧侶の個人名が記される場合が少なくない点を挙げることができる。またこれら個人名のなかには、「国師」「帝師」の称号を冠される者が含まれている。何ものであるかを特定しうるほどの高僧によってその仏事が挙行された、という内容を伝達しようとする叙述形態と言えよう。〈表1〉注に示したように、至元十三年九月壬辰条の「国師益憐真」は二代帝師リンチェンギェンツェンである可能性がある。至元二十二年是歳条の「帝師也憐」は、おそらく翌二十三年に四代帝師に就任することとなるイシーリンチェンであろう。至元十八年の「東海」での仏事の執行者として、タムパ＝クンガータクと見られる人物も記される。稀代の祈禱者として知られるこの僧侶が、涿州において対南宋戦の戦勝祈禱に従事したのちも、地方に出向いて何らかの儀礼を担当していたことが分かる。こうして高位僧侶の個人名を盛りこんだこれらの記事は、栄えある国家儀典としてそれを執行した崇仏側の方針をかなり忠実に反映したものと言える。[42]

また仏事の執行場所が、大聖寿万安寺・大護国仁王寺など元が大都城内外に建立した国家寺院名、および聖安寺・

昊天寺・慶寿寺[43]など既存の大寺院名、あるいは東平・太原など京師以外の地方名といったかたちで記されることも世祖本紀仏事実施記事の一つの特徴をなす。京師内外の大刹や地方において広く衆目に示すかたちで仏事が展開されたこと、すなわち世祖政権が肯定的な行事として国家仏事を営んでいた様を、世祖当代の記録史官および『世祖実録』編纂に当たった成宗代の史官が、とくに回避することなく記録したことが分かる。さらに言えば、当代記録文書蓄積の体制がいまだ固まっていなかったと見られる[44]中統年間・至元年間初期に関しても仏事実施記事が残存していること自体、これらが国家儀典としていかに積極的に提示されたかを伝えるものであるとともに、記録者たちが、盛事として仏事を挙行する崇仏側の趣旨に順行するかたちで記録したことの結果でもある。

ここで世祖本紀の仏事抑制記事の特質を考えあわせてみよう。世祖代に関しても仏事抑制記事が出現してはいた。ただしそれはある都功徳使の行動に対する個別的是正策の記録であって、成宗代以降の抑制記事に比較すれば、仏事それ自体の弊害をあぶりだそうとする意味内容においていまだ未成熟なものであった。いま世祖本紀の仏事実施記事に失点としての色彩が稀薄であり、お抱えチベット仏教僧たちの活躍を称揚しようとする執行側の動きをむしろよく伝えていることは、同本紀の仏事抑制記事のこうした傾向と呼応するものと見ることができる。

このことはまた、世祖本紀における仏事実施記事の採録件数をどう見るか、という点に示唆をもたらす。〈表2〉に示すように、世祖本紀のそれは治世全期間でならせば年平均〇．六八六件、またかりに、是歳条や十二月条で当該年の年間挙行数を合算して挙げる記事九件（〈表1〉至元二十二年—至元三十年［会／年］記事）を特殊な形式のものとして除外するとしても、年平均で〇．四二九件にのぼり、直後の成宗本紀の登載件数よりも高率である。しかし実施記事の仏事称揚的傾向、あるいは仏事抑制記事の未成熟という世祖本紀の特性を勘案すれば、それらは必ずしも失点を多く計上していることを意味していないことになる。

また、これら九件の特殊な記事、すなわち至元二十二年から三十年の年末部分に置かれる当該年の仏事挙行回数記事[45]にも注意を要する。この形式の記事は世祖本紀の他の年次に存在しないばかりか、その後のいずれの本紀にも存在せず、ごく例外的な記事である。最多で「七十二会」（至元二十七年・二十九年）、最少で「二十九会」（至元二十二年）というその数値も、計数の基準や根拠が判然とせず、情報として理解しにくい。しかし、大徳七年の都功徳使司再置ののち仏事は「五百有余」に増加したとする張珪伝中の数値や、泰定帝・文宗本紀の仏事抑制記事が上限目標として記す「一百三十七」「二百」という数値に比較すれば、これらの数値が格段に少ない回数を示していることは疑いあるまい。

以上のように世祖本紀の仏事実施記事は、「国師」「帝師」という公的な立場を有した高僧たちによる仏事であったことをしばしば明記し、非仏教的立場から見た原理上の正当性はともかく、実態上まずは正当な儀典であったことを伝達しようとする姿勢が顕著である。チベット仏教僧の関与もその文脈のなかで言及されており、とくに否定性を帯びてはいない。また実施頻度に関しても、比較的穏当なものであったとの評価が暗示される。世祖当代と次代成宗期の史官たちが、国家仏事に対する否定的反応をいまだ明確に発出するには至っていなかったことが分かる。

⑵　第Ⅱの型——成宗本紀・武宗本紀

第Ⅱの型として、成宗・武宗の本紀を画することができる。この二本紀の仏事実施記事においては、チベット仏教僧関与の記述が完全に消失する。しかし、この二政権期にあって国家仏事にチベット仏教僧が関与していなかったとはおよそ考えにくい。成宗によるチベット仏教僧への寵遇はよく知られている。(46) また、チベット仏教僧を殴った者は腕を截り、詈った者は舌を断てとの聖旨を出そうとしたという著名な逸話の主は武宗である。(47) この二帝の時期に、国家仏事からチベット仏教僧が閉め出されたはずはない。それにもかかわらず、世祖本紀の仏事実施記事には存在した「帝師」「国師」「西僧」などチベット仏教僧を示す語がないことは、最初期の原記録から『元史』成宗本紀・武宗本紀までのいずれかの段階の記述者が、〃チベット仏教僧の関与に言及しない〃と決定した結果と考えるほかはない。

第Ⅱの型の特徴としていま一つ看取しうる点は、仏事実施記事の登載件数そのものが低率であることである。成宗本紀の場合、年平均〇・一四三件と不自然なまでに少ないし、武宗本紀[48]も〇・四件にとどまる（〈表2〉）。しかし釈老伝[49]や張珪伝、すなわち非実録系に位置する情報によれば、成宗の大徳七年に都功徳使司を再置したことによって仏事挙行頻度が著しく増加し、「五百有余」にのぼったとされているのであるから、その後の成宗治世中とそれに続く武宗代において実施回数が少なかったとは考えられない。また実際、前記のとおり、仏事抑制を訴える記事が成宗本紀・武宗本紀において存在している。したがってこの期間についての実施記事件数が少ないこともまた、チベット仏教僧への非言及と同様に、実施を伝える記事の採録そのものを抑えようとする方針を、いずれかの段階の撰者たちが採ったことの結果であることになる。

ここで勘案すべき点は、先に見てきたように成宗本紀以降においては仏事抑制記事のパターンが確立していること、つまり仏事すなわち弊事という位置づけが定着していることである。このことから考えれば、仏事実施の記録を多くは記さないという第Ⅱの型の方針とは、仏事に歯止めをかける善き皇帝と善き政権、という仏事抑制記事が描くところの映像を貫徹させようとの方針を意味していることになる。

この方針を示す第Ⅱ型記事が、一方においてチベット仏教への言及を排除している。このことは、「西僧」たちの関与を記述することによって、善き皇帝の善き治世という映像に破綻が生じてしまう、という意識がその史官たちにあったことを示唆する。第Ⅰの型が、ときに個人名さえ付して「国師」「帝師」「西僧」らの修仏事を記録することに躊躇のなかったことと比較して、第Ⅱの型においては、チベット仏教僧に与えられた位置が否定的な方向へと遷移しつつあることが分かる。後述の第Ⅳの型において、チベット仏教僧を明らかに否定的な要素として仏事実施記事に登場させる方針が採られることになるが、こうしたチベット仏教僧への負の意味づけの端緒は、あえて彼らには言及しない、という第Ⅱの型のこの扱いにおいて胚胎していると言えるだろう。

(3)　第Ⅲの型――仁宗本紀・英宗本紀

第Ⅲの型としては、仁宗本紀・英宗本紀を区分することができる。しかしこの区分のみは、両者に明瞭な同質性があるというよりもむしろ、ともに第Ⅱ型・第Ⅳ型から除外される結果としての括りという性格が強い。とはいえ両本紀とも、チベット仏教僧についての記述を欠くという点では、共通して第Ⅱの型の方針を引き継いでいる。また記事中の用語の面でも、両本紀に共通する特徴がなくはない。〈表1〉に示したように、世祖・成宗・武宗の三本紀においては「仏事」の用語とともに「大会」など他の表現がかなり混在しているが、仁宗本紀以降は「仏事」の語にほぼ統一される。この点で、武宗本紀以前と、仁宗本紀・英宗本紀以降とのあいだの断絶は判然としている。加えて仁宗・英宗の本紀は、仏事抑制的な善き政権という映像を破綻させる何らかの要素を含むという点で第Ⅳの型への近似を示している。この意味で両本紀は、過度的性格を共有する型と位置づけうるだろう。

まず仁宗本紀の場合、その仏事実施記事は件数こそ四件と少ないが、そのすべてが免囚をともなったことを併記する記事である。このことは、これら仏事実施の記録を残すことを意図した筆記者たちの主要な動機が、当該仏事において免囚がおこなわれたことを伝えようとするものであったことを暗示する。

免囚は『元史』において一貫して弊事として記述されている。ほかならぬ仁宗本紀そのものも、皇姉によって挙行された仏事において免囚がおこなわれたことを仁宗が問題視し、その囚人を「還獄」させたことを記している。(50)なおかつ仁宗本紀は、先に見た仏事抑制記事においても、仏事の際の免囚の弊害が御史台のみならず皇帝その人によっても明確に意識されていたことを述べていた。ところが、それにもかかわらず国家仏事において免囚がおこなわれたことを、これら仏事実施記事が暴露してしまっているわけである。これによって、皇帝が免囚抑止にいかほど成功をおさめたか、あるいは実際のところいかほど積極的であったかへの疑念が伝達される。

具体的に見れば、皇慶二年（一三一三）年の仏事抑制記事として、都功徳使司による免囚要請を仁宗が却下したことを記す二月丁亥条、および御史台の免囚抑制上奏を仁宗が承認したことを記す四月乙酉条が示されたあと、同年七月癸巳条として免囚付き仏事の実施記事が置かれる。免囚を抑制しようと言う仁宗の舌の根もかわかぬうちに免囚がおこなわれたと記しているわけであり、崇仏事業に対する書き手の否定的な反応が生んだ記事と言える。

続く英宗本紀仏事実施記事の特徴は、まず、その件数が増加することにある。年あたりの平均件数〈表2〉で見ても、ここで一気に増えていることが分かる。とはいえ英宗本紀においても、仏事すなわち弊事という位置づけが一貫していることは、第Ⅱ型の成宗・武宗本紀の場合と変わりはない。しかしそれにもかかわらず、その仏事の実施をかなりの頻度で記してしまっているわけである。仏事に明確な負のレッテルを貼りつつも当該皇帝治世のその失点には口をつぐんでいた第Ⅱ型とは異なり、それを伝えることを辞さない方向へと書き手たちの方針が転換しつつあることが分かる。この方針は、第Ⅳの型をなす泰定帝本紀・文宗本紀に至って、さらに尖鋭化していくことになる。

また〈表1〉に見るように、英宗本紀の実施記事の場合、執行場所が宮城内の某「殿」・某「閣」として記される事例が多い。これもまた第Ⅳの型へとつながる特徴である。なおかつそれら殿閣の所在について言えば、延春閣は大都大内にある殿閣であり、宝慈殿は興聖宮に、光天殿・文徳殿は隆福宮に位置し(51)、また大安閣は上都の主要宮殿であるから(52)、仏事の舞台として大都三宮城と上都宮城が網羅的に挙げられていることになる。このように殿閣名を記す記事が多いことに対して、仏寺名を記載する記事は至治三年四月己卯条の一件のみであり、これは同じく場所の記載が比較的詳細な第Ⅰの型において仏寺名を記載する実施記事が多いことと、著しい対照をなす。儒教的な立場においては、仏事が仏寺で挙行されることがせめてもの妥当な状態ということであろうから、挙行場所として仏寺よりもむしろ宮城内殿閣を頻出させる英宗本紀実施記事の内容は、自身のなかで不当と感知される仏事挙行のありようを書き手たちがあえて筆記した結果と理解される。

加えて英宗本紀記事には、書き手たちの否定的反応を示すいま一つの徴候を見いだすことができる。仏事実施の目的として、祈雨・疫病鎮息が記入されている点がそれである。これによって、当該皇帝の治世期間に災害と社会不安が出来したことが明示されることになっているわけであるが、書き手が儒家知識人である以上、これらに災異説的な意味合いが付託されていないことはありえない。事実、英宗本紀は、「地震」や「日月薄蝕」に対して英宗が「天戒」を読みとり「自責」したとする記事を載せている（『元史』巻二八、英宗本紀、至治二年十一月己亥条・至治三年二月癸酉条）から、各段階の採録者たちは明らかに、このモンゴル人皇帝もまた災異説に則って執政しているとの論理を読解の土台として用意している。したがって災異を併記するこれら仏事実施記事には、このとき英宗治世に対して天の警鐘が鳴らされた、とする書き手側の評価が言明されていると見てよい。なおかつ、これらの災異を克服するために、こともあろうに「異端」たる仏教の儀礼を挙行したことを記してしまっているのであるから、これは英宗政権が過誤の上塗りをしている様を描いたものにほかならない。書き手たちが、ごく否定的に英宗代仏事の〝事実〟を構成したことが分かる。

⑷　第Ⅳの型――泰定帝本紀・文宗本紀

第Ⅳの型として分類しうる泰定帝本紀と文宗本紀もまた、仏事実施記事件数が多い点、すなわち当該皇帝が〝弊事たる仏事を執行してしまった〟ことを遠慮なく記す点において、第Ⅲ型のうちの英宗本紀の方向を継ぐものである。しかし泰定帝本紀・文宗本紀は、あたかも堰を切ったかのごとくチベット仏教僧の関与を書きたてるという点において、截然として一つの型をなしている。〈表２〉に見るように、その仏事実施記事のうち、確実にチベット仏教僧への言及を含む記事は、泰定帝本紀・文宗本紀ともに四〇％前後にのぼる。おそらくチベット仏教僧への言及であろうと推測される記事も含めれば、両本紀ともさらに比率は上がる。成宗本紀から英宗本紀までの仏事実施記事においてはチベット仏教僧への言及は皆無であるから、第Ⅳ型の二本紀において突如として高率でそれらが登場することには注意せざるをえない。

英宗本紀は、実施記事を増加させつつも、チベット仏教僧については口を閉ざしていた。他方、第Ⅳの型の二本

〈表２〉『元史』本紀所載の仏事実施記事：統計

本紀〈巻数〉（治世年数[1]）	件数	年平均件数	チベット仏教僧言及件数		チベット仏教僧言及件数／全件数（%）	
			●	●＋○	●	●＋○
世祖本紀〈14〉（35）	24	0.686	8	10	33.33	41.67
（年間挙行数記事を除外）[2]	（15）	（0.429）	（3）	（3）	（20.00）	（20.00）
成宗本紀　〈4〉（14）	2	0.143	0	0	0	0
武宗本紀　〈2〉（5）	2	0.4	0	0	0	0
仁宗本紀　〈3〉（10）	4	0.4	0	0	0	0
英宗本紀　〈2〉（4）	15	3.75	0	0	0	0
泰定帝本紀　〈2〉（6）	27	4.5	11	14	40.74	51.85
明宗本紀　〈1〉（1）	0	0	0	0	0	0
文宗本紀　〈5〉（5）	38	7.6	15	17	39.47	44.74
寧宗本紀　〈1〉（1）	0	0	0	0	0	0
順帝本紀　〈10〉（35）	2	0.057	1	1	50.00	50.00

1　即位年と逝去年を含む。初回改元前の新帝治世期間内の仏事が記録されている場合があるため。文宗代には天暦元年を含める。順帝代は至正 27 年までとする。

2　世祖本紀の記事のうち、至元 22 年から 30 年までの年間挙行数記事（〈表 1〉期間欄に［会／年］として記したもの）9 件を除外した件数。

紀は、実施記事を多く採るとともに、チベット仏教僧の関与をおおいに書きたてもする。このことは、仏事実施記事をどの程度の頻度で採録するかの決定と、チベット仏教僧に言及するか否かの決定とが、それぞれ別個になされていることを意味する。つまり、第Ⅳの型がチベット仏教僧の関与を多く記していることは、仏事実施を多く記したことに付随する自動的な結果なのではない。第Ⅳの型の記事の生産者たちは、仏事実施記事を筆記するに当たり、チベット仏教僧が関わったかたちでそれを記すか否かを一つの独立した問題として意識し、その結果、それを〝そのかたちで記す〟という方針を、すなわち第Ⅲの型を採った書き手たちとは異なる方針を、自分たちのものとして採択していることになる。

もちろんチベット仏教僧への言及それ自体は、第Ⅰの型、すなわち世祖本紀においても見られるものである。しかし第Ⅳの型においては、チベット仏教僧の関与を記しつつも、その「西僧」の個人名はもちろん「帝師」の名さえ記されない。第

Ⅰの型が仏事の導師たる国師や帝師の名を几帳面に伝えようとすることと比較して、第Ⅳの型のこの冷淡な記述形態はきわだった対照を示す。第Ⅰの型にはあった称揚的な要素が、ここでは完全に脱落していると見てよいだろう。なおかつ第Ⅰの型の場合と異なり、第Ⅳの型の本紀においては仏事抑制記事によって仏事すなわち弊事という通奏音が流れているわけであるから、これら実施記事に記載される名無しの「西僧」「帝師」たちは、弊事の担い手として次々と登場させられていることになる。

しかも第Ⅳの型における弊風横行たる状況描写は、単に仏事実施記事件数の多さによってのみ造形されているわけではない。この記事群のなかには、当該仏事の執行過程において好ましくない要素が介在している、と読ませる内容を含んだ記事が少なくない。たとえば〈表1〉とその注に示したように、泰定四年二月壬午条の実施記事は当該仏事の担当官員として塔失鉄木児と紐沢の名を記しており、この時点で前者は中書右丞相、後者は御史大夫であったと見られる。ところが先に述べたように、泰定二年七月には御史台から、泰定三年十一月には中書省から、仏事・免囚抑制の上奏が出ている。つまりこの泰定四年の仏事実施記事は、前年・前々年に仏事やチベット仏教僧がらみの免囚を抑制するよう求めていた二官署の長たちに仏事の運営が命じられたことを曝露しているのであって、ごく辛辣な採録姿勢と言わねばならない。もちろん、たとえば彼ら二人が個人としては崇仏派であったがゆえに仏事担当者に指名された、といった何らかの個別事由が介在していたのかも知れない。しかし、かりにそうであったとしても、仏事抑制記事が一貫して中書省・御史台を抑仏的機関として記述しつづけている以上、その高官たちが崇仏行事に動員されたという構図それ自体が、望ましからぬ状況を表現してしまう。文宗本紀においても、同じく〈表1〉と注で挙げたように、至順二年三月癸巳条の実施記事で仏事を命じられたとして記される玥璐不花が、この時点で御史大夫であった人物であるから、同様の構図が反復されていることになる。またその翌年の至順三年四月戊午条の実施記事には、御史台が収監していた囚人を赦免したとあり、これもまた御史台との摩擦を読みとらせる構造となっている。

また第Ⅳの型の仏事実施記事には、すでに英宗本紀に見られたのと同様に、災異の頻発していることを表現する記載が多い。泰定帝本紀には雷封じの仏事が少なくとも三例あり、(53)このほかにも止風のためや海溢を静めるためとの趣旨説明が添えられる記事がある。祈禱せねばならない理由が次々と挙げられるそのありさまには、あたかも五行志の災異リストを見るかのような観がある。

事実、泰定帝本紀には、これら仏事関係の記事にかぎらず、災異に関する記述が顕著に盛りこまれている。早くも泰定元年の記事として、災異の頻発のことが君臣間でさかんに議論され、また皇帝が修徳に努めたことが記される。(54)以後の記録においても、頻々たる災害の発生と、これに対応する修徳のことが記載される。(55)そのうえでこの本紀は、治世最末期の致和元年三月の時点のこととして、塔失帖(鉄)木児と倒剌沙、すなわち当時の中書右丞相と左丞相とがそろって(56)「災異、未だ弭《や》まず」(『元史』巻三〇、致和元年三月庚午条)との言葉を皇帝への進言のなかで述べたことを記し、結局のところこの政権が修徳の実をあげることができなかったことを表現する。たとえば天変に際して皇帝が祈ればたちまち応があったと記す(57)仁宗本紀との差が歴然としていることはもちろん、災異に対する皇帝の自責や修徳は記しつつもその成否までは直筆しない英宗本紀と比較してさえ、いっそう評価が厳しい。この泰定帝本紀が、仏事実施記事に災異を多く併記するとき、そこに負の評価がこめられていないはずはない。

さらに、第Ⅳ型の仏事実施記事が示す治世不安定の徴候は天災のみではない。〈表1〉にあるように、泰定帝本紀至治三年十二月丙子条には「寇兵」を却けるために辺境諸王に月ごとの仏事が命じられたことが、また文宗本紀至順元年四月庚寅条には陝西の飢饉に際して有司に仏事執行が課されたことが記され、より現実的な側面における国土荒廃が描かれる。

執行場所として仏寺よりもむしろ宮城内の殿閣が多く記され、仏事が本来あるべき空間から逸脱している様が描かれることも、英宗本紀を継承する否定的要素である。泰定帝本紀・文宗本紀とも、ついに大内ないしその主殿である大明殿を明記することにはじまり、大都・上都の殿閣を仏事執行場所として多く記載する。とくに、泰定三年九月辛亥条・天暦元年十二月丙午条・天暦二年九月乙卯条は、大内（大明殿）・興聖宮・隆福宮という大都の三宮城を同日条に記しており、この日、大都皇城内の全域で仏事が同時執行されたことを伝えている。書き手たちの儒教的観念にとっては風俗頽敗としか言いようのない事態が展開されたことを、空間的に具体描写した記事である。[58]

加えて第Ⅳの型の実施記事においては、当該仏事が帝室内のある人物のための祈禱であることを記す記事が目だつ。ことに文宗本紀においてこれが顕著である。先帝たる世祖・武宗に関連づけられたものが三件（天暦二年十二月甲辰条・天暦二年十二月壬子条・至順元年八月辛酉条）あることはともかく、皇子のための祈福であったと記すものが四件にのぼる。四件のうち最初の一件（至順元年七月丁巳条）は文宗長子、残る三件（至順二年二月己未条・同年四月丙午条・同年十月己酉条）は次子のためのものであるが、〈表1〉注に述べたように、いずれもその存命中の祈福仏事であって、いわゆる現世利益のための仏事ということになる。国費を投じて挙行するからには、せめてその名目を祖宗祭祀にすりあわせる程度の姿勢は保つべきところ、その規範を外れて愧じるところがない、とする記述がおこなわれているわけであり、これもまた第Ⅳの型を特徴づける否定的要素の一つとなっている。

以上のように第Ⅳの型の仏事実施記事は、その件数の多さに加えて、記述内容にも否定的要素を顕著に含む。なおかつ、これらの記述方針を採った史官たちは、望ましからぬこの事態にチベット仏教僧が多く関与したことを積極的に記す方針をも採っている。このように採録された記事によって、仏事を抑制しようと心がけていたはずの皇帝たちが結局のところこの弊風に流れ、そしてこの弊事においては、当然ながら帝室愛顧のチベット仏教僧たちが存分に活動していた、という〝事実〟が、史上に定置された。

（三）実録との対応関係

これまで見てきたように、各本紀の仏事実施記事はその採録方針に独自の方向性をもち、なおかつそれぞれの方向性間の差異が小さくない。このことは、遅くも実録の段階で、すでにそれぞれのその方向性が備わっていたことを示唆する。なぜなら、明初の『元史』撰者たちに、その治世の失点たる情報を書きこまない配慮を成宗政権や武宗政権にはらう理由があったとも、また逆に、多くの失点を暴いてしまうような動機をことさら泰定帝や文宗の政権に対してのみ抱く理由があったとも考えられないからである。ましてや、元の歴代政権ごとにチベット仏教僧への言及のありようを操作せねばならない必然性が明の撰者たちにあったとは、なおいっそう考えにくい。

もちろん、各本紀に現存する仏事実施記事件数が、そのまま各実録におけるその記事件数であるわけではあるまい。しかし『元史』本紀には、平均して一巻に治世三・五年分をつめこむ成宗本紀がある一方で、文宗本紀は一巻で一年分である〈表2〉といった歴然たる偏差がある。これは、原典実録ごとに偏差があったこと、なおかつそれが各本紀に反映されていることを意味している。したがって、各本紀の仏事実施記事の多寡の様態、およびそこでのチベット仏教僧に関する言及の様態もまた、かなりの程度で実録のそれを反映していると見るべきである。

『元史』のそれぞれの本紀が示す偏差に関しては、従来からすでに、それが原典たる各実録の〝ばらつき〟を調整しなかった明初の編纂者たちの仕事の結果であること、むしろ、あえて各実録の特性を残すかたちで本紀を編修しようとした彼らの方針を読みとるべきことが指摘されている。(59) 各本紀の仏事実施記事の特徴がその原典たる実録段階ですでに存在したことを示唆する今回の結果は、『元史』本紀一般に関して看取されているこの特質の一例として整合的に理解しうるものである。

より具体的に、本紀に現存する仏事実施記事の採録方針と実録との対応関係を確認するため、前記の四類型と、対応する七編の実録の成立年次・主な編纂官名とを整理したものが〈表3〉である。各類型と実録との相関関係を示すものとして、以下の諸点をここから読みとることができる。

まず世祖本紀の場合、その原典である『世祖実録』の主たる編纂官の顔ぶれが、現時点で知られている限りにおいて、他の実録の編纂メンバーと重複していない。『世祖実録』のこの孤立性は、世祖本紀の仏事実施記事が第Ｉの型として独立分類しうることと対応する。

〈表３〉『元史』本紀の仏事実施記事類型と実録との対応関係

記事類型	本紀	原典実録修成年次[1] 【進呈先皇帝】 進呈者（翰林学士承旨）	主な漢文実録編纂官[2] （　　部分は複数の実録編纂に参加した人物）						
第Ⅰ	世祖本紀	元貞元年（1295）6月[3] 【成宗】董文用 大徳8年（1304）2月[4] 【成宗】撒里蛮	王惲[5]・姚燧・趙孟頫・孛朮魯翀・張九思・李之紹・馬紹[6]・李謙[7]・張昇・高道凝・王構・申屠致遠						
第Ⅱ	成宗本紀	皇慶元年（1312）10月 【仁宗】玉連赤不花	程鉅夫・元明善						鄧文原・暢師文
	武宗本紀	同上	程鉅夫・元明善					蘇天爵	楊載
第Ⅲ	仁宗本紀	至治3年（1323）2月 【英宗】		元明善	廉恵山海牙・曹元用				袁桷
	英宗本紀	至順元年（1330）5月 【文宗】			廉恵山海牙・曹元用	謝端			呉澄・馬祖常
第Ⅳ	泰定帝本紀	不明[8]（修撰開始[9]：元統元年（1333）?・元統2年（1334）?・後至元元年（1335）?） 【順帝】					王結・張起巌・欧陽玄・成遵		周伯琦
	文宗本紀	同上				謝端	王結[10]・張起巌・欧陽玄・成遵	蘇天爵	

1　とくに注記のないものは、邱樹森［1987年、56頁］による。
2　邱樹森［同前］を基本とし、葉幼泉・王慎栄［1988年、179-180頁］、湯鋭［2010年、26頁］、『元史』（巻164、王構伝・巻170、申屠致遠伝）を参照して作成。
3　『元史』巻18、成宗本紀、元貞元年六月甲寅条。王惲の進表はこれに付されたものである（『秋澗先生大全文集』巻67、進呈世祖皇帝実録表）。
4　「進金書世祖実録節文一冊・漢字実録八十冊」（『元史』巻21、成宗本紀、大徳8年2月甲辰条）。
5　□で囲んだ4名は、実録進表撰述者。『泰定帝実録』『文宗実録』については不明。
6　葉幼泉・王慎栄［同前］は、ここに馬紹を入れることは誤りとする。
7　葉幼泉・王慎栄［同前］は、ここに李謙を入れることは誤りとする。
8　邱樹森［同前］は、おそらく後至元年間に修成したと見ている。また宋濂による周伯琦の伝に、『泰定帝実録』『寧宗実録』の「上進」を後至元6年（1340）とする記述が見える（『宋学士文集』芝園続集巻4、元故資政大夫江南諸道行御史台侍御史周府君墓銘）。したがって、少なくとも『泰定帝実録』については、この年次が一つの候補となろう。
9　葉幼泉・王慎栄［同前］は元統元年とし、邱樹森［同前］・湯鋭［同前］は元統2年とする。みずから『文宗実録』編纂に当たった蘇天爵が、王結の伝を記したなかで「今上皇帝元統元年……召拝翰林学士資善大夫知制誥同修国史。勅史官修泰定・天暦両朝実録、公与張公起巌・欧陽公玄共領其事」（『滋渓文稿』巻23、元故資政大夫中書左丞知経筵事王公行状）としていることを重視すれば、『泰定帝実録』と「天暦」の実録（『明宗実録』または『文宗実録』）編纂は元統元年、すなわち順帝即位の直後から着手されたと見てよいようである。なお、後至元元年は、『元史』巻38、順帝本紀、後至元元年四月己卯条が載せる年次であるが、『元史』内における矛盾もあり、採りにくい年次である。
10　葉幼泉・王慎栄［同前］は、王結が「泰定・天暦両朝実録」（『元史』巻178、王結伝。前記『滋渓文稿』王公行状も同じ）編纂に参画したと記されるところの「天暦」の実録を、『文宗実録』ではなく、『明宗実録』と見る。

『成宗実録』と『武宗実録』とは、『順宗実録』とともに、皇慶元年十月に同時進呈された。程鉅夫による進表も、これら「三朝実録」一括である。(60) 程鉅夫はもちろん、元明善も両実録の編纂メンバーを兼ねている。こうした成立状況から見て、『成宗実録』と『武宗実録』とが、採録方針において近似性の高いものであったと考えることに無理はない。このことは、成宗本紀・武宗本紀の仏事実施記事が第Ⅱの型として類似の傾向を示すことと呼応する。したがって第Ⅱの型の特徴、すなわち仏事実施記事を多くは採らないという方針、(61) なかでもチベット仏教僧関与への言及は避けるという方針は、遅くも彼ら実録編纂官たちの段階(62)ではすでに方向づけられていた蓋然性が高いと言える。

第Ⅲの型の区分が、両者の同質性よりもむしろともに第Ⅱ・第Ⅳの型から排除されることによって分類しうるものであること、強いて言えば過度的位置にある点において共通していることは前述した。つまり仁宗本紀と英宗本紀とは仏事実施記事の採録様態において互いにかなりの独自性をもっているわけであるが、このことは、それぞれの原典である実録がそれぞれ単独に編纂されたものであることの反映であろう。とくに仁宗本紀は、直前の成宗本紀・武宗本紀の実施記事では使われていない「仏事」という用語が復活・定着する点、また免囚記事が必ず付帯されるという他の本紀には見られない突出した特徴をもつ点において、明瞭な独自性を示していた。これらの特質は、明初の『元史』編纂者たちの机上に置かれた『仁宗実録』に、すでにそのような内容が具わっていなければ出現しえないものである。袁桷ら『仁宗実録』編纂グループの段階で、すでにこれらの採録方針は決していたと見なくてはならない。

また仁宗本紀と英宗本紀の仏事実施記事は、それぞれ独自性をもつとはいえ、次第に否定的要素を強めつつあるという点においては同一の傾向を示していた。このことを、たとえば『仁宗実録』『英宗実録』双方に曹元用が加わっているという点とあわせて考えてみよう。曹元用は、先に触れたように泰定三年の災異頻発に際して仏事抑制を強く訴えた人物であり、そのとき彼が挙げた理由は、仏事は浪費であるといった常套的・消極的なものではなく、それは天意に逆らう災異原因であるから止めるべきであるとする、積極的な、あるいは攻撃的なものであった。泰定三年（一三二六）は、『仁宗実録』修成（至治三年（一三二三））の三年後、『英宗実録』修成（至順元年（一三三〇））の四年前に当たる。もちろん、曹元用というこの人物の抑仏的姿勢が二編の実録の仏事否定的傾向に直接関係していると考えうるわけではない。しかし、これら二実録の編纂者たちをとりまく状況において、儒教の立場からの根源的な批判を国家仏事に対して表明することが回避されなくなっている、という点は考慮しなければならない。このことは、『仁宗実録』『英宗実録』の仏事実施記事が次第に否定的要素を強めつつあったことと、おそらく無関係ではあるまい。『英宗実録』編纂を実質的に統括した呉澄が、かつてその英宗の企画した金字仏経に序を寄せることを拒んでいた[63]ことなども、当該期の翰林兼国史院系官員において崇儒抑仏的立場がより鮮明に示されつつあったことを伝える事例である。これらのことから見て、仏事への批判的要素を顕在化させつつある第Ⅲ型の二本紀記事の特性をその実録編纂者たちの採録方針に帰することは、さほど飛躍した理解ではない。

　第Ⅳの型として分類される泰定帝本紀・文宗本紀の原典二実録がきわめて近い性格をもっていたであろうことは、容易に推測しうる。『泰定帝実録』と『文宗実録』とは、明宗・寧宗の実録とともに、順帝の元統元年（一三三三）または元統二年[64]、同時に編纂が開始された。そのため、「四朝実録[65]」、「三朝実録[66]」、「両朝実録[67]」などと、しばしば一括のかたちで表記される。編纂メンバーの顔ぶれにおいても、張起巌・欧陽玄・成遵の三人は確実に重複、もしもこれに王結を加えれば[68]四人の重複があったことになる。したがって、第Ⅳ型の二本紀に共通して見いだしうる仏事実施記事の特性が、これら二実録の編纂官たちの方針に由来することは、ほぼ疑いない。

　以上のことを総合すれば、『元史』本紀の仏事実施記事に認められる数種の類型的特性は、それぞれの原典たる実録においてすでに存在していたと考えてよいだろう。つまり、それら各様の特性の背景にある記事採録様態は、国家仏事に関わる情報をどのようなかたちで残して〝史実〟を構成するかという問いに対して、元代の漢文史官たち、最終的にはそれぞれの漢文実録編纂官たちが選んだ方針の結果であると見るべきこととなる。とくに、第Ⅳの型の特性が『泰定帝実録』『文宗実録』におけるそれであることがほぼ明瞭である点は、ここでの考察において重要な意味をもつ。

（四）〝悪しき史実〟の生産者たち――『泰定帝実録』『文宗実録』編纂官

本章の目的は、モンゴル人支配者のチベット仏教崇奉に直面した漢民族知識人の反応のうち、ある個人による意識的な批判ではなく、複数の書き手が共有したおのずからなる否定的反応を見いだすこと、それも政権内部の人々のそれを見いだすことに置いた。この目的に、第Ⅳの型の仏事実施記事が合致することは言うまでもない。いま、遅くとも『泰定帝実録』『文宗実録』の段階で、失点の意味をもたせた仏事実施記録を多く採録するという第Ⅳ型の特性が具わっていたことは推測しえた。だが、すでに実録以前の原文書において、これらの記録は存在していたはずである。この点をどう考えればよいだろうか。

ここで重要なことは、これら二実録の編纂官たちには、原文書のそのような特性、つまりは好ましからぬ仏事実施とチベット仏教僧の関与を記す記事を採録しないという選択が充分にありえた、という点である。おそらく第Ⅱ型・第Ⅲ型の実録がそうであったのであるから、彼らも同様に、これらの記事を採らずともよかったはずである。しかし、彼らはそれとは異なる選択をしている。つまり、仏事実施記事を多数採録する、しかもそれらが災異対策や現世利益と絡んだものであったとする情報や、そこにチベット仏教僧が関与していたとの情報までも付けて採録する、という決定をくだしているわけである。その結果、彼ら『泰定帝実録』『文宗実録』の編纂官たちは、もはや仏事の当否や価値を議論することさえなく、いわば〝客観的〟に、そのとき〝悪しき〟ことがおこなわれた、とする〝事実〟を記述してしまっている。

このことを、たとえば、『文宗実録』編纂グループに蘇天爵と謝端とが参加していることに注意を向けて考えてみよう。蘇天爵は、チベット仏教僧への言及のみならず仏事実施そのものの記録が甚少であったと推測される第Ⅱ

型の『武宗実録』の編纂にかつて加わっていた人物である。また謝端は、仏事実施記録を増加させつつもチベット仏教の関与には非言及の傾向を維持したと見られる第Ⅲ型の『英宗実録』の編纂メンバーの一人である。秘本である過去の実録を、のちの実録編纂官たちがどれほど閲覧しえたかは判然としない。しかしこの二人を擁した以上、『文宗実録』編纂グループには、失点である仏事実施記事の登載を回避する選択、せめてチベット仏教僧の関与には箝口するという選択が充分にありえたはずである。また『泰定帝実録』も、『文宗実録』と同時並行で、しかも張起巌ら前記三人ないし四人のメンバーを重複させるかたちで編纂が進められていたのであるから、条件はほとんど同じである。ところがこれら二実録の編纂官たちは、仏事実施とチベット仏教僧関与の記事を大幅に採録した。つまり彼らは、我々が現在の泰定帝本紀・文宗本紀に見るところの〝事実〟を残すという選択を、あえておこなっていることになる。

では、その選択をくだしたのはどのような書き手であったのか。翰林侍講学士張起巌・翰林直学士欧陽玄の二名が『泰定帝実録』『文宗実録』両実録の編纂に、また翰林学士王結も、これら両実録、あるいは少なくとも『泰定帝実録』の編纂に当たり、成遵がこれらに参与として加わったとされる(69)。さらに、『泰定帝実録』には周伯琦が、『文宗実録』には、前記のように謝端と蘇天爵が参加した(70)。

このうち欧陽玄に関して言えば、たとえばのちに彼が中心となって編纂した『宋史』の冗長が指摘されるように(71)、どうやら原典を果断に圧縮することを好まない人物であったようであり、したがって他の記事と同様に、仏事実施記事もおのずから多く採られたのではないか、という可能性が考えられなくはない。事実、『元史』文宗本紀が一年分でまるごと一巻を費やすという異例の体裁になっていることから推せば、おそらく『文宗実録』はかなりの分量からなる詳密なものであったはずであり、そのため仏事実施記事やチベット仏教僧への言及がおのずから増加した、という推測がありうるようではある。しかし、仏事実施記事の構成様態において文宗本紀と同じ傾向をもちながらも、泰定帝本紀のほうは、治世年数に照らした分量比率において他の本紀とほぼ同等の水準である(72)。したがって泰定帝本紀・文宗本紀における仏事実施記事件数とチベット仏教僧への言及は、全体の分量に連動して自動的に増加したわけではないことになる。何より、これらの記事は彼ら儒士にとって誹謗の意味を発する特殊な言説なのであるから、ここでの大幅な増加が、何らの躊躇もなくおこなわれるはずはない。欧陽玄を含む編纂グループは、やはり意識的に、仏事実施記事とそこでのチベット仏教僧の活動を多く実録に記すという選択をおこなったと見なくてはならない。

それでは、彼らはなぜこのような採録方針に踏み切ったのであろうか。彼らのうち王結については、仏事や免囚に対してきわめて批判的であったことを伝える逸話が残されている(73)。また蘇天爵の反仏教的姿勢についても、前章で見たとおりである。これらのことからすれば、たとえば彼らが仏事抑止への熱意ゆえに警鐘としてその事例を多く登載しようとした、といった経緯はありえないことではないのかも知れない。だが、先に触れた曹元用や呉澄もまた同様であったことが示すように、反仏教的な態度は元代の儒士にごく一般的なものであって、それを表出する程度に差があるにせよ、その姿勢そのものは必ずしも特殊であったわけではない。またここで想起すべきは、歴代の実録編纂に当たった漢民族官員がおしなべて儒士であった、という基礎的な条件である。すでに述べたように、仏事関連記事を載せる七実録の漢文原本修撰者として現在判明している人物、すなわち〈表3〉に見える漢文実録編纂官たちは、例外なく儒学の徒として記録される人物である。つまり儒教的観念にもとづく撰文であるという基準に関しては彼ら全員が該当するのであって、『泰定帝実録』『文宗実録』編纂担当者のみの特性であったわけではない。したがって、この二実録の編纂官たちが仏事実施という政権の失点を多く記録し、なおかつそこにチベット仏教僧の関与をも描くという選択をくだした理由としては、この時期においてこそ特徴的な、何らかの要因がなくてはならないことになる。

ここで、各実録の叙述対象となった政権と、その実録を修撰した政権との関係について考えてみよう。この場合、修撰をおこなった政権の戴く当代皇帝が、叙述対象となる先帝とどのような関係にあるか、という点に着目することは当然一つの方法である。

『世祖実録』を編纂した成宗政権、[74]『成宗実録』・『武宗実録』を修成した仁宗政権、[75]『仁宗実録』を編んだ英宗政権[76]は、いずれも実態としては激しい抗争をともなう政権交代劇を経て発足したものではあったが、少なくとも表面上は、実録の叙述対象たる皇帝・政権の順当な継承者と称しうる存在であった。換言すれば、仏事実施記事に関して否定的要素の稀薄なこれら四実録は、修撰した政権と叙述対象となった政権との関係に表立った断絶がない、あるいは断絶を表面化させることが望ましくなかった状況下で修撰された史書である。

これに対して残る三編の実録、すなわち失点たる仏事実施記録を多く盛りこむという選択を加えられた『英宗実録』『泰定帝実録』『文宗実録』の三編は、修撰に当たった政権と叙述対象政権との関係に何らかの齟齬がある条件下で編纂されたものであることを特徴とする。

『英宗実録』は、直後の泰定帝・天順帝・明宗の政権によってではなく、そのあとの文宗の政権によって編纂された。いわゆる南坡の変によって英宗が謀殺され、続く泰定・天順・明宗期の不安定な情勢下、修史の作業が滞ったことがうかがえる。[77]この時期を境として、元の帝位継承はしばしば武力行使に至る激しい抗争をともなうこととなり、ある皇帝の政権にとって先行政権が必ずしも称揚すべき存在ではない状況が常態化していく。文宗政権によって纂修されたこの『英宗実録』が、いまだ決定的ではないまでも、仏事実施記事の扱いにおいて否定的要素を強めつつあることは、武宗系・仁宗系の対立的図式[78]のなかで理解しうる。『泰定帝実録』『文宗実録』を奉呈された順帝にとっても、泰定帝と文宗とはみずからに順当につながる先帝とは言いがたい存在であった。周知のとおり、明宗の即位に当たっては泰定帝の皇太子であった天順帝の勢力との継承闘争があったから、明宗の子である順帝の政権にとって、泰定帝政権と自政権との断絶は歴然としていた。また叔父である文宗の政権も、順帝にとっては父明宗を殺害して成立したものにほかならなかった。文宗遺臣の影響力が低下しはじめると、順帝政権は太廟から文宗の位牌を撤去してその正当性を否定したほどである。[79]このように概観すれば、これら後半の三実録が仏事実施記事の採録において否定的要素を強化したことの背景に、皇帝位継承抗争にともなう先行政権と後続政権との断絶が作用していたと見ることはさして不当ではない。

とはいえここで問題となるのは、翰林兼国史院にあって修撰に当たる漢民族史官たちが、現皇帝の意向を慮って仏事実施記事のありようを決定した、と単線的に割り切ることもまたできないという点である。実録を進呈されたモンゴル人皇帝たちが、過去の実録と比較するということも含め、その新たな実録をどの程度精密に検討したかは分からない。しかし、揃いも揃って儒学者であった漢文史官たちがいかに弊事としてそれを描こうとも、一方の皇帝たちモンゴル人支配者の側はあくまでも善行として仏事を励行する方針をこそ示していたのであるから、かりに仏事実施やチベット仏教僧の関与がより多く記されていることを知り、なおかつそれが先帝治世に対する無言の批判であると察知したとしても、あえてそれに反応しようとはしなかったはずである。したがって、否定的な意味をこめて仏事関連記事を漢文実録に埋めこんでおくという編纂官たちの選択は、少なくとも直接的には、進呈先である現皇帝以下のモンゴル人支配者たちに対する配慮によるものではない。つまり現皇帝と叙述対象皇帝との断絶は、実録の書き手たちに仏事実施記事の否定的要素を増強することを可能と見なさせる重要な条件ではあったはずであるが、彼らをしてついにその決断に至らせる決定的な要因ではない。

では、文宗代の『英宗実録』編纂官たちを仏事実施記事の大幅な採録へと移行させたもの、そして順帝代の『泰定帝実録』『文宗実録』編纂官たちにこの方向を強化させ、さらには弊事たるものの具体相としてチベット仏教僧の活動を多く記す方針に踏み切らせたものは、結局のところ何であったのであろうか。おそらくそれは、実録編纂官たちが、いまみずからが記述しようとする先帝治世を概括的にどのようなものと認識していたのか、という点と関わる。『英宗実録』編纂者たちは、英宗弑逆という結末に向かって、その叙述を展開させねばならなかった。『泰定帝実録』『文宗実録』の編者もまた、この二帝の時代における権力闘争や継承抗争という複雑かつ深刻な混乱を叙述する立場に置かれていた。これらの本紀において、ときに皇帝の自責と修徳という明確な標識さえ付随させつつ、しばしば災異の発生が記されることはその端的な結果にほかならない。つまり、これらの実録の編纂に当たろうとする史官たちにとって、いまみずからに課された修史の責務には、叙述しようとする政権が陥った政治的・社会的混乱を、そしてそれが引き起こす様々な予兆と不安とを、読み手はもちろん、まずは書き手である自分たち自身が理解しうるかたちで叙述することが含まれていた。

こうして政権不安定期の実録を修撰しつつあった編纂官たちにとっては、叙述対象とする政権によって国家仏事が頻々とおこなわれた、という〝事実〟が、みずからの儒教的観念において認知しやすい不祥の明徴として、にわかに有用性を帯びはじめたのではないか。とくに、短命政権が続いた結果、四帝の実録を並行して編纂するという異常事態に直面した『泰定帝実録』『文宗実録』纂修期の史官たちにあって、災異対策と称する国家仏事――彼ら書き手たちから見れば、仏事こそが災異の一因である――や、これに馳せ参じる「西僧」という状況の記録が、先帝たちを直接批判することなく、しかしその失政を確実に表現しうる有効な叙述内容であったことは疑いない。すでに弊事としての意味づけを固められ、盛世の記録たる時期の文書においては回避されていた仏事実施記録、なかでもチベット仏教僧がそこに関与していたとする記録が、叙述対象政権の失徳と失政を説明しうる、彼らにとって一種の合理的な記述内容として、順帝初期の編纂官たちの選択にのぼったとしても不可解ではない。

編史の中心にあった欧陽玄も、王結も、張起巌も、泰定帝代から文宗代にかけての混乱の渦中を生きてきていた。[80]天順帝擁立派と明宗・文宗擁立派とによる兵乱のさなかにあった致和元年（天順元年・天暦元年）一三二八）には、翰林院官員のある者たちが上都にとどまり、またある者たちは病と称して出廷しないなか、いまだ翰林待制でしかなかった欧陽玄が領印して機務に当たっていた。[81]明宗即位によって文宗がいったん皇太子位に退いた天暦二年（一三二九）当時にあっては、中書参知政事の地位にあった王結が、越権的行為に走ろうとする文宗近臣の動きに対して「天子」明宗の裁可を仰ぐべきであると牽制し、緊張した情勢の弥縫に腐心していた。[82]至順三年（一三三二）、文宗の死に次いで在位五十数日の寧宗も没すると、謀叛の動きありとの告発がなされて周囲がその処理にとまどうなか、参議中書省事であった張起巌が、奮然と「方に今、嗣君未だ立たず、人情危疑す」と説いて事態の速やかな収拾を主張しなければならなかった。(83) このように『泰定帝実録』『文宗実録』の編纂者たちは、およそ実権のない漢民族官員でありながら、皇帝位の不安定とそれがもたらした政治的・社会的混迷のなかで、これに対処するための何らかの努力を強いられてきていた。そしてこうした体験を経たのち、ほかならぬその時代の実録を修撰する任務に、彼らは配属されたわけである。

しかし、より根底的な問題であったのは、彼ら編纂官たちが味わったこれら混乱の体験が、彼らのみのものであったわけではなかったことであろう。帝位継承抗争は、モンゴル的な視点に立つかぎり、より適性の高い君主の即位に至る階梯という側面がなくはない現象である。しかし、嫡長子継承の原則や立太子制度など、君主交代時の不安定要素を排除するためのシステムを追求してきた漢民族の視点から見れば、やはりそれは混乱であり、危機でしかない。まして元代後半の抗争は、適切な君主を残す淘汰選抜であるというよりも、権臣による擁立合戦であることが、もはや何人の目にも明らかなものであった。

このような時代の〝事実〟として、何を記すべきか。漢民族史官たちは、盛大な国家仏事が異域の仏教僧を動員して頻々と挙行されたという〝事実〟――かつての史官たちが、おそらくそれを充分に意識しつつもあえて記すことを避けたところの〝事実〟――を、実録に多く記した。しかもそこにはさらに、兵乱や飢饉や打ち続く災異ゆえにこれら国家仏事が繰りかえされていたこと、書き手にとっては儒教的神聖空間たるべき皇城内のそこここから読経の声が流れさえしたこと、批判の的でありつづけた免囚がまたもやおこなわれたこと、そしてもちろんこれらの仏事にはチベット仏教僧が重く用いられていたことが、付帯情報として添えられた。漢民族史官たちは、支配層の内訌が激化し、政権運営の行きづまりが露呈しつつある時代の記録として、これらの内容を実録に記す選択をくだした。「異端」である仏教の行事、それも異域出身のチベット仏教僧が参加する仏教行事への傾倒という現象は、彼らの儒教的な観念において、当該政権から天命が去りつつあることを思わせる政治的・社会的暗転と合理的に結びつく事象であり、よって記述するに適切なものであったからである。こうして順帝代の漢民族史官たちは、混乱期において国家仏事が盛行し、そこではチベット仏教僧が寵用された、という〝事実〟を、彼らの実録のなかに次々と採録していった。

『泰定帝実録』『文宗実録』ともに進表は伝世せず、修成年次さえ明確にはなっていない[84]。前述のとおり、すでに至正年間初期には当代記録集積にも混乱が生じるなど、順帝政権の文書管理体制は崩壊しつつあったようであるから、おそらくこれら二編を含む「四朝実録」成立に関する情報も、その波のなかにあって散逸したものであろう。主幹三名のうち、欧陽玄は至正十七年十二月（一三五八）まで生きた[85]。そのわずか十余年後、洪武三年（一三七〇）七月には『元史』が完成し[86]、玄らが登載した国家仏事の記録は、蕪雑とそしられつつも正史の列に連なるこの史書のなかで、永く保存されることとなった。

結語――「元之天下、半亡於僧」

元の政権内部の漢民族官員たちが、皇帝以下モンゴル人支配層の推進する崇仏事業、とくにチベット仏教僧を動員しての崇仏行事に対して否定的反応を表出していたのか、表出していたとすればそれはどのような言説であったのかを検討した。『元史』世祖本紀から文宗本紀までの仏事関連記事が、その特質および順帝本紀記事との差違などから見て、それぞれの原典である各実録の採録方針を反映したものであること、つまりは元代の漢文史籍編纂官たちによる情報構築のありようを伝えるものであることが判明するため、題材はこれに求めた。

検討対象となった七編の本紀の仏事関連記事は、仏事抑制記事と仏事実施記事のいずれかに分類された。このうち仏事抑制記事は、皇帝以下政権が仏事を抑制しようとする姿を一貫して提示する。主要国政機関である中書省・御史台が抑制を上奏して皇帝がこれに従うというかたちをはじめ、数種のパターンが認められるが、仏事を抑制しようとする皇帝の意志が記述されるという点では例外がない。歴代の漢民族史官たちが、みずからが身を置く元においては仏事が弊事と見なされており、よって政権一体となって仏事抑制に努めていた、との内容を、皇帝の言動のかたちで記述しつづけていたことが分かる。

しかし、その一方において存在する崇仏礼賛的な諸文書から見て、皇帝たち仏事推進者があくまでも国家のための善行として仏事を盛大に執行していたことは明白であり、漢民族史官たちもまた事態をそのように認識・判断することから逃れていたとは考えられない。だが、こうした執行側の論理を反映した仏事肯定的な記事が仏事抑制記事とともに漢文実録には併存していた、という可能性も低い。したがってやはり歴代の漢文史官たちは、善き国家儀礼として仏事を励行する皇帝の姿をあえて捨象するとともに、実務面においてときに皇帝が示した仏事抑制的な態度のみを拾って〝事実〟として提示する、という選択的な採録方針をとっていたと考えられる。

政権内にあって〝事実〟記録の修撰に当たっていた漢文文書官たちは、これほどの恣意性を介在させつつ、抑仏的姿勢を貫こうとする皇帝とその政権なるものの姿を描出しようとしていた。政権の崇仏事業に対する漢民族官員の否定的反応を示す言説行為と言えるだろう。またその背景には、みずからの参画する政権が成否は別にしてあくまでも儒教イデオロギー政体である、と表現しうる〝事実〟を、正史原典記録として蓄積しようとする彼らの基本姿勢を看取することができる。

一方、いま一種の記事群である仏事実施記事は、記事採録件数およびチベット仏教僧への言及様態の点で、本紀ごとに明確な特性を示す。そしてそれぞれのその特性によって、ある皇帝の政権は弊事たる仏事をよく抑制し、対してある皇帝の政権は抑制しえなかった、という〝事実〟を提示する。こうした各本紀の特性は、元の官撰記録文書、最終的には各実録の段階ですでに方向づけられていたと見られ、政権の崇仏的事業に対する元代漢文史官たちの否定的評価を、あるいはその非を史上に刻印しようとする告発のありようを、おのずから浮かびあがらせるものとなっている。

実録のうち、おそらく『世祖実録』においてのみは、執行者側の趣旨を反映した称揚的な扱いが仏事実施記事にも施されていたと推測される。しかし、仏事抑制記事によって〝仏事すなわち弊事〟という基調が固められた『成宗実録』以降の実録においては、政権安定期を叙述対象とする実録では仏事実施記事が寡薄であり、他方、政権不安定期を対象とする実録においては実施記事が増加する傾向があったと考えられる。つまり仏事に弊事たる位置づけを与えたのちの翰林兼国史院においては、盛時――それにふさわしく国家仏事も盛行していたことが非実録系の史料によって伝えられるのであるが――のそれとして記録文書を編もうとする漢文史官たちは国家仏事執行という事象を捨象し、他方、混乱期の記録を編むことになった元代後期の史官たちは、この事象を前面に出すという選択をおこなっていたことになる。

こうして盛世乱世それぞれに見合うべく国家仏事の〝事実〟が描かれたわけであるが、それは仏事実施記事の多寡によってのみ表現されていたわけではない。いま一つの有効な記述内容として、そこでのチベット仏教僧の関与を記すか否か、またそれをどのようなかたちで記すか、という点が、書き手の選択の俎上に乗っていた。それは採録件数の多寡に自動的に連動するのではなく、それとして独自に選択されており、歴代の史官たちの選択の焦点となっていたことをうかがわせる。盛時を扱う実録において避けられていたチベット仏教僧関与の記述が、政治的・社会的矛盾の深まった時代を叙述対象とする『泰定帝実録』『文宗実録』においては、打ち続く災異や戦乱が仏事の目的であったとする補強的情報を随伴しつつ多く採録され、乱世を明示的に表象する話素としての機能を負うに至ったと考えられる。

本章の考察では、モンゴル人政権の崇仏的姿勢に対して政権内部の漢民族知識人が示した否定的反応が、以上のようなかたちで観察された。元代各期の漢文史官たちは、主要な崇仏事業の一つであった国家仏事を官撰記録文書に記録するという機会をとらえて、みずからの君主と政権を抑仏崇儒の儒教イデオロギー体制のそれとして記述するとともに、各皇帝の治世におけるその理念の成否をも描き出そうとしていた。崇仏事業に決定的な負の烙印を捺したこの静かな〝事実〟記録は、声高な批判のための批判よりも、沈潜するがゆえにむしろ深く抜きがたい否定的反応の痕跡であろう。

いまこの結果を前に、我々はさらなる疑問を抱くべきかも知れない。元代の漢文実録編纂は、儒家知識人の集団によって掌握されていた。したがって歴代の実録が、こうして抑仏崇儒に邁進する皇帝以下政権の姿を、そして盛世におけるその達成と弊世におけるその破綻とを描出して後代に伝えたことそれ自体は不可解なことではない。しかしモンゴル人支配層は、なぜかくも無防備に〝事実〟記録を儒家知識人たちに委ねてしまったのであろうか。漢文史官たちがこれほど作為的に〝事実〟を構築することがなぜ放置されていたのか、と、言い換えてもよい。たとえば清が漢文文書を厳格に管理しようとしたことと比較すれば、元代の漢文記録文書の生産における、こうしたある種の裁量可能幅とでも呼ぶべきものは、やはり一つの特性と映る。

これについては、清の満州人支配集団がそうであったほどには、元のモンゴル人支配集団は漢文文書が伝える内容に警戒する必要を認めていなかった、という可能性を挙げることはできるのかも知れない。世界征服者の子孫たる彼らにとっては、モンゴル語の文書はもちろん、ペルシア語やチベット語の年代記、ラテン語で綴られるキリスト教宣教師の報告、あるいはジェノヴァで語られることになるヴェネツィア商人の見聞譚など、各地出身の人々が各様の事象認知・価値観念を通して発するであろう様々な言説を、自政権の記録として見こめることが当初から明らかであった。このように、多元的な文書によってみずからが語られるという条件に恵まれていた彼らが、そのうちの一種に過ぎない漢文文書情報に対して徹底した管理体制を採らなかったとしても、それは必ずしも奇異な姿勢ではないとも言える。だが、文書管理に関するこのたぐいの姿勢がモンゴル人支配層にあったことを伝える文書の存在は目下のところ知られておらず、こうした推測はあくまでも推測でしかない。

とはいえ、ここで一つ動かしにくい点はある。ひとり文書管理のみならず、実際の国家理念においても、モンゴル人支配者が漢民族の認知様式や価値規範に縛られることはなかったことである。漢民族の臣僚が期待をこめて「儒教大宗師」と呼んだ世祖も、あるいはのちの諸帝も、その期待に反してついに儒教イデオロギーに拘束されはしなかった。儒臣たちがしばしば仏事過多への不平を訴え、なおかつ文書作成に当たっては仏事抑制的な皇帝の姿を描いたところで、結局のところこの型の記事が途絶えることがなかったこと自体が示すように、モンゴル人支配集団は国家仏事をいっこう停止しようとはしなかった。それのみか、太廟で仏事を執行させるという荒技で世祖の政権が示して見せたように、この支配集団は、儒教と仏教それぞれの提供する儀礼や理念のいずれをも以てその身を荘厳し、そこに何ら矛盾が生じないばかりか光輝がいやますとしたほどに、みずからの聖性を絶対的なものとして儒教側に表現していた。したがってかりに彼らが、漢民族史官たちの仏事関連記事を書き手の論理にしたがって読み解き、そこに自分たち支配集団の崇仏に対する否定や告発、そのためにする記事採録上の作為を読みとったとしても、それに対する反応を表出せず、黙殺しつづける道を選んだであろう。その沈黙によってこそ、超越的聖性を具えた世界君主たるみずからの論理を貫徹し、儒教一尊的な漢民族知識人の論理を相対化しうるからである。

しかしおそらくモンゴル人支配層にとって、漢文修撰史官たちの仏事関連記事採録に許容していた裁量可能幅は、許容しうるものであると同時に、より積極的な機能をもたらすものでもあったのではないか。書き手である漢民族知識人たちは、抑仏崇儒を目指しつつ時に成功し時に失敗した政権、という〝事実〟を仏事関連記事として構築しようとするとき、そこに加えねばならないあまりにも明白なバイアスゆえに、この政権は儒教イデオロギー政体のありようから乖離している、というみずからの認識をむしろ明瞭に自覚し、望ましからぬこちらの〝事実〟をこそ〝事実〟として体験せざるをえない。さらには、自分たちがこうして仏事関連記事を安定的に生産しうることが、実は歴代皇帝が崇仏行為を国是として維持しつづけていることの結果にほかならないという全体構造をも、彼らは改めて認識せざるをえなかったはずである。したがってモンゴル人支配層は、ここで少なくとも結果的に、儒教的観念に何ら縛られない絶対的聖性を元の君主権力がみずからのものとして主張していることを、そして当然この君主の主宰する政権が儒教イデオロギーから自由であることを、漢民族社会のエリートたる儒家知識人に感知させていたことになる。

他方、書き手である元代の漢民族史官たちの側にとっても、この裁量可能幅が有用なものであったことは言うまでもあるまい。善き国家事業として自政権が仏事を執行する様をみずから〝事実〟として確信しつつ、その一方において、その体験とはまったく矛盾する〝事実〟を蓄積していく作業は、おそらく相応の負荷をともなうものではあったであろう。しかし彼らは、自身が参画する政権が儒教イデオロギーを戴く正統的政体たることを表現しうる機会を放棄しはしなかった。歴代の漢文史官、とくに元代の官撰記録として最終決定稿となる各実録の漢文編纂官たちは、彼らの共通基盤たる儒教的価値規範にしたがい、飽くことなく仏事抑制記事を採録しつづけるとともに、叙述対象政権への評価と整合させるかたちで仏事実施記事を採録していった。彼らは、自分たちが集積するこれらの記録が、『元史』と題される史書のなかで〝事実〟として固定されることを前提として修撰に当たっていた。そしてそれは、いささか不体裁なかたちにおいてではあったが、しかしそれゆえむしろ彼らの採録のありようを忠実に伝えるものとして、さして時を経ぬうちに実現することとなった。

我々が元の崇仏に関心を抱くとき、いずれかの時点で必ず出会う著名な文書がある。趙翼の作――異論はあるとしても――とされる『陔余叢考』（巻一八）に、「元の時、釈教を崇奉するの濫」と題して残された一文である。「濫」とあることから明らかなように、元の崇仏を否定的に叙述するものではあるが、評価に相当する言葉は最末尾の総括部分のみで、内容としては『元史』本紀や釈老伝の関連記事を摘録したものにほかならない。『二十二史劄記』の著者としても知られ、正史を読むことを日課としたと言われる趙翼に、いかにもふさわしい文章ではある。

ここで趙翼は、宣政院の設置、帝師への尊崇、游皇城の盛様、旺盛な仏寺建立などの諸記事に続けて、仏事実施記事を二十件ほど挙げる。いくばくかの誤解・誤記はあるが、基本的には『元史』本紀の仏事実施記事である。これに続けて、仏刹に投じられた経済的供与、僧侶たちによる社会紊乱、そしてふたたび仏事に関して免囚のことが取り上げられ、次の結語で一文は閉じられる。

　此により之を観るに、朝廷の政は其の撓《みだ》す所と為り、天下の財は其の耗《つい》やす所と為る。説く者謂《おも》えらく、元の天下は半ば僧に亡ぶ、炯鑒と為す可きこと云《か》くのごとしと。

かくかくの記事にあるように、元の政治も経済も崇仏ゆえに行きづまったのであり、その天下はなかば僧に亡んだと見てよい――。後代の読み手をしてこの言葉を書きとめさせるほどに、元代の漢民族史官たちが積み上げた記録は、『元史』を経て確実に、元の崇仏事業を〝悪しき事実〟として彼らの史上に刻みこんだと言えよう。

第二部第三章　注

（1）たとえば野上俊静が紹介する陝西諸道行御史台御史李昌の見解［野上、一九七八年、五〇―五二頁］を参照。

（2）『元史』（巻二〇二）釈老伝が載せる至大元年「上都開元寺西僧」の記事、およびそれに続く「宣政院臣方奏取旨、凡民殴西僧者、截其手……」以下の記事。

（3）以下、都功徳使司・延慶司の沿革については、野上俊静［一九七八年、一二九―一四一頁］参照。

（4）たとえば長尾雅人［一九五七年、二三一―二四二頁］・西田龍雄［一九五七年、二五四―二六九頁］参照。

（5）「帝設資戒大会、随処放光。帝問帝師云、光従何処来。帝師回奏云、感応道交仏光応現。……帝設大会、七処放光、顕示華厳七処之玄旨。……帝設大会、闍黎仏声響亮、帝曰、如是仏音声、多少衆生生善心。乃賜白金一錠」（『仏祖歴代通載』巻二二、世祖弘教玉音百段）。

（6）邱樹森［一九八七年、五四頁・六一頁］・陳高華［二〇〇五年、四四〇―四四五頁］。

（7）典型的な例として居庸関の諸碑文がある。村田治郎編著［一九五七年］参照。また、チベット仏教関連の碑文史料を博捜した研究に、中村淳［二〇〇二年］、および中村淳・森平雅彦［二〇〇二年］がある。

（8）邱樹森［一九八七年、五七頁］。

（9）例外的な構成をとる『三国志』を除いた歴代正史のなかで、『元史』列伝巻数が全巻数に占める比率（全二一〇巻／列伝九七巻）は、『遼史』のそれ（全一一六巻／列伝四五巻）に次いで低い。これらに次いで列伝の比率が低い正史としては、『旧五代史』（全一五〇巻／列伝七七巻（世襲・僭偽・外国列伝を含める））・『宋史』（全四九六巻／列伝二五五巻）・『史記』と『晋書』（いずれも全一三〇巻／列伝七〇巻）・『金史』（全一三五巻／列伝七三巻）・『隋書』（全八五巻／列伝五〇巻）があるが、いずれも五割に達している。その他の正史は列伝巻数が全巻数の六割以上を占める。

（10）「延祐四年、宣徽使会毎歳内廷仏事所供、其費以斤数者、用麪四十三万九千五百・油七万九千・酥二万一千八百七十・蜜二万七千三百。自至元三十年間、醮祠仏事之目、僅百有二。大徳七年、再立功徳司、遂増至五百有余。僧徒貪利無已、営結近侍、欺昧奏請、布施莽斎、所需非一、歳費千万、較之大徳、不知幾倍。又毎歳必因好事奏釈軽重囚徒、以為福利、雖大臣如阿里、閫帥如別沙児等、莫不仮是以逭其誅。宣政院参議李良弼、受賕鬻官、直以帝師之言縦之。其余殺人之盗、作奸之徒、夤縁幸免者多。至或取空名宣勅以為布施、而任其人、可謂濫矣」（『元史』巻二〇二、釈老伝）。なお、この内容の一部は、先に引いた張珪らの泰定元年（一三二四）上奏（『元史』巻一七五、張珪伝）と共通する。

（11）邱樹森［一九八七年、五五—五七頁］、葉幼泉・王慎栄［一九八八年、一七七—一八七頁］。

（12）市村瓚次郎［一九三九年、四四〇頁・四四六頁］。

（13）五朝の本紀を載せる『旧五代史』（全一五〇巻／本紀六一巻）を例外とすれば、全巻数に対する本紀巻数の比率が二割を超える正史は、『元史』（全二一〇巻／本紀四七巻）と『遼史』（全一一六巻／本紀三〇巻）のみである。これらに次いで本紀巻数の比率が高いものは、『陳書』（全三六巻／本紀六巻）・『新五代史』（全七四巻／本紀一二巻）・『北斉書』および『周書』（いずれも全五〇巻／本紀八巻）であるが、いずれも比率は一割六分代にとどまる。

（14）張帆［一九八八年、六八—七〇頁］。

（15）市村瓚次郎［一九三九年、四三九—四四六頁］・邱樹森［一九八七年、五五—五六頁］。

（16）前章で取り上げた「五台山仏寺成、皇太后将親往祈祝、監察御史李元礼上封事止之」（『元史』巻一九、成宗本紀、大徳元年三月庚寅条）もこれに近似する本紀記事であるが、この皇太后行幸と以下の諸記事で問題とされている国家主催の仏事とは別種のものであり、またそれを抑止しようと説くうえでの論点も異なるため、ここでは除外して考える。

（17）「王名哈剌哈孫……大徳二年、拝江浙行省左丞相。是年、入拝中書左丞相。七年、拝右丞相」（『国朝名臣事略』巻四、丞相順徳忠献王）。また『元史』巻一一二、宰相年表、成宗皇帝、大徳六年・大徳七年条を参照。

（18）「稍長、善騎射、尤習国書、聞儒者談輒喜。……大徳戊戌……入為中書左丞相……京師先未有孔子廟、而国学寓他署、王（哈剌哈孫）喟

曰、首善之地、風化攸出、不可怠。乃奏営廟学、常躬為臨視。既成、朝野瞻聳。選名儒為学官、奏遣近臣子弟入学、而四方来学者益衆。又郊礼久未遑、王総群議奏行之。……其在中書也、引儒生討論墳典、至尭・舜・禹・湯・文・武之為君、皐・夔・稷・契・伊・傅・周・召之為臣、嘆曰、人生不知書可乎。乃館士教其子学」（『中庵先生劉文簡公文集』巻四、勅賜太傅右丞相贈太師順徳忠献王碑）。同碑文は『国朝名臣事略』（巻四、丞相順徳忠献王）に原文に近いかたちで再録され、これらの系譜を引く『元史』の伝（巻一三六、哈剌哈孫伝）もまた、彼の崇儒的側面を明瞭に伝える。

（19）元代各実録の編纂者については、後掲〈表3〉を参照。

（20）この英宗至治二年十二月記事ほど露わではないが、仁宗本紀に「雲南行省右丞算只児威有罪、国師搠思吉斡節児 Chos kyi ʻod zer 奏請釈之、帝斥之曰、僧人宜誦仏書、官事豈当与耶」（『元史』巻二四、仁宗本紀、皇慶元年十月甲子条）とあるものも、近い性質の記事と見てよいかも知れない。文面上は皇帝の抑仏的態度を表現するようでありながら、一方、このような請願があるいは受理されるかも知れない、とチベット仏教僧が期待する程度に皇帝が崇仏的側面をもっていることを暗示する記事であり、この両義的な性格の点でも至治二年十二月記事と共通するだろう。

（21）泰定帝本紀に関しては、その泰定元年六月庚申条（『元史』巻二九）に注意しておく必要がある。この一条は、「庚申、張珪自大都至、以守臣集議事言、逆党未討、奸悪未除、忠憤未雪、冤枉未理、政令不信、賞罰不公、賦役不均、財用不節、請裁択之。不允」とするのみで、とくだん仏事に関係するとは読めない。しかしこの本紀記事は、実はおそらく前章で取り上げた張珪らの泰定元年六月の上奏を記したものである。『元史』の張珪伝に拠ってそこで検討したように、この上奏では、仏事削減とその具体的方策としての都功徳使司廃止が主張されていた。ところが、当該本紀記事はこの点について完全に省略しているわけである。そのため、「不允」として泰定帝がこのとき却下した提訴内容のなかに実際は仏事抑制提案も含まれていたことが、この本紀記事からは判明しないこととなっている。その結果としてこの記事は、〝仏事を抑制しようとはしない皇帝〟を描くことを回避しえている。もちろん、これがいずれかの段階の史官による意図的なものであるとまで考えることは危険だろう。しかしこの一条にほどこされた省略によって、泰定帝本紀の他の三条が描くところの〝仏事を抑制しようとする皇帝〟の姿が矛盾なく保持されていることもまた事実である。

（22）「自後毎歳二月十五日、於大（明）殿啓建白傘蓋仏事」（『元史』巻七七、祭祀志、国俗旧礼）。

（23）「皇太子嘗坐清寧殿、分布長席、列坐西番・高麗諸僧。皇太子曰、李好文先生教我儒書多年、尚不省其義。今聴仏法、一夜即能暁焉。於是頗崇尚仏学」（『元史』巻四六、順帝本紀、至正二十二年是歳条）。

（24）『元史』巻四六、順帝本紀、至正二十四年七月庚寅条・八月壬寅条。『同前』巻二〇七、逆臣伝、孛羅帖木児、至正二十四年七月庚寅条・

八月壬寅条。

（25）張帆［一九八八年、六九―七〇頁］・王明蓀［二〇〇九年、五四頁］。

（26）仏事淘汰要請を含む曹元用の泰定三年（一三二六）上奏に関しては、「皆切中時弊」「朝廷咸是之」とあるのみで、泰定帝の反応は明記されていない（『元史』巻一七二、曹元用伝）。また、禁中仏事の抑止など九項目を挙げた監察御史朶爾直班の元統元年（一三三三）奏疏に関しても、順帝がどのように応答したかは記されていない（『元史』巻一三九、朶爾直班伝）。

（27）たとえば、「（至治三年（一三二三）六月）帝（英宗）在上都、夜寐不寧、命作仏事。拝住以国用不足諫止之。……鉄失……殺拝住……。晋王（泰定帝）即位、鉄失等伏誅。詔有司備儀衛、百官耆宿前導、輿拝住画相於海雲寺、大作仏事」（『元史』巻一三六、拝住伝）とあるように、仏事抑制を英宗に説いていた拝住が没したあと、泰定帝が儀仗・百官動員の盛大な国家仏事を修建して彼を弔ったことが記される。また前章で見たように、仏事抑制などいくつかの案件を提起した張珪らによる泰定元年上奏に対しては、「帝、不従」（『元史』巻一七五、張珪伝）であったという泰定帝の対応が記され、他の案件とともにではあるが、臣僚からの仏事抑制要請を皇帝が却下したことが明示される。

（28）この記事の上奏部分には、仏教寺院に費やす国家財政負担一般の削減について見えるのみであって、仏事の語はない。しかしこの上奏に応ずる皇帝の裁定を記す部分には「仏事」削減案が示されている。この裁定が上奏と無関係ではありえないため、B型ではなく、A型と考える。

（29）元の実録編纂は、世祖代、太祖以降の「累朝実録」を修撰したことに始まる。まず漢文原本が編まれ、これをウイグル文字モンゴル文に翻訳したうえで世祖に奏読し、その裁可を仰いで確定したと考えられている［市村瓚次郎、一九三九年、四四二頁］。

（30）『元史』本紀の記事としては、巻二一、成宗本紀、大徳九年四月壬辰条・巻二三、武宗本紀、至大二年十一月乙酉条・巻二五、仁宗本紀、延祐元年四月丁亥条・巻三〇、泰定帝本紀、泰定三年十二月甲申条・巻三〇、泰定帝本紀、泰定四年正月乙巳条・巻三八、順帝本紀、元統二年四月己卯条・巻四一、順帝本紀、至正六年是歳条など。本紀以外の記事としては、『元史』巻七二、祭祀志、郊祀上、「大徳九年二月二十四日、右丞相哈剌哈孫等言」以下の記載などを参照。なお、元代の漢民族官僚たちが儒教的儀礼の励行を訴えていたことを伝える史料は他にも少なくない。元初のものとしては王惲の「郊祀円丘配享祖宗事状」（『秋澗先生大全文集』巻九二）や、孔子・孟子祭祀および太廟祭祀の復興を唱えた魏初の一連の文書（『青崖集』巻四、奏議、至元八年八月十一日条・至元九年二月二十四日条・至元九年十月八日条）がある。

（31）第二部第二章第二節、張養浩・蘇天爵の奏文を参照。

（32）邱樹森［一九八七年、五六頁］。

（33）『世祖実録』「金書」本は翰林学士承旨撒里蛮の名で、『成宗実録』と『武宗実録』（同時進呈）は同職の玉連赤不花の名で進呈されている。『元史』巻二一、成宗本紀、大徳八年二月甲辰条・『同前』巻二四、仁宗本紀、皇慶元年十月戊子条、および後掲〈表3〉参照。

（34）王惲「進実録表」（『世祖実録』）・程鉅夫「進三朝実録表」（『順宗実録』『成宗実録』『武宗実録』）・袁桷「進実録表」（『仁宗実録』）・謝端「進実録表」（『英宗実録』）が、いずれも『国朝文類』巻一六に収録される。

（35）「勅選儒士編修国史、訳写経書、起館舎、給俸以贍之」（『元史』巻五、世祖本紀、至元元年二月辛亥条）。

（36）「陞翰林国史院秩従一品。帝諭省臣曰、翰林・集賢儒臣、朕自選用、汝等毋輒擬進。人言御史台任重、朕謂国史院尤重。御史台是一時公論、国史院実万世公論」（『元史』巻二四、仁宗本紀、皇慶元年正月壬戌条）。

（37）本紀記事のほかにも、元の国史編纂事業は儒士に委ねられていた、とする儒士たちの言説は『元史』に存在する。たとえば李之紹伝（『元史』巻一六四）に、「李之紹……家貧、教授郷里、学者咸集。至元三十一年、纂修世祖実録、徴名儒充史職、以馬紹・李謙薦、授将仕佐郎・翰林国史院編修官」とある。

（38）邱樹森［一九八七年、五六頁］、および後掲〈表3〉参照。

（39）後掲〈表3〉に編纂官として見える人物のうち、張昇・廉恵山海牙を除く全員が『宋元学案』（『学案』と略記）または『宋元学案補遺』（『補遺』と略記）に登載される。以下、その巻数を記す。なお『学案』に載る場合は、『補遺』を略す。王惲、『補遺』巻七八。姚燧、『学案』巻九〇。趙孟頫、『学案』巻八三。孛朮魯翀、『学案』巻九五。張九思、『補遺』巻七八。李之紹、『補遺』巻二。馬紹、『学案』巻二。李謙、『学案』巻二。高道凝（高凝）、『学案』巻九〇。王構、『補遺』巻二。申屠致遠、『補遺』巻二。程鉅夫、『学案』巻八三。元明善、『学案』巻九二。鄧文原、『学案』巻八二。暢師文、『学案』巻九〇。蘇天爵、『学案』巻九一。楊載、『補遺』別附、巻三。曹元用、『補遺』巻一〇。袁桷、『学案』巻八五。謝端、『補遺』巻九五。呉澄、『学案』巻九二。馬祖常、『補遺』巻八二。王結、『補遺』巻九〇。張起巌、『補遺』巻四。欧陽玄、『学案』巻八二。成遵、『補遺』別附、巻三。周伯琦、『補遺』巻九二。残る張昇も、幼いころから「力学」して太常博士や太常礼儀院判官などを歴任していること、晩年には「経筵官」を勤めたとあること（『元史』巻一七七、張昇伝）から見て、儒学者である。廉恵山海牙も、世祖から「廉孟子」と呼ばれた廉希憲の従子であることを自負し、宿営に入るべきところを「願読書以科第進」と希望を述べて国子学に入り、進士登第をはたした人物である（『元史』巻一四五、廉恵山海牙伝）。

（40）「甲辰、行科挙。……帝謂侍臣曰、朕所願者、安百姓以図至治、然匪用儒士、何以致此。設科取士、庶幾得真儒之用、而治道可興也」（『元史』巻二四、仁宗本紀、皇慶二年十一月甲辰条）。

(41)「辛酉、帝服大裘・袞冕、祀昊天上帝于南郊、以太祖皇帝配、礼成、是日大駕還宮」（『元史』巻三四、文宗本紀、至順元年十月辛酉条）。これが元の皇帝による初めての南郊親祭であることは、「十月辛酉、始服大裘・袞冕、親祀昊天上帝于南郊、以太祖配。自世祖混一六合、至文宗凡七世、而南郊親祀之礼始克挙焉」（『同前』巻七二、祭祀志、郊祀上）として同書が説くところである。

(42) dPal 'byor bzang po, *rGya bod yig tshang chen mo.* 成都：Si khron mi rigs dpe skrun khang, 1985, pp.281-282. この涿州の仏寺は至元十三年（一二七六）に阿尼哥に命じて建造したものであり、当時、タムパに祈禱が委ねられる動きがあったと考えられる。よって至元十六年のこの「丹八」はタムパであろう。第一部第二章注（33）・第三部第一章注（7）参照。

(43) 趙万里校輯『元一統志』（巻一、大都路、古蹟）「慶寿寺」「大聖安寺」「大昊天寺」各条。

(44) 張帆［一九八八年、六八—六九頁］。

(45) これは、「(至元)二十年、復以刑部尚書上疏、言時政十八事、一曰……七曰、今起居注所書、不過奏事検目而已。宜択蒙古人之有声望、漢人之重厚者、居其任、分番上直、帝主言動必書、以垂法於無窮」（『元史』巻一七三、崔彧伝）とあるように、至元二十年頃を境にして、起居注の採録対象をより網羅的にする方向に転じたことと何らかの関係があるかも知れない。

(46) 村岡倫［一九九六年、八六—九二頁］。

(47)『元史』巻二三、武宗本紀、至大二年六月甲戌条・『同前』巻二〇二、釈老伝、「(至大)二年、復有僧龔柯等十八人」以下の記事。

(48)『元史』巻二二、武宗本紀、大徳十一年十二月庚申条に「勅内庭作仏事、毋釈重囚、以軽囚釈之」とあるものは、免囚についての原則を示したものと解されるため、仏事実施記事として採らない。

(49) 前掲注（10）参照。

(50)「皇姉大長公主祥哥剌吉作仏事、釈全寧府重囚二十七人、勅按問全寧守臣阿従不法、仍追所釈囚還獄」（『元史』巻二六、仁宗本紀、延祐六年七月甲戌条）。

(51) 以上の殿閣については、朱偰［一九九〇年、三六—五八頁］参照。

(52) 葉新民［一九九八年、二六頁］。

(53)「厭雷」と表記されるもの（至治三年十二月己卯条・泰定元年四月甲戌条・泰定三年二月乙未条）。さらに「鎮雷」の仏事と記される二例（泰定元年六月丁卯条・泰定三年五月乙巳条）も含めることができるかも知れないが、〈表1〉注15・16で述べたように、「鎮雷」はチベット語の“*Byin rlabs*”の音写であった可能性がある。ただし、記録文書に「鎮雷」と記した漢文史官は、おそらくこの漢字の意味のとおり、雷封じのための仏事と解しつつ採録したのではないか。

（54）「御史台臣……言、災異屢見、宰相宜避位以応天変、可否仰自聖裁。顧惟臣等為陛下耳目、有徇私違法者、不能糾察、慢官失守、宜先退避、以授賢能。帝曰、御史所言、其失在朕、卿等何必遽爾。……丞相……言、比者災異、陛下以憂天下為心、反躬自責、謹遵祖宗聖訓、修徳慎行……罪在臣等、所当退黜……」（『元史』巻二九、泰定帝本紀、泰定元年五月壬辰条）。

（55）例として、泰定三年（一三二六）上半期の泰定帝本紀記事（『元史』巻三〇）のなかで、どのような災異およびこれに対する政権の対応が記されているかを追ってみよう。二月、帰徳府属県にて河川決壊。三月、降雨のないことを以て皇帝が自責。五月、太平・興化属県にて水害。廬州・鬱林州・洪沢屯田にて旱害。揚州路属県にて水害。六月、中書省が「災異降戒」を以て「修徳」を要請し、皇帝はこれを嘉納。奉元・鞏昌にて雹。峡州にて旱害。東平属県にて蝗害。大同属県にて水害。光州にて水害。中山安喜県にて雹。大昌屯にて河川決壊。大寧・廬州・徳安・梧州・中慶の各地にて水害・旱害。以上が、この上半期の災異記事である。こうした記事が泰定帝本紀全体をとおして見られる。地震や山崩れの記事も多い。当然これらにともなう飢饉の記事も多い。もちろん同様の記事はどの本紀にも存在するし、また『元史』の場合、記事一般の採録の疎密そのものが本紀ごとに異なるから、泰定帝本紀がとくに高頻度で災異記事を載せていると考えうるわけではない。とはいえ、この本紀に災異の記録が多いことそれ自体は否めない。また、この泰定三年上半期においても出現しているように、皇帝の自責・修徳など政権側の対応策を語る記事が散見し、これによって災異の深刻さが明確に表現されていることも泰定帝本紀の特徴である。

（56）『元史』巻一一二、宰相年表、泰定皇帝・『同前』巻三一、明宗本紀、歳戊辰各条。

（57）「京師以久旱、民多疾疫、帝曰、此皆朕之責也、赤子何罪。明日、大雪」（『元史』巻二四、仁宗本紀、皇慶二年十二月甲申条）、「帝嘗夜坐、謂侍臣曰、雨暘不時、奈何。……頃之、帝露香默禱。既而大雨、左右以雨衣進。帝曰、朕為民祈雨、何避焉」（『同前』巻二六、仁宗本紀、延祐四年四月乙丑条）。

（58）正しくは丙申か。〈表1〉注22参照。

（59）杉山正明［一九九五年、一二四頁］。杉山は『元史』本紀のこの特徴を、『元史』編纂の中心にあった宋濂の企図によるものと見ている。宋濂は、元の各実録にはそれぞれ独自性があること、そしてその独自性こそが元の政局の変転を反映するものであることを読みとらせようとしており、そのため各実録間の偏差をあえて調整することなく、そのまま残したのではないか、と、杉山は指摘する。つまり、『元史』各本紀の偏差を、拙速ゆえの非調整ではなく、元をよく知る宋濂による計画的な編纂方針の所産であると解するわけである。『元史』を考えるうえで、きわめて重要な指摘であろう。

（60）程鉅夫「進三朝実録表」（『国朝文類』巻一六）・『元史』巻二四、仁宗本紀、皇慶元年十月戊子条。武宗政権は『成宗実録』纂修に着手

していた（『元史』巻二二、武宗本紀、至大元年三月己卯条）が、完成をみなかったものであろう。『元史』巻一七二、程鉅夫伝に「至大元年、修成宗実録。……皇慶元年、修武宗実録」と見えることは、おそらくこれを反映している。

（61）後述するように、仏事実施記事をどの程度登載するかに関する史官の裁量は、必ずしも進呈先のモンゴル人皇帝への配慮によって決定されるわけではない。しかし仁宗の場合は、前掲注（36）で挙げたように、「翰林・集賢儒臣、朕自選用……朕謂国史院尤重……国史院実万世公論」という言辞を漢文文書官によって記録されているから、「儒臣」による国史編纂事業のもつ意味を鋭く認識する皇帝であった、少なくとも漢民族官僚たちからそのようにとらえられていた皇帝であった、と見られる。よって、この皇帝に実録を進呈しようとする程鉅夫ら「国史院」の「儒臣」たちも、そこに何らかの配慮ないし警戒の必要を感じ、その観点から仏事実施記事の扱いを勘案していった、という経緯を考えてみることはできるだろう。

（62）もちろん、成宗・武宗当代の記録においてすでに、仏事実施記事が現在の両本紀に見るように極端に少なかった可能性もなくはない。しかし世祖本紀から推して『世祖実録』およびその原典は仏事実施記事をかなりの程度に盛りこんでいたと考えられるから、成宗・武宗代の当代記録においても実施記事はある程度の分量で存在し、程鉅夫・元明善をはじめとする実録編纂官たちの段階でこれを淘汰する選択がなされたと解するほうがより自然ではあろう。

（63）『道園類稿』巻五〇、故翰林学士資善大夫知制誥同脩国史臨川先生呉公行状。

（64）〈表3〉注9参照。

（65）「四朝実録」（『危太樸文続集』巻七、大元故翰林学士承旨光禄大夫知制誥兼修国史圭斎先生欧陽公行状・『元史』巻一八二、欧陽玄伝）。

（66）「三朝実録」（『元史』巻一八二、張起巌伝）、「文宗・明宗・寧宗三朝実録」（『元史』巻一八二、謝端伝）、「泰定・明宗・文宗三朝実録」（『元史』巻一八六、成遵伝）。

（67）「泰定・天暦両朝実録」（『滋渓文稿』巻二三、元故資政大夫中書左丞知経筵事王公行状・『元史』巻一七八、王結伝）。

（68）葉幼泉・王慎栄［一九八八年、一七九―一八〇頁］は、王結が『文宗実録』ではなく、『明宗実録』編纂に参画したと見ている。〈表3〉注10参照。

（69）葉幼泉・王慎栄［一九八八年、一七九―一八〇頁］・湯鋭［二〇一〇年、二六頁］。「遷翰林侍講学士知制誥兼修国史、修三朝実録」（『元史』巻一八二、張起巌伝）、「拝翰林直学士、編修四朝実録」（『元史』巻一八二、欧陽玄伝）、「召拝翰林学士資善大夫知制誥同修国史、与張起巌・欧陽玄修泰定・天暦両朝実録」（『元史』巻一七八、王結伝）、「預修泰定・明宗・文宗三朝実録」（『元史』巻一八六、成遵伝）などに拠っている。

（70）邱樹森［一九八七年、五六頁］。『元史』巻一八二、謝端伝・巻一八三、蘇天爵伝に拠っている。周伯琦については典拠が挙げられていないが、『宋学士文集』芝園続集巻四、元故資政大夫江南諸道行御史台侍御史周府君墓銘によって、彼が『泰定帝実録』と『寧宗実録』編纂に参加していることが確認される。

（71）増井經夫［一九八四年、一六三―一六九頁］。

（72）各皇帝の治世年数と本紀巻数については、〈表2〉を参照。一年あたりの分量は、文宗本紀が一年一巻と異例の値を示すが、泰定帝本紀は約〇．三三巻であり、この数値は、英宗本紀（〇．五巻）、世祖本紀・武宗本紀（ともに〇．四巻）、仁宗本紀（〇．三巻）、成宗本紀・順帝本紀（ともに約〇．二九巻）というなかで、ちょうど中間的なものである。

（73）「（元統）二年……中宮命僧尼作仏事於慈福殿、已而殿災。公言、僧尼当坐。左相疾革、家人請釈重囚禳之、公極陳其不可」（『滋渓文稿』巻二三、元故資政大夫中書左丞知経筵事王公行状）。なお、この記事は『元史』（巻一七八）王結伝にも見えるが、そこでは王結の言葉が「僧尼褻瀆、当坐罪」とあって、さらに手厳しくなっている。他の何らかの原典に拠るものであろうか、『元史』編者の加筆であろうか。

（74）成宗は立太子――帝位継承のための正当性として漢民族知識人が理解しうる規範である――という手続きを経ていたという意味で、世祖の順当な継承者と見ることが可能であった。したがって成宗政権の漢民族史官にとって世祖政権は、単に中興の祖による基盤的政権であるというのみならず、目下みずからが所属する政権の正当性を支える存在としても、必ずや称揚する必要のある叙述対象であった。『世祖実録』の仏事関連記事に否定的要素が稀薄であったと推測されることは、この関係性に照らして合理的なものである。

（75）『成宗実録』と『武宗実録』とを編んだ仁宗政権は、発足時に武宗政権の首脳部を一掃しており、実態としてはクーデター政権であった［杉山正明、一九九五年、一一五―一二〇頁］が、仁宗が武宗によって立太子されていたという名分は確保しており、正当な政権交代であるという立場をとることは可能であった。このような場合、外面的にはむしろ前政権からの穏当な継承を表現することが得策であったことは推測に難くない。故武宗の御容を仁宗が神御殿に祀っている［中村淳、一九九九年、六五頁表「大崇恩福元寺」項］ことなどは、その明証の一つである。少なくとも程鉅夫ら漢民族官僚たちは、現政権が先行政権を順当に継承したという前提を堅持して実録編纂に当たる必要があったはずであるから、これら二実録において失点たる仏事実施の記載が低率であったと見られることは、整合的に理解しうるものである。

（76）英宗政権成立も、周知のとおり武宗長子のコシラ（のち明宗）の存在ゆえに波瀾に満ちたものであったが、結果的には仁宗から英宗へという父子間継承のかたちに落着した。英宗代に編纂された『仁宗実録』の仏事実施記事が、免囚実施という失点を記しつつも、記事の採録件数においてはいまだ抑制的であったと見られることは、英宗政権と仁宗政権とのこの継続性からして不可解ではない。

（77）泰定帝は『英宗実録』纂修の命を発してはいた（『元史』巻二九、泰定本紀、泰定元年十二月丙寅条）。

（78）英宗自身は、武宗の遺詔を重んじ、仁宗次代はコシラであるべきとしていた［杉山正明、一九九五年、一二一—一二二頁］が、結果的には登極するに至った。この経緯ゆえに、明宗・文宗兄弟にとって英宗政権は、父帝武宗の遺志に反して成立した存在であった。

（79）『元史』巻四〇、順帝本紀、後至元六年六月丙申条。

（80）致和元年（天順元年・天暦元年）一三二八）から翌年にかけての帝位継承抗争、さらには後至元六年（一三四〇）の伯顔失脚を大きな転換点として、政権内において儒教・儒士の存在が比重を増したとする見解がある［Dardess, 1973, pp.31-32, p.52, pp.75-94］。かりにそうであるとすれば、この時期以降の漢文史官たちの編史の姿勢に儒教的価値観にもとづく評価が顕在化していくことも、その趨勢全体のなかで考えるべきこととなる。

（81）湯鋭［二〇一〇年、六頁］。

（82）「是月（天暦二年正月）、明宗皇帝立於朔方、命文宗居皇太子宮。於是遣大臣奉宝璽北迓、近侍復有求除拝賞賚者、公曰、俟天子至議之。近侍不悦。皇太子宝以上都変擾、莫知所在、至是更鋳新宝。近侍請大其製、公曰、此宝当伝儲嗣、不敢踰旧製也」（『滋渓文稿』巻二三、元故資政大夫中書左丞知経筵事王公行状）。

（83）「寧宗崩、燕南俄起大獄、有妄男子上変、言部使者謀不軌、按問皆虚、法司謂、唐律、告叛者不反坐。起巖奮謂同列曰、方今嗣君未立、人情危疑、不亟誅此人、以杜奸謀、慮妨大計。趣有司具獄、都人粛然、大事尋定」（『元史』巻一八二、張起巖伝）。

（84）〈表3〉注5・8参照。

（85）『危太樸文続集』巻七、大元故翰林学士承旨光禄大夫知制誥兼修国史圭斎先生欧陽公行状。

（86）市村瓚次郎［一九三九年、四三九頁］・邱樹森［一九八七年、五五頁］。

第三部　受容的反応

第一章　協調：奇跡譚の生成
――仁宗期漢文文書におけるチベット仏教僧の造形

序言

帝室の手厚い保護のもと元代中国で活動したチベット仏教僧の姿は、授戒する導師、あるいは教学を説く学僧として描かれる一方、様々な奇跡の技を操る術者としても記録された。著名な一例としては、マルコ＝ポーロの『世界の記述』に描かれる彼らの姿がある。そこでは「バクシ bacsi」、すなわちチベット仏教僧が、ときに宮殿の上空から悪天候をはらいのけ、ときに皇帝の宴席の酒杯を空中に浮きあがらせる。(1)

筆者はかつて、マルコの書のこれらの叙述について考察を試みたことがある。(2) キリスト教徒同士のあいだでなされた情報授受でありながら、チベット仏教僧の奇跡に費やされる語りが不可解なほど執拗であると思われたためである。たしかにそこでは、彼らの奇跡が「悪魔の術 ars de diable」「巫術 nigromansie」であると述べられ、否定的価値評価が加えられてはいる。しかし、「有能な魔術師」「他の誰よりも悪魔と魔法の技に通じている」との折紙が付けられたうえ、奇跡を「一万人が見ている前で行うのだが、これは全く本当のことで決して嘘ではない」と、奇妙にその〝事実〟性が強調される。加えて、チベット仏教僧たちはそれらの奇跡が偉大な神聖性によるものであると「他の者たちに信じさせ」ているとして、奇跡に対する社会的信用までもが報告される。

マルコの書のこうした叙述は、仏教に疎遠なキリスト教系色目人にとってすらチベット仏教僧の呪術的活動がごく鮮明に認識されたことをまずは物語るものであろうし、酒杯が浮揚することが〝事実〟であるかはともかく、チベット仏教僧がこの種の奇跡をおこなうという風評そのものは実在し、それが元代中国に滞在した人々に印象ぶかかったことを示してもいるだろう。しかし、「悪魔の術」に過ぎないと貶めつつも、その奇跡の実在を力説するには、そこに何らかの要因――そのように叙述させる何らかの圧力――がなくてはならないのではないか。

たとえば世祖政権は、至元元年（一二六四）初夏に、日照りの山東・山西方面にチベット仏教僧を派遣して雨乞いをさせている。(3)このことから考えれば、元初においてチベット仏教を導入しつつあった人々、すなわち帝室を中心とする尊奉者とそれを翼賛した近臣たち、そしてチベット仏教僧たち自身が、その奇跡の力を治下中国において提示しようとしていたことは疑いがない。しかし、彼らチベット仏教奉戴勢力が発信しようとした奇跡を奇跡として認識するか否か、さらにはそれを叙述するか否かは、受け手の側に委ねられたはずである。

この点、なるほどマルコの書は、チベット仏教僧の奇跡譚を語らせるいくつかの理由を内包していた。まず同書は、カシミール地方に言及した一段において、ここが仏教の本拠地であり、この一帯では教僧たちが仏像をしゃべらせたり、天候を操作したりするほどの卓抜した魔術を使う、とする報告を盛りこんでいる。(4)この地誌的情報とともに、カシミール・チベット出身者たる「バクシ」たちが元廷で演じたというくだんの奇跡を叙述しているから、同書は、〝チベット仏教僧がそうした奇跡をおこなう〟という話題が話題として成立する論理構造を具えていると言える。加えて同書は、チベット仏教僧の奇跡能力を語ったくだりのすぐあとに、世祖の次のような言葉を載せる。――朕がキリスト教に入信しないのは、チベット仏教僧のごとき奇跡の技を彼らが示さないからである。(5)マルコの書の語り手も聞き手も、遺憾なことにモンゴルの君主がなぜか自分たちの宗教に帰依しない、その理由を欲していた。このとき異教の僧の奇跡の冴えとそれに対するモンゴル人君主の評価という情報は、彼らのその欲求に応えうるものとして、有効な話柄であったと考えてよいだろう。

人は、どのような場合に、他者の奇跡の技を叙述しようとするのであろうか。そこでは少なくとも二つの条件が満たされる必要があるようである。第一は、ある非常識的な内容に接したとき、〝ほう、そんな不思議な話もあるのか〟と思う程度の気づきと受容が成立することである。ある〝できごと〟の発生を伝える情報を意識のうえに乗せ、ついでそれを〝奇跡〟という型に分類する認知の回路を、その人物が既有している場合と言ってもよい。第二の条件は、その奇跡を伝達する動機、つまり情報として流す圧力が、彼に作用していることである。『世界の記述』の場合、仏教盛行の地であるチベット方面の僧侶は奇跡を起こす力をもつという地誌的知識が第一の条件に、世祖がキリスト教徒ではない理由を聞き手とともに納得しあおうとする欲求が第二の条件に当たる。マルコの書が、なかば誹謗しつつもチベット仏教僧の奇跡を特記した理由については、こうしていくばくかの見とおしがついた。

だが、この結果は新たな疑問を生む。チベット仏教僧の奇跡は、漢文文書にも散見する。それが中国仏教僧の手になるものである場合はさして不審ではない。しかし、より一般な知識人、すなわち儒士たちの文書中にもそれがしばしば描かれていることを、どのように理解すべきなのか。鳳鳥至らずと孔子が嘆息したか否かはともかく、もちろん儒家には儒家なりの不可思議な現象があり、怪や神としてそれを退けるどころか、むしろそれを期待し、好んで記述もしてきたことは言うまでもない。しかし、征服者たる〝北狄〟によって導入された〝西戎〟の奇跡を、なぜ彼らが叙述せねばならなかったのか。そこにもやはり、何らかの理由がなくてはなるまい。そしてその場合も、前記の二条件に相当するものを見いだすことができるのであろうか。以下、神通のチベット仏教僧の典型として知られるタムパ＝クンガータク Dam pa Kun dga' grags(6) をめぐり、漢文文書がどのような奇跡の記述を残しているかを見ていくこととしよう。

第一節　延祐五年「護国寺碑」

（一）タムパの奇跡

柳貫『柳待制文集』巻九所収の「護国寺碑」は、延祐五年（一三一八）の護国寺創建に際して撰文された。造寺者は仁宗の姉である魯国大長公主、所在は「全寧路の西南八里」とあるから、大都から北東に四〇〇キロほどの土地となる[7]。

碑文は冒頭、この寺が「摩訶葛剌神専祠」、すなわちマハーカーラ神祭祀のために特設されたものであることを述べたうえで、順次その経緯を説いていく。

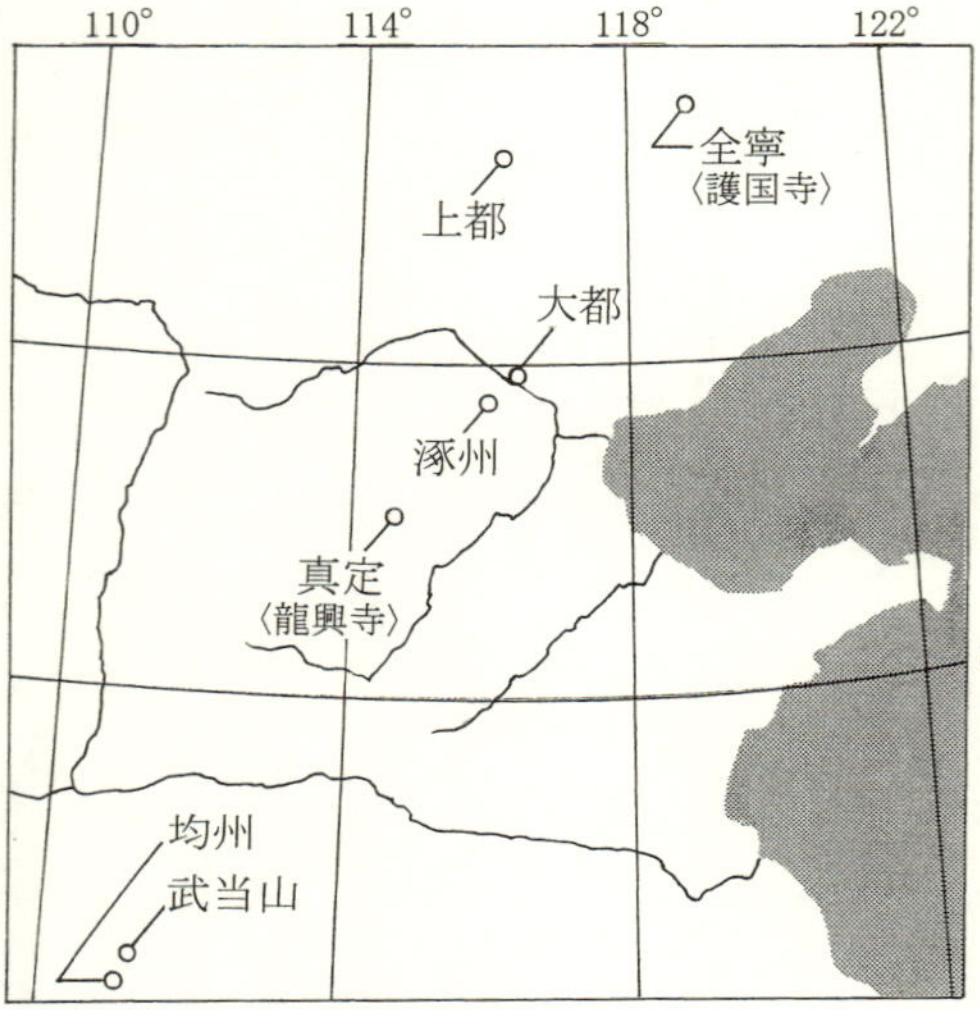

〈関連地図〉

（譚其驤主編［1982 年、7-8 頁・15-16 頁］により作成）

> 某謹んで按ずるに、摩訶葛剌神は漢に言う大黒神なり。初め太祖皇帝、龍朔に肇基す。世祖皇帝に至り、華を綏《やす》んじ戎を糾《あざな》いて卒に伐功を成すに、常に隆《たっと》びて摩訶葛剌神に事うるは、其の国の護りを為すを以て頼ればなり。故に又た大護神と号し、諸大祠に列す。禱《いの》れば輒ち響応あり。而るに西域聖師の大弟子膽巴、亦た其の法を以て国中に来り、上の為に祈祠す。請に因りて廟を都城の南のかた涿州に立つるに、祠は既に日《ひび》に厳かにして、神は益《ますます》以て尊し。

世祖の征服事業において常にマハーカーラ神が尊奉され、またその効験も必ずあったことがまず述べられている。ついで、「西域」の高僧に学んだ「膽巴《タムパ》Dam pa」がこの神の修法を以て中国に来たこと、その祈禱の場としてマハーカーラ廟が涿州に建てられたこと、そこでの祭祀がいよいよ盛んであったことが説かれる。

　叙述の順序をできごとの経過に沿ったものとして読めば、タムパ登場以前からマハーカーラ神は世祖によって信奉され、霊験もあらたかだったと碑文は言っていることになる。つまり柳貫が語るのは一貫してマハーカーラ神の力であって、ここでのタムパはあくまでもマハーカーラ祭祀に優れた僧侶というにとどまる。この点は、柳貫が以下の奇跡を述べるに当たり、タムパをその発動者として記しているわけではないことと整合する。

　碑文は続けて、南宋攻略戦に関わる不可思議なできごとについて語りはじめる。

> 方に王師の南下するに、神の均州武当山に降る有りて曰わく、今、大黒神の兵を領いて西北より来るに、吾、当に謹んで之を避くべしと。江を渡るに及び、人、往往之を見ること有り。武当山神は即ち世に伝うる所の玄武神なれば、其れ之を知るならん。然るに則ち大黒なる者は、方に於いては北たり、行に於いては水たり、凝りては精気たり、降りては明霊たりて、以て我が国家億万斯年の興運を翼相すること、商の辰星・晋の参星の若し。耿耿たる祉《さいわ》いかな、焉《いず》くんぞ誣《し》う可けんや。

奇譚の内容は、元軍が南下しつつあるなか、武当山の「玄武神」が「大黒神」の到来を察知してみずから退避すると告げた、するとなるほど人々は「之」を目撃した、というものである[8]。ここで、玄武神が避けるとしたところの「之」は明らかに大黒神を指している。一方、人々が目撃したという部分の「之」は、玄武神とも大黒神とも読めて、判然としない。後述するように、この点にはおそらく理由がある。

　文脈上も、また直後に「大黒神」の霊力を解説していることからも、ここで奇跡の主とされているものは、戦わずして玄武神を「謹」んで退かせた「大黒神」である。あるいはその到来を感知して身を処した「玄武神」も、一方の奇跡の主と読むべきかも知れない。いずれにせよ神格二柱の霊力の話であって、前段でわざわざ名を出したタムパはもちろん、他のチベット仏教僧が関与しているわけでもない。そればかりか、碑文はこのあたりからチベット仏教に関わる要素を失い、替わって中国の伝統的な神秘観念を顕在化させていく。

まず、奇跡譚において玄武神にいったん「大黒神」と言わせたあとは、その呼称としては「大黒」が用いられ、一方の「摩訶葛剌」の表記は消滅する。「漢言」のほうに落ち着いてしまうわけである。碑文の主題である「大黒神」の霊力そのものも、「行に於いては水たり」と五行に配当され、あるいは「商の辰星・晋の参星の若し」と、過去の中国王朝の守護星に対応するものとされることによって、漢民族が既有する神秘観念の型式において説明されることとなっている。さらに文書の終盤三分の一ほどを占める「詞」も、「陰陽聚散して交《こもごも》屈伸し」で始まり、「陽明陰幽にして理の誠陳せられ」、「大黒の気は形身を為す」などの句を連ねたのち、結句を「千秋万歳たりて人民に宜《よろ》し」として、碑文全体を結んでいる。五行あり、陰陽あり、理気あり、そして末尾は「万歳」と「民」で括るのであるから、仏教寺院のためのものでありながら、儒教的な概念・用語に則した慶賀文であろうとする指向を認めてよいだろう。

柳貫碑文のこうした傾向は、「儒林四傑」(9)の一人に数えられた儒家知識人の撰文として理解しがたいものではない。問題はむしろ、そのような指向にもかかわらず、柳貫が「膽巴」の名は出している点である。「太祖皇帝」「世祖皇帝」、そして施主である「魯国大長公主」を除けば、碑文中、個人名は「膽巴」しかない。彼に呪法を授けたという人物も「西域聖師」とあるのみで個別化されていない。その一方で、なぜタムパには言及せねばならなかったのか。もちろん護国寺がマハーカーラ専祠である以上、その祈禱者として活躍した人物は挙げるべしとの配慮があったには違いない。しかし柳貫のこの撰文方針には、また別の要因が作用していた可能性がある。

(二) 奇跡の軌跡

(1) 大徳・至大年間「膽巴金剛上師」伝

『仏祖歴代通載』（巻二二）の「大徳七年、膽巴金剛上師歿す」以下の記事は、タムパに関する最も情報量の豊富な文書であり、また、中国仏教界が好意的筆致で残した高僧伝として理解しやすい伝記記事でもある。政権の寵遇に浴するチベット仏教に対して中国仏教の側も基本的に共同的な態度をとっていたことが、ここにはよく表れている。宣政院という利権の場を共有しうること、あるいはまた道教という共通の敵手のあったことなどからすれば、当然の方針であろう。この膽巴伝においてタムパの奇跡の技があたかも元代チベット仏教僧の奇跡能力の見本帳のごとく次々と繰り出され(10)、しかも感歎の対象となっていることは、したがって何ら怪しむに足らない。

『仏祖』全体では順帝期の記事をも含むが、この「膽巴金剛上師」伝そのものは、おそらく大徳七年（一三〇三）から至大四年（一三一一）のあいだに書かれている。大徳七年五月のタムパの死を記し、なおかつ、後述するように至大四年に彼に追賜されることになる「帝師」号に言及せず、「上師」号のままの伝記となっているからである。よって柳貫の護国寺碑文よりも最長で十五年ほど、最短で七年ほど先行することになる。

この伝記に描かれる数々の不可思議な挿話のなかで、注意されるのは次の部分である。

壬申（至元九年（一二七二））、（タムパが）京師に留まるに、王公咸《み》な妙戒を稟《う》く。初め、天兵南下す。襄城居民の真武に禱るに、降筆して云わく、大黒神の兵を領いて西北方より来る有るに、吾、亦た当に避くべしと。是に於いて列城望風して款附し、兵は刃を血《ちぬ》らず。常州を破るに至りて、多く黒神の其の家に出入するを見るも、民、故《ゆえ》を知るなし。実に乃ち摩訶葛剌神なり。此れ大黒を云う。蓋し師は祖父七世より神に事うること甚だ謹なれば、禱るに随いて応ず。此れ国を助くるの験なり。乙亥（至元十二年（一二七五））……

柳貫「護国寺碑」のものと類似する奇跡譚である。元軍の南下に当たって「真武」神（玄武神の別称(11)。以下、「玄武神」の表記で統一する）が「大黒神」の到来を察知してこれを避けた、人がこの奇跡を見た、という筋立ては両者に共通する。語句のうえでも、たとえば「護国寺碑」の「曰、今大黒神領兵西北来、吾当謹避之」と、この『仏祖』膽巴伝の「云、有大黒神領兵西北方来、吾亦当避」とは、著しく近似している。柳貫の碑文が、『仏祖』膽巴伝の奇跡譚、ないしはそれと同型の奇跡譚を踏まえての撰文であったことはほぼ疑いあるまい。柳貫碑文においてことさらタムパの名が出されていることも、ごく単純に考えれば、先行するこの奇跡譚にタムパが登場したためとして、ひとまずの説明にはなる。

『仏祖』膽巴伝における奇跡譚の特徴は、「禱るに随いて応ず」として、奇跡の発動がタムパの祈禱によると明示されている点である。これが高僧伝である以上、当然のことでもあろう。一方、前記のとおり柳貫碑文は、奇跡の動因を「大黒神」の霊威、またはそれに連動した玄武神の感応力と読ませるものであって、タムパを直接には奇跡と関与させていない。つまり柳貫は、『仏祖』型の先行文書を踏まえて奇跡譚を記し、なおかつそこに語られていたタムパを登場させつつも、その奇跡発動能力については、これを神格のほうに移して処理していることになる。柳貫という儒家知識人によるこの撰文は、帝室が奉ずるマハーカーラ神は称揚しつつもチベット仏教僧に関しては比重を落とすというかたちで、仏教界が提示した先行話型に変更を加えたものと見てよい。

しかし、柳貫「護国寺碑」の祖型をたどる作業はこれで終わりではない。いささか奇妙な方向から、より古い系譜の糸が伸びてきている形跡がある。つまりこの奇跡譚は、さらに遡及できるようなのである。

⑵　南宋末『貴耳集』均州武当山条

淳祐六年（一二四六、モンゴル帝国定宗元年）成立[12]の張端義『貴耳集』（巻下）に、次の一文が見える。

> 均州武当山は真武上昇の地なれば、其の霊応響くが如し。均州に未だ変あらざるの前、韃の至るに、聖、降筆して曰わく、北方より黒殺（煞）の来るに、吾、当に之を避くべしと。継いで真武の大松の頂に在りて身を現すこと三日、民皆な之を見る。次年、范用吉の変あり。韃の武当を犯すに、宮殿皆な一空たるも、一百単五歳の道人有れば、首《はじ》めに之を殺す。則ち知る、神の人に去る有るを示すの意を。

モンゴル帝国の攻撃下、「黒殺」が来るから退避すると玄武神が告げ、ついで三日のあいだ大樹の頂きにこれが姿を顕現させたことを人々が目撃した、という奇跡譚である。先の二つの奇跡譚が世祖代の南宋征服戦を舞台とする話であったのに対して、『貴耳集』成立の年次からも明らかなように、この記事はまったく別件の奇跡譚である。

記事中の「黒殺」を、サキャ派がモンゴル人たちにもたらしたマハーカーラ神と見る解釈もあるが[13]、年次のうえで矛盾があろう。サキャ派とモンゴルとの接触は、サキャ＝パンディタと諸王闊端が涼州で会した一二四七年[14]に始まると考えられている。一方、ここで奇跡の「次年」のこととして記される「范用吉の変」は、おそらく用吉が均州の長吏を殺してモンゴルに送款した紹定六年（一二三三）の事件を指しているから[15]、この均州玄武神の奇跡譚は一二三三年を舞台としていることになる。したがって、サキャ派がもたらすことになるマハーカーラ神は、奇跡でも起こさぬかぎり、この奇跡は起こせない。

『貴耳集』がここで言う「黒殺」は、漠然と黒い殺気のようなものを意味しているのかも知れないし、あるいはより具体的に、黒殺神を指しているのかも知れない。黒殺神は、唐末五代に発生してよりのち中国全土で信仰され、宋代においても道士たちがさかんに祈禱の対象とした民間信仰の辟邪神である[16]。少なくとも、張端義を含む南宋の人々が「黒殺」という語句を用いるとき、この黒殺神をとびこえて大黒神を指示しているとは考えにくい[17]。チベット仏教由来の大黒神はもちろん、唐代すでに中国に流入していたと言われる既存の大黒神を指すと解することも困難であろう。

（三）三つの奇跡の異同――「護国寺碑」の性格

しかしながら、これら三記事の奇跡が共通要素をもっていることもまた事実である。モンゴル軍が南下してきた、そのとき「黒」い何ものかの到来を察知した玄武神が退避した、城が落ちた、神の奇跡を人々が目撃した、という基本話素を、いずれの記事も含んでいる。文字列にもまた共通性が認められることを確認しておこう。

方王師南下、有神降均州武当山曰、今大黒神領兵西北来、吾当謹避之。及渡江、人往往有見之者。武当山神、

即世所伝玄武神、其知之矣。（『柳待制文集』護国寺碑）

初天兵南下、襄城居民禱真武、降筆云、有大黒神領兵西北方来、吾亦当避。於是列城望風款附、兵不血刃。至於破常州、多見黒神出入其家、民罔知故。実乃摩訶葛剌神也。（『仏祖歴代通載』膽巴金剛上師）

均州武当山、真武上昇之地、其霊応如響。均州未変之前、韃至、聖降筆曰、北方黒殺来、吾当避之。継而真武在大松頂現身三日、民皆見之。（『貴耳集』均州武当山）

柳貫碑文の語句のうち、まず注意されるのは「均州武当山」という地名である。『仏祖』膽巴伝はこれを欠き、代わりに「襄城」(18)が記される。他方、『貴耳集』には「均州武当山」が見える。よって柳貫が、『仏祖』型奇跡譚のみならず、『貴耳集』記事、またはそれに類する奇跡譚にも接していたことは間違いあるまい。これら二話型を知ったうえで柳貫は、奇跡の舞台設定については『仏祖』型ではなく、『貴耳集』型を選択していることになる。

奇跡の目撃証言の部分に関しても、柳貫「護国寺碑」には『貴耳集』型の話を継承した痕跡がある。碑文の「人往往有見之者」の「之」が、大黒神を指すか、玄武神を指すかが判然としないことは先に述べた。『仏祖』記事は、この部分に相当する「黒神」がマハーカーラであることを明記している。柳貫もマハーカーラ神を宣揚する立場にあったのであるから、この『仏祖』型を踏襲すべきところ、彼の「護国寺碑」は曖昧な表記となっているわけである。いま『貴耳集』を見ると、「民皆見之」の「之」は玄武神である。柳貫の「人往往……見之……」の表記が、『貴耳集』に「民皆見之」と見えるところの記述の系譜を、つまり「之」が玄武神である話型の系譜をも引いていると考えれば、柳貫碑文が『仏祖』話型を必ずしも反映していないことを説明できることになる。

奇跡の発動者が誰とされているかの部分についても、同様のことが認められる。先に見たように、『仏祖』型が奇跡の発生因をタムパの祈禱としているにもかかわらず、それを踏まえているはずの柳貫碑文は、奇跡を大黒神の霊威、または大黒・玄武二神の霊威によるものと描くという変形を示していた。『貴耳集』型の奇跡の発動者は疑いなく玄武神であるから、柳貫碑文は、奇跡を神力に由来させるというかぎりにおいて『貴耳集』型に回帰していることになる。もちろん碑文の目的にしたがって、勝者として大黒神を登場させるという『貴耳集』型にはない要素を加えてのことであり、たとえば『貴耳集』では「吾当避之」であった玄武神の科白を「吾当謹避之」とするという配慮の跡もある。しかし、あくまでも神威譚であるという点においては『貴耳集』型の話型であり、その結果として「護国寺碑」は、いま一つの源流である『仏祖』型話型が基調とするチベット仏教僧礼賛の傾向を低減させることとなっている。

以上のような系譜関係のなかで柳貫碑文を考えれば、それは、マハーカーラ神宣揚の文書であるがゆえに『仏祖』型の奇跡譚を継承しつつも、より古層に存在した『貴耳集』型の奇跡譚をも一部採用して撰文されたものであると了解される。また、これら二つの型を混淆する過程で柳貫碑文は、奇跡の主体を神格であるとする話型を復活させており、その結果、モンゴル人支配集団のチベット仏教崇奉路線に協賛的な中国仏教界によるタムパの奇跡譚を繰りかえすことを免れている。

しかしこのひとまずの結論は、むしろ当初の疑問を深めることにしかならない。奇跡を神に帰することは別の祖型の導入によって可能であり、事実、柳貫はそのような叙述を選んだ。この選択をする一方で、なぜ彼の碑文はそれでも「膽巴」の名を含まねばならなかったのか。

第二節　仁宗期におけるチベット仏教宣揚

（一）延祐三年、趙孟頫「帝師膽巴碑」

柳貫がどのような状況のもとで碑文を作成したかを考えてみよう。そのためには、いま一点の碑文の存在に着目する必要がある。柳貫碑文に先だつこと二年、延祐三年（一三一六）にタムパのための顕彰碑が真定路龍興寺に立てられた。[19]「大元勅賜龍興寺大覚普慈広照無上帝師之碑」、いわゆる「帝師膽巴碑」である。仁宗の「勅」を奉じて碑文の「撰幷《なら》びに書篆」に当たった人物は趙孟頫であった。

この趙孟頫碑文は、まず冒頭で、現皇帝である仁宗が即位のその年、すなわち至大四年（一三一一）に「大覚普慈広照無上帝師」号をタムパに追贈し、このことを刻石して「大都の寺」に立碑すべく、趙孟頫に撰文・書篆を命じたことを述べる。続いて、さらに即位の五年め、タムパゆかりの寺院と称する真定路龍興寺からの請願があったことに応え、ふたたび孟頫に勅命がくだって作成されたものであるとして、みずからの由来を語る。[20]この経緯からすれば、仁宗期のチベット仏教奉戴勢力は仁宗即位当初からタムパの称揚に着手し、なおかつその手段として、儒家知識人に顕彰文書を発注する方策を打ち出していたことになる。こうした一連の流れのなかにあって、柳貫もまたその護国寺マハーカーラ碑に「膽巴」の文字を挿入せざるをえなかったものと考えられる。

タムパその人の顕彰碑である趙孟頫碑文は、このチベット僧の異能を語ることにおいて柳貫碑文よりも積極的である。「西天」での修学ののち、法脈においてつながりのあった「帝師巴思八」とともに中国入りしたタムパが、五台山で「秘密呪法」に邁進し、「摩訶伽剌を祠祭するに持戒甚だ厳にして昼夜懈《おこた》らざれば、屢《しばしば》神異を彰《あらわ》し、赫然として流聞」したとして、彼の奇跡能力がおおいに発現し、なおかつそれが伝聞されたことを述べる。しかもその直後には「是より徳業隆盛し、人天帰敬す」という句を添え、肯定的意味づけを強く表現してもいる。

このあと趙孟頫碑文は、元貞元年（一二九五）正月にタムパが衆僧に向かって忽然と「将に聖人ありて山門を興起せんとす」と宣言し、「聖躬」が「無量の福を受」けるよう、神霊を招集して祈禱しつづけることを命ずるとともに、この「聖徳に受命の符あり」と「預言」した、との逸話を記す。この預言の謎は、至大元年（一三〇八）に「東宮」が冊立され、その際この新東宮が旧邸田を龍興寺に寄進した、と述べることによって明らかにされる。つまり、「聖人」とは、のちの仁宗にほかならない。大徳七年（一三〇三）には示寂することになるタムパが、生前すでに仁宗登極の正当性を証明していたとするための預言譚であり、奉勅撰碑文の責務をはたす部分と言える。

ここで趙孟頫は、「聖人」「聖躬」「聖徳」という字句を連ねたうえで、「受命の符」[21]という瑞祥説の基本用語を投入している。儒士として、彼がみずからの儒教的な概念・用語を以て顕彰碑文を撰述したことが分かるが、これを、チベット仏教僧タムパのための称揚碑文のなかで適用している事実は注目してよい。これによって、儒教所定の何らかの呈祥現象によって聖なる君主が示される、とする儒家知識人の統治権正当化言説のなかに、チベット仏教僧の奇跡譚を組みこむ結果を生んでいるからである。

以上のような語句・内容によって延祐三年の趙孟頫碑文は、撰文者の儒教的観念そのものに照らして、このチベット仏教僧の社会的影響力や政権翼賛能力は是認しうる、と言明するものとなっている。チベット仏教奉戴事業の過程で、漢民族の正統教学の担い手たちに、チベット仏教僧の存在とその言動の政治的有効性・正当性を承認させる動きが進行していることが判明する。

延祐三年の趙孟頫は、翰林学士承旨を授けられ、仁宗から「博学多聞、書画絶倫」、「唐の李白・宋の蘇子瞻に比《なら》ぶ」と讃えられる立場にあった[22]。漢民族文化への理解を表現しようとする君主のもと、翰林院の高官としてその一翼を担う役割が期待されていたわけであり、また碑文の性格から言っても、タムパや仁宗に対する手放しの褒賛が必然であることは、書き手にとっても読み手にとっても織りこみずみであったには違いない。しかし政権が、宋宗室の裔でもあるこの名流文人にチベット仏教僧の奇跡を好意的に語らせたことの意味は、漢民族知識人社会にとって看過しにくいものであったろう。その中峰明本との交流[23]がよく知られているように、趙孟頫にはそれ以前から親仏教的な傾向があったが、このことと帝室愛顧のチベット仏教僧を鑽仰する文書を作成することとはまったく次元が異なる。後代の儒士がそうであったように[24]、彼のこの撰文行為に眉をひそめることが、当時の儒士たちにあっても率直かつ標準的な反応であったとしてもおかしくはない。だがそうであるとすれば、むしろそれは儒士たちのなかで政権の重圧が強く感知された結果であり、モンゴル人支配集団にとっては政策的成果でさえある。

加えて、ほかならぬ趙孟頫の書として提示されたことによって、この碑文がそれに見合う伝播力をもともなったであろうことを勘案しておく必要がある。この碑文は現在でも法帖として市販されている。書としての価値が高いからには、拓本などをとおしてこのチベット仏教僧顕彰文を読み、ときに書写する漢民族知識人さえあったかも知れない。もちろんこの碑文のほかにも、元が趙孟頫に書を託した事例は少なくない。しかし、それが「異端」称揚文書であることからすれば、この「帝師膽巴碑」が漢民族社会に投げかけた波紋はやはり小さからぬものであったと考えるべきであろう。しかも、仁宗期に示されたチベット仏教奉戴路線強化の動きは、こうした文書生産の範囲のみにとどまるものではなかったらしい。

（二）帝師殿

元の歴代政権のもとでパクパその人に対する尊信体制が順次構築され、ついにはこれを祀る帝師殿なるものが設置されたことについては、早くから関心がもたれてきた[25]。とくに、英宗即位初年の延祐七年（一三二〇）に「帝師八思巴殿」を各郡に設置せよとの勅命が発せられ[26]、なおかつその建築規格を「文廟」と同等とすべしとの指定が同詔勅で示されていた[27]ことは、政権がチベット仏教を儒教に対置させようとした動きのなかでもごく明確なものとして注目される。しかし「帝師八思巴殿」と呼ばれる施設自体は、「帝師巴思八《ママ》殿を大興教寺に建つ」（『元史』巻二六、仁宗本紀、延祐五年（一三一八）十月壬辰条）とあるように、すでに仁宗代に存在していた。おそらくこれが英宗代に全国拡大されたのであろうと解されている[28]。

ここで検討すべきは、パクパを孔子に模して祀ろうとする方針をも含めて、帝師殿は仁宗期に遡るものであったか、という点である。これはすなわち、帝師殿が仁宗代のその発足当初から、これを孔子廟に比肩させることを基本方針として企画されたものであったのか、それとも英宗代に入ってから、これと孔子廟との関係が単に建築規定として補足的に追加されたに過ぎないのか、という問題にかかわる。かりに前者であったとすれば、儒士たちのなかからチベット仏教に対する反応を引き出すための新たな動きが仁宗期のモンゴル人支配者の側にあったことのいま一つの証左となるし、さらにはより広く、元のチベット仏教奉戴が対儒教政策としての機能を担ったことの一事例ともなる。

帝師殿に関しては、のちに林淳撰の泰定五年（一三二八）潮州路「剏建帝師殿碑」(29)（光緒『海陽県志』巻三一、金石略、元）が、

……孔子は大道を闡明して万世帝王の師たり。……西方聖人の教えは漢より中国に入りて、歴代、之を奉ず。我が皇元、天下を混一するに曁《およ》び、抜師巴'Phags paを尊んで帝師と為し……師は仏教を以て治道を扶植し、国に大功あり。

と述べて孔子とパクパをともに帝王の師として位置づけたうえで、

……仁宗皇帝、加封して開教宣文輔治大聖至徳普覚真智祐《ママ》国如意大宝法王とす。且つ天下の郡州に命じて殿を立てしむるに、広きこと□廟の□。師の名徳、明らかなること日月に並び、夫子に比隆す。

と記している。ここでは仁宗がパクパに加封したことと、帝師殿建立によってパクパの名声が孔子のそれと隆盛を競うようになったこととが連続して記述されている。とくに、「広□□廟」とある欠字の部分は、おそらく「広如文廟」と復元しうるから(30)、帝師殿が孔子廟を意識した施設であったことを表現してもいる。とはいえ、英宗期のことを経た時点でのこの碑文のみから仁宗期の帝師殿について判断することは困難である。

しかし、仁宗期に発案された段階ですでに帝師殿は孔子廟と並ぶものとして提示されていたこと、すなわちチベッ

ト仏教の帝師を孔子と対等なものと位置づけるという構図が帝師殿の基本的性格として当初から企画されていたことは、他の史料からも確認しうる。『高麗史節要』(巻二四、忠粛王甲寅元年(延祐元年、一三一四)閏三月条)は、当時大都に滞在していた高麗上王、すなわちさきの忠宣王である王璋の消息を伝えるが、そこには、

> 元帝、上王に京師に留まるを命ず。上王の万巻堂を燕邸に構えて文儒を招致するに、閻復・姚燧・趙孟頫・虞集等、之に与る。従遊して以て考究し、自ら娯しむ。……時に鮮卑僧有りて上言すらく、帝師八思巴は蒙古字を製して以て国家に利せり。乞うらくは、天下に令して祠を立てしめ、孔子に比せんことをと。詔ありて、公卿耆老、会議す。国公楊暗普の力めて其の議を主《つかさど》るに、王、暗普に謂いて曰わく、師は字を製して国に功あり。之を祀るは古典に応ずるに自《よ》るも、何ぞ必ず之を孔氏に比せんや。孔氏は百王の師、其の通《あまね》く祀らるるを得るは、徳を以てして功を以てせず。後世、恐らく異論あらんと。言は納れられずと雖も、聞く者、之を韙《よ》しとす。

と見える。延祐元年に帝師のための立祀が「鮮卑僧」によって上奏され、その原案段階ですでに帝師を「孔子に比」することが構想されていたとの記事である。

この案を主導した中心人物として記される「国公楊暗普」は、世祖代に宋皇帝陵を暴いて江南にその名を轟かせた楊璉真伽[31]の子であり、至大四年十二月(一三一一)時点で他の職位とともに宣政院使の地位を帯びていた人物である。[32] よって彼がチベット仏教奉戴事業の推進に動いたことには何ら不審はない。この楊暗普に対して反対派の高麗上王が、帝師は「功」、孔子は「徳」を以て尊い、として両者の質的差異を述べている。王璋はむしろ一般にはその崇仏的傾向を語られることの多い人物であるが、ここでは、孔子を「百王の師」たる普遍的存在として称揚する一方、帝師は元という一国家への功績をもつに過ぎないと主張し、仏僧への評価を限定的範囲にとどめようとする崇儒の人として描かれている。閻復や姚燧ら著名な「文儒」たち[33]と交友していた自国の王族が、それにふさわしく儒教擁護の弁舌をふるった場面として、のちの儒教国家李朝の史官が採った逸話である。これをよしとしたという「聞く者」とは、彼が友誼を交わしていた「文儒」たちであるとの文意であろう。その一人として、趙孟頫の名

も見える。

皇帝の処断の反儒教的方向があからさまに記されるという点で特異なこの記録は、元の強い干渉下にあるとはいえ完全な直轄はまぬがれた高麗であったればこそ残されえたものであろう。記事は、結果的に王璋らの反対案は却下されたこと、つまりは楊暗普らの原案が通ったことをも伝えている。仁宗のこの裁定がいつなされたかは分からない(34)。しかし孔子に比するかたちでの帝師祭祀という方針が、帝師殿の基本的属性として、延祐元年の提議段階においてすでに構想されていたことは、この記事が明確に記しているとしなければならない。また、こうして反対を圧してのことであった以上、それが儒教的観念を毀損するものであることを明瞭に理解したうえで、仁宗以下のチベット仏教奉戴事業推進者たちがこの帝師殿案採択に踏み切っていることは、ほぼ疑いがない。

さらにこの記事の傍証となる記述が、英宗至治元年（一三二一）の法洪撰「勅建帝師殿碑」(35)（『仏祖歴代通載』巻二二）に見える。そこには、「河西僧」の「高沙剌巴」なる人物が、パクパは孔子に並ぶ者であるから帝師の廟を造営すべきであると「朝に建言」した、とのことが記されている。その年次については言及されず、「朝」がどの朝代を指すのかも分からない。しかしこの碑文記事の「建言」には、前記『高麗史節要』記事との連関を認めることができる。

まず法洪碑文の言う「高沙剌巴」の「建言」とは、具体的には次のようなものである。「孔子は修述文教の功を以て世《よよ》廟祀を享《う》けているのに対して、「先の帝師の徳は将聖たる師表一人に侔《ひと》しく」、また「字書を製して以て文治の用に資し」「其の功は大且つ遠」であるにもかかわらずいまだ廟祀されていない、これが国家の「徳を崇び、功に報ゆるの道」であろうか――。こうして「高沙剌巴」は、師表たる孔子と同等に帝師もまた「徳」「功」を以て尊いこと、よって国としては両者を同等に祀って彼らの「徳」「功」を顕彰すべきことを主張する。字句においても論理においても、孔子は「徳」だが帝師は「功」に過ぎないとする『高麗史節要』記事の儒家側の主張と対称関係にある。おそらく両記事は同一の案件をめぐるものであり、どちらかがどちらかの反論であったかも知れない。

『高麗史節要』の「鮮卑僧」が、この「高沙剌巴」その人を指すか、それとも彼の与党の非漢民族僧侶を指すかを決定する材料はない。しかし、提議者の一人に「高沙剌巴」という僧侶がいた可能性は発生してくるだろう。

ここでさらに『仏祖歴代通載』（巻二二）の「三蔵沙囉（羅）巴訳師」伝を加えて考えてみよう。パクパの弟子であり、この師の論著を漢語に訳したことで知られる「河西之人」シェラプペル Shes rab dpal の伝記である。[36] そこには彼が、パクパの西帰後も仁宗期まで元にあって訳経活動に従事し、また釈教総統所廃止などの仏教行政にも関与したことが見える。この訳師シェラプペルが、おそらく至治元年法洪碑文の「高沙剌巴」なのではないか。[37] パクパ祭祀殿を建立する運動が起きたとき、パクパに親しく教導された高名な訳経僧がここに加わり、仁宗への提言をおこなったとしても、まったく不可解ではない。このように両者を同一人物と考えれば、孔子なみの帝師祭祀という方針が延祐元年閏三月に遡るとする『高麗史節要』所伝の年次は、ほぼ確定される。なぜなら、この『仏祖』沙囉巴訳師伝が、シェラプペルの死を延祐元年十月五日と記すからである。

また、これら三史料記事を以上のように統合しうる根拠として、帝師殿反対派の高麗上王王璋と賛成派のうちの二人の人物とが、延祐年間、他の場面においても接触している点を挙げることができる。まず『仏祖』沙囉巴訳師伝に、延祐元年十月のシェラプペルの死去に先だって「太尉瀋王」（王璋）が見舞いに訪れたという一節が見える。これを、同年閏三月の案件で対峙した賛成派僧侶に対する反対派王璋の配慮、少なくとも両者に交渉があったことの痕跡と読めば、一連の経緯として理解できることとなる。王璋との接触が認められる二人めの賛成派人物は、ほかならぬ楊暗普である。高麗李斉賢の『益斎先生乱藁』（巻一）に「楊暗普国公宴大尉瀋王于玉淵堂」と題する一編の詩があり、そこでは、湖畔の華堂で楊暗普が宴を開き、翡翠の裙の佳人と美酒とで「吾君」を楽しませたことが詠まれている。ここで李斉賢が「大尉瀋王」と呼ぶ「吾君」も王璋その人であり、宴は延祐三年以降延祐七年以前のことである。[38] 延祐元年にみずからが「力めて」推進しつつあった帝師祭祀案に王璋が異を唱えてのち数年、この人物のために宴を張った楊暗普の意図が奈辺にあったのか、またこれに応えた王璋の思惑がいかなるものであったのか、あるいは王璋が一方においてやはり親仏教的な人物でもあったのか、これらの詳細は知るすべがない。しかし、シェラプペルと王璋とがそうであったのと同じく、楊暗普と王璋ともまた、相互に関心を抱きあっていた。このことまでは、こうしてたどりうる。

以上、パクパというチベット仏教高僧を孔子に対置させて祀るという方針が、仁宗期における帝師殿の発案企画段階からすでに織りこまれていたことを見た。科挙の実施に象徴されるように、儒学・儒教を評価したとされる仁宗政権であるが、そのことは必ずしもチベット仏教からの乖離を意味しなかったことが分かる。むしろこの時期のモンゴル人支配集団は、中国社会において儒教と儒士がもつ役割を評価していたからこそ、彼らの言う「異端」を用いて彼らの反応をかきたてるとともに、この「異端」の優越性とこれを奉ずるモンゴル人政権の神聖性を彼らに言明させる方向へと、チベット仏教奉戴事業の圧力を上げていったと考えるべきである。

仁宗期に方向づけられたこの路線を、その後の帝師殿は忠実に継承した。先に引いた泰定五年の潮州「搠建帝師殿碑」は、「且つ師の徒、膽巴・搠思剌を以て幷せて座に列す。蓋し伝燈授業するを以て、亦た猶お夫子の配に顔・孟□□□□□を以てするがごとし」と記す。孔子像にならい、パクパの像にも「膽巴」らその「徒」たちの像が配享従祀された様を描いている。マハーカーラの霊力を駆って南宋を滅ぼす演目に引き出されていたタムパは、いまや一方で、顔回・孟子になぞらえて配祀される役どころをも担うに至ったわけである。

第三節　儒家知識人に課されたチベット仏教僧への言及

延祐三年の趙孟頫碑文・同五年の柳貫碑文は、以上のような情勢のもとで書かれた。趙孟頫は、延祐元年には孔子とパクパは違うと苦言を呈した人物の交遊する「文儒」に数えられていたが、その翌々年には、儒教的な意味における「聖人」「聖徳」を感知する力がパクパに類する宗教者であるタムパにはあった、とする碑文を編んでいることになる。さらにのちのことをたどれば、帝師には孔子に匹敵する功績があると謳いあげる前記至治元年「勅建帝師殿碑」は、撰文こそ仏教僧法洪であるが、書は趙孟頫が担当している。

柳貫もまた、のちに帝師殿碑銘撰述の任に当たることとなった。「温州新建帝師殿碑銘 幷序」（『柳待制文集』巻九、碑銘）(39)として残る順帝期の文書がそれであり、「西域聖師八思馬 'Phags pa」のために至治元年に美々しく修建した帝師殿が十五年を経て傷んできたため、元統二年（一三三四）にあらためて築造がおこなわれたとの内容を記す。「文を作るや沈鬱春容、涵肆演迤、人多く伝えて之を誦《とな》う」(40)と評される柳貫の文章が、趙孟頫の書と同様に、仁宗代以降も帝師殿造営の事業に活用されていったことが分かる。

おそらく柳貫その人は、ごく謹直な孔子の徒として身を処する人物であった。泰定年間、ある権力者が「其の祖を以て孔子廟に配享せんと欲」し、礼官も恐れて反対できずにいたところ、柳貫が「毅然として不可なるを持するに、事遂に寝《や》」んだと言う。(41)孔子廟への態度において他の人々よりも潔癖な姿勢を示していたわけであって、これに比すべきものと政権が企画した帝師殿のために碑文を書くことが、その行動規範に抵触しなかったとは思われない。また「神、洛に降」ったとして封爵を求める請願が地方官から上がり、礼部や中書省がこれに応じつつあったときも、柳貫は「神姦は能く民を鼓す。治めざれば将に乱れんとす。請うらくは所部に檄して之を禁戢せんことを」と述べ、事態を収拾に導いたと伝えられる。この逸話からすれば、柳貫は「神降」といったことに対して抑制的な態度を保つ人物であった、あるいはそのように見られていた人物であったわけであり、みずからの故国である南宋の滅亡に当たって「神」の「降る有り」云々とする「護国寺碑」を躊躇なく書いたとも思われない。

柳貫は、咸淳六年（一二七〇）、婺州の浦江に生まれた。金履祥のもとで朱子学を学ぶが、他の先学のあいだをも経めぐって教えを受けた。当時は宋の宿儒遺老がいまだ多く存命しており、柳貫は彼らの門をあまねく遊歴したと言う。こうして貫が師事した宋の遺臣の一人に謝翺がいた。かつて文天祥の軍旅に仕えた謝翺は、(42)当時、「隠者」でありながら「憂深思遠、慷慨激烈」の士の一人として「人の瞻慕する所」であった。(43)この謝翺が、楊璉真伽らに暴かれた宋帝遺骨を埋葬した人物の義挙に因み、詩を詠んでいることはよく知られている。[44] 若き日の柳貫にとって、チベット仏教僧とは、その師が悲憤慷慨する発陵事件を起こした当事者にほかならなかった。

その後の柳貫は、大徳四年（一三〇〇）には「窮絶の境」たる江山の県学教諭を、至大元年（一三〇八）には「島嶼」昌国の州学正の職を拝した。考満ののち京師に赴き、張思明・呉澄・程鉅夫らの知遇を得るや、その「器」と「文章」を以て彼らの認めるところとなる。ついで延祐四年（一三一七）、湖広等処儒学副提挙[45]の職を授けられたが、いまだ赴任せぬうち、延祐六年には国子助教、階将仕佐郎[46]と改められた。延祐五年の「護国寺碑」は、この間のものとなる。僻遠の地で儒学教育に従事したのち、下位の職歴ながら人品と文華によって文人官僚たちのあいだで聞こえはじめた柳貫に、帝室創建のマハーカーラ廟碑撰文の白羽の矢が立てられ、その後も下級の文教職を以て京師に留められたということになろう。官界の一隅にあって、また高まりつつある声望のなかにあって、柳貫は「摩訶葛剌神」の霊威を記すという任務に対応せねばならなかった。

おりしもこの延祐期、孔子に模した帝師祭祀という施策が政権中枢のチベット仏教奉戴勢力によって推進されつつあったこと、しかもそれが発陵事件の首謀者の子によって主導されたものであることを、柳貫がどれほど知っていたかは分からない。しかし、江南の民の楊璉真伽に対する憎悪の激しさゆえに、さしもの世祖政権も暗普の江浙行省左丞職を解かざるをえなかった[47]という過去の経緯からすれば、江浙浦江に出身し、なおかつ発陵事件に鋭く反応した謝翺を師にもつ柳貫にとって、マハーカーラ神やそれを操るチベット仏教僧のことを礼賛せよとの下命は、ただそれのみであっても重い負荷を強いるものであったはずである。

加えて、彼が目下身を置く漢民族の知識人社会もまた、碑文を書こうとする柳貫にとって、暗然たる負荷として立ち現れたに違いない。たとえば、柳貫が京師で交遊した相手として宋濂が伝えるところの張思明は、次のような反仏教的な逸話が『元史』に記される人物である。仁宗がある仏教僧を寵愛し、その弟に官職を授けようとした。当時中書省に在職していた張思明がこれに反対し、「帝、大いに怒る」という事態を招いた。しかし召された張思明は官職が天下の公器であることを説き、仁宗も「心に其の言を然り」として譲歩の態度を示したと言う。[48] 仁宗期においても皇帝は充分に崇仏的であり、対して儒士は決然とこれを抑止する行動を採った、とする史伝である。

この記事は、実際に張思明が反仏教的側面を見せていたことの残像ではあろう。しかしより直接的には、元代から明初にかけての漢文文書の作成者たちによって思明のそのような行動が注視され、記録された、という文書成立の過程を映すものである。その基底には、彼ら漢民族の儒家知識階層が抱いていた価値観、すなわち、名士の事跡としては抑仏的な逸話こそが伝え残すべきもの、とする価値観が横たわっている。彼らにとって、あくまでも仏教は為政者が遠ざけるべきものであり、その方向でなされた行為は記録に値するものであった。柳貫も、張思明と同じく、この価値観念のなかに生きていたことになる。

これを政権内のチベット仏教奉戴勢力の側、すなわち帝室や楊暗普などの側から見れば、儒家知識人たちのこうした価値観念こそが政策課題であり、政権がチベット仏教を押し立てねばならない理由の一つであったことになるだろう。征服支配を維持するため、人的にはいわゆる色目人を、文化的装置としても非漢民族のそれを導入したモンゴル人政権が、まさにその一環としてチベット仏教を奉戴していたとすれば、それは単にチベット仏教を重遇するのみに終始するものではありえない。当然その一方において、政権によるこの外来宗教奉戴のことを被征服民である儒家知識人たちに認識させ、さらには彼ら自身にそれを表現させる何らかの方策が求められるはずである。それがたとえば、彼らにチベット仏教褒賛の漢文文書を書かせるという動きに具体化することは、したがってよく理解しうるものである。

趙孟頫は「帝師膽巴碑」において、儒教的な概念を以てチベット仏教僧を顕彰するという任をはたした。柳貫もまた、「護国寺碑」で「膽巴」の名を出している以上、二年先行するこの趙孟頫のタムパ顕彰碑の存在と、それが負った役割を意識していたであろう。こうしていままた柳貫に碑文が発注されることにより、一定の知名度をもつ儒臣にチベット仏教礼賛の文書を生成させるという事態が反復されつつあるとき、彼に求められていたものは、ただ美文を編むことではなく、江南出身者として、かつ儒者として、チベット仏教を称揚せよとのこの負荷に対してどのように対処するかの決断にほかならなかった。この意味でチベット仏教顕彰のための漢文碑銘は、碑石が立てられたのちの効果はもとより、むしろその制作の段階においてこそ、政策的効力を発揮するものであったと言える。なぜならそれが、征服政権の「異端」宣揚事業に参加するや否やの去就を、書き手の儒士に迫るものであったからである。

当然のことながら、政権によるこの動きは、儒教に拠って立つ人々のチベット仏教に対する反応を硬化させることはあっても、軟化させることはありえない。また、張思明の反崇仏的な言動に皇帝が「大いに怒」ってみせたのち理解を示すというモンゴル人支配者の態度、すなわち、儒士側に儒士的な行動をとらせ、それに対して却下・容認こもごもの応答を示すというその運動から考えれば、仁宗期のチベット仏教奉戴勢力の側も、儒家知識人たちのチベット仏教への評価それ自体を好転させようとしているわけではない。そこでは、儒家官員たち自身が実態として反崇仏的であることは何ら問題とはなっていないのである。このことは、柳貫の碑文が儒教的色彩を歴然とたたえるかたちのままで残っていることにも現れている。ここでモンゴル人君主以下のチベット仏教奉戴者たちがおこなっていることは、儒教を以て正統とする漢民族知識人の抑仏的価値観念を充分に踏まえたうえで、彼らのこの価値観を変更させることのないまま、つまりは彼らにとって異端であるチベット仏教を異端として意識させたまま、その顕彰文書を書かせることにほかならない。

延祐五年の柳貫「護国寺碑」が、マハーカーラ神礼賛のためのものでありながら、必ずしもチベット仏教宣揚の内容とはなっていないことは先に見たとおりである。タムパの名は記されるが、奇跡は彼のものとはされていない。マハーカーラ神の力が描かれはするが、論述の過程でこの神は「摩訶葛剌神」から「大黒神」となり、その霊力もまた儒家の概念によって説明されていく。先行する『仏祖』膽巴伝と比較すれば、明らかにチベット仏教の影を稀薄化させようとする傾向を柳貫碑文はもっている。しかし、この傾向をもちながら、やはりタムパの名がそこで記され、マハーカーラの奇跡が語られたことも一方の事実である。この碑文のありようは、漢民族文化に理解があるかと期待された皇帝の在位期、むしろ儒教に対抗的な方向性を補強しつつあった政権のチベット仏教奉戴事業のなかで、柳貫という南人官員がからくも逢着した協調の一地点と読むべきであろう。

仁宗期のチベット仏教奉戴者たちは、こうして漢民族儒家官員たちから、彼らの言う「異端」を顕彰する文書を獲得していった。他方、たとえば柳貫の交遊相手として宋濂が挙げたいま一人の人物である呉澄について、英宗期におけるその反崇仏的行為を虞集が書きとめているように(49)、官界の漢民族知識人たちのあいだには、崇仏抑止をこそよしとする観念がその後も存続しつづけた。このようななかで、英宗期以降は帝師殿の全国拡大が企てられ、趙孟頫や柳貫、そして呉澄までもが関与してまた新たに帝師殿碑が造られていくことになる。反仏教的基盤に立つ儒士にチベット仏教礼賛の漢文文書を生産させるという構図は、以後も継続したと言えよう。

儒臣たちが臣であるがゆえにこの構図に組みこまれていった一方で、在野の儒家知識人たちはチベット仏教僧に対してまた別種の叙述を残していた。たとえば陶宗儀は、「僧に口才あり」（『南村輟耕録』巻五）と題して一篇の小話を書きとめている。

ここで「僧」として登場する者は、「膽巴」である。かつて大徳年間、この人物は朝廷の貴顕の尊崇を一身に集めていた。しかし太子を病で喪った不魯罕皇后が、仏法を崇信していても子供の命を延ばすことができなかったではないかと彼を詰った。これに対する「膽巴」の返答と、陶宗儀の論評は以下のとおりである。

……答えて曰わく、仏法は譬うれば猶お燈籠のごとし。風雨至れば乃ち蔽う可きも、若し燭の尽くれば則ち之を如何《いかん》ともする無しと。此の語、即ち吾が儒の死生有命の意なり。異端の中に此を得るは、亦た口才ある者と謂う可し。

この逸話は、タムパの没年から見て実話ではあるまいとされている(50)。一方、これを「異端」の僧侶「膽巴」の姿として陶宗儀が描いたことのほうは事実である。そしてそのとき、「膽巴」という「異端」の対極にあるもの、すなわち正統であるものとして「吾が儒」が比較されていることは、仁宗期以来のチベット仏教奉戴事業が到達した一つの成果と言えるだろう。この民間言論人が「輟耕」のすさびに執筆に向かっていた至正年間、「異端」の僧めが「吾が儒」のようなことを言ったものだわい、と記した、その思考の流れは、チベット仏教と儒教とが比較可能な位置関係にあってこそ発生するものであるからである。彼がひとたび帝師殿と称する施設のなかに足を踏み入れれば、そこには顔回よろしくタムパが祀られていた。陶宗儀のチベット仏教僧に対する注視と発言は、この事態を背景としている。「異端」の僧は、これを誹謗することが「儒」の正統性主張につながるという位置どりにおいて、在野知識人の自発的な言及を誘引する認識対象となっている。

彼らを顕彰する官員の文書であれ、貶損する民間人の文書であれ、チベット仏教僧に関する儒士たちの叙述はこうして着実に蓄積された。ときに宋を滅亡に導いた奇跡の力として、ときに孔子学統に比肩すべきものとして、そしてまたあるときには正統を浮かびあがらせる「異端」として、元代中国のチベット仏教の存在は、背後にある異民族支配の重圧とともに、さまざまなその姿を漢文文書に刻印させていった。

結語

延祐五年「護国寺碑」を中心に、仏教界に属さない漢民族知識人、すなわち儒家の教養を基盤にもつ標準的な知識人たちが、なぜチベット仏教の奇跡を叙述したかについて考えた。本章冒頭に挙げた二つの条件に照らせば、その理由は以下のようになる。

第一に、チベット仏教僧を登場させた奇跡譚は、元代以前の漢民族社会に既存した奇跡譚を祖型として用いていた。これによって、漢民族にとって新たな事象であるチベット仏教僧の存在を組みこんだ言説が、叙述するに足る物語として成立しえている。「護国寺碑」の場合、モンゴル兵南下の際に中国在来尊格の神威が発揮されたとする祖型奇跡譚が南宋期漢民族間におこなわれており、さらにその後、元代の中国仏教界において類似の奇跡譚がチベット仏教僧を主人公とするかたちで発生してもいた。「護国寺碑」撰者の柳貫は、これらの先行話型に取捨を加えながら、チベット仏教尊格の神威を描く奇跡譚を造形した。また、これとほぼ同時期の趙孟頫「帝師膽巴碑」の場合には、伝統的な儒家の瑞祥説を導入することによって、チベット仏教僧の奇跡能力を描く方法が採られた。いずれの文書も、漢民族社会がすでに保有していた奇跡の話型にチベット仏教を流しこむことにより、この新来の宗教が〝奇跡を起こしうる〟という認知の回路を開いている。

第二に、チベット仏教の奇跡譚は、これを情報として流す圧力をもっていた。直接的には、それが儒臣に課された帝室の下命であったことがこれに当たる。撰文ののち立碑することまで含めて、情報伝播のための明確な推力がモンゴル人支配者によってかけられていた。またこのとき、その基層にあって作用していたものは、仁宗政権のモンゴル人支配集団が着手したチベット仏教宣揚政策の新たな方針であった。それは、帝師殿なるものを創設し、そこで孔子と対等なものとしてパクパを祀るという構想であり、儒家知識人社会からチベット仏教に対する反応を引き出そうとする傾向を強くもっていた。柳貫ら儒家官員にチベット仏教僧顕彰文書が要請されたことは、この政治的動向の一環である。その推進者たちは、仏教、なかでもチベット仏教が儒臣にとって「異端」であることを認識したうえでこれらの事業を進めていた。正統を以て自認する儒士たちから、ほかならぬその「異端」を顕彰する言葉を獲得しようとするこの圧力は、漢民族への埋没を回避しようとする元の征服支配の原理に発するものである。

儒家知識人を積極的に用いる姿勢を示した仁宗政権のもと、これに応じた儒家官員たちには、異民族政権への参画というみずからの現実と儒教を基盤とするみずからの観念との矛盾を、はたしてどのように処理するかが問われていた。儒教に裏打ちされた伝統的観念や漢民族の先行話型を用いながらチベット仏教の奇跡を肯定的に描いた漢文文書は、この問いに対する儒士たちの一つの回答と位置づけられる。なかでもとくに、「千秋万歳」「人民に宜し」「受命の符」などとして、儒教における定式的な呈祥句を彼らがここで記したことは注意されてよい。これらの語句を記すことによって儒士たちは、彼らのモンゴル人支配者がその正当性を証明しえたこと、そしてその証明が、チベット仏教に媒介されてはいるものの、本質的には儒教の指定する正当化原理にもとづく証明、つまりは正統的で有効な証明であることを、儒家の立場から認めているからである。

このように生み出されていったチベット仏教とその奇跡に関する物語は、元そのものが滅んだのちも中国に残響をとどめた。永楽四年（一四〇六）、皇弟である周定王が元宮詩百章（『歴代宮詩』巻二、明周王一百首）なるものを詠んだ。自序によれば、かつて元廷に仕えていた老媼を永楽元年に皇帝からもらいうけ、彼女の語る様々な「故実」を聞くうち、それを後人に伝えようとの思いを発して詠んだ詩であると言う。そのなかに、次の句が見える。

祈雨の番僧、鮓畣(51)の名
降龍の刺馬、膾巴の餅

酒器を傾けながらの昔がたりでもあったものだろうか。末期の元宮においても、そして明の宗室の館にあっても、この番僧の名は、龍を駆り雨を降らせる奇跡の技を人々に物語らせたようである。

第三部第一章　注

（1）　Benedetto（ed.）[1928, pp.63-65], Moule and Pelliot（ed., tr.）[1976, vol.1, pp.188-189]. 高田英樹訳[二〇一三年、一六五—一六六頁]。以下、ラテン文字表記はベネデットに、邦訳は高田に拠る。

（2）　乙坂（瞿大風・索婭訳）[二〇〇一年]。

（3）　『元史』巻五、世祖本紀、至元元年四月壬子条。

（4）　Benedetto（ed.）[1928, pp.38-39], Moule and Pelliot（ed., tr.）[1976, vol.1, pp.139-141]. 高田英樹訳[二〇一三年、一〇二—一〇四頁]。

(5) Benedetto (ed.) [1928, pp.70-71], Moule and Pelliot (ed., tr.) [1976, vol.1, pp.201-202]. 高田英樹訳[二〇一三年、一八四―一八六頁]。

(6) タムパについては、稲葉正枝［一九六三年］・Franke [1994, XII]・村岡倫［一九九六年、八三―九二頁］・陳得芝［二〇〇五年、二四〇―二四五頁］参照。また、次の蔵文史料に記述が見える。dPal 'byor bzang po, *rGya bod yig tshang chen mo*, 成都 : Si khron mi rigs dpe skrun khang, 1985, pp.281-282. rGyal dbang lnga pa (Ngag dbang blo bzang rgya mtsho), *Bod kyi deb ther dpyid kyi rgyal mo'i glu dbyangs*, Pe cin: Mi rigs dpe skrun khang, 1988, pp.99-100.

(7) 全寧路は現在の内モンゴル自治区翁牛特旗周辺とされる［譚其驤主編、一九八二年、七―八頁］。〈関連地図〉で示したように、タムパに関わる三つの宗教施設の所在地、すなわち龍興寺の真定・マハーカーラ祠の涿州・護国寺の全寧は、全寧のみやや西にずれるが、大都をはさんでほぼ北東・南西方位線上に位置する。何らかの呪術的意味がこめられていたものかも知れない。柳貫の護国寺碑銘では、護国寺の位置を「全寧路之西南八里」、その全寧を「全寧、東北京師千二百里」と記すように、護国寺が大都の北東に位置することは意識されている。鬼門に対して、文字どおり護国の寺であった可能性はあろう。なお涿州のマハーカーラ祠については、前掲 *rGya bod yig tshang* (pp.281-282) に記述が見える。マハーカーラ像が「蛮子」の方角に向けて設置され、タムパが南宋降伏のための修法を執行したとある。第一部第二章注（33）参照。

(8) 武当山玄武神については、至元十三年（一二七六）に「江南」が「内附」しようとするとき、「武当山真武降筆」のことが「民間」に「盛伝」したと伝えられる（『南村輟耕録』巻二六、武当山降筆）。後述するように、柳貫の記述には字句も近い直接の先行記事があったと見られるが、より大きな母体として、この巷間伝承の盛行があったと考えてよいかも知れない。

(9) 「貫……始用察挙為江山県儒学教諭、仕至翰林待制。与溍及臨川虞集・豫章掲傒斯斉名、人号為儒林四傑。」（『元史』巻一八一、黄溍伝附柳貫）

(10) たとえばこの『仏祖』膽巴伝では、大徳六年（一三〇二）三月二十四日、上都へ向かう成宗一行が龍門を通過しようとしたとき、龍のさわりによる荒天を予知したタムパが徒衆に神呪をおこなわせていたところ、暮れがた雷電が四方をつんざくなか、行殿の一帯のみ無事であった、という話を盛りこんでいる。この話型は、マルコの書 [Moule and Pelliot (ed., tr.), 1976, vol.1, p.188. 高田英樹訳、二〇一三年、一六五頁］で、バクシたちが上都宮殿の上空から雲や雨をはらいのけるとする挿話と骨格が一致する。また、『集史』[Boyle (ed., tr.), 1971, pp.302-303］は、多大な影響力を以て成宗に近侍するバクシの「タンバ」たちが皇帝の医・食に関与する姿を伝えており、これも『仏祖』膽巴伝の大徳六年二月記事に、タムパが七昼夜の修法によって成宗の病を治療したと見える逸話と共通するものがある。

(11) 玄武神は、北宋真宗のとき天尊聖祖玄朗の玄の字を避けて真武神と改められた［呂宗力・欒保群編、一九九一年、上冊、八七頁］。本稿は柳貫碑文を主題とするため、そこに表記される「玄武神」の呼称で統一する。なお、仁宗政権は玄武神の霊威を宣揚することにも関心を示している。すでに至大元年（一三〇八）に潜邸期の仁宗らの命によって武当山道士に禱雨させたところ効験があったと言い、また皇慶元年（一三一二）・同二年に京師で干天が続いたときにも彼らに詔して禱雨させ、稔り豊かであったと言う。これらの話を伝えるのは、延祐元年（一三一四）「均州武当山万寿宮碑（大天一真慶万寿宮碑）」、撰文は程鉅夫である（『雪楼集』巻五・『湖北金石志』巻一三）。また『玩斎集』（拾遺）「三真観碑」には、「延祐戊午」（延祐五年）に、浙江長興州三真観「真武神」に対する「優護」の聖旨が降ったことが記される。タムパの伝のなかではマハーカーラ神に屈したことになっている神に対しても、仁宗政権は手厚い優遇を与えているわけである。あらゆる尊格に対して好意的、つまりはあらゆる尊格からの承認と祝福を当然のこととしていた元の君主権力の立場がよく表れていよう。

（12）『貴耳集』巻下、序。なお、四庫全書提要がこの書を淳祐八年成立とするものの、正しくは淳祐六年成立であることは、李裕民［二〇〇五年、二五四頁］参照。

（13）王尭［二〇〇五年、二五三頁］。

（14）福田洋一［一九八六年、六〇―六一頁］、樊保良・水天長主編［一九九七年、七七頁］。

（15）『金史』巻一一四、白華伝・『続資治通鑑』巻一六七、宋紀、理宗紹定六年五月条。

（16）劉枝萬［一九七四年、三一八―三二〇頁］。

（17）元代においては、大黒神・マハーカーラ神と「黒殺」とを同一視する事例はある。張昱「輦下曲」（『張光弼詩集』巻三（四部叢刊続編所収景印鉄琴銅剣楼蔵明鈔本に拠る。文淵閣四庫全書本『可間老人集』巻二所収の当該部分は表記の一部が異なる））に、「北方九眼大黒殺、幻形梵名麻紇剌」と見えるものがこれである。

（18）対南宋戦の戦地であるから、河南汝州の襄城ではあるまい。おそらく襄陽を指しているのではないか。かりにそうであるとすればこの『仏祖』記事は、襄陽戦、すなわち南宋攻略の重要局面で、マハーカーラが神威を発揮したと言っていることになる。

（19）龍興寺には延祐四年（一三一七）「祝延聖主本命長生碑」（『常山貞石志』巻一九）もあり、撰文は別人によるが、書篆は趙孟頫が担当している。このほか龍興寺碑文としては、延祐五年「龍興寺長明燈銭記」（『同前』巻一九）、後至元元年（一三三五）「龍興寺重修大悲閣碑」（『同前』巻二二）ほか数点がある。このうち後至元元年碑には、仁宗が潜邸期に母后に従って龍興寺を訪れたこと、立太子されたのち寺田を寄進したことなど、この寺院と仁宗との関係が強調される。またこの後至元元年碑を撰文した釈法洪は、後述する至治元年「勅建帝師殿碑」の撰者でもある。

（20）真定の龍興寺は、確かにタムパとゆかりがあるらしい。大徳五年（一三〇一）「龍興寺重修大覚六師殿記」（『常山貞石志』巻一七）は、荒廃していたこの寺殿が「金剛法宝上士摩訶膽巴師父」の尽力により至元二十六年（一二八九）から至元三十年（一二九三）にかけて修復されたことを記す。

（21）「夫龍飛九五、配天光宅、有受命之符、天人之応。易曰、河出図、洛出書、而聖人則之。符瑞之義大矣」（『宋書』巻二七、符瑞志）。

（22）『元史』巻一七二、趙孟頫伝。

（23）藤島建樹［一九七七年、一六一―一七頁］・中川憲一［一九八二年］。

（24）清の厲鶚が「但受孔子戒、漫書膽巴碑」と趙孟頫を批判していることを、宿泊［一九九六年、三六九頁］が紹介している。

（25）稲葉正枝［一九六二年］・Franke［1994, VIII, pp.310-311（原載一九八一年）］。

（26）『元史』巻二七、英宗本紀、延祐七年十一月丁酉条。

（27）「至治元年二月□日、江西行省准中書省咨。延祐七年十一月二十七日、拝住丞相特奉聖旨。八思八帝師、薛禅皇帝時分蒙古文書起立来的上頭、蓋寺者説来、前者蓋了有来。如今、交比文廟蓋的大、随処行文書、都教大如文廟、八思八帝師根底教蓋寺者。麼道、聖旨了也。欽此。都省咨請欽依施行」（『元典章』新集、工部、工役、帝師殿如文廟大）。

（28）野上俊静［一九七八年、一三頁］。

（29）第三部第二章注（61）参照。

（30）前掲注（27）に示した『元典章』延祐七年十一月二十七日聖旨のうち、帝師殿の規模を指定した部分に「大如文廟」の語句が見える。

（31）楊璉真伽の事跡に関わって、「帝師殿」と呼ばれるものの存在が、世祖至元年間の段階ですでに見いだされる。『至元辨偽録』（随函序）に、「江南釈教都総統永福楊大師璉真佳、大弘聖化。自至元二十二年春、至二十四春凡三載、恢復仏寺三十余所……道士胡提点等舎邪帰正罷道為僧者、爰啻七八百人。挂冠於上永福帝師殿之梁栱間」とあるものがこれである。ここに言う「帝師殿」については詳らかにしない。あるいは江南釈教都総統の権限を以て楊璉真伽が杭州永福寺に設置したものであったかも知れないが、仁宗代以降の国家造営にかかる帝師殿と同質のものではあるまい。とはいえ、子の暗普が帝師のための立祠を推進するときに、「帝師殿」で仏教勝利を誇示したという父の事跡が想起されなかったとは思われない。これをまた漢民族知識人の側から見れば、彼らのなかのある人々にとって、「帝師殿」という語との出会いが、ときあたかも発陵によって彼らの憎悪の的であったチベット仏教僧の行動の一幕におけるものであったことを意味する。

（32）楊暗普は、桑哥の失脚にともなう父楊璉真伽の凋落にもかかわらず、至元三十年（一二九三）には宣政院使から江浙行省左丞とされ、江南の民の楊璉真伽に対する憎悪ゆえに間もなくその職を解かれたものの、至大四年十二月には宣政院使・会福院使の肩書を兼ねて記され、また秦国公に進封されもした［陳高華、一九九一年、三九五―三九六頁］。武宗は至大四年正月に没しているから、楊暗普へのこの秦国公位授与は仁宗期のことである（『元史』巻二四、仁宗本紀、至大四年十二月癸酉条）。悪むべき番僧として漢民族知識人の関心を引きつづけた璉真伽の子でありながら、暗普が高い職位にあって官界を渡っていること、とくに、儒学尊重の気風が興ったとされる仁宗政権の発足まもない時期に格別の恩遇を与えられていることには注意してよい。

（33）このうち、たとえば閻復の伝記のなかでは、彼がかつて成宗に対して京師や曲阜における孔子廟の整備を訴えたことが記される（『元史』巻一六〇、閻復伝）。こうした儒士たちが、孔子廟と比肩するかたちで帝師殿の構想が進められつつあったことに容易に同意しえなかったことは、理解しにくいものではない。

（34）この記事には議案裁可の年次が記されていないが、延祐三年（一三一六）が一つの候補たりうるかも知れない。次章で紹介する青陽翼の帝師殿碑文（第三部第二章注（57））が、「延祐三年六月、先皇帝（仁宗）採摭群言、博議朝著。丕視功載、錫之栄号、作廟勒碑、月謁歳祭、通乎天下」として、延祐三年に仁宗が帝師殿設置に関する「群言」を採択したことを述べているからである。この碑文は、至治二年（一三二二）ないしその直前に江南の一官員によって書かれたものであって、時間的にも書き手の立場という点でも仁宗期の廷議からは隔たりがあるし、また叙述そのものも漠然としているから、記録記事としては依拠しえない。とはいえ、『高麗史節要』が伝える延祐元年の発議と『元史』仁宗本紀が記す延祐五年の大興教寺帝師殿建立との間をつなぐものとして、同三年という年次はありえなくはあるまい。

（35）第三部第二章注（47）参照。

（36）Franke［1994, XI, pp.207-209］参照。『仏祖』沙囉巴訳師伝の「沙囉巴」が、『秋澗先生大全文集』（巻二二）「送総統仏智師南還」に記される「釈教総統」の「沙囉巴」であること、またここでの王惲の記述によって沙囉巴の原名をShes rab dpal（「吉祥慧」）と復元しうることが述べられている。

（37）フランケ［Franke, 1994, XI, p.208］は両者を同一人物とし、他方、陳得芝［二〇〇五年、二四八頁］は両者を同一人と見ることに懐疑を唱えている。陳得芝の論拠は、法洪碑文のなかで「高沙剌巴」による帝師殿案建策の記述の直前に八代帝師就任の記述があり、この帝師就任が延祐三年（これが延祐三年・延祐二年のいずれであるかについては稲葉正就［一九六五年、一三六頁］参照）である点にある。この記述順序から見て、「高沙剌巴」は延祐三年以降に提議しているはずであり、したがってこれが延祐元年に没している訳師「沙囉巴」ではありえない、としたわけである。しかし、法洪碑文の当該箇所には、これを時系列に則した記述と読むべき積極的理由を見いだしえず、よってここから帝師殿建立建議の年次、すなわち建策者「高沙剌巴」の存命年次を決定することが可能とは思われない。一方、フランケの指摘するように、法洪碑文が「高」姓を加えてはいるものの、名の音写はそれぞれ「沙囉巴」「沙剌巴」と近似し、出身地が「河西」と記されることも一致するから、両者が同一人である蓋然性は高いと考えられる。

(38) 高麗王統のなかで「太尉王」と称した者はこの人物のみである［延世大学校国学研究院編、一九九六年、四一七頁］から、これが王璋であることは疑いない。では、この宴はいつのことであったのか。王璋が太尉王を称したのは延祐三年（一三一六）以降のことである［北村秀人、一九七二年、一〇一―一〇二頁］。その後、彼は延祐七年十二月（一三二一）からチベットに配流され、泰定帝即位の恩赦により許されて至治三年（一三二三）十一月に大都に帰還、泰定二年（一三二五）五月に大都で死亡した（『高麗史』巻三五、忠粛王庚申七年十二月戊申条・癸亥十年九月丁巳条・癸亥十年十二月乙酉条・乙丑十二年五月辛酉条）。よって、楊暗普の宴に王璋が招かれたのは、延祐三年から延祐七年の間か、至治三年から泰定二年の間ということになる。このうち李斉賢が王璋に扈従していたのは延祐期である（『高麗史』巻一一〇、李斉賢伝）。したがって王璋を招いての楊暗普の宴は、延祐三年以降同七年以前のこととなる。

(39) 第三部第二章注（63）参照。

(40) 『元史』巻一八一、黄溍伝附柳貫。

(41) 以下、柳貫に関する伝記的事項は、とくに注記しないかぎり、宋濂「元故翰林待制承務郎兼国史院編修官柳先生行状」（『柳待制文集』附録・『潜渓集』潜渓前集、巻一〇）に拠る。なお、黄溍「元故翰林待制柳公墓表」（『柳待制文集』附録・『金華黄先生文集』巻三〇）も、ほぼ同じ内容の記事を載せる。

(42) 謝翶が文天祥に強く傾倒したことについては、たとえば胡翰の「謝翶伝」（『晞髪集』巻首・『胡仲子集』巻九）を参照。

(43) 黄溍「元故翰林待制柳公墓表」。

(44) 鈴木虎雄［一九六七年、五二七頁］。この詩、「冬青樹引別玉潜」は、『晞髪集』巻四所収。

(45) 「副提挙一員、従七品」（『元史』巻九一、百官志、儒学提挙司）。

(46) 「国子学、秩正七品。置博士二員……助教四員」（『元史』巻八七、百官志、国子監）・「……・将仕佐郎。以上従八品」（『同前』巻九一、百官志、文散官四十二）。

(47) 前掲注（32）参照。

(48) 『元史』巻一七七、張思明伝。もっとも、そののち張思明の精勤に「嘉嘆」した仁宗によって与えられた職が、ほかならぬ仏教勢力の拠点、宣政院の副使であったことも同伝に見える。崇仏抑止を言い立てる儒臣に対する君主権力側の応酬として、注目してよいだろう。

（49）英宗期のこととして、大蔵経の序を書くよう勅命を受けた呉澄が難色を示したことが記される（『道園類稿』巻五〇、故翰林学士資善大夫知制誥同脩国史臨川先生呉公行状）。これを含め、呉澄の反仏教的言動については、第三部第二章第一節を参照。

（50）Franke [1994, XII, p.177].

（51）モンゴル人が降雨を祈禱するときに用いる石で、走獣の腹中に産するとされた。これを浄水に浸し、密呪を唱えながら祈ると言う（『南村輟耕録』巻四、禱雨）。

第二章　止揚：呉澄撰パクパ帝師殿碑文二篇
——反仏教的「真儒」のチベット仏教僧顕彰文

序言

前章で見たように、元は仁宗期以降、世祖の尊信を受けたパクパその人を国家的な祭祀対象とする動きを顕著に示した。「帝師殿」、または「帝師寺」と呼ばれる施設を設けたことがこれである。その最初期の動向を伝える記録としては、「帝師巴思八殿」を大都の大興教寺に建てた、と記す『元史』（巻二六）仁宗本紀の延祐五年十月壬辰条がよく知られている。だが、仁宗代の帝師殿の消息に関わる記事は総じて甚少であり、この時期、すでに帝師殿が京師以外にも増設されていたか否かは判然としない。[1] 帝師殿事業の全国的な拡充を明確に伝える材料としては、次代英宗政権がその発足後まもない延祐七年十一月付けの聖旨において、「随処に文書」を送達して「八思八帝師」のために造寺するよう命じた、と記す『元典章』記事[2]が注目されてきた。これに対応するものとして、『元史』（巻二七）英宗本紀の同月に「各郡に詔して帝師八思巴殿を建」てることを命じたとする一条[3]が見えるから、英宗政権がこの時点で帝師殿の全国展開に本格的に乗り出したことは確実であろう。

だが、この英宗聖旨の最も重要な点は、帝師殿を建造するに当たっては「大なること文廟の如く」せよとの指定がそこに見えること、つまり、孔子廟に準拠するものとしての帝師殿の企画がそこに明記されている点である。[④] このことは、帝師殿を設けてパクパを祭祀しようとする政権内のチベット仏教奉戴勢力の動きが、単なる世祖寵遇の高僧への回顧ではなく、漢民族知識階層が奉ずる儒教祭祀に向けた対抗的な政策措置であった可能性を示唆する。

さらに近年の研究において、元の国字、いわゆるパクパ文字の教育体制に関する知見が増強されるにしたがい、帝師殿の設定に看取しうるこの対儒教的な性格は、ほぼ動かしがたいものとして承認されつつある。元の国字教育機関としては、世祖代以降、中央に「蒙古国子学」が、地方には「蒙古字学」が置かれており、これらはその品秩などの点で、儒学の国子学や地方の儒学教育機関と相似並行的なものとして編成されていた。[⑤] この体制が既存していたなかにあって、ここで新たに発足した各地の帝師殿は、実質的には各地の蒙古字学と一体化するかたちで設置された祭殿であったのではないかとされる。[⑥] こうした配備を総合的に見れば、元の帝師殿設置とは、儒学に孔子廟が置かれるのと同様に蒙古字学にパクパの祭殿を置こうとするものであり、儒学施設との相似をより徹底させることが志向されていたことの結果なのではないか、との理解が進みつつある。[⑦]

しかしそうであるとすれば問題は、蒙古国子学や蒙古字学が世祖至元年間から設けられ、以後、漸次的とはいえ一貫してその整備が続けられてきたのに対し、[⑧] なぜ帝師殿は、仁宗代に至ってにわかに敷設されたのか、という点である。この問いに対しては、たとえば、科挙を実施しようとする仁宗政権が、その一方においてモンゴル人の支持を確保するため国字教育の強化をも図り、これに付随して帝師殿を設けることとした、という説明は提出されている。[⑨] なるほど事態の推移は実際そのとおりであったかも知れない。しかし問題の核心は、単に教育体制を補強するのみならず、一仏僧を尊格化して祭祀問題に踏みこむという大きな質的変化が起きたのはなぜか、という点にこそあるのではないか。

この観点からの説明として、元の漢民族統治策としてこれを考えようとする解釈、すなわち、少数者として中国支配に臨んだモンゴル人の政権が、圧倒的多数を占める漢民族の主要な教説体系たる儒教に対抗する手段として、パクパ祭祀を国家の文化として打ち出そうとしたか、とする解釈(10)は、きわめて有望なものである。ただしこの解釈を論証するためには、孔子廟に比肩しうる存在たれというその位置づけが、仁宗政権が帝師殿事業を発足させた当初から企図されていた基本的属性であって、のちの英宗期に単なる建築上の規格として追加的に指定されたものではないことが確認されねばならない。

これに加えて、具体的な政治概況の観点からも、帝師殿を孔子廟に対置させるという方針が仁宗期の段階ですでに存在していたことの確認はごく重要なものである。なぜなら、仁宗政権の中枢にあったモンゴル人・色目人たちにおいてこそ、漢民族知識階層への何らかの牽制が逼迫した政策的課題として意識されたはずであるからである。前政権の首脳部を粛清して成立した仁宗政権は、その空洞化した中央機関ポストを埋める必要上、高齢者や純然たる学者など政務能力に乏しい漢民族知識人を登用する方策を採った(11)。つまり、相対的な意味で漢民族官僚を官界に抱えこむ比重を上げざるをえない局面にあったわけである。それゆえむしろこの政権のモンゴル人支配者たちが、漢民族知識人社会に向けてみずからの文化的優位性・独自性を示す必要に瀕していたことは、たとえば多くの漢文文書が〝仁宗の儒学重視〟や〝仁宗政権における儒学官僚の進出〟なるイメージを嬉々として語る(12)ことからも逆算しうるであろう。このような仁宗期の状況を考えれば、モンゴル人支配集団専有の優位的文化として提示してきたチベット仏教の位置づけをさらに明確化し、これを漢民族に強く認識させようとする動きが活発化することは、整合的に理解しうる現象である。

ところがこれまで、帝師殿の対儒教的な属性規定を直接的に明記した文書を、前掲の英宗聖旨より以前に見いだすことができない(13)、という史料上の制約によって、仁宗政権の諸条件を前提とするこの解法は進展を阻まれてきた。しかし前章で検討したように、『高麗史節要』記事および他のいくつかの文書を統合すれば、仁宗代の延祐元年（一三一四）段階ですでに帝師殿にこの属性が構想されていたことは、ほぼ疑いがないと判断される。『高麗史節要』

当該記事は、延祐元年閏三月の時点で孔子祭祀に対置するかたちでのパクパ祭祀案が提起されていること、これに対して崇儒派の高麗上王や漢民族「文儒」たちが反対したこと、しかし崇仏派の楊暗普らが強力にこの帝師殿案を主唱したこと、結果的にこの案が裁可されたこと、を伝えていた。帝師殿事業の発議・目的・推進勢力などの情報として、とくだん疑点もなく、よく理解しうるものである。

これらのことから見て帝師殿は、これを発足させるに当たっての基本設定の段階においてすでに、孔子祭祀と対置させるべく皇帝以下のチベット仏教奉戴勢力が企図した施設であり、その意味ですぐれて政策的な祭祀機構であったと考えてよい。換言すれば、元という征服政権が、被征服民族の知識階層とより深く対峙することに迫られた情勢のもと、彼らの奉ずる儒教に対して新たに講じた文化的示威運動の一つが、帝師殿の設置であったことになる。

では、この動きのなかにあって、対する儒教側の人々はどのように反応したのであろうか。孔子廟に匹敵するものとして敷設されていく帝師殿に対して多くの儒士たちは不満を抱いたとの見解[14]は、もちろん妥当なものであろう。しかし実際のところ、そうした批判を明確な記述のかたちで見いだすことは必ずしも容易ではない。征服政権が政治的な意図を以て帝師殿を設置している以上、当然のことながらその政策対象たる儒家知識人たちは、これに対して否定的な言説を軽々には発しえなかったはずである。比較的明瞭に帝師殿批判を記す前記『高麗史節要』の記事は、元の直轄領域の外部で保存されていた記録にほかならない。あるいは葉子奇が「其の制、一に文廟と同じ。嗚呼、謬れるかな」(『草木子』巻三下、雑制篇、元西域胡僧八思麻)と帝師殿について慨嘆するが、これも明代に入っての筆記である。元の治下の儒士の文書のなかに、この施設に対する彼らの率直な批評を求めることは、原理的に限界があると言わざるをえない。しかし、帝師殿事業に言及した彼らの文書のなかに、何らかの反応の痕跡が伏在している可能性はあるのではないか。

本章は、この痕跡を、当時の儒学界の泰斗たる呉澄の文書に見いだそうとする試みである。しばしば北許南呉と称されるように、国初の許衡と並んで、これに少し遅れる呉澄が元代儒学の巨頭であることは贅言を要しない。(15)呉澄はまた、その仏教排斥的な姿勢によってもよく知られる人物である。しかしこの呉澄が、二篇の帝師殿記念碑文を、つまりは尊格化されたパクパを礼賛する文書を撰述している。天下の儒者が翕然として彼のもとに雲集し、徳望冠絶、みなこれに教えを請うては帰したと言われる大儒が、(16)その声望を根底から損ないかねない仏僧翼賛文書の撰述を、なぜなしえたのであろうか。一見したところ申し分ない顕彰文の体を成す二篇の碑文であるが、あるいはそのなかに、彼の読者にはそれと分かるかたちで、儒者としての彼の反応が埋めこまれているのではないか。以下、呉澄とその帝師顕彰碑文について考えていこう。

第一節　呉澄の反仏教的言動

呉澄が、宋代以降の儒学者の通例として仏教・道教を斥ける考えをもっていたこと、とくに仏教に対してより冷淡であったことは、その思想に関する研究のなかですでに指摘されている。(17)なかでもよく知られた彼の反仏教的な行動は、英宗の至治三年（一三二三）、勅命によって完成した金字の蔵経に序文を記すよう聖旨がくだったところ、これを辞退した、(18)というものであろう。その際の呉澄の回答は、英宗の崇仏事業が「国の為、民の為」になされたものであるとしてひとまずその趣旨は評価しつつも、「追薦冥福」「因果利益の説」「輪廻の事」などの仏教教説をことごとく否定したうえ、「国初以来」いくども繰りかえされてきた「写経追薦」の国家事業をも批判するものであったと伝えられる。(19)彼の反仏教的な姿勢をよく示すものである。

だが呉澄は、単に儒者一般の傾向として仏教に対する理念的な拒否感をもっていた、というのみではない。彼はより具体的に、世祖代以降の政権が国策として崇奉しつづけるチベット仏教の僧侶に対して、あるいはチベット仏教勢力と結んだ権臣に対して、しばしば否定的な発言をおこなっている。

その顕著な例として、世祖至元年間の宋皇帝陵発掘事件の首謀者として漢民族社会の激烈な批判の的でありつづけた楊璉真伽に関する一文を挙げることができよう。呉澄はこのチベット仏教僧を、「楊僧、司を杭に立てて僧教を総摂す。貪淫驕横たるも敢えて誰何するもの莫し。公（董士選）、密旨を受けて明らかに其の辠《つみ》を正す。之を市に械《かせ》するに、士民聚まり観て快を称《とな》う」（『呉文正集』巻六四、元栄禄大夫平章政事趙国董忠宣公神道碑）と、しごく否定的に描いている。しかし第二部第一章で見たように、発陵にからむ璉真伽の汚職が摘発されたのち、実際のところ彼に対してどの程度の処罰がおこなわれたかについては判然とせず、少なくとも「市に械」したという記録記事は存在しない。むしろ『元史』には、陵墓撤去そのものは公許の事業であって、汚職発覚後も世祖はこのチベット仏教僧に許容的であったことが記されるほどである。したがって呉澄のこの記事もまた、元代・明代の漢文文書において様々に展開した発陵批判説話の一つであることは疑いない。しかも、他の説話がおおむね〝天罰〟的悲運のうちに発陵関係者のその後を語るのに対して、呉澄がここで璉真伽を〝実刑〟のもとに没落させる型の説話を採録していることは、より激しい否定的態度であると見てよい。

呉澄にはいま一つ、楊璉真伽に関連する批判言説がある。「浮屠の人、旨を得て亡宋の故宮に塔を造る。有司の民を役して山に入りて木を伐らしむるに、大いに雪雨《ふ》りて多く凍死す。公（董文用）、命じて其の事を緩めしむ」（『呉文正集』巻六七、有元翰林学士承旨……趙国董忠穆公墓表）とする記事がこれである。呉澄はここで璉真伽の名を挙げているわけではない。しかし、この「浮屠」が「故宮」に造った「塔」とは、明らかに璉真伽が宋の宮址に建てたチベット仏教様式仏塔を指している。本来は「尊勝塔」という仏教的な、つまりは当たり前の名称をもつこの仏塔を、元代江南の人々は「鎮南」の塔と呼びならわし、発陵の西僧が建てた亡国の象徴として見ていた。呉澄もまた同様の観念のなかで、故国の宮址に仏塔を建てたチベット仏教僧の事業を、民に死をもたらす悲劇的事件として筆記したことになる。

なおかつ呉澄は、これら董士選・董文用の伝記のなかで、ひとり楊璉真伽のみに言及しているわけではない。これとともに、当時尚書省にあって「国政を専ら」にしていた桑哥の「権姦」ぶりを、主人公たる董氏たちがこれと対抗したという文脈でながながと叙述している。[20]言うまでもなく桑哥は、宰相職と総制院（のち宣政院）院使とを兼任してチベット仏教尊信路線を強力に推進した色目人顕官であり、璉真伽の後ろ楯としても知られる人物であった。呉澄は、単に璉真伽たち仏僧の行動を苦々しく記述したのみではなく、その背後にあって彼らの行動を支えた政権内部のチベット仏教奉戴勢力に対して批判の視線を向けているわけである。「宣政院」「僧司」やその所轄の「僧」が乱脈であるとする記述[21]も見え、これら仏教系の権力集団に対して呉澄がいたって懐疑的であったことが分かる。

このように呉澄は、国家の崇仏体制がもたらす個別の事象に対して明確な批判言説を記すとともに、彼にとって望ましからぬそれらの事象が政権中枢による政策的なチベット仏教奉戴事業の所産であるという構造そのものにも冷静な観察をおこない、違和感を表出している。楊璉真伽や桑哥という世祖代のチベット仏教勢力への関心が高いことにも注意してよいだろう。この呉澄が、世祖の帝師たるパクパに捧げる顕彰文を、はたしてどのようなかたちで撰述したのであろうか。

第二節　呉澄碑文とその構成

呉澄は、「南安路帝師殿碑」「撫州路帝師殿碑」（以下、「南安碑」「撫州碑」と略記）の二点の碑文を編んでいる。いずれも江西行省内の帝師殿に寄せたものである。

両篇とも、文中に執筆年次は記されていない。だが、「撫州碑」は英宗を「今上」と記しているから、その在位期間、すなわち延祐七年（一三二〇）三月以降、至治三年（一三二三）八月以前に書かれた文書である。一方の「南安碑」は、後述するように、なかで「是に先んじ、南安の守臣、蒙古字生徒を教養せんと其の学舎を一新し」と記すところの「学舎」が南安路ダルガチによる蒙古字学設置を指していると考えられ、それが至治二年（一三二二）

以降のことであるため、この年次以降に撰文されたものであることとなる。またここで呉澄はみずからを「前集賢直学士奉議大夫」と記しているから、至治三年正月に彼が翰林学士太中大夫知制誥同修国史に昇任する[22]以前の時点でこれを撰述していると見られる。

このように呉澄の帝師殿碑文は、両篇とも英宗代四年間のいずれかの時点で撰文されたものである。このことは、一つには、彼が至治三年に金字仏経序文を撰述せよとの勅命を拒否する一方、これとほぼ同じ時期に二点のパクパ顕彰文を撰述していたことを意味する。これを、どのように理解すればよいのだろうか。またいま一点、呉澄の撰文が、帝師殿事業を父帝から継承した君主の治下でなされたものであるという条件に留意しておくことができる。このことが呉澄の叙述に何をもたらしたかについても、のちに検討することになろう。

以下、宮内庁書陵部蔵本『呉文正集（臨川呉文正公草廬先生集）』（巻五〇）に拠って[23]二点の原文[24]を掲げる。通覧してまず気づくことは、両篇とも、内容を次の七つほどの構成要素に分解することができるという点である。すなわち、(a)世祖のパクパ重用、(b)帝師殿建立の勅命発布、(c)当該地方官による帝師殿建立と士庶の恭勤ぶり、(d)蒼頡ら四者による文字制作とその文字の性質、(e)パクパによる文字制作とその文字の性質、(f)総括的な礼賛文、(g)呉澄の撰文担当、という要素である。そこで以下においては、原文の各ブロック冒頭に、これらの要素のいずれに該当するかを示すかたちをとった。「南安碑」の場合、(c)の内容が二箇所に分散しているため、(c)—1、(c)—2、として示す。(a)から(g)の順序は「撫州碑」の構成に従っており、また、そのため「南安碑」を先に採録する『呉文正集』とは逆の順序で引用するが、これは「撫州碑」のほうが相対的に単純な構成であることによる作業上の措置である。

「撫州路帝師殿碑」

【(a)世祖のパクパ重用】欽惟、世祖皇帝朝、八思八帝師肇造蒙古字、為皇元書同文之始。

【ⓑ帝師殿建立の勅命発布】仁宗皇帝命天下各省各路起立帝師寺、以示褒崇。今上嗣服、再頒特旨(25)、聖心眷注、俾加隆於文廟。不与其余、不急造作、同恩綸誕敷、雷震風動。越在外服、臣欽承唯謹。

【ⓒ当該地方官による帝師殿建立と士庶の恭勤ぶり】宣武将軍撫州路達魯花赤臣闊闊躬董是役、卜地於宝応寺之左、広寿寺之右、高明爽塏、宏敞行迤(26)。従度之、其深六十尋有奇。衡度行(27)、其広五分其深之二(28)。中刱正殿、崇二常有半、広視崇加尋有五尺、深視広殺尋有七尺。後建法堂、崇視常有九(29)尺、広視崇加尋有二尺五寸、深視広殺尋有二尺五寸。前立三門、崇二常有四尺、広視崇加一尺、深視広殺尋有二尺。堂之左右翼為屋各五間、其深広与堂称。門之左右有便門、有二塾、為屋各十有四間、其深広与門称。両廡周于殿之東西、前際門之左右塾、後際堂之左右翼、為屋各十有三間。左廡・右廡之中有東堂、有西堂、各三間、環拱正殿、上合天象、如紫微・太微之有垣。三門之外設櫺星門、其楹六、楹之竪于地者通計二百有五十。屋挾高原(30)、俯臨闤闠、望之巍然、彪炳雄偉、足以称皇朝尊奉帝師之意。工役重大、而民不病其労、官不病其費。蓋唯郡臣虔恭勤恪、剸裁運調有其才、是以不期歳告成。極崇侈壮麗之観、可伝示于永久。猗歟盛哉。

【ⓓ蒼頡ら四者による文字制作とその文字の性質】切謂、自有書契以来、為一代之文而通行乎天下者、逮及皇元凡四矣。黄帝之時、蒼頡始制字。行之数千年、周太史籀頗損益之。行之数百年、秦丞相斯復損益之。秦又制為隷字、以便官府。倉頡古文・史籀大篆・李斯小篆暨程邈隷書、字体雖小不同、大抵皆因形而造字。

【ⓔパクパによる文字制作とその文字の性質】蒙古字之大異前代者、以声不以形也。故字甚簡約、而唇・歯・舌・牙・喉之声、一無所遺。倘非帝師具正覚智、悟大梵音従衡妙用無施不可、天宝(31)賚之以備皇朝之制作、其孰能為之哉。宜其今且(32)受崇極之報也。

【ⓕ総括的な礼賛文】聖上遠継世祖之志、近述仁考之事、以致奉先之孝。天下臣子咸用丕欽、以尽奉上之敬。継自今、徳教所被、一皆以孝心・敬心為之本、而声学・字学為之之、[33]使太平之治光輝烜赫于千万世、由此其基也。

【ⓖ呉澄の撰文担当】遠方小臣為記其成、非但嘉郡臣有成之績、蓋以賛皇治無疆之休也。

「南安路帝師殿碑」

【ⓑ帝師殿建立の勅命発布】宣政院臣奏請起立巴思八帝師寺殿、玉音曰、兪各省各路。臣欽承唯謹。

【ⓒ—1当該地方官による帝師殿建立と士庶の恭勤ぶり】中順大夫南安路総管府達魯花赤臣常山言、先太傅開府儀同三司冀国忠武公、先臣右侍儀使資徳大夫中書右丞歴事先朝、世篤忠貞。臣被命守土、為臣之礼敢有弗虔。於是躬董其事、得吉地於郡之東、購良材、集良工、棟宇崇峻、規模宏敞、大称明時尊尚有人之意。[34]

【ⓖ呉澄の撰文担当】遣其属県儒学臣陳幼実走臨川、俾前集賢直学士奉議大夫臣呉澄文其碑。守臣所欽者、上旨也。雖老病退閑之小臣、何敢以固陋辞。

【ⓐ世祖のパクパ重用】欽惟、世祖皇帝混一区夏、創建法度、遠近大小文武之才各適其用。帝師仏教之統也、翊賛皇猷為有力焉。

【ⓓ蒼頡ら四者による文字制作とその文字の性質】爰自古昔聖神君臨万邦、因時制作、各有不同。鴻荒之世、民淳事簡、結縄而治之。至于黄帝、始命其臣蒼頡肇造書契、乃有文字、以紀官政、以糾民慝。[35]更数千年、而周之臣籀頗損益之、名為大篆。又数百年、而秦之臣斯再損益之、名為小篆。[36]且命程邈作隷書、以便官府行移、遵而用之、逮今千有余歳矣。其字本祖蒼頡、而略変其体。然観漢臣許慎説文、所載字以万計、而不足以括天下之声、有声而無字者甚多也。

【ⓔパクパによる文字制作とその文字の性質】皇元国音与中土異、則尤非旧字之所可該。帝師具大智慧而多技能、為皇朝制新字。字僅千余、凡人之言語、苟有其音者、無不有其字。蓋旧字、或象其形、或指其事、或会其意、或諧其声、

大率以形為主、人以手伝而目視者也。新字合平・上・去・入四声之韻、分唇・歯・舌・牙・喉七音之母、一皆以声為主、人以口授而耳聴者也。声音之学出自仏界、耳聞妙悟多由於音。而中土之人未知之也。宇文周之時、有亀茲人来至、伝其西域七音之学於中土[37]、有曰娑陀力、有曰雞識、有曰沙識、有曰沙侯加濫、有曰沙臘、有曰般贍、有曰俟利箑。其別有七、於楽為宮・商・角・徴・羽・変宮・変徴之七調、於字為喉・牙・舌・歯・唇・半歯・半舌之七音。此仏氏遺教声学大原、而帝師悟此、以開皇朝一代同文之治者也。聖度如天[38]、無所不容、聖鑑如日、無所不照、所以徇近臣之請、而致隆致厚、以示報也。

【ⓒ—2当該地方官による帝師殿建立と士庶の恭勤ぶり】先是、南安守臣教養蒙古字生徒、一新其学舎、可謂知所重矣。及是帝師殿成、中大夫総管臣張昉・同知総管府事臣某・判官臣饒某、暨経歴・知事・提控・照磨臣梁某・臣安某・臣饒某、若長若正、若弍若参、莫不同寅協恭、以竭尊君敬上之誠[39]、而於是役也、唯恐或後。猗歟欽哉。

【ⓕ総括的な礼賛文】臣澄既為書其事、而復繫之以詩。詩曰、

両間初屯、狉狉榛榛。蒼図黄書、載基人文。醲醇散朴、変逮秦邈。世異文同、未或有作。於昭皇元、一統九垠。輓今追古、六典四墳。天賚西師、躡籀転斯。妙悟仏音、国字滋滋。帝臣有心、帝有俞師[40]。隆師重本、咸用丕欽。新字翼翼、遺像有赫。報祀惟崇、永永無斁。

以上が呉澄碑文二篇の全文である。分量や叙述の順序に変化がつけられてはいるが、内容としては、二点とも同じ構成要素を以て撰述されていることが分かる。パクパに関わる主要な伝記的事項、たとえば世祖からの称号拝受のことなどを欠落させつつ、しかし登載する項目は碑文両篇で一貫している。このことは、呉澄が、パクパ顕彰のために記すべき内容は基本的にこれ以上でもこれ以下でもないと考えていたことを示唆する。では、呉澄の撰文方針

とは具体的にどのようなものであったのか。その叙述に沿って検討してみよう。

第三節　用語・叙述の特質

（一）パクパへの賛辞

碑文中、二重傍線を付した部分が、パクパその人に対して直接に当てられた賛辞である。世祖寵遇の聖職者を讃える褒称文である以上、当然、その神聖性を謳いあげる語句が盛りこまれるべきところであり、事実、後述する他氏の帝師殿碑文はそのような傾向が顕著である。しかし呉澄の二碑文のこの部分は、必ずしも神聖性という観点で構成されてはいない。

まず、パクパが具えた優位性を、呉澄がどのような文字で拾いあげているかを見てみよう。「撫州碑」の場合、(e)の部分で「智（正覚智を具う）」「悟（大梵音の……を悟る）」「能（其れ孰《たれ》か能く之（文字の制作）を為さんや）」を、(f)では「之〔この「之」は、「之《もち》いる」の意。成化本・四庫本の当該箇所は、「之」ではなく「用」とある〕（声学・字学は之を之（＝用）と為す）」を当てている。「南安碑」においては、(a)で「力（皇猷を翊賛するに力有り）」、(e)で「智（大智慧）」「能（多技能）」「悟（此（声学の大原）を悟る）」、(f)で「悟（仏音を妙悟す）」を用いている。このように、呉澄は「智」「悟」「能」「之（用）」「力」という優位的特質をパクパに配当している。

これらのうち「能」「之（用）」「力」が、字義のうえで神聖性とは別次元であることは疑いあるまい。なおかつ碑文は、これらを文字の制作という具体的な場面で発揮された有能さとして繰りかえし叙述しており、実利面での功績を以て称揚しようとする意図が明確である。とくに「南安碑」(a)の部分では、前文で世祖による人材登用一般を「遠近大小文武の才、各《おのおの》其の用に適《かな》う」と述べることによって、後段のパクパの重用もまた、その一環として「才」「用」を見こんでのもの、と位置づけてしまっている。パクパの存在を「遠近大小文武」のなかの一人として相対化するとともに、実利性をより強く伝える「才」字をここに投入することにより、続く部分でパクパに当てている「力」の範囲を具象的・実際的な範囲に限定しているわけであり、現実面において有益であった一功労者としてこの人物を称賛しようとする呉澄の方針を明示するものと言える。

一方、「智」「悟」という語句のほうは、字義そのものとしては充分に神聖性を示しうるものである。しかし当該文中、これらがはたして掛け値なしの賛辞であるか否かは検討を要する。まず、これら二字が仏教的な概念として多用される文字であることは、たとえば漢民族僧の法名としてこの二文字がいかに頻出するかを想起するまでもなく、瞭然としている。呉澄はパクパという人物を、あくまでもこの人物が属する仏教界の価値観念において評価されうる存在、として描いていることになるだろう。なおかつ仏教について両碑文は、「大梵音の従衡妙用」（「撫州碑」(e)）・「此れ仏氏の遺教たる声学の大原」（「南安碑」(e)）としてその音韻学を称揚することにとどまり、精神的教説体系として礼賛したり、その弘通を描写したりすることをしていない。その結果、読み手の前に呉澄自身は、パクパが仏教内部で認められている優位性を、その外部から遠望している書き手として立ち現れることになる。つまりこれらは、呉澄がみずからの価値規範において褒顕しているわけではないことを読者に看取させうるかたちで置かれた頌句である。

しかしながら、このうち「智」は、言うまでもなく儒教においても主要な概念である。パクパに「智」の賛辞を与えたとき、呉澄はみずからの儒家としての観念のなかで、この仏僧を褒讃したことになるのではないか。しかし注意すべきは、呉澄においては「智」の字句が、純然たる徳性という意味においてではなく使用される場合のあることである。呉澄がその『道徳真経註』において、「智」を必ずしも充分に望ましいとは言えない限定的状態として論じていることは詳細に分析されている。[41] 文集中のいくつかの文書においても、たとえば「愚」との対比において「智」を好ましからぬものとする図式を用いているし、[42]「能臣」「姦雄」とする人物に「才略術智」の形容を用いてもいる。[43] もちろん一方で、尊重すべき儒教徳目としてこれに言及する用例[44]もごく普通に見られるのではあるが、呉澄の「智」の扱いにかなりの幅があることは否めない。したがって、パクパへの賛辞にこの儒家五常の一つが入っていることを、そのまま呉澄みずからが普遍とする儒教的観念における称賛であると見なすことは妥当ではない。

以上のように呉澄がパクパに与えた賛辞は、まず「能」「之（用）」「力」「才」という実利面におけるその優位性であり、精神面に関しては「智」「悟」が割り当てられるものの、それらは必ずしも呉澄自身の価値観念における絶対的な賛辞として用いられているわけではない。その現実的功績を詳述して称賛する一方で、宗教者としての、あるいは祭祀対象としての神聖性については、言及を抑制しようとする撰述方針があったと言えるだろう。

（二）「聖」「徳」字の扱い

それにもかかわらず二篇の碑文は、全体として見れば、神聖性を謳った讃仰文としての印象が薄いわけではない。その要因の一つが、「撫州碑」に二箇所、「南安碑」には三箇所配置されている「聖」字の存在である。注目すべきは、そのいずれもが皇帝、それも主として元の皇帝を形容ないし指示しており、パクパには配当されていないことである。

「撫州碑」(b)の「聖心」は英宗が心を傾けて帝師殿を建てたとの一段であり、同碑(f)の「聖上」も世祖・仁宗の遺志を継いだ英宗を指している。「南安碑」(d)の「聖神、万邦に君臨し」の「聖」のみ、黄帝・周王に連なる君主全般を指しているが、ここに元の諸帝を含めていることは言うまでもない。「南安碑」(e)の「聖度」「聖鑑」は、いずれも「近臣の請」を容れてパクパへの「報」を示そうとしている英宗の度量と慧眼を表現したものである。このように五箇所の「聖」はすべて君主に対して用いられたものであり、なおかつそのうち四箇所は現皇帝英宗に冠せられたものである。

こうした呉澄帝師殿碑文の「聖」の用法が、おそらく意識的なものであったこと、少なくとも実態として特異なものであったことは、これと比較的近い時期に撰述され、構成のうえでも共通性が保有されている(45)他氏の帝師殿碑

[46]文と比較することによって確認することができる。

まず、釈法洪による英宗至治元年（一三二一）の「勅建帝師殿碑[47]」と比べてみよう。先述のとおり、これに先だつ延祐五年（一三一八）に仁宗政権が大都の大興教寺内に帝師殿を勅建しており、法洪の碑文は、続く英宗政権がこの帝師殿に立碑したときのものと考えられている[48]。碑文には、撰述者の法洪なる人物が大永福寺の住持であること、僧籍にありながら光禄大夫大司徒の肩書を与えられていたことが記される。大永福寺は大興教寺と同じく帝室との関係の深い大都の仏寺であるから[49]、そこに住する親政権的な僧侶[50]に撰文が委ねられたことになるだろう。その書は趙孟頫[51]、篆額が元明善とあって、錚々たる顔ぶれである。奉勅撰とあることから見ても、帝師殿碑の典範たるべく英宗政権が作成させたものと考えるべきかも知れない。また、趙孟頫・元明善と親交をもっていた呉澄が、この法洪碑文について何らかの情報を得ていた蓋然性[52]を考慮しておく必要もある。

法洪碑文は、注（47）の引用に付した二重傍線から明らかなように、パクパへの直接的賛辞に当てる分量が他の碑文に比べて圧倒的に多い。なかでも着目すべきは、複数箇所にわたって「聖」字をパクパに配当している点である。合計七箇所の「聖」字のうち、「聖慮を迪《みちび》く」の「聖」が皇帝のそれを指していることを除けば、他はすべてパクパの属性として記述した「聖」である。

まず、パクパを「聖人の道を有」するものと記している。さらに、チベットの「国人の以て聖と為す」存在、「多能にして自ずから聖」であるにもかかわらず慢心せずに精進に励む存在とも表現する。残る三箇所の「聖」は、「将聖」のかたちで記されている。その最初のものは、帝師殿設置の理由を、「以為《おも》えらく、孔子は修述文教の功を以て世《よよ》廟祀を享くと。而して先の帝師の徳は将聖たる師表一人に侔《ひと》しく、字書を製して以て文治の用に資し……其の功は大且つ遠」と語る河西僧の言葉のなかで記される。等しく「文教」「文治」に「功」があったという点でパクパは孔子と同等であり、よって等しく「将聖」として廟祀するに値する、と論じたものであり[53]、両者の聖性の対等とその根拠を主張する部分である。続く第二の「将聖」はパクパその人を単独で形容したものであり、第三の「将聖」も、詩文中であるため多分に抽象的ではあるが、国を匡翼する聖人としてパクパを形容したものである。また、このうち第二の「将聖」が、「天縦之将聖」(54)というかたちで記されていることには注意してよい。これは明らかに『論語』（子罕第九）の一節である。よって第一の「将聖」と同じく、儒家的な聖性観念を前提としてパクパを称揚した記述と言える。この奉勅撰碑文が、仏僧の手になる文書でありながら、儒家経典の語句に依拠することによってパクパの「聖」性が確かに孔子のそれと同等であることを強く主張していること、なおかつ政権側のこの主張を儒家的素養によって立つ知識人たちに確実に認知させようとしていることは疑いない。

法洪の碑文のいま一つの大きな特徴として、その「徳」字の用法を挙げることができる。文中、合計十箇所の「徳」が見え、そのなかには皇帝・過去の高僧・パクパの父祖であるクン氏諸祖師の徳、あるいは徳という概念一般を意味するものがあるとともに、パクパその人の「徳」と特定しうるものが含まれる。すなわち前半に「先の帝師の徳が孔子のそれに匹敵するとある箇所、中盤の褒賛的パクパ略伝に見える「豈に至徳に非ざるや」(55)、「徳の及ぶ所」、および末尾詩文中の「徳訓の及ぶ所」とある箇所がパクパの徳を指す。

これに対して、呉澄碑文両篇において「徳」字は、「撫州碑」(f)の「徳教」の部分一箇所のみでしか使用されていない。(56)しかも後述するように、この「徳教」は、それがパクパの仏教ないしその徳化力を指しているかと言えば、文脈上、必ずしもそうとは読みとりえない構成を与えられている。つまり呉澄には、「徳」という概念をパクパや仏教に配当することに対して回避的であった形跡もあると言える。

以上のように、政権に近い仏僧が担当した奉勅撰碑文と比較することによって、呉澄碑文のパクパ称揚には「聖」「徳」という聖性観念が欠落していることがまず判明する。では、呉澄と同じく非仏教者たる漢民族知識人が書いた碑文において、「聖」「徳」はどのように扱われているのであろうか。

第二の比較材料である青陽翼の鎮江路「帝師寺」記(57)を見てみよう。至治二年に刻石されたとあるから、法洪碑文・呉澄碑文と同じく英宗期の碑文である。この碑文の五箇所の「聖」字のうち、「聖天子」と二箇所の「聖謨」とが皇帝に懸かるもの、「聖人作《お》こりて万物睹る」(58)が神聖存在一般を表現したものであり、三箇所の「徳」のうち「皇世厥徳」も徳性一般を指している。一方、末尾近くに「徳馨」「智聖文徳」と見えるものは、パクパに対して「厳祀を奉ずる」ことを述べるなかでの頌句であり、パクパの「聖」「徳」を表現したものである。青陽翼は宋の進士であった青陽夢炎を父とし、みずからも「世に儒を以て称《とな》えた」(59)と伝えられる儒士であるから、チベット仏教僧の帝師にことさら好意的であったとは思われない。実際、法洪の碑文に比較して青陽翼碑文のパクパ称賛（二重傍線部分）が分量としては抑制的であることは、その結果であろう。しかし、この青陽翼にして、パクパの「聖」性・「徳」性を表現することは回避しなかったことになる。

第三の比較材料は、呉澄碑文より少しく遅れる林淳(60)の泰定五年（致和・天順・天暦元年）（一三二八）潮州「刱建帝師殿碑」(61)である。碑文冒頭で「孔子は大道を闡明し」と述べているから(62)、この書き手も儒家的な教養を背景とする漢民族知識人と見てよいだろう。林淳は、碑文のなかで四箇所の「聖」を用いている。そのうち、初出の「聖人、建元して立極」と三箇所めの「聖代の斯文」は君主に当てられた「聖」であるが、二箇所めの「西方聖人の教え」は仏教の諸祖師を「聖人」と呼んだもの、そして四箇所めの「大聖」はパクパの称号の一部である。林淳は仏教側の過去の尊者たちを「聖」と表現するとともに、称号というかたちでではあるが、パクパ個人に「聖」字を配当することも避けていないことになる。「徳」字に関して見れば、碑文には個人名を除いて五箇所の「徳」が記されており、そのうち「師の名徳」「帝師の徳」がパクパの「徳」を表現したものである。なおかつ林淳は、パクパの仏教やその感化力を「師の徳教」として称賛している。加えて、パクパの称号を記すことにより、そこに含まれる「至徳」の語を以てパクパを形容することにもなっている。

第四の比較材料として、柳貫の元統二年（一三三四）「温州新建帝師殿碑銘」(63)を見てみよう。書き手の声名の高さという点で、呉澄碑文とよく似た位置にあるものである。柳貫碑文の場合、数箇所見える「聖」字のうち、後半の詩の末尾近くで「聖に非ざれば曷《なん》ぞ頌《たた》えん」とする部分は、「閟宮」、すなわち霊廟たる帝師殿の儀礼を整えてパクパに頌辞を奉呈することを言っているから、パクパを「聖」と形容したものである。また、柳貫は「聖師」の語句を五箇所記しているが、最初の「西域聖師八思馬」以下、それらすべての「聖師」がパクパを指している。一般に「聖師」は孔子その人を指すから、柳貫がこの呼称を以てパクパを表現したことは重要である。加えて柳貫は、「徳」字をもパクパに配当している。詩のなかで、「天子」がその「徳を念」って帝師殿祭祀の詔勅を出した、とする部分がこれである。

以上のように、仏僧法洪が京師の帝師殿に寄せた奉勅撰碑文のみならず、儒家の人物が撰述した他の帝師殿碑文においても、パクパを「聖」性・「徳」性を有した存在とする文辞は回避されていない。しかし帝師殿碑の本来の目的からすれば、むしろこの撰述方針こそが自然かつ当然のものであったはずである。ひるがえって言えば、呉澄が碑文に「聖」字・「徳」字を用いることは用いつつも、顕彰対象である帝師にそれらを配当していないことは、やはりその撰文の特殊性と見なくてはならない。

(三) パクパ崇奉に関する叙述

呉澄碑文の特質をつかむには、パクパに対する崇奉がそこでどのように叙述されているか、という観点からの検討も有効である。文中、波線を付した部分がパクパへの尊奉に言及した部分に当たる。いずれも奉戴の主体が皇帝・皇帝の近臣など政権の中心をなす人々であることを述べたものであって、撫州・南安の士庶という在地社会一般、あるいはこれを含む帝国治下の社会一般がパクパを崇拝している、という意味内容がほとんど欠如している。

具体的に見れば、「撫州碑」(b)において、パクパへの「褒崇」を示した主体として記述されているのは仁宗であり、これを継いで目下パクパ崇奉事業に「聖心眷注」している主体は今上の英宗である。また同碑文(c)においても、「帝師」を「尊奉」する主体とされているのは「皇朝」であり、撫州の「民」「官」「郡臣」は、皇朝のその「意」に「称《かな》」うよう帝師殿を建立する存在として記述されるに過ぎない。これによって、施設建設に邁進した撫州の士庶の誠意はあくまでも皇帝・皇朝に向けられたものであって、パクパに向けられているわけではない、という構図を描き出すことになっている。

「南安碑」の場合も、その冒頭(b)で各地にパクパ祭祀の僉旨を通達すべく「玉音」を発しているのは英宗であり、(e)の末尾でパクパに厚く報いようとしているものも「聖度」「聖鑑」の君主たる英宗である。他方、(c)―1の部分には「明時」におけるパクパへの「尊尚」とのみ見え、何ものが尊尚しているのかを特定しえず、判然としない。しかしこの「大称明時尊尚其人之意」という文字列は、明らかに前記「撫州碑」(c)の「称皇朝尊奉帝師之意」と構造が一致している。したがってこの「尊尚」の主体として呉澄は「皇朝」を考えており、これを「明時」、すなわち皇朝治下の太平の世、という表現に置換したものであることが分かる。また(f)の礼賛文に「帝臣に心有り、帝に愈《いよいよ》師《したが》う有り。師を隆《たっと》びて本を重んずるに、咸《み》な丕欽を用てす」とあるものは、一見したところ、皇帝のみならず広く「帝臣」、すなわち全土の臣民が帝師への隆敬に余念がない、という意味かと読みうる表現ではある。しかしこれに先行する(e)の部分に、「近臣」の「請」を受けて皇帝はパクパへの「報」を示すこととした、とする一文が存在するため、この「帝臣」が必ずしも臣民一般を指すわけではなく、より具体的に、皇帝近くにあってパクパ顕彰を建言した「近臣」を指す、という読みへと導かれる。なおかつ冒頭の(b)において「宣政院臣」が帝師殿設置を奏請したと明記しているから、この「近臣」は、仏教勢力の利益代弁機関として機能していた[64]宣政院の官員としてさらに絞りこまれる。こうして、帝師への尊奉を謳いあげる総括的な礼賛文すらも、前段の文脈を踏まえて読めば、その尊奉事業の担い手は皇帝とこれに近侍するチベット仏教奉戴者たちであると特定しうるかたちで作句されていることが分かる。

このように呉澄は、〈一〉帝師、〈二〉帝師を尊崇する皇帝および政権中枢のチベット仏教奉戴勢力、〈三〉皇帝の意を欽奉する在地社会、という三局のうちに帝師殿建立事業を描く。換言すれば、パクパ奉戴があくまでも皇帝以下モンゴル人支配集団および宣政院等に連なる崇仏派の顕官によるものであったという、つまりは現在の我々もまた広くそのように理解しているところの状況を、周知当然の前提として褒称文を構成しているのであって、パクパの教法が中国社会一般に弘通しているとか、一般の人々から広く尊崇を受けているとか、そのたぐいの内容を盛りこむことをしていない。この点は、先に述べたように両碑文が「聖」「徳」という神聖性を示す属性をパクパに割り当てていないことと呼応する。これらをとおして、客観的・普遍的——もちろん呉澄の主観における客観・普遍である——な意味において神聖存在であるわけではない帝師と、これを崇奉する皇帝・皇朝と、この皇帝・皇朝を敬慕するがゆえに帝師殿建立に献身する社会一般、という三局の関係が、いわば合理的に説明されることとなっている。

呉澄碑文のこの合理性をもう一方において支えているものが、ではなぜ、神聖存在ではない帝師を皇帝・皇朝が崇奉しているか、という点の回答もまた用意されている点である。「撫州碑」では、まず冒頭ⓐにおいて「世祖」がパクパに「蒙古字」を肇造させたことが述べられ、ついでⓑにおいて、仁宗が「褒崇を示す」ため帝師殿建立を天下に号令したこと、今上皇帝がこれを「嗣服」して建立事業を積極的に展開したことが記される。「南安碑」でも、ⓐにおいて世祖のために帝師が「仏教の統」に当たったことが、ⓔにおいて「新字を制」したことが語られる。「南安碑」の末尾ⓕで、「帝臣」「帝」が「師を隆ぶ」と謳いあげる部分も、直前に「国字慈慈」、直後に「新字翼翼」とあるため、その理由はやはり文字制作のことへと収結される。

このように呉澄碑文においては、英宗は仁宗の継承として、その仁宗は世祖代におけるパクパの功績に対する褒賛として、帝師殿事業を推進したことが明記される。なおかつそのパクパの功績についても、たとえば世祖の精神的教導となったとか、護国の法力があったとかの神聖性に関わることではなく、文字作成と仏教統領という現実面における業績であると特定されている。こうして呉澄は、前記の三局を〈一〉帝師、〈二〉帝師の実利的功績ゆえにこれを崇奉する歴代皇帝・皇朝、〈三〉皇帝への恭謹ゆえに帝師殿事業に参加する在地社会、という関係性として整合的に説明して見せる。帝師殿事業に至る因果関係を、最終的にはパクパの世俗的な功績という点に還元するわけである。なおかつこれが、先に見たように、パクパにはもっぱら「能」「之（用）」「力」「才」という世俗的属性が配当されていることと照応していることは言うまでもない。

しかし、帝師殿碑なるものが帝師祭祀施設のためのものである以上、パクパが広く社会一般の尊崇を集めているとか、あるいはせめて、尊崇されるのが至当な神聖存在であるとか、そのような礼賛的な内容は充分にありうるのではないか。事実、他氏の帝師殿碑文においては、そのたぐいの言説を容易に見いだすことができる。

まず法洪碑文の場合、世祖がパクパに「師敬の節」を尽くし、あるいは英宗が「郡国に詔して祠宇を建」ててこれを祀ることを命じるなど、歴帝が帝師崇拝に熱心であったことを記す。なおかつ「赳赳たる武夫、蚩蚩たる嚚鄙、徳訓の及ぶ所、風振草靡」として、やや抽象的ながら、社会全般にパクパへの崇拝がゆきわたっている様を、あるいはこのたびの帝師殿建立によって将来的にそうなるであろう様を描いている。

一方、儒士である青陽翼の場合、基本的には呉澄と共通する論法を採っている。すなわち、まず前半で、「先皇」仁宗がパクパの「功載」をおおいに評価して作廟したこと、「今上」英宗もまたこれにならったことを述べ、後半でも「聖天子、崇礼して功に報」いたと反復することによって、パクパの「功」とそれゆえの皇帝の尊崇、という構図を描くものがこれである。ところが末尾の四字詩文においては、「以て聖謨を謹み、以て厳祀を奉る」、「（パクパの）霊を妥《やす》んずる」として、皇帝の意を受けてこの鎮江帝師殿で実施されているところの、あるいは実施されるべきところの、その祭祀活動のことが謳われる。さらには、この祭祀が「帝の沢《うるお》し、民の成す」ものと記され、「民」の参与が、少なくともかくあるべき場景として描写される。ついにはパクパの「智聖文徳」が「黎萌」、すなわち黎民にとっての「祉《さいわ》い」であると記され、パクパの聖性とそれゆえに一切の人々に浸透している彼への崇拝、という内容を提示するに至っている。

林淳の潮州帝師殿碑文は、前記のとおり、パクパの教えを「徳教」と表記しているわけであるが、それは「朝廷仏を崇めて帝師を尊ぶも、今、潮の民、未だ祀る所を知らず」、そのため潮州にはパクパの「徳教」がいまだ波及していない、とする地方官の慨嘆のなかで登場する。したがって、当該文のあとで語られる帝師殿整備は、民衆のこの現状を打開するための事業ということになり、実際のところ後段において、帝師殿完成によって「潮の良民をして又た仏教を崇めて国字を尊ぶを知」らしめるであろう、との記述が置かれる。民衆を含めた潮州社会はパクパの仏教と国字を崇奉すべし、とする設置者側の趣旨、あるいはそれが実現されつつある現況への礼賛が、碑文全体をとおして明言されていると見てよい。

柳貫の温州碑文の場合、序盤の部分で、東来したパクパが世祖のために「妙義を闡揚し、教法を流通」させたと記し、概括的かつ常套的なかたちで、この初代帝師の宗教的影響力をまず描写してしまう。そのうえで、直後に、「尊びて帝者の師と為し、其の隆礼備物たること、古に与に比するもの無し」として世祖のパクパに対する尊崇を述べる。文字制作の話題も出すが、それは、これらの文章のあとのことになる。つまり柳貫は、神聖存在としてのパクパとそれゆえの崇奉、という内容を、帝師に関わるあらゆる事象の大前提として文書冒頭に配置している。いかにもこのたぐいの顕彰文劈頭にふさわしい構成であって、とくに注意を引かれることとさえない。しかしこのことから呉澄碑文を振りかえれば、その二篇いずれもがパクパによる教法の弘通という仏僧顕彰文としてあまりにも当然な要素を欠落させていた、そのことの意味を改めて認識しなければならないことになる。

また柳貫は碑文後半の詩のなかで、皇帝による帝師殿事業推進のことに続けて、「声教の漸《すす》む所、守尉の監《つかさど》る所、廟饗巍巍、視瞻巌巌」と謳い、パクパの教えの普及と地方官による祭祀の盛況を詠む。さらには、温州赴任の「藩侯」によって帝師殿における「釁廟礼成」がなされ、「郡僚」も「趨」って参集しては「拝跽興伏」するとして、地方官たちが祭祀行為を励行する場景を描写してもいる。これに対して呉澄の両碑文は、いずれも(c)において撫州や南安の「郡臣」「守臣」たちが建設に尽力したことをさかんに記すのではあるが、その官員たちが帝師殿で跪拝しているといったたぐいのことは一切描いていない。

以上の比較結果を踏まえるならば、呉澄碑文がパクパに対する崇奉の主体を皇帝とその周囲に限定し、帝師殿を設置した江西在地社会、あるいはそれを含む社会一般における普遍的な崇奉という要素を欠如させていることは、やはりその撰文の特徴であり、文書作成における呉澄の意志の反映であると考えるべきこととなる。

第四節　話題の設定

これまで見てきたように、呉澄はその二篇の帝師殿碑文に、聖職者を称賛する文書としては特異と言わざるをえない性格を与えているわけであるが、では、パクパの神聖性とその社会的認知という本来根幹たるべき要素を欠落させたまま、いったいどのようにして顕彰碑文を構成しえているのであろうか。

ここで、彼の叙述のなかで話題がどこに誘導されているか、という点から二点の碑文を通覧しなおしてみよう。すると両篇ともに、かなりの文字数が、パクパの国字制作および帝師殿の建築という二つの話題に費やされていることに気づく。どうやら呉澄は、神聖性に関わる精神的・理念的側面の比重を軽くし、代わって物質次元に話題を集中させる方針を選択しているらしい。

（一）国字

まず、国字の話題を追って見ていこう。「撫州碑」の場合、(e)はもちろん、世祖との関係を語る(a)の部分も、その内容はもっぱら国字の話題が占めている。つまりこれら二つのブロックにおいては、国字のこと以外は何も語られていない。(d)もまた、篆字など中国における過去の四種の文字のことであって、文字の話題の展開である。これら(a)(d)(e)を合わせると約二百十字となり、約七百二十字から成る「撫州碑」全体のなかで、およそ三〇％ほどを占める。

とくに「撫州碑」の(e)は、先に見たように二重傍線を付した部分がパクパへの顕彰に当てられ、「智」「悟」など、仏教的ではあるものの明確な称賛句が散りばめられる箇所であるわけであるが、文脈上、それらの称賛はすべてパクパの国字制作の功績、すなわち(e)のなかで「蒙古字」「皇朝の制作」として示される業績へと向けられた賛辞にほかならない。また(e)のこの称賛句には「天」字が見え、この至上価値をもつ文字を呉澄がどのように用いているかが注目される(65)ところなのであるが、これもまた「天宝之を賚《たま》いて以て皇朝の制作に備う」と記すことにより、文字制作の話題のなかに回収することとなっている。

「南安碑」の場合、「撫州碑」とは異なり、世祖とパクパとの関係を述べる(a)ブロックでは国字のことに言及していない。しかし、国字の話題に集中する(d)と(e)のブロックが、全体約八百九十字中の約四百五十字と、実に五〇％ほどの分量を占める。また「南安碑」においても、「撫州碑」と同じく、国字の性質を述べる(e)ブロックにパクパへの称賛句（二重傍線箇所）が置かれる。そしてやはりここでも呉澄は、パクパの「智慧」「技能」ゆえに「新字」の制作が可能であったこと、また彼の「学」や「悟」によって「同文の治」が築かれたことを述べ、帝師への顕彰を国字制作の局面に吸収させる結構を採っている。

以上のように、両碑文とも、文字制作の話題にかなりの文字数を割くとともに、この話題のなかでパクパへの称賛を集中的に処理するという方針を見せる。さらに両篇とも、総括的な礼賛文(f)のなかで「声学・字学」（撫州碑）、「国字慈慈」「新字翼翼」（南安碑）としてふたたび文字に言及し、あくまでも文字制作者として初代帝師を褒揚するかたちで碑文を閉じていく。「南安碑」の(f)で「天賚の西師、籀を躡《お》い、斯を転じ」と記し、天の授けた者としてパクパを称揚するとすぐにそれを史籀・李斯に続く文字の制作者として括ってしまうことも同様の方法である。

では、これに対して他氏の碑文は、国字の話題をどのように扱っているのであろうか。法洪碑文の場合、パクパの功績として制字に言及してはいるが、そこではわずかに「字書を製して以て文治の用に資する」と述べるのみで、さしたる関心をはらっていない。一方、青陽翼の碑文は、国字が表音文字であることの説明や、蒼頡や史籀などの先行する文字に関する記載がある点で呉澄の碑文と共通する。分量的にも、文字の政治的・社会的機能に関する部分を除いて文字そのものについて述べる部分のみとしても全文の二〇％程度、かりに文字言及部分のすべてをすべて含めれば全文の三〇％ほどにのぼるから、(66) 呉澄の「撫州碑」に迫る比重である。(67) ただし、呉澄が「南安碑」においてて全文の半ばを費やして述べた詳密な文字関連の議論と比較すれば、この青陽翼碑文も、内容・分量ともに傾注の度合いは明らかに低い。林淳の潮州碑は、「西番の篆文を訳して蒙古字を𠝹《はじ》め」以下の一文が文字の話題に当てられているに過ぎず、呉澄碑文のそれに比べて著しく扱いが軽い。柳貫碑文も、「竺乾の声韻に依って、国書の新字を制為し」の部分、および詩中の「字に則ち母有り、母は四十一」前後の部分で国字について記しはするものの、呉澄碑文がこれに割く比重には及ばない。このように、青陽翼碑文が呉澄の話題設定にやや近い傾向を示すものの、法洪碑文はもちろん、林淳・柳貫の碑文も呉澄の碑文ほどには文字の話題に依存していないことが分かる。

これまでの研究においても、法洪や呉澄の帝師殿碑文がパクパの文字制作の話題に言及することには注目がなされてきた。(68) しかしここで見たように、読み手の意識をどれほどの度合いで文字の話題に繋ぎとめるかという点に関して、帝師殿碑文それぞれの撰者の裁量にはかなりの隔たりがある。なかでも呉澄の撰文は、この話題の比重をより重く設定しようとする点において、やはり突出した傾向を示すと言える。文字の話題を膨らませ、あくまでもその一制作者としてパクパを描くことにより、彼を実利的「能」「之（用）」「力」「才」の人として顕彰しようとする全文の方針を徹底しえていると考えてよいだろう。換言すれば、呉澄がかなりの程度に特異な撰述方針をその帝師殿碑文において貫くことができた背景には、その話柄を以て充分に初代帝師を顕彰できるほどに、文字という実利的な題材にまつわる関心と知識を有していた、という点を挙げることができる。

このことは、おそらく次のような彼の素養および経験に関わっている。一つは、音韻学・文字学の知識である。呉澄は独自の字母説を唱えるほどに音韻に関する造詣が深く、その見識を以て古音学の学統のなかで確かな位置を占めていた。(69) 両碑文の(e)ブロックで述べられる国字の表音機能についての分析は、呉澄のこの分野における関心の一端を示すものである。とくに「南安碑」のなかでは、「中土の人」がいまだ知らない西方の「声音の学」に言及してその長所を論述するとともに、これが「音」を「異」にする異民族間の「同文の治」に資するであろうことも指摘しており、この新字の直接的な機能はもちろん、それがもたらす普遍的意義をも呉澄が評価していたことをうかがわせる。また両碑文とも(d)のブロックとして、蒼頡・史籀・李斯・程邈ら四人の文字制作をパクパの国字制作の先蹤として挙げている。これら過去の文字に関する呉澄の言及は『呉文正集』中に多く見いだすことができる[70]から、帝師殿碑文の撰述に際しても、彼はこの題材をごく自然に適用したものであろう。なおかつ帝師殿碑文のこの叙述は、篆書や隷書など中国歴代の文字に連なるものとしてパクパの文字を位置づけるものである。これはパクパの功労を中華文明史上の一つの現象として受容しようとした痕跡であり、呉澄なりの積極的な姿勢を示すものでもある。

　呉澄が帝師殿碑文において文字の話題を存分に展開しえたいま一つの背景は、かつてパクパの文字について一篇の文書を書いた経験のあったことである。「杜教授の北帰するを送るの序」（『呉文正集』巻二五。以下「杜教授」と略記）として伝わる文書がこれであり、呉澄に関する先論のなかでも、国字に対する呉澄の肯定的評価の証左として、帝師殿碑文とともに取り上げられている[71]。そのなかで指摘されたように、「七音」「四声」から成る表音文字として国字を説明する「杜教授」の内容[72]は、たしかに「南安碑」(e)に見える国字解説の部分とよく共通する。「杜教授」は大徳十一年（一三〇七）ごろの作であると推測される[73]から、帝師殿碑文よりも十数年先んじて呉澄が試みた国字への論評であることになる。この「杜教授」を書いた経緯を、呉澄は「河北の杜唐臣、国字を以て富州に教授す。慈良純厚、州の人にして崇重せざる莫し。官満ちて去るに、相い率いて詩文を為り、以て其の帰を華《はな》さかせんとす」と述べている。国字を教授する官員として漢地から赴任した杜唐臣を、江南知識人たちの友誼をかちえた人物として、呉澄が好感のうちに認知していたことが分かる。「杜教授」は国字の効果とその教育体制に関しても、「国字は国音の舟車たり。載せて中州に至り、以て極東・極西・極南の境に及ぶ。人人、得て焉に通ず可し。蓋し又た頡・籀・斯・邈以来の文字の一助なり。皇風浩浩として遠きの被わざる無く、学を建て師を立てて以て其の教えを宣《とお》す」と、広域国家の要を満たすものとして肯定的に記述する。総じてこの「杜教授」の執筆は、好意的なかたちでパクパの文字に言及した自作例として、帝師殿碑文を編むことになった際の呉澄にとって重要な拠りどころとなったはずである。

以上のような学術的関心や撰文経験を有していた呉澄は、帝師殿碑銘撰文に際して、文字の話題にかなりの比重をもたせる方針を選択した。これによって彼の二篇の帝師殿碑文は、パクパをめぐる他の話題、とくにその神聖性に関わる話題の比率を、いわば反比例的に低下させている。他氏の帝師殿碑文で描かれるパクパ、たとえば仏教盛行のチベットにおいてその豊かな仏教教学を謳われた高僧、あるいはその撰述が仏経と同じく扱われた聖僧の姿を、呉澄の碑文に読みとることはほぼ不可能である。代わってそこに現れるのは、伝説の蒼頡このかた連綿と続く中国の文字の伝統に新機軸を打ち立てた「多技能」の人としてのパクパにほかならない。

(二)　建築

次に、もう一つの中心的話題である帝師殿建築の記述について見てみよう。文字の話題で全分量のほぼ半分を費やしている「南安碑」の場合、建築については、(c)―1において「棟宇崇峻、規模宏敞」と述べる程度にとどまっている。しかし一方の「撫州碑」は、(c)の部分で、新築成った帝師殿の建築に関してきわめて微細に記述する。どのような堂宇や門が配置され、それぞれどのような規模であるかが、その尺寸に至るまで詳密に筆記され、「壮麗の観」が立体映像のごとく描き出される。「撫州碑」はこれに先だつ(b)の部分で、帝師殿を孔子廟に比肩しうるものとせよとした英宗聖旨に言及しているから、撫州路帝師殿の規模や配置を詳述することによって、この勅命が遵守されていることを表現しようとしたものかも知れない。結果として、(c)のブロックは「撫州碑」全体のなかで五〇%に近い分量[74]を占めるに至っている。

なおかつ「撫州碑」の建築に関する叙述には、ある顕著な特色がある。それは、これが一貫して各建築物の躯体とその配置を描写することに終始し、それらの内部についてはまったく触れないことである。このため「撫州碑」(c)ブロックは、全体の半分に近い分量を占めるにもかかわらず、あくまで撫州路帝師殿を〝外から〟眺めてその威容に視線をめぐらせるにとどまり、なかに入る、拝する、といった行為を読みとらせることなく終わる。先に見たとおり、呉澄碑文は、地方官や一般の人々が帝師殿で跪拝している、あるいは跪拝することになるであろう、といったたぐいの叙述を一切含んでいない。これに対応するように、帝師殿の内部がどのような設えになっているのかに関しても、ほとんど記述しないわけである。これによって呉澄の碑文においては、帝師殿という施設が単なる記念館などではなく、その土地の人々によって祭祀されるべき霊廟であるという基本的情報そのものが、一貫してほぼ空洞化されることとなっている。

ではこれに対して他氏の碑文は建築の話題をどのように扱っているのであろうか。最も対蹠的であるのは法洪碑文である。もっぱらパクパその人への称賛に熱心なこの碑文は、帝師殿の建築に関しては何ら関心を向けず、ついに一言も発していない。青陽翼碑文は、選定された立地の良さ・敷地の広闊・堂宇の壮麗・要した工期を記し(75)、また末尾でも建築の豪壮を詩句として謳うが、呉澄碑文ほど詳密な記載はなく、したがって分量としても少ない。一方、林淳碑文は、呉澄碑文ほどではないにせよ、帝師殿建築についてかなりの分量を費やしている。ただし問題は、それが単なる建築描写ではないことである。欠字を含むものの、「勇壮加于□□□□□像南面、且以師之徒膽巴・搠思剌幷列于座」と採録されている部分は、尊格像が設置された帝師殿内部の場景を記したものである。「南面」の位置に奉じられているのは、「師」であるパクパの像であろう(76)。これに配祀されているのは、「師の徒」たる「膽巴（タムパ Dam pa）」と「搠思剌（シェラプ Shes rab）」の尊像である(77)。林淳碑文は、前記のとおり潮州の民がパクパの教えを尊崇すべきことを述べていたわけであるが、帝師殿内部に置かれたパクパとそれに連なる高僧たちの像を描くことによって、民のその礼拝行為がどのように実施されるべきであるかをも示していることになる。柳貫碑文もまた、林淳の碑文と同じく、帝師殿のなかの尊像について言及している。「摶土して像を為るに、黄金の膚、五色の表、光采流動して睟盎を開くが如し」と、その像容を華やかに描写した部分がこれである。柳貫は、詩の部分でも「郡僚」が帝師殿に「趨」りきたって「拝跽」する様を描いているが、その礼拝行為の対象としてこれらの尊像が設置されていた帝師殿内部の光景を、あらかじめ前段で記しているわけである。

このように他氏の碑文は、建築に関する叙述が皆無ないし甚少であるか、または、建築関係の内容をある程度盛りこむ過程で殿宇内部のパクパらの尊像らに言及するか、いずれかの結果となっている。したがって、その外観を執拗なまでに綿密に描写して見せる一方で、礼拝のための空間である帝師殿内部の情報をほぼ欠落させるという呉澄碑文の様態は、やはりごく不自然なものであり、彼の意識的な撰述方針の結果であった可能性が高いことになる。

この可能性は、次の二点によっても裏づけることができる。第一の点は、実のところ、呉澄は帝師殿のなかに何が置かれていたかを知っていたと考えられることである。撰文当時の呉澄が両帝師殿を実見していた否かは、年譜的材料に限界があるため、推測することができない。(78) しかし、「南安碑」(f)の礼賛詩句中に「遺像有赫」とあるものが帝師殿内部の尊像を指していると読めるから、呉澄はまず間違いなく内部について知っている。しかしそれにもかかわらず呉澄は、外観に関してあれほど詳細に記した「撫州碑」のなかで、内部のありさまについてまったく言及していないことになる。「南安碑」のこの記述にしても、ごく零細かつ唐突なものであって、この文書からのみでは一体それが何を言っているかが分からない。やはり呉澄は、帝師殿内部の祭祀装置のことを知りつつ、これに関する言及を最低限に抑制していると見て誤りない。

呉澄帝師殿碑文の建築関連の記述が意識的なものであることを裏づける第二の点は、呉澄が通常、尊像を含めて祭祀施設内部の典礼設備にかなりの興味を抱き、これを描写することをまったく避けない書き手であったことである。他の祭祀施設の記念文書を撰述する場合、呉澄はしばしば尊格像や儀礼用の備品に言及し、以て当該施設が人々の礼拝の場であること、つまりは神聖空間であることを明示的に描き出している。まず、各地の孔子廟については、呉澄がそのような記述を残した事例を少なからず見いだすことができる。たとえば宜黄県学附属の孔子廟については、呉

「大徳乙巳……未だ幾ならずして廟殿成り、講堂成り……先聖像を立つ。至大辛亥……門廡には四先師・従祀十子像を立て、又た両廡に七十二子諸儒の像を絵《えが》き、邑の先達楽公以下十二人を祀る」（『呉文正集』巻三六、宜黄県学記）と、尊像の制作年次・尊格の類別・配置場所について具体的に記述している。こうした先聖先師尊像についてはもちろん、儒教典礼用の爵・尊などの器具や、琴・瑟などの楽器に関する記載が他にも多い(79)し、釈奠の式次第に言及すること(80)もある。また呉澄は、三皇廟(81)や道観(82)の記念文においても、その内部の尊像等のことを記し、人々がそこで祈りを捧げる場であることを充分に描いている。それのみではない。彼は禅宗など中国在来の仏教寺院に関する文書も何点か撰述しており、そのなかでは仏・菩薩像や羅漢像などについて記している(83)。ときに批判的な文脈であるにせよ、仏教施設が祭祀施設として機能している、そのこと自体は叙述するわけである。

以上のことから見て「撫州碑」の建築関連記事のありようは、呉澄にとって通常的なものでも偶発的なものでもなく、明らかに意識的な撰述方針の所産であったと考えられる。それでは、呉澄はなぜ、帝師殿が実態として強烈に放っていたところの祭祀機能を、その碑文文面に表出させない方針を採ったのであろうか。

これまで見てきたとおり、帝師殿は〝孔子廟に準拠するもの〟という属性をその存在の根幹として発足した施設である。なおかつ、この儒・仏対置関係が単に建築規模のことばかりではなかったことは、林淳碑文が潮州路帝師殿内部のパクパと従祀の高僧の像に言及した直後に「亦た猶お夫子の配に顔・孟……を以てするがごとし」と記述していることから知ることができる。孔子廟における孔子像や顔回以下の儒者の像と「猶」の様式、すなわち〝相似〟〝同等〟の様式で、帝師殿内部にはパクパ像とタムパら仏教僧の尊像とが祀られていた。つまり政権は、それが孔子祭祀と類比の関係にあることを瞭然と示すかたちで帝師殿祭祀を設定しており、その結果、観察者であり、またみずから政権の末端に位置してもいる林淳は、事態をまさしくそのように認識・判断しているわけである。

そして呉澄もまた、たとえば「撫州碑」(b)において、英宗が聖旨を発して帝師殿を「加隆すること文廟に於いてせしむ」、つまり孔子廟に準拠して隆崇せよとしていることに言及している以上、林淳と同様の認識のなかにあったことは疑いない。したがって呉澄が、外観としての帝師殿の建築様態について異様なまでに記述を盛りこみつつ、内部の祭祀空間については一転して寡黙となることに、孔子祭祀を相対化しようとするモンゴル人支配の圧力を感知した儒者としての否定的な反応を見ることは不合理ではあるまい。呉澄は、チベット仏教奉戴事業が強化されつつある時局下、これを翼賛する文書をみずから作成しつつも、文中の話題を物理的次元に集中させ、その事業が当該地方において着実に履行されているとの証言を盛大に披露するかたちで、儒教の神聖性に抵触する祭祀装置への言及を回避しえていると言える。

以上、呉澄碑文両篇が文字と建築という実体的な対象を主要な話題として設定し、これらによって碑文分量の半ばほどを消化するとともに、この話題に付随してともすれば発生しうるパクパの神聖性につながる話素を排除する方針を採っていることを見てきた。同時期に彼が撰文を辞退した金字蔵経序文の場合、仏教そのものの立場からの崇仏的言辞や仏教弘通の描写を盛りこまざるをえなかったはずであるのに対して[84]、帝師殿碑文の場合は、構成いかんによっては直接的な仏教礼賛を回避しうると呉澄は見積もり、これを実行したものと見られる。こうした呉澄碑文の撰述方針に対して、他の撰者の碑文にも各様の話題設定の方針を認めうるが、総じてこれらのいずれもが、何らかのかたちでパクパを神聖存在として礼賛する要素をもっている[85]。呉澄の碑文もまた、帝師の輝かしい業績である国字の特質や帝師のために新建された殿宇の壮麗を詳密に語る、というかぎりにおいて、顕彰文として何ら不適切なものではない。呉澄はこうして文書の適格性は保持しつつ、一方において周到に、みずからにとってのパクパを描くにふさわしいものとして論述の対象枠を限定的に設定していると言えるだろう。この枠のなかでこそ、呉澄は彼のパクパ、すなわち実利的功績を以て皇帝・皇朝の尊崇を受けている「能」「力」の存在――社会全般において尊崇を受けるべき「聖」「徳」とは別次元の存在――を、その姿のうちに記述しえたからである。

第五節　儒仏の位相——チベット仏教に対する否定と受容

これまで検討してきたように、呉澄の帝師殿碑文はパクパやチベット仏教の聖性に触れることを迂回するかたちで構成され、この点において、これらの聖性についての表現を当然のこととして含む他氏の碑文と明確な差異をもつわけであるが、ではこの特質は、呉澄のどのような思考の構造において決定されているのであろうか。そこに本章冒頭に掲げた問題、すなわち対儒教的な装置として政権が設置した帝師殿に対して儒士たちがどのように反応したか、という問題に関わる要素を読みとることは妥当なのか。そして、かりに儒士としての彼の反応をそこに読みとりえた場合、それはただひたすら否定的な反応のみであるのか、それとも、何らかの譲歩なり接近なりの方向をも含むのか。帝師殿碑文を撰述する過程で彼の思考の焦点となったと考えられる「聖」と「徳」の観念を中心に考えていこう。

（一）「聖」の観念をめぐって

⑴　否定的要素

他氏の碑文がパクパに「聖」字を配当していることとは異なり、呉澄の碑文はパクパに「聖」字を当てていなかった。しかし呉澄碑文において「聖」字そのものは君主を形容するものとして使用されているのであるから、撰文時の呉澄がたまたま「聖」字を想起しなかった、というわけではない。加えてここで着目すべきは、呉澄の他の文書のなかでは、君主以外の存在にも「聖」字を当てて指示・形容することがごく普通におこなわれていることである。

まず、儒教関連施設を顕彰する文書のなかで、孔子以下の儒学先師を表現する語彙として、呉澄は「聖」字を多用している。これは一つには、唐代以降、「先聖」が孔子を指す呼称として定着したことにより、当然のこととして生じる結果である。たとえば、『呉文正集』巻三六の「建昌路廟学記」「潮州路重修廟学記」「南安路儒学大成楽記」

違いない。

「宜黄県学記」「広州路香山県新遷夫子廟記」のほか、「崇仁県孔子廟碑」（巻五〇）・「題長豊鎮廟学誌後」（巻五七）・「国子学告掲大成新扁文」（巻八九）などのなかで孔子が「先聖」と記される。また同書では、「建昌路廟学記」（巻三六）、および「臨江路脩学記」（巻四〇）・「崇文閣碑」（巻五〇）において、孔子ら儒学の先師が「聖賢」として表現されている。これらのほかにも各地の書院に寄せた文書などを含めれば、「先聖」「聖賢」というかたちで呉澄が孔子以下の先儒に「聖」字を配当した事例はさらに増える。したがって呉澄が帝師殿碑文においてその祭祀対象をついに「聖」と表現しなかったことは、まず基本的には彼の儒者としての否定的な反応の結果であったとして間違いない。

しかも呉澄のこの反応は、型通りの拒否反応というよりも、おそらくさらに根源的なものである。呉澄は、「聖人」という語彙のかたちでも「聖」字を頻用する。そしてこれは、「先聖」「聖賢」と比べ、より適用範囲が広い。たとえば、「撫州路重修三皇廟記」（『呉文正集』巻三八）では、「人類の中、聖人たる者有り」として、「包犧氏・神農氏・黄帝氏」の三皇を「三聖人」と呼び、これに「少昊氏」「顓頊氏」「高辛氏」「尭」「舜」「禹」「湯」「文」「武」の九人を加えて「十有二聖」、「周公」を加えて「十有三聖」、そして「最後」の「孔子」を加えて「十有四聖」とし、彼らを「聖人」としている。これら十四人が「儒道」「医道」を以て世に裨益したとし、三皇をそのうちの「医道」の祖としたうえで、「儒」「医」のいずれもが「聖人の道」であり、その意味で「一道」である、と記す。「儒」と「医」という二つの分類をいったん提示したのち、両者を「一道」の「聖」として称揚した文書であり、呉澄の「聖」の範囲が、儒教との一体性を説くことによって、いにしえの神話的尊格をも包摂しうるものであったことを示す。同じく「宜黄県三皇廟記」（『呉文正集』巻三八）も、各路府州県に孔子廟と三皇廟とが備わることを述べつつ、「医学」の三皇を「上古の聖人」として顕彰しているから、撫州路の「三皇廟記」と軌を一にする。

このように呉澄は、ある尊格たちについては、それが純然たる「儒」のカテゴリーには属さないとの前提を置きつつも、これと「儒」との共通性を示す手続きを加えるかたちで、「聖」字を適用することを避けていない。三皇は中国伝統の尊格であるから、これを神聖存在として受けいれることが不可能ではなかった結果ではあろう。(86)とはいえ呉澄において、儒教原理との親和性を認めうるかぎり、本来は儒教外のものと識別している存在の「聖」性を承認する選択がありえなくはなかった、という点には留意しなければならない。

呉澄がパクパに「聖」字を適用しなかったことは、以上のことから見て、ただ常套的に仏教者への違和感を覚えたためであるとか、パクパという個別例に対してさしたる聖性を感知しなかったためであるとかの単純な反応の結果ではない。ましてや帝師殿碑銘撰文は政権の意向を受けてのことであったのであるから、みずからの価値規範においてそれが可能であるならば、他の帝師殿碑文撰者のように、あるいは自身の三皇廟記のように、パクパという顕彰対象に「聖」の概念を適用することも一つの方法であったはずである。しかし呉澄はついにその選択肢を採らなかった。では、それはなぜだったのか。

このことを理解するためには、呉澄の「聖」字用法のうち、「聖師」という語句の扱いについて見ることが必要である。呉澄の文集中に記された「聖師」をたどっていくと、それらすべてが孔子を指していることが判明する。まず、各地の孔子廟に寄せた記念文書四点のなかで、「聖師」の語が五箇所ある。(87)これらが孔子を指示していることは疑いない。また、ある人物の名前について語った文書のなかで「聖師」が一箇所用いられている。(88)これは『論語』中の孔子の言葉(89)を引用したものと考えられるから、この「聖師」も孔子を指すとしてよい。あるいは、曲阜の孔林に赴く知人に寄せた文章で「聖師」と記す例も見え、(90)これも孔子でないはずがない。江西瑞州の書院に置かれた「聖師」像の整備について記すものも、(91)文中に「先聖」祭祀の殿堂にあるものとしているから、やはり孔子の像である。さらに、任地に赴く知人を送る詩のなかで「聖師」を用いている例が一件あり、(92)これも孔子が遍歴したことと知人の赴任とを重ねて詠んだものであろう。以上は『呉文正集』中の事例であるが、『礼記纂言』のなかでも「聖師」の記載が見え、(93)これもまた孔子について、その葬礼をめぐって用いられた語句である。

このように呉澄は、あくまでも孔子一人を「聖師」と呼びつづけたと見られる。これに対してたとえば柳貫は、呉澄とも親交のあった儒学の徒であり、彼自身「儒林四傑」の一人と数えられた人物であったが、前記のとおり、その帝師殿碑文のなかでパクパを繰りかえし「聖師」と呼んだ。儒者としての用語において呉澄がより厳格であったことの結果ではあろうが、しかしここで重要な点は、彼のこの用語法がおそらく単なる厳格さの範囲にとどまるものではなかったことである。それは呉澄にとって、より深刻な、言ってみればその世界認識の根幹に関わる必然的な語彙選択であった可能性が高い。

これを示唆する事例の一つは、まず先に触れた「撫州路重修三皇廟記」に見いだせる。このなかで呉澄は、孔子を「万世帝王の師」と記している。この文書は、はじめに孔子に至るまでの十四人の「聖人」を挙げたうえで、これらを「或いは其の道を以て天下の主たる」「或いは其の道を以て天子の宰たる」「或いは其の道を以て万世帝王の師たる」の三種に分類する。十四人のうち「天下の主」は三皇から武王までの「十有二聖」であり、「天子の宰」が周公であるから、残る「万世帝王の師」は孔子その人ただ一人を指していることになる。つまり呉澄にとって「帝王の師」、つまり帝師たりうる存在とは、本来、孔子その人をおいて他にはありえないものであった。

いま一つの事例は、京師の孔子廟への加封を記念した「国子学告掲大成新扁文」（『呉文正集』巻八九）に見いだせる。そこでは「先聖」、すなわち孔子について、この人物はその道徳高厚のゆえに「万世帝者の師」であると説かれている。これもまた、「聖師」たる孔子こそが万世「帝」王の「師」、つまりは帝師である、と呉澄が記した事実を示すものである。

「帝」たる者の「師」は永遠に孔子である。ひるがえって、儒教の「師」を奉戴する者こそが「帝」として世界に君臨しうる存在である。この観念を強く抱き、しかもそれを筆記するほどに自覚的に認識してもいた呉澄にとって、現在の帝統によって仏僧が「帝」の「師」とされていること、そしてまさにその仏僧の顕彰文をいまみずからが筆記しようとしていることは、自身の世界像の基底を揺るがす抜本的な矛盾であったことになる。かりにパクパが、仏僧向けの法号として過去の中国において先例のある「国師」という称号のままであったならば、たとえば「聖人」などの用語で、彼に「聖」字を当てる選択が呉澄にもありえたかも知れない。しかし元がパクパに「帝師」号を与えたことによって、儒教的観念における孔子の聖性と根底から矛盾する事態がそこに生じ、呉澄はおそらくこの矛盾を看過しえなかったがゆえに、いま祭祀対象として当然承認すべきところのその聖性を承認することができない、という状況に追いこまれたと考えられる。つまり、呉澄がついにパクパに「聖」字を配当しえなかったことは、「聖師」孔子こそが「帝」の「師」であった彼の世界のなかに、この仏教「帝師」の存在を位置づけることが原理的に不可能であったことの必然的帰結であった。

(2) 受容的要素

このように「聖」の観念に直結する字句に関しては儒者としての立場に踏みとどまったかたちの呉澄であるが、しかしその一方、彼は帝師殿碑文の撰述において、少なくとも二点ほどの重要な譲歩を決断している。

第一の点は、パクパを「帝師」と表記したことである。もちろん帝師殿のために撰文する以上これは必須のことであって、遡ってこの任に当たると決断したこと自体が大きな譲歩であったと言うべきかも知れない。帝師殿碑文の作成とは、すなわち元の帝師を「帝師」と記述することにほかならず、それはまた、本来は儒教「聖師」のみに許された聖職であるはずの「帝」の「師」の役割がいまチベット仏教僧に与えられていることを、みずから復唱することにほかならない。呉澄は、それが彼にとって孔子の聖性への侵犯であることを明確に認識したうえで、この碑文作成に臨んだはずである。

『呉文正集』のうち、これら二点の帝師殿碑文のほかでは、呉澄は「帝師」という語を書いていない。前述の「杜教授」においても、パクパについては国字を制した「異人」として記すのみである。パクパという個人名はともかく、「帝師」という世祖所(97)与の称号を大徳年間のこの文書で記さなかったことが偶然であるとは考えづらい。この呉澄が、帝師殿事業の本格化した至治年間、ついにパクパを「帝師」と記すに至ったわけである。

なおかつ呉澄は、前記「撫州路重修三皇廟記」「国子学告掲大成新扁文」において、儒教の帝師を「帝王之師」「帝者師」と記しているのであって、「帝師」とは記していない。この点を、たとえば世祖期の王惲が儒教の帝師をずばり「帝師」の語で記しながらその復活を皇太子チンキムに説いたこと[98]と比較すれば、呉澄の場合、元が設けた「帝師」の存在を前提に、儒教の師を「帝師」という語句で記すことを避けようとする配慮があったことになる。

つまり呉澄は、本来は儒教の「聖師」こそが「帝師」たるべしという観念を固守しながらも、他方において、現政権がチベット仏教僧を「帝師」としていることの重圧を充分に感知してもいた。なおかつ「撫州碑」で、「文廟」の例に準拠して帝師殿に「加隆」せよとの英宗「特旨」を記したことから見て、いまみずからが加担しつつある帝師殿事業が、チベット仏教僧を孔子と対置せんとする政権側の意図の具体策であることをも、呉澄は明確に認知している。こうして儒教的価値観保持と現政権への配慮という二つの力学のはざまに立った呉澄は、「聖師」の語を孔子に温存する一方、「帝師」に関しては、これをチベット仏教僧のものとして筆記するという譲歩的な決定をくだしていることになる。

呉澄が帝師殿碑文において見せた譲歩の第二は、それらのなかで元の皇帝を「聖」なる存在と表記したことである。碑文において、世祖・仁宗・英宗らはチベット仏教僧を帝師の座に奉戴する君主として登場するのであり、本来、これが儒教的価値規範において聖なる君主であるはずがない。二碑文中、「天子」の語が表記されていないこと[99]も、あるいはこのことと関係するのかも知れない。しかし呉澄は、皇帝のパクパ尊崇はあくまでも文字や仏教行政における功績ゆえであり、あるいは先帝への敬慕ゆえである、とする論法を立てることによって、ともかくも皇帝は聖なる存在として記さねばならない、という絶対的な条件を満たすこととしている。

しかし呉澄のこの「聖」字の適用は、単に皇帝に対する通例的な表現に過ぎない、として看過してよいものではない。呉澄は他の文書において、崇儒の皇帝こそが「聖天子」であること、崇儒の政権こそが「聖世」「聖朝」であること、そして京師や各地方に儒学施設を次々と設立した元の皇帝とその政権はまさしくこの「聖天子」「聖朝」

であることを、歴々と記している。(100) 自身の儒教的世界像をそれとして堅持し、なおかつ元の治世がこれに該当すると述べているわけである。この儒教にとって、そしてもちろん呉澄にとって、仏教は「夫れ彼の異端なる者……異端なる者の仙と成り、仏と成らんとし……」(101) と彼自身が率直に記すところの、「異端」の教説にほかならない。ところが実態としての元の皇帝たちは、百官郊迎の尊礼を以てこの「異端」の一僧侶を奉迎し、あまつさえ儒教の師をさしおいてこれを帝師とし、ついには孔子廟と同等にこれを祀るという、儒士から見ればありうべからざる聖性侵犯をおこなっていた。功績ゆえの恩遇である、との記述をいかに反復しようとも、現政権の君主が崇仏行為によって儒教規範を踏み越え、さらにいま帝師殿というかたちでその趨勢をいっそう深刻化させていることは覆うべくもない。

このとき、まさにその帝師殿のための顕彰碑文のなかで、呉澄は皇帝に「聖」字を用いた。どのような弥縫の説述をここに差し挟もうとも、やはり呉澄のこの用字は、儒教が定める規範を大幅に逸脱した君主に聖性を認めるものにほかならない。これはすなわち、当時の儒学界の中心人物がその読者たる儒家知識人社会に向けて、崇仏という「異端」行為、それも孔子の権威に抵触するかたちで造形された極度の「異端」行為においてさえ、元の皇帝は聖性を発揮する、と言明したことを意味する。

(二)「徳」の観念をめぐって

(1)　否定的要素

他氏の諸碑文が「徳」字を以てパクパを称揚しているのに対して、呉澄碑文が「撫州碑」(f)の「徳教」という語でこれを一回用いているのみであることは前記のとおりである。「徳教」の語は、たとえば林淳の碑文のなかでは「師の徳教」、すなわちパクパの教えである仏教、ないし徳性を備えたパクパの感化力を指す語として使用されていた。では呉澄が記した「徳教」も、これと同じく、目下の称揚対象であるパクパの仏教や徳化力を述べたものなのであろうか。

呉澄「撫州碑」(f)のブロックは、次のような構造をもっている。まず前半において、

聖上遠継世祖之志、近述仁考之事、以致奉先之孝。

天下臣子咸用丕欽、以尽奉上之敬。

と述べ、帝師殿事業を英宗の「孝」と臣民の「敬」によるものとして説明する。傍線部の対句によって、これら「孝」と「敬」という二つの概念が論点として明示されていることにも気づく。続く後半で問題の「徳教」が登場するが、この一文は次の三つの部分に分解しうる。

継自今、徳教所被、

一皆以孝心・敬心為之本、而声学・字学為之之、

使太平之治光輝烜赫于千万世、由此其基也。

まず「徳教の被う所」が文の主題として掲げられ、次に「孝心・敬心を以て之を本と為す」ことと、「声学・字学は之を之と為す」こととが対偶的に示される。前記のとおり「声学」の句の二字めの「之」は「之《もち》いる」の意であり、そのため成化本・四庫本ではいずれもここが「用」の字とされてもいる。(102) この「孝心・敬心」は前半で提示した英宗の「孝」と臣民の「敬」であり、「声学・字学」はパクパのそれであろう。前者が「本」とされ、後者が「之(用)」として少しく貶められている点にも注意される。そのうえで、これら「本」「之(用)」の力によって、太平の治が千万世に輝くと述べている。

このように碑文中の「徳教」は、たしかにパクパの文字の「之(用)」がおおきく関与するところの何らかの教えとして示されてはいるが、それとともに、あるいはより根源的な「本」たる意味において、祖宗に対する現君主の「孝」心、そしてこの「孝」たる君主を慕う自分たち臣民の「敬」心が関わるところの何ものかである。これが、はたしてパクパがもたらす仏教を指しているのであろうか。一般に、儒学の徒が仏教を退ける主要な理由の一つは、

出家という行為、すなわち「孝」が求める家系継承や祖先祭祀を放棄する行為にある。当時すでに中国仏教は漢民族の心性に沿って「孝」を尊重する立場への変化を見せていたはずではあるが、反仏教的な儒者にとって仏教が本性的に不「孝」の体系であることに変わりはあるまい。このように見れば、ここでの「徳教」、すなわち「孝」の心がその根本であると明確に特定されているところの「徳教」が、仏教を指しているとは考えにくい。

　ごく平明に読みとれば、「孝」「敬」とともに語られる「徳教」としては、たとえば『孝経』における「徳教」が想起されるだろう。そして事実、呉澄はその『孝経定本』のなかで、『孝経』（天子章第二）の「子曰く、親を愛する者は敢えて人を悪まず。親を敬う者は敢えて人を慢《あなど》らず。愛・敬　親に事うるに尽きて、而して徳教　百姓に加わり、四海に刑《のっと》る。蓋し天子の孝なり[103]」の部分を記したあと、これに注して、「『徳教加』と曰うは、被及するなり」「是れ、其の徳教の百姓に被及し」と、「徳教」に言及している。呉澄が「徳教」の語句を、儒教徳目たる「孝」「敬」の普及という論題のもとで用いた事例であり[104]、したがって「撫州碑」の「徳教」もまた同様の用例である可能性を示唆する材料である。なおかつ、この『孝経定本』で呉澄が「徳教」に「被及[105]」という動詞を用いていることも、「撫州碑」の「徳教」の動詞を「被」としていることと近似する。双方の「徳教」の類縁関係は濃厚と見てよいだろう。

　これらのことから考えて、「撫州碑」において呉澄が「徳教の被う所」と記したとき、それが、「孝」「敬」という儒教的な「徳」の教えやその教化力が世を広く被う、という内容を意味していたと解することに無理はない。少なくとも碑文の読み手である漢文系識字階層は、その教育の基礎にある儒学的素養ゆえに、おそらく一般にはこれを儒教の徳と読みとるはずである。こうした読み手を前提としていた呉澄碑文の「徳」字は、したがって、パクパやその教説に与えられたものではない。呉澄は、「聖」字の場合と同じく、「徳」字をチベット仏教僧に配当することもなかったと言える。

⑵　受容的要素

しかしこの「徳教」部分に関してより重要な点は、この叙述が崇儒的な方向をもつがゆえに、むしろパクパやチベット仏教を儒教的な観点から承認する結果を生んでいることである。ここで呉澄は、あくまでも「之《もち》いる」に値する声学・字学をもたらした存在というかぎりにおいてパクパを挙げているのではあるが、しかし同時に、これを「之いる」ことが光輝ある儒教的な「徳」の世界の確立におおきく関わった、とも叙述している。この構図を描いたとき呉澄は、パクパという異域の仏教僧、あるいはその文字開発の土台となった西土の仏教学が、みずからの理想とする儒教的世界の栄光に寄与したこと自体は認めるという決断をくだしていることになる。「徳」という概念をあえて持ち出し、これを儒教のそれへと誘導していく叙述の過程で、主題であるパクパと「徳」との接点を示さざるをえず、その結果、チベット仏教僧が儒教的な「徳」の達成に有効な役割をはたした、という論理を開拓することになっているわけである。

だが、なぜ呉澄はここで「徳」を持ち出したのであろうか。儒教一般において「徳」の概念の重要性は絶対的なものであるが、「尊徳性」がその思想体系の一つの鍵であった呉澄にとってはなおさら、(106)「徳」の語をどのように用いるかという点はきわめて深刻な選択の焦点でなくてはなるまい。またこの場合、とくに「徳」字を用いることなくこの仏僧顕彰碑文を構成する選択が、充分にありえたはずである。「聖」字は、呉澄も複数箇所使用しているように、皇帝に言及するこのたぐいの文書には不可欠であったものであろうが、「徳」字のほうは二篇中一箇所しか用いていないのであるから、彼にとってここで必ずしも不可欠であったわけではない。しかも、たとえそれを儒教的な意味において読ませるにせよ、帝師殿碑文のなかで言及する以上、みずから重んじてあまりある「徳」性とチベット仏教との何らかの接点は記述せざるをえないであろうことを、呉澄はあらかじめ見通したはずである。そのことを承知しながら、呉澄はなぜあえて「徳」の概念をこの碑文に用いる選択をしたのか。

「撫州碑」における「徳教」の「徳」字は、具体的には「孝」と「敬」という徳目を指示していた。注意すべきは、このうちの「孝」が、「世祖の志」と「仁考の事」を継承しようとする英宗の「奉先の孝」であると特定されている点である。「聖」の概念は、黄帝以下の君主一般のものとしても用いられていた。だが、「徳」が割り当てられているのはこのように英宗その人であって、他の君主ではない。つまりここで呉澄は、現皇帝である英宗を称揚するために、より直接的には英宗政権の帝師殿事業を肯定的に記すために、「徳」の概念を提出していることになる。

帝師殿事業は、パクパを孔子に対置させるための装置として仁宗代に発足し、英宗政権がこれを積極的に推進することによって全国展開を見たものであった。この英宗期の動向のなかで、いま呉澄も碑文の撰述に当たっているわけであるが、呉澄が、みずからの儒教的な立場を損なうことなくこの任を全うしようとした場合、帝師殿事業のこうした推移過程は、次のような話型においてこれに言及することを可能とする。すなわち、儒教祭祀に抵触するこの政策を発動したのは前代仁宗であり、あるいは遡ってパクパを寵遇した――もちろん「之（用）」ゆえに、である――世祖にその淵源があるのであって、英宗はあくまでも「孝」として「奉先」しているに過ぎない、とするものである。この話型を採ることによって呉澄の碑文は、仏僧顕彰文でありながら、現皇帝を「孝」という「徳」を具えた儒教的神聖君主として描きうることとなっている。また同時に、その「徳」を具えた君主への「敬」の発露と記述することによって、みずからをはじめ帝師殿事業に参加する人々の行為を、儒教的な文脈において正当化することも得ている。このように考えるならば、呉澄があえて「徳」の概念を帝師殿碑文に持ちこんだことは、彼にとって充分な理由も意義もある選択であったと理解しうる。

しかし彼のこの選択は、帝師殿事業と儒教的立場との調停を図ることと引き換えに、新来のチベット仏教やこれに対する現行征服政権の崇奉もまた望ましい世界の完成への一部たりうる、という命題を儒教の観念のなかで創造し、そしてみずからこれを認めることをも意味している。パクパその人への褒称については離隔的な撰述を貫徹した呉澄であったが、帝師殿事業という政策総体を顕彰する段階で、皇帝や自身を含む関係者がなぜこれに参加するかを儒教的論理において説明する必要が生じ、この部分において、ついにチベット仏教の存在を受容的に叙述する方針を採ったと言える。ひとたび碑文撰述を担った以上、この事業の正当性を何らかのかたちで示さざるをえず、そして彼にとって政権の正当な運動とは、儒教的世界の樹立へと向かうもの以外ではありえなかったからである。こうして呉澄は、チベット仏教を、そして政治権力によるその奉戴を、儒教的観念において是認しうるものと言明するに至った。

第六節　撫州路帝師殿

これまでの考察をとおして、征服政権である元が儒教の権威への対抗策として帝師殿事業を企図し、これに関与することになった他の書き手たちが孔子の絶対的権威を損なうかたちで帝師殿碑文を作成していったなか、名儒として広く影響力をもった呉澄が、周到な碑文撰述をおこなうことによって自身の崇儒の立場を堅持しえていることは判明した。また、なぜそのような発想と構成が呉澄において可能であったか、という点についても、彼の学識や過去における多彩な撰文経験などの点からおおむね理解することはできた。

しかし、それでもまだ疑問は残る。そもそもなぜ呉澄は、この碑文の撰述を引き受けたのか。たとえ、みずからがよくこの課題を切り抜ける成算があったにせよ、まずは碑文撰述そのものを回避することこそが、すでに声名の定まった儒者として穏当な道であることは疑いない。結局のところ、なぜ呉澄は帝師殿碑の、それも撫州路・南安路二箇所もの碑文の撰述を受託したのか。以下は、この最後の疑問をめぐる考察である。

（一）撫州路総管府およびそのダルガチ

撫州路の帝師殿は、路の総管府所在地である臨川に造営された（〈図Ⅰ〉）。崇仁の人である呉澄にとって、自身の路の帝師殿ということになる。しかしこの撫州路帝師殿の設置に関して我々に残されている材料は、他の帝師殿について同様に、さして豊富なものではない。だが呉澄がその「撫州碑」において、「宣武将軍撫州路達魯花赤臣閭閭、躬《みずか》ら是の役を董《ただ》し、地を……卜うに」と記すことから、「閭閭」なる撫州路ダルガチがその任に当たったことは分かる。

撫州路総管府のダルガチ在任者については、弘治十五年『撫州府志』（巻八、公署、職官題名、元、達魯花赤）が五名の名を伝えている。(107) ただし、そのなかに「閭閭」は見えない。とはいえこれら五名のダルガチはすべて至順年間以降に赴任した人物であることが判明するから、(108) 至治年間に閭閭という人物がダルガチであったこととは矛盾しない。よって帝師殿碑文を撰述した当時のダルガチが閭閭という人物であったとする呉澄の記述に、とくに問題はないだろう。しかし、ではこの閭閭がはたして元代史籍中にその存在が特定されている数人の「閭閭」のうちのいずれかの人物に相当するのか、それともまた別の個人であるのかとなると判然としない。于闐から出た「不花剌」一族の閭閭であるとの指摘もあるが、根拠が不明である。(109)

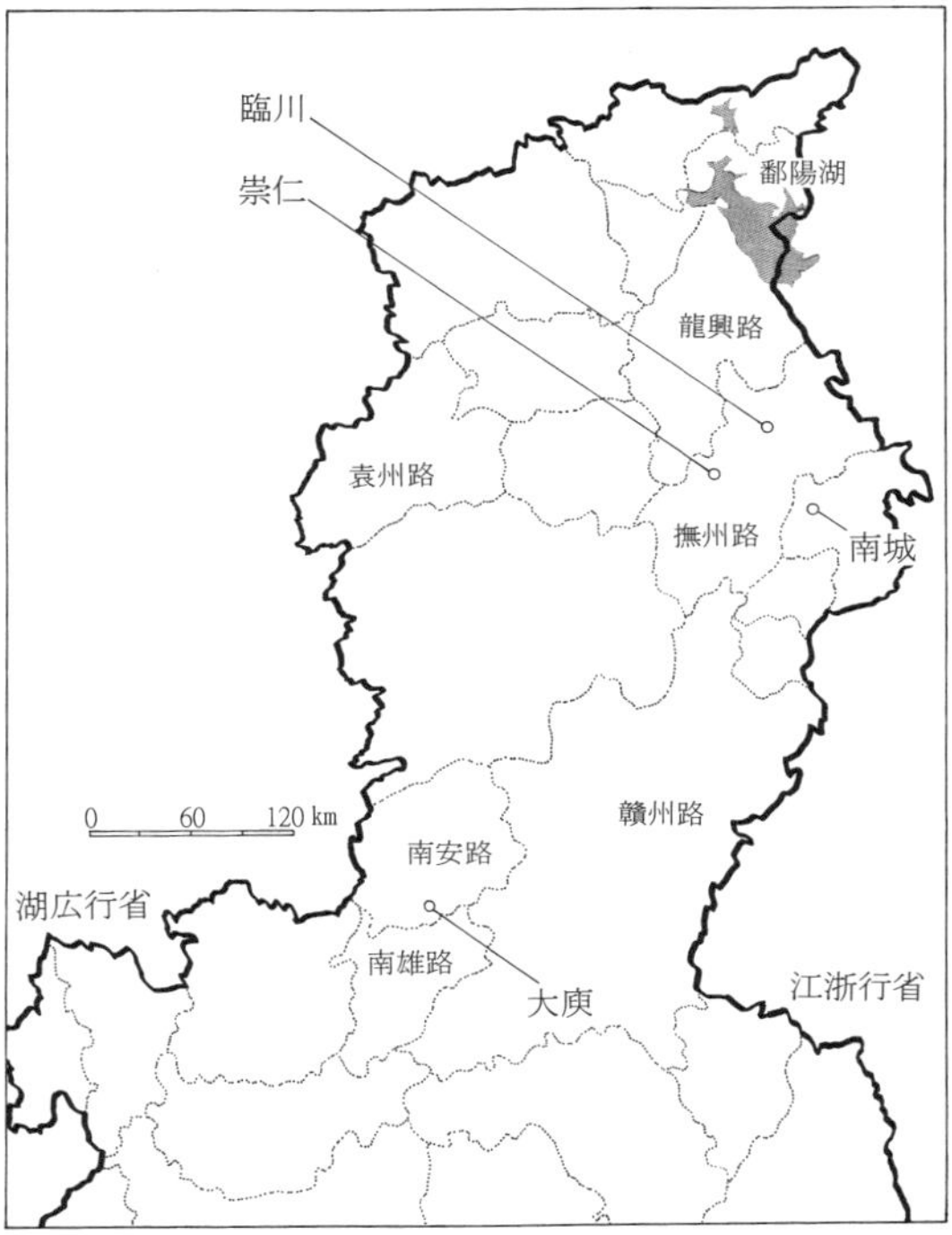

〈図Ⅰ〉江西行省　関連地図（至順元年（1330）当時）
（譚其驤主編［1982年、30-31頁］により作成）

だがこの閭閭に関しては、さいわい呉澄自身が他の記事において、いま一度だけ言及している。同じく臨川に建てられた僧院に寄せて「海雲精舎記」（『呉文正集』巻四九）を撰述し、そのなかで「郡牧闊闊公」として記しているものがこれである。記事によれば、この海雲精舎は文煥なる僧侶のために彼の二人の兄が大徳年間に造営したものと言う。「延祐乙卯」（延祐二年（一三一五））に文煥が死去したこと、そののち兄たちが後継の僧侶を招請して精舎をさらに拡充したこと、それに当たっては遊行の僧侶が滞在できるよう宿坊を併設し、美麗な僧堂・宝閣を整え、純金で荘厳した仏像を安置したことなどを呉澄は描いている。記事はさらに、これらの事業に寄進する他の富家のあったことを述べる。のみならず、ときの「郡牧」、すなわちダルガチの闊闊もまたこの事業に参画したものらしい。施設を増築していく過程で「又た近地を市《か》い、闢《ひら》きて之を拓く。則ち郡牧闊闊公の意を承くるなり」という一幕があった、と呉澄が記すからである。

このように撫州路ダルガチ闊闊は延祐二年以降のいずれかの時点で、臨川の地元素封家たちとともに、そのうちのある一族が私設した仏教施設の拡充事業に関わっている。このことから考えれば、彼は親仏教的な人物、あるいは少なくとも在地社会の仏教的な交流関係に関心をもつダルガチであったことになるだろう。彼の海雲精舎への関与と、至治年間における帝師殿設置とのいずれが先行していたかは分からない。また、帝師殿設置は闊闊にとって公務であったわけであるから、それぞれの行動の性質は同じではない。しかし撫州路の長たるこのダルガチが仏教に親和的な人物であり、なおかつその姿勢を在地社会に提示しようとする行動原理の持ち主であった点は動くまい。呉澄が「撫州碑」を撰述するに至った理由ないし圧力は、基本的にはここにあると見てよい。

さらに「海雲精舎記」には、呉澄にとってのこの圧力をより具体的に裏づける記述をも見いだすことができる。みずからも協賛した拡充事業によって海雲精舎がいよいよ活況を呈すると、闊闊は一連の盛事を文書に残そうと考えたようである。呉澄はこれを、

諸方の僧衆、二教の勝流、来往して過従すること殆ど虚日無く、転蔵して徼福すること縄縄として絶えず。施財施田は月に益し歳に増し、鍾魚の震揚して香積の芬飶たること幾ど十方大禅刹の風の若し。……郡牧、予に

文を徴《もと》めて精舎の始末を記さしめんとす。予惟《おも》えらく、二師の先後して相い資するに、其の善心の公溥にして其の願力の堅固なれば、書く可きこと有らんと。遂に辞せず。

と記す。ダルガチが呉澄に撰文を命じ、呉澄がこれを受けたことが分かる。その理由を呉澄は、僧院主たる漢民族僧侶二師の「善心」「願力」が筆記に値するものであったため、と述べてはいる。しかしその一方で、こうした仏教的な価値規範を自身のものとして称賛しているわけではない、と示唆する文章をこの僧院記念文書の冒頭に置くなどの配慮も怠っていない。(110) これによって読み手は、呉澄が二師の事績を称揚しようとみずから思いたって撰文したわけではないことを確実に読みとることになる。つまり呉澄の「海雲精舎記」撰述は、彼自身の発意によってではなく、管区のダルガチによる指令を契機としている。そして、それこそがこの仏教礼賛的な文書を自分が書いた理由であったことを、彼はごく明瞭に表現してもいるわけである。

他方、問題の「撫州碑」には、呉澄が撰文担当に至った理由は書かれていない。また、これら二つの文書のどちらが先行するかを決定することもできない。しかし「海雲精舎記」が記す闊闊と呉澄との関係がある以上、「撫州碑」撰文にもこれと同様にダルガチからの働きかけがあった、あるいはその総管府からの要請があったと見て間違いあるまい。

加えて次のような点も指摘しうる。呉澄は「南安碑」では現地関係官員の氏名・肩書をかなり盛りこんでいるが、「撫州碑」においては、現地官員についてほとんど言及していない。ところが、ただひとり闊闊に関してのみは、その職位と名を明確に記している。これはダルガチ闊闊の治績証明を残そうとする意図の結果であろうから、ダルガチまたは総管府からの撰文嘱託があったことをうかがわせるものである。しかも呉澄は「撫州碑」では彼を「宣武将軍撫州路達魯花赤臣闊闊」と記している。これに対して「海雲精舎記」では二ヶ所にわたって「郡牧」と記すから、「撫州碑」はより公的な様式を採っていると言える。帝師殿設置が全国一律の公的事業であったことに対応するものであり、これもまたこの人物のダルガチとしての治績を明記しようとしたことの結果である。

これらのことから見て、呉澄の「撫州碑」撰文は家郷崇仁県を管轄する路の長官ないしその政庁からの働きかけによるものであったと考えて誤りあるまい。そして「海雲精舎記」といういま一点の崇仏文書作成の要請を受託していることから推して、帝師殿碑文撰述の担当もまた呉澄にとって不可避的な選択であったということになろう。ましてやこれが勅建祭祀殿に奉じられる碑文である以上、その応諾はより必然性の高いものであったと考えねばなるまい。

（二）立地――過去の撫州名宦とその碑文

では、その撫州路帝師殿はどのような場所に設けられたのか。「撫州碑」において呉澄は、閭閻が「宝応寺の左、広寿寺の右、高明爽塏にして宏敞行迤《ママ》」の地を選んだと記している。そこで現存する関連地方志にあたると、そのうちの数点が南宋景定年間（元の中統元年（一二六〇）―至元元年（一二六四））の撫州の旧図と称する図版を収録しており、そこでは「宝応寺」「広寿寺」の二寺が隣接して示されていることを見いだす（〈図Ⅱ〉[111]）。仏教界の頂点に位置づけられた帝師を祀るための用地として、仏寺と仏寺のあいだの土地というこの選択はまず順当なものである。また、比較的古い弘治『撫州府志』において両寺院は重く扱われているから[112]、元代において両者ともおそらく主要な仏寺であったことも推測しうる。あるいは〈図Ⅱ〉に見るように、ここは香楠（南）山の傍らに位置していたようであり、なるほど呉澄の言うように「高明爽塏」でもあったかも知れない。また城市のほぼなかほどに当たるこの場所は、たとえば臨川県儒学が城の南端の青雲峯山麓に置かれたことに比較して、より恵まれた条件の立地と意識された[113]ものでもあろう。しかしこの用地選択は、はたしてこれらの理由のみによったものなのであろうか。

いま宝応寺に関する文書をたどると、撫州ゆかりの一人の人物にゆきあたる。唐の顔真卿である。『顔魯公文集』には、彼が宝応寺に関連して撰述した二点の記事が残されている。一点めは「撫州宝応寺翻経台記」（『顔魯公文集』（四部備要所収拠三長物斎叢書本排印）巻五。以下「宝応寺翻経台記」と略記）と題され、「大暦己酉歳（大暦四年

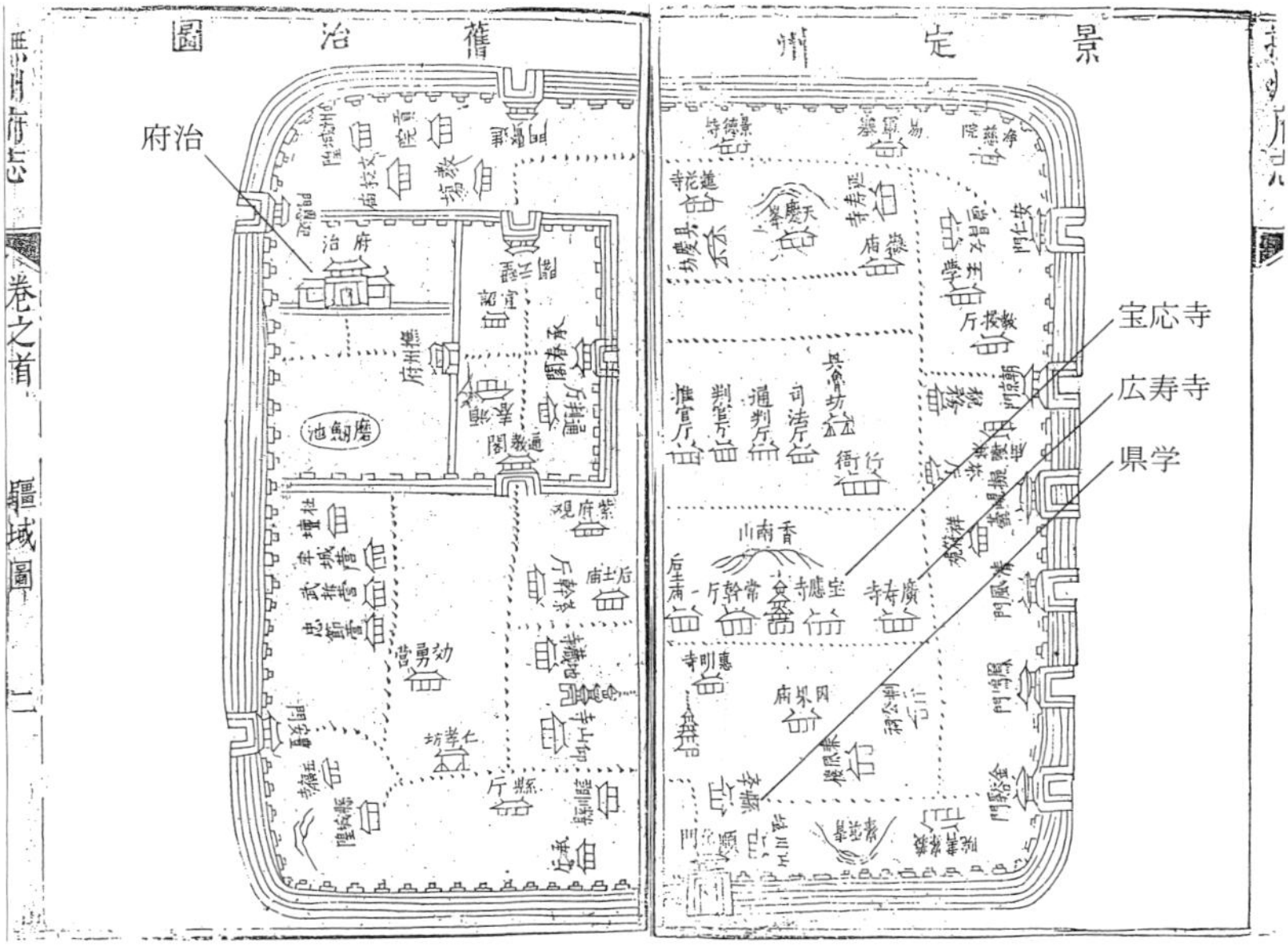

〈図Ⅱ〉康熙４年『撫州府志』巻之首　疆域図
（国家図書館分館編　清代孤本方志選、線装書局、2001 年、134-135 頁）

（七六九））」に記されたものである。二点めは「大暦辛亥歳（大暦六年）」に書かれた「撫州宝応寺律蔵院戒壇記」（『同前』巻五。以下「宝応寺戒壇記」と略記）である。顔真卿は大暦三年から六年まで撫州刺史として在任している(114)から、二文書はこの間に執筆されたものということになる。

呉澄・閻閻の当時も、これら二点の碑文の存在は撫州臨川において充分に認識されていたはずである。もちろん、『臨川集』など初期の顔真卿詩文集は早くに散逸し、そののち北宋半ばの沈氏纂修十五巻本など数種の文集が編纂されたものの、いずれもごく稀見の書であり、ようやく普及本が出現するのは清代半ばであるとされる。(115) したがって元代撫州の人々にとっても文集に収録されたものとして顔真卿の宝応寺文書を知る機会は稀であったに違いない。だが、「宝応寺翻経台記」「宝応寺戒壇記」は、いずれも明代・清代の地方志にしばしば採録され、(116) 宝応寺翻経台遺址に遊んだ清人たちが顔真卿の碑文のことを詩に詠みこんでもいる。[117] 翻刻や拓本など何らかのかたちで、この寺の顔碑の存在と内容が当地において知られていたことが分かる。また嘉靖代初期までの宝応寺には「翻経台」と刻んだ石碑もあったようであり、[118] その嘉靖期に寺そのものが廃されたのちも、[119] 宝応寺とその翻経台については地方志において言及されつづける。[120] これらのことから見て、元代の臨川にあっても、宝応寺が顔真卿ゆかりの寺であったことはよく知られていたと考えてよいだろう。そうであるとすれば、総管府の官員、とくに漢民族官員がこのことを意識する機会は少なくなかったはずである。また、民間の崇仏事業を援助するほどに親仏教的な姿勢をとるダルガチに対して、仏教関係者からこれらのことが伝えられていたなどのこともありえなくはあるまい。あるいは、どんなに遅くともこの寺の隣接地を帝師殿用地として選択する過程で、宝応寺の名を高からしめていたこれらの情報を総管府は把握したに違いない。

なおかつ臨川では、宋の至和年間に「顔魯公祠」が創建され、のち明の嘉靖年間まで重建されつづけていた。[121]『資治通鑑』節略本などの影響によって宋・元代には忠臣としての顔真卿の評価が高まり、顔魯公祠も各地に創建されたが、なかでも臨川をはじめとする江西での設置数はきわめて多いとされる。[122] 元代の臨川において顔真卿に対する関心は高かったと見なければならない。

また顔真卿は崇仁に関わる碑文も撰述しており、[123] その存在がながく伝えられていたことが地方志や金石録からうかがわれる。[124] したがって崇仁に生まれた呉澄としては、撫州一帯で顔真卿が残した文書に無関心ではいられなかったはずである。実際のところ呉澄は、撫州刺史時代の顔真卿が記した南城の「麻姑壇碑」、いわゆる「麻姑仙壇記」[125] について、これが破損したため趙孟頫の書によって重刻されたとの跋文を残している（『呉文正集』巻六二、跋趙子昂書麻姑壇碑）。この碑記で呉澄が展開した書論が顔書の鑑賞における主要な潮流の端緒とされるほどであるから、[126] 顔真卿に対する呉澄の関心はやはり浅からぬものであったと考えねばならない。帝師殿碑に「宝応寺之左」の文字を記そうとするとき、ここにまつわる顔真卿碑文の存在を呉澄が承知していた可能性も低くないだろう。

顔真卿の宝応寺二碑文のうち、とくに「宝応寺翻経台記」は、その内容の点でも我々がここで着目すべき要素をもっている。顔真卿がこのなかで描くのは、かの謝霊運が臨川内史であった時期に当地で涅槃経を翻訳した顛末である。周知のとおり、謝霊運は誣告にあってこの地方官職におとされ、そのおりに大涅槃経の翻訳に参加した。その場所がほかならぬ宝応寺に当たる。この故事を、同じく左遷のうちに撫州刺史として赴任していた顔真卿が回顧しているのであって、いずれも激しいものであった彼ら二人の経歴がこの場所を背景に二重映しとなっていることが了解される。後代の撫州在任官僚にとって、宝応寺は往時の著名な前任者たちの記憶を付帯した存在であったことになる。元代のダルガチとその総管府にとっても、この価値は低くあるまい。

なおかつ「宝応寺翻経台記」の内容は、対象を称揚するうえでの方向性においても、撫州路総管府の帝師殿事業にとって有意味なものである。顔真卿は、謝霊運たちの涅槃経新訳を「義理昭暢にして質文相い宣《とお》る。歴代之を宝とし、天下に盛行す」と礼賛する。一方の呉澄は「撫州碑」において、パクパの国字制作によって「同文」の世が招来され、「太平の治」の「光輝」が「千万世に烜赫」たる盛世が出現した、と述べることとなる。顔真卿と呉澄のいずれもが、その顕彰対象を、異種言語の間をつなぐ文化事業によって後代に貢献した人物として褒賞しているわけである。宝応寺に既存した顔真卿の碑文は、呉澄に期待されたところの碑文の内容に通ずる要素をもつものであったと言える。

他方、帝師殿の東側に隣接していた広寿寺もまた、撫州に在任した過去の名臣とゆかりの仏寺であった。しかもこちらは時代が近い。南宋の陸游が提挙江南西路常平茶塩公事として撫州に在任していた淳熙七年（一一八〇）、「広寿禅院」の寺僧「守璞」に依頼されて碑記を撰述しており、これが「撫州広寿禅院経蔵記」として彼の『渭南文集』（巻一八、記）に残されている。それによれば、広寿寺では守璞が中心となって新たに経蔵を建造し、その完成を祝って陸游に撰文を依頼したと言う。「璞、乃ち石を礱《みが》きて予に記を為《つく》らんことを乞う」とあるから、実際に刻石されたものであろう。嘉靖三十三年『撫州府志』（巻一六、人道志、芸文録、方外）・康熙十九年『臨川県志』（巻二八、仙釈附寺観碑記)・康熙五十九年『西江志』(巻一五六、芸文、記、宋)・同治九年『臨川県志』(巻一一、地理志、古蹟)も同碑記を載せるが、これら地方志所載のものは文集所収のそれには存在しない句や異なる文字を共通して含んでおり、碑石からの採録に由来する文書系統が別にあることを示しているかも知れない。いずれにせよ元代において新設帝師殿の一方の側に隣接する広寿寺には、詩人として広く知られ、なおかつ当地の水災に際して義倉備蓄の放出を上奏した(127)宋代名宦の痕跡があったことになる。

陸游は南宋期の、つまりは彼ら士大夫に反仏教的な観念が一般化した時期の人物でありながら、この広寿寺碑文を崇仏的内容でまとめあげている。むしろ、「士大夫」が権力に依存し、公的資金と時間を消耗しながら「事功、昭らかならず」であることを批判的に述べ、これに対して守璞たち仏教僧が人々の尊敬と奉仕を受けつつ経蔵建立という「甚だ難」な「挙事」を精力的に推進し、「期歳の間に此の奇偉壮麗にして百年累世の迹を成し」たことを讃える。在地社会における崇仏的施設の建立を、士大夫の筆によって称賛しようとする性格が顕著な文書と言えるだろう。陸游は、当然のことながら依頼者の意向に沿うかたちで広寿寺の碑文を構成しているわけである。

ひるがえって、では呉澄の帝師殿碑文に何が求められたかを考えるとき、それが基本的に陸游のこの広寿寺文書と同種の性質と機能を担うべきものであったことに気づく。すなわち、撫州臨川における崇仏的施設の創建とそれに寄せられた人々の賛意と協力を、そしてそれが永遠に放つであろう光栄を、仏教界内部からではなく、より公準的・客観的な言説として儒家系の知識人に表明させる、という性能である。事実、呉澄の「撫州碑」はこの役割に応える内容をもって撰述されることになる。「工役重大なるも民は其の労を病まず、官は其の費を病まず。……是れ以て期歳ならずして告成す。崇侈壮麗の観を極め、伝えて永久に示すべし」として、撫州における帝師殿建立事業を称賛する部分がこれである。

以上のように、宝応寺・広寿寺ともに過去の高名な撫州在任官僚たちの足跡という条件を備えていた。したがって帝師殿を宝応寺・広寿寺間に設置することは、総管府にとって、おおいに注力すべき事業であったに違いない。

謝霊運・顔真卿・陸游という顔ぶれに当代ダルガチの存在を連ねることは、政治的効果の薄いものではない。しかもこれらの人物に関わって両寺に伝えられていた文書は、ただ崇仏的であるのみならず、異なる言語をつないだ人物の業績や、仏教施設建立のため撫州の人々が尽力した顛末を顕彰していた。このたび作成されるべき帝師殿碑文が、多言語対応型の文字を制作したパクパを讃え、帝師殿建立に邁進する撫州官民の奮闘を讃えるものとなる以上、先行する文書のこうした性格もまた意味のないことではない。これらのことを総合すれば、「宝応寺の左、広寿寺の右」に帝師殿を建て、そのための碑文を作成させることは、その設置者に充分な意義を見積もらせうる企画であったと言える。

事業全体がこのような骨格をもっていたとすれば、何ものに碑記を担当させるかという人選もまた、単に路内の文人のいずれかに委ねるという以上の必然性を帯びざるをえない。顔真卿の謝霊運顕彰文書に続くものが今回のパクパ顕彰文に求められているとなれば、その書き手にはそれに相応する人物が充てられねばならない。なおかつその撰者は、いわゆる「范・陸」の一方として名を馳せた前代の文人に劣らぬ存在である必要もある。これらの条件のもとで白羽の矢を立てられた呉澄が、たとえばこの任務を回避することは、およそ現実的ではなかったと言わねばなるまい。

（三）撫州路帝師殿の終焉

ここまで我々は、呉澄の「宝応寺の左、広寿寺の右」という一言のみによって撫州における帝師殿の立地を考えてきた。しかし、ここに帝師殿が存在したことを証するものは、実はこの呉澄の記載のみではない。だがこの別種の史料を扱う前に、撫州路帝師殿の終幕をわずかに伝える次の一文を見ておく必要がある。

　永豊倉。宝応寺の左に在り。皇明丙午（至正二十六年（一三六六））、指揮金大旺、帝師殿を撤して之を為る。存留の米を貯う。（弘治『撫州府志』巻七、公署、府治）

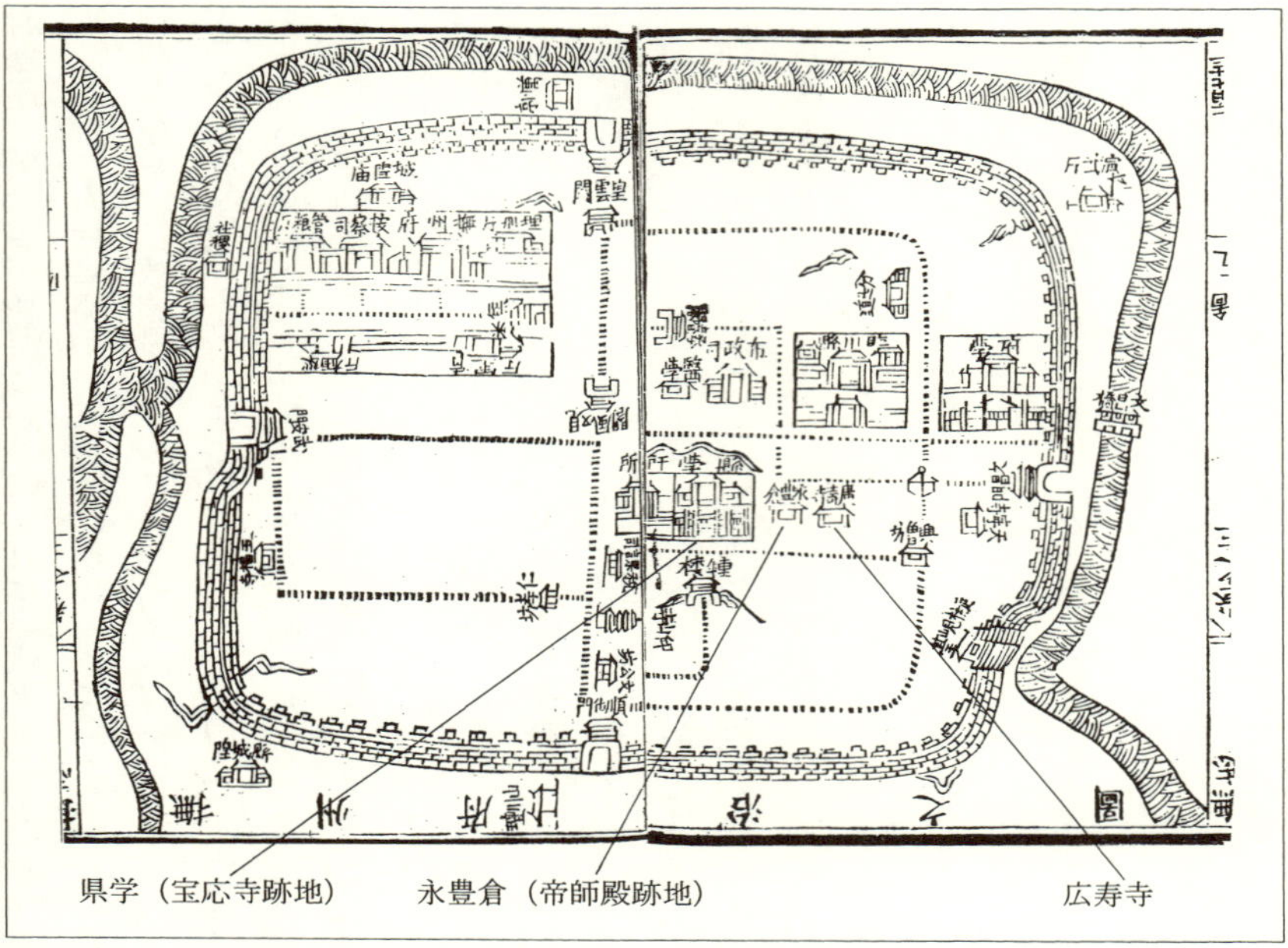

〈図Ⅲ〉嘉靖 33 年『撫州府志』巻三　地理志　撫州府治之図
（中国方志叢書、華中地方　第 925 号、成文出版社、1989 年、108-109 頁）

これによって、撫州の帝師殿が至正年間末期には朱元璋勢力によって撤去されたことが判明する。「指揮金大旺」は、これに先だつ至正二十四年（一三六四）に撫州の儒学を営繕している[128]。朱元璋集団の崇儒的な配慮に則った行動をとる人物であったわけであり、帝師殿の取り壊しがこの儒教的行動原理の持ち主の手でおこなわれたことには留意してよい。

金大旺が帝師殿跡地に造ったという永豊倉の位置を、嘉靖『撫州府志』所載の〈図Ⅲ〉（〈図Ⅱ〉に合わせるため天地逆転して示す）に見てみよう。ここには永豊倉と広寿寺とが隣接して記されている。またこの時期すでに宝応寺は廃されて臨川県学となっている[129]のであるが、これが逆側で永豊倉に隣接している。よって確かに元代の帝師殿が広寿寺・宝応寺の間に位置していたことが了解される。

元末に設置されたこの永豊倉は、その歴

代「大使・副使」の名が嘉靖期の記録に残るように[130]、明の撫州府治の一部となる官署である。したがって撫州路帝師殿の終末は、たまたま戦乱のなかでこれが打ち壊され、跡地が倉庫に転用された、といった偶発的なものではない。政権奪取の途上にある勢力の一つが、元の施設を撤去し、きたるべき新政権の官衙を設置しようとした意図的な動きであり、のちにつながる政治的一階梯であったと見るべきである。他方、たとえば撫州の府治は唐・宋代から明代まで位置を変えていないとされるから[131]、その間の元代の路の総管府も、おそらく〈図Ⅱ〉〈図Ⅲ〉に見る位置にあったと考えられる。また明代の臨川県治は明らかに元代県治と同じ位置に置かれている[132]。つまり元の公的施設がおしなべて撤去されたわけではなく、他の政権交代時においてもしばしばそうであったように、明も継承しうるものは継承したわけである。したがって、これらの一方において帝師殿が早々に破毀されたことには、やはりそこに明瞭な意識が介在していなければならないことになる。

もはやこの祭祀施設は、存在の余地がない――。この判然たる意識のもとに、全国に置かれていた帝師殿は着実に破壊されていったはずである。南面していたパクパ像、そして従祀されていたタムパらの列像も、これと同時にすべて砕かれ、塵芥と化したろう。この意味において帝師殿は、元の崩壊に際して必ずやすみやかに払拭されねばならないほどに、中国在地社会にあって元という政権それ自体と直結した存在であったと考えねばならない。このことはまた、それぞれの帝師殿の終焉こそが、各地域において元の支配の終焉を告げる最も端的なできごとの一つであったことを示唆する。

第七節　南安路帝師殿

（一）南安路における蒙古字学と帝師殿

南安路の帝師殿は、その総管府治所である大庾に設けられた（〈図Ⅰ〉）。しかしこの帝師殿に関しては、撫州路帝師殿の場合よりもさらに伝わるところが少ない。ありていに言えば、この施設のことを直接に伝えるものは当の呉澄碑文のほかにはない。

呉澄が「南安碑」でこの帝師殿について記している内容を整理しておこう。まず、これを設置した南安路のダルガチは「中順大夫南安路総管府達魯花赤臣常山」である。彼は「躬ら其の事を董し、吉地を郡の東に得」るや、「良材を購い、良工を集め」て「棟宇崇峻、規模宏敞」たる帝師殿を建造した。「是に先だち」、「南安守臣」たちは「蒙古字生徒を教養せんと」、「其の学舎を一新」していた。いまいよいよ「是に及んで帝師殿」が「成」ったわけであるが、これこそは南安路の「中大夫総管臣張昉・同知総管府事臣某・判官臣饒某……」たち一同が「同寅恊恭せざる莫く、以て尊君敬上の誠を竭《つ》くし」た成果にほかならない。

この呉澄の記述からわずかに判明するのは、ダルガチ常山・総管張昉の時期の南安路総管府が、まず蒙古字学の新たな学舎を建て、続いて帝師殿を創建した、という経緯である。いずれの修建についても年次は一切記されない。また、これら二施設の位置関係も不明である。

このうち蒙古字学の修築年次と場所については、嘉靖十五年『南安府志』（巻一五、建置志）に見える次の記事が材料となる。

大庾県。旧くは府城外東南一里に在り。宋の県治なり。……元の至大三年（一三一〇）、城内郡治の東、古《いにしえ》の軍院に徙す。至治壬戌（至治二年（一三二二））、郡長常山、故県の基を以て蒙古学を創立す。至元二年（一三三六）、県尹蒋本敬、新県治の称《よ》からざるに因りて、乃ち之を重修す（割注、略）。其の後、蒙古学廃せらる。国朝洪武三年（一三七〇）、知県張宗明、廃学の旧基に県治を復古す。創建するに宋制と同じくす。百余年、時を以て修葺すれば、宏壮たること故の如し。弘治十年丁巳（一四九七）、知県李芳の地方多警なるを以て防守に難きとするに、知府毛智、始めて城内府治の東に遷入せんことを議す。

蒙古字学が「創立」されたというこの記述と、何らかのかたちで既存していたらしい蒙古字学の学舎が「一新」されたという呉澄の記述とのあいだに齟齬がなくはないが、至治二年に[133]「常山」が蒙古字学の施設を新造したという点は動くまい。したがって常山によって南安路帝師殿が建造されたのは、おそらくこの至治二年以降のいずれかの時点ということになる。これは、英宗政権がその発足直後に全国各郡に対して帝師殿建造を命じたこととおおむね整合する。また呉澄による「南安碑」執筆は、前述のとおり、そこに呉澄が記す自身の肩書によって至治三年（一三二三）正月以前のことと見られるから、南安の帝師殿はこの時点までに建てられていなければならない。この年次は、嘉靖『南安府志』（巻三）所載の南安路総管府秩官表から推測される常山後任のダルガチたちの在任状況[134]とも矛盾しない。以上の諸点によって、南安路帝師殿は至治二年から至治三年正月までのあいだに建造されたと考えうることとなる。

　次に、この嘉靖『南安府志』記事が伝える蒙古字学の位置について検討してみよう。と言うのも、現在のところ蒙古字学と帝師殿とは、ちょうど各地の儒学と孔子廟とがそうであったように、実質的に一体化した施設であったのではないかと見られているからである[135]。そうであるとすれば南安においても、蒙古字学に近接するかたちで帝師殿が建造された可能性は低くない。

　前掲のとおり、嘉靖志記事は蒙古字学が大庾県の「宋の県治」の跡に建てられたこと、それが「府城外東南一里」の場所であることを述べている。ではこの宋代県治の跡地とは、より具体的に南安のどのあたりにあったのか。同じく嘉靖志の言うように、洪武三年からほぼ百年間は宋代の場所に県治が戻されていたのであるから、その位置は容易に特定できそうであるが、意外にも材料は少ない。わずかに手がかりとなるのは次の記事である。

　　県署。初め、立つるに横浦の東に在り。城郭無く、廨を環《めぐ》らして以て垣とす。堂有り、亭有り。宋の靖康丙午（靖康元年（一一二六））に燬《や》けたり。紹興庚子（紹興十年（一一四〇））、知県梁岳、重建す。元の至大の間、城内郡治の東、古の軍院に徙す。故址を以て蒙古学を為る。（乾隆十三年『大庾県志』巻五、建置志、公署）[136]

宋代の大庾県治の位置が「横浦の東」であったと述べられている。時間の開きがある史料ではあるが、当地の県志

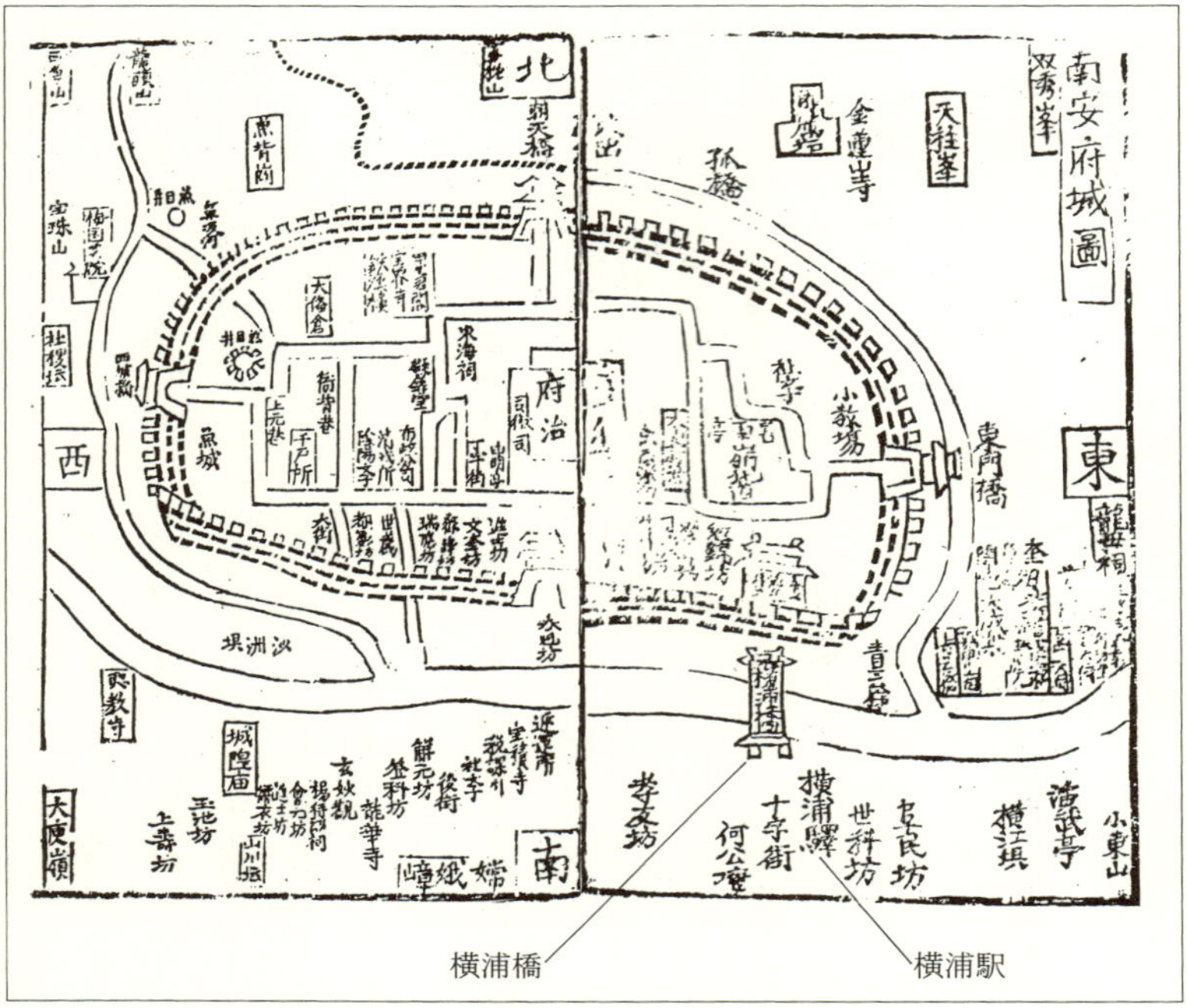

〈図Ⅳ〉嘉靖『南安府志』輿地図　南安府城図
（天一閣蔵明代方志選刊続編 50、上海書店、1990 年、22-23 頁）

が提供する情報でもある。ひとまずこれに従ってみよう。

「横浦」の地名は「横浦橋」または「横浦駅」として明・清代の地方志に散見し、ときにこれらの疆域図にも記入される。たとえば嘉靖『南安府志』輿地図には、〈図Ⅳ〉のように記されている。ごく素朴な図であり、またこの図の城壁線は元至治年間のそれとは異なるの[137]ではあるが、横浦橋・横浦駅ともにおおむね南安城市の中心部から見て「東南」方面に位置するとは言えるだろう。康熙四十九年『南安府志』は、「郡境図」「郡治図」と題して、この嘉靖志の図と同種のものをより実体を感じさせる様式で示しており、これら二点の図のなかでも横浦橋・横浦駅の位置は基本的に嘉靖志所載の〈図Ⅳ〉と一致する。宋代県治の位置を「横浦の東」と明記する乾隆『大庾県志』自身も、巻之首「庾邑全図」において「横浦橋」を描いており、これと城市中心との位置関係も嘉靖志・康熙四十九年志とほぼ同様である。また、「横浦橋」は「元延祐」年間に築造されたと伝えられており、(138) これを受けて至治年間に蒙古字学新学舎が横浦の周辺に設けられたと考えれば、一連の流れとして理解しうる。これらの点から見て蒙古字学の立地については、南安の東南域、章江に面する「横浦」周辺に位置した宋代大庾県治の跡地、という場所を一つの候補として挙げうることになる。

かりに蒙古字学がこの土地に設置されたとすれば、南安路帝師殿もまたこの近辺にあったとの推測が成り立つ。この結果は、呉澄が帝師殿の位置を「郡の東」(139) と記すこととかけ離れたものではない。呉澄が南安路帝師殿を実見した形跡はないが、わざわざ「郡の東」と筆記するからには、この帝師殿についてある程度具体的な情報を得ていたに違いない。これらのことを総合すれば、南安路帝師殿が蒙古字学と近接して横浦のあたりに建造されたと考えることにさほどの無理はあるまい。

この帝師殿がどの時点まで存続したかは分からない。蒙古字学のほうも、どの段階で撤去されたものか判然としない。前掲嘉靖『南安府志』記事に「其の後、蒙古学廃せらる。国朝洪武三年、知県張宗明……」とあるから、蒙古字学が洪武三年以前に廃されたことまでは判る。しかしそれがいつであるかについては触れられていない。他方、万暦三十七年『南安府志』（巻一〇、建置志、大庾県治）は、この部分を「国朝洪武、蒙古学廃せらる。三年、知県張宗明……」と記す。これにしたがえば蒙古字学は洪武元年または洪武二年に廃されたことになるが、あるいはこの記述は嘉靖志の「国朝洪武」の部分を安易に移動した結果に過ぎないのかも知れず、にわかに信じることはできない。結局のところ南安路蒙古字学の終末については、どんなに遅くとも洪武三年よりも前に廃された、ということが言えるにとどまる。帝師殿も、おそらくは同時期までには撤去されたものであろう。撫州路帝師殿と同様、この南安の帝師殿もまた、元の支配の終焉によって即時的にその役割を終えたはずであるからである。

（二）儒家知識人たちの人脈と帝師殿

では呉澄はなぜ、この南安路帝師殿の碑文撰述を請け負ったのであろうか。崇仁を管轄する撫州の帝師殿碑文を担当することは必ずしも理解しにくいものではない。まして先に見たような背景があるならば、むしろ当然の対応であろう。しかし南安大庾は崇仁から直線距離にして約三〇〇キロ、そればかりか南安路は撫州路と隣接さえしていない。この地の帝師殿と呉澄を結びつけたものは何であったのか。

この問いに沿って呉澄撰文の背景をたどると、そこに元の帝師殿事業が担った政策的意義、あるいはそれが結果としてはたすことになった政治的機能が浮上する。これまで見てきたように、帝師殿は孔子廟に比肩しうるものとして立案され、全国各地に設置された。近年の研究が、帝師殿は孔子廟への対抗的施策であり、チベット仏教の祭祀を漢民族知識階層が奉ずる儒教祭祀に対置しようとする征服政権の統治策であったのではないか、と解釈しつつあることは、したがっておそらく妥当な方向である。そしていま呉澄による南安路の帝師殿碑銘撰文という不可解な事態の背後にもまた、帝師殿事業に見いだされつつあるこの対儒教的な性格を看取しうるようなのである。

まず呉澄自身が「南安碑」のなかで、みずからの撰文担当の経緯に関して比較的明確な回答を用意している。

中順大夫南安路総管府達魯花赤臣常山……其の属県儒学の臣陳幼実を遣わして臨川に走らしめ、前集賢直学士奉議大夫臣呉澄をして其の碑を文《かざ》らしめんとす。守臣の欽む所の者は上旨なり。老病退閑の小臣と雖も、何ぞ敢えて固陋を以て辞せんや。

とあるものがこれである。南安属県の儒学官員であった「陳幼実」なる人物がダルガチ常山によって派遣されてみずからのもとに至り、碑文撰述を依頼したことを記している。(140)

ではこの陳幼実とは、何ものであったのか。『呉文正集』をたどると、呉澄が「陳幼実思誠字説」（『呉文正集』巻八）と題する文書を残していることを見いだす。それによれば呉澄はこの人物に「思誠」の字を与えており、その趣意を文書中で説いている。呉澄にはまた「陳幼徳思敬字説」（『同前』巻一〇）の一文もあり、そこでは「陳幼徳」に「思敬」の字を与えたことが見える。「幼実」「幼徳」という名、「思誠」「思敬」の字から見て、彼らは同じ陳氏に属する同排行の者たちであろう。「陳幼徳思敬字説」では、幼徳を「里中」の学徒と述べているから、陳幼実も呉澄にとって同郷の知己であったことになる。実際、後述する文書（「南安路儒学大成楽記」）において呉澄は「我が里の陳幼実」と記している。幼実・幼徳の二人が揃って呉澄から字を拝し、それぞれ字辞も贈られていることから見て、呉澄とこの一族とのあいだに、かねてよりの交際のあったことが推測される。(141)

呉澄は「陳幼実思誠字説」において、「幼実の資、篤実にして学を已《や》めず」と、この名付け子の好学ぶりを述べる。もちろん呉澄が言う「学」とは儒学にほかならない。同文のなかでも、「誠」とはすなわち「仁」「義」「礼」「智」たることであると説いており、儒学的な色彩を鮮明に示している。「南安碑」においてはさらに明確に、幼実を「儒学の臣」と表記する。呉澄の陳幼実に対する厚誼が、単に近隣の子弟に対する好意というのみではなく、同じく儒学を志す後学に対するそれであったことがうかがわれる。陳幼実も、たとえば『宋元学案』に採られるような儒者ではなかったにせよ、地方の儒学学官の地位に就きうるほどの学徒ではあったわけであり、呉澄の嘱望によく応えていたと言えるだろう。この人物が、至治年間に帝師殿事業が全国展開されるなか、仏教を「異端」と記してはばからない呉澄にその仏教を顕彰する碑文を依頼するため、接触を試みることとなる。陳幼実が「走」りきたって家郷の碩学に懇請し、そして呉澄はこれを受けることとした。

さらにここで注目されるのは、呉澄・陳幼実の接触によって生み出された文書が「南安路帝師殿碑」のみではなかったことである。いま一点、「南安路儒学大成楽記」（以下「南安路大成楽記」と略記）と題された文書が、(142)南安在任中の陳幼実に請託されて呉澄が撰述したものとして『呉文正集』（巻三六）に残されている。題名からもうかがわれるように、これは南安路孔子廟における典礼盛行を讃え、その功労者を顕彰するための文書である。つまり呉澄・陳幼実の二人は、ともに南安路の孔子廟顕彰文に携わり、なおかつともに南安路の帝師殿顕彰文にも携わっていた。

呉澄は「南安路大成楽記」を次のように起筆する。

天子の其の民を分治するに与らしむる所の者は侯牧なり。封建の郡県と為るも、郡太守は実に古の侯牧の任に当たる。……牧民の守の必ず士学を崇ぶこと、則ち漢由り今に至るを以て未だ之れ改むること有らざるなり。……古の学を建つる者は必ず先聖先師に釈奠し、春秋の入学に亦た皆な釈奠す。本を忘れざるを示すなり。吾が夫子は万世儒教の宗たれば、歴代尊び事え、時に随いて挙ぐ。……唐・宋・金の礼、蓋し相い襲いて甚しくは異なる無し。国朝既に天下を得るに、郡県の儒学は悉く旧の如し。世祖皇帝の京師首善の地に国子監を肇創して春秋の釈奠を学ばしめ、前代の楽を以て事を行わしむるに、列郡遵《したが》いて之を行う。

中国において地方官たちが一貫して儒教典礼を重んじ、それぞれの赴任地に儀礼施設を整えてきたこと、元もまたこの伝統を遵守してきたことを述べ、「先聖先師」の権威を称揚し、孔子が「万世儒教の宗」たることを高らかに謳いあげている。

つづいて呉澄は本題である南安の儒教典礼に話題をしぼる。ここで、重要な役割をはたす人物として「中大夫」の「張侯昉」が登場する。これは一方の「南安路帝師殿碑」が「是に及んで帝師殿成り、中大夫総管臣張昉……」と記して帝師殿創建の功労者の一人に挙げるところの張昉その人である。「南安路大成楽記」ではこの張昉が、

南安は(143)江西の上游に居る。中大夫東平張侯昉の来守せるに、恍然として夫子廟の楽の未だ備わらざるを以て慯《うれ》いと為し、乃ち楽を興さんことを議す。教官に命じて楽器を廬陵に制せしめ、学職に命じて磬石を真陽に取らしむ。簨・簴・鍾・磬・琴・瑟・管・簫・笙・塤・柷・敔の属、工且つ良ならざる靡《な》し。其の事を能くする者を延致し、之を師と為して教習せしむ。楽器の至るや、躬ら郊に出でて迎う。楽事の肄《なら》わるるや、時に学に入りて視る。必恭必虔にして或いは懈惰あらず。其の礼楽を敦くするは聖師を尊ぶの所以にして、其の聖師を尊ぶは士学を励ますの所以なり。其の士学を励ますは善教を成すの所以にして、善政の本と為すなり。

として、南安に赴任するや孔子廟の不備を嘆き、その典礼の興起に動いた人物として登場する。楽器や用具の調達

に心を配り、教習をみずから視察するほどに熱心であった姿が具体的に描かれるから、張昉は自身の崇儒の立場を明示する人物であったと見て誤りあるまい。呉澄は、これらの題材を依頼時に与えられたうえで、この部分を記述しているはずである。一方、「南安路帝師殿碑」において呉澄は、常山とともに帝師殿設立に尽力した官員の筆頭として張昉の名を記す。総管は諸路総管府においてダルガチと同品秩の要職であるから[144]、張昉が帝師殿設立において重要な役割を担ったことはたしかに当然のことではある[145]。このように張昉なる人物は、呉澄の二文書のなかで、かたや南安路孔子廟における礼楽興隆の立役者として、かたや同路帝師殿設立の際の主要人物として記される。

「南安路大成楽記」に関しては、前掲部分にあるとおり、呉澄が二度にわたって孔子を「聖師」と表現している点に注目してよい。すでに見たように、その二篇の帝師殿碑文において呉澄は、「聖師」はもちろん、「聖」字そのものをパクパの形容として用いていない。これは、現存する他氏の帝師殿碑文がパクパに「聖」字を当てることをとくに回避していないこと、なかでも柳貫の帝師殿碑文がパクパを「聖師」の語を以て表記していることと明らかな対照をなす。この呉澄が、「南安路大成楽記」という儒教礼賛文では「聖師」の語を用いている。これは孔子を表記するにあたってごく一般的な用語であって、これのみであれば何ら注意すべきものではない。しかし両文書が同じく南安の祭祀施設を顕彰するものであったことを考えれば、やはりそこには呉澄の明確な用語選択を読みとらざるをえない。「南安路大成楽記」において呉澄は、冒頭部分の儒教礼賛に加えてこの中盤部分でも、「聖師」を尊崇すること、その学を振興することこそが「善政の本」となるとして、儒学と孔子祭祀の重要性を説く。これも自身の立場の率直な表明である。そのうえで呉澄は、言葉を尽くして本文書の主題である張昉の崇儒的業績を称揚する。とくに文書の後半では、張昉の崇儒政策によって士風・民風がおおいに向上した成果を「南安の境、人人相い敬譲し、相い慈愛し、藹然として仁義の民と為る」と記し、その事績を絶賛する。

そして末尾では、南安のこの崇儒事業について呉澄が撰文することになった経緯を、みずから次のように述べる。

吾が里の陳幼実、南安属県の教を掌る。侯（張昉）の命を承けて予に文を徴《もと》め、以て楽の成るを記さしむるなり。故に予、以て其の言を尽くすを得たり。

「南安路大成楽記」もまた陳幼実が仲立ちとなって呉澄が撰述したこと、つまりは「南安路帝師殿碑」作成の際と同じであったことが記されている。「大成楽記」の場合は陳幼実の派遣主体が総管張昉とされ、対して奉勅事業であった「帝師殿碑」の場合はこれがダルガチ常山とされているという差異はあるものの、両文書が成立した状況はよく一致する。すなわち両文書とも、張昉が南安路総管に在任していた時期に、路内で儒学教官の職に就いていた陳幼実が仲介し、南安の祭祀施設のために呉澄が作成した、という成立状況においてまったく同じ位置にある。一方が儒教礼賛文書であり、一方が仏教礼賛文書であるという決定的な矛盾を含めて、両文書が密接な関係にあることは疑いない。

帝師殿碑文撰述の依頼を承諾した呉澄の対応を理解するために、「南安路大成楽記」と「南安路帝師殿碑」との関係についてさらに踏みこんで考えてみよう。起点とすべきは呉澄がどちらを先に執筆しているかであるが、両文書、あるいは他の史料のなかにこれを決定するに足る情報を見いだすことはできない。ただし張昉の着任年次、および廟楽整備を含む彼の事績のいくつかの時期は判明する。[146]

まず、張昉は延祐二年、ないしその直前に着任したと考えられる。これは、呉澄が「南安路大成楽記」のなかで、

侯、初めて車を下るるや、往年虚増の賦の民に害を為すを知る。即日上聞し、除免して以て民力を蘇《いこ》わしむることを祈す。民を閔《あわ》れむの心、此くの如し。其の政に施すこと知る可きなり。

と、着任早々の張昉が着手したと述べる免租が、

……迺《すなわ》ち延祐乙卯（延祐二年（一三一五））、経理して賦役を均《なら》す。……郡中大夫張侯昉、民の瘼《や》むに惻然として撫摩せんとす。[147]規画して之を署するに、牒辞の懇切たり。（嘉靖『南安府志』巻二五、芸文志、南康免糧記）

と記される延祐二年のそれであることから割り出せる。

これを裏づけるように、関連地方志の宦蹟伝において張昉は、「延祐間」の南安路総管としてしばしば記される。[148]

免租のほかにも張昉が南安路総管として延祐年間におこなった活動は断片的に伝えられ、たとえば城市内のある区域の造成や架橋など[149]は具体的地名・名称を以て記されるから、たしかに延祐年間の彼の事績と見てよいだろう。そして問題の廟楽整備もまた、延祐期のできごとであったことが判明する。嘉靖『南安府志』が南安府学の孔子廟に関する記事において、

> 先師廟。府学の中に在り。先聖孔子を祀る。……宋の淳化の間、学と同に建つ。……宋末、火に燬《や》かる。元の大徳の間、総管王虎英、修す（割注、略）。未だ久しからずして頽敝す。泰定二年、総管趙仁挙、重修す（割注、略。後述）。至正の間に至り、総管毋珌、学と同に修す（割注、略）。是に先んずる延祐の間、大成の楽の未だ備わらざるに、総管張昉、楽器を制し、師を致して教習せしめ、釈奠の礼を行う（このあと割注にて、呉澄「南安路大成楽記」を引用）。我が皇明……。（嘉靖『南安府志』巻一一、秩祀志、廟祀、南安府）

と、「総管張昉」による奏楽体制の樹立を「延祐の間」のことと記すからである。後継の『南安府志』もこれを踏襲する[150]。

以上のことから、呉澄が「南安路帝師殿碑」執筆を決意するに至った状況として以下の二通りのものを案出しうることになる。

第一のものは、「南安路大成楽記」が「南安路帝師殿碑」に先行していたと仮定するもので、こちらはより自然で蓋然性が高い。まず延祐初期に張昉が総管として南安に赴任する。彼は当地の孔子廟の荒廃ぶりを遺憾とし、同じく延祐年間、廟楽の体制を整える。これが成ったとき張昉は、ことの次第を顕彰する文書を高名な儒者である呉澄に依頼するため、陳幼実——呉澄と同郷旧知の人物であり、当時、南安属県の儒学教官の職に在った——を派遣する。呉澄はこれを受けて「南安路大成楽記」を撰述する。撰述は延祐年間におこなわれたかも知れないし、至治年間にかかっていたかも知れない。一方、至治二年以降、南安路帝師殿が設置される。ダルガチ以下総管府の達成したこの業績を記すため、漢文帝師殿碑銘の調達が図られる。先の「南安路大成楽記」のことが前例となって、同

じく陳幼実が使者に立って呉澄に依頼がなされる。呉澄にとっては、近年の「南安路大成楽記」によってその崇儒ぶりを讃えた人物が総管を務める南安のことであり、またふたたび遣わされた同郷の儒士の請託でもあったから、これを受諾して「南安路帝師殿碑」を編む。

延祐年間に廟楽が整備され、至治年間に帝師殿が設置された、という順序から考えれば、このように考えることが基本的には妥当であろう。この場合、かつてともに孔子祭祀礼賛文書を生み出した儒家知識人たち三名が、このたびはチベット仏教僧祭祀を礼賛する文書の作成という政治的課題にともに関わっていたことになる。

状況として考えうる第二のものは、「南安路帝師殿碑」が「南安路大成楽記」に先行していた場合のそれである。まず延祐年間に張昉が廟楽を興す。ついで至治二年以降、ダルガチ常山・総管張昉のもとで帝師殿が建立される。帝師殿碑文が必要となり、陳幼実が使者となって呉澄にこれを依頼する。同郷の儒学者の依頼ゆえに呉澄は「南安路帝師殿碑」を執筆する。そののち、張昉が陳幼実に再度の仲介を命じて、かつての廟楽整備のことを記すよう呉澄に依頼させる。呉澄は「南安路大成楽記」を執筆する。またこの第二案のバリエーションとして、両文書が同時に依頼・執筆された、というかたちも考えうる。陳幼実が帝師殿碑文依頼のため派遣される際に、数年前の孔子廟振興事業についての記念文書をも依頼するよう張昉が指示した、というものである。

この第二案は事態の成り行きとして不自然であり、可能性としては低いだろう。たとえば属県の儒学教官でしかなかった陳幼実が帝師殿碑文依頼の使者に抜擢されるということなどは、やはりその前提として、呉澄を慕う張昉が孔廟称美の文書を得るために陳幼実をかつて派遣したことがあった、という伏線がなければ理解しにくい。しかし、かりにこの第二案の順序であったとすれば、むしろその意味は重い。ともに仏教礼賛文書である「南安路帝師殿碑」に関係した三名が、その後ふたたび同じ顔ぶれで過去のできごとにわざわざ遡って儒学礼賛の「南安路大成楽記」を作成した、あるいは、帝師殿碑文のことと同時並行で孔子廟礼賛文の入手にも動いた、ということになるからである。当然それは、大儒呉澄の名における「異端」礼賛文書成立という事態に直面し、彼らのなかの儒教的観念が反動を起こした結果でなければならない。

以上いずれの場合であるにせよ、二文書がごく近い時期に、同じく呉澄・陳幼実・張昉という三人が関わって作成されていることは疑いない。江西にあって崇儒という紐帯で結ばれていた彼ら三名が、その人脈のなかで、政権の求める崇仏文書を調達する課題をともに担ったわけである。呉澄たちは互いに互いを「異端」称揚に巻きこみ、そして互いがこれに加担している事実を見つめあいながら、「南安路帝師殿碑」を生み出していた。しかもこの文書は、単に政権の奉戴する高僧を礼賛するだけのものであったのではない。帝師殿の造営は、その基本設定において孔子廟の権威を毀損する性格をもっていた。つまり彼らの「異端」称揚文書作成は、そのまま彼らが奉ずる「聖師」の神聖性を脅かす行為へと転化しうる危険をはらんでいた。

このようにして帝師殿碑をめぐり南安路との接点をもった呉澄であるが、そののちいま一度、南安路およびその総管職に対する関心を引き起こされることとなる。撫州路総管として臨川に在任していた人物の次の赴任先が南安に決まり、その転出にあたって餞別の文書を手向けたことがこれである。送られた人物は趙仁挙、文書は「送南安路総管趙侯序」（『呉文正集』巻三二）と題されている。前掲嘉靖『南安府志』（巻一一、秩祀志、廟祀、南安府孔子廟記事は「泰定二年（一三二五）、総管趙仁挙、重修す」と記し、その割注として「劉倬記して曰わく、泰定二年秋七月、濼陽の趙公仁挙、南安に来守す。後一月、廬陵の劉倬、教授を以て至る」と、同時期の儒学教授劉倬による記述を載せる。ここにあるように泰定二年七月に赴任したとすれば、趙仁挙は張昉よりものちの南安路総管である。張昉は至治二年にはまだ在任しているわけであるから、この趙仁挙が直後の後任であるかも知れない。

「送南安路総管趙侯序」に執筆年次や執筆に至る具体的経緯は記されていない。しかしこの前後における彼の年譜的な概況から推して、おそらく呉澄はかなりの積極的な意識を以てこの一文を発していると見られる。そしてそのなかでは、撫州路における趙仁挙が「吾が臨川郡の士民、賢守を得るを喜ぶ」という仕事ぶりであったことが讃えられ、南安路においても善政をおこなわれよとの祈念が述べられていく。ここで呉澄は、南安には「蘇公の遺迹」

が伝えられている、として蘇軾に言及する。そのゆかりの地へと「試みに往きて訪求し、其の標致を省想」することを仁挙に勧め、かの地で蘇軾の「政」を体現せんことを「望」む、と記す。では蘇軾の「政」とは何か。呉澄がここに描く蘇軾は、密州や杭州などの赴任地いずれにおいても「遺愛」を残し、「父母」のごとく「斯民の寄る」ところとなった牧民官、父母官である。これはつまり儒教が理想とする地方官の姿にほかならない。呉澄は仁挙に、儒教的な善き地方官たれとの希望を託しているわけである。

呉澄はこのほかの文書でも、「蘇文忠公」「東坡」にしばしば言及し、蘇軾への関心を示している。よっておそらくこの一文を撰述する過程においても、南安を訪れた蘇軾が当地の士人に請われてその儒学建学を讃える文書を残したことを想起し、それに重なる自作として「南安路大成楽記」撰文のことを想起したであろう。そしてこのとき、はたして呉澄はいま一つの自身の文書、「南安路帝師殿碑」を想起せずにいられたであろうか。この地の帝師殿に先年みずからがパクパ顕彰碑文を奉じた記憶とともに、かつて蘇軾がその儒学盛行を謳った南安にて純良な儒教的官員たれと、呉澄は新総管に書き送ったはずである。

史料中に散見する趙仁挙（字、伯昂）の名は、しばしば古玩の蒐集家としてのそれであり(154)、あるいは作庭に造詣ぶかい趣味人としてのそれであって(155)、はたして彼が呉澄の期待に応えるほどに謹直な牧民官的人物であったか否かは定かではない(156)。呉澄自身、この餞別文のなかで仁挙の父を「儒臣」として称賛する一方、仁挙その人については官僚としての面貌よりも、むしろ「蘇公の文雅風流、吾が伯昂に已に其の髣髴たるを窺う」として、風雅の人としての面影を写している。呉澄なりに、蘇軾の風趣のみでなく儒家官員としての側面も見習うように、との機知を含ませた送別文であったかも知れない。しかしそうであるならばなおさら、新任地南安において善き儒臣たれとする呉澄の言葉には、常套的送辞を超えた彼の「望」を看取すべきことになるだろう。

この「望」を託されて南安に在任した趙仁挙は、やはりその後も書画古玩の道にいそしんだようである。このころ彼の蒐集品を鑑賞した人々のなかには、のち元統年間に温州の帝師殿碑文を撰述することになる柳貫もいた(157)。しかしその一方、前述のとおり嘉靖『南安府志』孔子廟記事は、元代数度にわたっておこなわれた南安路儒学の孔子廟営繕のうち、泰定二年のそれは「総管趙仁挙」による事業であったと記す。(158) この重修については劉倬による筆記が、前掲箇所とその直後の部分で、

劉倬記して曰わく、泰定二年秋七月、灤陽の趙公仁挙、南安に来守す。後一月、廬陵の劉倬、教授を以て至る。顧瞻するに□□□□且つ壊れて餼稟に一日の蓄えとて無し。乃ち嘅《なげ》き、乃ち□□□□。明年、東西の廊廡を起こし、従祀の像を雕刻す。又た明年、□西の祀堂・斎舎・祭器楽器庫を起こし、櫺星を起こし、礼殿・戟門に結蓋して内外巨細の次第畢《お》わりぬ。

と伝える。三年にわたる大規模な整備事業であったことが分かる。

もちろん赴任地の儒学・孔子廟を修造することは元代にあっても地方官の業績としてごく一般的なものであるし、しかもこうした儒学関連の記録は歴代の地方志にひどくよく保存されるから、彼のこの治績記録もとくに注目すべきものであるわけではない。とはいえ、趙仁挙が南安で孔子廟祭祀の強化に取り組んだとすれば、やはり彼も地方官として儒家的な行動規範を採る人物であったことになるだろう。呉澄の思いが届いたものか否かはともあれ、趙仁挙という風流才子もまたかつての総管張昉と同様に、崇儒の総管として行動したわけである。

こうして呉澄が直接的あるいは間接的に関わりをもつなか、南安路においては延祐年間に総管張昉が孔子廟典礼を整備、続く至治年間にダルガチ常山指揮下で帝師殿が創建され、直後の泰定年間には新総管趙仁挙が孔子廟を重修した。孔子廟護持、孔子廟に対する対抗的措置、孔子廟護持、というかたちで事業が連続していることになる。また興味ぶかいことに、延祐・泰定期の孔子廟護持事業は、ダルガチではなく漢民族の総管がその事業主体として記録される。しかもこれら二期の総管による崇儒的治績を伝える記録は、明代はもちろん、一九世紀後半の清代晩期地方志に至るまで採録されつづけていくこととなる。(159) 一方、ダルガチの奉勅事業として推進された南安路帝師殿設置について伝えるものは、わずかにその文集に残された呉澄の碑文のみに過ぎない。あるいはこの結果こそが、

元という異民族政権に帝師殿なるものを発案させ、かつその漢文碑銘を求めさせた理由を指し示しているのかも知れない。

結語

元のチベット仏教奉戴事業に対する儒教的知識人の反応という観点から、呉澄の帝師殿碑文を検討してきた。反仏教的な儒者である呉澄が、二点ものチベット仏教僧顕彰碑文を撰述するというこの不可解な事態には、その背景として、それぞれ次のような事由が作用していた。

「撫州路帝師殿碑」撰述は、自身の家郷が属する路の帝師殿事業の一環であったがゆえに、呉澄にとってこれを回避しがたい条件が重なっていた。まず、当時のダルガチが呉澄に対して充分に圧力をかけえていた。このことは、臨川の民間仏教施設のあるものが増修された際、その顕彰文をこのダルガチの指名によって呉澄が撰述していることによって知ることができる。加えて、撫州路総管府による帝師殿設置が独自の青写真をもつ企画として進行しており、呉澄に対する撰文嘱託もその一部として織りこまれていた可能性の高いことを挙げうる。撫州路帝師殿の用地は、過去の著名な撫州在任者たちが崇仏的文書を残したことで知られる二仏刹の隣地に選択されていた。これは、在地社会の注視と権威承認を付帯させるかたちで帝師殿を発足させようとの企図が総管府にあったことを示す。帝師殿事業総体がこのような構想のもとに立案・推進されていたとすれば、碑文担当としてここに抜擢された人物がその任を回避することは実質的に困難であろう。呉澄が、みずからの反仏教的立場にもかかわらずこの帝師殿碑文の撰述を受託したことは、以上のような状況下における不可避的な対応であったと考えられる。

一方の「南安路帝師殿碑」は、撫州・南安にまたがる呉澄の交友関係のなかで作成された。かねて交誼を結んでいた近隣の学徒が南安属県の儒学官員として赴任しており、呉澄はこの人物の仲介に応えて南安路帝師殿に碑文を寄せていた。しかもこの応答が単なる地縁的人脈の所産であったわけではないことが、ごく近い時期に呉澄がこの人物に請託されていま一点の文書を与えていることによって判明する。こちらの文書は、南安路孔子廟における礼楽整備とこれに当たった同路総管とを顕彰する儒教礼賛文書であり、帝師殿碑文とはまさに対蹠的なものであった。なおかつこの総管は南安に帝師殿を敷設した官員の中心となった一人でもあって、呉澄自身このことを帝師殿碑文に記してもいる。つまり呉澄は、南安に在任した二人の崇儒的な人物と同学の士としての親交を結び、この交友関係のなかで南安に崇儒的文書を寄せる一方、彼らとの関係のなかで「南安路帝師殿碑」の撰述をも担っていた。呉澄を含む三人の儒士が儒教護持の活動をとおして緊密な関係で結ばれ、そして彼ら三人はまさしくその崇儒を通じた関係性ゆえに、自分たちが「異端」と目する仏教を礼賛する文書をともに生み出していたことになる。

呉澄は以上のような状況のなかで、儒士としてのその存立基盤を根底から揺るがしかねない碑文の撰述に当たっていた。しかしその結果から言えば、呉澄が書きあげた碑文二点は、必ずしも儒教的な原理に背反するものとはなっていない。

その用語・叙述から見て、呉澄碑文には、帝師の神聖性を表現することを回避する撰述方針が認められる。呉澄は、帝師をもっぱら実利的存在として顕彰するとともに、帝師殿が精神的尊崇の場として設置されていることを読みとらせない文章構成を採った。なかでも「聖」「徳」の観念を帝師に当てることを避けたことは、彼の儒家的な思考において必然的になされた選択であったと跡づけうる。孔子祭祀の神聖性に抵触する帝師殿に対して、呉澄という一人の儒士が発した否定的反応の痕跡を、ここに見いだすことは不当ではあるまい。

このように呉澄は、すでに築きあげられていた大儒としての声望に、あるいは碑文撰述と同時期に見せていた自身の反仏教的行動に乖ることのない碑文を撰述したわけであるが、それは彼において、神聖性に直結しないかたちで充分にこの初代帝師を称揚し、またこれへの崇奉を表現することが可能であったことによる。音韻に関する該博な知識と、広範囲に及ぶ交友関係を背景とした豊富な撰文経験によって、呉澄はパクパの文字をめぐる詳細な解析的記述を、おそらくは率直な関心さえ抱きながら、碑文に投入することができた。加えて帝師殿の建築外観を讃える過剰なほどの記述も、パクパに対する祭祀に言及することなく、勅命を遵守する地方官の治績をおおいに顕彰するというかたちで、碑文の妥当性を支えた。他氏の碑文に比して呉澄の帝師殿碑文が崇仏的な色彩を稀薄化しえていること、つまりは儒教的な規範を保ちえていることは、彼がこれらの撰文方針を発想し、適用しえたことによる。

しかしこうして自身の儒教奉尊の立場を堅守しつつ仏僧顕彰碑文を撰述したことは、結果的に、まさにこの儒教的な枠組みのなかで政権のチベット仏教奉戴を承認する言説へと呉澄を導くことにつながった。それはあくまでも実利的功績ゆえである、との保留条件を繰りかえしつつも、チベット仏教僧に孔子祭祀なみの尊礼を与える君主を、確かに呉澄は「聖」なる存在と表現した。なおかつ呉澄は、この「聖」なる君主が儒教的「徳」性を根本とする治世を実現するうえで、チベット仏教僧の功績がその輝かしい太平に寄与する、と述べることにも踏みこんだ。神聖君主を介在させることにより、チベット仏教の存在が儒教的理想世界の一部たりうると言明したわけである。

以上の結果を、政権の側からとらえなおしてみよう。ここでまず明らかであることは、撫州路・南安路いずれの総管府もその新建の帝師殿に漢文碑銘を必要としていた、という事実である。しかし、考えてみればこれは多分に奇妙なことである。国字制作者であるパクパを祀る祭殿なのであるから、たとえば併設されていたであろう蒙古字学の教官が路のダルガチの名のもとに撰文するなどして、おおいに国字の碑文の偉観を示す絶好の機会であったのではないか。実際、おそらくはこうした国字石碑が立てられもしたはずである。しかしその一方において、なぜか積極的に漢文の碑文が求められていた。呉澄が撰文に至った経緯は、これを具体的に示すものにほかならない。

これらのことから見て、帝師殿の敷設は、単に孔子になぞらえてパクパを祀るというのみの事業ではない。現存する帝師殿碑文は、大都大興教寺帝師殿に寄せられた仏僧法洪の奉勅撰碑文という特殊な例を除けば、基本的に呉澄をはじめとする能文の儒士によって書かれている。このたぐいの文書に習熟した彼らに、勅建にかかる祭祀施設のための顕彰碑文撰述が命じられることそのものは何ら怪しむべき措置ではない。つまり帝師殿の設置は、漢民族文化の旗手を自認する儒家知識人を政権の崇仏事業に巻きこみ、彼ら自身の言辞によって、モンゴル人支配者が奉戴するチベット仏教を礼賛させる事業として機能している。

征服政権の支配集団が自分たち独自の文化的装置として外来の祭祀体系を提示し、その権威を被征服民社会に承認させること、とくにそのうちの知識階層を構成する人々に当該祭祀の正当性・優位性を言明させることは、政治的に意味のないことではない。元の支配集団においても、帝師殿の建造とこれを称賀する漢文碑銘の確保がみずからの政権にとって効果の低からぬ施策であると理解されていたことは疑いあるまい。そして、これまで検討した帝師殿碑文のほとんどが帝師の聖性を何らかのかたちで褒揚していることを見るかぎり、帝師殿事業が負ったこの政策目的は、ひとまずそれとしてよく達成されたと言える。

そのなかにあって、なるほど呉澄の撰文は、政権がこうして張りめぐらしつつある言論政策の網の目を巧みにくぐりぬけるものではあった。しかし、設置者側の企図から逸れる傾向の強いこの呉澄の碑文こそが、俯瞰的に見ればむしろ、元のチベット仏教奉戴事業全体における一つの階梯をなすものであったのではないか。

呉澄は、孔子の聖性侵犯に対してごく鋭敏に反応したがゆえに、他の儒家系撰文者よりもさらに徹底して、帝師パクパを神聖な祭祀対象として提示することを避けた。だが、勅建祭祀施設に寄せて顕彰碑文を組み立てる以上、そこに聖性があることは何らかのかたちで表現しなければならなかった。いずれにせよ皇帝の関与は神聖なものとして称揚せざるをえず、また、撰文当時の帝師殿事業は今上皇帝の「孝」にもとづく儒教的な徳の行為という位置づけで顕彰しえたから、呉澄はこのかたちで碑文を構成することとした。つまり、帝師に割り当てなかった聖性関連の言説を君主のそれとして一元化して処理し、なおかつこの君主が「異端」を崇奉するという本質的矛盾をも、神聖君主が君臨する光輝あふれる徳治世界のなかでは仏教者の功績もまた有用な役割をはたす、という論理で合理化した。こうして呉澄は全体の構図を完結させたわけである。

呉澄のこの構図そのものは、あくまでも儒教的観念から離れることなく、その世界のなかにチベット仏教の存在を止揚したものにほかならない。しかしおそらく最も重要な点は、呉澄のこの構図のなかで儒・仏を止揚する結節点としての役割を一身に与えられた君主が、そのあまりにも肥大した神聖性ゆえに、もはや純然たる儒教君主の枠を逸脱する潜在的可能性を帯びていることである。——その君主は、「異端」を崇奉してなおその神聖性に一点の傷も負わない。かくのごとく彼は、あらゆる教説体系の境界を超えた絶対的神聖存在である——。これはまさに元の皇帝たちが世界征服者たるみずからの姿をそこに見いだしていたところの超越的君主像であり、一方、彼らを儒教君主として受容しようとする呉澄たち儒士にとっては、矯輮または捨象せねばならない異形の君主像であったが、呉澄の帝師顕彰碑文は、儒教的な論理構成を貫徹しようとするなかで、構図総体としてはこの超越的な君主の形象を描出することとなっている。

次章で見ていくように、ひとり呉澄のみならず元代の儒家知識人たちは、その旺盛な撰文活動をとおして、チベット仏教という「異端」を尊崇しつつもその神聖性を保つ絶対的な神聖君主の姿を、彼らのモンゴル人皇帝に見いだしていった。この北族君主たちは、仏教を「異端」として排斥しようとする彼らのはたらきかけを受信しつつも、あくまでも祖宗以来のまったき国家方針として堂々崇仏を貫いてみせていた。儒士たちはそのありようを看過しえなかったがゆえに、君主に対するにふさわしい讃仰を以てこの異民族君主を記述しようとしたとき、儒教の枠を越境する絶対的君主像をそこに発見し、それを文書に表出せざるをえなかったのである。呉澄の二篇の帝師殿碑文もまた、彼の属する言論集団が視認しつつあったこの君主像を、儒教的な規範がよく保たれた大儒の文書のうちに提示するものであったことになる。元代の儒家知識人たちがこのようにして形を与えた超越的君主像は、さして遠くない将来、いわゆる極大化をみた明の皇帝権力のもとで、チベット仏教による君主権の正当化と、これに対する儒家官僚集団の承認というかたちで結実していくことにもなるだろう。

呉澄が元統元年（一三三三）に死去したのち、順帝の勅命を受けて掲傒斯がその神道碑（『呉文正集』附録）を編んだ。そこには、天命を降した元に、天はまた呉澄という「真儒」をも降し、呉澄は「聖賢の学」を以て「聖」

なる君主のために明道敷教の実を致した、と記されている。こうして、その存在そのものが元という政権の儒教的正当性証明であったとまで評された呉澄は、たしかに帝師殿碑文という文書を撰述するなかにあっても、彼の「聖賢の学」を離れることはなかった。しかし同時にこの「真儒」は、その謹直な儒家的論述のなかにおいて、儒・仏の体系を超えた絶対的神聖君主の可能性へと、一条の観念的径路を開いていたと言えよう。

第三部第二章　注

（1）ただし後掲する呉澄の「撫州路帝師殿碑」は、「仁宗皇帝命天下各省各路起立帝師寺」として、帝師殿を全国に設置せよとの詔勅は仁宗代に発布されていたとする。

（2）『元典章』新集、工部、工役、帝師殿如文廟大。第三部第一章注（27）参照。

（3）「詔各郡建帝師八思巴殿。其制視孔子廟有加」（『元史』巻二七、英宗本紀、延祐七年十一月丁酉条）。

（4）孔子廟に準拠するものとして元が設定した祭祀としては、三皇廟の祭祀がすでに存在していた。三皇廟そのものは唐代に起源をもつが、元はこれを医学祭祀として体系づけたうえで全国に設置し、元貞年間にはほぼこの体制が整った。さらに至大二年（一三〇九）、三皇に付して十大名医の配享が定められることにより、完全に孔子廟と並び立つかたちとなったとされる［水越知、二〇〇五年、五五―六二頁］。帝師殿の設定は、三皇廟のこの設定を前例としたものであるかも知れない。ただし、宋代以前にも信仰されていた在来尊格の祭祀を改編整備していくことと、当代実在したパクパという外来仏教僧の祭祀を造形していくこととは、当然その意味を異にする。とくに漢民族社会、なかでもその儒家知識人にとって、孔子廟と同等に祀られる存在が、三皇であるか、パクパであるかの違いは、小さなものではありえない。したがって、これほど衝撃の強い政策をあえて実行する必要が政権のどこに生じたかが問題となることになる。帝師殿設置が、ようやく仁宗代に開始された後発的事業であることも、この点に関わるのではないか。

（5）陳高華［二〇〇五年、三九八―四二〇頁］。蒙古字学・儒学については、大島立子［二〇〇五年、二―七頁］にも詳説される。

（6）張羽新［一九九七年、一一二―一一六頁］。

（7）蔡春娟［二〇〇四年、一〇六頁］。
（8）蔡春娟［二〇〇四年、一〇五―一〇九頁］。
（9）張羽新［一九九七年、一一四頁］。
（10）陳立健［二〇〇四年、六一頁］。
（11）杉山正明［一九九五年、一一二―一二〇頁］。
（12）元代後半の漢文文書がしばしば仁宗政権の「重儒」を語ることについては、姚大力［二〇一一年、三六六―三七二頁］を参照。また本章で取り上げる呉澄も、仁宗政権に関してこの類型の言説を残している。たとえば「我仁宗皇帝之貴儒抑吏也、蓋以吏多貪残、而儒流知有仁義故也」（『呉文正集』巻三三、送彦文賛府序）、「欽惟仁宗皇帝視儒為宝、特開貢挙之途、網羅天下英俊」（『同前』巻三五、都運尚書高昌偰祠堂記）など。
（13）林淳の泰定五年帝師殿碑文が、帝師殿のこの属性を仁宗代に遡るものとして述べているとも読めること、しかしながらその簡略な記述からでは表記内容の厳密な分析が困難であることは、第三部第一章第二節を参照。
（14）陳立健［二〇〇四年、六〇頁］。
（15）許衡と呉澄がそれぞれ元代儒学界においてどのような位置にあったか、異民族支配をどのように受けとめていったか、そしてそれが彼らの思想とどのように関わるかなどについては、岩間一雄［一九六五年］参照。
（16）袁冀［一九七八年、一四一―一四八頁］。
（17）方旭東［二〇〇二年、一四二―一四三頁］。
（18）袁冀［一九七八年、一九五頁］・方旭東［二〇〇五年、三八六―三八九頁］。
（19）『道園類稿』巻五〇、故翰林学士資善大夫知制誥同脩国史臨川先生呉公行状。またこの事件は、『元史』（巻一七一、呉澄伝）はもちろん、『元朝典故編年考』（巻六、辞製仏経序）・『続資治通鑑』（巻二〇二、元紀二〇、泰定帝泰定元年二月甲子「先是」条）などに採られており、大儒の抑仏的逸話として後代の好むところとなったことをうかがわせる。
（20）「（至元）二十四年……是時、権姦桑葛置尚書省、以専国政。……二十八年、世祖将誅桑葛、夜遣近侍召公入、謂公曰、桑葛譏慝貪婪、朕不私一人、以病天下。命平章不忽木与公商度、桑葛及其党皆抵罪」（『呉文正集』巻六四、元栄禄大夫平章政事趙国董忠宣公神道碑）。「桑葛擅威権横斂、雖台臣莫敢誰何。……（董文用）復以桑葛奸状告上、不報、而桑葛奏公惷戇不聴令……。桑葛敗、公誉望益重」（『同前』巻六七、有元翰林学士承旨……趙国董忠穆公墓表）。

（21）「公言……蒙古翰林院・宣政院及僧司所行多壊法乱紀、而御史台不得預、是沮遏台臣不使之言也、非世祖意」（『呉文正集』巻六四、元栄禄大夫平章政事趙国董忠宣公神道碑）。「宣政所掌者僧、往往黷貨徇私。公一新拯飭、凡事如省部列」（『同前』巻六四、大元栄禄大夫宣政使領延慶使……斉国文忠公神道碑）。

（22）袁冀［一九七八年、八二頁］・方旭東［二〇〇五年、一五頁・三八六頁］。

（23）書陵部蔵本（永楽四年刊。正統元年補刻）と照合すると、成化二十年刊本（新文豊出版公司「元人文集珍本叢刊」所収。以下、成化本と略記。巻二六に両碑文を載せる）・文淵閣四庫全書本（以下、四庫本と略記。巻五〇に両碑文を載せる）には、「南安路帝師殿碑」において、いずれもかなりの欠落が認められる。後掲注（36）（37）参照。成化本・四庫本とのあいだの他の異同についても、必要に応じて注記する。なお『呉文正集』各種版本については方旭東［二〇〇五年、四四〇―四七一頁］を、うち書陵部蔵本については神田喜一郎［一九八四年、八三―八四頁］を参照。

（24）現存する碑文二点は、基本的には原型のままであると見てよいだろう。たとえば、文集を編纂した孫の呉当が祖父の面目を保つために碑文の仏僧礼賛的な部分を削除した、といった懸念がありえなくはないが、以下の理由から、とくに削除や改竄を疑う必要はないと考えられる。まず「南安碑」の場合、全体の分量や礼賛文の定型的体裁などの点では、他氏の帝師殿碑文とさしたる差異がない。「撫州碑」も、相対的に分量が少なく、また礼賛文が定型詩文とはなっていないなどの違いはあるが、こののち本文で述べるように構成要素そのものは「南安碑」とよく共通しているため、欠損を疑わせない。何より両碑文とも、ともあれパクパを礼賛するという点では不審の余地がない内容となっており、顕彰文として妥当なものであったと見てよい。ただし、地方志に石碑のことともに載録される青陽翼の碑文（後掲注（57））や石碑が現存する卜居仁の碑文（後掲注（45））などとは異なり、呉澄の碑文の場合、それが実際に刻石立碑されたか否かは定かではない。したがって、呉澄の当時、これらがどの程度の範囲の人々に、どのようなかたちで読まれたかは分からない。とはいえ、後述のように「南安碑」には撰文依頼者のことが見え、「撫州碑」委嘱の背景もある程度推測しうるから、いずれも立碑を前提とした撰文であったことは疑いない。

（25）成化本・四庫本には「頒」とある。

（26）成化本には「衍」とある。「衍」であれば意味はとおりやすい。

（27）成化本には「之」とある。

（28）書陵部蔵本は印字が不鮮明であるが、成化本・四庫本ともに「二」とある。

（29）書陵部蔵本には、「有□尺」と、空白がある。いま四庫本・成化本に拠って「九」を補う。

（30）四庫本には「厚」とある。
（31）成化本・四庫本には「実」とある。
（32）成化本・四庫本には「日」とある。
（33）成化本・四庫本ともに、この部分は「而声学・字学之用」とあり、「為」が脱している。「之之」・「之用」については後述する。
（34）成化本には「其」とある。
（35）四庫本には「糾」とある。
（36）以上「又数百年……名為小篆」の十七字は、成化本では欠落している。
（37）以上「而中土之人……伝其西域七音」の二十六字は、四庫本では欠落している。
（38）「大」とも読めるが、直前の文字とのあいだに間隔がわずかに空いていることから推測しても、おそらく「天」であろう。成化本には「天」とあり、四庫本には「大」とある。「聖度如天」は、たとえば虞集が「臣聞世祖皇帝聖度如天、善馭豪傑」（『道園学古録』巻四八、仏普安大禅師塔銘）などとしているように、当時にあっても定型句である。
（39）成化本・四庫本ともに、ここに「仁」とあるが、書陵部蔵本は明らかに「仁」ではない。印字が欠けてはいるものの、おそらく「誠」である。
（40）四庫本には「音」とある。
（41）三浦秀一［二〇〇三年、二八六―二九五頁］。
（42）『呉文正集』巻五、永愚説・『同前』巻三九、後山記。ここで呉澄はむしろ「愚」を気どることの驕慢を戒めてさえいるが、前提としては、「智」「愚」対比における後者の優越という図式に則った論説である。
（43）『呉文正集』巻六一、題遺宋生。
（44）たとえば『呉文正集』巻七、呉晋卿字説など。
（45）以下の比較においては、その撰文の趣旨をおおきく変化させている元代終盤期の帝師殿碑文は対象から除外する。たとえば、至正八年（一三四八）の劉鶚による「重修帝師殿記」（『惟実集』巻三）の場合、パクパその人への言及はわずかに「継而八思八師父来自西京、伸演仏法、搠国字、以成一代之制作」「八思八師父錫号帝師、此帝師之号所由始」とあるのみにすぎず、内容としてはもっぱら、至治年間に建てられたのち荒廃していた南雄の帝師殿を重修した地方官たちの功績記となっている。至正十二年（一三五二）の卜居仁による大都路檀州の「創建帝師殿記」［北京遼金城垣博物館編、二〇〇九年、三七―三九頁］ではさらにこの傾向が強まり、ダルガチたちの尽力が詳細に記される一方、帝師については「帝師聖語之風」という漠然とした一言があるのみで、ついにパクパの名さえも消滅している。このような理由から、これらの碑文は今回の比較材料としては用いない。ただし、当初の帝師殿碑が担ったパクパ礼賛という基本的機能がのちに変化していったこと、そしてこの変化を経つつも帝師殿建立と碑文作成という事業が持続したことは、ここで留意しておくべき点である。

（46）以下、他氏による四点の帝師殿碑文は、青陽翼碑文の官員名列挙部分を一部省略する以外は、いずれも全文を引用する。パクパへの賛辞が全文中どの程度の分量を占めているかなど、総体的な検討の必要があるためである。引用に当たっては適宜段落に分ける。二種の傍線および囲み文字は、本文の呉澄碑文引用時の原則にもとづく。ただし他氏の碑文の場合、直接的なパクパ賛辞以外にも、パクパに向けられた間接的な褒称句と読める部分が多く、截然とした弁別は困難である。そこでここでは、ある程度明確なもののみに限って傍線を付することとする。したがって、読みとりようによってはパクパへの賛辞の範囲はさらに広くなり、呉澄碑文との差がいっそう開くことになるはずである。また、こうした他氏碑文の様態からひるがえって呉澄碑文二篇を見れば、そのパクパ礼賛部分が比較的容易に摘出しうる明瞭なものであること、つまりは限定的なものであることに気づく。

（47）「勅建帝師殿碑。光禄大夫大司徒大永福寺住持釈源宗主法洪、奉勅撰。翰林学士趙孟頫書。参議中書省事臣元明善篆額。

　古之君天下者皆有師、惟其道之所存、不以類也。故趙以図澄為師、秦以羅什為師。夫二君之師其人也、以其知足以図国、言足以興邦、徳足以範世、道足以参天地賛化育、故尊而事之、非以方伎而然也。

　皇元啓運北天、奄荒区夏。世祖皇帝奮神武之威、致混一之績。思所以去殺勝残、躋生民於仁寿者、莫大釈氏、故崇其教以敦其化本。以帝師抜思發有聖人之道、屈万乗之尊、尽師敬之節、諮諏至道之要、以施於仁政。是以徳加於四海、沢洽於無外。窮島絶嶼之国、卉服雕結之氓、莫不草靡於化風、駿奔而効命。白雉来遠夷之貢、火浣献殊域之琛、豈若前代直羈縻之而已焉。其政治之隆而仁覆之遠、固元首之明、股肱之良、有以致之。然而啓沃天衷、克弘王度、寔頼帝師之助焉。

　皇上重離継明、応乾承統、以為法位久曠、道統将微、以師猶子之子公哥禄魯斯監賛嗣帝師位、俾修其法、斂時五福、祐我家邦。有河西僧高沙刺巴建言於朝、以為孔子以修述文教之功、世享廟祀。而先帝師徳侔将聖師表一人、製字書以資文治之用、迪聖慮以致於変之化、其功大且遠矣。而封号未追、廟享不及、豈国家崇徳報功之道哉。大臣以聞。詔郡国建祠宇、歳時致享。

　師、薩思迦人。族欵氏、祖朶栗赤。当吐蕃之盛、相其君伯西海。後十余世、皆以学徳為国宗範。師生八歳、誦経数十万言、又能約通大義。国人以為聖、故称抜思發。長而学富五明、故又称班弥怛。其所師而学焉、友而問焉者数十人、皆有盛名於時、故其所有、汪不可涯矣。其所撰述、皆辞厳義偉、制如仏経、国人家伝口誦、宝而畜之。夫敏者怠於博学、貴者恥於下問、才高而位重、則矜己而驕物、此人之恒也。師以生知之明、為天子師、可謂敏且貴矣、而乃博学無厭下詢遺老、人有一法不遠千里而求之。雖硜硜之諒、佼佼之庸、苟有可取無遺焉。負絶世之材、材莫大焉。処帝師之位、位莫重焉。而乃孜孜於道、循循誘物、惟恐徳之不修、道之不弘、未嘗以多能自聖而有満盈之色。曠若空谷、静若深淵、遠若雲霞、重若丘山。豈非至徳。其孰能与於此哉。其道之所被、徳之所及、猶杲日麗乎天、明無不照、陽和煦於物、気無不浹。其高如天、不可階而升也、其大如海、不可航而渉也。以不言而民信、不勧而物従。所過者化、所存者神。匪天縦之将聖、孰能与於此哉。

故天子法天地尚徳右功之道、著皇王之盛典、崇廟享之報、宜乎、亀趺螭首、刻頌遺烈、昭示無極。洪以狂斐猥承明詔、序而銘之。其銘曰、

仏道弘大、洋海無際。滔天沃日、並育万類。於彼将聖、象罔得一。推厥緒余、以匡王国。烈烈皇祖、草昧天造。奠是南紀、功格蒼昊。天錫睿哲、俾翊我后。敦彼薄俗、化于仁厚。汪濊漏泉、波及無外。航濬梯阻、万邦咸会。群邪鴟揚、維鳩之競。式遏詭類、率俾吾正。赳赳武夫、蚩蚩嚚鄙。徳訓所及、風振草靡。惟月之恒、惟日之升。惟師之道、罔或不承。奕奕清廟、惟時享之。有偉其貌、惟時仰之。莫高匪山、莫深匪淵。刻銘頌烈、永世無遷」（『仏祖歴代通載』（北京図書館古籍珍本叢刊所収景印至正七年刻本）巻二二）。

（48）張羽新［一九九七年、一一四—一一五頁］。

（49）中村淳［一九九九年、六四—六六頁］。

（50）法洪は、第三部第一章注（19）で触れたように、後至元元年「龍興寺重修大悲閣碑」（『常山貞石志』巻二二）の奉勅撰者でもある。『常山貞石志』には、この碑文に関連して法洪に関する考証が見え、英宗が反対論を押し切って熱心に建立を進めた寿安山の新寺の住持に、彼を任じたことが記される。大永福寺に住持したのち、この寿安山の寺を任されたものであろう。法洪が、英宗政権の崇仏事業を担った中心人物の一人であったことが分かる。

（51）至治元年当時、趙孟頫は家郷の湖州にあった。英宗はそこに遣使して彼に『孝経』の書を求めている（『元史』巻一七二、趙孟頫伝）。この碑文の書も同様であったか。

（52）元明善は呉澄の門人であり、趙孟頫も呉澄と親交のあった人物である。呉澄は延祐七年に元明善と江州で会っている。元明善はこのとき、即位した英宗に召されて京師へと向かう途中であった。したがって、至治元年の法洪碑文に明善が篆額を命じられるのは、呉澄とのこの会見の翌年ということになる。その至治元年、呉澄周辺にどのような動静があったかは、危素「臨川呉文正公年譜」（『呉文正集』附録）・虞集「故翰林学士資善大夫知制誥同脩国史臨川先生呉公行状」（『道園類稿』巻五〇・『呉文正集』附録）ともに記事がなく、判然としない。だが、至治二年二月に元明善が死亡し、同年六月には趙孟頫も没している（以上、袁冀［一九七八年、八〇—八三頁・一五八頁・

二〇〇二頁〕・Gedalecia [2000, pp.27-43]・方旭東〔二〇〇五年、三八二―三八五頁〕・『元史』巻一七二、趙孟頫伝を参照）。このような状況から見て、彼ら二人が死の直前に関わった法洪碑文に関して、何らかの情報が呉澄に到達していた可能性は考えておかねばならない。呉澄碑文との前後関係について言えば、「撫州碑」は英宗治世四年間のいずれに作成されたか不明であるため推測しえないが、「南安碑」は至治二年以降であるから、法洪碑文ののちのものである。かりに法洪碑文の性格を知ったうえで呉澄が碑文を撰述したとすれば、彼は政権内のチベット仏教奉戴者たちが帝師殿碑文に何を求めているかを了解しつつ、そこから意図的に乖離していったことになる。

（53）すでに前章第二節で述べたように、法洪碑文が伝える崇仏派のこの主張――孔子も帝師も徳・功ゆえに尊い――は、『高麗史節要』所伝の仁宗期崇儒派による主張――帝師は功ゆえに尊いに過ぎないが、孔子は徳ゆえに尊い――と対称関係にあり、いずれかが他方の反論かも知れない。少なくとも、孔子祭祀に比する帝師祭祀という問題において、仁宗代・英宗代の言論界が、「功」か、「徳」か、という論点をもっていたことは間違いあるまい。そしてこののち検討していくように、呉澄碑文は帝師の「功」を強調する一方、彼に「徳」があったとは述べようとしない。したがってあるいは呉澄もまた、当時の言論界の論点に則ってその撰述方針を決定している可能性はあるだろう。これも前章で述べたように、帝師と孔子の差異を主張した王璋の周囲には、「文儒」たる趙孟頫・虞集らがいたと『高麗史節要』は記す。趙孟頫・虞集とも呉澄と近い関係にあった人物であるから、呉澄が論争の経緯を知っていたとしてもおかしくはない。なお、次章第五節で見るように、成宗元貞元年（一二九五）の崇仏事業を讃えた「迎仏会歌」（『天下同文集』巻四）序の冒頭に、「徳」「功」を対句として挙げる記述がある。この二つの概念は、チベット仏教奉戴に関して早くから読みとられていたものであろうか。

（54）「将聖」については、たとえば劉宝楠『論語正義』（巻一〇、子罕第九）が、「将聖」は「大聖」の意であるなどの諸解釈を紹介している。法洪もおそらく「大聖」というほどの意味で用いているだろう。

（55）この碑文と同年の至治元年に追謚されたパクパの称号に「至徳普覚」の語句があること〔張羽新、一九九七年、一〇八頁〕と関連があるかも知れない。

（56）「南安碑」(c)―1に記される臣僚の称号の表記（「資徳大夫」）を除く。

（57）「帝師寺、在范公橋東南、南倉旧址也。至治元年、奉詔建。蜀都青陽翼為記。
其文曰、至治元年秋八月、郡奉詔立寺祠帝師。越明年五月、寺成、刻石紀績。某官臣某、承戒郡府、謹拝稽首而志。

其辞曰、維皇元肇造区夏、字書未有創制。在世祖皇帝時、巴思抜帝師協賛聖謨、爰始譔作。本西番書、綱紀音画、音以為宗。而字有母、軽重濁清、損益降升、母子根幹、文生字成。字約音伝、四変而極。衡従貫通、其施弗窮。於是刻之璽宝印符、筆之詔令文議。達書名於四方、立学建官、以訓以庸。

延祐三年六月、先皇帝採摭群言、博議朝著。丕視功載、錫之栄号、作廟勒碑、月謁歳祭、通乎天下。今上皇帝陛下復制詔立寺以祠、恢宏厥制、以致美焉。

維時、郡達魯花赤中大夫臣朶児赤実敬莅厥事、総管中議大夫臣毛荘…（官員六名、略）…、恪慎共億、爰筮爰卜、営於城南陬。備物致用、駿奔丕作。分命録事司達魯花赤臣伯顔…（官員四名、略）…、各率其工若民以致事無敢後。其面勢、左山右河、市拱林衛、雄秀而豊厚。其制度、門廡殿堂、有厳有翼。其室高明而宏深。凡屋五十畝。其地四十九而有奇、作二十有九旬迺成。

臣伏惟、文字之興、承天時行、開物成務。宓犠氏造書契、沮誦・蒼頡制字、史籀作篆。厥後茫昧変化、古制既遠益微、而簡冊日繁、捷以為便、唯王次仲作楷行於今。

今皇元龍興、而蒙古文籍生焉。於以飭政令殊徽号、成一代之典文、以新民之視聴、因時制宜、有古三重之道。蓋帝命式於九囲、而聖人作万物睹矣。法施於民、祀有恒典。欽惟、皇元建無疆之基、而帝師啓無斁之祀、聖天子崇礼報功、隆天重地、猗歟盛哉。臣不佞敢紀其実而為之銘曰、

皇世厥徳、玉帛万国。天地泰寧、昭仮上下。敬礼和楽、歳祀有恒。顧惟帝師、敷賁国華。文学緯経、誕降綸綍。恭致崇極、祀宇式営。守臣欽若、賦事献功。謹厳度程、翳翳町疃。載墀載甓、有砥其庭。丸丸梓材、載瑑載飾。有鶡其楹、流川峙山。開闔陰陽、広大高明。以謹聖謨、以奉厳祀。掲虔妥霊、於穆神化。維帝之沢、而民之成。庶明励翼、九功叙歌。成楽物生、迺秩迺文。敬共明神、是為徳馨。維此通祀、社稷其制。祉哉黎萌、智聖文徳。維帝是式、而師是承。天禄丕建、皇図永貞。繋時之享、勒銘金石。皇寿万億、茂実英声」（至順『鎮江志』巻九、僧寺、寺、本府）。

（58）この一節は『易経』（上経、乾、九五）に見える。法洪碑文の『論語』引用と同じく、帝師殿碑文に儒家経典の語句が引かれた例である。ただし、法洪碑文がパクパをそれに該当する聖人と主張する文脈で儒家の概念を意識的に用いているのに対して、青陽翼碑文のこの部分には儒家との対比的要素はとくになく、単に古典の表現が引用されたものに過ぎない。このことを裏返せば、漢文系識字階層に属する人々が何らかの文書を撰述しようとするとき、作為の有無にかかわらず、また対象いかんにかかわらず、いわば不可避的に、自身の思考と言語表現の基盤をなす儒家の概念や章句を用いざるをえなかったことが示唆されていると言える。そしてそうであるからには、帝師殿のための漢文碑銘を撰述させることによって、政権は儒仏対置的な図式をそこで確実に生み出しえたことになる。この事業の政策的効果を考えるうえで考慮すべき点であろう。

（59）『元詩選』癸集、癸之己下、青陽翼。

（60）碑文当時は従仕郎潮州路録事であったこの林淳は、至正年間には南恩州陽江県尹の職にあり、のち方国珍集団に投じたと言う（道光『陽

江県志』巻七、芸文志、復南恩学田記。民国『平陽県志』巻三六、人物志、周嗣徳伝、周誠徳伝・巻六七、林淳「故建安書院山長陳公墓誌銘」按文・巻九〇、蘇伯衡「故元中奉大夫江浙等処行中書省参知政事周公墓誌銘」・巻九一、蘇伯衡「故元承徳郎江浙等処行枢密院判官周公墓表」)。

（61）「栅建帝師殿碑　篆額。帝師殿記　章貢盧隠山口。

聖人建元立極、必有聡明睿智者出為其師、匡扶世教。孔子闡明大道、為万世帝王之師、祖述尭舜、憲章文武、千百載之下、自天子至于庶人莫不尊親、蓋以三綱五常之所繫也。西方聖人之教、自漢入於中国、歴代奉之。暨我皇元混一天下、尊抜師巴為帝師、賜号、皇天之下一人之上西天仏子大元帝師。師以仏教扶植治道、有大功於国、訳西番篆文、栅蒙古字、行之于世、居諸字之右。昭聖代之斯文、立浮屠之綱紀、自古以来、未有如師之盛者。仁宗皇帝加封、開教宣文輔治大聖至徳普覚真智祐国如意大宝法王。且命天下郡州立殿、広□□廟。師之名徳、並明日月、比隆夫子矣。

潮之前任守弐、立殿于開元仏宇之後、規模未備、屋圮地偏、無以安其廊廡。泰定戊辰、府判忠顕公賈住慨然曰、朝廷崇仏而尊帝師、今潮民未知所祀、師之徳教、安能遠被炎荒。乃与同知朝散宋君用・推官丞直劉君克敬・□□将仕趙君弘道・照磨将仕陳君轂、卜地於寺之南隅、易旧殿而新之。其地近為勢豪所居□□□入于寺、乃諭而遷之、以広其基址。構工択材、首捐俸禄、率邦民之富者相与成之。公自□□□□其飲膳、至于親運木植以激励工匠、不両月而殿成。前峙三門、左右両廡、雄壮加于□□□□□像南面、且以師之徒膽巴・搠思剌抃列于座、蓋以伝燈授業、亦猶夫子之配以顔・孟□□□□□是大顕于潮、公報本崇道之心、於斯至矣。且潮民古来知化、唐昌黎伯来守是邦、命進士趙徳教之以文、始知夫子之道、故有海浜鄒魯之称。邦民徳之、易世不泯。今忠顕公既新文□□□□帝師之殿、俾潮之良民又知崇仏教而尊国字。万載之後、学者相与伝習。師之道、与夫子□□□□、而公之名、将与文公同日語也。

殿成、寺僧福吉祥・善恭与潮民請予記之。忝在属曹、予何敢□□帝師之徳、臻于太古、無為之治、祐我皇元、与天地終始。仏教之盛、微師無以顕、師道之尊、微公無以明。于是乎書、従仕郎潮州路録事林淳撰、韓山書院山長劉叔讜書。泰定五年四月日、潮州路総管府立石」（光緒『海陽県志』巻三一、金石略、元）。

（62）林淳はこの冒頭部分で、君主が登極すると必ず師が現れてこれを補佐する、という文を置き、万世帝王の師として孔子の名を挙げている。他方、前掲法洪碑文も同じく冒頭に、君主には必ずこれを補佐する師があったとする一文を置くが、例として挙げる名は仏図澄と鳩摩羅什である。つまり両碑文のこの箇所は、たがいによく似た構成をもち、なおかつその内容がきわめて対照的である。ただし、それらはいずれも帝師パクパの先例としての師たる存在について述べているわけであるから、そこで仏僧を挙げる法洪の奉勅撰碑文よりも、むしろ孔子を挙げる林淳碑文のほうが、儒家知識人にとっては深刻な意味を発するだろう。チベット仏教奉戴者たちから見れば、こうしたことこそが帝師殿事業の基本構想にかなうものであったはずである。帝師殿碑銘を儒士に撰文させることの政策的効果は、このようなかたちでも見いだすことができる。（63）

「温州新建帝師殿碑銘 并序

郡府得建帝師殿、像而祠之、承国制、重祠典也。初、西域聖師八思馬、以真智実慧、具一乗之解脱、究三蔵之言詮、東来京師、為世祖聖徳神功文武皇帝闡揚妙義、流通教法、言出契機、尊為帝者之師、其隆礼備物、古無与比。而聖師亦自以躬逢極治之朝、願効師心之学、迺依竺乾声韻、制為国書新字、録本上之。有詔頒行天下、且命官府符章制誥文檄、悉以新字従事。内而京邑、外而郡国、咸立字学、使承学小生肄業其中。

至治初元、天子申勅列郡、大建新廟、務極崇侈、以称国家褒揚振厲之意。温州在浙江東、為大府矣。于時守臣祇奉徳音、卜地城東華蓋山下、群工子来、材良築堅、廟成而穹殿中峙、門堂翼映、軒廡回旋、摶土為像、黄金之膚、五色之表、光采流動、如開晬盎。計其榱題之美、堊雘之華、豈止誇雄称麗於閩越之疆而已也。

自其肇建逮今元統甲戌、亦越十有五年、而門闥之飾、漫漶弗治。長牧惻然、用図厥新、重惟一代制作之盛、侯邦毖祀之隆、不形篆刻、曷揚景鑠。乃具石請詩。詩曰、

神聖有作、天錫珍符。亀呈禹画、龍負羲図。文以理顕、数因象布。合而成字、声諧形具。篆籀之萌、子本芟滋。爰歴六章、下逮師宜。散隷一変、真行再造。紀事載言、由茲有考。旁行敷落、異域之書。亦用義類、包括遺余。史官教失、六芸残剥。離方遁円、取便俗学。点画既舛、魚豕日訛。資之策櫝、其謂斯何。不有神人、正名百物。曷究其微、制為之律。元運龍興、八表同天。仏慧霊明、示作幾先。卓哉聖師、生知謂智。以大辨才、為世利器。曰是六書、質之竺文。諧声一義、如陶在鈞。字則有母、母四十一。反切而求、部居秩秩。参伍乗除、其用無窮。譬諸律本、肇自黄鍾。数周則復、気至斯応。何必窺璣、天時式正。璽符篆刻、号令発揮。庠講序述、日星与垂。煥焉新書、形諸制作。元造同功、誰其槖籥。聖師成能、無位有名。恢弘像法、為世章程。天子念徳、詔崇祠典。潔斎薦厳、徧於寓県。声教所漸、守尉所監。廟饗巍巍、視瞻巌巌。於焉講業、於焉設俎。若昔夔夷、祭為楽祖。永嘉古郡、際海為隍。仙聖所都、塔廟相望。有山華蓋、川澄林靚。乃卜新宮、以承明命。明命自天、承之在臣。吾是藩侯、式宣式旬。釁廟礼成、仏日増煥。彤戸霞舒、繡楣雲散。肪流瓊墄、獣櫂金瓴。牖檻翬如、軒廡檐如。台門設樹、宣新無敝。侈而大之、責在令吏。乃崇其構、迺塗丹青。闔闢六扉、上応霊星。郡僚趨庭、拝跽興伏。祀事孔陽、不戒而粛。燎煙所升、結為香雲。徧恒河界、苾苾芬芬。薦此明誠、為天子寿。天子万年、統有九有。九有承寧、四方底平。像教旁沾、里為化城。載稽往古、聿惟三重。制礼考文、非聖曷頌。天徳作仇、人文褰開。聖師臨之、皇猷顕哉。泮水閟宮、保魯所作。尚広徳心、播諸詩楽。豈伊教父、与仏斉尊。祠秩昭垂、貽厥仍昆。有石無辞、何以警後。

礼官詩之、用戒牧守」（『柳待制文集』巻九、碑銘）。

（64）藤島建樹［一九六七年、六四頁］。

（65）呉澄碑文の「天」字については、いま一つ、留意すべき点がある。呉澄はその二碑文のいずれにおいても、皇帝を「天子」とは記していない。これに対して他氏の四碑文は、すべて「天子」の語を含む。言うまでもなく、儒家にとっては天命の拝受者たる「天子」であることこそが、君主の正当性を真に支えるものである。呉澄が帝師殿碑文においてついにこの呼称を用いなかったことは、あるいは偶然ではないかも知れない。

（66）「今皇元龍興……祀有恒典」の六十五字分を除く。

（67）引用文中、「維皇元肇造区夏……以訓以庸」、および「文字之興……祀有恒典」が文字に触れる部分であり、合計約二百三十字にのぼる。省略なしの青陽翼碑文（「至治元年秋八月……茂実英声」）全文は約七百九十字であるから、約三〇％に当たる。また、前注の六十五字分を除外しても、約二〇％を占める。

（68）張羽新［一九九七年、一〇二頁］・方旭東［二〇〇二年、一四一—一四二頁］。

（69）呉澄の音韻学については、富平美波［二〇〇一年］参照。

（70）たとえば『呉文正集』巻二、答張恒問孝経。巻一六、増広鐘鼎韻序。巻二一、存古正字序・篆書序・隷書存古辯誤韻譜題辞。巻三〇、贈洪徳声序。巻三一、贈鄭子才序。巻三四、贈番易呉岫雲序。

（71）方旭東［二〇〇二年、一四一—一四二頁］。

（72）「以今之字比之古、其多寡不逮十之一。七音分而為之経、四声合而為之緯。経母緯子、経先緯従、字不盈千、而唇・歯・舌・牙・喉所出之音無不該。於是乎、無無字之音、無不可書之言。此今之主於声者然也」（『呉文正集』巻二五、送杜教授北帰序）。

（73）「杜教授」において呉澄は、みずからが富州にて病気療養していたおりに、この「教授」杜唐臣と知りあったと記している。呉澄が富州で病を養ったのは大徳十一年のことである［袁冀、一九七八年、五六頁・方旭東、二〇〇五年、三三六頁］から、当該文書はこの時期に書かれたものと推定される。

（74）全文約七百二十字のうち、約三百四十字。

（75）青陽翼碑文、「其面勢……作二十有九旬迺成」の部分。

（76）張翥が、「四月望観帝師発思抜影堂慶讃立碑　丙午（至正二六年（一三六六））」（『張蛻庵詩集』巻一）と題した詩のなかで、「仏子来西竺、巍然南面尊」と詠んでいる。「帝師発思抜」像は南面していたわけである。なお、詩はこのあと「龍象諸天下、鐘螺竟日喧、朝覲立随喜、如在給孤園」として帝師殿の盛様を歌う。元の中国支配最末期においても、帝師殿がこのたぐいの礼賛発言を漢民族知識人から引き出していたことが分かる。

（77）タムパは明らかにタムパ＝クンガータクである。シェラプはおそらく訳師シェラプペルではないか。第三部第一章第二節参照。

（78）現在、危素の「呉文正公年譜」および虞集の「呉公行状」などによって明らかにされている［袁冀、一九七八年、八〇—八五頁・方旭東、二〇〇五年、三八二—三九〇頁］かぎり、英宗代において呉澄が二つの帝師殿の所在地、すなわち南安大庾・撫州臨川に赴いているか否かを決定することは困難である。わずかに、遠方の南安に足を踏み入れた可能性は低く、一方、撫州臨川に関しては、たとえば至治二年に建康から崇仁に帰還する途中で通過した可能性がなくはない、といった推測がありうるかも知れないが、あくまでも推測の域を出ない。ただし、崇仁に近い撫州路帝師殿の碑文のほうが南安のそれよりも建築に関する記事が詳密であることを、実見か伝聞かは不明ながら、より情報に恵まれていたことの反映であると考えられなくはない。

（79）「繪絵両廡諸賢像、銅鋳爵・尊・罍・洗・簠・簋等器」（『呉文正集』巻三六、楽安重修県学後記）。「両廡従祀絵像一新。礼器若尊・爵、若罍・洗、若簠・簋、悉範以銅。楽器若琴・瑟、若笙・鏞、若柷・敔、並準太常旧制肇造」（『同前』巻四〇、臨江路脩学記）。

（80）「奉聖師・従祀神像復于新廟、行上丁釈奠礼、士咸集、僉言曰……」（『呉文正集』巻三六、楽安重修県学記）。

（81）「若曰壮麗其棟宇、設飾其像貌、以竦人之観瞻焉爾」（『呉文正集』巻三八、建康路三皇廟記）。「廟殿中峙、後聳一堂、前敞三門……既完既美、煒然光華。従祀配神之肖像十、昔無、今増壇席于東序、西序新構易服之館」（『同前』巻三八、撫州路重修三皇廟記）。「繚以周垣、圬鏝（槾？）龐甃、具完具美、設伏羲氏・神農氏・皇帝氏三聖人像、配享従祀名数位次、悉如朝議」（『同前』巻三八、宜黄県三皇廟記）。

（82）「至治辛酉、游泳祥装塑諸像、益美観瞻」（『呉文正集』巻四七、金華玉山観記）。「……建金闕寥陽宝殿及三門、倶庚向、装塑神像、圬墁甓甃、具完具美」（『同前』巻四七、瑞泉山清渓観記）。「……建道観。直墓宅之右前有殿、後有堂、像設鐘鼓如儀」（『同前』巻四七、仙原観記）。「於癸亥春、成四子殿、成東西廡、諸神像各如其序」（『同前』巻五〇、大都東嶽仁聖宮碑）。

（83）「又得諸大家楽施、若仏殿、若法堂、若楼閣、若厨庫……以漸脩建。月増歳益、完美偉然、有隆盛之勢。装飾像設、瞻者竦敬」（『呉文正集』巻四九、宜黄県杜熂興祖禅寺重脩記）。「損俸起立華厳宝閣、上塑観音及善財五十三参像、装厳円満」（『同前』巻四九、海雲精舎記）。「至大庚戌、塑一仏二菩薩於法堂者……。延祐甲寅……起鐘楼、脩殿宇、并完三門・両廡・諸寮及羅漢像十八。泰定丁卯、作大仏像七、福海上覆、香案前横、金飾花果羅列璀璨」（『同前』巻四九、小台院記）。

（84）たとえば趙孟頫の至大四年付け奉勅撰「御集百本経叙」（『松雪斎詩文外集』序）には、「弘通無礙、利益有情。皇上法天聡明、斉仏知見」など、仏教的な観念に則した賛辞が記される。文宗代に虞集が撰述した「金字蔵経序」（『道園学古録』巻二二）の場合、崇仏的な傾向

（85）をある程度抑制していると読めるが、それでも「広啓勝縁」「顕密円通」など仏教的用語を以てその弘通を讃える表現を含む。仏僧である法洪の碑文においては、今回比較した他の碑文には見られない話題、すなわちチベット時代も含めて卓越した仏教僧として活躍したパクパの偉業という中盤の話題（「師生八歳……匪天縦之将聖、孰能与於此哉」）が、全体の三分の一近くの分量を占めている。この話題は一貫してパクパ礼賛のかたちで終始しており、これによって鮮明なパクパ礼賛文としての法洪碑文の性格が決定されている。

　青陽翼碑文は、帝師殿建立に携わった官員名を詳細に記すこと、つまりは地方官の治績証明文書としての色彩が強いことを特徴とする。結果としてパクパ礼賛に費やす分量が相対的に低減しており、そのかぎりにおいては呉澄碑文と共通することになる。ただしこれまで見てきたように、青陽翼碑文は叙述内容としてはパクパの神聖性をよく表現しており、あくまでも分量のうえでパクパ礼賛がいささか稀薄化されているというに過ぎないから、呉澄碑文とは質的に隔たりがある。

　林淳碑文の特徴としては、世祖代当初のものとその後の追謚を含めて、パクパの称号を詳細に記載することを挙げることができる。これによって碑文中に「大聖」「至徳」など神聖性を表す語句をパクパの属性として記すこととなり、その結果、皇帝たちチベット仏教奉戴勢力の主張をおのずから復唱することになっている。これに対して呉澄の碑文二点は、顕彰文として基本的な事項であるはずのこの称号の話題にまったく触れず、よってそこに含まれる神聖性に関する字句をついに記すことなく終わる。

　柳貫碑文の構成上の最大の特徴は、何と言っても碑文の後半をまるまる「詩」が占める点にある。柳貫という人物が儒学教育機関の官職を歩んだ儒臣であり、前章で見たとおり、仁宗政権からタムパ関連の文書撰述を課された際にもそれを手放しの礼賛文とはしなかったことを勘案すれば、あるいは帝師殿碑文の半分を詩で埋めてしまうというこの構成も、抽象的な美辞を以て字数を消化してしまおうとする儒家の対処の痕跡であるのかも知れない。だが四字句を以て畳みこまれるように綴られるこの部分は、美辞であるがゆえにむしろ不可避的に、パクパに対する絢爛たる礼賛文となっている。繰りかえしパクパが「聖師」と記されていること、「徳」も充てられていることはすでに述べた。これらに加えて柳貫詩句では、「天」字がパクパ礼賛のために多用されている。たとえば詩の冒頭に置かれる「天錫珍符」の場合は、パクパの国字を指している。ただしこれのみならば呉澄碑文にも類似の記述がある。しかし柳貫はさらに、帝師殿建造の「明命」は「天自り」きたったものと述べ、この祭祀そのものを天の意志と位置づける。またパクパに直接は関わらないながら、「八表同天」「天時式正」など、他にも多くの「天」字を用いている。結果として柳貫碑文は、パクパに関連するできごと全体を「天」意にかなうものとして表現することとなっている。

（86）三皇祭祀を儒家的歴史観のなかに受容するこの解釈が、実はきわめて変革的なものであったこと、この解釈を、呉澄を含む元代の儒者たちが宋代以来の道統論に変更を加えるかたちで生み出していったことは、水越知［二〇〇五年、六二頁］参照。

（87）「其敎礼楽也、所以尊聖師。其尊聖師也、所以励士学」（『呉文正集』巻三六、南安路儒学大成楽記）。「則豈惟近負聖朝之恩、遠負聖師之教」（『同前』巻三六、広州路香山県新遷夫子廟記）。「奉聖師・従祀神像復于新廟」（『同前』巻三六、楽安重修県学記）。「若夫日講聖師之書而不真知、不実践、於是数者無一焉」（『同前』巻三九、滁州重脩孔子廟記）。

（88）「学者張恒請字、字之曰伯固。……抑聞之、聖師不重則不威」（『呉文正集』巻七、張恒字説）。

（89）「子曰、君子不重則不威」（『論語』学而第一）。

（90）「抑曲阜聖師之林廟」（『呉文正集』巻三四、送葉鈞仲游孔林序）。

（91）「延祐二年夏、提挙陳君以忠至、祗謁先聖、顧瞻憮然。即日修葺殿堂門廡、煥然一新。塗径堦除、甃砌端好、聖師像位・龕帳案座靡不整厳」（『呉文正集』巻三七、瑞州路正徳書院記）。

（92）「馬首向高安、駝裘耐苦寒。聖師曽委吏、賢相亦征官」（『呉文正集』巻一〇〇、送楽希魯之高安征官）。

（93）「孔子之喪、公西赤為志焉……。右記聖師卒葬之事、凡四節」（『礼記纂言』巻一四、中）。

（94）袁冀［一九七八年、二〇五頁］。

（95）『元史』巻一八一、黄溍伝附柳貫。

（96）宋代までの漢文史籍において「帝師」という語が基本的には君主に侍する儒教の師を指す言葉であったこと、なおかつ儒教の師こそが「帝師」たるべしという観念が元代の儒家知識人にも認められることは、第一部第二章第一節を参照。また前掲林淳碑文にも、「孔子闡明大道、為万世帝王之師」として、この観念は記されている。

（97）パクパにいつ「帝師」号が与えられたかについては様々な議論があったが、中村淳［二〇一〇年、四六―四八頁］による詳細な検討の結果、至元九年（一二七二）の時点で、パクパがすでに「大元帝師」の称号で呼ばれていることが確認された。

（98）「夫子修而明之、故為百代帝王之師。切見方今……孔殿未修、帝師虚其位」（『秋澗先生大全文集』巻七九、承華事略、崇儒）。第一部第二章第一節参照。

（99）前掲注（65）参照。

（100）「余竊謂、文儒之尚、此聖世之厚恩、廟学之修、此賢令之善政。……夫如是、其可無負於聖世長育之仁矣夫、其可無戻於賢令承宣之義矣夫」（『呉文正集』巻三六、臨川県学記）。「然則聖朝之崇文、豈虚為是名也哉。……夫如是、其可謂不負聖天子崇文之明命休徳已」（『同前』巻五〇、崇文閣碑）。「巍〻赫〻、大称聖朝崇儒重道、憲官勉厲之意」（『同前』巻五〇、崇仁県孔子廟碑）。

（101）「易・書・詩・礼四経中言敬者非一、訓釈家不過以敬為恭粛厳荘・祗慄戒慎之義。……夫彼異端者流於敬之一字、蓋不数数……。異端者之成仙成仏、而吾儒之為賢為聖、以至於参天地、莫不繇此」（『呉文正集』巻四、敬斎説）。

（102）本章第三節（一）および前掲注（33）参照。

（103）この『孝経』の「徳教」については、加地伸行訳注［二〇〇七年、二八—三〇頁］参照。訓読もこれに拠った。そこでは「徳教」が「孝」「孝道徳」であることが示されている。また『孝経』聖治章第九の「徳教」についても、同様の解説がなされている［同前、七一—七二頁］。

（104）『孝経定本』は呉澄の書簡「答程教講義」（『呉文正公外集』巻三（成化本））で言及されており、この書簡は呉澄が二十三歳の時（宋咸淳七年・元至元八年（一二七一））に書かれたと見られている［福田殖、一九八六年、二五—二六頁］。よって『孝経定本』ないしその草案はこれ以前に成立していたことになる。

（105）「被」「及」は、法洪の帝師殿碑文、それも「徳」字の周辺で使われている。すなわち「其道之所被、徳之所及」「徳訓所及」の箇所である。これは、はたして偶然であろうか。法洪のこの二箇所の「徳」は、パクパのそれを指している。また、前掲注（52）で述べたように、呉澄は法洪碑文について何らかの情報を得ていた可能性がある。かりにそのような経緯があり、また「撫州碑」の撰文がそののちであった場合、法洪がパクパの「徳」を讃美したことに対して、呉澄はこれと近似する表記を用いつつ、みずからの言う「徳」は儒家の「徳」たる「孝」「敬」であると規定し、この語義規定を介在させることによって、「徳」の概念を仏教者であるパクパと直結させない転換をおこなっていることになる。

（106）岩間一雄［一九六五年、八九—九〇頁］・Gedalecia [1982, pp.283-293, 1999, pp. 67-108]・福田殖［一九八六年、二九—三二頁］・方旭東［二〇〇五年、五二頁・四一二—四一四頁］。

（107）嘉靖四年『江西通志』（巻一九、撫州府、秩官）・嘉靖三十三年『撫州府志』（巻八、人道志、官師表）・崇禎七年『撫州府志』（巻一二、人道志、官師表）・康熙五十九年『西江志』（巻五四、秩官）も、わずかな文字の異同を除いて同様の記事を載せる。康熙四年『撫州府志』（巻九、官師考）においては記載に混乱が認められる。年代順の配列を試みたためか、ここではダルガチと総管の人名が錯綜している。

（108）弘治『撫州府志』（巻八、公署、職官題名）は、元の「達魯花赤」として「塔不台」「完者帖木児」「曲薛捏（捏？・捏？）」「忙哥忙《ママ》木児」「朶列禿乞」の五名を挙げる。このうち塔不台は、至順二年（一三三一）着任、短くとも後至元三年（一三三七）まで在任していると考えられる（『道園類稿』巻二五、王文公祠堂記・巻二六、撫州路青雲亭記）。曲薛捏は至正二年（一三四二）、忙哥忙《ママ》木児は至正四年、朶列禿乞は至正六年の任官であると言う（弘治『撫州府志』同前）。完者帖木児も、「元季至正中、監郡完者帖木児重修西門城」（弘治『撫州府志』巻二、封域、羅城）、「元至正壬辰（至正十二年）之乱、完者帖木児守撫州」（嘉靖『撫州府志』巻一三、人道志、群賢列伝、趙均保）、「（至正）十八年戊戌五月、陳友諒兵陥撫州、執監郡完者帖木児」（嘉靖『撫州府志』巻二、天文志、災祥考）と見えるように、至正年間に在職している。おそらく彼が五名のうち最も遅い時期のダルガチであろう。このように、現存地方志が伝えるダルガチ五名は、いずれも至順年間以降の在任者と見られる。

（109）羅依果・楼占梅編［一九八八年、第二冊、一四三四頁］の人名録は、呉澄が「撫州碑」で言及したこの闊闊を、『存復斎文集』（巻一）中の「不花剌」の「闊闊」であるとしている。これはおそらく「資善大夫中政院使買公世徳之碑銘」に記される「不花剌氏」のことであろう。だが、『存復斎文集』の当該記事には、「間間」（四部叢刊続編所収景印鉄琴銅剣楼蔵明刊本）、「間〻」（涵芬楼秘笈第五集所収景印旧鈔本）なる人名は見えるが、「闊闊」という表記はない。またかりにこれが「闊闊」の誤記であるとしても、ここでの言及はわずかに彼が「仕止集賢院経歴」であったとするのみであって、なぜこの人物が呉澄所述の闊闊であると特定しうるのか、判然としない。他に何らかの材料があるのであろうか。

（110）この文書の冒頭部分で呉澄は「不廬而居、不耕而食者、浮屠氏也。其初蓋不以奉身之物累其心爾。後世尊重其教、優異其徒、而宏敞其居、豊饒其食、則至貴至富之奉亦或蔑以加焉、其初豈若是哉」として、本来あるべき姿に反して現行の仏教が物質的豊かさを享受していることを述べる。まさにその物質的豊かさを以て僧侶たちに奉仕する富裕な僧院に言及するに先だち、あえてこのような叙述を置くことによって、書き手たる自身の立場が仏教外部のそれであることを明示していると言える。その後の部分ではもちろん海雲精舎での施捨の活動を褒賞するのではあるが、その場合も、「抑嘗聞、釈氏経教言飯善人福最深重……」と、あくまでも仏教側の観念における善行であることを記し、みずからの立場とは切り離す配慮を見せている。

（111）〈図Ⅱ〉として掲げた康熙四年『撫州府志』（以下、康熙『撫州府志』は、原則的にこの康熙四年志を指す）の「景定州旧治《ママ》図」以前にも、同図は「景定州治旧図」として嘉靖『撫州府志』（巻三、地理志）・崇禎『撫州府志』（巻四、地理志）に収録される。嘉靖志・崇禎志のものは印字が不鮮明であるため、便宜上、ここでは康熙志所載のものを用いる。三図とも記載項目はほぼ一致し、文字の向きなども同じである。ただし、嘉靖志・崇禎志の図はいずれも西を上辺とするのに対し、康熙志の〈図Ⅱ〉はこれを転回して北を上辺としている。

（112）弘治『撫州府志』（巻二八、方外、釈教）には「郡城諸寺」が列挙され、その筆頭が「天寧万寿禅寺」、直後に「広寿禅寺」「宝応講寺」と続く。二寺が代表的な仏刹であったことが分かる。広寿寺については唐代からの、宝応寺については晋代からの沿革が簡単に示され、それぞれを詠んだ詩も数点ずつ載せられる。

（113）明代には、このかつて帝師殿であった場所の隣地に、臨川県儒学が置かれることになる（後掲〈図Ⅲ〉）。すなわち「県儒学、旧在城南二里之青雲峯下、学官弟子以出入為艱。嘉靖壬辰（嘉靖十一年（一五三二））、値城中宝応寺廃、群言……捐贖金三伯為徙学費……。嘉靖十五年、又群言……迺即寺遺址中為明倫堂、堂之前両掖為斎……」（嘉靖『撫州府志』巻六、地理志、廨宇紀）とあるように、嘉靖年間に宝応寺が廃され、その跡地に臨川県学が遷されたためである。留意すべきは、このとき旧臨川県儒学への「出入」が「艱」であるとして宝応寺跡地への移転が推進されている点である。このことからすれば、元代においても県学に比して宝応寺・帝師殿の一帯は利便性が高いとする意識のあった可能性は否定できないだろう。しかもそこには、崇儒対崇仏という二項対置的な観念さえ付随していたかも知れない。なぜなら、宝応寺跡地が臨川県儒学に転用されたことに関して明代の士人らは、「夫闢仏教以崇聖化、於義至順也」（嘉靖『撫州府志』巻一五、人道志、芸文録、臨川県改遷儒学記）、「臨汝学址、闢異端而帰之儒也」（崇禎『撫州府志』巻一八、人道志、芸文、重脩臨川県儒学記）と、それが仏教という「異端」をしりぞけて「聖」たる儒教の施設へと転換する「義」の行為であるとの認識を表明しているからである。この明人の発言から推せば、元代の儒家知識人にとってもまた潜在的に、宝応寺・帝師殿・広寿寺から成る「異端」の境域は儒学施設のそれに比較して不当に恵まれたものである、と見てとる余地はあったはずである。もっとも呉澄は、「学在郡城東南隅、挹青雲第一峯之右、地勢亢爽、人跡稀疎、喧囂之声・華靡之観不接耳目、於学者游処講誦為宜」（『呉文正集』巻三六、臨川県学記）と、臨川県儒学の偏僻について肯定的な言葉を残している。とはいえこれも、臨川県学への往来がいかに不便であったかを示すものではある。

（114）朱関田［二〇〇八年、一八二―二〇八頁］。

（115）宮崎洋一［二〇〇二年、一二五―一一二頁］。

（116）嘉靖『撫州府志』（巻一六、人道志、芸文録、方外）・崇禎『撫州府志』（巻二〇、芸文、寺観）・康熙十九年『臨川県志』（巻二八、仙釈附寺観碑記）・同治九年『臨川県志』（巻五〇、芸文志、金石。陳慶齢『臨川金石志』（不分巻）に再録）など。文集所収のものと比較すると、これら地方志所収の二碑には、いずれもある部分の省略が認められる。前後の文脈がつながるかたちで省略しつつ、撫州に関わる部分はよく残しているから、いずれかの段階で操作が加えられたもののようである。なお、二碑とも原碑は宋代までに失われていたのではないかとされる［朱関田、二〇〇八年、一八九頁・二〇三頁］。

（117）康熙『臨川県志』（巻二八、仙釈附寺観碑記）には「翻経台」と題する詩が十六点収録され、そこには以下のような碑文に関する句が見える。「銅陵猶喜払碑陰、天生慧業千年杳、弔古風期一往深、況是魯公遺記在」（丁弘誨）、「慧業宰官偏佞仏、古台碑碣尚留陰」（張瑶芝）、「謝公訳字蓮華蔵、魯国鐫書碑版陰」（掲貞伝）、「謝客不得帰東林……鉄画（書？）漫滅碑字老」（胡挺松）。これらは同治『臨川県志』（巻八、地理志、古蹟）にも再録される。印字はこちらのほうが鮮明である。

（118）「翻経台。在府治南宝応寺。劉宋謝霊運為臨川内史時、於此翻大涅槃経、因名台。有石刻翻経台字、存於寺」（嘉靖『江西通志』巻一八、撫州府、宮室)。

(119)明嘉靖年間における宝応寺廃絶については、前掲注(113)参照。

(120)康熙『臨川県志』(巻五、山川・巻九、学校、臨川県儒学・巻二八、仙釈附寺観碑記)・康熙『江西通志』(巻二五、古蹟、撫州府)・同治『臨川県志』(巻八、地理志、古蹟)。

(121)康熙『臨川県志』(巻一〇、群祀、顔魯公祠)。たしかに、たとえば嘉靖『江西通志』(巻一八、撫州府、祠廟)には「顔魯公祠」が「府治」、すなわち臨川に存在していることが記される。

(122)宮崎洋一[二〇〇〇年、三七—三八頁]。また宮崎[二〇〇一年]は、宋・元代の文書に言及される顔書という観点から、この時代の人々が顔真卿を強く意識していたことを明らかにした。そこでは宝応寺二文書や「麻姑山仙壇記」も挙げられている。

(123)「華蓋山王郭二真君壇碑銘」(『顔魯公文集』巻六。なお同碑銘は橋仙観碑記・宝蓋山記とも称される)、および「元子哲遺愛碑」(『輿地紀勝』巻二九、江南西路、撫州、碑記)。朱関田[二〇〇八年、一八四—一八七頁・二〇〇—二〇一頁]参照。

(124)「崇仁県。唐。顔魯公書、橋仙観記銘詞。……按碑在五十二都、華蓋山之麓……。顔魯公書、県令元子哲(晳?)墓碑」(光緒二年『撫州府志』巻八二、芸文志、金石。謝煌『撫州金石志』(不分巻)に再録)。

(125)「撫州南城県麻姑山仙壇記」(『顔魯公文集』巻五)。この碑文およびこれに関する種々の按文は、『金石萃編』(巻九六、唐)に採録される。ある按文には、陸游もまたこれの碑記に言及していることが見える。なおこの碑の詳細については、福本雅一[一九八二年]・朱関田[二〇〇八年、二〇三—二〇五頁]・宮崎洋一[二〇〇九年]を参照。

(126)宮崎洋一[二〇〇〇年、四二頁]。

(127)『宋史』巻三九五、陸游伝。

(128)「本府儒学。……皇明甲辰年(至正二十四年)、指揮同知金大旺因旧葺新」(弘治『撫州府志』巻一三、文教)。嘉靖『江西通志』(巻一八、撫州府、学校、撫州府儒学)・康熙『西江志』(巻一七、学校、撫州府儒学)・雍正十年『江西通志』(巻一七、学校、撫州府儒学)などにもほぼ同文の記事が見える。

(129)宝応寺遺址への臨川県学遷徙については、前掲注(113)参照。

(130)嘉靖『撫州府志』巻八、人道志、官師表、永豊倉。

(131)嘉靖『撫州府志』巻六、地理志、廨宇紀、郡廨宇。

(132)嘉靖『撫州府志』巻六、地理志、廨宇紀、臨川県。

（133）蒙古字学の学舎が至治二年に建築されたとの内容は、常山への言及を失いつつも、後継のいくつかの地方志に踏襲される。すなわち万暦三十七年『南安府志』（巻一〇、建置志）に「大庾県治……旧県在城外東南一里……至治壬戌、以県故址為蒙古学」と見え、康熙十二年『南安府志』（巻五、建置紀）・康熙四十九年『南安府志』（巻四、建置志）ともにほぼ同じ内容を載せる。こののち康熙五十九年『西江志』（巻二〇、公署、南安府）・雍正『江西通志』（巻二〇、公署、南安府）では「壬戌」が略され単に「至治間」と記されるものの、蒙古字学についての記述は残存する。またこれらとは別に、蒙古字学への言及を欠く大庾県旧治関連記事の系統が存する。この系統では宋代県治の位置の表記が少しく異なる。後掲注（139）参照。

（134）同表は、泰定年間の南安路ダルガチとして「馬合末」「赫徳爾」という二名の名を挙げる。泰定はその五年（一三二八）の二月には改元されているから、常山がどんなに長く在任していたとしても、彼ののち、このときまでに馬合末・赫徳爾という二代の新ダルガチが就任していなくてはならない。したがって常山による南安路帝師殿の創建は、至治二年以降泰定五年以前の七年間のうち、かなり早い時期ということになる。この結果は、呉澄碑文から導かれる至治三年正月以前という推測を補うものである。

（135）張羽新［一九九七年、一一二―一一六頁］。

（136）同治十三年『大庾県志』（巻四、建置志、公署、県署）・民国八年『大庾県志』（巻三、建置志、公署、県署）も同記事を採録する。

（137）「蓋是時、章江自西而南折若規円然、城因之。元時、大水経過郡治城中、断郡分為二。元至正壬辰（至正十二年（一三五二））、同知薛理始築今城。次年、甃以石。四年、乃作四門楼櫓。南瀕章江、東北帯渓、惟西稍高為隍。城狭而長、微鋭類魚。故名魚城」（康熙四十九年『南安府志』巻四、建置志）とあるように、元代のある時期に章江が流路を変え、南安城は南北が分断されるかたちとなった。この河道の変化は、次注（138）に示す横浦橋建築の時期から推して、延祐年間以前と見られる。のち至正十二年に南辺を章江に接する新城壁が築かれた、と本記事が記すところの「今城」が、〈図Ⅳ〉に描かれる城壁である。つまり至治年間の南安城は、〈図Ⅳ〉の城外章江南岸の一帯をまだ含んでいた。したがって、かりに蒙古字学や帝師殿が横浦周辺であったとしても、城中から城壁を越えて往来したわけではない。この点が、城壁南辺が川の北岸に移動したのちの〈図Ⅳ〉の状況とは異なる。常山たちの時期においては、たとえ河を越えて往来したとしても、そこはあくまでも〝城内〟であった。まして延祐年間に横浦橋が造られていたのであるから、とくに疎隔感もなかったはずである。

（138）「横浦橋。府城南門外。元延祐間建。後改名平政、迨至正時……」（康熙『西江志』巻三四、関津、南安府）。乾隆十三年『大庾県志』（巻六、建置志、津梁）にも同様の記事が見え、また同乾隆志（巻一九、芸文志）が収録する游紹安の「重建横浦橋記」にも「府城南門外東百余歩、有横浦橋一座。建于元延祐年間」と見える。同治『大庾県志』（巻二、地理志、津梁・巻一六、芸文志、記）もこれら乾隆志の記事を踏襲する。

（139）『大明一統志』（巻五八、南安府、古蹟）も、「宋」の「大庾県旧治」は「在府城東二里」であったとする。つまり、嘉靖『南安府志』など城の「東南」とする系統とは別に、城の「東」という表記の系統が存在する。この表記系統は、康熙二十二年『江西通志』（巻二五、古蹟、南安府）・康熙『西江志』（巻四二、古蹟、南安府）・乾隆三十三年『南安府志』（巻六、古蹟）・同治七年『南安府志』（巻七、古蹟）に継承される。

（140）陳幼実の所属に関する疑義ついては、後掲注（146）を参照。

（141）呉澄が江西において少なからぬ宗族集団と広く交流していたことは、たとえば彼らの依頼に応じてその族譜に序文を多く撰述していることによっても知ることができる。森田憲司［一九七九年、三八—四五頁］・青木敦［二〇〇五年、二七七—二七九頁］参照。

（142）この文書は嘉靖『南安府志』（巻二一、秩祀志、廟祠）・康熙『西江志』（巻一五九、芸文、記、元）・雍正『江西通志』（巻一二七、芸文、元）・同治『大庾県志』（巻一四、芸文志、記）などの地方志に引用されており、呉澄の作として広く知られていったことが分かる。一方、「南安路帝師殿碑」はこれらの地方志には採録されておらず、実際に碑刻立石されたか否かも定かではない。かりに碑石が存在していたとしても、元末明初に帝師殿とともに撤去されたものであろう。近い時期に同じく南安の祭祀施設に関して書かれた二文書でありながら、伝世にあっては明暗を分けたと言える。これはそのまま、チベット仏教僧祭祀という特異な事態に関する記憶をすみやかに失っていった江西在地社会のその後の状況を映すものであり、より巨視的に見れば、元の帝師殿事業に対する漢民族社会の回答の一端でもある。

（143）書陵部蔵本のこの文字は判読しにくい。いま成化本に拠って「江」とする。四庫本には「以」とある。

（144）「諸路総管府、至元初置。二十年、定十万戸之上者為上路、十万戸之下者為下路。……上路秩正三品。達魯花赤一員、総管一員、並正三品、兼管勧農事。……下路秩従三品」（『元史』巻九一、百官志）。南安路は「南安路、下。……戸五万六百一十一」（『元史』巻六二、地理志、江西等処行中書省）との記事も見えるように下路であるから、常山・張昉ともに従三品官であったことになる。嘉靖『南安府志』（巻一三、職制志、元、南安路総管府）に「達魯花赤一人、秩従三品、以蒙古人為之。総管一人、秩従三品、以漢人・南人為之。二職皆長官、総管一路之政、兼管内勧農事」とあることはこれに一致する。

（145）諸路総管府において総管の職責がきわめて重いものであったことについては、李治安［二〇一一年、下冊、六三〇—六三五頁］を参照。

（146）張昉については、彼が「至元」年間の南安において活動した総管であるとの宦蹟伝記事が、比較的新しい地方志に見える（康熙四十九年『南安府志』巻一三、宦績志・雍正『江西通志』巻一六、水利、南安・乾隆『大庾県志』巻一一、職官志、名宦・乾隆『南安府志』巻一一、名宦・同治『南安府志』巻一五、名宦・同治『大庾県志』巻九、職官志、名宦・民国『大庾県志』巻五、職官志、名宦）。しかしこれは誤伝である。この誤伝の淵源は、おそらく嘉靖十五年『南安府志』（巻三）が載せる南安路総管府の秩官表、ないしこれと同系統に属する何らかの文書である。現存する同系統情報のなかで最も古いこの嘉靖『南安府志』所収秩官表では、張昉が「至元」の総管の欄に記入されている。しかしまずこの表は、元号欄の「至治」と「至元」の文字を入れ違えて記載している。すなわち表の冒頭の元号欄に「至治」、泰定の直前の欄に「至元」とある。明らかにこれは同じく「至」字を含む二つの年号を入れかえてしまった単純な誤記に過ぎない。それにもかかわらず以後の地方志は、その秩官表（万暦『南安府志』巻四・康熙十二年『南安府志』巻一〇・康熙四十九年『南安府志』巻七・康熙『西江志』巻五四・雍正『江西通志』巻四六・乾隆『南安府志』巻七・同治『南安府志』巻八）において、張昉を一貫して「至元」の総管として表記することとなる。このうちわずかに同治志秩官表のみがこれを後至元として処理しようとする工夫を見せるが、他は基本的に嘉靖『南安府志』の秩官表と同様の誤記を継承している。ところが一方、嘉靖『南安府志』そのものを含めて明代から清代康熙前半までの地方志は、その宦蹟伝においては、張昉を「延祐」の総管として記している（嘉靖『南安府志』巻二八、宦蹟伝・万暦『南安府志』巻一七、宦蹟伝・康熙十二年『南安府志』巻一二、宦蹟紀）。本文で述べるように張昉は確かに延祐から至治にかけての総管であるから、こちらが正しい情報である。つまりこの時期までの地方志は、張昉に関して、誤った秩官表記事と正しい宦蹟伝記事とを一書のなかに混在させている。康熙四十九年『南安府志』に至ってどうやらこの矛盾の打開が図られたようであるが、このとき誤りである秩官表のほうに情報が合わせられてしまっている。すなわちここで張昉を「至元」の総管とする誤った前記宦蹟伝記事が発生し、これをその後の地方志が踏襲することとなっている。ただし康熙五十九年『西江志』（巻六五、名宦、南安府の張昉伝は、四十九年志のこの改定をいぶかしんだためか、「延祐」も「至元」も記していない。一方、嘉靖四年『江西通志』（巻三七、南安府、秩官、元）はその秩官一覧・宦蹟伝いずれにおいても張昉を正しく「延祐間」の総管とする。この秩官一覧は嘉靖『南安府志』秩官表と異同が多く、明らかに別の情報系統に位置するという点で貴重な材料である。ただし、その登載件数が少ない。本稿の関係で言えば、常山も趙仁挙もここには登載されていない。このようにやや粗いリストであるため、のちの府志はもとより、雍正の省志もまた嘉靖『南安府志』秩官表系統の情報を採用したものであろう。

さらに嘉靖『南安府志』秩官表に見られる「至治」「至元」の誤記は、また別の問題をも引き起こした。それが、ひとり張昉のみならず陳幼実も至元の南安官員であって、彼ら二名がともに世祖至元年間に活動した、という誤伝が派生したことである。この混乱は、すでに万暦『南安府志』（巻一〇、建置志）に認められる。そこには「大庾県儒学……元前至元為水噛、始徙於府学東北。総管張昉偕邑教陳幼実脩之。傅商俊記」と記されている。康熙十二年『南安府志』（巻六、建置紀、学校）・康熙四十九年『南安府志』（巻四、建置志、学校）・康熙『西江志』（巻一八、学校）・雍正『江西通志』（巻一八、学校）・乾隆『大庾県志』（巻五、建置志、学校）・乾隆『南安府志』

（巻四、廟学）・同治『南安府志』（巻五、廟学）・同治『大庾県志』（巻六、学校志、学宮）・民国『大庾県志』（巻四、秩祀志、廟壇）にも同じ記事が踏襲され、旺盛な伝播を見せる。しかし至元の大庾県儒学造営については、嘉靖『南安府志』（巻一六、建置志）がこれを「万戸周世傑」による事業として記している。情報源として同じく「傅商俊」による筆記を用いているから、万暦志以降の記事と同じ造営事業を指していることは疑いない。つまり、正しくは周世傑によるものである至元年間の事績が、万暦志以後、張昉・陳幼実の二人によるものと誤伝されているわけである。これもまた張昉に関わる嘉靖『南安府志』秩官表系統の単純な誤記が後継地方志に及ぼした混乱であるが、この事例の場合、陳幼実も連動して誤伝されている点が注目される。このことの主要な原因として、いま取り上げている呉澄の「南安路大成楽記」の存在を挙げうるだろう。前掲注（１４２）で述べたように、この文書は明・清の地方志にしばしば引用される。おそらく、呉澄がそこで伝えた張昉・陳幼実連繋にかかる儒教典礼振興事業という内容が強く意識された結果、張昉とともに陳幼実もまた至元の南安官員であるという誤解が発生し、周世傑による儒教関連の事績が彼ら二人のものとして誤伝されることになったと考えられる。呉澄の儒教礼賛文書が及ぼした影響を看取すべきであろう。このこともまた、同じく呉澄の文書でありながら、その帝師殿碑文が明・清代地方志において無視されたこととのきわだった対照を示すものである。

以上のような余波を起こした「至治」「至元」誤記を第一のものとして、ほかにも嘉靖『南安府志』所収の秩官表には、ここでの考察に関連して次のような問題がある。

第二の問題は、「常山」がダルガチの欄に見えず、張昉の前任者として「総管」の欄に記入されている点である。呉澄が彼をダルガチとする以上、常山はおそらくモンゴル人である。色目人であった可能性はなくもないが、漢人・南人ではない。一方、南安路総管府の総管には漢人か南人が充てられたとされており（前掲注（１４４））、常山が総管であったとはいささか考えにくい。とはいえ、江西においてモンゴル人ないし色目人が総管に任官したかと見られる事例は存在する。たとえば嘉靖『江西通志』（巻三三、袁州府、秩官、元）に見える袁州路総管「錦州不花」「那海」は、改名していないとすれば漢人・南人ではあるまいし、『同前』（巻三五、贛州府、秩官、元・同巻、名宦、元）に見える贛州路総管「全普庵（安）撒里」の場合は、「高昌」出身と記されているから、色目人である。これらのことから推して、常山がダルガチ就任以前に総管職にあった可能性も皆無ではない。しかしかりにそうであったとしても、張昉が「総管」欄に記されたのと同時期の「達魯花赤」の欄に、いま一度「常山」と書き入れられてしかるべきである。そもそも同一官署内で総管からダルガチに昇任という人事などは一般的ではあるまい。したがってこの表が「総管」として「常山」を載せることは誤記である疑いが濃厚である。

第三の問題は、当該表に附された南安路儒学とその所属諸県儒学の学官一覧表において、陳幼実が「至治」の「南安路学」教授として記載されていることである。この陳幼実を、呉澄は「南安路大成楽記」において「掌南安属県之教」と記し、「南安路帝師殿碑」のなかでも「属県儒学臣」としている。いずれの場合も撰文の依頼のためにわざわざ南安から派遣された陳幼実の官職を、呉澄が誤記したとは考えにくい。呉澄が至治二年以降に「南安路帝師殿碑」を執筆したのち陳幼実が南安路学に転出し、これが秩官表に記録されていると考えられなくはないが、至治は三年までしかないのであるから、少しく無理がある。したがって、秩官表のこの表記には何らかの混乱が疑われる。ただし嘉靖『南安府志』秩官表とは別系統の情報に拠ると見られる嘉靖『江西通志』（巻三七、南安府、秩官、元）の秩官一覧も、時期の表記を欠きながら、陳幼実を「路」の儒学教授としている。彼がいずれかの時期において南安路の儒学教授であったことは事実であるかも知れない。

　なお二次的な問題ではあるが、嘉靖『南安府志』景印洋装本（天一閣蔵明代方志選刊続編、五〇、上海書店、一九九〇年）について付言する。同書の元代秩官表（一一四―一二四頁）は、おそらく原本の葉の順序を一部差し違えたかたちで収録されている。そのため使用に際しては、たとえば万暦『南安府志』（巻四）の元代秩官表を参照するなどして、原型に復元のうえ読む必要がある。

（147）「延祐二年、免江西自実田租二年」（万暦『南安府志』巻三、政事紀）と、張昉の名を欠きながら伝えられる免租も、これを指すだろう。同記事は康熙四十九年『南安府志』（巻一六、事攷志）・乾隆『南安府志』（巻二二、事考）にも見える。また、この免租をはじめとする張昉の治績が南安において高く評価され、生祀も建てられたことが、その碑記とともに伝えられている（嘉靖『南安府志』巻一二、秩祀志）。

（148）「張昉、字謙甫、東平人。延祐間、為南安路総管」（嘉靖『江西通志』巻三七、南安府、秩官、元）。嘉靖『南安府志』（巻二八、官蹟伝）にも同文が見える。これと同様の記事を載せる地方志、およびこの「延祐」を「至元」に改変してしまった地方志については、前掲注（146）を参照。

（149）「富儲坊、在路治西。元延祐間、総管張昉建」（嘉靖『南安府志』巻二三、崇表志、大庾県）。「雲津橋」の架橋（嘉靖『江西通志』巻三六、南安府、関梁）、「通済橋」前身の渡津の整備（万暦『南安府志』巻一一、建置志、橋渡）も、「元延祐間」における張昉の事績として記される。

（150）康熙十二年『南安府志』（巻六、建置紀、学校）・康熙四十九年『南安府志』（巻四、建置志、学校）・乾隆『南安府志』（巻四、廟学）・同治『南安府志』（巻五、廟学）。

（151）呉澄の当該文書においては趙仁挙の撫州における職が明記されていないが、弘治『撫州府志』（巻八、公署、職官題名、元、総管題名）・嘉靖『江西通志』（巻一九、撫州府、秩官、元）・嘉靖『撫州府志』（巻八、人道志、官師表、牧守）などに彼が撫州路総管であったことが記される。

（152）趙仁挙の南安路総管在任期間については問題が少なくない。たとえば『元人伝記資料索引』の趙仁挙の項目［王徳毅・李栄村・潘柏澄編、一九八七年、第三冊、一七一七頁］は、「至順間改南安路総管」として、彼が南安路総管に転任した時期を至順年間（一三三〇―一三三三）とする。では、泰定二年七月の赴任を伝える嘉靖志所収記事は誤りなのであろうか。

これを検証するためには、まずその直前の任地である撫州路での在任期間から割り出す方法がありうる。呉澄が「送南安路総管趙侯序」において、趙仁挙は撫州に着任して「三年にして去」って南安に赴任すると記しており、これを利用するものである。しかし、このためには趙仁挙の撫州着任年次を知ることが必要となるが、現存史料の不足によってこの作業が頓挫してしまう。前注で挙げた弘治『撫州府志』（巻八、公署、職官題名、元、総管題名）・嘉靖『江西通志』（巻一九、撫州府、秩官、元）などに一応の撫州路総管リストが残存し、そこに趙仁挙（伯昂）の名も見える。しかしこれらのリストは各人の在任年次について断片的にしか記しておらず、さらにその断片的記載も、たとえば同時代の虞集が「撫州路重建譙楼記」（『道園類稿』巻二六）のなかで記す撫州路総管についての情報と矛盾するなど、明らかに混乱を含んでいる。よって、この方向から趙仁挙の南安路への転任時期を考える方法は閉ざされている。

他方、南安路総管としての趙仁挙については、前記嘉靖志記事のほか、以下のような材料がある。まず康熙『西江志』（巻五四、秩官、元）・雍正『江西通志』（巻四六、秩官、元）・同治『南安府志』（巻八、秩官、元）は、その秩官表において「泰定」の総管として趙仁挙を挙げる。他方、嘉靖『南安府志』は、その秩官表（巻三）のほうでは「天暦」（一三二八―一三三〇）期の総管の欄に趙仁挙を記している。万暦『南安府志』（巻四、秩官表）・康熙十二年『南安府志』（巻一〇、秩官紀）・康熙四十九年『南安府志』（巻七、職官志）・乾隆『南安府志』（巻七、秩官）の秩官表も、これを継承して「天暦」期の総管として趙仁挙を挙げる。さらに、至順三年（一三三二）に「南安総管」趙仁挙所蔵の古玩を見た、とする同時代人の発言がある。すなわち「湯仲謀云、余至順壬申（至順三年）、見南安総管趙伯昂所収古伯彝」（『雲煙過眼録』（叢書集成初編所拠十万巻楼本排印、北京、中華書局、一九八五年）巻上、焦達卿敏中所蔵、湯允謨注）と見えるものがこれである。ただし当該記事は諸本間で表記に差異がある。すなわち前掲叢書集成初編排印テキストの表記のほか、「南安（一字分空白）総管趙伯昂」（百部叢書集成所収景印十万巻楼叢書本）、「南（一字分空白）総管趙伯昂」（文淵閣四庫全書本）の記載も見え、地名部分の表記が著しく不安定である。そのためか「南康《ママ》総管趙伯昂」（『御定佩文斎書画譜』（文淵閣四庫全書本）巻六〇所引『雲煙過眼録』）と引用されてさえいる。

おそらく『元人伝記資料索引』が示す略歴は、この『雲煙過眼録』記事に拠ったものであろう。たしかに最も古く、したがって本来これこそが基準とすべき記事である。しかし、至順三年に仁挙の愛蔵品を見たと述べる湯允謨（字、仲謀）がこの時点での官職名を以て趙仁挙を呼んでいるか否かは即断できない。もちろんこのとき南安路総管に在任していることが否定されるものではないが、少なくとも、この至順三年に撫州路総管から南安路総管に「改」められたと解しうるわけではない。

さらにいま一点、「至治中、南雄太守趙伯昂」が古玩の玉馬を修理させた、とする記事が『説郛』（巻九九、璊玉馬）に見える。もしもこのとおりであるとすれば、至治年間（一三二一—一三二三）に南雄路総管に在任したのち、呉澄が記すように撫州路総管に「三年」在任し、さらにそののち泰定二年（一三二五）年には南安に在任していなければならない。南雄退任年次を至治元年と仮定すればありえなくはあるまいが、時間的にかなり切迫していることは否めない。しかし、いま嘉靖二十一年『南雄府志』（巻上、表、職官）が伝える元代の南雄在任者を見ると、そのなかに趙仁挙の名はない。南雄路の総管以下の諸官職はもとより、属県である保昌や始興の官員一覧にも記されていないし、官員の事績記録等の記事にも彼の名は見えない。この『南雄府志』の官員一覧は元代の総管の名を十二名分保存しており、同種のリストとしてはかなり充実しているから、ここに記されない趙仁挙が南雄路総管であったと考えうるかは判定しにくい。このように『説郛』の南雄在任記事は難解な問題を含む。とはいえ、これが泰定年間に彼が南安路総管であったことを否定する材料たりうるものではないことまでは言えるだろう。

以上の諸点から見て、趙仁挙が泰定二年に南安路総管に赴任し、その孔子廟を重修したとする嘉靖志所伝記事を否定しうる積極的な材料はないと考えられる。彼はおそらく天暦年間にも在職し、あるいは至順年間まで在任していたものであろう。

(153) 至治三年正月に翰林学士を拝した呉澄は、同年二月に崇仁を出発、五月に京師に入った。京師には足かけ三年滞在し、泰定二年八月に京師を発って同年十一月に龍興を通過、十二月に崇仁に戻っている［袁冀、一九七八年、八二—八三頁・九三—九五頁］。よって、劉倬の言うとおり「泰定二年秋七月」に趙仁挙が「来守南安」したとすれば、呉澄が帰郷した時点では、趙仁挙はすでに撫州路を去っていなければならない。また実際のところ趙仁挙の撫州在任期は呉澄の撫州不在期に重なっており、それにもかかわらず呉澄は、いずれかの時点で、南安路へ転出するこの人物への餞別の文を送達したことになる。この顧慮の背景として、これに先だつ数年前に陳幼実を介して南安とのつながりをもった経験も作用していたと見てよいだろう。

(154) 前掲注（152）に挙げた『雲煙過眼録』（巻上）・『説郛』（巻九九）に見える古伯彝や玉馬に関する記事を参照。ことに玉馬は著名であったらしく、『研北雑志』（巻下）にも「南安総管趙伯昂仁挙」の蒐集品として言及される。これら彼が所持した名品の数々は、「総管太中濼陽趙伯昂仁挙所蔵器」として湯允謨の『雲煙過眼録続集』（不分巻）に紹介されている。

(155) 『南村輟耕録』巻一二、園池記。

(156) ただし大徳年間に赴任した晋州において趙仁挙が善き地方官であり、顕彰碑も立てられたとする伝記記事が、ごく簡略なものながら嘉靖二十八年『真定府志』（巻二四、名宦伝）に見える。

（157）「三月十日観南安趙使君所蔵書画古器物」（『柳待制文集』巻三。康熙『西江志』（巻一二五、芸文、詩、元）・同治『大庾県志』（巻二一、芸文志）も採録）と題された柳貫の七言詩が、趙仁挙の蒐集を鑑賞したおりの作と考えられることによる。柳貫はその人物を「南安趙使君」「佳客趙横浦」と記しているのみであるが、詩中に言及される名品のいくつかが、趙仁挙の所蔵品に該当すると見られる。すなわち、柳貫が「連銭驄馬琢文玉、圉人側立垂裙裾」「庭光古仏出梵相」「瑤池仙会上中巻、細巧自是呉元瑜」「二王真迹胡可得、硬黄数幅真唐摹」と詠んだ品が、それぞれ湯允謨が『雲煙過眼録続集』のなかで趙仁挙所蔵として挙げる「玉馬一。……玉人一。……衣垂至地、不見足。色温潤与馬同」「楊庭光下生如来像」「呉元瑜瑤池図二巻」「王右軍司州帖、古黄紙書」を指すと考えられる。したがって、この「南安趙使君」は趙仁挙である。柳貫は泰定三年（一三二六）に江西等処儒学提挙に任ぜられ、数年のあいだ龍興にて在勤していた（宋濂「元故翰林待制承務郎兼国史院編修官柳先生行状」（『柳待制文集』附録・『潜渓集』潜渓前集巻一〇））から、この時期に趙仁挙と対面しているのではないか。呉澄と柳貫のあいだに親交があったことは知られている［袁冀、一九七八年、二〇五頁］が、それのみならず、たとえばこの趙仁挙のような共通の知己との接触もあったことになろう。帝師殿の事業が、当時の儒家知識人たちの重層的な交友関係のなかで進行していたことを示す事例である。柳貫がこののち元統二年（一三三四）に江浙温州路の帝師殿碑銘を撰文することになることは、本章前半で見てきたとおりである。

（158）康熙十二年『南安府志』（巻六、建置紀、学校）・康熙四十九年『南安府志』（巻四、建置志、学校）・康熙『西江志』（巻一八、学校）・雍正『江西通志』（巻一八、学校）・乾隆『大庾県志』（巻五、建置志、学校）・乾隆『南安府志』（巻四、廟学）・同治『南安府志』（巻五、廟学）も、「泰定間」（一三二四―一三二八）という表記ながら、また重修の対象が孔子廟であるか儒学であるかを次第に曖昧にさせながら、趙仁挙によるこの事績を載せる。

（159）ここまでの注において、頗をいとわず比較的新しい地方志にまで範囲を広げて見てきたように、呉澄「南安路大成楽記」や張昉の伝記として廟楽整備を伝える記事は、清代同治期の地方志に至るまで連綿と採録されつづけた。趙仁挙の南安路孔子廟重修を伝える記事もまた同治期の地方志に及んでいる。張昉・陳幼実の二人による崇儒的活動という話題などは、新たな誤伝までも発生させつつ、これが同治・民国期の地方志へと継承されている。前掲注（142）（146）（150）（158）を参照。もちろんこれは明・清代官撰文書の崇儒的傾向を反映してもいるだろう。しかし、まず情報源たる元代文書の存在が前提となっていることは言うまでもない。元代においても地方官の崇儒的事績は記事としてよく記録された、あるいは、崇儒的活動の記事は地方官の治績記録として一般的な題材であった、と考えねばならない。当然、この価値規範は地方官の行動そのものを崇儒的なものへと方向づけたはずである。風雅の人たる趙仁挙が大規模な孔子廟重修に取り組んだこともその一例にほかなるまい。元代の漢民族知識人社会にあっても、崇儒的価値観とそれにもとづく行動という循環が持続していたことが分かる。そしてまさにこの循環に介入し、ある種の動揺をきたすべく企図されたものが帝師殿の政策であったと理解される。

第三章　称揚：聖世呈祥の証言
――大都の游皇城

序言

元の大都城、現在の北京の基礎ともなるこの冬の都は、旧暦二月十五日、大規模な例祭に春の訪れを彩らせた。風に幢幡をなびかせる神仏の駕輿が、喤喤と和する鐘鼓箏簫の楽隊が、装いを凝らした妓女や役者たちが、それぞれ多勢の連をなして都城やや南寄りに位置する皇城の内外を練り歩いた。『元史』は、これを「游皇城」と記す。

游皇城については、すでにいくつかの先論が元代風俗の一つとしてこれに言及し、儀典の次第・行列の陣容・巡行ルートなどを、主として『元史』巻七七、祭祀志、国俗旧礼に拠って紹介してきた。[1] なかでも中村淳は、游皇城に関するいま一つの基本史料である『析津志輯佚』歳紀を重視することにより、この行事に新たな考究を加えた。[2] そこでの主題は、大都城郊外の「鎮国寺」、すなわち大護国仁王寺で二月八日から執行された仏教儀礼であるが、この仏事がそのまま前段となって、十五日の游皇城へと継続することが指摘された。これによって、大都城内外で数日間にわたって展開された祭典の一部として游皇城をとらえるべきことが明らかになった。

本章は、この一連の祭典、とくにそのクライマックスに位置する游皇城を対象として、以下の問題を考察する。第一は、これをチベット仏教によって元が独自に造形した祭典と見てよいか、という問題である。『元史』国俗旧礼によれば、前日十四日に「帝師」が「梵僧五百人」を率いて宮城正殿の大明殿で仏事を修めたあと、十五日に仏の象徴である傘蓋が大明殿から出されて皇城内外を巡行し、この「金傘」が宮中に還御したのち十六日にかけてふたたび帝師らが仏事を執行して祭典は終わった。元のチベット仏教尊信を象徴する帝師が重要な役割を演ずるこの式次第は、游皇城とチベット仏教の不可分の関係をうかがわせる。また、この帝師仏事や都城巡行が、世祖期に導入されたチベット仏教経典に準拠していたとの指摘もある。(3) これらのことからすれば、元のモンゴル人支配集団が、その国家の一大標識として掲げてきたチベット仏教を游皇城の基軸の一つとしていたことは疑いがない。しかし、チベット仏教の豊かな教理教説や膨大な仏典群からは、様々な形態の式典の造形が可能であったはずである。それが結果としていま史料に残る游皇城の形態に設定されたについては、そこに何らかの理由が示されねばならない。あるいはまた、挙行日程や行列の構成など、游皇城にはチベット仏教のみでは説明できない要素がある。これらは何にもとづいて決定されたのか。以下においては、この祭典のさらなる淵源を元代以前の中国都市、すなわちチベット仏教導入以前の在地都市社会に求めうるか否かを検討する。

第二は、行列の陣容と巡行ルートとが指し示す問題である。行列の様態は、さいわい比較的よく伝えられている。ところがそこに記される巡行者の構成は、単に政権が奉戴する仏教の威容を表すための国家儀礼と片づけてしまえるほど純一なものではない。なるほど多数の仏僧たちが仏像や幟を担いで巡行してはいる。しかし一方、そこでは仏教以外の宗教的尊格が引き回されてもいた。また、国家機関に属する典礼関係者のみならず、在地の住民からも人員が出ている。どうやら、かなり雑多な構成をもつ都市祝祭であったらしい。加えてその巡行のルートもまた、これが単なる市街パレードであったわけではないことを示唆する。行列は、都城市街を巡行したのち皇城の内部に入り、そこここの宮殿の間を経めぐると記されている。つまり都市民を含む多様な人々が、この春の一日、通常は足を踏みいれることのない禁域内を巡遊したわけである。なぜ、そのような設定がなされているのか。挙行主体であるモンゴル人支配集団、すなわちチベット仏教奉戴者たちは、はたしてそこに何を期待していたのか。

第三は、この祭典が放つメッセージの受け取り手として、何ものが期待されていたかという点である。もちろん原理的には帝国治下のすべての人々がその対象であったことにはなる。しかしより直接的な意味において、游皇城にはある特定の社会集団から鋭敏な反応を引き出そうとする設定が組みこまれていた形跡がある。それが、游皇城に認められる漢民族文化との接点であり、また漢民族社会に対する意識の形跡である。従来、元代のチベット仏教はあくまでもモンゴル人支配集団の尊信対象であり、「漢人大衆」にはほとんど受容されなかった[4]ことを以て、この新来仏教と漢民族社会との関わりは注視されてこなかった。しかしチベット仏教を受容しなかったことが、すなわちそれと無関係で済まされたことを意味するわけではない。征服支配体制の中心に位置する崇仏勢力は、チベット仏教を絡ませたこの都市祭典を通して、人口比率からすれば圧倒的多数者である漢民族の社会に照準した何らかの働きかけをおこないえたのではないか。この点に着目しつつ、考察を進めることとしよう。

第一節　都市の記憶——游皇城の源流

（一）二月八日問題

游皇城の挙行日については、冒頭で述べたように、『元史』国俗旧礼・『析津志輯佚』歳紀の両記事ともにそれを二月十五日のこととしている。

『元史』国俗旧礼は、まず「世祖至元七年（一二七〇）、帝師八思巴の言を以て、大明殿御座の上に白傘蓋一を置き……。自後、毎歳二月十五日、大〔明〕殿にて白傘蓋仏事を啓建す。諸色の儀仗・社直を用いて傘蓋を迎引し、皇城内外を周遊す」と大枠を述べたうえで、より詳細な日程を次のように記す。正月十五日、宣政院・中書省・枢密院など担当官署が準備に入る。当日の二日前、すなわち二月十三日には鎮国寺に「太子」を「迎」えて四門を「遊」し、塑像を掲げて儀仗とともに入城する。この「太子」が何ものであるかは記述されない。しかし後述するように、おそらくこれは游皇城の背景を示唆する痕跡の一つである。翌十四日には、正殿である大明殿にて帝師と衆僧による仏事が修建される。十五日に至って、いよいよパレードがおこなわれる。行列は皇城から出ると、まずその南西にある慶寿寺に入り、ここで素食を喫したのち、皇城北門へと巡行する。北門からふたたび皇城内に入って巡行を終える。このあと帝師が仏事を執行し、十六日に一連の行事が完了する。

一方の『析津志輯佚』歳紀も、ルートは後述するように『元史』とは異なるものの、十五日の早朝に巡行が始まるとする日程に関しては『元史』と異ならない。ただし『析津志輯佚』歳紀は、『元史』国俗旧礼にはない記事、すなわち八日からの鎮国寺祭典の記述を含むことに特徴がある。それによれば、大都城平則門から西へ三里（約一・七キロ）ばかりの場所にある鎮国寺の境内は、中国各地の品物を揃えた出店が軒を並べて殷賑を極めたと言う。のみならず、大都城と金の中都故城から芸人がここに集まり、「恭しく帝坐・金牌を迎え、寺の大仏とともに城外を遊」したと記すから、游皇城の都城外版とでも称すべき光景が八日には展開したことになる。

とはいえ『析津志輯佚』歳紀は、八日鎮国寺祭典を「是れ亦た遊皇城の亜者なり」として、あくまでも十五日の游皇城とは区別している。事実、同記事が「此（八日仏事）を過ぐれば、則ち遊皇城を詔する有り」と、鎮国寺祭典ののち改めて游皇城開催の号令が出されると記すことから考えれば、確かに両者は連続しつつも個々の単位の祭典としてとらえられていたことにはなる。

以上の二史料には、三つの「游（遊）」が記されている。まず、二月八日に「帝座・金牌」を、おそらくは大都城から「迎」え、都城外の「遊」がおこなわれたことを『析津志輯佚』が伝える。これに続き、十三日に鎮国寺にて「太子」を「迎」え、「遊」したのち大都城に入ったことを『元史』が述べる。そして十五日に「游（遊）皇城」がおこなわれることを、二史料が共通して伝える。全体として見れば、まず八日に祭典が都城外へと展開し、それが十三日に都城内に戻って、十五日に大団円という段取りと言えるだろう。

このうち八日の「游」についても、十五日に関するものほど詳細ではないものの、いくつかの記事が残されている。たとえば『元史』（巻二九、泰定帝本紀）泰定元年（一三二四）二月甲子（八日）の条には、「僧百八人」および「倡優・百戯」に命じ、帝師を先導して「游京城」させたとある。具体的なルートは判然としないが、都城内外のいずれかの区域をこの隊列が巡行したことは間違いあるまい。遡って世祖代のこととしても[5]、八日祭典がらみの贈賄事件を糾弾した趙思恭の行状・神道碑文が、鎮国寺へ向かう行列の盛儀を伝えている。それによれば、八日には「百戯」「伎楽」が繰り出し（『傅与礪文集』巻一〇、故朝列大夫僉燕南河北道粛政廉訪司事……追封天水郡伯趙公行状）、「俳優」「獿雑」や大都から出陳される「富民の珠玉・奇玩」を見物せんとする人々の幔幕が城外の野を覆い、諸王や近侍の貴臣が「宝飾異服」をまとって駿馬を駆ったと言う（『道園類稿』巻四二、天水郡伯趙公神道碑）。八日の「游」が都城域および都城外へと展開する遠心的なものであり、十五日のそれが都城域から皇城内へと収斂する求心的なものであるという違いはあるが、人的・物的構成要素の点ではよく似た場景があったことが分かる。

では、これら「游」の日程は何にもとづき設定されているのであろうか。史料には、直接その設定理由を記したものは見いだしえない。しかし二月十五日は、中村淳も指摘した[6]ように、涅槃会に合わせた設定とひとまず考えることはできる。[7]問題は、起点である二月八日の設定事由である。

二月八日の祭典は、史料上しばしば「迎仏」の名称を以て登場する。たとえば前記趙思恭に関する記事は、「京師、歳ごとに二月八日を以て大いに百戯を張り、伎楽を列ね、城西高良河に迎仏す」（『傅与礪文集』同前）、「国家、歳ごとに二月八日を以て城西高良河に迎仏す」（『道園類稿』同前）、「歳ごとに二月八日、京師、迎仏して城西に解祠す」（『石田先生文集』巻一二、僉燕南河北道粛政廉訪司事趙公神道碑）と記す。『元史』（巻二〇二）釈老伝が、帝師迎引の礼式を記すなかで「毎歳二月八日の迎仏の威儀を用て往きて迓《むか》えしめ」とするものも同様の例である。具体的な記事としても、「元貞元年（一二九五）二月八日、詔して京師大鎮国寺に迎仏せしむ。旧典に遵うなり」（『天下同文集』巻四、迎仏会歌）とあり、また「勅して明年二月八日の迎仏を罷めしむ」（『元史』巻二七、英宗本紀、延祐七年十二月己巳（一三二一）条）とも見える。

したがって先の問いは次のように置き換えてもよい。なぜ二月八日に「迎仏」がおこなわれたのか。

（二）二月八日「迎仏」の祖型――都市巡行祭の系譜

この問いに対して参照されるべきものは、遼・金代仏教に関する野上俊静の言及である。それによれば、遼・金代において二月八日は仏誕日とされ、この日に「迎仏」のための都市祭典が挙行された[8]。元代の八日「迎仏」は、この系譜上にあるのではないか。

まず金代について見てみよう。野上が挙げた史料は『金史』（巻五、海陵本紀）正隆元年（一一五六）の「……二月……庚辰（八日）、宣華門に御して迎仏を観し、諸寺の僧に絹五百匹・綵五十段・銀五百両を賜う。……十一月……癸巳、二月八日迎仏を禁ず」である。正隆元年二月八日に「迎仏」が執行されたこと、同年中に「二月八日迎仏」が禁止されたことが記されている。

海陵王は天徳三年（一一五一）に遼の燕京城の拡建およびそこへの遷都計画を宣言し、貞元元年（一一五三）には遷都のうえこれを中都と命名した[9]。これは君主権力強化策の一環とされている[10]。前記の正隆元年記事は、この遷都の三年後、二月八日に皇帝が「迎仏」を観覧するため出御したことを伝えるものである。新都を飾る祭典を挙行し、その舞台でみずからの権力を刻印しようとの動きであろう。宣華門は中都皇城の東門である[11]。記事中に都城内の巡行が直接に記されているわけではないが、皇帝が皇城門に出座して観閲する以上、何らかの行列・行進がそこにあったと見なければならない。また同年十一月に迎仏行事は禁止されたとあるが、野上はこれが世宗代に解禁されたと推定している[12]。つまり中都の迎仏祭は、遷都後の重要時期に皇城前で君主の御覧に浴し、いったん停止されたものの、のちまた続行したらしい。

遡って遼代について野上が挙げた史料は、「二月八日は悉達太子の生辰なり。京府及び諸州にて木を雕《え》りて像を為り、儀仗・百戯の導従し、循城して楽と為す」（『遼史』巻五三、礼志、嘉儀下）の一条である。二月八日の理由がシッダルタ「太子」の誕日であると明示されるとともに、その尊像を「儀仗・百戯」が先導扈従しての「循城」、すなわち都市巡行が、京師および各地の城市で開催されたと述べられている。

以上のように、先行する遼・金二代において二月八日には「迎仏」のための都市祭典がおこなわれていた。元代の二月八日「迎仏」が、これら前代の祭典と関係しないとは考えにくい。元大都は、金の中都の北西に新設した都市ではあったが、かつてこの旧都を飾った祭典は継承したのではないか。

これに関しては、ある人物の見聞記事を参照することができる。太宗オゴデイ即位の数カ月前、漢地の経営に参加していた耶律楚材が残した一篇の詩とその序である。彼はこの己丑年（太宗元年、一二二九）の二月八日、滞在中の「城」において「釈迦」像巡行の祭典に立ち会い、その光景を詩に織りこんだ。まず序で、

王巨川、能く灰塵の余に於いて宣聖廟を草創す。己丑二月八日丁酉《ママ》を以て、諸士大夫を率いて釈して之を奠《まつ》る。礼なり。……是の日、四《よも》の衆、釈迦の遺像を奉迎して行城す。歓声沸ゝたり。僕、皆《とも》に其の礼に預かるに、是の詩を作りて以て意を見《あらわ》すこと云くのごとし。（『湛然居士文集』巻三、釈奠）

と記す。この地がいったん「灰塵」に帰したものの、目下、王楫（巨川）が孔子廟を再建するなど復興の途上にあること、二月上丁の釈奠がその孔子廟で執行されたこと、また本年はちょうどこれが八日に当たったため、民衆もまた「釈迦」像を奉迎しての「行城」、すなわち「城行《めぐ》り」をにぎやかにおこなったこと、が記される。続く詩のなかでも、「釈迦の遺像も亦た行城す。旌幢錯落たれば色に迷うこと休《な》かれ」とあって、多くの幢幡をひらめかせながら釈迦像が城内を巡行する様が描かれる。

このとき、耶律楚材が釈迦像巡行を目にしたその「城」は、彼の伝および王楫の伝によれば、[13]「燕」「中都」、すなわち金の中都である。陥落ののち十余年、兵乱と大火によって城は荒廃し、国家そのものの終焉さえ目前にして

いたが、それでもこの旧国都に残った民衆は伝統の仏教行事を執りおこない、ひととき歓声をあげていたことが分かる。そうであってみれば、こののちも二月八日迎仏祭はおこなわれたものであろう。この時点から五十年ほどを経て、至元二十二年（一二八五）前後から旧城住民の大都への移住が開始されたときも(14)、この祭典の継承は充分になされえたはずである。

また、元は『遼史』・『金史』編纂に用いる原史料を所有していたから、文字情報としても、二月八日祭典に関する知識は引き継いでいた。その痕跡を、字句のうえで確認しておこう。まず先に挙げた元代諸史料の「迎仏」の語が、『金史』正隆元年記事の「迎仏」の語と一致することが基本となる。加えて、前掲『元史』英宗本紀延祐七年十二月己巳条および釈老伝記事には「二月八日迎仏」の字句があり、これがそのままのかたちで『金史』正隆元年十一月癸巳条に見える。また『元史』国俗旧礼が十三日に「太子」を迎えて遊すると記す、このいささか理解しにくい部分も、『遼史』礼志記事に悉達「太子」像を掲げて巡行するとあることに対応すると考えれば容易に了解しうる。元大都でもやはりこの旧例は踏襲され、しかも単に「太子」とのみ記せばこと足りるとされたほどに定着した祭典の一齣であったものだろう。さらに、先引の『元史』泰定元年二月甲子条に「命僧百八人及倡優・百戯、導帝師游京城」とある字句のうち、「百戯」「導」が『遼史』礼志記事に共通する。これらのことから見て、みずからの「迎仏」祭を前代のそれと同様の語句を以て記録した元代文書が存在し、のちにそれが『元史』に流れこんだ、と考えることはさして不当ではあるまい。

このように、元代二月八日「游」の直接の祖型が遼・金代の都市巡行祭であることはほぼ疑いない。では、さらに遡上してこの祭典をたどることはできるのであろうか。それは二月八日の巡行祭が、もともとみずから保有していた習俗を契丹人・女真人が持ちこむことで生まれた儀礼であるのか、あるいは遼・金代に独自に創設されたものであるのか、それとも漢民族の儀礼としてそれ以前から中国に存在していたのか、という点に関わる。

これについては、『荊楚歳時記』二月条に「二月八日、釈氏下生の日、釈文成道の時。信捨の家、八関斎戒・車輪宝蓋・七変八会の燈を建つ。平旦に香花を執りて城を遶《めぐ》ること一匝、之を行城と謂う」の一文を見いだすことができる。この部分は宋懍の原文として扱われているから、[15]二月八日を釈迦降誕会として都市巡行する風習は遅くとも南朝梁代、すなわち六世紀の漢民族社会にまで遡りうることになる。[16]つまり、遼・金代の二月八日祭典は、その契丹人・女真人由来のものではなく、また独自に新設されたものでもなく、漢民族社会における伝統的祭典の流れを汲むものである。[17]前記のように耶律楚材が二箇所にわたって「行城」の語を記していることは、『荊楚歳時記』に遡るこの語が、その後もよく保存されていたことを示していよう。

こうした系譜をもつ二月八日の祭典は、江南の地、南宋行在の臨安でも盛大に挙行されていた。ただし祭典の名目が異なる。たとえば『夢梁録』（巻一、二月）八日祠山聖誕の項に[18]以下の描写があるように、この日には、祠山神の[19]生辰を祝う盛典が都城内外で繰り広げられることとなっていた。華々しく装った「馬社」儀仗隊が府庁から献納され、宝器ギルドの「七宝行」は精巧美麗な細工・宝玉を出陳する。楽隊や舞踊隊の「社」が競って繰り出し、また珍奇な花・果物・鳥禽・水魚を車に積んで売り歩く者たちも加わって、臨安は祝祭の熱気につつまれる。勇ましげな神鬼の諸像が露台に高々と掲げられ、人々は日がな一日こぞって見物に歩く。光景としては、元代大都の二月八日・十五日祭典にごく近似した都市祭典があったと見てよい。また臨安の八日祭典では、西湖に龍舟を浮かべての華麗な船足合戦がおこなわれ、これには知府が臨見し、出場者を労って賞賜したと言う。貴人の同席と賜与というこの一幕も、後述する游皇城のそれと共通する。

興味ぶかいことに『夢梁録』同記事は、祠山神の生誕日そのものは二月十一日であると言っている。[20]つまり臨安では、十一日の生辰をなぜか八日に祝っているわけである。これは、二月八日仏誕説に拠るわけではないものの、二月八日に祭典をおこなうという慣行そのものは継承したことを意味する。事実『夢梁録』同記事は、この二月八日祭典が「梁より宋に至る」まで「一千三百余年」続けられていると述べており、まさしく『荊楚歳時記』の時代から継承されたものであると認識していたことを示している。仏教祭典としての意味づけを失ってなお、二月八日の都市祭典という型は強固に存続したと見てよいだろう。

また『夢粱録』は、八日祠山聖誕祭に続いて、「二月望」すなわち十五日祭典の記事を載せる。この日には、花長節・勧農・老子誕会・涅槃会の四種の祭典が重なり、それぞれの目的で都人が活発に動いたと言う。(21) つまり、都城空間におおきく展開される様式の催しが八日・十五日と続けて挙行され、それを見物せんとする人々で南宋の国都は沸きつづけたわけである。この様態や日程いずれにおいても、元大都のそれとよく似ると言わねばならない。

臨安の二月祭典については、『武林旧事』（巻三、社会）にも八日祠山神祭の記述があり、『夢粱録』と同様に、「百戯」をはじめとする様々な演し物が競い集まったことが記される。『武林旧事』『夢粱録』ともに元治下で書かれたとされているから、臨安におけるこの春季祭典の記憶は、そのまま直接的に元代に連結していたことになる。

以上、元大都二月八日の「遊」が、梁代に遡る漢民族社会伝統の春季都市巡行祭の系譜に列なるものであることを見た。遼・金においても、二月八日の循城・迎仏という梁代以来の祭典は伝承されていた。とくに金は、のちに大都につながるその中都において、皇帝臨御の「迎仏」巡行祭を執行した。この行事は、金末にこの都城が荒廃したなかにあっても、住民によって保持されていた。元大都の二月八日祭典が「迎仏」と称する都市巡行祭であることは、前代までのこの祭典を踏襲したことの証左にほかならない。他方、南宋の国都においても、迎仏という主題を失いつつ、それでもなお「梁より」とする二月八日祭典を継承していた。したがって、たとえば江南の商賈が二月八日に大都の祭典に参集するとき、そこには〝ああ、二月八日の祭りだ〟という、ある種の了解が成立していたことになる。このように元大都の二月祭典は、華北の旧燕京、そして華南の臨安という二つの故都の祭りを受け継ぐものとして設定されていた。

（三）元代二月祭典の性格――八日・十五日という日程をめぐって

これまでの結果から考えれば、元の政権にあって二月祭典を企画した人々は、中国在来の八日「迎仏」「行城」「循城」祭を、八日の「迎仏」――ときに「游京城」と記されもした――と、十五日の「游皇城」とに振り分けるかたちで再造形したことになる。しかしこの形態が元初当時からのものか、あるいは元代のある時期までは八日祭典のみが執行され、そののち八日・十五日の形態に変更されたのか、という点は難解である。

『元史』国俗旧礼は、前記のとおり「世祖至元七年（一二七〇）、帝師八思巴の言を以て、大明殿御座の上に白傘蓋一を置き……。自後、毎歳二月十五日、……傘蓋を迎引し、皇城内外を周遊す」とし、至元七年以降一貫して二月十五日に游皇城がおこなわれたかに記す。しかしこの記事は明らかな矛盾を含み[22]、古い時期についての確実な情報が失われていることを暗示している。一方の『析津志』も、熊夢祥が元末に編纂したとされるもの[23]であるし、十五日游皇城を「世祖の故典」「累朝の故事にて缺けず」と記している部分にも、何らかの例証が挙げられているわけではない。

二月十五日に游皇城がおこなわれたことを実施記録として確認しうるのは、元代中盤以降の記事である[24]。もちろんこれ以前に十五日祭典がなかったと見なしうるわけではない。しかし痕跡をたどることが困難であることは否めない。他方、二月八日迎仏については、世祖代・成宗代の記事が見いだせることを先に述べた。こちらは元初の実施記録がよく残っているわけである。また注意すべきは、世祖代の趙思恭に関連する前記記事において問題とされている行事が二月八日のそれのみで、十五日行事には一切言及されていない点である。これは、当該事件を伝える『道園類稿』『傅与礪文集』『石田先生文集』記事三点すべてに共通する。たとえば費用について、八日の「一日の費、鉅万」（『道園類稿』巻四二、前掲）、「費は鉅億を以て計う」（『傅与礪文集』巻一〇、前掲）ことが問題視されているが、十五日については記述がない。かりに十五日にも祭典があったとすれば、そこでも『析津志輯佚』歳紀が「内帑の費やすところ、動《ややもす》れば二三万を以て計う」と記すほどの経費を要したはずであるから、これを無視して八日の出費のみが問題とされたとすれば不可解である。また趙思恭の駁言によって二月八日行事の「国用の耗」（『道園類稿』同前）が省みられ、ときにこれを隔年とするなどの運営見直しのあったことが記されるが、十五日の扱いについては記述がない。このような点から考えれば、この時期に十五日游皇城が存在したか否かについては慎重であるべきであろう。

以上のように、八日迎仏は早期から確認しうるものの、十五日游皇城の発足時期は決定しがたい。しかしこのことは、金代以前からの伝統である二月八日迎仏がやはり原型としてまずあり、元代のある時点において十五日との二本立てに分化したことを示唆するものでもある。

八日・十五日という日程の分化には、いくつかの利点が考えられる。一つは、釈迦誕会として四月八日と二月八日の両日があるという矛盾を解消しうることである。野上俊静によれば、遼代には四月八日もまた仏誕日とされ、この日にも城内巡行がおこなわれていた。[25] 楽しみが多いぶんには異論はなかったのであろう。とはいえ矛盾は矛盾である。元はその国家寺院である「白塔」（大聖寿万安寺）・「青塔」（大永福寺）などにおいて、四月八日に「浴仏会」、すなわち灌仏会をおこなっている。[26] このことからすれば、四月八日仏誕説を採っていたことになる。[27] その場合、もしも矛盾を整理するために二月八日仏誕説を採らないとすれば、その代替の主題として二月十五日の涅槃会が浮上することはありえないことではない。しかし方法としては、巡行祭日程そのものを四月八日に移す選択肢もあったはずである。だが政権内の崇仏勢力は、二月という日程は変えず、仏誕会という主題のほうを脱落させる選択をおこなった。この方法は、南宋臨安が二月十一日を祠山神の生辰としながらもこの神の祭典を二月八日から挙行した事例と共通する。仏誕という旧来の題目を何らかの理由で棄却しつつも、二月八日の巡行祭はあくまでも維持する選択である。伝統的な都市祭典の歳時慣行に乗ろう、とする意図がそこにあったと見なくてはならない。

日程分離のいま一つの利点は、祭典の会期が長期化することである。幕開けの鎮国寺祭典には「江南の富商」が集まり、「海内の珍奇の湊集せざる無し」（『析津志輯佚』歳紀）という盛況を呈した。そのあとの会期を七日後まで引きのばすことになれば、こうした賑わいを大都住民に堪能させる期間を確保しうることとなる。同時に、富裕な江南から参集した人々にもまた、国都の威容と盛儀を感得させる機会を与えることとなろう。

利点の第三は、八日に大都城外に散開した祭典を十五日にふたたび城内に回帰させうることである。元代の祭典企画者たちは、八日迎仏を城外西三里の仏寺でおこなうこととした。このことにより、いったん都城空間を離脱するダイナミックなものとして造形しているわけであり、これが都市内巡行であった旧来の迎仏祭と様相を異にする点である。こうしてひとたび都城外部に出された祭典は、『元史』国俗旧礼によれば十三日の「入城」の儀礼を経て十五日の游皇城に至り、翌日にかけての帝師仏事を以て終結する。鎮国寺は城外の西にあったから、十三日以降の動きは仏教が「西天」からもたらされるという観念(28)に合致するものともなっている。つまり八日から十五日までの祭典の流れは、象徴される聖性がまずは城外へと放出され、聖なる方向からふたたび都城内に還流し、最終的には皇城内に収斂する動線を描いている。

元大都の二月都市祭典は、おおむね以上のように造形されていた。原型として中国在来の二月八日都市巡行祭を用いたうえで、これを二月八日・十五日の二段に分かち、空間的にも城外への展開を含む巡行祭典に改変することによって、長期化、および動態の活性化を図った。祭典が担う聖性は、盛大な行列をともなって大都城内外を「游」することによって賦活され、十五日には、游皇城によって皇城内部へと吸収されたわけである。

第二節　行列の構成

『元史』国俗旧礼は、游皇城の行列について、人数や衣裳・持ち物などを含む具体的内容を盛りこんでいる。各グループとその人数を列挙してみよう。

「八衛の傘を擐《かか》ぐる鼓手一百二十人」（120人）

「殿後軍の甲馬五百人」（500人）

「監壇の漢関羽の神轎を擡舁せる軍及び雑用五百人」（500人）

「宣政院所轄の官寺三百六十所の掌れる供応の仏像・壇面・幢幡・宝蓋・車鼓・頭旗三百六十壇、壇ごとに擎執擡舁せる二十六人、鈸鼓の僧一十二人」（360壇×（26＋12）＝13,680人）

「大都路の掌供せる各色の金門大社一百二十隊」（120隊×x人）

「教坊司（29）・雲和署（30）の掌れる大楽鼓・板杖鼓・篳篥・龍笛・琵琶・箏・纂七色、凡そ四百人」（400人）

「興和署（31）の掌れる妓女・雑扮隊戯一百五十人」（150人）

「祥和署（32）の掌れる雑把戯の男女一百五十人」（150人）

「儀鳳司（33）の掌れる漢人・回回・河西三色の細楽、毎色各三隊、凡そ三百二十四人」（9隊×（平均36人）＝324人）

以上の巡行参加者数を額面どおり計算すると最少で一万五千九百四十四人となるが、これは一隊ごとの人数の記載がない大都路掌供の「各色の金門大社一百二十隊」の一隊の人数をかりに一人としての合計であって、当然これはありえない。この隊の人数をある数値（34）に仮定して合算すれば、おそらく全体で二万人ほどの参加者となる。たとえば、その南郊儀礼において禁軍二十万が皇帝に随ったと言われる唐代長安城の事例（35）は別格としても、宋代の大駕鹵簿の儀衛は、時期によって変動はあるもののおおむね一万から二万人程度（36）、明永楽期の皇帝祭祀の扈従は馬歩軍五万と規定されている（37）。したがって国都都城において二万人前後の行列は特異な光景ではない。とはいえ、これら比較事例が皇帝随従の人数であることを考えれば、游皇城はやはり盛儀ではある。

　游皇城に繰り出す行列の形態を考えてみよう。『元史』国俗旧礼は、行列の全長を「首尾排列三十余里」（一七キロほど）と記す。この数値は後述するルートからすれば長すぎる観があるが、長い、という実感を伝えようとするものではあろう。大都の街路は大街で幅二十四歩（約三七メートル）、小街でも幅十二歩ある（38）。かりに三十里に二万程度の人間を等間隔に並べた場合、横列・縦列の人数配分を工夫したとしても、いささか閑散とした行列にしかならないはずである。しかし実際の游皇城は、都城の士女が「聚観」し、刑部の官が「喧鬧」のなかを巡邏する（『元史』国俗旧礼）ほどの賑わいを演出しえた。これは游皇城の行列が、等間隔の隊列から成るマーチ型の行進ではなく、各グループがある程度の間隔をおいて間歇的に通過するオムニバス劇的なパレードであったこと、なおかつ個々の集団の動きも、行進というよりは比較的緩慢な移動であったことをうかがわせる。

この推測は、早朝に皇城を出発した游皇城の行列がまず慶寿寺で精進料理をとっていることからも導きうるものである。慶寿寺が国家の保護も篤い大刹(39)であるとはいえ、監壇・幢幡・楽器を担いだ二万前後の参加者を一挙に食事させたとは考えにくい。一行はいったん持ち物を置き、順次に食事を済ませ、順次に出発したものであろう。つまり行列は、ここで時間差を以て再出発する手順となっている。

それぞれのグループの進行速度が緩やかであったことは、先に見た『元史』国俗旧礼の陣容のなかに、「妓女・雑扮隊戯」「雑把戯の男女」とある演劇隊が見えることからも分かる。彼らは演技を見せながら進む。とくに皇城内に入ってからは、後述するように、「楽工・戯伎」がその「巧芸」を尽くして貴顕の前で技を競ったと『析津志輯佚』歳紀が伝える。このように游皇城は、鳴り物・演し物それぞれの芸を披露しながら移動する長時間・長蛇型のページェントであったと考えられる。

ではこの行列は、どのような人々によって構成されていたのであろうか。前記の参加グループ一覧を見ると、公的機関のみではなく民間からも人員が動員されている点に目を引かれる。まず、「大都路の掌供せる各色の金門大社一百二十隊」とあるように、大都路管掌のもとに何らかの隊が出されたことが分かる。これが元代の隣保制度である社制の「社」(40)が供出する隊列であるのか、あるいは同業・同好団体として『夢粱録』や『武林旧事』の都市祭典記事に登場する「社」(41)のたぐいが出すそれであるのか、推測する手がかりは見いだせない。とはいえそのいずれであっても、大都路の住民から百二十もの連が組織されたことは間違いあるまい。「金門」が富家の意であるならば、富裕層の参加が求められたことになろう。このグループのみ人員数の記載がないことを前述したが、民間から動員するため、人数を定めておくことが困難であった結果かも知れない。

また、参加グループ一覧のうち「教坊司・雲和署」「興和署」「祥和署」「儀鳳司」は、組織としては礼部所属の国家機関であるが、それらが「掌」する楽人たちは、いわゆる特殊徭役戸として所属官司の要請によって差役として奏楽する都市民である。彼らは市井に住む人々であり、社会的地位も低かったとされる(42)。

さらに、この一覧にはないが、「社直」なるものもパレードに参加している。『元史』国俗旧礼記事中、前記の員数付きリストの部分とは別箇所に、十五日行列参加者として「諸色の儀仗・社直」「諸色の社直曁《およ》び諸壇面」「諸隊仗・社直」と三箇所にわたって記されるものがこれである。『析津志輯佚』歳紀においても、八日迎仏部分に一箇所、十五日游皇城部分に四箇所の「社直」が記される。「社直」については『元典章』・『通制条格』に用例が見え(43)、そこでは、各地の府州県が正旦などの祭典に際して「諸色の社直・行戸粧扮」のたぐいを「勾集」「差遣」して万歳牌を引き回させていること、しかしその状況が「褻瀆」であるため是正すべきことなどが議論されている。これらのことから考えれば、おそらく「社直」とは、教坊司所管の者たちよりもさらに公的性格が稀薄な民間芸能者であろう。

以上のように游皇城の行列は、公的性格の鮮明な軍隊から、半官半民の芸能集団、そして行政管区が動員する都市民にまで及ぶ種々の集団を含む。全体として見たとき、公と民とが共演する舞台たるべく構成されていたと言える。

しかも游皇城行列の多様性はこれにとどまらない。先に列挙したグループの最後には、「儀鳳司の掌れる漢人・回回・河西三色の細楽、毎色各三隊」と見える。漢人・イスラーム教圏の人々・旧西夏領河西出身者という三種の集団(44)がそれぞれ三隊ずつを組んで「三色」の楽曲を競演したわけである。これによって、多民族・多文化都市としての大都の性格が描写されたものであろう。

さらには宗教的にも、仏教に収まらない要素がこの行列には混入されていた。「監壇の漢関羽の神轎を擡舁せる軍及び雑用五百人」として、漢民族の民間信仰神である関羽の神輿グループが巡行の一翼を占めていることがこれである。関羽に対しては、文宗政権が加封している(45)。他の多くの尊格に対するのと同じく、モンゴル人支配者はこの民間神にも愛顧を振りまいていたわけであり、巡遊を好むとされる(46)この神を喜ばせようとの殊勝な計らいではあろうが、かりに純然たる仏教行事として游皇城を造形しようとするのであれば、堂々五百人の集団を以て関帝の神輿を巡行させることはあるまい。

また「宣政院所轄」の「官寺三百六十所」から出る仏教グループ、すなわち人数不明な大都路供出グループを別とすれば最大のグループであるこの一団についても、考えるべきことはある。各寺院が一基ずつ、仏像を載せて幢幡・宝蓋などで飾った壇を出し、これに鈸鼓を鳴らす僧侶も付けての、総勢一万三千六百八十人から成る大集団である。ここで言う「官寺」がどのような基準を指しているかは分からない。だが三百六十という数(47)から考えれば、大聖寿万安寺やほかならぬ鎮国寺（大護国仁王寺）など、チベット仏教色の濃厚な十箇所ほど(48)の国家寺院のみならず、その他の仏寺を広く含んでいることは間違いない。数の上では、むしろ圧倒的に国家寺院以外の仏寺、つまりは中国仏教寺院の出した壇が多かったことになる。

もしも政権がそれを求めるならば、チベット仏教一色で仏教グループを構成することも不可能ではなかったはずである。たとえば個々の国家寺院から数多くの壇を多く出させるかたちで同等の規模の集団を編成すればよい。かりにチベット仏教僧の人員が足りなくとも、人夫を調達することによって壇は容易に増加させうる。事実、前掲『元史』記事においても、鈸鼓を鳴らす者は「僧」とあるが、駕輿丁が僧侶であるか否かは書かれていない。

このように考えれば、『元史』に見る游皇城仏教グループの構成上の眼目は、単に多くの人数を揃えることよりも、「三百六十所」という多くの仏寺、すなわち中国在来仏教のそれを含む広汎な仏寺を参加させることにあったと見られる。広くあまねく、多くの組織単位を都市祭典計画中に把捉しようとの意図を看取すべきであろう。こうして、おそらく最大グループであった仏教の隊列もまた、チベット仏教僧と中国仏教僧とが混在する複合的集団を形成することとなっている。

行列の様態を以上のようにとらえるならば、それは権力組織による整然たる行進というよりは都市住民を巻きこんだ劇場的な練り歩きであり、仏教で塗りかためられた宗教儀礼というよりはイスラーム文化や漢民族の民間信仰をも織りこんだ混成的な宗教祭典と映る。もちろん一万数千の仏教グループが大きな部分を占めていたことは疑いない。しかしこのことはまた、もしも仏教色単一で行事を挙行しようとすれば、おそらくそれも充分に可能であったことを意味する。だが実際の游皇城は、そのようなかたちでは構成されていなかった。色目人僧や漢民族僧の奉戴する仏教尊像が、関羽の神輿や回回の楽隊をともない、かつは在地住民や芸能者たちを引き連れて巡行する。国都に繰り広げられるこの共存的な映像こそが、二月十五日のシナリオであった。

第三節　巡行ルート

次に、游皇城の巡行ルートを基本二史料がどのように記述しているかを見てみよう。まず『元史』国俗旧礼には以下のようにある。（　）内の番号は〈図〉のそれである。

十五日に至り、傘蓋を御座に恭請して宝輿に奉置す。諸儀衛の隊仗は殿（①大明殿）前に列し、諸色の社直暨《およ》び諸壇面は崇天門（②）外に列し、迎引して出宮す。慶寿寺（③）に至り、素食を具えらる。食、罷めば起行す。西宮門外垣の海子（④）南岸より厚載紅門（⑤）に入り、東華門（⑥）より延春門（⑦）を過ぎて西す。帝及び后妃・公主、玉徳殿（⑧）門外にて金脊の吾殿の綵楼に搭《の》りて焉を観覧す。諸隊仗・社直の金傘を送りて宮（⑨＝①大明殿）に還すに及び、復た御榻の上に恭置す。帝師・僧衆仏事を作し、十六日に至りて罷み、散ず。

ここには八箇所の通過点が記されている。①大明殿から出発し、②崇天門を経て皇城を出る。宝輿を奉守している以上、皇城外に張り出した聖域である千歩廊[49]を南に進み、麗正門手前で右折して慶寿寺へ向かったものであろう。③慶寿寺では、食事をとる。先に見たように、これによっておそらくある程度の時間調節をし、改めて出発する。

こののち皇城の西側を北上するわけであるが、どの経路をたどったかは特定できない。いずれかの経路で西宮門外[50]垣の④海子（積水潭）南岸に出る。そこから皇城北門である⑤厚載紅門を通って皇城内に入り、東側から⑥東華門をくぐり、そのまま西行して⑦延春門を通過する。そしていよいよ皇帝・后妃らが観覧している⑧玉徳殿門外に着く。最後に金傘が⑨「宮」に送り還されるとあるものは、大明殿に戻されるとの意味であろう。

記述に大幅な省略がないかぎり、行列はいったん皇城外の都城エリアには出るものの、皇城外西部を通過するのみで皇城北門からふたたび皇城に入っており、都城の東側は巡行ルートから外れている。つまり皇城外都城空間の巡行は西側[51]のみで切り上げてしまっているわけであり、これが単に都城民に見せるための行列であったとすれば奇妙と言わざるをえない。また、八つの通過点表記のうち皇城外のものは慶寿寺と海子のみに過ぎないのに対して、皇城に入ってからの巡行地点はむしろ詳細に記され、行列がいくつかの宮・門を経めぐったことが強調される。この意味で游皇城は、文字どおり「皇城を游する」行事であったことになる。

皇城内巡行への注視は、次の『析津志輯佚』歳紀の記事において、さらに顕著に認められる。ここでは皇城外部のルート説明は極端に簡略化され、他方、皇城内の巡行説明は『元史』よりもいっそう詳密になっている。

十五日蚤《あさ》に慶寿寺（①）より啓行し、隆福宮（②）に入りて繞旋す。皇后・三宮諸王妃・戚畹の夫人は内廷に倶集して珠簾を垂掛し、外には則ち中貴侍衛す。縦《たと》い瑶池・蓬島たるとも或いは之に過ぐる莫し。迤邐して転じ、興聖宮（③）に至る。凡そ社直と一応の行院、各《おのおの》戯劇を呈せざる無く、賞賜せらるるに等差あり。西より転じて東し、眺橋・太液池（④）を経る。聖上は儀天（⑤儀天殿）にて左右に張房を列立せしむ。……大明殿（⑥）下を従歴し、仍お延春閣（⑦）前に回りて蕭牆内に交《こもごも》集う。東華門（⑧）内より、十一室皇后斡耳朶（⑨）前を経る。清寧殿（⑩）後にて転首し、厚載門（⑪）外に出づ。

このルート説明の場合、皇城外の地名としてはもはや①慶寿寺しか出てこない。都城行進部分への関心が薄いわけであるが、裏を返せば、そうではあっても慶寿寺だけは外せない要素として認識されていた、ということでもある。

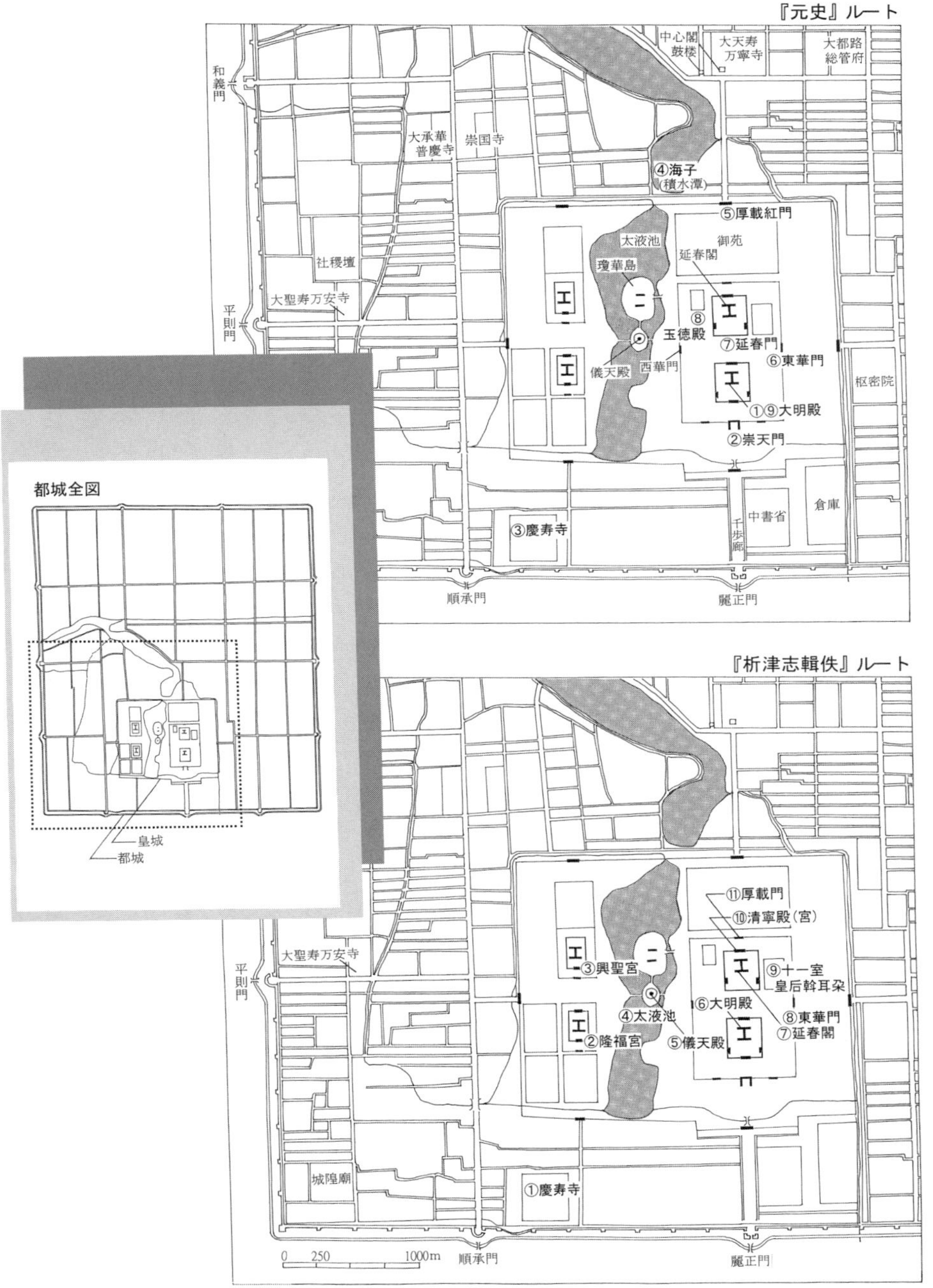

〈図〉大都の游皇城巡行

(侯仁之［1988年、27-28頁］・朱偰［1990年、巻末「元大都宮殿図」］により作成)

周知のとおり慶寿寺は、金代に創建され、モンゴル帝国太宗期には臨済の海雲印簡が住持した大刹である。この印簡に対しては定宗・憲宗期に仏教界統領の地位が与えられ、入寂後も世祖の命で慶寿寺の傍らに彼の仏塔が建立された。[52]よってたしかに政権との関係が深い寺ではある。とはいえチベット仏教色が明瞭な国家寺院であったわけではない。国家寺院、なおかつ游皇城が通過する可能性のある皇城西側のそれということであれば、〈図〉に示したように大聖寿万安寺や大承華普慶寺がある。しかし二点の基本史料ともにこれらを巡行ルートに記していない。もちろんたとえば、官営にかかる仏寺に遊興的色彩の強い游皇城行列が立ち寄ることは回避しようといった配慮があったものかも知れない。または、実際にはこれらの寺院にも立ち寄っていたものかも知れない。しかしいかなる経緯・実態があったとしても、結局のところいずれの国家寺院にも言及がなされず、その一方で慶寿寺が二史料いずれにおいても記述されていることは注意してよい。この在来寺院こそが、游皇城の確定的な拠点と見なされていたことの反映と考えうるからである。

慶寿寺が重視されていた理由は記されていない。とはいえまず、皇城南門から出たあと立ち寄る場所として適切であったという立地上の理由があろう。あるいは、たとえば『大元混一方輿勝覧』（巻上、腹裏、景致）が大都城の寺院一覧において「大護国仁王寺」や「大聖寿万安寺」よりも先に「慶寿寺」を挙げることが示すように、ここそが国都を代表する寺院であるとの一般的な意識が当時あったためかも知れない。また政権の側でも、慶寿寺に対しては国家寺院に近い扱いを与えているから、[53]ここを祭典の拠点にすることはごく当然の選択であったものかも知れない。どのような理由にせよ、慶寿寺が游皇城に不可欠の要素として認知されたとき、この祭典が基礎としてもつ仏教的性格は、中国在来の仏教を含めてのそれであり、よって仏教一般に汎化されたものであるとして受けとめられたはずである。一万数千人から成る仏教グループが、おそらくチベット仏教・中国仏教の混成隊として編成されていたこととも考えあわせれば、慶寿寺を拠点とすることによって游皇城が提示しようとした仏教とは、やはり宗派や民族を超えた普遍的存在としてのそれであったことになる。

『析津志輯佚』のルート説明は、①慶寿寺のあと、すぐに②隆福宮の場面に移ってしまっている。つまりどこから皇城に入ったのかさえ記さないまま、一気に皇城内部の叙述に没頭しはじめる。

隆福宮では、御簾を通して眺める帝室の女性たちの視線を受けながら、行列は通過する。成宗代以降、皇太后居所であった[54]隆福宮に女性たちが会して見物したことは、確かにありうる図である。ここで記事は、「皇后・三宮諸王妃・戚畹の夫人」という具体的な記述を用いて、何ものたちが垂簾の向こうに居るかについて参加者たちが充分に認識していることを示す。そのうえで、彼女たちがいます場の美しさを、西王母の仙境たる「瑶池」、あるいは海東の神秘島「蓬島」に勝ると表現する。このとき游皇城の行列は、〝見られる〟と同時に、明らかに〝見ている〟。しかも妃嬪たちについては、前掲巡行場面の叙述をひととおり終えた直後においても、「宮牆内の妃嬪・媵嬙の罟罟・皮帽する者、又た豈に三千の数ならんや」と、ふたたび言及している。「罟罟」や「皮帽」という元代の上層女性の装い[55]を小道具として書きこむこの記述は、御簾の向こうの人物たちを、行列参加者がありありとした実像として感じとっていることを伝えようとするものである。

次に一行は北に転じて③興聖宮に移動する。ここでは社直・行院が演劇を披露して賜与にあずかっている。これによってまた貴人の存在が示唆される。

注目すべきは、このあとに記される皇帝と行列との接点である。行列は興聖宮から東に転じて④太液池を渡るが、皇帝がこの中島にある⑤儀天殿に出御している。『南村輟耕録』（巻二一、宮闕制度）によれば、円蓋を頂き瀟洒な装飾を施された儀天殿は、なかに御榻を設け、傍らに衛士の配置場所も備えていた。したがって、ここに皇帝がいることも、また確かにありうる。とはいえ同じく『輟耕録』の言うところ儀天殿は「高は三十五尺、囲は七十尺」、すなわち高さが約一一メートル、周囲約二二メートルほどの小ぶりな建物に過ぎない。先に見た『元史』のルート説明は皇帝の居場所を玉徳殿門外に設けられた綵楼であると特定していたが、この『析津志輯佚』の場合も、皇帝の御座所を池中にある小殿と指し示すことにより、やはり一点照準のかたちで鋭くそれを浮かびあがらせている。

行列が儀天殿とどの程度の距離を保たされたかは分からない。しかし、〝そこに、皇帝が居る〟感覚をなまなましく味わいながら、一行は〝御前を〟通ることになる。

しかも太液池を渡って儀天殿を通過するには、その東西の二つの木橋を通らねばならない。以下同じく『輟耕録』に拠れば、西の橋は長さが四百七十尺（約一四六メートル）、幅が二十二尺（約七メートル）、東の橋は長さ一百二十尺（約三七メートル）、幅は同じく二十二尺である。つまりここで行列は、幅七メートルほどの水上のボトルネック・ポイントを通過する。左手向こうには金代以来の景勝地である瓊華島とそこに建つ広寒殿以下の諸殿を臨みつつ、広々とした水面の上を、一条の木橋を渡る。この感覚は、視覚的にも体感的にも特殊なものであろう。とくに西の橋は一部が取り外し構造になっており、皇帝が上都にあるときはここが撤去されて「断橋」すると陶宗儀は言う。皇城の主が何ものであるかを象徴させる道具立てであり、したがってここを通過すること自体が極端な栄誉ということになる。こうした感覚を堪能した果てに、〝そこに〟皇帝が座す小殿に到達すべくコースは設定されている。行列を見物する側にとっても興趣ある図ではあろうが、同時にこれは、巡行する側にとっていかに印象的体験となりうるかを考慮した計画である。

この皇帝御前コースを、どれほどの人数が通過したかは分からない。人数付きで陣容を伝えるのは『元史』であって、『析津志輯佚』は行列の規模を記さない。また行列すべてが橋を渡ったか否かも語られていないし、実際のところ皇帝がどれほどの時間ここにあったかも定かではない。それにもかかわらずこの記述は、至尊のまさしく面前を一行が通過すること、つまりは接点があったこと、を実景として提供しようとする。

巡行はさらに、正殿を擁するエリアへと続く。おそらく西華門をくぐるのであろう。⑥大明殿に至り、⑦延春閣前を経て、⑧東華門を右手に見て北に転じ、⑨十一室皇后オルドの前を通過している。ここから左手に進んで⑩清寧殿に至り、その北にある⑪厚載門から宮城外に出る。『元史』では皇帝のいる場所が一応の最終地点となり、あとは傘蓋を戻しに移動したのみであったが、このルートの場合、皇帝御前を通過したあとも巡行は延々と続き、正殿一帯をひととおり見てしまう。

こうして、あたかも見学ツアーの団体よろしく一行は皇城内を練り歩く。見られると同時に、彼らも見ている。雑劇などを皇城内で貴顕が見物するというのみであれば、事例は他にもある。たとえば元代中期以降、毎年正月十五日には大明殿と延春閣のあいだに台を築いて燈籠で飾り、ここで「百戯」に演じさせて楽しんだと言う。(56) これに対して游皇城の特異性は、貴顕とパレード参加者の双方が、〝見られる〟者であると同時に〝見る〟者である点にある。

皇城外で見慣れた街路を行くとき、巡行の一行はまだ〝見られる〟者である。しかしいったん皇城内に入るや、禁域であるこの場を〝見る〟ことが開始される。もちろん行列に参加している者のうち、たとえば教坊司に統轄される芸能者らにとっては、皇城内も見慣れた空間であったには違いない。しかしその彼らにとってさえ、練り歩きの一員として各宮殿を経めぐる体験は特殊なものであったろう。一行は、隆福宮で帝室の女性たちがたたずむ蓬莱のごとく美しい一角を通り、興聖宮にも足を運び、太液池を渡って皇帝の面前を進んだうえに、大明殿エリアも巡る。かくも盛りだくさんに〝見どころ〟を用意したこのルートは、明らかに巡行する側が〝見る〟ことを期待している。つまり一行は、〝見られる〟者であると同時に〝見る〟者であらねばならなかった。見物する貴顕を〝楽しませる〟者であると同時に、豪奢な空間とそこで貴人と接近する非日常性を〝楽しむ〟者であらねばならなかった。そして、游皇城はそのようなものとして記述され、そのようなものとして読まれねばならなかった。

都城から入ってきた一行とこれを迎える皇城住人たちが双方向に視線を交錯させ、そこに相互感応的な歓楽の場が現れる。游皇城の巡行プランは、この光景を生み出すことを目指している。そして『析津志輯佚』が皇城外巡行にいささかの筆もさかず、ひたすら皇城内ルートを記述することを以て巡行路の説明とすることは、この部分こそが游皇城の核心であると、少なくとも筆記者である熊夢祥には受けとめられていたことを意味する。ではなぜ、この祭典はこのようなかたちで企画されているのであろうか。

第四節　「与民同楽」「混一華夷」――描き出された観念

『元史』国俗旧礼は「皇城内外を周遊す。云わく、衆生の与《ため》に不祥を祓除して福祉を導迎せんと」と記し、游皇城の趣旨を簡潔に伝える。この「衆生」は仏教用語としてのそれであろうから、祭典の核となる仏教儀礼部分の目的をそのまま述べたものである。これに対して『析津志』を書いた熊夢祥は、この祭典に関して、より広汎で複雑な読みとりをおこなっている。パレードに参加する芸能者の多彩さ、引き回される珍宝異獣の奇観を挙げたあとに「於《ああ》、以て京師に天下の壮麗を極むるを見る。於、以て聖上の兆開太平・与民同楽の意を見る」と述べ、さらに皇城内巡行ルートを説明しおえた末尾にも、「偉観と謂う可し宮庭。京国を具瞻するに、華夷を混一し、此《か》く盛を為すに至れり」の言葉を置く。ここには、熊夢祥が游皇城をとおして読みとったいくつかの要素が提示されている。

まず一つは京師・皇城の「壮麗」「偉観」である。とくに「宮庭」の「偉観」を特筆することは、皇城内の威容に感歎すべきことが明瞭に企画されていたことに対する反応であろう。これまで見たように游皇城は、日常的には外部に排除している人々の視線を前に、贅を尽くした禁城があえてその姿をあますところなく曝し、そして称揚される機会たるべく設定されている。基本二史料、とくに『析津志輯佚』歳紀が、通過する皇城内の施設・地点とその盛様を精細に叙述すること、それによって一行がまさにこれを〝見ている〟ことを表現しようとすることは、游皇城にこの機能が委ねられていたことの結果にほかならない。国家の中心に位置する空間の「壮麗」「偉観」が空疎な形容ではなく実体としてそこに在ることを、くまぐま巡遊する視線をとおすかたちで言明させる。そのための装置として游皇城は作用している。

熊夢祥が游皇城に看取した第二の要素は、「華夷を混一」した理想世界なるものの姿である。チベット仏教と中国仏教、回回や河西の楽隊、そして漢民族の民間信仰までもが加わった渾然たる編成は、なるほどこの理想が実体化したものには違いあるまい。もちろん、何ものを「華」とし、何ものを「夷」とするかは、とくに元治下のような社会にあっては一律ではない。元代の儒者官僚はみずからの参画する政権を「華」と見なす調整を朱子学導入時におこなったが、[57] これを漢民族知識人一般がどれほど承認したか、あるいはこのありがたい調整を当のモンゴル人支配層がいかほど認知・評価していたかはまた別の問題である。だが、このような条件を負いながらも、游皇城なる祭典が「混一華夷」を体現しているという点そのものについては、当時のどのような立場の人々からもおそらく異論は出まい。都市を挙げての祝祭として、多民族・多文化に由来する諸々の文物・演目が上下も優劣もなく長大な行列のなかに柔軟に流しこまれ、互いを相対化しあっているがゆえに、様々な判断基準をもつ不特定多数の観察者・参加者のどの基準に照らしても、「華夷」が「混一」しているという、その一点での合意は得られる構造になっているからである。

ただしここで注意しておくべきことがある。「華夷」とある以上、それが基本的に漢民族の、なかでも儒家知識人たちに特有の認識・解釈の型式にもとづく観念であるという点である。これは、游皇城に熊夢祥が読みとった第三の要素、「与民同楽」の状態の現出ということとも関わる。

前記『析津志輯佚』歳紀を見るかぎり、熊夢祥は、「聖上」の「与民同楽の意」、すなわち民とともに楽しもうとする君主の思いが、游皇城において「見」られる、と述べている。確かに皇帝と民との「同楽」は、行列が皇帝面前を通過する儀天殿の場面において、次のような表現を以てこの記事が主張するところでもある。

> ……殿（儀天殿）より之を望むに錦雲綉谷の若くして、御榻、焉《ここ》に置かる。上位は臨軒し、内侍の中貴は鑾儀もて森列し、相国・大臣・諸王・駙馬は家国の礼を以て坐下に列す。方に迎引するに、幢幡往来して定まる無し。儀鳳・教坊の諸の楽工・戯伎、其の巧芸を竭《つ》くして呈献し、悦を天顔に奉ず。

粛然と居並ぶ近侍の内官や王侯・高官を控えさせながら、儀天殿には皇帝が常よりも近い位置に親しく座している。ここに行列が到達する。色とりどりの幢幡が進みかつ戻って場をにぎわすなか、楽隊や俳優たちが芸の限りを尽くして「天顔」を「悦」ばせる。そして一心に演ずる人々、すなわち「民」もまた悦びに満たされている。

先に見たように、游皇城の行列は「民」の参集を示す構成となっていた。なおかつその巡行ルートは、一行が皇城内を〝見る〟〝楽しむ〟ことを経験するに違いない、と情報の受け手に判断させるべく設定されていた。あるいはまた、『析津志輯佚』歳紀の冒頭に「皇城の望日、宮室に遊す。聖主・后妃、宸覧畢わるや宣力を労《ねぎら》う。金銀緞匹、君恩にて錫《たま》わる」と記される賜与の場面も、「聖主」の御前を行進する人々が〝楽しんだ〟ことの証明として機能したに違いない。同記事はその末尾でも、「上位・儲皇・三宮后妃、倶に賞賚有りて其の労を後事に慰むるなり。惟だ上のみ独り厚く、緞金銀楮帛、各一扛車。寵渥、天至と謂う可し」とする。帝室、とくに皇帝その人から莫大な財物が下賜されたことに触れ、そこに「民」との「同楽」をごく具体的に読みとり、描いたものである。

この末尾の一文で、「寵渥」、すなわち君主の慈しみの心が、「天至」である、つまり統治権授与者たる天からもたらされたところのものである、と熊夢祥が記していることはとりわけ重要である。これによって、ここまでに強調されてきた「民」の喜びが、単にこの場での歓楽という次元のものではなく、「天」「聖主」「民」という三者の関係をいま適正に成立させている構造上のそれであること、言い換えれば、「聖主」が正当な「天」命保持者たることの証明としての「民」の喜びであることが示される。こうして、君主の「意」であるとともに、ほかならぬ「天」の「意」でもあるところの「与民同楽の意」が、疑いなくこの儀典において達成された、とする証言が游皇城の記録者によっておこなわれている。

「与民同楽」なる場景は、「民」の存在を要するがゆえに、しかもその「民」の圧倒的多数が民族を異にする被征服民であるがゆえに、モンゴル人政権にとって必ずしも容易に提示しうるものではない。しかし、もしもこの地においてみずからの支配の正当性を証明しようとするならば、それが具現していることを示す手続きを、何らかのかたちで必ずや試みねばならないだろう。では、具体的にどのような方法がありうるか。単に皇帝が多勢の人間と楽しみを共にするということであれば、たとえばマルコ＝ポーロの書が、世祖の賜宴においては群臣・外国からの来訪者・権益を求める者など四万人以上が陪食する、と伝える例などがある。[58] この数字についてはいったん措くとしても、政権に参画する人々やそれに連なろうとする人々を多く集めてこのような「同楽」の場を設けることは、権力にとってさして困難なことではない。[59]しかし政権外部の人々、すなわちその異民族支配のもとに置かれた一般の「民」との「同楽」の場は、どのようにして現出させうるのか。游皇城は、この課題に対する一つの回答として企画されている。

ここで読みとられている「与民同楽」が、『孟子』に遡る[60]君主政治の理想像であることは言うまでもない。儒教の価値体系にもとづく盛世・善政の指標ということになる。元代においても、たとえば翰林修撰などの任官歴をもつ儒臣が、この語句を「善政」の指標として使用している事例を見いだすことができる。[61]游皇城に「与民同楽」を読みとった熊夢祥もまた、儒家知識人の一人であった。[62]「人、経学を好む」「儒を尚ぶ」[63]土地柄とされる江西龍興路の南昌に生まれ、かの白鹿洞書院山長を勤めた経歴をもつ。元末に大都路儒学提挙・崇文監丞を歴任しており、『析津志』編纂は、これらの職歴を経たのちのことであろうとされている。[64]彼が自身の儒教的な世界像のなかで「与民同楽」の観念をここで持ち出し、そしてその達成を承認していることは疑いない。元代の儒士が、游皇城という都市祭典に対して儒教の認識・解釈の型式を適用し、その型式が規定するところの理想的君主政治の姿をそこに見いだそうとしていたことが分かる。そしてその結果、この熊夢祥という書き手は、祭典の陣容や巡行のありようをこれまで見てきたかたちで叙述することによって、まさにその理想世界が現実として立ち現れたことを証言するに至っている。

もちろんモンゴル人にはモンゴル人の、チベット人にはチベット人の、あるいは他の色目人にも彼らなりの、游皇城という事象があったはずである。しかし、游皇城に関する具体的な叙述が、いまここでたどってきた漢文の文書として残されたこともまた一つの事実である。それは当時にあって游皇城が、漢民族社会、とくにその儒家知識階層に対して充分に訴えかけるものであったことの結果にほかならない。中国においてながく伝えられてきた都市祭典を土台とし、またその芸能や民間信仰を色濃く盛りこんだ游皇城の造形は、彼ら在地の知識人の認識へと入りこむ条件を備えていた。それゆえに、このモンゴル人皇帝主催の祭典は、彼ら儒士たち自身の観念において現君主・現政権を正当化する言説を、彼らから引き出す源泉たりえていたと言える。

第五節　游皇城を題材とする呈祥詩文

以上のように、游皇城の企画には、元による支配の正当性を漢民族社会に向けて主張しようとする要素が組みこまれていたと見られる。主要史料の筆者である熊夢祥が前述のような文書を筆記したことは、政権側のこの主張に対する受容的な反応にほかならない。ではこのほかにも、儒士が同様の反応を示している事例を見いだしうるのであろうか。また、もしもこの祭典の企画がより周到であるならば、こうした効果をいっそう確実に獲得するための何らかのシナリオを、プログラムのなかに盛りこんでいたかも知れない。そのような仕掛けを見いだすことはできるのか。

以下において、游皇城を詠んだ数点の漢詩文を取り上げ、游皇城がそこでどのような反応を引き出しているかを検討する。まず、書き手である漢民族知識人自身がこの祭典にどのような反応を示しているかを観察する。具体的には、彼らがどのような用語・表現を以てこの祭典を記述しているかを見ていくことになる。次に、祭典に参加する人々の反応を、書き手たちがどのように描いているかについて考える。この点がおそらく、游皇城に与えられた何らかのシナリオという前記の問題に関わってくるだろう。最後に、游皇城に対するこうした反応が元代のいかなる時期に発現しているかという観点から、この祭典が担った役割を総括する。

（一）「迎仏会歌」

二月祭典を題材とした漢文文書としては、これを寿ぐ何点かの称賀詩文を見いだすことができる。そのうち『天下同文集』（巻四）に収録される「迎仏会歌」は、成宗元貞元年（一二九五）二月八日の祭典のことを詠んでいる。十五日の游皇城ではなく、八日の「迎仏」儀礼を対象としたものであるが、先に述べたようにこの時期の祭典はいまだ八日・十五日に分岐していなかった可能性がある。またかりに分岐していたとしても、熊夢祥による順帝代の記述から推して八日の巡行もおこなわれつづけたはずであるから、ここで歌われている祭典は基本的に游皇城と一体のものである。その意味でこの詩は、京師のこの巡行祭を称賀する漢文文書がおよそどのような特質をもつことになるかを示す先駆的事例としてよい。

「迎仏会歌」の作者は判然としない。『天下同文集』は、排列上、盧摯のものと読みうるかたちでこれを収録している[65]。しかし元貞元年当時、盧摯は河南路総管として洛陽にあったとされており[66]、同年二月の京師にて「臣、幸にして盛美を観」たとするこの詩を詠んだと考えることが困難である。だが一方、盧摯の作であることが確実な詩と「迎仏会歌」とのあいだに、用語面での共通性を認めうる事例が存在する[67]。そのため、何らかの経緯によって彼がこの「迎仏会歌」を作成していた可能性も排除しきれない。かりに、これが盧摯の作であるとすれば、劉因・姚燧・趙孟頫・呉澄・掲傒斯らと交遊をもった[68]名流儒家知識人の言説であることになる。また、もしもそうでなかったとしても、以下に見るように、書き手の「臣」が儒家経典に親しむ知識人であったことまでは間違いがない。

> 皇帝、天位を継ぎて洪猷を丕顕し、聖教を弘めて玄理に幽通す。徳の被うこと遐深にして、功の済ること周微なるかな。
>
> 元貞元年二月八日、詔して京師大鎮国寺にて迎仏せしむ。旧典に遵うなり。是の日、春煕風微にして路に塵を揚げず。太后・太妃は郊に出駕し、金帛を施賞して衆心を歓沃せしむ。百辟・卿士は鞭を道に揚げ、其の斉《ととの》わざるを約して咸《み》な儀軌を踏む。士女は老を扶け幼を携え、軒車の接武して聳瞻すること林の如し。鸞声は覚輦に揚がり、象歩は梵衢由りす。旌蓋・幡幢は交羅嶷嶷、鐃鼓・簫管は嗷嘈淫淫、紫貝の宝は精《ひとみ》を流さしめ、名月の珍は目を奪えり。

妙花は天より霊域に雨《ふ》り、瑞光は智より金儀に湧く。邈乎たり、象教の玄風、聖世に載興す。観る者踴躍して瑕《きず》を滌《あら》い垢を蕩《そそ》ぎ、謬《あやま》ちを啓きて誠を暢《の》ぶ。向風趨善たること万邦に滂流し、化して亦た洽《うるお》せり。臣、幸にして盛美を観るに、以て形容する無し。乃ち稽首して歌を作りて曰わく、

於《ああ》、昭らかなるかな、有元の赫たり。其れ昌洪休載にして明徳を揚敷す。王の教鑰密紐を幽抽するを以て、釈綱沢流して万世に弥《わた》る。惟れ法の光に金儀の勝を睹《み》る。天人来りて乗を引き、駕龍十二頭、五雲流慶す。天開地闢、日月正しく、韶奏鳳儀、之に和して応ず。万邦稽首して天子の聖を称《たた》うと。

文書はまず序の前半において、前年四月の即位ののち初回となる成宗発願の二月祭典を、場景描写のかたちで華やかに記述する。出駕した后妃たちは施与に余念なく、ごったがえしに繰り出した群衆は祭典の盛様に目を見張る。楽隊の音とともに現れた行列は、幢幡を春の微風になびかせ、きらびやかに進んでいく。新皇帝勅命にかかる祝典に対して、まずは順当な表現内容であろう。続いて叙述は実景を離れ、象徴的な〝めでたい〟語句を連ねた称賀文書の様相を呈しはじめる。「妙花」が降り、「瑞光」が放たれる、と見える以下の部分がそれに当たる。この散華や智光などは「象教」、すなわち仏教のための称賀句として常套的なものであって、とくに目を引くものではない。

問題は、この序に導かれる「歌」本体が、はたして仏教的な観念・用語の範囲のみで読解しきれるかという点である。詩の前半、すなわち「教鑰密紐」「釈綱」「法の光」などとある部分までは、なるほど仏教的なものとして無理なく読める。だが後半に見える次の語句は、儒家経典ないし儒家の手になる先行文書のなかで用いられる記述や概念を下敷きとして読まないかぎり理解できない。

まず、「駕龍十二」の語である。これはただちに『周礼』（夏官司馬下）に「天子十有二閑」「馬八尺以上為龍」とある文章との関係を疑わせる。いずれも天子の駕乗に関する記述である。とはいえ、『周礼』のなかでこれら二つの記述はそれほど接近して置かれているわけではないし、具体的な指示対象としても駕馬が十二というのと厩が十二というのとでは開きがある。しかし、これらを結びつけて「駕龍十二」と記す先行例が、別に存在する。韓愈

の「元和聖徳詩」（『昌黎先生集』巻一）に、「旂常婀娜、駕龍十二、魚魚雅雅」とある部分である。「元和聖徳詩」と「迎仏会歌」とのあいだには、このほかにも共通する表現が見いだせる[69]。おそらく「迎仏会歌」のこの「駕龍十二」は、直接的には韓愈のこの詩を参照[70]しているのではないか。

「元和聖徳詩」は、そこに付された樊注（『新刊五百家注音韓昌黎先生文集』巻一）が説くように、唐憲宗元和二年（八〇七）年頭に執行された太廟・南郊の儀礼に際して作成されたものである。永貞元年（八〇五）に即位した憲宗は、翌元和元年に有力藩鎮弾圧に成果を挙げ、明けて元和二年正月、これら二儀礼を執行した。つまりこの韓詩は、新皇帝即位後初回となる主要儀典を祝賀して詠まれた一篇である。この点で、成宗即位ののち初めての二月祭典を称賀する「迎仏会歌」はよく似た位置にあり、作者がこれを参照することは多分にありえただろう。宋初の欧陽脩が着手してよりのち韓愈の詩文の収拾はおおいに進み、南宋期には方崧卿・魏仲挙・王伯大・廖瑩中らがそれぞれ韓愈文集を世に送り出したし[71]、また朱熹・張洽の『昌黎先生考異』も現れた。これらによって成宗代の知識人が韓詩に接する機会は少なくなかったはずであるし、そうであるとすれば雄篇「元和聖徳詩」は想起されやすいものであったはずである。

ここで注意すべきは、韓愈が「元和聖徳詩」を以て讃えた儀礼が、太廟祭祀および南郊祭祀である点である。つまり「迎仏会歌」は、ほかならぬ韓愈、すなわちその仏教排撃と儒学復古とを以て中国思想史上に画然たる位置を占める人物が、それにふさわしく儒教儀典を称えたところの詩を典拠として、当代モンゴル人支配者が挙行した仏教儀典を称賀していることになる。

その「論仏骨表」や「原道」などによって、宋代以降の漢民族知識人における抑仏崇儒の思潮を方向づけることになる韓愈の詠んだ詩である以上、「元和聖徳詩」に置かれたこの句も、単なる美辞としてではなく、『周礼』由来の儒教的観念をここで読みとるべき指標として配されていることは疑いない。実際、魏仲挙の『新刊五百家注音韓昌黎先生文集』（巻一）では、「駕龍十二」に関して、「孫曰、周礼馬八尺以上為龍、天子之駕馬十有二閑」との注を挙げている。廖瑩中本の系統を引く四部備要所収テキスト、および王伯大本系統の四部叢刊所収テキストもまた、注釈者名を省略しつつも、これとまったく同文の注を載せる。よっておそらく元人は、この部分が『周礼』に由来する句であることへの注意を喚起されつつ、この詩を読んだはずである。

「迎仏会歌」の作者も、その例外ではあるまい。あるいはかりにこの注を併読していなかったとしても、注釈者と同様に、みずからの教養の基礎をなす経書の知識によって、やはりここに『周礼』の語句を看取したであろう。さらに言えば、もしもこの韓詩を介在させていなかったとしても、迎仏会歌のこの句と『周礼』との関連は否定しにくい。なぜなら、そうでなければ「龍」の語とともに「十二」という数が出てくる理由がないからである。また、この「駕龍十二」に続く慶賀句が「五雲流慶」であることも注意される。「五雲」も同じく『周礼』に見え、重要な天象とされている(72)。このように考えれば、「迎仏会歌」の当該部分が儒家の根本典籍の一つである『周礼』に由来していることは、ほぼ疑いがない。

儒家経典と「迎仏会歌」との関連を示す第二点は、末尾近くに記された「韶奏鳳儀」の句である。言うまでもなく「韶」は舜の楽である。『尚書』に「簫韶九成、鳳皇来儀」(『尚書正義』巻五、益稷)とあり、その「韶」「鳳」「儀」が、そのままこの「迎仏会歌」の句に流れこんでいる。また、実は韓愈の「元和聖徳詩」には「鳳皇応奏」の句もあり、この「奏」字を『尚書』の「韶」「鳳」「儀」字に加えれば、「迎仏会歌」の「韶奏鳳儀」の四字になってしまう。

かの舜の音楽が響くなか、鳳凰が来儀する。このように経書や韓愈の詩が描くところの世界が、儒教的観念における聖世でないはずがない。儒家にとっての理想世界の表象、すなわち瑞祥のなかでも、鳳凰が最も典型的なものの一つであることは、たとえば王充が「儒者の論」に言うところの「瑞」に論及するにあたって、まず冒頭から「鳳皇・麒麟」(黄暉『論衡校釈』巻一六、講瑞篇)について延々と論じていることなどによって知られる。あるいは、怪力乱神を語らぬはずの孔子が鳳鳥至らずと嘆いたという話題が営々と保持されつづけたことなども、聖世の何たるかを儒家が表現するうえで、いかにこの「鳥の聖者」（『論衡校釈』同前）に依存するところが大きかったかを示している。元代文書においても、たとえば元旦朝会の「礼楽」の盛美を讃えた胡助の詩に、「鳳儀・麟瑞」（『純白斎類稿』巻一九、皇朝元会版位図賛）の記載が見える。鳳凰が、それも「鳳儀」の語を以て、儒教規範にもとづく瑞祥として記された事例である。また希陵[73]の「観郊礼」（『天下同文集』巻四六）が、「……礼楽大国に出づ。……鳳凰来りて簫韶あり」として、「迎仏会歌」と同じく「韶」と「鳳」とを一組にして記す。これは南郊儀礼を歌ったものであるから、まさしく儒教儀礼にふさわしい頌句として用いられていることが分かる。

以上のように「迎仏会歌」は、その後半において、唐宋期儒教復興運動の急先鋒であった人物の儒教儀礼称賀詩、あるいはその淵源である儒家経典に由来する句を投入し、その結果、儒家流の呈祥詩文としての性格を強く示すこととなっている。とはいえ、これを以て、たとえば作者が仏教的な礼賛詩を儒教的なそれへと変容させようと意図していた、といった解釈をくだすことは妥当ではあるまい。なぜなら、序文と詩の前半まではほぼ仏教的な称賀句によって埋められており、このことからすれば、作者は「迎仏」という主題に忠実な仏教的詩文を作成しようとしていたと見られるからである。ところが、文書の終盤ちかくになってなぜか破綻をきたし、前記のような儒家的要素を混入させることになっているわけである。では、それはいったいなぜなのか。

ここで問題となるのは、最末尾の「天子の聖を称う」の部分である。文書は、この部分で初めて「天子」の語を出している。冒頭で「皇帝」として具体的に君主成宗を表し、歌の中盤でも「王」の語を以てより抽象的に君主を表現しているが、最後の部分で「天子」の語を用いていることになる。これは、この書き手において、結びの句で称えるべき「聖」なる君主の形象が、「天子」という語と不可分であったことの結果であろう。つまり、すべての神聖性を君主に収斂させて一篇の称賀詩文を結ぼうとしたとき、この漢詩文の書き手は、「天子」という儒家的な用語を選択している。彼にとっての神聖君主の概念が、この語彙によって表記されているわけである。そしてこの「天子」の語を提出した以上、『周礼』や『尚書』が記載するところのその属性表現を用いることとなり、その結果ついに、「迎仏」祭典に当たって「鳳儀」の現象が起きた、と、仏教と儒教の境界を超える記述を投ずるに至ったと考えられる。

これまでの考察においてしばしば見てきたように、元代にあっても、儒教的な立場にとって仏教は基本的には「異端」であった。なかでも新たに導入されたチベット仏教は、習俗上の違和感をともなうものとして、あるいは「中華」の外部のものとして書きとめられていた(74)。つまり正統教学を以て任ずる儒教の規範にとって、仏教、それも近年「中華」外部より新来したチベット仏教は、この二重の意味で「異端」性をもつ存在であった。

ところが「迎仏会歌」は、帝師というチベット仏教僧を祭祀者として組み立てられた二月祭典において、「鳳儀」「駕龍」「五雲」など儒教的観念において申し分のない瑞祥が発生したこと、そしてそれによって成宗の「聖」性が顕現されたことを証言するものとなっている。儒教にとって本来きわめて異端性の強いはずの仏教儀典に際し、儒教の表象型式にもとづく正統的な聖世証明がなされたことを認め、それを以て当該君主の絶対的な神聖性を言明する、という選択がおこなわれているわけである。このことは、ある種の神聖君主がつかさどる世界においては、仏教という異端の儀礼によってさえ、儒教的な規範にかなう正統的な呈祥現象が起こりうる、という解釈の回路がここで生まれていることを意味する。これはすなわち、それほどまでに絶対的な神聖君主が世界に存在しうるとの認識がそこで生じ、なおかつ現君主がこれに該当するとの承認がなされていることでもある。チベット仏教という新たな要素を加えた二月の祭典をとおして、元は、その君主が超越的な神聖性をもち、ゆえに彼とその政権の統治権は正当性をもつ、と認める肯定的な言説を、漢民族知識人のなかから確実に引き出していると言わねばならない。

(二) 柯九思「宮詞十五首」

文宗の寵臣として知られる柯九思の「宮詞十五首」(75)のなかにも、游皇城を詠む詩句が残っている。彼は国子学の儒生であった時代に潜邸期の文宗の知遇を得ており(76)、文宗即位ののち、至順二年（一三三一）九月に弾劾されるま(77)

でその側近として活動した。この詩の制作年は特定できないが、後述するように第三首に付された自注(78)が天暦元年（一三二八）のできごとを記しているから、それ以後の作であろう。

柯九思は第一首においてまず、「万国の貢珍玉陛に羅《つら》なり、九賓伝賛して珠簾を捲く。大明前殿に筵の秩《ととの》う所、勲貴は先ず陳《の》ぶ祖訓の厳(79)」と、貴人賓客が参集する様や、勲臣たちが祖宗の遺訓を伝承する姿を描き、文宗新政権の継承上の正統性を謳いあげる。続く第二首が「黒河は万里にして沙漠に連なり、世祖は深思す創業の難を。数尺の闌干に春草を護るに、丹墀に留まりて子孫に看らる」と詠むこともまた、太祖以来の艱難を記憶に留めるため宮殿に漠北の草を植えた世祖の故事を引くことによって、文宗がまさしく彼らの後裔であること、したがってその登位が正当なものであることを強調しようとするものである。

この意図は、第三首に至っていっそうあからさまなものとなる。そこでは「親王の璽を上《たてまつ》るに西宮にて宴し、聖祚中興に慶び会同す。争い珠簾を捲きて斉しく仰望すれば、瑞雲捧日して天中に御す」として、何らかの印璽に関わる祝宴に集った人々が一斉に仰ぎ見るなか、「捧日」、すなわち帝王を象徴する太陽を捧げ戴く「瑞雲」の奇跡が発生したことを描く。この句の自注には、天暦元年十月二十三日、上都から「宝」が送られてきたことを祝う宴が皇城内西宮の興聖殿で開かれ、そのとき柯九思を含む「衆」「一同」の眼前で「五色の祥雲の捧日する」「卿雲」現象が発生した、と記している。これはおそらく、天順帝を擁するいわゆる上都派との武力闘争の結果、勝利した文宗ら大都派のもとに宝璽がもたらされた事件を指している。この一件を背景として語ることで、瑞雲の呈祥現象の信憑性を表現しようとしたものであろう。なるほど『元史』（巻三二、文宗本紀）天暦元年十月庚戌（二十二日）条に、興聖殿に出御した文宗が凱旋諸王たちから「皇帝宝」を献呈されたとの記事があるから、柯九思の注は、これの翌日に同殿で祝賀の宴が張られ、そこで瑞祥が発生した、と述べていることになる。同注にはまた、「時に応じたこの「祥瑞」発生を「国史院」にて「標写して史に入れ」ることが図られたともある。これにそのまま符合する記録は『元史』には見えないが、遡って同年九月、文宗の第一次即位直後の記事として「慶雲、見《あらわ》る」（『元史』

ようである。

巻三二、文宗本紀、天暦元年九月甲申条）とあるから、文宗政権初期において瑞雲発生の言説を流す動きはあった

柯九思の宮詞が、以上のように文宗とその政権の正当性を強く主張するものであることを踏まえたうえで、游皇城を歌った第八首とその自注を見てみよう。(80)

鳳城の女楽祥煙を擁し、梵座春游して管弦を浹《めぐ》らす。綵楼を斉望して万歳を呼べば、柘黄は止まりて五雲の辺に在り。自注。故事にて二月十五日に帝師を迎えて皇城を游す。宮中に綵楼を結び、親しく之を観る。

この詩に、「五雲」という典型的瑞祥が織りこまれていることは、先の「迎仏会歌」にも共通する。「五雲」は、『周礼』のみならず、儒家の言う瑞祥を列挙することで知られる『宋書』（巻二九）符瑞志にも「五色」の「慶雲」が「太平の応」であるとして取り上げられている。「祥煙」も、かの唐代開元の治世に現れたと言う瑞祥である。(81)つまり、この詩もまた二月祭典に際して呈祥現象が発生したことを詠むものにほかならない。

注意すべきは、柯九思の詩において皇帝が登場している点である。先に見たように、游皇城に際して皇城内の綵楼に皇帝が出御して観覧したことを『元史』国俗旧礼が伝えている。したがってこの詩の表現は、叙景としてとくに不可解ではない。しかし詩中においては、これが仏教行事であることを示唆する語はわずかに「梵座」に限られ、帝師の存在さえ注に記されるに過ぎない。これに対して、臨御する皇帝のほうはその姿がきわめて明確に示されているわけである。

まず、「万歳」の歓呼を浴びる者が、帝師でも仏教尊格でもなく、綵楼にある人物とされている。「万歳」は、この時代すでにほぼ皇帝専用となっていた慶賀句であるが、この語を以て叫ばれている対象は、ここでも間違いなく皇帝その人であることになる。加えてこの詩では、「柘黄」を着た人物、すなわち皇帝が、瑞祥である「五雲」を背景として描かれている。行列参加者の視線が天に向かって仰角で伸び、瑞雲をまとう綵楼上の皇帝に焦点を結ぶ、という構図がとられていることが分かる。これによって、いま発生している「祥煙」「五雲」の瑞祥がまさに皇帝

の徳に応ずるものであること、しかもこの場景が「斉望」、つまりその場にいる人々すべてによって目撃されていることが描出される。

成宗代の「迎仏会歌」では、奇跡の数々が「天子」の「聖」に帰納されつつも、皇帝その人がその場面のなかに描きこまれていたわけではない。これに対して柯九思のこの詩は、皇帝を游皇城で生起する奇跡のただなかに登場させることにより、いままさにその皇帝に天命のあることが眼前で証明されつつある、と読ませるものとなっている。皇帝の聖性表現としての要素がより強化されつつあると言えるだろう。しかもこの連作詩は冒頭の第一首から、それぞれ適切な場面において皇帝の正当性が順次証明されていくことを次々と並べたてていた。したがって游皇城もまたその一齣として、すなわち君主の正当性証明が当然起こりうる一場面として、ここに連ねられていることになる。仏教行事でありながら、皇帝の聖性証明の機会としての定位置を、游皇城は獲得しつつある。

（三）張昱「輦下曲」

元代風俗を伝える史料としてしばしば取り上げられる張昱(82)の「輦下曲」(83)にも、游皇城を詠んだ一首が存在する。張昱は幼少時から虞集の指導を受けて「詩法を得」たとされ(84)、また「経伝子史を渉猟し」「常に性命仁義道徳の学を談じ」たとも伝えられる(85)儒士である。生没年は判明しないものの、おそらく至大年間（一三〇八―一三一一）初期に生まれ、洪武九年（一三七六）以降に没したと言われる(86)。「輦下曲」の成立時期も決定しにくいが、順帝期のこととされる(87)天魔の曲の供奉がその第五六首に歌われていること、また第四六首に詠まれる「三史」編纂の「詔」と「賜宴」とが、『遼史』『金史』『宋史』編纂を命じた至正三年（一三四三）三月の詔勅、および同五年十月の進呈(88)に際しての賜宴を指すことから考えて、至正五年以降に制作されたと見て誤りあるまい。前述の柯九思は至正三年に没したとされる(89)から、その「宮詞十五首」よりも、この「輦下曲」のほうが後発であることになる。

百二首から成る「輦下曲」には、チベット仏教に関わるものが十首ほど含まれている。詩の序によれば、張昱はこれ以前のある時期[90]に宣政院判官の職にあったというから、チベット仏教への関心はこの経歴に関係するに違いない。それらのうち、大都における游皇城を詠むもの[91]は次の第五〇首である。

爐香道を夾《はさ》みて祥風を湧かせ、梵輦城を遊して女楽従う。綵楼を望拝して万歳を呼べば、柘黄の袍は半天の中に在り。

まず気づくことは、この句が前掲柯九思の游皇城詩句と酷似していることである。二十八文字のうち、「浹 一作夾（柯）―夾（張）」「祥煙（柯）―祥風（張）」「梵座（柯）―梵輦（張）」「斉望（柯）―望拝（張）」の近似があり、「女楽」「綵楼呼万歳」「柘黄」の語句は完全に一致する。張昱が、柯九思の宮詞、またはそれに類する詩を下敷きとして游皇城の部分を作成していることはほぼ疑いあるまい。

部分ごとに、さらに比較してみよう。初句は「鳳城女楽擁祥煙」（柯）、「爐香夾道湧祥風」（張）である。ともに国都街路での巡行の様子を主題とし、「祥煙」に対して「祥風」と、よく似た呈祥表現が出されている。第二句は「梵座春游浹 一作夾 管弦」（柯）、「梵輦遊城女楽従」（張）として、主題はともに音曲舞踊のこと、「游（遊）」字が一致、類似表現は「梵座」「梵輦」である。ここまでの張詩は、主題も表現も柯詩とごく近似はしているものの、たとえば「女楽」の位置をずらすなど、いくばくかそこから離れようとする傾向もなくはない。ところが第三句は、「斉望綵楼呼万歳」（柯）に対して「望拝綵楼呼万歳」（張）であり、相似の度合いがきわめて高い。皇帝への万歳歓呼を歌う部分は、ほとんど改変しないわけである。第四句は、「柘黄 一作祥雲[92] 止在五雲辺」（柯）に対して「柘黄袍在半天中」（張）としている。ともに皇帝が天空を背景としているとの句であるが、張詩には「天」字そのものが入り、より積極的に天との関係が示される。総じて言えば、張昱は柯九思の游皇城詩に見られる様態をほぼ踏襲したうえで、皇帝の聖性をさらに際だたせるかたちの微変更を加えていることになる。

宣政院判官の職歴をもつ人物の作にふさわしく、「輦下曲」中の他のチベット仏教関連の句は、具体的であり、写実的でさえある。第一七首[93]には「西天法曲」の長々と引く声が、第三八首[94]には日々「吽」を念じる「番僧」や「酒肉」の供物が詠まれる。第五六首[95]では皇帝御前で「天魔」の「曲」を踊る舞女たちの手にした優曇華の美麗が、第八六首[96]では、重厚な「西番燈盞」に刻まれた銘文が無数にともされた酥油の明かりに照らしだされる荘厳がとらえられる。第八二首[97]では、「頭に髑髏を帯びて魔女を踏む」チベット仏教の尊格マハーカーラが「中華を惑わす」と歌われる。第六二首[98]では、「八思巴」、すなわちパクパが詠まれている。この「天人」によって「字」が生み出されたと称揚されてはいるが、その文字によって「蒙古尽《ことごと》く文法の中に帰す」と、字義そのものとして読めばいささか辛辣な句で結ばれ、また転句には「鬼、夜哭す」として、あまり明朗とは言いがたい語句も用いられている。このように、必ずしも肯定的なものばかりではないことを含め、「西天」「西番」の仏教に対する細密な観察と独自の表現がここにはある。

張昱がチベット仏教に関連してこれほどの情報と描写意欲をもっている以上、こと游皇城という題材に関しては奇妙なまでに先行詩の前例にとらわれたことには、何らかの理由がなければならない。他の場面におけるチベット仏教のありさまが彼に自由な表現を促したのとは対照的に、同じくチベット仏教が絡むものでありながら、游皇城は皇帝を中心に配してこのように詠ずるもの、とするある種の雛型が張昱の意識にあり、それに規定された結果と見るべきであろう。つまり彼において游皇城は、創作欲をかきたてる異域の宗教風俗としてではなく、画一的表現を要求する神聖不可侵の皇帝儀礼として認識されている。都城に祥風が吹きわたり人々が万歳を歓呼するなか、皇帝が「天」に在る者として浮かびあがるという図が、游皇城に与えられる表現として定型化していることが分かる。

（四）張憲「二月八日遊皇城西華門外観嘉𡟗弟走馬歌」

鉄崖門下の詩人百余人中、十指に入ると楊維楨その人が評した[99]という張憲にも、游皇城を詠んだ七言詩がある。「二月八日遊皇城西華門外観嘉𡟗弟走馬歌」[100]と題され、「二月八日」をそこに含むが、内容としては明らかに皇城内巡行を含む祭典、すなわち游皇城を歌ったものである[101]。後述するように、張憲はある時期張士誠の幕下にあったとされるから、元末の人である。ただし生没年は伝わらず、この詩の題材となった祭典ないし作詩の年次も、また張昱「輦下曲」との先後関係も分からない。しかし以下に述べるように、詩の内容には順帝期に関連するいくつかの事象が含まれる。よって三十年余に及ぶ順帝治下の作と見ることは問題なかろう。

　春風城を圧《おお》いて紫燕飛び、繍鞍宝勒光輝を生ず。軟沙青草平らかなること鏡の似く、花雨は巾に満ちて風は衣に満つ。潜蛟双縮して玉は肚に抱かれ、朱鬣分光して紅霧を散ず。金龍の五爪たるは彩袍に蟠《わだかま》り、満背の真珠は秋露と撒かる。生猿俊健にして双臂長く、左脚鐙を蹋《ふ》みて右は韁《きづな》を蹴《ふ》む。銅鐃四扇に十指を遶《めぐ》らせ、玉声珠砕するは金の琅璫。黄蛇下り飲みて地に電掣し、錦鷹兎を打ちて起ち復た墜つ。袖雲突兀として鞍面空しく、銀甕駝嚢は両辺に縋《か》かる。西宮の綵楼高く天を挿し、鳳凰繚繞して神仙を排す。玉皇拍闌して誤てば一笑し、覚えず四蹄迸煙の如きを。神駒長鳴して背に血を凝らせ、郎君転面して酔眼纈《かすみ》たり。天恩の剪下するは五色雲、打鼓して帰来すれば汗は雪の如し。

まず留意されることは、この詩において仏教色がごく稀薄な点である。わずかに「花雨」の語が見えるものの、これとて必ずしも仏教専有の奇跡現象と限定できる題材ではない。[102]かりに何らかの宗教的標識を見いだそうとすれば、「神仙」「玉皇」と、むしろ道教のそれを拾うことになる。もしもこれが「遊皇城」と題されていなければ、仏教行事を詠んだ詩と読みとられることさえないのではないか。

　仏教的要素が脱落している一方で、明瞭に示されているものが皇帝の存在である。名馬紫燕にはじまり、潜蛟・金龍・生猿・黄蛇・錦鷹・鳳凰・神駒と、霊獣のたぐいが盛大に登場するが、これが単なる幻想詩ではなく、治世称賀の呈祥詩となっていることは、それらのなかに龍と鳳凰とが見えることに明らかである。ことにこの龍は「五爪」とあって、皇帝の象徴であることが明示されている。「春風」そよめく大都を歌うにもかかわらず、それが撒き散らす明珠を形容するため「秋露」の語を選択するほどの熱意を以て龍の姿を刻印しようとすることは、皇帝礼賛の趣意を反映していよう。中ほどの「生猿」も、庚申年生まれの順帝にまつわる即位予兆譚[103]に関連するかも知れない。終盤の「神駒」は、これに汗血馬を暗示する表現を与えていることから推して、至正二年（一三四二）七月の上都にて献上され、順帝の聖性の明証として当時さかんに文書化された「西域仏郎国」の「天馬」(104)を指す可能性がある。張憲自身、「今代仏郎国」から献上された「千里」をゆく「天馬」を題材として詩を詠んでいる（『玉笥集』巻一〇、天馬二首）。このように考えれば、あたかも霊獣図鑑のようなこの詩の結構は、皇帝権力に関わる通時代的な慶賀句に加え、当時にあって流通していた皇帝礼賛の表象言説をも織りこんだ結果であることになる。

また、この詩は色彩によっても皇帝を象徴している。詩のなかの色彩表記と皇帝の所在「西宮の綵楼」を記載順に列挙すると、「紫―青―朱・紅―金・金―黄―銀――「西宮の綵楼」―雪」となる。このうち紫を紫微宮、すなわち北に位置する天帝・皇帝の象徴と考え、また雪を白色の代替と見て、これらを順序どおり配置すると〈図〉のようになる。紫微宮から東・南を経て中央土黄に至った皇帝がいま西に在る、という五方上の軌跡が描き出されていることが分かる。また、中央への入出に「金」「銀」が対で置かれることによって「黄」が強調されていることも、これらが皇帝――柯九思らの詩では「柘黄」をまとっている――の聖性の表現であることを示しているだろう。

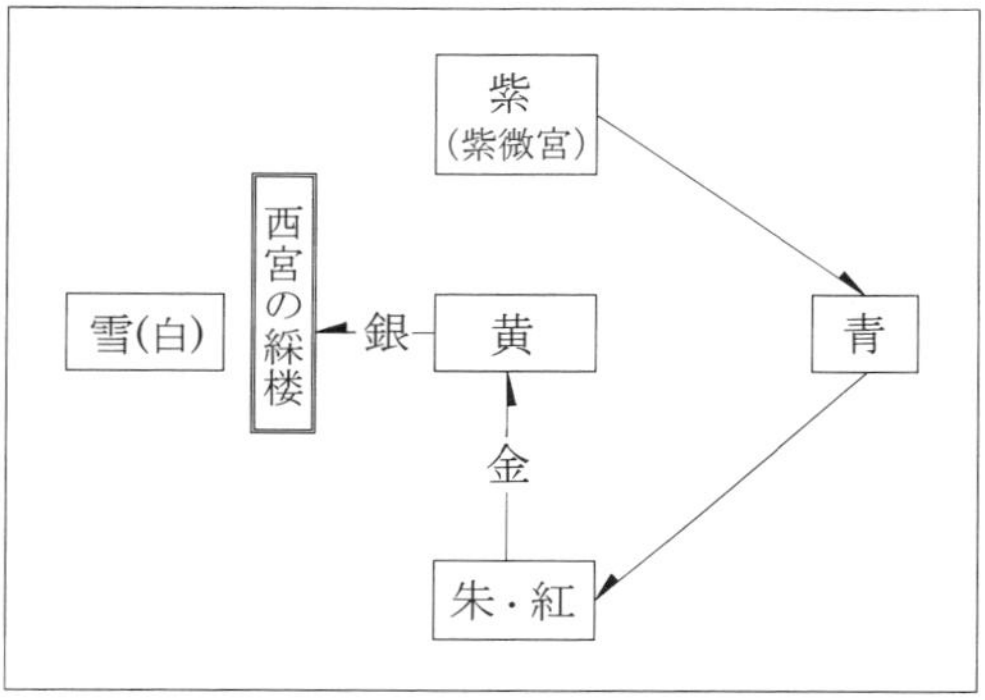

〈図〉張憲　呈祥詩の色彩配置

皇帝に焦点を集中させようとするこの詩の特性は、こうした象徴表現の範囲を超えて、より具体的な場景描写にも及んでいる。「西宮の綵楼」が として皇帝の出御を示したうえで、この「綵楼」のまわりを「鳳凰」が「繚繞」して飛ぶと歌うため、確かにそのときそこで、聖世の霊鳥が皇帝を称えて出現した、と言明する結果を生んでいる。字句のうえでは非現実的な素材に埋めつくされているにもかかわらず、そこに実景もまた差しはさまれることによって、本詩は単なる観念的頌詩の域を超え、これまでの三詩と同じく実在場面での瑞祥発生を証言する詩文たることを得ている。

皇帝の所在を示す「綵楼」は、ここでは「天」に「挿」されるという位置で示されている。張昱の詩で柘黄袍が「在半天中」、つまりは皇帝が天にいるとされたことと一致する構図である。さらにこの張憲の詩の場合、背景をなす「五色雲」についてもこれが「天恩」によるものであると表記しており、ここで発生している奇跡を「天」との関係において説明しようとする論理が前面に出ている。いま眼前にいる皇帝が「天」の承認を受けていることを、明瞭に表現した詩と言えるだろう。

張憲の経歴は詳細には伝わらず、彼が官職にあった形跡をつかむことができない。「始め徒跣にて京師に走」っており、おそらく游皇城詩はこの時期に作成したものであろうが、京師にあって「貴人に謁して天下の事を創談するに、衆、其の狂に駭《おどろ》き、且つ誚《せ》」めたという奇矯ぶりが伝わるのみで、任官については記されない。(105) 一時、張士誠に招かれてその呉国の枢密院都事とされたが、これが亡ぶと姓名を変えて杭州に走り、その後も四方を遊歴した。最期は仏寺に寄食して終わったと言う。(106) これらの所伝に職歴に関する脱漏がないとすれば、張憲は体制の外部にあったわけであり、これまでの三詩の作者が官員としての立場上まずは当然のこととして呈祥詩文を書くべきであったこととは異なり、自発的にこの詩を作成したことになる。ここにおいて游皇城は、もはやこれを褒賛すべき義務のない無官の詩人においても、繚乱たる奇跡のなかに皇帝の存在を配するという定型表現の対象として受容されている。チベット仏教を組みこんだこの祭典が、「天」に祝福された国都と君主を歌おうとするときの典型的題材として、儒家知識人一般の観念のなかに定位置を獲得していったことが分かる。

第六節　皇帝への歓呼——民の悦服・天の承認

以上のように游皇城を題材とする詩文においては、まず、書き手である漢民族知識人たちが、龍・鳳・五雲など儒教所定の呈祥現象をそこに認めていることを看取しうる。これに加えて注目されるのは、皇帝に歓呼の声をあげる参加者たちの様子が表記されている点である。

本章前半において見てきたように、游皇城の基本史料には『元史』国俗旧礼と『析津志輯佚』歳紀の二記事があり、それぞれが巡行ルートの記述を含む。このうち『析津志輯佚』歳紀では、皇帝は太液池中洲の儀天殿と名づけられた小殿にいるとされる。儀天殿は円蓋を戴いていたと記録されるから(107)、その名が示すとおり、天円地方たるところの天を象った構造物と考えられる。『析津志輯佚』記事は、行列がこの儀天殿の前において「其の巧芸を竭くして呈献し、悦を天顔に奉」じたと記す。天の座にいます皇帝とパレード参加者とが接触し、相互交歓的な光景がそこに現出されたことが語られている。一方、『元史』国俗旧礼は、皇帝は玉徳殿門外の「綵楼」にて「焉《これ》を観覧」すると記すのみで、一行と皇帝、つまりは被治者と治者との接触のありかたを示していない。しかし柯九思「宮詞」および張昱「輦下曲」には、沖天の位置にある「綵楼」の皇帝に向かって「万歳」が歓呼される様が描かれていた。このことから、「綵楼」型の式次第においても、行列の歓呼によって民と皇帝との宥和的接触の場景が演出されていたことが判明する。

「万歳」歓呼が、柯九思・張昱両名の、あるいはそのうち先行する柯九思の仮想表現ではなく、游皇城の実景にもとづくものであったことは、張憲もまた「西宮の綵楼」を詠みこんでいることから見て間違いあるまい。この場合おそらく皇帝は、「西宮（興聖宮）」ないし玉徳殿の門外に設置された綵楼に登っていたはずである。こうして、皇城内のいずれかに高く組まれた綵楼にせよ、あるいは『析津志輯佚』ルートの儀天殿にせよ、皇帝の所在は比較的狭い空間として明示されている。至尊がそこにいる、という目当てが画然と定まる配慮がなされているわけである。その場をめがけて、技芸奉納や「万歳」歓呼などの民の親和的行為が投げかけられる、という段取りが用意されていたと考えてよいだろう。

　このように游皇城には、皇帝と参加者とが互いに喜悦しあう場面が、具体的なプログラムとして設定されていた形跡がある。おそらくこれは、いわゆる「民の悦服」、すなわち聖君治世の表象として儒教的な原理が指定するところの「民」の姿を提示しようとするものなのではないか。孟子が『尚書』を典拠として「天」と「民」とは相い通ずると説いてよりのち、「民」の悦服は当該君主に対する「天」の承認の証とされ、儒家にとって統治権正当化の主要な原理でありつづけた。[108] 游皇城が、その祭典次第のなかで、皇帝に対する民の歓呼という場面を確実に出現させえたとすれば、この正当性証明を実景のうちに供給しうる安定的装置として機能していたことになる。

　ここで、元代にあってどのような場合に皇帝への「万歳」歓呼がなされたのか、他の事例を見てみることにしよう。たとえば、ある「宝」が京師にもたらされ、「五色祥雲」が発生するなか大宴が張られたことを詠む詩のなかに、「尽く万歳を呼びて中興を賀す」の一句が見える。[109] あるいは站赤の飛脚の速力を試すために毎年おこなわれた健脚大会でも、百八十里を走り抜いた参加者たちは、ゴール地点の皇帝御前に着くや「万歳を称《とな》えて礼拝して止」まったとされる。[110] 前記した至正二年の「天馬」献上を祝う詩のなかにも、「群臣、俯伏して万歳を呼ぶ」の一句が見える。[111] 後至元四年（一三三八）の冬、移動中の順帝が困窮した馬夫たちに行きあい、「堕涙」して賜与などの恩恵を施したときにも、「衆、乃ち大いに悦び、遂に万歳を呼びて散」ったと記される。[112] これらの事例から見て、元代においても「万歳」が皇帝礼賛の機能を以て唱えられたこと、またそのようなものとして記述されたことは疑いない。

　さらには、游皇城と同様に、チベット仏教が関わるなかで「万歳」が唱えられたであろう場面も見いだしうる。張昱「輦下曲」の第二〇首には、「崇天門下に宣赦を聴く、万姓歓呼す万歳声。豈に独り罪人の大宥を蒙らんのみか、普天率土尽く情に関《あずか》る」として、恩赦の際に宮城正門である崇天門で万歳が歓呼されたとある。元代、皇帝・皇后らに延命長寿をもたらす仏事と称してチベット仏教僧も免囚を勧めたが、なるほどそれも「宮門」で執行されており、[113]そのとき皇帝への「万歳」を唱えさせる場でもあったことが分かる。仏教的な行事を執行しながら、歓呼を浴びるのは仏菩薩や僧侶ではなく皇帝その人であるという構造は、游皇城に共通するものである。

游皇城の眼目の一つは、民と皇帝とが楽しみをともにする理想郷を現出することであり、本章においてすでに見たように、熊夢祥はこの状態を「与民同楽」と記述していた。しかしそれは、単に「民」が見て喜ぶであろう見物ルートや賜与が設定されていたことのみによって描き出されていたわけではない。また、熊夢祥という一知識人の認識・判断というのみであったわけでもない。知識階層に属さない芸能者たちをも多く含む群衆を動員し、いま確かに「民」が喜悦していることをその場で彼らに示させるシナリオが、御前「万歳」の場面として用意されていたわけである。[114]「与民同楽」は、このシナリオによって、いわば〝実証〟されていたことになる。

龍や鳳凰は、観念のなかにしか飛ばない。だが皇帝に対する民衆の歓呼は、実体的な正当性証明として、当日その場で響かせることができた。游皇城はこうして、即時的・即物的な効果をも確保している。衆目に開かれた祭典において、この可視的な効果をはじきだしたことは、少なからぬ収穫であったと言えよう。

しかも人々のこうした喜悦の態度は、単にその場における反応・効果というにとどまるものであったわけではない。半「天」・挿「天」の綵楼に、あるいは儀「天」殿に出御した皇帝が、参加者たちの歓呼を浴びる。この光景は、その時点の実像として求められていたのと同時に、そののちながく文字のかたちで固定されていくべき聖性証明としても期待されたはずである。そして実際、我々がいまそれを目にしているように、「天」に位置する元の皇帝への「民」の悦服というこの世界像は、当時の漢民族知識人たちによって確かに書きとめられた。書き手たちは民のこの喜悦を、龍や鳳凰や五雲と等質の、あるいはより実体的であるがゆえに、より画然と「天」命を象る証明として、その文書に記したと見なければならない。したがってこれらの漢文文書の出現は、儒教が規定する証明原理の根幹に照らすかたちで、いまモンゴル人君主の、すなわちその政権の統治権正当性が立証されたことを、漢民族知識人が言明したことを意味する。

らなる証左となるだろう。

第七節　政権不安定期と呈祥詩文——游皇城の機能

では、こうした呈祥詩文は、どのような状況下で生み出されたのであろうか。これらが作成された時期に、政権や君主の正当性を強調せねばならない何らかの必然性を見いだせるならば、詩文にその役割が負わされたことのさらなる証左となるだろう。

（一）成宗代初期

まず「迎仏会歌」を考えてみよう。詩が詠むものは、成宗即位ののち初回となる元貞元年二月の祭典である。「臣」と称する作者が、国都大祭を題材として、新帝の正当性を表現しようと意図していることは間違いあるまい。それは、序の冒頭でまず「皇帝、天位を継ぎて」と成宗即位に言及していることに明らかである。

成宗の登極は、世祖存命中に立太子ずみであったことや重臣らの尽力もあって、のちの帝位交替劇に比較すれば障害は小さかったが、それでもカマラ派との対立など、不安定要因がないわけではなかった。実際、当時の官僚たちが新政権の置かれた環境を楽観視してはいなかったことは、たとえば世祖没後にわかに「伝国璽」が発見されるという奇妙な一件などに現れている(115)。この事件に関しては、「献宝璽書」と題する崔彧の献呈文（『天下同文集』巻三）が残され、「至元三十一年歳次甲午正月三十日」に玉璽発見の情報がもたらされたのを皮切りに、一連のことが唐突に動きだした顛末を伝えている。世祖がその正月二十二日に没している（『元史』巻一七、世祖本紀、至元三十一年正月癸酉条）から、まさに直後の動静である。「献宝璽書」のなかで崔彧は、「皇太孫龍飛の時に求めずして此を得（一作「見」）るは、乃ち天、其の瑞応を示すなり」と、これが瑞祥であることを言う。成宗政権初期において、新君主の登位が天命に則ったものであることを証明しようとする切実な動きがあったことは疑いない。

「迎仏会歌」もまた、「天位」が「継」がれた直後の祭典において、「龍」や「五雲」や「鳳儀」の瑞祥が現れたとするものであり、この構造において崔彧の文書とよく一致する。したがってやはり同様に、三十年余に及んだ世祖長期政権からの交代に当たり、新政権がみずからの正当化という明確な目的のもとに発した政治色の濃厚な文書と見なくてはならない。

「迎仏会歌」が、『天下同文集』において盧摯のものと読みうるかたちで残存していること、また他の盧摯の詩との共通性が認められること、しかし一方、盧摯の経歴に照らして元貞元年にこの祭典を実見したとする詩を彼が詠みえたとは考えにくいことは、すでに述べた。これを盧摯の作と考えるためには、たとえば大徳年間初期に集賢学士として京師にあった時期に、(116)時間を遡って文書を作成することが委ねられたかなど、何らかの憶測に依存するほかないだろう。とはいえ、それが表現するものの重さからすれば、当時にあってすでに文名の高かったこの人物に(117)よって「迎仏会歌」が生み出されたという可能性は留保されるべきではある。

しかし作者が何ものであるにせよ、二月の仏教儀典に関して、「鳳儀」などの儒教的観念に拠る漢民族の「臣」がその観念を以て呈祥詩文を作成したこと、つまりは、政権内のチベット仏教奉戴勢力が祭典に託したメッセージに対して、これに呼応する反応が儒家知識人から発せられたことは疑いがない。『天下同文集』は大徳八年の序をもつから、この文書が元貞元年（一二九五）以降、大徳八年（一三〇四）以前の成宗代に叙述されたことも間違いない。そこで言明された内容、すなわち現皇帝は仏教祭典においてさえ儒教所定の瑞祥を発生させうるとの内容は、この君主の聖性の証言として、またそれゆえのその正当性の証言として、漢民族社会に訴えかけるべく発信されたと見てよいだろう。

（二）文宗代

このように二月祭典は、どうやら政権不安定期においては、その君主・政権の統治権正当性を主張する手段として機能していたのではないか。このことは、柯九思の宮詞が書かれた文宗代に関して、いっそう明らかに示されるようである。

　周知のとおり文宗は、上都の天順帝派との抗争のなか、兄の代替として戊辰年（一三二八）九月に第一次即位をはたした。泰定帝の致和元年であり、天順帝の天順元年でもある同年は、これによって天暦元年ともなった。天順帝派に勝利し、翌天暦二年正月に兄の明宗が帝位に就いたが、明宗はその八月には権臣に謀殺された。数日後、この権臣に擁立されて文宗が復辟することになる。

　こうした波瀾のなかで成立し、のち順帝代には非正当の烙印を押されることになる文宗政権[118]が、すでにみずからの正当性、つまりはその君主の正当性を主張する必要を強く意識していたことは、たとえば至順二年（一三三一）に起きた「受命の符」事件の経過のうちにうかがうことができる。ある官僚が、南朝期の神秘家として著名な陶弘景の詩に、「陛下」、すなわち文宗の治世について予言した「受命の符」が記されているとし、これを史書に記すとともに内外に布告することを進言した。これを受けて翰林兼国史院・集賢院・奎章閣・礼部に合議せよとの詔勅がくだる。その結果、問題の字句は予言とは読めないこと、また受命の符が出たとして表賀された唐代のある事例が宋代に批判されていること、ましてやいま「陛下」の「応天順人」「紹隆正統」たることは海内に知れわたっているのであるから、あえて「曲説」を引く必要はないことを「翰林諸臣」が答申し、案件は却下された（『元史』巻三五、文宗本紀、至順二年三月丙戌条）。同時代人からさえ「曲説」と呼ばれる怪しげな讖緯説によって正当性を示そうとした無理な手法[119]にせよ、さすがにこれを封じつつも、その際、文宗の「応天順人」を改めて強調せねばならなかった翰林院官僚たちの対応にせよ、自政権の正当性をめぐる不安と、これを打開しようとする焦燥を表すものにほかならない。

　先に述べたように、祖訓や世祖への言及を以て始まる柯九思「宮詞十五首」もまた、文宗在位の正当性を述べたてようとする明瞭な意図を示すものであるから、やはりこうした文宗政権の課題に即応するものであったと言える。とくに玉璽奉呈時のことを詠むその第三首は、柯九思自身をも目撃者として含む瑞祥の発生証言であり、なおかつこれを翰林兼国史院に記録させせようとまでしたと言うのであるから、「受命の符」事件と軌を同じくする政治的工作であることが明らかである。

したがってその第八首において、「祥煙」「五雲」の瑞祥や、中空の皇帝への「万歳」をともなうものとして游皇城が描かれねばならなかったことも、政権動揺期における正当性証明の動きと位置づけるべきこととなる。ひるがえって言えば、游皇城という行事は、政権が何らかの不安定にみまわれたとき、その君主が「応天順人」の存在であることを示す機能を負って記述されたことになる。

とはいえこの時期、安易な神秘的言説は「曲説」として斥けられてもいたわけである。この程度には覚めた心性のなかにあって、しかし柯九思が記した呈祥表現は、のちに張昱が同様の表現を採っていることから考えても、有効と見なされていることになる。では何が、游皇城に関して生産される呈祥表現を「曲説」の範疇から救ったのであろうか。おそらくそれは、游皇城の可視性・開放性、および民との結節に関連するだろう。游皇城は、過去の文書に判じ物のごとく埋めこまれた予兆でもなければ、官署や宮廷の内奥で貴顕によってのみ観察される事象でもない。それが国都住民を巻きこむ都市祭典であったこと、なおかつその場において、「天」意の鏡である「人」心の喜悦を参加者の行為として提示しえたことが、游皇城を題材とした呈祥詩文を統治権正当化言説として機能させえた要因と考えられる。

さらにここで検討すべき点は、文宗政権が実施したと見られる游皇城の記録が、『元史』本紀に残されていることである。天暦二年二月辛丑（十四日）条（巻三三、文宗本紀）に「遊皇城仏事を建つ」の一文が見えるものがこれである。これは游皇城前日の十四日におこなわれた仏事（『元史』国俗旧礼）を指すから、翌十五日の游皇城開催を示すものである。興味ぶかいことに、『元史』本紀において十五日游皇城の実施そのものに関する記事は、この一点と、後述する順帝代の三点のみに限られる。例祭であったがゆえに、原記録ないしその後の記録から落とされたものであろうが、それならばなぜ、これら四点のみが正史にまで残存しているのかが問題となる。

文宗トクテムルが兄の代替として第一次即位をはたしたのが戊辰年（天暦元年、一三二八）九月、翌天暦二年正月に「和寧の北」で兄明宗コシラが即位したが、明宗は大都に入城することなく同年八月には没する。つまり天暦二年二月の「遊皇城」は、皇帝明宗のいない京師大都で、いったん退位したトクテムルらによって執行されたことになる。周知のとおり、この退位のあとトクテムルは次期皇帝として立太子されるが、『元史』においてその冊立記事は二年四月に記されているから、[120]二月時点では、少なくとも名義のうえで彼は帝室の一構成員の立場に戻っていたことになる。では、この天暦二年二月の游皇城は、天意に浴した君主が行列を観閲してその歓呼を浴びるという場面がないかたちで挙行されたのであろうか。おそらくそうではあるまい。『元史』（巻三三）文宗本紀は同月においてトクテムルが諸般の国事を大都で執行していることを記す。よって游皇城においても、そこでの君主の役割を彼が代行したものであろう。そもそも、そうでなければ皇帝臨御を山場とするこの行事を皇帝不在の国都においてあえて執行する理由がない。そしてこの事態への注視が、例外的にこの回の游皇城を記録記事として残存させた理由と考えられる。

柯九思の詠んだ游皇城が、この天暦二年のものであるか、あるいはそののち彼が朝廷を去る至順三年[121]（一三三二）までの他の年のものであるかは決定できない。しかし文宗を擁する政治集団がこの国都祭典のもたらしうる効果を充分に評価し、利用しようとしていたことは疑いがない。したがって、文宗側近の一人として柯九思が游皇城に呈祥詩文を寄せたこともまた、そこに政治的効力が認識されていたことの結果と考えなければならない。

(三) 順帝代

張昱と張憲の游皇城詩はその成立年代を特定できず、おそらく順帝期であろうとの推定にとどまることは先に述べたとおりである。しかし順帝代、とくにその至正十年以降、チベット仏教奉戴勢力の中心に位置する皇帝によって游皇城挙行への強い意志が示されていることが、いくつかの史料に記される。しかもそれは、実はむしろこの祭

典の挙行に何らかの支障が生じつつあることを背景としていたらしい。(122)

まず、『元史』（巻四二）順帝本紀の至正十一年（一三五一）二月条に、「是月、游皇城を命ず。中書省の臣の之を諫止するも、聴《したが》わず」とある。游皇城挙行の勅命に対して中書省が反対したところ、順帝がそれを却下したとあるから、游皇城は断行されたことになる。当時、挙行を躊躇させる何らかの理由があったこと、それにもかかわらず君主権力によって強行されたことが分かる。さらに翌至正十二年二月己丑（十五日）条（『元史』同前）にも、「己丑、游皇城」として、游皇城の実施が記される。

ついで、『元史』（巻四三）順帝本紀、至正十四年正月丁丑条に、

帝、脱脱に謂いて曰わく、朕の嘗て朶思哥児（gdugs dkar 白傘蓋）好事を作し、白傘蓋を迎えて遊皇城せしむるは、実に天下生霊の為の故なり。今、剌麻《ラマ》に命じて僧一百八人を選び、仍お朶思哥児好事を作さしむるに、凡そ用いる所の物は官自ら之を給し、民を擾《みだ》すこと毋かれと。

と見える。事実の記録であった先の二記事の場合と異なり、順帝の言葉のみのこの記事から事態を読みとることは困難である。また文脈上、皇帝の意向が「好事」、すなわち仏事の執行をのみ言っているのか、游皇城を含めての挙行を言っているのかも判然としない。よってこの年の游皇城開催の有無は決定しにくいが、皇帝の意欲が示されたことは明らかである。

前述のとおり、『元史』本紀において游皇城の実施そのものに関わると見られる記事は、そこで挙げた文宗本紀の一点のほかには、これら順帝本紀の三点があるのみである。中央官庁が執行を停止させようとする状況のなかで、至正十一年・十二年と游皇城は断行され、さらに十四年にも挙行の動きは確実にあった。文宗本紀の場合と同じく、異例の状況下での挙行が、例祭についてあえて記録させ、いま見るこれらの本紀記事として伝世させた要因であろう。

順帝代の游皇城については、『析津志輯佚』歳紀にも、「寔《こ》れ蓋し累朝の故事にて缺《か》けず。近年、惟だ太師右丞相

脱脱の旨を奉じて前後相い遊城せしむること二次あるのみ。……此より以後、未だ重挙するを見ず」との記事が見える。挙行の頻度が落ちていることとともに、「近年」では「唯だ」脱脱の太師右丞相在任期間に「二次」「重挙」された例があるのみであると記されている。脱脱が太師・右丞相の肩書を兼有した時期は至正十二年（一三五二）から至正十四年にかけての時期であり、そのうち右丞相職は同九年には拝している。[123] よってこの「二次」「重挙」が、前記『元史』記事の言う十一年・十二年の游皇城を指していると考えられなくはないが、これを決定しうる他の材料があるわけではない。とはいえ、この時期に游皇城の定例開催が困難になったこと、それにもかかわらず皇帝をはじめとする崇仏勢力の執行に対する熱意が高かったことは疑いあるまい。

　これほどの執心を以て太平の象徴たる游皇城が挙行された至正十年代前半は、むしろ一般には、元末の動乱がついに本格化する時期として理解されている。順帝治世についてはその初期から不吉の徴候とされた災異の記事が少なくない[124]が、天下大乱の兆として予言されていた隻眼の石人が出現し、至正十一年五月、いよいよ韓山童の集団が蜂起すると、社会不安は一つのピークに達した。[125]

　この時期の人々の動揺は、そのとき出来した何らかのできごとを不祥と解して記す文書のかたちでよく伝えられている。たとえば至元十一年、河間路景州で、ある人物の墓と伝えられる丘が洪水で崩れた。この墓をめぐっては、そこに何かが起これば京師と江南を結ぶ水運が途絶するという俚謡があった。国家経済の動脈の一つである漕運の成否がここで占われているとする予言譚であり、その俗説のとおり、墓の異変は「天下多事」の予兆として採録された（『南村輟耕録』巻二〇、皇舅墓）。陶宗儀は、翌至正十二年の凶兆も記している。その三月、江浙の湖州や杭州では「黒気」が天に現れ、雷電が轟くなか、果実の種のようなものが雨とともに降ってきた。種は松の実に似た味がした。九月、一帯を紅巾軍が襲撃した。そのとき、くだんの種が降ってきた所がもっぱら被害に遭った。はじめこれを信じなかった陶宗儀も、推移する事態のうちに暗合を認め、ついに信じるに至ったと述べる（『同前』巻七、志異）。当時、様々な不祥の予兆が読みとられていたことが分かる。

ほかならぬ游皇城の一行が練り歩く舞台である皇城内でも、このころ不祥なできごとの起きていたことが記録されている。至正十一年の祭典直前には、

> 至正十一年春正月二十日夜、京師清寧殿に火あり。宝玩を焚くこと万を計う。宦官の鼠を薫《くす》ぶるの故に由るなり。未だ幾ならずして、天下大乱す。淮東の賊毛会、都城に逼《せま》りて退く。（『草木子』巻三上、克謹篇）

とあるように、清寧殿で火災が起きている。清寧殿は、『析津志輯佚』歳紀が記す巡行ルートに挙げられている殿宇である。ここで失火したのであるから、この年の二月祭典を中止すべしとした中書省の諫奏は、実務上ごく当然のものであったことになる。これは同時に、その正論を圧して執行させた皇帝以下チベット仏教奉戴者たちの意向が、いかに強固なものであったかをも示している。

さらにこの『草木子』記事において、清寧殿の火災と「天下大乱」とが結びつけられていることには注意してよい。もちろん葉子奇のこの記述は、その後の元の中国放棄を踏まえてのものではある。しかし清寧殿[126]は、大内後廷正宮たる延春閣周廡の北殿であり、厚載紅門・厚載門・延春閣・大明殿・崇天門と連なる正殿の南北中心線上に位置するから、その火災は確かに象徴的な意味における重大な失点に違いない。しかもこの場合はさらに、迫りつつある兵戈が現実的な根拠ともなって、偶発した火災を天下転覆の予兆と解させる力を加えていたはずである。

こうして、元末の動乱が始動し、国都内外の人々が天命革易の兆候を読みとるただなかで、游皇城はあえて実施された。しかしどのような状況下であれ游皇城は、これまで見てきた詩が歌う光景そのままに、華やかな太平の祭典として挙行されたはずである。あるいはむしろ、国家財政を支えた水運が滞って「天下多事」を告げ、「黒気」のうちに異物が降って災禍を予告し、皇城内では殿舎が焼けて「天下大乱」を予感させる状況であるからこそ、五雲がたなびき、鳳凰が舞い、皇帝への民の歓呼が響く「聖世」の祝祭が敢行されねばならなかったのではないか。確実な呈祥言説生産装置として、過去の政権不安定期にあって当該政権の正当性を表現しつづけてきたこの祭典の機能を、最後の政権もまた稼動させようとしたと考えるべきであろう。

結語――「万邦稽首、称天子聖」

本章の考察によって、以下の結果を得た。

元代の游皇城は、中国に既存していた都市巡行祭をその原型とした。六朝期に遡る漢民族の伝統的な二月八日の迎仏巡行祭が、遼代の諸都市、さらに金代およびモンゴル帝国太宗期の燕京に継承されており、これが元代に入って八日迎仏から十五日游皇城までの祭典として再造形された。再造形の要点は、仏誕日をめぐる矛盾を解消しうること、会期延長によって盛会を演出しうること、いったん都城外へ放出して賦活した聖性を都城内・皇城内に還流させるという動的な筋立てを表現しうることにあった。一方、南宋臨安においても、仏誕日問題を処理しつつ六朝以来のものと称する二月八日祭典が挙行されており、なおかつ十五日にも複数の名義で都市祭典が挙行されていた。日程のみならず、百戯が出る遊興的様態や貴顕臨席と賜与などの具体的式次第の点で、臨安の都市祭典の光景は游皇城のそれとよく重なる。このように中国在来の伝統的歳事慣行に乗ることによって、游皇城は漢民族社会の認識に訴える基礎的要件を満たしていた。

游皇城の行列は、いくつかの側面において、混成的な映像を結ぶよう編成されていた。まず、公と民との混成である。軍隊が行進する一方で、半官半民の芸能集団や大都路住民の集団も出て、公的組織と民間のそれとが一体となった祭典であることが示された。民族的な側面においても、イスラーム系を含む複数の民族集団がそれぞれの風俗を披露しながら行進することによって、国都に諸文化が共存する様が描かれた。宗教的側面においてもまた、混成的な構成が図られていた。一つは、中心となる仏教のみならず、漢民族の民間信仰も抱きこまれたことである。いま一つは、仏教そのものもまた、チベット・中国双方の系統を混成するかたちとなっていたことである。帝師による仏事を巡行の前後におこなうことでチベット仏教尊奉を主張する一方、中国仏教寺院を多く含むかたちで隊列を組み、あるいは在来の大刹を祭典の拠点とすることによって、蔵・漢の区別を超えたものとしての仏教がここで宣揚されていることを表現していた。以上のような行列の編成は、総体として、世界征服者たる大元帝国が包摂する諸種の集団をとりどりに摑みだして陳列し、それらが一体となって交歓する様子を描出するものであったろう。「混一華夷」を游皇城から読みとるべし、との史料表記は、したがって空疎なものではない。この理想の実体像として、行列は編成されていたからである。

行列の構成が被治者諸集団の一体性を表現する役割を担う一方で、行列がたどる皇城内の巡行ルートは、治者と被治者との一体性を表現する機能をはたした。游皇城が掲げるいま一つの理想の指標、「与民同楽」がこれによって達成されることとなっていた。一行が諸芸を披露しながら皇城内の諸宮殿・諸門を次々と巡遊するとき、皇城内の住人たち、とくにほかならぬ皇帝その人がこれを楽しむ、という場面が重点的に設けられていた。巡行する「民」の側のほうにもまた、宮庭の壮麗を、垂簾の向こうの貴人の存在を、そして賞賜の栄誉を楽しむことが、プログラムとして設定されていた。こうして、君主と民とが視線を送りあい、歓楽を分かちあう理想の場景が、万単位の証人のもとに具現される企画となっていた。

このような游皇城の造形は、君主およびその政権の正当性を漢民族社会に訴えかけ、認めさせることが、その構成上の一つの指針であったことを示唆する。この都市祭典を以上のように叙述した儒家知識人が、彼らの認識・解釈の型式において善き君主・善き治世の指標とされる「混一華夷」・「与民同楽」の概念を想起し、この型において祭典を記録していることは、その結果にほかならない。この協調的な、つまりは政権の訴えかけに対して受容的であった筆記者はまた、游皇城において顕現された君主の愛民の徳は「天」より与えられたそれであるとの結論をも提供した。もちろんそれは、統治権に関する彼らの観念、すなわち民の悦服こそが統治権授与者である天の承認の表象であるとする儒教的観念によって導かれる帰結である。こうして游皇城は、人口の大多数を占める在地民族、とりわけその知識階層として旺盛な言論醸成力をもつ儒家知識人に元の支配の正当性を言明させるという成果を、この征服政権にもたらした。

大都の二月都市祭典は、いま一つの方法においても、漢民族知識人たちからその君主・政権を正当とする証言を得ていた。これを題材として漢詩文が詠まれ、そこに皇帝の聖性を証明する儒家型式の呈祥表現が盛りこまれたことである。早くは成宗代の八日迎仏を詠んだ詩文においてすでに、皇帝の聖性を示す儒教的な呈祥表現が、仏教的な頌句とともに適用された。そこでの呈祥表現は、儒家経典とともに、韓愈の儒教典礼称賀詩をも典範としていた。史上名高い排仏論者の儒教礼讃句を以て、崇仏儀礼に顕現した元の皇帝の聖性が証言されたことになる。くだって文宗代の漢詩文は、十五日游皇城において生起した瑞祥のただなかに皇帝を描く図式を採ることによって、より直接的にその聖性を主張しようとした。この図式は後発の游皇城詩句にも踏襲され、游皇城を文書化する際の一つの定式をなした。これらの詩文は、宣政院官職経験者など政権内部の人々によって生産されていたが、元の終盤期には、とくだん職責等による必然性が認められない人物によっても同様のかたちで作詩される事例が出現した。皇帝にまつわる呈祥表現を発する場として游皇城をとらえる認知様式が、政権外部の儒士をも含めて、儒家知識人社会に広く共有されたことが分かる。

これらの詩文における呈祥表現は、龍鳳をはじめとする架空の表象のみならず、より実体的な要素をも含んでいた。それが、天を象徴する位置にいる皇帝に行列参加者が「万歳」を歓呼するという場面の記述である。儒家の重んずるところの民の悦服がこのようなかたちで描写されたことは、天命が確かに当該君主のもとにある、との言説が発出されたことを意味する。この場景は、游皇城のシナリオに組みこまれて当日の皇城内で演じられることになっていた実景でもあったから、もはや無批判に奇跡言説が通用することはなかった元代にあっても、瑞祥発生の場面として記述されることが可能であった。

以上のような呈祥詩文が作成された時期、あるいは実施記録上にこの祭典への傾倒の痕跡が強く残る時期は、政権が何らかの要因で不安定な状況に陥った時期と重なる。元を称してのち初めての帝位襲替をおこなった成宗代初期、成立の経緯に名分上の問題があった文宗代、そして元末の社会動揺に直面した順帝代がこれに当たる。この結果もまた、祭典とその呈祥詩文に君主・政権の正当性を主張する機能が託されていたことを裏づけるものである。

従来、チベット仏教宣揚の一面において取り上げられることの多かった游皇城であるが、以上のような側面から見た場合、それは支配集団が奉戴する宗教を一方的に誇示するための政権の示威活動であるよりも、むしろ被治者を巻きこもうとする都市祝祭であり、また、その点によってこそ効果が引き出された行事であると言える。とはいえこのことは、政権のチベット仏教奉戴路線の後退を意味するものではない。ときにこの新来の仏教に対する違和感を隠そうとしなかった漢民族社会を、要所にチベット仏教を埋めこんだ祭典に取りこみえた点から考えれば、游皇城の造形とその執行は、元のチベット仏教崇奉事業の根幹に関わる進展でさえあったと言えよう。

中国国都の国家儀礼をめぐっては、たとえば南郊儀礼が、唐宋変革期を境として年中行事に組みこまれ、都市民の参加する社会統合的祭典へと変容していくことが注目されている。[127]游皇城は、都市民の歓楽と抱き合わせられた国家主催の儀典である点において、この流れのなかに位置づけることができる。しかし一方、游皇城の機軸そのものは、あくまでも仏教である。これが国都住民を挙げての祝祭として造形されたとき、儒教的・正統的な南郊儀礼に民を巻きこんだこととはまた別の地平が拓かれたのではないか。儒教原理においては「異端」にほかならない仏教の祭典でありながら、そこに民の歓喜が顕現されるがゆえに、この儀礼は統治権正当性の証明たりうる、との読みとりの回路を、儒教的観念に裏打ちされた漢文文書のなかで開鑿しているからである。

こうして二月十五日の大都は、その主のために、華やかな祭典絵巻を繰り広げてみせた。そこには、聖上の慈愛に浴する民たちの天に届かんばかりの悦びが、そしてその聖なる君主に天から降された奇跡の数々があふれていた。この祭典は、「游皇城」という漢語の呼称において、史上にその記憶をとどめている。

第三部第三章　注

（1）那木吉拉［一九九四年、二一六―二一七頁］・史衛民［一九九六年、三四八―三五〇頁］・石濱裕美子［二〇〇一年、二五―四四頁］。また、元は上都においても六月に游皇城を挙行した。これについては、李逸友［二〇〇三年、一五九―一六五頁］・楊紹猷［二〇〇三年、三四四―三四五頁］・袁冀［二〇〇四年A、一八九―二〇三頁・二〇〇四年B、二三―三四頁］を参照。

（2）中村淳［一九九三年、六七―七六頁］。

（3）石濱裕美子［二〇〇一年、二八―三三頁］。

（4）野上俊静［一九七八年、二九八頁］。

（5）世祖代における類似の事例として、「時至元十一年、皇上専使召之、歳杪抵京。王公宰輔士庶離城一舎、結大香檀、設大浄供、香花幢蓋、大楽仙音、羅拝迎之。所経衢陌、皆結五綵翼其両傍。万衆瞻礼、若一仏出世」（『仏祖歴代通載』巻二一、帝師癹思八行状）と記されるものがある。チベットから帰還したパクパを迎えるものであって例祭ではないし、また「歳杪」、すなわち年末とあって二月のことでもないが、よく似た光景の催しではあったろう。また、「江南未下」の時期のこととして、「世祖嘗詔都城大作仏事、集教坊妓楽、及儀仗以迎導」（『元史』巻一三四、愛薛伝）と記される仏事もある。これはあるいは二月祭典であったかも知れない。いずれにせよ、奏楽隊や儀仗隊のパレードをともなう都市祭典型の仏事が、世祖代において盛大に執行されていたことが分かる。

（6）中村淳［一九九三年、七二頁］。

（7）ただし後述するように、たとえば南宋臨安においては、二月十五日に涅槃会のみならず老子生辰など他のいくつかの祭日が重なって祝われていた。このことから推せば、漢民族社会にとって二月十五日は複合的な祭日としてとらえられうるものであったろう。そうであるとすれば、政権としてはそれら複数の名目を包摂しうる設定のほうが得策であったことになる。游皇城を記す史料にそれが涅槃会であるとは明記されないことは、当時にあって実際この名目が掲げられてはいなかったこと、つまり祭典の主題を涅槃会と限定しない配慮があったことを暗示するかも知れない。なお、居庸関碑文の『如来心経』略抄［藤枝晃、一九五七年、三二一頁］に、月の「初八・十四・十五日」に陀羅尼を唱えながら「塔を遶」る、という修法が記される。游皇城の日程と何らかの関連があるのだろうか。

（8）野上俊静［一九五三年、八五―八六頁・一九〇頁］。

（9）陳高華［一九八二年、一二頁］。

（10）田村實造［一九七一年、二九〇頁］。

（11）侯仁之主編［一九八八年、二四頁］。

（12）野上俊静［一九五三年、一九二頁］。

（13）『元史』巻一四六、耶律楚材伝、丙戌年（一二二六）条・己丑年（一二二九）条。『同前』巻一五三、王檝伝、戊子年（一二二八）条。

（14）陳高華［一九八二年、三七頁］。

（15）守屋美都雄訳注、布目潮渢・中村裕一補訂［一九七八年、八五頁］。王育栄［一九八八年、九九―一〇〇頁］。

（16）仏誕が二月八日とされた経緯をはじめ、『荊楚歳時記』所載の行城、およびこれと類似の循城儀礼については、守屋美都雄訳注、布目潮渢・中村裕一補訂［一九七八年、八七―八八頁］参照。また、入矢義高による『洛陽伽藍記』訳注［入矢義高訳注、一九九〇年、三八―三九頁・六六頁］も参照。なお、『荊楚歳時記』同条の杜公瞻注釈部分が「故今二月八日、平旦執香行城一匝、蓋起于此」としているから、七世紀にもこの行事は続行していることになる。

（17）『荊楚歳時記』が伝える二月八日「行城」と『遼史』礼志の二月八日「循城」との類縁性は、たとえば清代の『御定月令輯要』（巻六、二月令、日次、初八日）が、これらを一括して載録することによって認めるところのものでもある。『御定月令輯要』当該箇所は直接『荊楚歳時記』を挙げているわけではない。しかしそこに「『歳華記麗《ママ》』註」からとして引用される「二月八日、釈氏下生之日……謂之行城」の一文は、『荊楚歳時記』二月八日記事と同文である。実際、唐の韓鄂『歳華紀麗』（巻一、二月、二月八日）はこれを「歳時記云」として記しているから、『荊楚歳時記』からの引用と見てよい。遼代の循城が六朝期に遡ることをよく示しているだろう。

（18）以下、『夢粱録』二月八日・十五日記事については、梅原郁訳注［二〇〇〇年、1、六五―七五頁］に詳細な解説がある。

（19）祠山神張渤は治水の功験ありとされた地方の民間神であったが、唐・宋代から加封が繰りかえされ、全国的な神格に躍進しつつあった。呂宗力・欒保群編［一九九一年、下冊、六四二―六五〇頁］を参照。なお劉枝萬［一九九四年、三五九頁］が、『玉匣記』諸本を総合した結果として、祠山神生誕・釈迦出家を含む二月八日祭祀四種を挙げている。

（20）一方、『武林旧事』（巻三、社会）は、祠山神生辰を祭典当日の二月八日としている。

（21）同記事によれば、花長節は都人が主な庭園に出かけて花を観賞する行事であり、勧農の行事としては、知府らが郊外へ出て農村父老に酒食をふるまうことがおこなわれたと言う。老子誕会・涅槃会はそれぞれ道観・仏寺で催され、信徒が参集したとある。

（22）大都宮城の正殿である大明殿が建てられたのは至元十年であるとされる［陳高華、一九八二年、三七―三八頁］。よって至元七年にここで仏事をおこなったとする記述は疑問とせねばならない。

（23）李致忠［二〇〇〇年、二一四頁］。また、ここで用いた「歳紀」游皇城記事は、そのなかで「近年」の「太師右丞相脱脱」と記している。

(24) 後掲注(123)でも確認するように、これは順帝期の右丞相脱脱を指しているから、順帝期に書かれた記事であることが分かる。本章第七節で述べるように、文宗代に関しては『元史』文宗本紀に一件、および柯九思の詩に一件、游皇城実施を示す記事がある。また順帝代に関しても『元史』順帝本紀に三件、『析津志輯佚』歳紀に一件、実施に関する記事が見える。大都二月游皇城の実施そのものを直接に伝える記事としては、これらのものが残されている程度に過ぎない。このほか『欽定続文献通考』(巻一〇二、楽考、歴代楽制・巻一一八、楽考、俗部楽)に、世祖の至元八年二月に「遊皇城」がおこなわれたとする記事があるが、その根拠は挙げられておらず、従いにくいものである。一方、上都の游皇城については、至治年間の実施記録と見られる記事が存在する。游皇城という呼称を記しているわけではないが、袁桷が「皇城曲」(『清容居士集』巻一六)のなかで「千優・百戯」をともなう仏教的な「游事」を詠んでいるものがこれである。この詩を含む「開平第四集」は、自序にあるように至治二年(一三二二)の作である。

(25) 四月八日説・二月八日説を含め、仏誕日に関する諸説は、森章司[一九九九年、一三四―一三六頁]を参照。

(26) 野上俊静[一九五三年、一五七頁]。

(27) 「四月……是月八日、帝師剌麻堂下暨白塔・青塔・黒塔、両城僧寺倶為浴仏会。宮中仏殿亦厳祀云」(『析津志輯佚』歳紀)。

(28) 元代においても、仏教は「西天」のもの、という観念は次のように表現されている。「帝問云、西天仏有麼。元一奏云、当今東土生民主、何異西天悉達多」(『仏祖歴代通載』巻二二、世祖弘教玉音百段)。「抜合思八国師問曰……俺西天有頻婆娑羅王。……天上天下無如仏、十方世界亦無比此。是西天史記恁般説来」(『至元辨偽録』巻四)。

(29) 礼部に属し、政権が徴発する楽人を管理した。「教坊司、秩従五品。掌承応楽人及管領興和等署五百戸。……興和署、秩従六品。……祥和署、秩従六品」(『元史』巻八五、百官志、礼部)。

(30) 教坊司と同じく礼部に属する儀礼関連衙門に儀鳳司があり、雲和署はこれに下属する官署である。「儀鳳司、秩正四品。掌楽工・供奉・祭饗之事。……其属五。雲和署、秩正七品。掌楽工調音律及部籍更番之事」(『元史』巻八五、百官志、礼部)。

(31) 教坊司下属官署。前掲注(29)参照。

(32) 教坊司下属官署。前掲注(29)参照。

(33) 前掲注(30)参照。

(34) グループ一覧のなかで一隊単位の規模の小さなもの、すなわち官寺三百六十壇の一隊三十八人、および漢人・回回・河西九楽隊の一隊平均三十六人に依拠しつつさらに少なめに見積もり、たとえば一社の隊列を三十人と仮定すれば、大都路の隊列は三千六百人(120隊×30人)、パレード全体の人員は一万九千四百二十四人となる。なお、泰定年間のものとして、大都都城の人口が九十五万ほど、周辺属州県を含めれば二百万超という数値が提示されている［韓光輝、一九九六年、八〇―八一頁］。この点から考えても、二万人程度のパレードはさして不合理ではあるまい。

（35）妹尾達彦［二〇〇一年、一九二頁］。

（36）『宋史』巻一四五、儀衛志、国初鹵簿。

（37）『明万暦会典』巻五三、礼部、巡狩、永楽六年定。

（38）歩（五尺）数については陳高華［一九八二年、六一頁］により、メートル換算値は、一尺を三一センチと仮定したうえでの概数を挙げる。元代の一尺のメートル換算については、呉承洛［一九八四年、六四―六六頁］らが三一センチ前後の数値をそれぞれ提示し、また近年、三四―三五センチという新説も提唱され、錯綜している。そこでここでは暫定的に、三一センチという概数による換算結果を、さらに概数化して示す。後述する儀天殿等についても同様とする。

（39）慶寿寺に対する元の厚遇については、『日下旧聞考』（巻四三、城市、双塔寺（慶寿寺））がいくつかの史料を挙げて紹介している。

（40）元代の社制については中島楽章［二〇〇一年］参照。またとくに都市における社制については、太田弥一郎［一九七〇年、一―一六頁］を参照。大都の社制が関連すると見られる史料としては、たとえば『元典章』（典章三三、礼部巻六、孝節、魏阿張養姑免役）・『通制条格』（巻一七、賦役、孝子義夫節婦）がある。

（41）前記二月祭典記事のほか、『夢粱録』（巻一九、社会）・『武林旧事』（巻三、社会）・『都城紀勝』（社会）などを参照。

（42）陳高華［一九八二年、一一八―一一九頁］。ここでは、楽人たちが官庁の召し出しを恐れる雑劇の一場面が取り上げられている。また当時の詩にも、「教坊」の差配を受ける「妓子」が「狭斜」な街に暮らす様が歌われている（『張蛻庵詩集』巻四、読瀛海喜其絶句清遠因口号数詩示九成皆実意也）。なお、吉川幸次郎［一九六八年、七三―七四頁］は、儀鳳司・教坊司以下の楽劇関連の官署に関して、実はその役人もまた俳優であったことを指摘している。官品を与えられていたため彼らは朝会にも列したが、当然これが問題視され、改革が図られてもいると言う。このことも含めて考えれば、游皇城における芸能担当者の民間的色彩は、当時の人々にとってごく明瞭なものであったろう。

（43）『元典章』典章二八、礼部巻一、朝賀、礼儀社直・『通制条格』巻二七、雑令、拝賀行礼。

（44）回回・河西・漢人という三つのカテゴリーの用例として、たとえば「蒙古・回回・河西・漢児」という区分表現が、『元典章』（典章二四、戸部巻一〇、納税、種田納税）・『通制条格』（巻二九、僧道、商税地税）の中統五年正月奏准案件に見える。

（45）『元史』巻三二、文宗本紀、天暦元年九月庚辰条。また『常山貞石志』巻二〇、武安王封号石刻を参照。

（46）山田勝芳［一九九八年、二六―二九頁］。

（47）『大元一統志』（趙萬里輯本、巻一）大都路の項には、仏寺として、筆頭の慶寿寺から末尾の大悲閣まで計八十七箇所が挙げられている。『析津志輯佚』寺観には、石仏寺から十方招提禅院まで計一百六箇所が採録される。いずれも、大都城内のみではなく旧城（南城）の仏寺を多く含み、また昌平県など周辺県の仏寺もいくばくか含めての件数である。このことから考えれば、三百六十箇所とある游皇城参加仏寺は、都城・旧城はもちろん、両都城外の近隣地域からも、ある程度広く募られたものであろう。

（48）中村淳［一九九九年、六三―七二頁］。また国家寺院については、『元史』巻八七、百官志、太禧宗禋院の項に記される各寺院の管理体制を参照。

（49）金代中都において千歩廊が皇城内部に置かれていたのに対し、元がこれを皇城外部に出すという新機軸を打ち出し、それによって皇城の南の象徴性に変化を生み出したことは、侯仁之・呉良鏞［一九七七年、四―六頁］を参照。

（50）「西宮」という語の用例として、「西宮即時」（『雁門集』巻四）と題する薩都剌の詩に「白髪儒生才進講、西宮午漏隔花深」との句が見える。同じく『雁門集』（巻一一）の「西宮春日」に「西宮午漏隔花深、……簾捲奎章聴玉音、白髪儒臣売詞賦」と詠むものも同趣向である。これらによって、「西宮」の語が、儒学進講の場であった奎章閣を含む宮殿、すなわち興聖宮を指すことが分かる。朱偰［一九九〇年、四八頁］もまた「西宮」を興聖宮と見ている。以上のことから「西宮門」としては、興聖宮に近い二つの門、すなわち興聖宮の南西に位置する皇城西門か興聖宮の真北に位置する皇城北西門のいずれかが浮上する。この国俗旧礼記事では「海子南岸」と連続して記されているから、おそらく皇城北西門であろう。そうであるとすれば、なるほど行列は皇城北辺の「外垣」に沿って進んでいるわけであり、したがってルート全体としても、皇城縁辺から大きくは外れていない可能性がある。また後述するように、『析津志輯佚』ルートは皇城外巡行の説明をほとんど欠いている。このこととも考えあわせれば、游皇城のスケジュールは、皇城外巡行にはさほどの時間を費やさず、むしろ皇城内巡行に多くの時間を割り振るよう設定されていたかも知れない。

（51）仏教は西から、ということを描出するために、あえて西側のみとした可能性は考慮してよいかも知れない。先に見たように、二月八日から十五日にかけての祭典の進行が、大都城の西から聖性が還流する様を動線として描いているからである。また都城の復元図［侯仁之主編、一九八八年、二七―二八頁］を参照するかぎり、都城内東側一帯は中書省・御史台・枢密院などが配置される官庁街であり、また太廟・孔子廟・国子監といった儒教的施設も東域に配されていた。一方の西側には元の国家寺院としてよく知られる大聖寿万安寺があり、この寺から西へ延長線を引くと、都城外三里の地点に二月八日迎仏の舞台である鎮国寺（大護国仁王寺）がある。これらの点から見て元大都には、意図的か否かは別として、都城東域に儒教的朝政に関わる場が、対して西域には仏教東漸を象徴する場が置かれるという空間配分があったようである。游皇城が皇城の西側のみを通過したらしいことも、このことと関連させて考察する余地はあろう。

（52）野上俊静［一九七八年、一五二—一五七頁］。

（53）たとえば、「皇太子」の真容を慶寿寺に奉安し、累朝の神御殿儀と同様に祭祀することとしている（『元史』巻三五、文宗本紀、至順二年（一三三一）三月甲申条）。

（54）陳高華［一九八二年、五七頁］・朱偰［一九九〇年、五六—六三頁］。

（55）「罟罟」、すなわち「姑姑」の冠、および「皮帽」については、『草木子』（巻三下、雑制篇）に「元朝后妃及大臣之正室、皆帯姑姑衣大袍。其次即帯皮帽。姑姑、高円二尺許、用紅色羅蓋。唐金歩揺冠之遺制也」とある。

（56）陳高華［一九八二年、五五頁］。

（57）岩間一雄［一九六五年、八一—八二頁］。

（58）Moule and Pelliot (ed., tr.) [1976, vol.1, p.218]. 高田英樹訳［二〇一三年、二〇三—二〇四頁］。

（59）たとえば後漢代には、宗室・百官・郡国計吏・四夷君長ら一万人以上が参加し、皇帝からの賜物・賜宴に与る元会儀礼があった。饗宴・芸能・音楽をともに楽しむことを通じて、君臣の和合が目指されたとされる［渡辺信一郎、一九九六年、一二五—一二六頁］。

（60）『孟子』梁恵王章句上・下。

（61）「凡役事始焉、因民之所利而利之、既成、与民同楽。此有民社者説以使民、民忘其労之善政也」（『燕石集』巻一五、跋李重山家蔵坡帖二幅）。撰者宋褧の職歴については『滋渓文稿』（巻六、宋翰林文集序・巻一三、元故翰林直学士贈国子祭酒范陽郡侯謚文清宋公墓誌銘）などを参照。

（62）以下、熊夢祥についての伝記的事項は『元詩選』（三集庚集、熊監丞夢祥）に拠る。

（63）『大元混一方輿勝覧』巻下、江西等処行中書省、龍興路、風土・趙万里輯本『大元一統志』巻九、江西等処行中書省、龍興路、風俗形勢。

（64）李致忠［二〇〇〇年、四頁］。

（65）『天下同文集』巻四、歌頌は、叢書集成続編叢書菁華所収景印雪堂叢刻本・文淵閣四庫全書本ともに、まず希陵の「正元祝賛詩」を載せ、次に盧摯の「祝聖楽章」と記したのち、五篇の祝賀詩文を載せるかたちとなっている。「迎仏会歌」はその五篇めに当たる。

（66）李修生輯箋［一九八四年、盧摯年譜、六—八頁］。おそらくそのためであろうか、盧摯の作品を集成したこの書に、李修生は「迎仏会歌」を収録していない。

（67）盧摯の「贈陝西李廉使古意二首」（『元詩選』三集乙集、盧承旨摯）に「簫韶奏虞庭、鳳儀五雲間」とある句は、「迎仏会歌」中の「五雲」

「韶奏」「鳳儀」の語を含む。

（68）李修生輯箋［一九八四年、前言、五頁］。

（69）「滌濯剗磢……磨滅瑕垢」（「元和聖徳詩」）・「滌瑕蕩垢」（「迎仏詩歌」）の部分、および「鳳皇応奏」（「元和」）・「韶奏鳳儀和之応」（「迎仏」）の部分。これら以外にも二詩のあいだに共通する語は少なくないが、それらはもはや称賀詩一般に共通する水準のものであろう。

（70）「駕龍十二」の句は、北宋の陸佃の「謝冬祀加恩表」（『陶山集』巻八）にも見える。これも「元和聖徳詩」が参照された事例であろう。韓愈のこの詩は、後代の書き手の関心をよく引きうるものであったのではないか。

（71）以下、韓愈文集諸本およびそれを収録する叢書に関しては、銭仲聯［一九五七年、一頁］・曾抗美［二〇〇一年、一—四頁］に拠る。

（72）「以五雲之物辨吉凶、水旱降豊荒之祲象」（『周礼』春官宗伯下）。

（73）雪堂叢刻本に、作者は希陵と記される。文淵閣四庫全書本では、この記載がない。

（74）『心史』大義略叙「幽州建鎮国寺」以下の記事・『山居新話』「累朝於即位之初、故事須受仏戒九次」以下の記事。また後述する張昱の詩にも、「北方九眼大黒殺、幻形梵名麻紇剌。頭帯髑髏踏魔女、用人以祭惑中華」（『張光弼詩集』巻三、輦下曲）とある。

（75）『元詩選』三集戊集・『元詩紀事』巻一七。

（76）『元詩選』三集戊集、柯博士九思。

（77）『元史』巻三五、文宗本紀、至順二年九月癸巳条。

（78）『元詩選』（三集戊集）は単に注として示すのみであるが、『元詩紀事』（巻一七）は、これを「自注」として記している。

（79）引用は『元詩選』に拠る。第一首については、『元詩紀事』所収のものに一部誤記が疑われる。

（80）引用は『元詩紀事』に拠る。『元詩選』は「鳳城 一作天街 女楽擁祥煙、梵座春遊浹 一作夾 管絃。斉望綵楼呼万歳、祥雲 一作柘黄 只在五雲辺。故事、二月十五日、迎帝師遊皇城。宮中結綵楼臨観之」とする。

（81）「玄宗開元十七年十一月丙申、親謁橋陵。……戊申……皇帝初至橋陵、質明、柏樹甘露降、曙後祥煙遍空」（『旧唐書』巻二五、礼儀志）。

（82）陳学霖［二〇〇一年、八一—九六頁］・袁冀［二〇〇四年A、一八九—二〇三頁］など。

（83）『張光弼詩集』（四部叢刊続編所収景印鉄琴銅剣楼蔵明鈔本、七巻本）巻三・『可間老人集』（文淵閣四庫全書本、四巻本）巻二。また『元詩選』初集辛集・『元詩紀事』巻二五に抄録。なお張昱の詩の引用は、以下、原則として『張光弼詩集』に拠る。

（84）『元詩選』初集辛集、可間老人張昱。

（85）『羽庭集』巻六、一笑居士伝。

（86）陳学霖［二〇〇一年、七一頁］。

（87）王頲［二〇〇五年、一四一頁］は、世祖至元年間にいったん禁止された十六天魔の雑劇が、順帝代には十六天魔舞として改編のうえ上演されていたとする。

（88）『元史』巻四一、順帝本紀、至正三年三月是月条・至正五年十月辛未条。

（89）宗典［一九六二年、四二頁］。ただし、柯九思の没年については異説が少なくない。近年では、王樸仁［二〇一三年、一一一頁］が、至正八年（一三四八）から至正十年の間に死没したとの説を提唱している。しかしかりにそうであったとしても、柯九思「宮詞十五首」が、至正五年以降の作品である張昱「輦下曲」よりも先行することはほぼ疑いない。なぜなら、柯九思「宮詞」は前述のとおり文宗の正当性を謳いあげるものであって、順帝が文宗の正当性を否定した後至元六年（一三四〇）（『元史』巻四〇、文宗本紀、後至元六年六月丙申条）以降に、これが詠まれるとは考えられないからである。

（90）陳学霖［二〇〇一年、七一頁］によれば、宣政院判官在任は張昱の官職歴の初期のことであると言う。そののち地方官として各地を転任し、至正十七年（一三五七）から翌年にかけて江浙で行枢密院の官員を務め、これを最後に棄官したとされる。

（91）第三七首「華纓孔帽諸番隊、前導伶官戯竹高。白傘威甤（蕤？）避馳（馳？）道、帝師輦下進葡萄」も游皇城を題材としたものであるかも知れない。ただし、夏の果物である葡萄が詠まれていることから見て、上都の游皇城を歌ったものであろう。

（92）『元詩紀事』所載の柯九思宮詞には「柘黄」とある部分を、『元詩選』は「祥雲」としている（前掲注（80））。末尾の「五雲」と一字重複することから見て、おそらく「祥雲」ではなく「柘黄」であったかと考えられる。しかし、かりに張昱の見た柯詩またはその類例が「祥雲」とするものであったとすれば、張昱はこれを「柘黄」に置き換えているわけであり、皇帝の存在をより明確に示す変更を加えていることになる。

（93）「西天法曲曼声長、瓔珞垂衣称艶粧。大宴殿中歌舞上、華厳海会慶君王」。

（94）「守内番僧日念吽、御厨酒肉按時供。組鈴扇鼓諸天楽、知在龍宮第幾重」。

（95）「西方舞女即天人、玉手曇華満把青。舞唱天魔供奉曲、君王長在月宮聴」。

（96）「西番燈盞重百斤、刻銘供仏題大臣。黄酥万甕照無尽、上祝皇釐下巳身」。

（97）「北方九眼大黒殺、幻形梵名麻紇剌。頭帯髑髏踏魔女、用人以祭惑中華」。

（98）「八思巴師釈之雄、字出天人慙妙工、龍沙髣髴鬼夜哭、蒙古尽帰文法中」。

（99）『元詩選』初集庚集、張都事憲。張憲の詩に関する同時代人の評価としては、戴良「玉笥集序」（『九霊山房集』巻七）も参照。

（100）『玉笥集』巻四・『元詩選』初集庚集・『元詩紀事』巻二八。『玉笥集』百部叢書集成所収景印粤雅堂叢書本・文淵閣四庫全書本は、いずれも題名を略記している。ここでの引用は『元詩選』に拠る。なお詩中の文字のうち、「沙」は一に「莎」、「草」は一に「青」、「蹋」は一に「撥」に作り（『元詩選』）、題名中の「孥」字は一に「拏」とする（『元詩紀事』）。

（101）詩中に「西宮綵楼高挿天」あるものは、皇城内に「綵楼」を設えたという十五日游皇城の一場面に相当するであろうし、また題名中の「西華門」も、大明殿の西に位置する宮城門である。したがってここで張憲が「観」たと記しているものは、確かに皇城内の巡行である。そうであるとすれば、この「二月八日遊皇城」という表記は不可解である。これは、十五日とすべきところを八日と記してしまった単なる誤記なのであろうか。あるいは八日の巡行も、十五日と同様に皇城内コースを含み、そのため一括して「遊皇城」と総称される場合があったのであろうか。

（102）たとえば張昱の「題左司壁」（『張光弼詩集』巻三）に「暁鶯啼過落花雨」と見えるが、この詩に仏教的な要素はとくに認められない。

（103）政争のため広西に置かれていた幼い順帝に、あるとき行きあった猿の大群がいっせいに俯伏した逸話を、登位の予兆を示すものとして『庚申外史』（巻下、「庚申帝幼時」条）が伝えている。

（104）「至正二年歳壬午七月十有八日、西域仏郎国遣使献馬一匹。……殆古所謂天馬者邪。……群臣俯伏呼万歳……聖皇不却亦不求……遠人慕化致壌奠」（『近光集』巻二、天馬行応制作）、「至正二年秋七月、上在灤京、払郎国来献馬。……奇偉驍駿、真神物也。……神物応期……不命自来……永奉皇明」（『呉礼部文集』巻一一、天馬賛）、「……至正壬午秋之日、天馬西来仏郎国。……天馬自来徴有徳……帝業永固保貞吉、天子万寿天降福」（『元詩紀事』巻一九、陸仁、天馬歌）。

（105）『滄螺集』巻四、玉笥生伝。

（106）『元詩選』初集庚集、張都事憲。

（107）『南村輟耕録』巻二一、宮闕制度。

（108）中村哲［二〇〇一年、三九―四一頁］。

（109）張昱「塞上謡」（『張光弼詩集』巻三。『元詩選』初集辛集に抄録）第八首。なお、この詩句も柯九思「宮詞十五首」（第三首）からの系譜関係をうかがわせる。よって、この「宝」は、柯九思がそこで記したところの皇帝用の宝璽を言うものであろう。

（110）『山居新話』「皇朝貴由赤」条。

（111）『近光集』巻二、天馬行応制作（前掲注（104））。

（112）『山居新話』「至元四年伯顔太師之子」条。

（113）『元史』巻一三〇、不忽木伝。

（114）祥雲がたなびくもとで皇帝万歳が唱えられるという游皇城のこのシナリオは、ある種の典範をもって決定されているかも知れない。南宋代、一月十五日におこなわれた元夕の禁中行事は、市井の舞隊を呼び入れるなど游皇城とよく似た式次第をもつが、とくにその場景描写として、「大綵楼を結」び、香煙が「祥雲」のごとく揺らめいて「五色」の光が輝くなか、玉柵にあしらわれた「皇帝万歳の四大字」があまたの灯火に浮かびあがる（『武林旧事』巻二、元夕）、という記述がなされている。これらの記載項目は、游皇城を記す文書に見えるそれと近似性が高い。游皇城の「万歳」の場面は、こうした記憶と記録をもつ漢民族の教養階層から、彼らの定式的な称賀表現を確実に引き出しうるものとして企画されているのではないか。

（115）『元史』巻一八、成宗本紀、至元三十一年（一二九四）四月壬午条・巻一七三、崔彧伝・『南村輟耕録』巻二六、伝国璽など。この事件については、フランケ［Franke, 1994, IV, pp.42-46］が詳論している。

（116）『元詩選』三集乙集、盧承旨摯・『元史』巻一九、成宗本紀、大徳二年正月己酉条。

（117）たとえば、盧摯の近作とともにその集賢学士拝命の報を伝え聞いた王璋（宣城人）が「聞疎斎盧公拝集賢之命以詩寄賀」（『宛陵群英集』巻七）なる賀詩を寄せているように、成宗年間において、その動静は文人仲間の注目するところであった。のち呉澄も、いったん地方に出ていた盧摯が翰林学士として中央に復帰したことを祝賀した文書で、「公之文名、天下莫不聞」と、その適任を称えている（『呉文正集』巻二五、送盧廉使還朝為翰林学士序）。

（118）順帝は、文宗が明宗弑逆の「不軌」を図って「祖宗大業」を頓挫させたとする苛烈な詔勅を発し、文宗廟主を撤去している（『元史』巻四〇、順帝本紀、後至元六年（一三四〇）六月丙申条）。もちろんこの告発は順帝が明宗の子であることを前提として読むべきものであるが、文宗政権の正当性について、文宗当代においても容易に懐疑が生じえたであろうことをうかがわせる材料でもあろう。

（119）『元史』に記事が残ることが示すように、事件の経緯は受命の符なる「曲説」をも含めて伝世することになった。佞者の附会は必ずや後代の失笑を買うとして明人胡広がこれに言及している（『胡文穆雑著』天暦甲辰之符）。

（120）『元史』巻三三、文宗本紀、天暦二年四月癸卯条。

（121）宗典［一九六二年、三九頁］。なお、文宗期における柯九思の活動およびその失脚の経緯については、吉川幸次郎［一九六九年、二五八頁］参照。

（122）これに対して、順帝代の初期においては游皇城が定例的におこなわれていたと仮定すれば、これと関連づけて理解すべき事件がある。「わずか二日の鮮やかな無血革命」［藤島建樹、一九七〇年、五八頁］と評される権臣伯顔の追放事件である。これは、後至元六年（一三四〇）二月十五・十六日に起きている。この日に游皇城が執行されていれば、当然、何らかの関係があろう。反伯顔派は大都城門を閉ざして都人の「鬨噪」を誘う策をとっており（『山居新話』「瑀於至元六年二月十五日夜」条）、これに游皇城の喧噪が利用されたかも知れない。また、十五日夜に反伯顔派が御前密議をおこなったのは玉徳殿である（『山居新話』同前）。前述のとおり、『元史』国俗旧礼ルートの場合、十五日に皇帝が游皇城を観覧する綵楼は玉徳殿門外に組まれている。

（123）脱脱に対する右丞相（第二次）任命は至正九年（一三四九）閏七月辛酉条に、その削黜は至正十四年（一三五四）十二月丁酉条（『元史』巻四二・四三、順帝本紀）に記され、太師位授与は至正十二年（一三五二）九月庚子条（『同前』巻四二、順帝本紀）に見える。

（124）たとえば、順帝即位ののち太廟での怪異・天象異常・火災・地震などの多いことを挙げて修省を促す奏文が後至元三年（一三三七）に上げられている（『燕石集』巻一三、災異封事）。後至元五年には大都城で濃霧が発生して対面する人の顔が見えない「昼昏」が起きた、と言われた（『山居新話』「後至元己卯四月黄霧」条）。至正七年（一三四七）正月には月光の異常が起こったとして、これが郊祀・廟祀をおろそかにしていることに帰されている（『草木子』巻三上、克謹篇、丁亥春正既望）。これらを含め、順帝代の不祥関連記事は多い。

（125）野口鐵郎［一九八六年、一一四―一一五頁］。

（126）至正二十二年（一三六二）には、自分は儒学よりも仏学を好むと放言する皇太子の「頗崇尚仏学」「酷好仏法」ぶりが記録されているが、龍牀の左右に長大な席を設けて「西番」僧をはじめとする仏僧を侍らせたというその場は、清寧殿であったと言う（『元史』巻四六、順帝本紀、至正二十二年是歳条・『庚申外史』巻下、壬寅至正二十二年条）。至正二十八年（洪武元年、一三六八）、大都を捨てて北行しようとする順帝が一族や群臣を集めてその決断を宣言した場も、また清寧殿であった（『元史』巻四七、順帝本紀、至正二十八年閏七月丙寅条）。至正十一年の清寧殿火災が元の衰亡の兆であったとの謂いには、こうしたことから遡っての解釈も加味されているかも知れない。

（127）妹尾達彦［二〇〇一年、一九二―一九三頁］。

結章

第一節　第一の課題――認識の主体・その認識を表明させた要因

（一）何ものが、国家のチベット仏教崇奉という〝事実〟を認識したのか

序章においては、第一の課題として次の問いを挙げた。元代社会を構成する様々な集団のうち、「国家」によるチベット仏教奉戴事業に注意を向け、これを動かぬ〝事実〟と認識・判断・確信し、さらにはそれを記述する行為にまで及んだのは、どのような人々であったのか。なぜ彼らにおいて、この一連の過程が起きねばならなかったのか。

元代にあって、〝国家はチベット仏教を突出的に崇奉している〟との認識を不可避的に抱いた人々は、支配対象である漢民族、とりわけその儒家知識人たちであった。それは彼らが、一連の事象を明瞭な〝事実〟〝できごと〟として認識せざるをえない以下のような根拠を自身のなかに有し、いまそれが揺さぶられたためである。

まずそれは、世祖政権が開始した二つの施策に対して起きた。一つは、漢語の称号として「帝師」が設けられたことである。この地位は、僧侶向けのものとして中国史上に既存した「国師」よりも高位のものとして示された。しかも「国師」がある僧侶個人に与えられる特例的地位であったのに対して、「帝師」は順次襲替される恒常的地位として設定されていた。そのため、「国師」位の伝統を知る漢民族知識人であり、なおかつ政治権力の崇仏的動向に対してつねに敏感な儒士たちは、政権が新たに設けたこの「帝師」位に注意を向けざるをえなかった。彼らの認知を促したいま一つの施策は、仏教専管官衙として宣政院が設けられ、従一品という高品秩を与えられたことである。中国式の官秩体系のなかでこの高位の位置づけが示されたことによって、彼らは、これが破格の処遇であるとの確信へと即座に導かれた。このように、みずからの社会的・政治的価値規範の指標に乗せるかたちで提示されたがゆえに、彼ら儒家知識人は、ある者は野に在って、ある者はほかならぬその政権の内部に在って、彼らのこの現行政権はチベット仏教を特殊な水準で厚遇しようとするものである、との認識を開始することとなった。

しかもこのとき彼らは、単にこうした知識に導かれる以上の確信を以て、〝チベット仏教への崇奉〟という認識

を強く抱かざるをえなかった。それは彼らが、宋代の目ざましい儒学復興、そして体制教学としての儒教の正統性を強く自覚しなおす観念の影響下にありながら、しかし彼ら自身はその観念が著しく棄損される条件のもとに生きていたことによる。かつて自分たちが期待をこめて「儒教大宗師」の尊称を奉ったモンゴル人王侯がさいわいにも登位し、その期待にたがわず国号・政治機構・儀礼体系などにおいて儒教的な様式を採用しつつあることを、彼らは目にしていた。ところが彼らは同時に、この政権が一方において、チベットから新来した仏教僧たちを奉戴しようとしていること、それも前記二施策が示すような組織的なかたちでそれを推進しようとしていることもまた見のがすことができなかった。なぜなら、彼らにとって仏教は、正統たる儒教の陰画をなす「異端」であったからである。

なぜこの「異端」が「儒教大宗師」のもとでこれほどの厚遇を受けるのか。しかも後継政権に継承されるべき正当な政治方針として、この優遇体制が固められつつあるのか。彼らは、これらのことに関心を向けずにいることができなかった。そのため、たとえばチベット仏教僧向けに「帝師」という地位が設けられたことは、彼らのなかでは単に国師よりも上位の地位が常設されたという以上の意味を発揮した。儒教の徒にとって「帝師」の語は、儒教さかんなりし漢代と、その遺風の残る時代を扱う史籍に、帝王の儒学の師を指して現れる言葉であった。のみならず世祖当代にあっても、それをある儒士が皇太子用の進講文書に筆記してさえいるように、孔子およびその跡を継ぐ儒士こそが「帝王の師」「帝師」であるとの観念を彼らは固持していた。よって彼ら儒家知識人たちは、新たな「帝師」を知ったとき、まず次のように判断することとなった。――この「帝師」は、儒者ではない。いま政権は、本来傑出した儒者に贈るべきこの尊称を異域出身の仏教僧に与え、しかもそれを襲替される地位として固定しつつある。

事態をこのように読みとることから逃れられなかった儒士たちは、その結果として、政権はこの「異端」を奉戴しようとしている、との認識からも逃れることができなかった。こうして、元のチベット仏教崇奉という〝事実〟が、彼らのなかで画然と立ちあがった。

しかし、なるほど政権の動きにこのような反応を引き起こされたとして、そこで終わることもできたはずである。ところが儒士のうちのある人々は、それに関する発言・記述をおこなうという次の段階に踏みこんだ。我々がこれまで見てきたものは、彼らのこの叙述行為の軌跡である。彼らはなぜ、みずからのなかで生じた〝政権によるチベット仏教崇奉〟という認識を、ことさら文書として外在化するにまで至ったのか。

（二）なぜそれを叙述したか

⑴　儒教的な装置との抵触

まず一つには、〝儒者ではない帝師〟のほかにも、儒教的観念と抵触する要素が、政権の開始したチベット仏教関連の施策のなかに次々と見いだされたことがある。たとえば世祖代、いよいよ太廟の制度が整備されたと思う間もなく、その太廟においてチベット仏教僧を導師とする仏事が営まれ、儒教が担う帝室祖宗祭祀に対する「異端」の侵犯が示された。世祖代・成宗代にそれぞれ記録される孔子廟の営繕においても、そこに置かれる孔子とその従祀尊像の制作を命じられたのは、チベット仏教様式を専門とするネパール人仏師であった。これらの結果として儒士たちは、政権が示す崇儒的な動向に注意を向けると同時に、そこにチベット仏教重用という〝事実〟を強く感知せざるをえなかった。

あるいは逆に、チベット仏教奉戴の場に儒士たちが立ち会わされる場面も恒常的に設定されていた。京師にはチベット仏教の色彩を濃厚にたたえるいくつかの国家寺院が設立されたが、そのうちのあるものにおいては、儒教の礼楽典礼をともなう朝儀の演習が定例的におこなわれることとなった。またこれら国家寺院には、いま一種の帝室祖宗祭祀施設である原廟、すなわち神御殿がそれぞれ併置された。神御殿の典礼そのものは宋代にもおこなわれていたから、漢民族官員にとって否定すべきものではなかった。しかし問題は、元代のそれが、チベット式の塔が新風を放つ仏教祭祀空間、つまりは儒教にとって「異端」の空間で執行された点にあった。なおかつその典礼の担当としては、翰林兼国史院や太禧宗禋院が指定された。前者は著名な儒学者を含む儒臣たちの拠点官府であり、後者もまた抑仏崇儒的傾向の強い儒臣が配属されうる官署であった。このため神御殿は、仏刹における祖宗祭祀という事象への関心を儒家知識人たちのなかで確実に引き起こすとともに、そのとき彼らに生ずる「異端」性への気づきを、定常的に持続させる媒体として機能した。ある儒臣によって、神御殿祭祀の励行は太廟の権威を損なうものであるとする批判が提出されたことは、その端的な結果と言える。

このように元のチベット仏教奉戴体制は、単にチベット仏教への優遇を示すのみならず、儒教的儀礼装置とチベット仏教のそれとを接触させる機構として重層的に組み立てられていた。さらにこの体制は、仁宗期以降、孔子廟に準拠すべきものとして帝師殿なるパクパ祭祀施設が全国に設置されるに及び、いっそう儒教との接触の度合いを強化していった。この状況のなかで、儒家知識人たちは政権によるチベット仏教厚遇という事象をもはや無視しえず、そこに何らかの言論を加える方向へと向かうこととなった。

(2) 亡国の意識と死生観への刺激

政権のチベット仏教奉戴に関する言論の発出を促す要因としては、より動的なものも、儒家知識人たちに作用していた。なかでも大きな反響を巻きおこしたものが、併合直後の江南における楊璉真伽の活動である。新附地の接収事業として世祖政権は宋の皇帝陵墓・宮址・郊天台の撤去に着手し、その際、このチベット仏教僧を主要な実務官員として送りこんだ。発陵は厚葬を旨とする儒家の死生観への重大な侵犯であったから、旧漢民族政権の儒教的施設が破壊されていく衝撃とともに、これを非難する言論行為へと儒士たちを駆りたてた。

とはいえ征服政権を直接に糾弾する文書を発しえなかった彼らは、その代替に、チベット仏教僧楊璉真伽の所業としてこれを非難する方途のあることを見いだした。こうして発陵を異域出身の「異端」による凶行として書き立てる漢文文書が旺盛に生産され、これに付随する様々な奇跡譚・報応譚を派生させつつ、一つの言説群を形成することとなった。しかも、あたかもそこに動力を補充しつづけるかのように、宋宮跡地には璉真伽が建てたチベット仏教様式の白塔が元末まで存在し、かの「楊髠」の象徴として書き手たちの叙述意欲を喚起しつづけた。

(3)　儒教国家像の投影

儒家知識人にチベット仏教関連の記述を促した要因としては、いま一つ、官費を投じての崇仏事業が元代を通じて励行されたことを挙げることができる。帝室に密着した国家寺院が順次建造されたこと、これを維持・管理する財政措置と公的機関が設定されたことが、漢文文書として記述された。同じく官費によって盛大な仏事が頻々とおこなわれたこと、仏事にはしばしば免囚がともなったこと、その免囚には金銭が絡んでいたこともまた、さかんに彼らの記述の対象となった。こうして元代の漢文文書の書き手たちは、政権が営々と続けるチベット仏教奉戴事業を、同じく営々と記述しつづけていた。

なぜ彼らは、彼らにとって好ましくないはずのこれらの情報を、かなりの頻度と分量とを以て記しつづけたのであろうか。それは、これらの叙述をおこなうことが、彼らにとって価値をもちえたからにほかならない。このことをよく示す事例の一つが、国家による崇仏事業を指弾する上奏に関する漢文文書である。儒家知識人たちは、モンゴル人治下の彼らの時代にあってもこのたぐいの諫奏がしばしばなされたことを、様々なかたちで文書化した。崇儒的傾向をもつモンゴル人・色目人官僚が、おそらくモンゴル語を以てこの種の進言をおこなった消息さえも、彼らの文書は拾っている。

のみならず崇仏事業に関する漢文文書としては、その抑制を求める諫奏文それ自体が残存する。とくにそのうちの何点かは、「異端」たる仏教を崇奉することは君主の「聖」性に悖ると直言し、原理上の観点にもとづく根底からの批判を加えるものとなっている。しかしもちろんこれらは彼らの儒教的観念のなかでの議論にすぎず、善き国家事業として崇仏を推進している政権中枢のモンゴル人支配集団に対してはほとんど意味をもちえなかった。しかも祖宗の定制たる正当な事業としておこなわれている崇仏事業を不当なものと曲げて批判しようとするため、奏文の内容や論旨そのものにおいてさえ、矛盾や飛躍をはらまざるをえなかった。しかしそれにもかかわらず、この類型の諫奏文は元代を通じて断続的に撰述された。彼らにとってそれが、仏教を「異端」として断罪しうる機会であったのみならず、いまこの元という国家は仏教を「異端」とする儒教イデオロギー政体である、と、たとえ虚像ではあれ表記しうる機会でもあったからである。加えて、これらの諫奏には漢民族言論界からの肯定的な反響がすみやかに発出された。同じ儒士たち、それもしばしば翰林兼国史院に任官歴のある高名な儒学者たちが、抑仏崇儒的な諫奏をおおいに迎え、好んで称賛文を撰述した。

このように元代の儒家知識人たちは、抑仏諫奏とそれへの称賛文とを相互循環的に生産することをとおして、元代においても仏教は「異端」であり、「聖」なる君主はそれを抑制しようとしていた、とする文書を蓄積していった。それはすなわち、「異端」の対局たる「正統」の位置に儒教の存在を指し示すことにほかならなかった。

(4) 後代への伝達

一方、国家の運営にかかる崇仏事業を題材とする漢文文書は、現在の『元史』各本紀に流れこむ官撰記録文書としても蓄積された。元代の翰林兼国史院は、宋代であれば科挙を経て権力中枢への道を進んだであろう儒学者たちが、実権をもたない文人官僚として集う一つの拠点となっていた。彼らは、元が儒教国家などではまったくないことを、権力から疎外された自分たちのその立場ゆえに、何ものよりもよく理解していた。しかし官撰記録編纂者たる彼らには、のちの『元史』原典として、〝元は儒教を理念とする国家であった〟と読ませうる記事を残しておくことが可能であった。では、元が儒教国家であるという虚像を、文書中にいかにして描きうるか。このとき、国家が「異端」をいかに排除したか、という題材がごく好適であったことは疑いない。こうして国史記録官の職にあった儒士たちは、政権による崇仏事業、なかでも盛んに執行されていた仏事に関する記事を、自分たちの儒教的な価値規範に則したかたちで選択していった。

仏事関連記事として彼らが採択したものの一種は、当該皇帝は一貫して仏事抑制に動いていた、と読ませる記事である。実際のところ仏事は正常かつ正当な国家行事として高頻度で励行されていたから、その円滑な運営のため、費用や回数を調整抑制すべしとする提言が上呈されることは少なくなかったし、当然のことながら皇帝もこれに応諾を示していた。漢民族史官たちは、その場面のみを切り取ればあたかも抑仏的と読めるこのやりとりを、いずれの皇帝の時期に関しても記事として採択した。これによって記録官たちは、仏事は抑制すべき弊事であるとする通念がモンゴル人皇帝以下政権全体に共有されていたという映像、つまりは〝儒教国家たる元〟という映像を、官撰記録文書中の〝史実〟として固定していった。

漢文史官たちは、仏事関連記事としていま一種の記事群を採択した。某月某日、皇帝が仏事を執行させた、と記す仏事実施記事である。年間数百回にも達したと諸史料が伝える実施頻度に照らして、現在『元史』本紀に残る仏事実施記事は、その件数があまりにも少ない。このことは、実態としてはほぼ日常的に仏事が挙行されていたなか、元代の史官たちがごく選択的に、彼らにとっては汚点にほかならないこの「異端」儀礼執行の記録を残していたことを示唆する。

これら仏事実施記事の分布を本紀ごとに比較すると、前半の比較的安定した時期の本紀においてはそれが相対的に少なく、弑逆された英宗の本紀において件数がはねあがるのを境に、後半の本紀においては高比率で採録されていることが判明する。なおかつこの様態が明初の『元史』編纂時にではなく、元代の原典史籍においてすでに形づくられていたことも推測しうる。つまり元代の漢文史官たちは、安定を失したとみずからが評価した時期に関して、仏事実施記事の比率を引き上げて採録している。しかもこの高比率期の仏事実施記事には、そこに免囚をともなったこと、多発する災異ゆえの仏事であったこと、戦乱鎮定のための仏事であったことなど、否定的な事項が付帯情報として書きこまれる場合が多い。史官の任にあった儒士たちが、政権の衰落の証候として仏事実施記事を採録していたことが分かる。

元の国家仏事は、崇仏という国是のもとできわめて安定的に提供されていた事象であったがゆえに、史官たちにとって、その採録のしかたいかんによって叙述対象政権への評価を容易に表現しうる格好の題材でありえた。つまり、ある政権に負の査定をくだすためには、その政権が鋭意努力していたところの仏事抑制に失敗し、これを多く挙行するという状態に堕してしまったことさえ描けばよかった。こうして政権内部にあって記録管理の職に配された儒家知識人たちは、彼らの儒教的な価値評価を表出する手段として、また異民族政権に対する彼らのその評価を後代に伝達する手段として、国家によるチベット仏教崇奉に関する漢文記録の採録を進めた。

(5) 体制支持の表明

これまで挙げた事例は、おおむねそれを否定しようとする方向において政権のチベット仏教崇奉のありさまを叙述したものである。一方、これらとは逆に、そのことを称賀しようとする立場からも漢文文書は生産された。その典型的事例が、二月の大都で開催された迎仏・游皇城の儀典を記述した文書である。

この二月祭典はたしかに元代に特有の帝師を組みこんだものではあったが、基本的な骨格としては、むしろ中国在来の都市祭典の系譜に連なる儀典であった。直接には遼・金代に「迎仏」「循城」として開催された二月の都市巡行祭を継承するものであり、さらには六世紀の南朝梁代においてすでに二月の風物詩として記録される漢民族の伝統的都市儀礼にまで、その系譜を遡ることができた。つまり元代大都の迎仏・游皇城は、チベット仏教僧をその中心に据えつつも、漢民族の知識人から見れば中国旧来の祭典にほかならなかった。ゆえに彼らは容易にこれに反応し、当代においてもそれが盛様を誇ったことを記すべく、具体的な叙述へと誘われた。

漢文文書の書き手たちはこの祭典を、公と民とが一体となり、様々な民族・文化集団が混然となった都市祝祭として叙述した。宣政院所轄仏寺の出す隊や兵士甲馬からなる隊のみならず、大都一帯の住民、半官半民の芸能集団やイスラーム系の人々の楽隊、はては関羽の神輿までが繰り出す汎宗教的・汎民族的な祭典のありようが、そこでは描かれた。巡行のルートとしても、皇城外部の巡行ののち、一行が皇城の内部に入ることを許されること、宮殿楼閣のあいだを練り歩き、ついには皇帝の御覧にまであずかることを、漢文の文書は詳細に記した。書き手の一人であった儒士は、この祭典を、諸種の人々を広汎に巻きこむ「混一華夷」の都市祭典であり、君主の「与民同楽」の意を顕現する太平の盛儀であるとさえ記述した。

同祭典に対しては、これを称賀する漢詩文を寄せる儒士たちもいた。翰墨のことを以て皇帝に親しく仕えた人物、あるいは宣政院への配属経験をもった人物の作品が、かなりの程度に類型化した称賀詩文として現在に伝わっている。注意すべきは、その内容がさして帝師に関わるものではなく、また仏教色が顕著であるわけでもなかった点である。かわりに彼らが詩文のなかで積極的に表現したものは、この祭典に臨御する皇帝の姿であった。五色雲がたなびき、祥風がわたるなか、はるかに天へとのびる綵楼に皇帝が立つ。民は歓喜に満ちて「万歳」を叫び、ついには鳳凰が現れ、綵楼のそびえる天空を繚繞して舞い飛ぶ。「天子」の「聖」は、かくして目に明らかである――。このように儒士たちは、「天子」を「民」が慕う与民同楽の世界、すなわち「天」意にかなう儒教的な理想世界が、確かにいま彼らの眼前に存在していることを、その詩文によって証言した。元末には、在野の儒士が同様の皇帝礼賛詩文を制作する事例も現れ、このたぐいの言説行為が儒家知識人のあいだで広がっていたことを伝える。

元代の儒家知識人たちが政権によるチベット仏教崇奉という〝事実〟を記述した、その要因として最後に挙げるべきは、政治的な強制力である。柳貫や趙孟頫がその任に当たったタムパ顕彰碑文、あるいは呉澄をはじめとする各地の儒士たちがたずさわったパクパ顕彰碑文の撰述がこれに当たる。勅命、または地方官の命令ないし請託にもとづくこれらの文書の生産は、体制への恭順ないし支持を表明するものとして、彼ら儒士にとって不可避の行為であった。これらの撰文行為は、書き手にとって、〝現政権はチベット仏教を突出的に崇奉している〟との認識・判断を迫る動かしがたい根拠ともなったし、またこの事態を肯定的・受容的に叙述することが求められる局面でもあった。「正統」たる儒教と文雅とを以てこの地域を「華」たらしめているみずからが、「異端」たる「夷」の宗教者とその奉戴者を、その文雅を以て称賛する。政権のチベット仏教奉戴は、この決断を彼らに課していた。

こうして元代の儒家知識人たちは、みずからのなかに生じた〝政権によるチベット仏教崇奉〟という認識を、否定と協賛いずれの方向からも文書化し、それを〝事実〟として史上に刻みこんでいった。もちろんこれは、あくまでも儒家知識人たちの文書のなかに残された、彼らにとっての〝事実〟にすぎない。奉戴の主体であるモンゴル人はまた彼ら自身の、そしてチベット仏教僧も同じく彼ら自身の〝事実〟を認識し、それを体験していたはずである。しかし、元は半ば仏教によって亡ぶとまで清人に評され、いまなお元代を特徴づける事象として我々の関心を引くこの〝史実〟は、漢民族社会の標準的かつ中核的な知識エリートたる儒士たちが積み上げたこれら一群の言説によって構成されたものである。彼らは、みずからが生きるべき儒教的世界が頓挫したことの要因をそこに求めるに有効であったがゆえに、あるいは儒教的世界がいまも存続しているかの虚像を映すに有効であったがゆえに、そして何より自己の保全のために、しばしば否定的に、ときに受容的に、元のチベット仏教崇奉のありさまをその筆で記述しつづけた。

第二節　第二の課題——元の中国支配における政治的機能

(一) 漢民族知識階層への圧力

(1) 儒教的制度の導入に際して

以上のような儒家知識人たちの認識と言論行為が、元の中国支配にとって有意味であったと考えることは不当ではあるまい。異民族支配下にあっていかに深刻な打撃を受けていようとも、儒士たちが在地社会における知的権威を体現する教養階層であることには変わりがなかった。しかもこの時代、彼らは単に儒教という一つの教説を奉ずる知識人集団というのみであったわけではない。唐宋変革を経て、政治権力をほぼ独占的に掌握する支配階層を、かつて彼らは形成していた。よって彼らの立場に立つかぎり、元はほかならぬ彼ら儒士たちから政権を奪っていたことになる。加えて、過去長期にわたる北方民族諸政権の存在ゆえに彼らはその華夷観念を強めており、さらにいま南宋の滅亡によって江南の遺臣・遺民が朱子学とともに元の支配下に参入するに及び、その傾向をいっそう深化させていた。世祖以降のモンゴル人政権にとって儒家知識人とはこのような社会集団であり、これをいかに統御するかは、その中国支配における根本的な懸案たらざるをえなかった。

もちろん、軍事力によって征服支配した以上、モンゴル人支配者は彼らを一顧だにする必要もなかった、との見かたはありえよう。しかし世祖政権は、中国統治の体制を整備するに当たり、『易経』由来の漢語国号を新たに定め、また宗廟の祭祀を開始するなど、儒教的制度のあるものを採用する方針を選んでいる。しかも、その運用状況が示すように、これら一連の措置は国家理念として儒教イデオロギーを採用することを意味するものではまったくなかった。いかに調整がおこなわれたとはいえ、儒教の根幹に華夷観念があることをモンゴル人は充分に知っていたし、また災異などとして君主権力に歯止めをかける議論をもたらすものが儒教であったことも知っていた。したがって、儒教的制度の採用があくまでも制度の範囲にとどまるものであり、その理念体系をまるごと受容するものではないことを明確に提示することは、モンゴル人政権にとって必然性の高い政治的布石であった。

元の中国支配が直面するこうした課題を考えるとき、これまで見てきたチベット仏教奉戴事業が、そこで効果を発揮しうるものであったことは疑いない。儒教に対する政権の関心が示されるのと同時並行的に、その儒教に接触させるかたちでチベット仏教への厚遇もまた示され、なおかつそれが恒常的かつ体系的なものであることも開示された。これによって、儒教理念国家こそが「正統」であるとする儒家知識人たちの期待や楽観は容易に挫折し、それはそのまま、モンゴル人政権の優位的主張として、またその支配がもたらす重圧として、儒教を奉ずる人々に感知されることとなった。

とはいえ被征服民中の知識人集団として、当然儒士たちはあらゆる局面において元の重圧を感知していたはずである。しかし、そのようななかにあって政権が示したチベット仏教奉戴の動きは、彼らにとって明らかに特殊な位置にあった。これに対して発言・記述することを、おこないやすかったのである。それはまず、彼ら自身が「異端」に対する型通りの反応の結果として定型的な記述を生み出しやすく、そしてその記述が儒士社会での共感を得やすかったことによる。これに加えて、それがチベット・カシミール・タングートなどを出身とする色目人やその教説を批判するかたちでおこないうるものであったため、モンゴル人やその施策を直接批判することを迂回しえたことによる。

(2) 発言への誘導

このような条件のもと、儒家知識人たちは政権のチベット仏教奉戴をただ認識するにとどまらず、これを題材とする文筆活動を積極的に企てた。だがその記述行為の過程で、彼らはさらに次のような認識をも通過せざるをえなかった。それが、この政権は儒教という理念体系にまったく拘束されないとの認識であり、そして、そのような政治権力をいまみずからが受けいれているとの認識である。これをモンゴル人政権の側から見れば、チベット仏教を奉戴してみせることによって儒士たちの文書生産を誘発し、その過程で確実に、中国在来の体制教学に縛られない現政権の自律性・優越性を感知させるとともに、ほかならぬ自分自身がこの権力を受容している、との自覚へと書き手を誘導しえていることになる。

この認識の回路は、撰文者のなかで、具体的には次のように作用した。まず、儒士たちがチベット仏教尊崇に関して否定的な文書を記述する場合である。このとき書き手は、その現象への認識を開始させたのち、そこに何らかの歪曲を加えて記述をおこなうことを常とした。たとえば彼が発陵に関して文書を筆記する場合、チベット仏教僧を登場させることによって、世祖はこの凶行を知らなかった・矯詔がなされた・真相を知るやいなや世祖は当該仏僧を罰した、などとして記述した。しかし書き手たちは、発陵や宮址処理が政権の施策であることを実は充分に理解していた。つまり、みずからがそれを何らかのかたちで歪曲していることを自覚しつつ、撰文に当たったのである。こうして彼らは、記述にあえて操作を加える自身の行為をとおして、彼らの規範にとらわれないモンゴル人政権の自律性を鋭く感知するとともに、これに保身を以て対処している自身の姿をも見いださざるをえなかった。これはまた彼らが抑仏的な諫奏を記述するなかで、チベット仏教の尊崇が世祖の定制であるという厳然たる知識を回避し、元は儒教国家であるとする虚像を描くとき、あるいはその不合理な論述展開ゆえの明らかな矛盾をおかすとき、さらには帝師に対する根拠のない誹謗の言葉を書きつけるとき、彼らのなかで作用する回路でもあった。また翰林兼国史院の官員として当代の記事を採録したり、前皇帝の実録を編纂したりするなかで、チベット仏教に関わるどのできごとを、どのように記事とするかの選択を加えるときにも、撰文者たちのなかでこの回路は作動した。

同様の作用は、彼ら儒士がチベット仏教に関して協賛的な文書を筆記する際にも起こった。タムパやパクパのための顕彰文撰述は、彼らにとって「異端」である存在を「聖師」などとして礼賛することにほかならなかったから、これを撰述する自身の行為に政権の優位的な圧力と、それに対する自身の適応とを感知せずにいることはありえなかった。また呉澄がそうであったように、パクパを「聖」と称賛すべきところ、これを皇帝の「聖」性称賛にすりかえて撰文したとしても、そのときこそむしろ書き手は、自己のこの作為のなかに、政権の主張する優越性とこれに対する自身の順応とを見いださざるをえなかった。迎仏や游皇城の儀礼を皇帝の盛儀として讃えた儒士たちの撰文の際にも、同様のことが起きていた。

さらに、こうした協賛的文書が儒士たちによって生産される場合、政権に恭順的なその文筆行為が、同じ儒士たちによって明瞭に観察されている場合が少なくなかった。たとえば仁宗期には、まず趙孟頫にタムパ顕彰碑文撰述と書篆が命じられ、その二年後には柳貫に同じくタムパに関わる碑銘の撰文が命じられた。両者は当然、互いの撰文行為を知っていたであろう。そもそも漢文の碑銘撰述が命じられていること自体、それが、著名な文人たちの崇仏礼賛行為を彼の属する漢語系知識人社会に知らしめるものであったことを意味する。広く儒士たちの声望を集めていた呉澄が撫州路の帝師殿碑文を撰述し、また、かねて親しく交際した儒学関係者の願いを容れるかたちで南安路の同碑文をさえ担当したことも、その一例であった。こうして儒士たちは、政権の命ずるままに「異端」を称賛するみずからの姿を他の儒士たちに見られ、また他の儒士たちが同様の行為に至る様を見ながら、協賛的なチベット仏教関連の文書を生み出していた。彼らが護持してきた理念や規範を越えてみせる政治権力を前に、この権力に対するみずからの順適を自覚するのみならず、それを互いに目撃しあっていたのである。

(3) チベット仏教奉戴者たちの企図

以上の諸点から見て、元のチベット仏教奉戴はその中国支配において政治的機能を担ったと考えることができる。では、それは偶然の結果にすぎないのか。それともチベット仏教奉戴を推進した人々、すなわち尊奉者たるモンゴル人支配集団と、その周囲にあって彼らの尊崇行為を支持・維持した翼賛者たちは、政治的な企図を以てその態度をとっていたのか。観察者の視点から見る、という本書の方法から逸脱する問いではあるが、推測の範囲でわずかながら考えておこう。

少なくとも世祖期と仁宗期に関しては、チベット仏教奉戴勢力の動きに政治的意図を看取することは不可能ではない。しばしば述べたように、世祖政権は儒教的な政治・文化制度を導入するのと同時並行的にチベット仏教崇奉体制を樹立した。しかも、たとえば自分たちにとっても帝師その人にとっても外来語である「帝師」という漢語尊称をわざわざ採択するなど、儒家知識人が反応しやすいかたちでその体制を設定している。よって、そこに政策的な意図を読みとらないとすれば、おそらくいささか不合理であろう。仁宗政権がタムパの顕彰碑文を著名な儒家教養人たちに重ねて命じ、さらにはパクパ祭祀施設として帝師殿の構想を立ち上げていることも、それを単なる偶然と見るには無理がある。とくに帝師殿に関しては、これを孔子廟に準拠するかたちで設置することが基本構想とされていたこと、またそれゆえ孔子の権威を棄損するものであるとして儒士たちの反発を誘発したこと、他方、推進者の一人が楊璉真伽の子であり、また当時ないし直前の時期に宣政院使職を帯びてもいた楊暗普であったことが記録されている。よってその創設は、チベット仏教奉戴勢力の政治的企図が露出した場面と見なければならない。

世祖政権と仁宗政権に共通することは、そのいずれもが、いま政権は儒教と自分たち儒家知識人を用いる比重を上げている、と、その儒家知識人たちに受けとらせていた政権であったことである。そしてそれと表裏するかのように、これら二政権の時期にはチベット仏教と儒教とを接触させる動きが顕著に示された。ここに何らの因果関係も認めずに看過することは、やはり妥当ではあるまい。

さらに、これら二政権期のみにかぎらず指摘しうる点もある。それが意図的であったか否かは判断しえないものの、チベット仏教を優遇することによって儒士たちを牽制するという図式が、世祖期ののち元代を通じて終始モンゴル人支配集団の崇仏事業のなかで維持されていた、という点である。それは主として、〝崇仏事業に対する儒士の批判―これに対する皇帝の何らかの回答〟というやりとりが延々と繰りかえされることによって実現している。たとえば、儒士たちは彼らの儒教的なバイアスのもとに官撰記録を蓄積し、またしばしば抑仏的な諫奏をおこなってもいたが、実際のところ彼らのこうした行為を支えていたものは、彼らの批判に対して理解ないし不快をそのときどきに示しながらも崇仏事業をいっこうに止めず、なおかつ儒士たちのそうした行動を決定的に封じることもなかったモンゴル人支配集団、とりわけその君主の態度であった。遅くも実録段階で明らかであったはずの仏事関連記事の否定的採録様態はそのまま放置され、『元史』に流れこんでいる。また崇仏批判の諫奏はたしかに危険なものではあったが、元末までその事例のあることが示すように、禁圧されているわけではない。

もちろん、支配者たちにとって崇仏事業は〝善きこと〟〝励むべきこと〟であったから、儒士たちがいかにそれを批判しつづけようとも、別段そこに意識を向ける必要がなかったとは言える。しかし一見無警戒な、だがそれとして一貫もしていたこの対応こそが、チベット仏教へと向ける儒士たちの関心を煽りつづけ、支配集団に対するひそかな挑戦を彼らに試みさせ、そして結局は儒教とみずからの無力を確認させつづける、その実質的な温床となっていることも事実である。少なくとも結果として、ここにモンゴル人政権にとっての政治的機能が発生していることまでは認めうるであろう。

(二) 統治権正当性《レジティマシー》

(1) 発信者：モンゴル人支配層――統治権正当性の主張

チベット仏教奉戴が政権にもたらした政治的有用性としては、上記のような儒家知識人に対する圧力、つまりこの被支配集団に対して下方方向に作用する力とともに、いま一つ、モンゴル人支配集団そのものに対して上方方向に作用する力を考えることができる。かつてフランケが試論し、しかし元代に関してはみずからその可能性を棄却したところの政治的機能、すなわち君主・政権の統治権を正当化するという機能である。

序章で述べたように、これを仏教教説にもとづく正当化として見た場合、なるほど政治的効力と考えうるものをそこに見いだすことは困難である。元の君主を仏教の尊格に当てはめる言説には、如来・菩薩・転輪聖王などその同定方法にばらつきがあり、正当性説明原理としての精度に欠ける。またより広く時代背景から考えれば、仏教の後退と儒教の復興とを以て特徴づけられるこの時期の中国にあって、こうした同定が仏教界以外に効力をもちえたとはおよそ考えにくい。なおかつその元代仏教界は、他の宗教教団と同じくモンゴル人政権に対してごく親和的であったし、また汎民族的な性格ももっていたから、これに向けて統治権の正当性を主張することがことさら緊要であったわけでもない。したがって仏教的論理による正当化言説それ自体に関して言えば、フランケの指摘どおり、それはとくに政治的有用性を政権にもたらすものではなかったと言える。提示のしかたによっては、むしろ足かせにさえなりえたであろう。

しかしその対象を儒家知識人集団と考えた場合、なおかつ主張の手段を、仏教教説ではなく、チベット仏教奉戴事業のなかで示される儒・仏の位置設定と見た場合、そこに統治権正当性に関するモンゴル人支配集団の主張が成立し、なおかつ効力が発生してもいることに気づく。

まず、正当性を主張する対象としての儒家知識人について考えてみよう。彼らは儒教という教説を奉ずる思想集団であると同時に政治的集団であり、本来ならば自分たちこそが中国域における政治権力を行使しているはずである、と考える人々であった。つまり彼らから見れば、モンゴル人政権とその君主は、本質的に不当なのである。もちろん、それでも当初のモンゴル人政権は、自身の正当性を彼らに主張する必要をさして認めていなかったかも知れない。しかし世祖期以降の政権は、中国域を安定的に支配する体制を構築・維持するに当たり、儒教的な制度を一部採用した。そのため元代のモンゴル人政権にとって、みずからの統治権を、具体的には、それを集約・体現しているところのその君主権を、彼ら儒家知識人たちに対して改めて正当化しておくことは政治的に有意味な手続きであった。

では、君主権の正当性をどのように表現すれば、儒家知識人たちの反応をかきたてることができるのか。ここで、儒家知識人たちの認知の網に、仏教、とりわけチベット仏教のいったい何がとらえられていたかを想起してみよう。彼らが反応したもの、反応せざるをえなかったものは、政権によるチベット仏教奉戴事業の過程で示された儒教に対する毀損の動きである。帝王の師の座が儒教から奪われ、太廟が仏事執行の場となり、宋帝の陵墓が暴かれ、破壊された宋進士題名石のうえに見慣れぬ白い仏塔が建てられ、崇儒事業に充てられるべき国費がチベット仏教奉戴事業に消費されていく。事態をこのように認識したとき、儒家知識人たちはモンゴル人政権の主張を次のように受信している。――この政権は「元」と称して以降、たしかに儒教尊奉の施策を打ち出してはいる。しかし同時にチベット仏教をも正常かつ正当な国家方針として奉戴し、しかもこの異域の「異端」に儒教の役割を侵犯させもする。

つまりこの政権は、儒教を尊奉しつつも、儒教の「正統―異端」観念に拘束されない。なぜこのような本来ありえない矛盾が起こりうるのか。それはどうやらこの政権が、その君主位を、個別の宗教・教説を超越した絶対的聖性を具有する存在として設定していることによるらしい。

留意すべきは、ここでこうして儒家知識人たちが感知している正当化原理の特殊な構造である。それは、ある教説に拠る集団に対して、彼らの教説が構築してきた君主の聖性に関する基本設定を超越してみせることにより、現政権が戴くその君主権の正当性を、より強大な、もはや絶対的なものとして主張する、という論理をとるものである。ここでいま一つ留意すべきことは、この論理が儒家知識人たち自身によってこそ生み出されうるものであった点、換言すれば、元代の中国社会において、ただ彼らのみがこの論理を生み出す可能性をもっていたという点である。儒教は、儒教のみが国家とその君主の聖性の源泉たりうるとする排他的・専一的な立場をとる。元代の儒家知識人たちも、これまでたとえば抑仏的諫奏において見てきたように、この排他的な観念のなかにあった。思想・宗教であるのみならず、国家理念としての役割を一貫して担ってきたとする自負ゆえの独尊性と言える。

元のチベット仏教奉戴者たちは、すぐれて独尊的な儒教のこの観念に打撃を与えることによって、より強大で普遍的な君主権のかたちを、彼ら儒士たち自身に創出させている。このことは、仏教・道教と比較して考えてみると明瞭かも知れない。仏教界は、みずからとともに儒教や道教もまた厚遇されていると認知しても、とくにそれを以て当該政権がその君主の超越的な聖性を主張していると判断することはあるまい。道教界も同様である。自己の存在意義を規定するに当たり、儒教ほどには独尊的正統という観念に強く依存することがなかった仏・道の立場にとっては、君主が同時に複数の教説を尊奉することも決定的矛盾とはならず、したがってその点に対して一斉に反応するということは起きないからである。これに比較してみれば、やはり儒教がもつ独尊的な観念こそが、儒士たちをしばり、傷を受けさせ、その結果、かつてない圧倒的な君主権をそこに読みとらせていることが分かる。つまり元の歴代政権は、儒教がもつこの独尊性を挫き、傷つけてみせることによって、これを奉ずる知識人たち自身に、新たな超越的君主の形象を生み出させている。

こうしてモンゴル人政権は、チベット仏教崇奉事業をとおし、その君主が儒教をさえ超える普遍的聖性の具現者であるとの〝主張〟を儒士たちに認識させた。儒士たちが、儒教の規範から堂々と逸脱する君主のありようを肯定・否定双方から様々に記述したことは、彼ら書き手たちのなかでこの未曾有の君主像が生まれつつあったことの結果にほかならない。しかし儒士たちは、政権の動きのなかにこの〝主張〟、すなわち元の君主に超越的な聖性があるとする〝主張〟を見いだしたのみではない。彼らはさらに、なるほどそれが〝証明〟されている、と認めることにまで進んでいくことになる。

⑵　受信者：儒家知識人――統治権正当性の証明

いまいちど、ここで儒士たちが感知している元の君主権のありようを確認しておこう。それは、儒士にとって聖性の基準であるところの儒教規範をさえ超えるものと表現されている。そのため彼らは、君主に絶大な聖性があると政権が〝主張〟していることまでは認識せざるをえず、実際、それこそが彼らに否定的な反応を生み出させる動因ともなっていた。しかし一方、かりに儒士が協賛的な方向で文書を生産しようとした場合、その絶対的な聖性が、ではいかにして〝証明〟されているかを記述する段階で、おそらく彼らはいったん行きづまったはずである。この点に関して、何らかの政権由来の情報を彼らが読みとっている形跡が、その文書のなかに見いだせないからである。

当然のことながら、仏教にもとづく〝証明〟は、それとして常におこなわれていたであろう。迎仏や游皇城といった大規模な祭典はもちろん、日常的な仏事に際しても、たとえば皇帝の背後に仏菩薩の姿が現れたとか、その頭上を迦陵頻伽が舞い飛んだとか、仏教界が様々な仏教様式の奇跡を言い立てていたはずである。しかしもちろん儒士たちにとって、そのたぐいの証明原理はまったく意味をなさない。では、これに代わるまた別の証明原理、たとえば仏事に際しては皇帝に向かって象が膝をつくとか、あるいは游皇城のおりには皇帝の御手に触れた老人が少年のごとく若がえるとか、何らかの独自の聖性証明が政権側から提示されていたかと言えば、それに該当する記述を儒士たちの文書のなかに見いだすことができないわけである。

実はかつてモンゴル人政権は、その征服活動の過程において、「天《テングリ》」「神」によるカーンへの君主権授与を主張するとともに、それを〝証明〟する独自の原理を提示していた。それは、服属勧告に応じなかった者たちが干戈によって視力を失い手足を失うことは「天」「神」の命による、とするものであったとされる(1)。つまり、抵抗者にもたらされる負の報応を含め、その征服活動の成就そのものが「天」「神」の意志の明拠であるとするかたちで、君主の正当性証明がおこなわれていたわけである。しかしその構造上、これらは軍事的拡張の途上にあってこそなされうる証明であり、いったん服属が完了したのちは、もはやこのかたちでの正当性証明は不可能となる。よってこれに代わるものとして、いわば平時用の証明原理が提示されることもありえたはずである。ところが、それに相当するものを受信した形跡が漢文文書に見当たらない。実際は提示されていたものの、儒士たちはそれを聖性の証明と認識することができなかったのかも知れない。あるいは、世界征服を達成しえたことを以て最終的な天意の証明とし、それ以上の証明の必要をモンゴル人政権は認めていなかったものかも知れない。

しかし中国域においては、いかなる君主権も、よってそれに主宰・集約されるところのいかなる統治権も、つねに懐疑の対象であった。そのためこれを支配した歴代国家は、平時においても天候の安定や吉兆の発生など、みずからの統治権の正当性証明を不断に必要とした。ましてや元代の儒家知識人にとっては、そのモンゴル人政権の正当性証明は常時不可欠のものであった。なぜなら彼らにとってその支配は、本来無条件に不当であったからである。ところが儒士たちは、政権のチベット仏教奉戴事業を前に、儒教規範を超えるとさえ〝主張〟されているらしいその超越的な聖性が、ではたしてどのように〝証明〟されうるものであるか、おそらくは不明なまま放置されていた。この空白のなかにあって、かりに親政権的な文書を書き、そこで聖なる君主の正当性を、すなわちそれが率いる元の統治権の正当性を証言しようとするならば、はたしてどのような方法がありうるのか。

このとき儒家知識人たちの言論行為に、ある動きが生じた。この空白を埋める〝証明〟を、みずから提供しようとする論述がなされたのである。彼らは彼ら自身の方法において、チベット仏教を奉じるモンゴル人君主の聖性を証明する明徴が現れた、とする記述を生み出していった。それが、彼ら自身が認めうるところの証明原理、すなわち儒教が指定する定型的表象にもとづく聖性証明であった。

たとえばその記述は、成宗元貞元年（一二九五）二月の国都仏教儀礼を詠じた「迎仏会歌」のなかで試みられた。この文書には、「韶奏」などの儒教的な表現とともに、「鳳儀」や「五雲」といった儒教所定の定型的奇跡、いわゆる瑞祥の発生が記された。そのうえで書き手は、これらの奇跡によってまさしく「天子の聖」が称えられた、との証言を記した。この儀礼に連動して挙行された游皇城に関しても、それを称賀した詩文のなかで、祭典の場における「鳳凰」「龍」「五雲」「祥煙」などの定型的な瑞祥の発生が記された。またそのとき君主が「民」から「万歳」の歓呼を浴びたことも、儒士たちは彼らの称賀詩文において記述した。さらにはこれらの場景を「与民同楽」の語によって記述し、元の君主が儒家経典に記されるこの聖性を具有する存在であることを明確に証言しようとする文書も現れた。あるいは、ある反仏教的な儒臣が元正朝儀の習儀を詩に詠んだなかで、それがチベット式仏塔のそびえる国家寺院で執行される行事であったにもかかわらず、「礼楽」雍容たる「太平」の風がその場にそよいだ、と叙述したことなども同様の証言である。この人物は、同じく国家寺院で営まれた神御殿祭祀についても、そこで「慶雲」が現れたと記している。こうした事例はすべて、チベット仏教を中心に据えた仏教儀礼や仏教的空間を題材としながら、これを奉戴する君主の聖性を、儒教の指定にかかる定型的奇跡の発生によって証言したものである。

儒教からは、また別のかたちにおいても君主の聖性証明がおこなわれた。呉澄の撰述した二篇の帝師殿碑文がその事例である。当時、全国一律に帝師殿が設置され、儒士たちがパクパの聖性を礼賛する碑文を撰述していた。そのようななかにあって呉澄は、パクパの聖性を言明することを周到に避け、その代替として、皇帝の「聖」性を称揚する撰文方針を採った。パクパに認めるべき聖性を皇帝に吸収させるかたちで、称賀碑文撰述の責務をはたそうとしたわけである。しかし帝師殿は単にパクパを祀るというのみの祭祀施設であったわけではなかった。その堂宇は孔子廟と相似のかたちで築造され、また内部には、孔子と顔回ら従祀のありさまそのままに、パクパとこれにつながる僧侶たちの塑像が安置されていた。明らかにこの祭祀施設は、元の君主が単に儒教とチベット仏教とを同時に崇奉しているのみならず、儒教とチベット仏教とを同列のものとして崇奉していることを示していた。この姿勢をとる君主を「聖」なる存在として記述したとき、大儒呉澄は、儒教の枠組みを超える普遍的・絶対的統治権の存在と現君主・現政権によるその具有、そしてこれらのことの正当性を証言したことになる。

なおかつ儒士たちがこうした聖性証明を発出するに当たっては、実はその一方において彼らが積みかさねていた否定的な言説行為が、その論理上の基盤として作用していた。たとえば、元代を通じて大きな言論誘発力を発揮しつづけた楊璉真伽の発陵事件に関して、儒士たちはいくつかの型の誹謗的文書を編み出すとともに、その過程において、このチベット仏教僧には宋帝の霊力を封じうる何らかの力がある、との言説を生み出している。それは、これら文書のなかで宋帝の聖性が主張されるにともない、陵墓を侵犯するチベット仏教の側にもその聖性を圧しようとする神秘力があるとする論理が引き出されたことの結果であった。明らかにこのとき、新来のこの仏教には君主の聖性に関与しうる何らかの要素があるとの認識が、儒家知識人たちのなかで胚胎している。さらにはこの認識にしたがい、発陵に際しては宋帝と天との関係を示す奇跡が生じた、発陵執行者たちに天怒がくだった、遺骨を改葬した義士に天が感じて幸運の奇跡がもたらされたなど、楊璉真伽というチベット仏教僧の存在に対して「天」が感応したことを示す奇跡の話型を、書き手たちは増やしていった。これらの記述を生み出し、あるいは読むことをとおして、彼らはみずからの儒教的な聖性観念のなかに、チベット仏教との接点を確実に刻みこんでいった。

同様のことは、儒家知識人たちが国家的崇仏事業を批判する過程においても起きていた。ここでは、儒教の災異説がその結節点となった。たとえば抑仏的な諫奏のあるものは、日月星象の異変を鎮めるためと称して国家が仏事を挙行することを非難する。しかしその非難は、単に仏事が無効であるから、とするのみのものではなかった。彼らの非難は、仏事はかえって天譴たる災異をもたらすであろう、あるいは仏事を停止して修省することによって天は災異を解除するであろう、との主張へと展開されていた。つまりこのとき彼らは、君主による仏事の実施・停止に対して「天」が感応することを充分に認めている。崇仏勢力の側が主張するところの善き力ではなく、悪しき力をそこに見るという違いがあるのみで、それを「天」という儒教的聖性に関わる力と認める点では、まったく相違がない。むしろ批判者の立場においてそれを認めたという点で、儒士たちによるこの記述こそが、仏事の力の証言としては重いものでさえある。

こうして儒家知識人たちは、受容・否定双方の方向から言説を重ねることをとおし、チベット仏教尊崇の過程で君主の絶対的聖性が証明されたことを、儒教的な、つまりは彼らにとって正統的な証明原理を以て、尊信主体たるモンゴル人支配層に代わって〝証言〟した。これはすなわち、この超越的神聖君主を戴くところの元という政権が、正当な統治権を以て彼らを支配していることを、彼ら自身の規範において証明することにほかならなかった。

ではなぜ、彼らはみずからの聖性証明原理を差し出し、元の統治権の正当性を証明したのであろうか。なるほど顕彰碑文撰述の命令を受けた場合など、必然的に聖性証言を記述すべき状況に直面してのこともある。しかし一方、それほどの強制力が認められない場合もあるし、おそらく自発的な発言であったと見られる場合も少なくない。モンゴル人君主・政権を最も認めにくいはずの彼らが、なぜ、みずからその統治権を正当と証言することにまで踏みこんだのか。

それは一つに、その証言が何よりもまず彼ら自身にとって有益であったためである。儒士のうち、任官して元の体制下に入った者にとっては、現君主・現政権の聖性を儒教的原理において証言し、そしてその統治権を承認することが、みずからの立場を儒教的な聖天子の臣僚として正当化することにつながった。在野の儒士にとってもまたそれは、聖天子によって統治されている国家であるがゆえにいま自分はここに生きて在る、として自己を許容する(2)理由たりえた。一方において、みずからの奉ずる儒教的観念が侵害されているという厳然たる認識を突きつけられているにもかかわらず、あるいはそうであるからこそなおさら、彼らはみずからが儒教的な聖性を保有する君主のつかさどる世界に生きている、と証言することを欲した。

加えてここで最も重要なことは、儒教式の聖性証明を提供することは、彼ら個人を救うのみならず、聖性査定指標としての儒教の機能そのものを生きのびさせることでもあった、という点である。政権が儒教を超えるものとしてその統治権を〝主張〟していることを認識せざるをえなかった儒士たちは、からくもその〝証明〟部分を儒教に回収することで、儒教の価値を支えようとしている。「聖」なる君主が率いる政権であれば、たとえ異端にもとづく儀礼を執行してさえも、天の承認たる瑞祥、すなわち儒教指定の聖性証明が現れうる――。この新たな証言は、政権のチベット仏教奉戴とみずからの崇儒観念との亀裂の果てに、彼らが逢着した止揚の一地点にほかならない。やすやすと儒教を相対化してみせる異民族政権のもとで、たしかにそれを認識しつつ、それでも儒教こそが最終的な聖性査定規範たりえている、とのいま一つの認識を自分自身に語りうる方法が、彼らにとってはこの聖性証言を生み出し、語り記すことであった。

一方、彼らからこの聖性証言を得たことは、元の支配に次のような政治的有用性をもたらした。第一に、その統治権の正当性が、仏教という枠組みを越えた普遍的聖性保有というかたちで証言されたことである。この証言は、もちろん仏教側にはできない。またこの越境的な証言は、道教その他の宗教ではなく、ただ儒教のみがよくなすところのものである。前述のとおり儒教は、みずからを国家にとって唯一の規範と見なす、その独尊性ゆえに、他の宗教に対する尊奉という事象に確実に反応してしまう。元のチベット仏教奉戴は、儒教のこの点を衝いている。第二に、君主において体現されるその聖性が、「異端」をも超克しうるほどに強大な、すなわちマイナス価をプラス価に転じうるほどに圧倒的な聖性であることを認めさせたことである。元の神聖君主は、「迎仏」という異端の儀礼によってさえ、「鳳儀」という正統的な奇跡を現出しうる――。この証言は、仏教を「異端」と指弾しつづけてきた儒教においてでなければ成立しえない。仏教にこれほどの関心をもたないキリスト教やイスラーム教からは引き出しえない証言であるし、また道教界にもこのような証言をあえておこなう理由はないだろう。第三に、元の中国支配を不当と見ることにおいて最も尖鋭的な位置にある集団から、聖性証言を引き出したことである。みずからの政治権力を奪取されたと見る立場の儒家知識人たちにその統治権の正当性を証言させたことは、この在地の知識階層がかりにどれほど弱体化していたとしても、モンゴル人政権にとってやはり収穫であったと言わねばならない。

そしてこのとき、彼らの証言の動因となったものがチベット仏教であったことは偶然ではない。かりにキリスト教・イスラーム教をどれほど政権が寵遇したとしても、儒士の世界像にはさして抵触せず、したがってこれほどの反応は惹起しえない。それが道教であっても、このような反応は出ないだろう。そして、もしも寵遇対象が在来の中国仏教であったとしても、この反応は引き出しえないはずである。儒教にとって伝統的な「異端」であるとともに、華夷観念との摩擦をきたす「西番」からの新来宗教であったからこそ、そのあまりにも大きなマイナス価ゆえに、これを尊奉する君主をあえて称賀しようとしたとき、儒士たちは、そこに超越的な聖性があるとみずから証言せざるをえなかったと考えうるからである。

以上のように元は、チベット仏教奉戴事業を推進することをとおして、その統治権が正当であるとする〝証明〟を、漢民族社会の正統を以て自認する儒家知識人たちから獲得した。モンゴル人支配集団に代わって彼ら儒士たちが、この異民族政権の正当性を、漢民族社会において通用しうるかたちで高らかに証言したと言える。それぞれの儒士は、みなそのときどきの必要や目的に応じて、聖性証言を筆記したものであろう。しかしいずれのときもその根底にあったものは、みずからはこの異民族による支配をいかに受容するか、という自問であったはずである。彼らは、政権の正当性に深い懐疑を抱いたがゆえに、この政権がみずからの正当性をいかに主張しているかを探った。とりわけ、「異端」を崇奉するという理解しがたい政権の動きに、いかなる主張がこめられているかの回答を求めた。そして自身が理解しうる回答を、みずから生み出していった。こうして元はチベット仏教を崇奉することによって、それを最も認めがたい人々から、その統治権の聖なる正当性を証明されるに至った。(3)

（三）永楽五年、霊谷寺普度大斎へ

これまで見てきたように、元代の儒家知識人は、当該君主は超越的な聖性保有者であるがゆえに「西番」の「異端」を奉戴してさえ儒教的正統性を具有した正当な君主と認められる、とする証言をおこなった。彼らのこの聖性証明の方法をごく図式的にみれば、異端・異域を奉戴するというインプットが、それを飲みこんでなお傷つくことのない超越的な神聖君主を通過することによって、儒教型式の正統的聖性としてアウトプットされる、という構造がとられていることが分かる。これはつまり、チベット仏教を崇奉することによってモンゴル人政権が主張している普遍的・絶対的な神聖君主像を、その証明の段階で、儒教の枠組みのなかへと押し戻したことを意味する。これによって儒士たちは、最終的な聖性査定の役割は儒教のもとに引き止めた、と、からくも自認しえたことになる。しかしながら彼らはそれと引き換えに、儀礼様式やその表象体系のうえで儒教の枠組みにおさまりきらない普遍的神聖君主、すなわち彼らにとっては原理的に存在しえないはずの君主像を生み出すこととともなっている。

この前例のない超越的君主像は、征服者として乗りこんできた君主に直面したことによって儒家知識人たちがみずから新たに描き出し、みずから承認したものである。つまり、儒教規範が従来のかたちでは通用しない異民族政権下であるがゆえに、これほど強大な君主像を生み出すことへと彼らはみずからを追いこまざるをえなかったと言える。したがって異民族政権が去り、儒家知識人たちがふたたび官僚集団の母体としての安定的な立場を回復したとき、もはやこの異形の君主像は役割を終えてよかったはずである。しかしもしもこのとき、その新たな漢民族政権が、先行するあらゆる時代のそれよりも、さらに強大化した君主権力を戴こうとするものであったとすれば、どうであろうか。

緒言で挙げた疑問に戻ろう。永楽五年二月、皇帝勅願にかかる普度大斎が、カルマ派の高僧を導師として、国都応天府城外の霊谷寺にて執行された。これを記録した絵巻と詞書きは、十四日間にわたる仏事の期間中、「五色雲」がたなびき「青鸞」が遍空旋舞するなど、あまたの奇跡が続いたことを伝える。このとき、なみいる儒臣たちはこれを称賀し、なかでも翰林院に集う能文の儒臣たちは「法会瑞応詩」「聖孝瑞応歌」なる詩文を献じて、この仏事において奇跡が発生したこと、それが皇帝の「聖」に「応」ずる瑞祥であることを明確に証言した。翌三月には、導師のチベット仏教僧を西天の「仏」と呼ぶ称号が発行され、仏事がこの「仏」を迎えてのものであったことが示された。さらには同年四月付けで一篇の御製文書も編まれた。そこでは、すでに僧侶が去った霊谷寺において皇帝がかの「仏」に思いをはせつつ祈ったところ、またもやこれに応ずる奇跡の数々が、「鳳羽」の麗容を呈しつつ数日のあいだ続いた、と記された。

これら一連のチベット仏教儀礼をとおして永楽帝の正当性が主張されていたこと、仏教に媒介されてさえ正統的な瑞祥を発生させうる超越的聖性保有者として彼が称揚されたこと、なおかつこれらの主張が、儒教的な用語を投じた漢文文書によって証言されたことは明らかである。では、なぜこのような論理が永楽帝とその儒家官僚たちのなかで成立しえているのか。なぜ儒教国家たる明において、チベット仏教による儀礼が失点とならなかったばかりか、むしろまったく逆に、そこで天意を示す奇跡が起きて皇帝の聖性が証明された、として儒臣たちの了解をとりつけているのか。この証明方式は、ここでにわかに案出され、使用されたものなのか、それともそれ以前に存在していたものなのか。

これまでの考察をとおして、この聖性証明の論理、すなわち「聖」なる君主に対してはチベット仏教による儀礼においても儒教所定の瑞祥現象が起きると認める統治権正当化の原理が、すでに元代の儒家知識人によって生み出されていたことを見てきた。永楽政権の仏教祭典は、この聖性証明方式のうえに組み立てられたものであったと考えて誤りあるまい。永楽帝は、元の諸帝が証明されたのと同じ原理によって、異端・異域の儀礼によってさえも正統的・儒教的な聖性を発揮しうる君主として、彼の儒臣たちからその統治権正当性を証言されたのである。

永楽政権が、きわめて正当化しにくいその君主の正当性を証明しようとしたとき、元代にあって君主の正当性証明原理としての機能を獲得していたチベット仏教奉戴儀礼を導入したことは偶然ではあるまい。異端・異域の儀礼を執行してさえ、中華の正統的な奇跡を顕現しうる。そのような超越的聖性の体現者として称揚することによって、この「燕賊」の正当化を図ったものであろう。さらには、こののち永楽政権が示すことになる顕著な対外積極策や、その結果としての冊封体制なども、この君主像が求める必然的な運動として理解しうるかも知れない。それはまさに、異域を華化し、異端を正統へと転化する絶対的な神聖君主の表現であったからである。その極大化を以て特徴とされる明代の君主権力と、元代のそれとの関係については、こののち議論が深められねばならない。しかし、元がチベット仏教を奉戴することによって治下中国の漢民族知識人たちに描き出させた君主像が、この政権が去ったのちの時代において、その強大な君主のありようを提示するうえでの一つの祖型となったことは動くまい。

しばしば元は、中国を征服支配した他の異民族政権に比して、漢民族社会とその文化に対する関心が稀薄であったと説かれる。たしかに、そのモンゴル人支配集団が世界征服者の後裔として揺るぎない優位の観念を抱いていたこと、また西方の様々な文化圏との接触をとおして他の征服政権よりも容易に漢民族文化を相対化しえたことは疑いあるまい。しかし支配集団自体のこの特質と、彼らが被治者の社会とその文化に対して示すべき政治的対応とは、また別の問題である。なかでも、治下における圧倒的多数者であり、なおかつ文化面において強固な優越観念を抱く漢民族社会に、支配集団の正当性と優位性を承認させることが政治的にいかに重要な意味をもつかを、中国域を統治下に収める異民族政権として、元もまた認識しなかったはずはない。むしろ政権の立脚点が漢化の影響範囲から遠ければ遠いほど、この政治課題の重要性はより明瞭に意識されざるをえまい。

元のチベット仏教奉戴事業とそれがはたした政治的機能とは、以上の問題に一つの示唆を与える事例である。漢民族を、とりわけその知識階層を振り向かせ、元の支配の正当性を言明させるためには、漢民族の文化的特質とそれが規定するところの事象認知様式、つまりは彼らがどのように外界を認識し、どのような〝事実〟を生きるのかを知り、その回路に接続してこれを揺るがす方策を打ち出すほかはない。チベット仏教奉戴事業において見せたモンゴル人支配集団の動きは、明らかにこの方向線上にある。

一方、政策対象たる漢民族社会、なかでもその政治的・文化的中核を自負する儒家知識人たちが、支配集団のこの動きをいかに受けとめ、できうるかぎりの対処をいかに企てたかもまた、これまで見てきた書き手たちの態度と叙述とがその一端を示すとおりである。これらのかぎりにおいて、元代は治者と被治者とが、あるいはある民族集団と他のそれとが、言語や世界認識の違いを超えて密接に相い対した時代であったと見て誤りはあるまい。それぞれがそれぞれの世界を生きながら、しかしそのみずからの世界を生きのびさせるために、たとえときにそれが摩擦であり相剋であったとしても、互いの世界像に対する洞察と接触とを試みざるをえなかったからである。

結章　注

（1）これらの言説については、キリスト教宣教師が託された服属勧告文書や『高麗史』所収の同種の文書をもとに、海老澤哲雄［一九七九年、七三二—七三九頁］が明らかにしている。

（2）宋代において、倫理的期待のインフレーションとでも呼ぶべき現象の起きていたことが指摘されている［Davis, 1996, pp.11-19］。それによれば、「私」よりも「公」を、「孝」よりも「忠」を重視する思潮が宋代に異常なほど強まり、自身の「忠」を示すために生命の犠牲までもが求められたと言う。南宋の滅亡に際して、村落全体で集団自決を図ったり、県学の教員が生徒に死を促したりする行為が広範囲に認められることは、その結果であるとされる。そうであったとすれば、元代の儒士にとっては元の治下で生きることそのものが倫理的に罪であり、何らかの自己正当化を要するものであったと言える。

（3）元が、チベット仏教僧という色目人の存在をとおして漢民族から正当性証明をかちとった、というこの結論は、なぜ元が色目人を準支配者として用いたかをめぐる古くからの論題に関わると思われるため、以下のことを付言する。

元が色目人を重用した理由については、かつて田中裕子［一九八〇年、三三頁］が、箭内亙・愛宕松男・田山茂・岩村忍・蕭啓慶らの諸見解を紹介し、整理した。これをさらにおおきく分類すれば、⑴服属時期が漢人・南人よりも早かったため、⑵元の制度や文化との親和性が高く、適材適所原則に則って重用しえたため、⑶漢人・南人を牽制統御する手段としえたため、の三種に分類しうる。いま、それぞれの説がチベット人に当てはまるか否かを考えてみよう。

まず、チベット人に関するかぎり、⑴説は妥当ではない。チベットにドルタ率いるモンゴル軍が現れたのは一二三九年のことである［樊保良・水天長主編、一九九七年、六六頁］から、金の滅亡、すなわち漢人の服属のほうが早い。サキャ＝パンディタと闊端とのあいだで服属約定がおこなわれたのはさらに遅く、一二四七年である［同前、七七頁］。また⑵説も、次の点で矛盾をきたす。まず、序章において述べたように、モンゴル人政権が望む儀礼制度への適性の高さを、たとえば呪術性などと仮定して考えてみても、チベット仏教のみがこれに該当したと言うことはできない。また、一方でモンゴル固有のシャマニズム儀礼が元代をとおして維持されているのであるから、その一方においてチベット人宗教者の任用形態が元初にことさら強化されたことの理由を、モンゴル固有文化との親和性という点に求めることは不合理である。なおかつ、帝師や宣政院など仏教関係の諸制度は、チベット仏教奉戴の結果であって、制度のほうが先行しているわけではない。このように考えれば、前記三説のなかでは⑶説が残ることになる。

これまで検討してきたように、モンゴル人政権によるチベット仏教奉戴は漢民族統治と不可分のかたちで進行している。この結果は、⑶説の妥当性を裏づけるものとしてよいだろう。またこの視点を用いれば、元代の色目人宗教のうち、より早期にモンゴル帝国と接触し、王侯のなかから入信者も出ていたイスラーム教やキリスト教があったにもかかわらず、チベット仏教に対する扱いのほうが、関連官衙の品秩などの点でより優遇的であったことの説明が可能となる。同じ仏教である中国仏教が既存したため、そして何より儒教との摩擦を引き起こしやすかったため、チベット仏教への寵遇は漢民族の認知をかきたて、彼らに政権の方針を感知させうるものであった、対してキリスト教・イスラーム教にはこの機能を期待しえなかった、として理解することができるからである。

以上のことから考えて、元の色目人重用の理由については、漢民族統治という観点からの検討がさらに進められてよいだろう。たとえば舩田善之［一九九九年］は、「色目人」という用語が漢文文書のみに現れるものであり、それに相当する語彙がモンゴル語をはじめとする他の言語史料には存在しないこと、つまり色目人という概念そのものが漢民族によって作り出されたものであることを指摘している。これは、漢民族こそがチベット仏教僧の存在の意味を最も鮮明に感知した人々であった、という今回の結果と整合する。

最後に、ある「色目人」の語りとして残る一節を、少しくかみ砕いた表現をとる旧訳で挙げておこう。漢語を解さなかったとされるこの語り手は、みずからが「色目人」なる範疇で括られていることを知らなかったかも知れない。しかし彼は、なぜ中国域外からやってきた自分たち「色目人」が元において寵遇されているかについて、我々がこれまで得たものと同じ見解を抱いていたようである。

……それというのも、元来カーンはカタイ国の支配について正当なんらの権利を持つ者でなく、したがって彼がその支配者となったのも全く武力によってのことにすぎなかった結果、カーンはカタイ人に全幅の信頼を置かず、この地の統治は一にこれをタルタール人・イスラーム教徒・キリスト教徒などといった自分の身近に仕える忠誠な人々のみに委任した。換言すれば、カタイに縁のない人々にカタイ国の統治を委ねたわけであった。（愛宕松男訳注『東方見聞録』〔愛宕訳注、一九七〇年、二一四頁〕。Ricci (tr.) [1950, p.127] 参照）。

文献表

【日　文】

青木敦　［二〇〇五年］「宋元代江西撫州におけるある一族の生存戦略」（井上徹・遠藤隆俊編『宋―明宗族の研究』東京、汲古書院、二七一―二九八頁）

有高巖　［一九三七年］「元代の僧侶と社会」（齋藤先生古稀祝賀会編『齋藤先生古稀祝賀記念論文集』東京、刀江書院、五三一―五五六頁）

石田幹之助　［一九四一年］「元代の工芸家　ネパールの王族　阿尼哥の伝に就いて」（『蒙古学報』二号、二四四―二六〇頁）

石濱裕美子　［二〇〇一年］『チベット仏教世界の歴史的研究』東京、東方書店

市村瓚次郎　［一九三九年］『支那史研究』東京、春秋社

稲葉正就　［一九六五年］「元の帝師に関する研究――系統と年次を中心として」（『大谷大学研究年報』一七号、七九―一五六頁）

稲葉正就・佐藤長共訳　［一九六四年］『フゥラン・テプテル――チベット年代記』京都、法蔵館

稲葉正枝　［一九六二年］「帝師八思巴殿について」（『大谷史学』九号、七八頁）

――　［一九六三年］「元のラマ僧膽巴について」（『印度学仏教学研究』一一巻一号、一八〇―一八二頁）

今井淨圓　［一九九八年A］「杭州・飛来峰石仏群の研究史について」（北畠典生博士古稀記念論文集刊行会編『日本仏教文化論叢　北畠典生博士古稀記念論文集』上巻、京都、永田文昌堂、四八三―五〇三頁）

――　［一九九八年B］「杭州・飛来峰石仏群における密教系尊像について」（山崎泰廣教授古稀記念論文集刊行会編『密教と諸文化の交流　山崎泰廣教授古稀記念論文集』京都、永田文昌堂、一〇五―一三一頁）

入矢義高訳注　［一九九〇年］楊衒之『洛陽伽藍記』東京、平凡社

岩間一雄　［一九六五年］「元代儒教の問題――異民族元朝支配下の儒者」（『名古屋大学法政論集』三三号、七七―一〇二頁）
梅原郁訳注［二〇〇〇年］呉自牧『夢粱録――南宋臨安繁昌記』1―3、東京、平凡社
海老澤哲雄［一九七九年］「モンゴル帝国の対外文書をめぐって」（加賀博士退官記念論集刊行会編『加賀博士退官記念中国文史哲学論集』東京、講談社、七三一―七五四頁）
大島立子　［二〇〇五年］「元朝政権による漢文化の受容」（『愛大史学』一四号、一―二六頁）
太田弥一郎［一九七〇年］「元代社制の性格」（『集刊東洋学』二三号、一―二〇頁）
大藪正哉　［一九八三年］『元代の法制と宗教』東京、秀英出版
小川貫弌　［一九四三年］「光明禅師施入経典とその扉絵――元白雲宗版大蔵経の一考察」（『龍谷史壇』三〇号、六六―八一頁）
――――　［一九六九年］「白雲宗大蔵経局の機構」（『龍谷史壇』六二号、一―一七頁）
愛宕松男　［一九四三年］「身分制度」（東亜研究所編『異民族の支那統治概説』東京、東亜研究所、一一八―一二三頁）
――訳注　［一九七〇年］マルコ・ポーロ『東方見聞録』1、東京、平凡社
――訳注　［一九七一年］マルコ・ポーロ『東方見聞録』2、東京、平凡社
――――　［一九八八年］『愛宕松男　東洋史学論集』第四巻　元朝史、東京、三一書房
乙坂智子　［一九九七年］「永楽5年「御製霊谷寺塔影記」をめぐって――明朝によるチベット仏教導入の一側面」（『日本西蔵学会々報』四一・四二号、一一―二二頁）
――――　［一九九九年］「元朝の対外政策――高麗・チベット君長への処遇に見る「内附」体制」（『史境』三八・三九号、三〇―五三頁）
――――　［二〇〇〇年］「国家と道教教団――一三世紀モンゴル政権による弾圧と優遇の構図」（田中文雄・丸山宏・浅野春二編『講座道教　第二巻　道教の教団と儀礼』東京、雄山閣出版、三四―五二頁）
――――　［二〇〇四年］「元朝の対チベット政策に関する研究史的考察」（『横浜市立大学論叢』人文科学系列、五五巻一号、二四七―二六六頁）
加地伸行訳注　［二〇〇七年］『孝経〈全訳註〉』東京、講談社

神田喜一郎 ［一九八四年］『神田喜一郎全集』第三巻 東洋学文献叢説・旧鈔本叢説・鬯盦蔵書絶句、京都、同朋舎出版
北川誠一 ［一九八四年］「西アジア史料に見えるチンギス＝ハンの統治権神授説について」（『北方文化研究』一六号、四三―六七頁）
北村秀人 ［一九七二年］「高麗時代の瀋王についての一考察」（『人文研究 大阪市立大学大学院文学研究科紀要』二四巻第一〇分冊、九三―一四四頁）
窪徳忠 ［一九九二年］『モンゴル朝の道教と仏教――二教の論争を中心に』東京、平河出版社
斎藤忠 ［一九八七年］『東アジア葬・墓制の研究』東京、第一書房
佐藤長 ［一九八六年］『中世チベット史研究』京都、同朋舎出版
章培恒・安平秋主編（氷上正・松尾康憲訳） ［一九九四年］『中国の禁書』東京、新潮社
杉山正明 ［一九九五年］「大元ウルスの三大王国――カイシャンの奪権とその前後」（上）（『京都大学文学部研究紀要』三四号、九二―一五〇頁）
鈴木虎雄 ［一九六七年］『支那文学研究』（新装版）第二巻、東京、弘文堂書房
妹尾達彦 ［二〇〇一年］『長安の都市計画』東京、講談社
高田英樹訳 ［二〇一三年］『マルコ・ポーロ／ルスティケッロ・ダ・ピーサ 世界の記「東方見聞録」対校訳』名古屋、名古屋大学出版会
高橋文治 ［二〇一一年］『モンゴル時代道教文書の研究』東京、汲古書院
田中裕子 ［一九八〇年］「元初の色目人に関する一考察」（『寧楽史苑』二五号、二三―四七頁）
田村實造 ［一九七一年］『中国征服王朝の研究』中、京都、東洋史研究会
檀上寛 ［一九九五年］『明朝専制支配の史的構造』東京、汲古書院
竺沙雅章 ［二〇〇〇年］『宋元仏教文化史研究』東京、汲古書院
――――［二〇〇二年］『中国仏教社会史研究』（増訂版）京都、朋友書店
トゥチ、ヂゥゼッペ（長尾雅人訳） ［一九五六年］「西蔵の歴史文献」（『東方学』一二輯、一〇〇―一一四頁）

富平美波［二〇〇一年］「呉澄と音韻学　２題」（山口大学アジア歴史・文化研究会編『アジアの歴史と文化』五輯、二九―四三頁）
長尾雅人［一九五七年］「チベット小字刻文」（村田治郎編著『居庸関』京都、京都大学工学部、第一巻、二三〇―二四二頁）
中川憲一［一九八二年］「与中峯明本尺牘　六札　元　趙孟頫」（福本雅一編『中国碑帖選　訳註』下、大阪、玉林堂、三一〇―三三五頁）
中島楽章［二〇〇一年］「元代社制の成立と展開」（『九州大学東洋史論集』二九号、一一六―一四六頁）
中村哲［二〇〇一年］『宇宙神話と君主権力の起源』東京、法政大学出版局
中村淳［一九九三年］「元代法旨に見える歴代帝師の居所――大都の花園大寺と大護国仁王寺」（『待兼山論叢』二七号史学篇、五七―八二頁）
――［一九九四年］「モンゴル時代の「道仏論争」の実像――クビライの中国支配への道」（『東洋学報』七五巻三・四号、三三―六三頁）
――［一九九九年］「元代大都の勅建寺院をめぐって」（『東洋史研究』五八巻一号、六三―八三頁）
――［二〇〇二年］「元代チベット命令文研究序説」（松田孝一編『碑刻等史料の総合的分析によるモンゴル帝国・元朝の政治・経済システムの基礎的研究』平成12～13年度科学研究費補助金基盤研究(B)(1)、研究成果報告書、六九―八五頁）
――［二〇一〇年］「モンゴル時代におけるパクパの諸相――大朝国師から大元帝師へ」（『駒澤大学文学部研究紀要』六八号、三五―六九頁）
中村淳・森平雅彦［二〇〇二年］「韓国・松広寺所蔵の元代チベット文法旨」（『内陸アジア史研究』一七号、一―二二頁）
那波利貞［一九二一年］「火葬法の支那流伝に就いて」（『支那学』一巻七号、五九―六四頁）
西尾賢隆［一九六九年］「元末帝師の事績」（『大谷学報』四八巻三号、六五―八四頁）
――［一九七一年］「元朝の江南統治における仏教」（『仏教史学』一五巻二号、八四―一〇四頁）
西田龍雄［一九五七年］「パクパ小字刻文」（村田治郎編著『居庸関』京都、京都大学工学部、第一巻、二四三―二六九頁）

野上俊静　［一九五三年］『遼金の仏教』京都、平楽寺書店

――　［一九七八年］『元史釈老伝の研究』京都、朋友書店

野口鐵郎　［一九八六年］『明代白蓮教史の研究』東京、雄山閣出版

橋本萬太郎・鈴木秀夫　［一九八三年］「漢字文化圏の形成」（橋本萬太郎編『民族の世界史5　漢民族と中国社会』東京、山川出版社、一―四六頁）

八田眞弓　［一九七九年］「元の世祖と漢人知識層」（『史窓』三六号、九五―一〇四頁）

福田殖　［一九八六年］「呉澄小論」（『文学論輯』三二号、一七―四六頁）

福田美穂　［二〇〇八年］「元朝の皇室が造営した寺院――チベット系要素と中国系要素の融合」（『種智院大学研究紀要』九号、一五―三〇頁）

福田洋一　［一九八六年］「サキャ派と元朝の関係」（福田洋一・石濱裕美子『西蔵仏教宗義研究　第四巻――トゥカン『一切宗義』モンゴルの章』東京、東洋文庫、二九―七八頁）

福本雅一　［一九八二年］「麻姑仙壇記　唐　顔真卿」（福本雅一編『中国碑帖選　訳註』下、大阪、玉林堂、一三六―一五七頁）

藤枝晃　［一九五七年］「漢字小字刻文」（村田治郎編著『居庸関』京都、京都大学工学部、第一巻、三〇七―三二二頁）

藤島建樹　［一九六三年］「元朝崇仏の一面」（『印度学仏教学研究』一一巻一号、二四七―二五〇頁）

――　［一九六七年］「元朝「宣政院」考――その二面的性格を中心として」（『大谷学報』四六巻四号、六〇―七二頁）

――　［一九七〇年］「元の順帝とその時代」（『大谷学報』四九巻四号、五〇―六五頁）

――　［一九七一年］「元の集賢院と正一教」（『東方宗教』三八号、三八―四九頁）

――　［一九七三年］「元朝における権臣と宣政院」（『大谷学報』五二巻四号、一七―三一頁）

――　［一九七五年］「元朝における政治と仏教」（『大谷大学研究年報』二七号、一四一―一八六頁）

――　［一九七七年］「元朝仏教の一様相――中峯明本をめぐる居士たち」（『大谷学報』五七巻三号、一四―二六頁）

牧野修二編　［二〇一二年］『藤野彪・牧野修二　元朝史論集』東京、汲古書院

船田善之　［一九九九年］「元朝治下の色目人について」（『史学雑誌』一〇八編九号、四三―六八頁）

増井經夫　［一九八四年］『中国の歴史書――中国史学史』東京、刀水書房
松田孝一　［一九七九年］「元朝期の分封制――安西王の事例を中心として」（『史学雑誌』八八編八号、三七―七四頁）
松本史朗　［一九八七年］「チベット仏教の教理と歴史」（長野泰彦・立川武蔵編『北村甫教授退官記念論文集　チベットの言語と文化』東京、冬樹社、二五〇―二七六頁）
馬淵昌也　［一九九二年］「元・明初性理学の一側面――朱子学の瀰漫と孫作の思想」（『中国哲学研究』四号、六〇―一三一頁）
三浦秀一　［二〇〇三年］『中国心学の稜線――元朝の知識人と儒道仏三教』東京、研文出版
水越知　［二〇〇五年］「元代の祠廟祭祀と地域社会――三皇廟と賜額賜号」（『東方宗教』一〇六号、五五―七四頁）
宮崎市定　［一九九三年］『宮崎市定全集』第一七巻　中国文明、東京、岩波書店
宮崎洋一　［二〇〇〇年］「宋元時代の「顔真卿」」（書学書道史学会編『国際書学研究/2000』第4回国際書学研究大会記念論文集、東京、萱原書房、三七―四五頁）
――　［二〇〇一年］「宋元史料所載顔書一覧稿」（『文教国文学』四四号、一〇四―九三頁）
――　［二〇〇二年］「『顔魯公文集』内容一覧稿」（『文教国文学』四六号、一二五―一〇七頁）
――　［二〇〇九年］「顔真卿書『麻姑仙壇記小字本』拓本一覧稿」（『文教国文学』五三号、三四―一二頁）
村岡倫　［一九九六年］「元代モンゴル皇族とチベット仏教――成宗テムルの信仰を中心にして」（『仏教史学研究』三九巻一号、七九―九七頁）
村上正二　［一九六〇年］「元朝の文化政策について――モンゴル至上主義と儒者文化」（『歴史教育』八巻八号、一―一〇頁）
村田治郎編著　［一九五七年］『居庸関』全二巻、京都、京都大学工学部
森章司　［一九九九年］「釈尊の出家・成道・入滅年齢と誕生・出家・成道・入滅の月・日」（『原始仏教聖典資料による釈尊伝の研究』1（中央学術研究所紀要　モノグラフ篇、一号）、一〇三―一四七頁）
森田憲司　［一九七九年］「宋元時代における修譜」（『東洋史研究』三七巻四号、二七―五三頁）
――　［二〇〇四年］『元代知識人と地域社会』東京、汲古書院
守屋美都雄訳注、布目潮渢・中村裕一補訂　［一九七八年］宗懍『荊楚歳時記』東京、平凡社

矢崎正見　［一九七〇年］「チベットに対する元朝の宗教政策」（『立正女子大学短期大学部研究紀要』一四集、五六―六四頁）
山口瑞鳳　［一九八七年］『チベット』上、東京、東京大学出版会
―――　［一九八八年］『チベット』下、東京、東京大学出版会
山田勝芳　［一九九八年］「関帝廟に集まる地域――中華「地域」と関帝信仰」（松本宣郎・山田勝芳編『信仰の地域史』東京、山川出版社、一六―五一頁）
山田慶児　［一九八〇年］『授時暦の道――中国中世の科学と国家』東京、みすず書房
楊寛（西嶋定生監訳、尾形勇・太田有子共訳）［一九八一年］『中国皇帝陵の起源と変遷』東京、学生社
吉川幸次郎　［一九六八年］『吉川幸次郎全集』第一四巻　元篇上、東京、筑摩書房
―――　［一九六九年］『吉川幸次郎全集』第一五巻　元篇下・明篇、東京、筑摩書房
吉崎一美　［二〇〇二年］「チベットに旅立つ男とネパールに残される女――阿尼哥の結婚から『ムナ・マダン』まで」（『東洋学研究』（東洋大学東洋学研究所）三九号、一〇一―一二三頁）
劉枝萬　［一九九四年］『台湾の道教と民間信仰』東京、風響社
渡辺信一郎　［一九九六年］『天空の玉座――中国古代帝国の朝政と儀礼』東京、柏書房
渡邊昌美　［一九八九年］『中世の奇蹟と幻想』東京、岩波書店

【韓国文】
延世大学校国学研究院編　［一九九六年］『増補　高麗史索引―人名・地名篇』Seoul: 新書苑

【中　文】
北京遼金城垣博物館編　［二〇〇九年］『北京元代史迹図志』北京、北京燕山出版社
蔡春娟　［二〇〇四年］「元代的蒙古字学」（『中国史研究』二〇〇四年二期、一〇三―一二二頁）
陳得芝　［二〇〇五年］『蒙元史研究叢稿』北京、人民出版社

陳高華［一九八二年］『元大都』北京、北京出版社（邦訳：陳高華（佐竹靖彦訳）『元の大都――マルコ・ポーロ時代の北京』東京、中央公論社、一九八四年）
――［一九九一年］『元史研究論稿』北京、中華書局
――［二〇〇五年］『元史研究新論』上海、上海社会科学院出版社
――［二〇一〇年］『元朝史事新証』蘭州、蘭州大学出版社
陳立健［二〇〇四年］「《至順鎮江志》所載鎮江帝師寺――有関元代帝師寺与蒙古字学的一点佐証」（『中国蔵学』二〇〇四年一期、五九―六二頁）
陳慶英［二〇〇七年］『帝師八思巴伝』北京、中国蔵学出版社
陳学霖［二〇〇一年］「張昱〈輦下曲〉与元大都史料」（蕭啓慶主編『蒙元的歴史与文化――蒙元史学術研討会論文集』上冊、台北、台湾学生書局、六九―一〇八頁）
陳垣［一九八一年］「元也里可温教考」（呉沢主編『陳垣史学論著選』上海、上海人民出版社、三―五二頁）
陳朝雲［二〇〇四年］『南北宋陵』北京、中国青年出版社
鄧鋭齢［二〇〇四年］『鄧鋭齢蔵族史論文訳文集』上・下、北京、中国蔵学出版社
樊保良・水天長主編［一九九七年］『闊端与薩班涼州会談』蘭州、甘粛人民出版社
方旭東［二〇〇二年］「呉澄：蒙元時代的通儒」（『儒教文化研究』（成均館大学儒教文化研究所）二輯、一二九―一五三頁）
――［二〇〇五年］『呉澄評伝』南京、南京大学出版社
嘎爾迪［二〇〇四年］『蒙古文化専題研究』北京、民族出版社
高念華［二〇〇二年］「飛来峰造像」（杭州市歴史博物館・杭州市文物保護管理所・杭州市文物考古所編『飛来峰造像』北京、文物出版社、九―二一頁）
韓光輝［一九九六年］『北京歴史人口地理』北京、北京大学出版社
杭州市歴史博物館・杭州市文物保護管理所・杭州市文物考古所編［二〇〇二年］『飛来峰造像』北京、文物出版社
洪恵鎮［一九八六年］「杭州飛来峰〝梵式〟造像初探」（『文物』一九八六年一期、五〇―六一頁）

――――　［一九八九年］「杭州飛来峰楊璉真伽龕及其他」（『文物』一九八九年三期、九〇―九三頁）
侯仁之・呉良鏞　［一九七七年］「天安門広場礼賛――従宮廷広場到人民広場的演変和改造」（『文物』一九七七年九期、一―一五頁）
侯仁之主編　［一九八八年］『北京歴史地図集』北京、北京出版社
黄湧泉　［一九五八年］『杭州元代石窟芸術』北京、中国古典芸術出版社
甲央・王明星主編　［二〇〇〇年］『宝蔵　中国西蔵歴史文物』第三冊、北京、朝華出版社
金申　［二〇〇七年］『西蔵的寺廟和仏像』北京、文化芸術出版社
頼天兵　［二〇一〇年］「関於元代設於江淮／江浙的釈教都総統所」（『世界宗教研究』二〇一〇年一期、五五―六八頁）
――――　［二〇一二年］「元代杭州永福寺・《普寧蔵》扉画与楊璉真伽及其肖像」（『中国蔵学』二〇一二年一期、一六四―一七一頁）
黎国韜　［二〇一〇年］「十六天魔舞源流考」（『西蔵研究』二〇一〇年二期、六〇―七二頁）
李立成　［二〇〇二年］『元代漢語音系的比較研究』北京、外文出版社
李鳴飛　［二〇〇八年］「試論元武宗朝尚書省改革的措施及其影響」（『中国辺疆民族研究』一輯、一七―三〇頁）
李鳴飛・張帆　［二〇〇九年］「鄭介夫《太平策》初探」（『元史論叢』一一輯、三九〇―四〇二頁）
――・――　［二〇一一年］「鄭介夫生平事迹考実」（『清華元史』一輯、九二―一二三頁）
李修生輯箋　［一九八四年］『盧疎斎集輯存』北京、北京師範大学出版社
――――　［二〇一二年］「元代的儒戸――元代文化史筆記之一」（『元代文献与文化研究』一輯、一―一七頁）
李逸友　［二〇〇三年］「内蒙古元代城址概説」（葉新民・斉木徳道爾吉編著『元上都研究文集』北京、中央民族大学出版社、一三五―一七二頁）
李裕民　［二〇〇五年］『四庫提要訂誤』（増訂本）北京、中華書局
李治安　［二〇一一年］『元代行省制度』上・下、北京、中華書局
李致忠　［二〇〇〇年］「〈析津志輯佚〉整理説明」（熊夢祥『析津志輯佚』北京、北京古籍出版社、一―一七頁）
梁方仲　［一九八〇年］『中国歴代戸口・田地・田賦統計』上海、上海人民出版社

劉迎勝［二〇一〇年］「從七室之祀到八室之祀――忽必烈朝太廟祭祀中的蒙漢因素」（『元史論叢』一二輯、一―二〇頁）
劉枝萬［一九七四年］『中国民間信仰論集』台北、中央研究院民族学研究所
呂宗力・欒保群編［一九九一年］『中国民間諸神』上・下、台北、台湾学生書局
羅文華［一九九五年］「明大宝法王建普度大斎長巻」（『中国蔵学』一九九五年一期、八九―九七頁）
羅依果・楼占梅編［一九八八年］『元朝人名録』全三冊、台北、南天書局
莫高［一九九七年］「承伝統技芸　賦頑石生機――元代西湖石刻芸術」（周峰主編『元明清名城杭州』（修訂版）杭州、浙江人民出版社、三六九―三七二頁）
那木吉拉［一九九四年］『中国元代習俗史』北京、人民出版社
聶鴻音［二〇〇五年］「西夏帝師考辨」（『文史』二〇〇五年三輯、二〇五―二一七頁）
銭仲聯［一九五七年］『韓昌黎詩繫年集釈』上海、古典文学出版社
邱樹森［一九八七年］「関於《元史》修撰的幾個問題」（『元史及北方民族史研究集刊』一一期、五四―六三頁）
賽音吉日嘎拉（趙文工訳）［二〇〇八年］『蒙古族祭祀』呼和浩特、内蒙古大学出版社
沈衛栄［二〇一〇年］『西蔵歴史和仏教的語文学研究』上海、上海古籍出版社
沈衛栄・李嬋娜［二〇一二年］「〝十六天魔舞〟源流及其相関蔵・漢文文献資料考述」（『西域歴史語言研究集刊』五輯、三二五―三八七頁）
史衛民［一九九六年］『元代社会生活史』北京、中国社会科学出版社
宿白［一九九六年］『蔵伝仏教寺院考古』北京、文物出版社
譚其驤主編［一九八二年］『中国歴史地図集』第七冊　元・明時期、上海、地図出版社
湯鋭［二〇一〇年］「（欧陽玄全集）前言」（湯鋭校点整理『欧陽玄全集』上・下、成都、四川大学出版社、上冊、前言、一―五五頁）
唐俊傑・杜正賢［二〇〇八年］『南宋臨安城考古』杭州、杭州出版社
仝建平［二〇一一年］『《新編事文類聚翰墨全書》研究』銀川、寧夏人民出版社

王璧文　［一九三七年］「元大都寺観廟宇建置沿革表」（『中国営造学社彙刊』六巻四期、一三〇―一六一頁）
王徳毅・李栄村・潘柏澄編　［一九八七年］『元人伝記資料索引』全五冊、北京、中華書局
王崗　［二〇〇三年］「元大都太廟述略」（『首都博物館叢刊』一七期、二〇二―二〇八頁）
王明蓀　［一九九二年］『元代的士人与政治』台北、台湾学生書局
――　［二〇〇九年］『遼金元史学与思想論稿』台北、花木蘭文化出版社
王樸仁　［二〇一三年］「柯九思卒年重考」（『中国文化研究所学報』五七号、九七―一一四頁）
王啓龍　［一九九八年］『八思巴評伝』北京、民族出版社
――　［一九九九年］『八思巴生平与《彰所知論》対勘研究』北京、中国社会科学出版社
王頲　［二〇〇五年］「〝天魔〟舞的伝播及淵源」（『蒙古史研究』八輯、一三三―一四二頁）
王尭　［二〇〇五年］『西蔵文史探微集』北京、中国蔵学出版社
――　［二〇一一年］『蔵伝仏教叢談』北京、中国蔵学出版社
王育栄　［一九八八年］『荊楚歳時記校注』台北、文津出版社
王子今　［二〇〇七年］『中国盗墓史』北京、九州出版社
王宗維　［一九九三年］『元代安西王及其与伊斯蘭教的関係』蘭州、蘭州大学出版社
温玉成　［一九八四年］「元安西王与宗教」（『考古与文物』一九八四年四期、九五―九七頁）
呉承洛　［一九八四年］『中国度量衡史』（復印版）上海、上海書店
西蔵自治区文物管理委員会　［一九八一年］「明朝皇帝賜給西蔵楚布寺噶瑪活仏的両件詔書」（『文物』一九八一年一一期、四二―四四頁）
――編　［一九九二年］『西蔵文物精粋』北京、故宮博物院紫禁城出版社
夏承燾　［一九七九年］『唐宋詞人年譜』（修訂本）上海、上海古籍出版社
蕭功秦　［二〇〇三年］「英宗新政与〝南坡之変〟」（葉新民・斉木徳道爾吉編著『元上都研究文集』北京、中央民族大学出版社、二六五―二八四頁）

蕭啓慶　［二〇〇七年］『内北国而外中国：蒙元史研究』上・下、北京、中華書局

謝継勝主編　［二〇一〇年］『蔵伝仏教芸術発展史』上・下、上海、上海書画出版社

熊文彬　［二〇〇三年Ａ］「従版画看西夏仏教芸術対元代内地蔵伝仏教芸術的影響」（『中国蔵学』二〇〇三年一期、六六―七九頁・九〇頁）

――　［二〇〇三年Ｂ］『元代蔵漢芸術交流』石家庄、河北教育出版社

閻簡弼　［一九四六年］「南宋六陵遺事正名暨諸攢宮発毀年代攷」（『燕京学報』三〇期、二七―五〇頁）

楊訥　［二〇一二年］『元史論集』北京、国家図書館出版社

楊紹猷　［二〇〇三年］「元上都的体育和娯楽活動」（葉新民・斉木徳道爾吉編著『元上都研究文集』北京、中央民族大学出版社、三四二―三五一頁）

姚従吾　［一九六九年］「元世祖崇行孔学的成功与所遭遇的困難」（『史学彙刊』二期、一―一五頁）

姚大力　［一九八三年］「蒙古人最初怎様看待儒学」（『元史及北方民族史研究集刊』七期、六四―六五頁）

――　［二〇一一年］『蒙元制度与政治文化』北京、北京大学出版社

葉新民　［一九九八年］『元上都研究』呼和浩特、内蒙古大学出版社

葉幼泉・王慎栄　［一九八八年］「《元史》探源――兼評《元史》的史学価値」（『文史』二七輯、一七七―一九四頁）

乙坂智子（瞿大風・索娅訳）　［二〇〇一年］「馬可波羅著作中所描述的蔵伝仏教」（『元史論叢』八輯、六二―六九頁）

――（朱憶天訳）　［二〇〇五年］「蔵伝仏教和元朝漢民族社会――関於楊璉真伽故事的生成」（『元史論叢』一〇輯、三七三―三八二頁）

尹偉先　［一九九八年］「桑哥族属問題探討」（『民族研究』一九九八年一期、八〇―八三頁）

袁冀（袁国藩）　［一九七八年］『元呉草廬評述』台北、文史哲出版社

――　［二〇〇四年Ａ］『元代蒙古文化論集』台北、台湾商務印書館

――　［二〇〇四年Ｂ］『元代蒙古文化論叢』台北、文史哲出版社

曽抗美　［二〇〇一年］「（昌黎先生集考異）校点説明」（朱熹撰、曽抗美校点『昌黎先生集考異』上海、上海古籍出版社・安

徽教育出版社、一一八頁）
張帆 ［一九八八年］「元代実録材料的来源」（『史学史研究』一九八八年四期、六八―七一頁）
張羽新 ［一九九七年］「有関八思巴事迹考略」（『中国蔵学』一九九七年二期、一〇一―一一七頁）
張雲 ［一九九四年］「《重修大龍興功徳記》及其史料価値」（『西蔵研究』一九九四年三期、七六―八〇頁）
趙改萍 ［二〇〇九年］『元明時期蔵伝仏教在内地的発展及影響』北京、中国社会科学出版社
趙琦 ［二〇〇四年］『金元之際的儒士与漢文化』北京、人民出版社
浙江省文物管理委員会編 ［一九五六年］『西湖石窟芸術』杭州、浙江人民出版社
浙江省文物考古研究所編 ［一九八六年］『西湖石窟』杭州、浙江人民出版社
周良霄・顧菊英 ［一九九三年］『元代史』上海、上海人民出版社
朱関田 ［二〇〇八年］『顔真卿年譜』杭州、西泠印社出版社
朱偰 ［一九九〇年］『元大都宮殿図考』（重新排印版）北京、北京古籍出版社
朱耀廷 ［二〇〇七年］『正説元朝十五帝』台北、聯経出版
宗典 ［一九六二年］「柯九思年譜」（『文物』一九六二年一二期、三二―四二頁）

【欧 文】

Benedetto, Luigi Foscolo. (ed.) [1928] *Marco Polo Il Milione, prima edizione integrale a cura di Luigi Foscolo Benedetto*. Firenze: Leo S. Olschki-editore.
Boyle, John Andrew. (ed., tr.) [1971] *The Successors of Genghis Khan: Translated from the Persian of Rashīd Al-dīn*. New York and London: Columbia University Press.
Chan, Hok-lam（陳学霖）. [1967] "Liu Ping-chung 劉秉忠 (1216-74), A Buddhist-Taoist Statesman at the Court of Khubilai Khan." *T'oung Pao*, 53, pp.98-146.
Dardess, John W. [1973] *Conquerors and Confucians: Aspects of Political Change in Late Yüan China*. New York and London:

Columbia University Press.

Davis, Richard L. [1996] *Wind against the Mountain: The Crisis of Politics and Culture in Thirteenth-Century China*. Cambridge and London: Council on East Asian Studies, Harvard University.

Demiéville, Paul. [1973] *Choix d'études sinologiques (1921-1970)*. Leiden: E. J. Brill.

Franke, Herbert. [1994] *China under Mongol Rule*. Aldershot: Variorum.

Gedalecia, David. [1982] "Wu Ch'eng's Approach to Internal Self-cultivation and External Knowledge-seeking." In *Yüan Thought: Chinese Thought and Religion under the Mongols*, edited by Hok-lam Chan and Wm. Theodore de Bary. New York: Columbia University Press, pp.279-326.

——— [1999] *The Philosophy of Wu Ch'eng: A Neo-Confucian of the Yüan Dynasty*. Bloomington: Indiana University Research Institute for Inner Asian Studies.

——— [2000] *A Solitary Crane in a Spring Grove: The Confucian Scholar Wu Ch'eng in Mongol China*. Wiesbaden: Harrassowitz Verlag.

Groot, J. J. M. de. [1897] *The Religious System of China, Its Ancient Forms, Evolution, History and Present Aspect Manners, Customs and Social Institutions Connected Therewith*. Vol.III (Book I, Part III). Leiden: E. J. Brill.（邦訳（抄訳）：デ・ホロート J.J.M.（牧尾良海訳）『中国の風水思想――古代地相術のバラード』（新装改版）東京、第一書房、一九八六年）

Jagchid, Sechin（札奇斯欽）. [1988] *Essays in Mongolian Studies*. Provo: Brigham Young University.

Macdonald, Ariane. [1963] "Préambule à la lecture d'un rGya-Bod yig-chaṅ." *Journal Asiatique*, 251, pp.53-159.

Moule, A. C. and Pelliot, Paul. (ed., tr.) [1976] *Marco Polo: The Description of the World*. 2 vols. Reprint of the 1938 edition, New York: AMS Press.

Petech, Luciano. [1980] "Sang-ko, A Tibetan Statesman in Yüan China." *Acta Orientalia Academiae Scientiarum Hungaricae*, 34, pp.193-208.

Poppe, Nicholas. [1957] *The Mongolian Monuments in ḤP'ags-pa Script*. Second edition, translated and edited by John R.

Krueger. Wiesbaden: Otto Harrassowitz.

Ricci, Aldo. (tr.) [1950] *The Travels of Marco Polo: Translated into English from the Text of L. F. Benedetto.* Third impression of the 1931 edition, London: Routledge & Kegan Paul Ltd.

Richardson, Hugh E. [1958, 1959] "The Karma-pa Sect: A Historical Note." Part I, Part II. *Journal of the Royal Asiatic Society of Great Britain and Ireland*, pp.139-164 (1958), pp.1-18 (1959).

Snellgrove, David. L. and Richardson, Hugh E. [1980] *A Cultural History of Tibet.* Revised edition of the 1968 edition, Boulder: Prajñā Press.（邦訳：デイヴィッド・スネルグローヴ／ヒュー・リチャードソン（奥山直司訳）『チベット文化史』東京、春秋社、一九九八年）

Sperling, Elliot. [1980] "The 5th Karma-pa and Some Aspects of the Relationship between Tibet and the Early Ming." In *Tibetan Studies in Honour of Hugh Richardson: Proceedings of the International Seminar on Tibetan Studies, Oxford 1979*, edited by Michael Airs and Aung San Suu Kyi. Warminster: Aris & Phillips Ltd., pp. 280-289.

Sun Chang, Kang-i (孫康宜). [1986] "Symbolic and Allegorical Meanings in the *Yüeh-fu pu-t'i* Poem Series." *Harvard Journal of Asiatic Studies*, vol.46-2, pp.353-385.

Tucci, Giuseppe. [1949] *Tibetan Painted Scrolls.* 3 vols. Rome: La Libreria Dello Stato.

Wright, Arthur F. [1957] "The Formation of Sui Ideology, 581-604." In *Chinese Thought and Institutions*, edited by John K. Fairbank. Chicago: University of Chicago Press, pp.71-104.

——— [1959] *Buddhism in Chinese History.* Stanford: Stanford University Press, London: Oxford University Press.（邦訳：アーサー・F・ライト（木村隆一・小林俊孝共訳）『中国史における仏教』東京、第三文明社、一九八〇年）

後記

すでに四半世紀ちかくが過ぎたかも知れない。あるとき、明永楽期の仏教儀礼をめぐる何点かの文書に興味をひかれた。緒言で紹介した霊谷寺関連の諸史料である。いずれも断片的なものであったが、それらのなかからさまざまな疑問が立ちあがってくるように思われた。この十年ほどのあいだは、少し時代を遡ることで、その疑問のうちのある部分について考えてきた。本書は、これをまとめたものである。

今回の考察をとおして、明代の文書そのものに関する疑問は、むしろおおきくなったように感じている。とはいえ、元代の人々の言葉に接し、その発言の理由をたどることは、喜びの深い作業だった。

これまで、恩師の先生がた、研究会や学会でお話をうかがえた先生がた、ご論著にて学ばせていただいた先生がた、奉職先の先生がた、そして諸先輩や同学の皆さんから、かずかずのお教えをたまわった。今回の考察も、その一つひとつに新たな気づきを見いだすことの繰りかえしにほかならなかった。その学恩に思いをはせ、あらためて心からの感謝を、ここにささげる。また、日々ともに学ぶなかでつねに新鮮な刺激を与えてくれた学生の皆さんにも、感謝の思いを禁じえない。

歴史学の位置づけが必ずしもかつてのようではない社会状況のなかで、この出版をお引き受けくださった白帝社、そして編集をご担当くださった伊佐順子氏に、あつく御礼を申しあげる。打ち合わせをしていて、ついつい水滸の好漢の話になってしまう。この同好の絆で結ばれた伊佐さんに強く支えていただき、ここまでたどりついたと振りかえっている。

二〇一六年九月

乙坂智子

The Ode of Buddha and the Phoenix

Tibetan Buddhism and the Rule of the Yüan Dynasty in China

Tomoko Otosaka

Hakuteisha, Tokyo

2017

CONTENTS

Introduction

Part I. Introduction of Tibetan Buddhism to Chinese Society

Chapter 1. Adoption of Tibetan Buddhism by the Early Yüan Dynasty
Chapter 2. Tibetan Buddhism and Confucianism under Yüan Rule

Part II. The Reproaching Response of the Confucian Literati

Chapter 1. REPULSION: Descriptions by the Chinese Literati Regarding the Tibetan Monk Yang Lianzhenjia and His Destruction of the Tombs of the Southern Song Emperors
Chapter 2. REPROBATION: The Memorials to the Throne by Five Confucian Bureaucrats Criticizing the Patronage to Buddhism
Chapter 3. NEGATION: Negative Bias Found in Articles on Tibetan Buddhism in the Basic Annals of *Yüan-shi* as a Reflection of the Original Records Edited by Confucian Archivists of the Yüan Government

Part III. The Receptive Response of the Confucian Literati

Chapter 1. ACCOMMODATION: Chinese Inscriptions Praising the Miraculous Power of Tibetan Priests; Eulogistic Writings Undertaken by the Confucian Literati in the Reign of Ayurbarwada
Chapter 2. CONCESSION: Wu Cheng's Two Pieces for Monumental Inscriptions on the Pantheon to 'Phags-pa; An Anti-Buddhist Confucian's Concessive Description of the Patronage to Tibetan Buddhism
Chapter 3. GLORIFICATION: Testimony of Holy Miracles at the Buddhist Festival in Dadu; Confucianist Descriptions to Legitimize the Yüan Emperors

Conclusion

Bibliography

SUMMARY

Introduction

The reason behind the adoption of Tibetan Buddhism as a particularly important religion by the Mongolian rulers of the Yüan Dynasty has been examined mainly from the perspective of foreign policy towards Tibet. However, the Mongolian rulers gave deferential treatment to Tibetan Buddhism in China as well. Some views have been advanced regarding this point. For example, it has been asserted that the Mongolian rulers needed a more systematic religion than their Shamanism to effectively express their superiority as rulers, that they used the newly arrived Buddhists to control Chinese Buddhist sects and that they tried to glorify the emperor by using Buddhist theory provided by Tibetan priests. Yet these claims do not account for the problem consistently. Then, was the phenomenon merely a religious indulgence after all, just as popularly believed?

The complexity of this subject can be clearly attributed to the condition of the sources on the rulers' treatment of Tibetan Buddhism in China. None of the articles directly indicate the political intentions of the rulers with respect to Tibetan Buddhism.

Turning the issue back to the starting point, why does the initial interpretation of these sources imply that the rulers paid particular attention to Tibetan Buddhism in spite of it being insufficiently noted by them or their government? This question needs to be examined first.

Therefore, the first objective of this study is to clarify the kinds of sources that have provided these "facts" about the Yüan rulers' adoption of Tibetan Buddhism. In other words, which social group recognized and described the occurring incidents as such "facts" and why did they recognize it as such? The second objective is to determine the political functions of such recognition and description, and the advantages gained by the Yüan rulers through it.

Part I. Introduction of Tibetan Buddhism to Chinese Society

Regarding the first objective, it was the Chinese Confucian literati; i.e. the social and cultural leaders of Chinese society, who recognized and described that the rulers had adopted Tibetan Buddhism as a special religion. This was because the rulers placed Tibetan Buddhism in positions comparable to Confucianism. For example, they gave a Tibetan priest the status of the Master of Emperor (Di-shi 帝師), which had been traditionally given to Confucian scholars. They also ordered Tibetan priests to carry out Buddhist ceremonies at Tai-miao (太廟), where Confucians deified the ancestors of emperors. Further, the rulers ordered a craftsman of Tibetan Buddhism to construct the

pantheon and the statue of Confucius and his holy followers. As a result of these actions, the Confucian literati recognized and described that the rulers had adopted Tibetan Buddhism in extraordinary way.

Part II. The Reproaching Response of the Confucian Literati

When the Confucian literati referred to the topic, they showed a reproaching response, in many cases reasonably. Many documents criticize the Tibetan monk Yang Lianzhenjia (楊璉真伽), who destroyed the tombs of Song emperors. Interestingly enough, the documents describe the events as if the monk had performed them arbitrarily, although the authors knew that he had been on a public mission as a Yüan officer. Moreover, in memorials to the Throne, Confucian bureaucrats condemn the patronage to Buddhism as "heresy" (yi-duan 異端).

On the other hand, they also describe the emperor as if he were already trying to restrain the "wrong" patronage. For example, in articles on the Buddhist ceremony, found in the Basic Annals of *Yüan shi*, the emperor is described as if he favored Buddhist ceremonies "wrongly" despite trying to stay away from them as an adherent of Confucianism. Needless to say, this image was a fictitious one which was built up reflecting a strong bias of the Confucian standpoint. An analysis of the articles shows that the bias was not by the editors in the Ming period, but by the original archivists in the Yüan period. In other words, the Chinese archivists in the Yüan Academy of Government selected the contemporary historical records with a strong Confucian bias. By constantly accumulating records through such selection, the Confucian archivists could represent that their emperor was a Confucian monarch, and the government to which they belonged was the Confucian ideological one, even if this was an illusion.

It is noteworthy that the Confucian writers were clearly aware of their own biasing or distorting attitude. When they composed such biased writings, they were necessarily confronted with their real view that the emperor and the government were not Confucian ideological ones and were, in fact, fully free from Confucianism.

Thus, in the sequence of their noticing, observation, consideration and description of the rulers' conspicuous actions regarding Tibetan Buddhism, the Confucian literati inevitably realized that their Mongolian emperor expressed his position as an absolute one, which was independent even of the authority of Confucianism. This must have been of political merit for the Yüan rulers.

Part III. The Receptive Response of the Confucian Literati

On the one hand, the Confucian literati showed receptive responses on some occasions. For example, they composed memorial pieces praising the Tibetan high priests under the orders of the emperor or the government. In particular, they had to write

compositions for inscriptions of the pantheons to the first Master of Emperor 'Phags-pa and his followers. The pantheons were established in every district of China in and after the reign of Ayurbarwada, and they were to be constructed in the style of those of Confucius and his followers by the order of the government. Therefore, they were essentially in conflict with the Confucianism. But, most Confucian writers of monumental compositions, in the pressure of political power, described 'Phags-pa as a saint who was appropriately positioned as the Master of Emperor because of his holiness. As an exception, Wu Cheng (呉澄), a highly reputed Confucian scholar in that time, carefully avoided describing the priest as holy. However, given the need to write about holiness in his composition for a monument, he was led to praise the divinity of the emperors instead, although they were the very patrons of "heresy" from his standpoint.

Other remarkable examples are found in the Confucians' writings celebrating the Buddhist festival held in the capital Da-du (大都) every spring. These writings often contain descriptions of the occurrence of miracles at the festival. They implicate the signs to legitimate the emperors' sovereignty. Notably, the legitimating descriptions are not based on the theory of Buddhism, but on that of Confucianism, that is, the writer's own standpoint. In one ode, the author sings the appearance of the phoenix, which was a typical token to certify the legitimacy of the monarch in Confucian doctrine. Though the festival was a celebration for Buddha and Tibetan high priests, the Chinese literati offered their orthodox Confucian way of legitimation for their emperors, even in the "heretical" ceremonies for them.

Conclusion

Thus, the Yüan rulers led the Confucian literati, who were the most discontented people as the former ruling class of China, to recognize the emperor's absolute sovereignty was asserted by adopting Tibetan Buddhism. The Mongolian rulers depicted their monarch as someone who could transcend the Confucians' orthodoxy.

In these circumstances, Confucian writers could be motivated to describe their emperor as such a figure, namely, someone possessing legitimacy that transcended Buddhism or Confucianism. Thus, the Confucians upheld a new image of the monarch beyond their "heresy" or "orthodoxy".

Therefore, Confucians under the Yüan rule saw their monarch as an unprecedented figure through their recognition and description of Tibetan Buddhism and the rulers. Relevant to this study's second objective, these were the political functions of Tibetan Buddhism for the Yüan rulers of China.

索　引

※ 本書では元代皇帝を、即位以前期・在位期も含めて、原則的に漢語の廟号・諡号を以て表記する。索引もこれにしたがう。ただし必要に応じて名をカタカナにて表記したため、索引ではこれを括弧内に記す。
※ 元代帝室男子のうち、登位しなかったものの廟号を追尊された人物については、括弧内に当該廟号を記す。
※ 非漢民族人名の漢字表記のものは、日本におけるその漢音（一部、呉音）の五十音順に配列する。そのうちカタカナ表記が多くおこなわれているものについては、その一例を括弧内に記す。

あ

阿尼哥（アネーカ）…… 92~96, 112, 114, 122, 351
阿剌忒納答剌（アラドナダラ）………… 315
アリクブケ……………………………… 27, 70
阿老瓦丁（アラウッディン）…………… 136
安煕……………………………………… 235
安西王アナンダ…………………………47
韋賢……………………………………… 77, 118
イシーリンチェン（四代帝師）…… 314, 318
允沢…………………… 144, 145, 168, 175, 176
ウィリアム（ルブルクのウィリアム修道士）……………………………………… 200
雲和署…………………………… 505, 506, 552
睿宗（金、睿宗）………………………… 123
睿宗→トルイ
英宗（シディバラ）…… 22, 74, 106, 230, 234, 267, 268, 288, 305, 317, 322~324, 327, 331, 332, 336, 337, 354, 355, 372, 373, 382, 391~394, 396, 398, 406, 409~412, 418, 421, 428, 430, 433, 447, 470, 471, 569
永福寺（杭州、永福寺）… 156~160, 193, 202, 203, 388
永福寺（大都、永福寺）→大永福寺
永福大師…… 155, 156, 158, 166, 167, 193, 203
永福鎮…………………………………… 156
永豊倉………………………………… 444, 482
永楽帝… 1~3, 41, 115, 129~132, 175, 197, 589
易州……………………………………… 251
亦力撒合………………………………… 140
亦憐真（イリンチン）…………………… 288
袁桷…… 117, 118, 145~150, 153, 169, 201, 305, 330, 331, 350, 552
塩官州…………………………………… 312, 315
延慶司……… 36, 213, 280, 285, 306, 307, 346
燕公楠…………………………………… 136
延春閣……… 310~312, 323, 510, 514, 515, 545
延聖寺→大天源延聖寺
燕帖古思（エルテグス）………………… 315
燕鉄木児（エルテムル）…………………72
閻復……………………………………… 374, 389
演福寺………………… 144, 145, 168, 175, 176
王惲… 77, 82~85, 115, 121, 137, 142, 305, 330, 349, 350, 428
王鶚…………………………………… 24, 103
王沂……………………………………… 124
王結………… 330, 334, 335, 338, 350, 353, 354
王構……………………………………… 330, 350
王士煕…………………………………… 106
王楫……………………………………… 498

王偁……2, 3
王璋（高麗、忠宣王）……374~377, 390
王璋（宣城人）……559
王通……256, 257
応天府……1, 115, 588
王賓……209
横浦……447~449, 483
王逢……189~191, 209, 210
欧陽玄……330, 334, 335, 338, 340, 350, 353
欧陽脩……29
オドリーコ（ポルデノーネのオドリーコ修道士）……200
温州……378, 408, 413, 458, 474

か

海雲印簡……14, 54, 512
海雲寺……161, 349
海雲精舎……436,~438, 476, 480
会稽……128, 134, 143, 199
開元寺……346
カイドゥ……28
海陵王……497
柯九思……299, 526~530, 533, 535, 539~542, 556, 557, 559
科挙……307, 350, 393
郝経……253
楽清……256
郭畀……181~186, 196, 208
カシミール……12, 13, 32, 54, 360, 574
河西……66, 128, 133, 138, 139, 143~145, 155, 175, 195, 196, 199, 200, 375, 376, 406, 469, 505, 507, 516, 552, 553
闊闊真（ココジン）……162, 166
闊端（コデン）……12, 367, 592
嘉木揚喇勒智→楊璉真伽
カマラ（顕宗）……101, 162, 166, 284, 538
カルマ派……1, 2, 115, 129, 588
桓郁……78, 119
関羽……504, 507, 571
桓栄……77, 83, 84, 119
顔回……96, 114, 377, 383, 421, 584
韓山童……544
漢人……20, 28, 73, 251, 486
顔真卿……438~441, 443, 482
闞沢……78, 119
完沢（オルジェイ）……66, 220, 221
韓愈……29, 107, 522~524, 548, 556
翰林兼国史院……86, 99, 124, 148, 230, 255, 260, 261, 274, 275, 332, 337, 342, 350, 371, 540, 541, 566, 568, 575
魏恵憲王（宋、魏王愷）……144
宜黄……420
魏初……349
危素……470, 476
徽宗（宋、徽宗）……175, 207
契丹人……20, 73, 499, 500
儀天殿……510, 513, 514, 517, 535
儀鳳司……505~507, 517, 552, 553
恭帝（宋、恭帝）……169, 207
教坊司……106, 505, 506, 515, 517, 552, 553
玉徳殿……312, 509, 510, 535, 560
旭邁傑（フメゲイ）……22, 234, 271
玉連赤不花……330, 350
許衡……103, 116, 253, 396, 466
御史台……63, 64, 136, 212, 221, 222, 224, 230, 253, 262, 288~290, 298, 301, 313, 326, 340, 352, 554
居庸関……27, 32, 47, 56, 346, 550
希陵……525, 555, 556
均州……363, 366~368
欽宗（宋、欽宗）……175, 207
衢州……240, 256
虞集……235, 253~255, 259, 260, 274, 275, 374, 470, 471, 476, 529
クンガーロドゥーギェンツェンペルサンポ（八代帝師）……389
クン氏……12, 43, 272, 407, 469
掲傒斯……255, 259, 260, 273, 274, 464, 521
慶寿寺……309, 311, 319, 351, 495, 506, 509, 510, 512, 513, 553~555

奎章閣……………………………… 236, 540, 554
華厳宗…………………………………… 97, 228
ケシク……………………… 240, 251, 272, 290
玥璐不花（オルクブカ）……… 313, 315, 326
顕懿荘聖皇后（ソルコクタニ、世祖母后）
…………………………………… 13, 34
乾元寺…………………………………………94
建康………………………………………… 166, 476
元正朝儀……………………………… 91, 92, 583
憲宗（モンケ）… 12, 20, 21, 27, 28, 46, 54, 70, 120, 279, 512
憲宗（唐、憲宗）………………………… 523
顕宗→カマラ
原廟→神御殿
玄武神（真武神）………… 363~369, 386, 387
元明善……… 330, 331, 350, 353, 406, 469, 470
広寒殿……………………………………… 312
興教寺→大興教寺
項炯……………………………………………… 161
興元寺………………………………… 180, 208
高沙剌巴……………… 375, 376, 389, 390, 469
孔子… 77, 80~84, 86, 94~96, 100, 104, 114, 201, 202, 246, 257, 349, 373~379, 383, 384, 388, 406~409, 421~428, 433, 452, 453, 455, 461~463, 469, 471, 473, 478, 564, 565, 577, 584
郊祀… 24, 33, 64, 141, 142, 172, 287, 303, 349, 560
孔子廟（文廟）…… 84, 94~96, 103, 111, 112, 114, 123, 347, 372, 373, 378, 388, 389, 393~395, 418, 420, 421, 424~426, 428, 429, 447, 450~453, 455~457, 459, 461, 465, 478, 489~491, 498, 554, 565, 566, 577, 584
孔洙………………………………………… 121
杭州（臨安）…… 128, 137, 140, 141, 155~161, 166, 169, 171~173, 179, 181, 184, 189, 193, 199, 202, 203, 207, 209, 388, 458, 500, 501, 503, 544, 546, 550
広寿寺…………… 400, 438, 441~444, 480, 481
黄溍………… 161, 253, 254, 259, 260, 274, 390
興聖宮… 237, 238, 311~313, 323, 328, 510, 513, 515, 535, 554
江西行省……………… 388, 398, 435, 484, 555
江浙行省…… 136, 137, 161, 199, 204, 207, 347, 388
行宣政院…………………… 165~167, 206, 207
高宗（宋、高宗）…… 139, 161, 173, 175, 207
孝宗（宋、孝宗）……………… 161, 175, 207
光宗（宋、光宗）……………………… 175
行中書省……………………………………64
哈的大師（カーディー大師）………………70
昊天寺→大昊天寺
郊天台… 134, 135, 141, 142, 169, 172, 193, 566
高道凝……………………………… 330, 350
江南釈教都総摂… 133, 134, 140, 152, 155, 156, 158, 196, 202
江南釈教都総統……… 21, 152, 155~157, 162, 164~167, 169, 196, 202, 204, 206, 388
孔覇……………………………………… 77, 118
洪武帝……………… 1, 2, 4, 130, 275, 283, 444
紅帽………………………… 51, 243~245, 247
哈麻（ハマ）………………………………22
高麗………… 294, 310, 315, 348, 374~376, 390
哈剌哈孫（カラカスン）……… 287, 347, 349
興和（興和路）…………………………… 292
興和署………………………… 505, 506, 552
顧越……………………………………… 78, 120
黒殺……………………………… 366, 367, 387
国師…12, 54, 56~63, 65, 67, 69~73, 76, 89~91, 103, 120, 122, 195, 196, 241, 242, 249, 272, 310, 314, 318, 320, 321, 326, 348, 426, 552, 563, 564
国子学…… 83, 94, 96, 235, 255, 275, 350, 390, 393, 526
国子監………………………… 267, 452, 554
胡広………………………………………… 2, 3
護国寺（全寧、護国寺）……… 362, 365, 366, 368~370, 378~380, 383, 384, 386
呉山……………………………………… 186

呉師道…………………… 254, 259, 260, 274, 275
胡助………………………… 105~108, 116, 525
五世ダライラマ…………………… 55, 59, 71
五台山… 20, 215, 216, 253, 268, 269, 275, 299, 309, 311~313, 347, 370
呉澄………… 99, 100, 235, 254, 259, 260, 270, 274, 275, 330, 332, 335, 350, 379, 382, 391, 395~399, 401~443, 446, 447, 450, 452~471, 475~477, 479~481, 483, 484, 486~490, 521, 559, 571, 576, 583, 584
忽辛（フセイン）…………………… 163, 205
呉当………………………………………… 467
古納答剌（グナダラ）…………………… 313

さ

崔彧………………………… 220~222, 268, 538
サキャ派…… 10, 12, 29, 43, 53, 56, 57, 61, 272, 367
サキャ＝パンディタ…… 12, 13, 15, 367, 592
搠思監（チョスゲム）…………………… 268
察罕帖木児（チャガンテムル）………… 268
薩都剌（サドゥラ）……………………… 554
三皇廟… 94, 122, 421, 424~426, 428, 465, 476
三清殿………………………………………94
撒里蛮（サルバン）…………………… 330, 350
シェラプペル…… 74, 376, 377, 389, 419, 476
色目人… 20~22, 32, 40, 54, 73, 94, 96, 135, 150, 160, 212, 222, 234, 239, 272, 281, 360, 394, 486, 509, 574, 591, 592
祠山神……………………… 500, 501, 503, 551
四聖観………………………… 156, 158, 207
司馬光………………………………… 139, 200
謝翺………………………………… 209, 378, 390
謝端……………… 305, 330, 333, 334, 350, 354
社直………………………… 507, 509, 510, 513
ジャムヤンリンチェンギェンツェン（六代帝師）…………………… 74, 248, 272
沙羅巴→シェラプペル
謝霊運……………………………… 441, 443, 481
寿安山……………………………… 268, 311, 470
周煇………………………………………… 171
集賢院……………………… 35, 64, 148, 230, 540
十字寺……………………………… 34, 35, 47, 70
周定王（明、周定王）…………………… 385
周伯琦…………………… 26, 330, 334, 350, 354
周密…… 133, 143~145, 149, 150, 153, 154, 161, 175~177, 183, 204, 207
儒教大宗師………………………… 104, 343, 564
朱元璋→洪武帝
朱子学……………… 29, 79, 115, 116, 378, 517
順宗→ダルマバラ
順帝（トゴンテムル）………… 22, 72, 74, 93, 97, 101, 236, 239, 256, 275, 284, 286, 291~297, 300, 301, 315, 317, 318, 336, 337, 340, 349, 532, 533, 540, 542~544, 548, 558~560
徐一夔………………………………………… 209
正一教……………………………… 17, 33, 70
正一天師……………………………… 53, 70, 244
紹興………………………………… 128, 143, 199
章江……………………………………… 449, 483
常山…… 401, 446, 447, 450, 453, 454, 456, 459, 483, 484, 486
葉子奇……………………………………… 395, 545
昭慈献烈皇太后（宋、昭慈聖献孟皇后）……………………………… 141, 144, 175
蒋士銓……………………………………… 190
証慈禅院…………………………………… 141
常州………………………………………… 368
襄城……………………………………… 368, 387
尚書省………………… 65, 224, 225, 268, 269
上都…… 10, 24, 79, 93, 94, 103, 117, 149, 207, 290~292, 313, 323, 327, 338, 346, 349, 386, 527, 540, 550, 552, 557
祥和署……………………………… 505, 506, 552
女真人……………………………… 20, 73, 499, 500
仁王寺→大護国仁王寺
神御殿（原廟）… 97~102, 106, 108, 111, 112, 123, 124, 212, 291, 312~314, 354, 555, 565, 566, 583

晋州…… 489
仁宗（アユルバルワダ）…… 22, 74, 106, 114~116, 230, 240, 246, 249, 288, 301, 305, 307, 314, 317, 322, 323, 327, 331, 336, 352~355, 362, 370~373, 375, 377, 379~383, 387, 389, 390, 392~394, 400, 406, 409, 411, 412, 428, 433, 465, 466, 471, 477, 566, 575~577
真定…… 48, 97, 219, 251, 370, 386, 388
申屠致遠…… 139, 140, 172, 173, 330, 350
真武神→玄武神
崇仁…… 424, 434, 438, 440, 450, 476, 478, 482, 489
崇真万寿宮…… 47, 94
崇天門…… 311, 509, 536, 545
崇福司…… 35, 53, 64, 70
枢密院…… 64, 230, 262, 290, 494, 554
聖安寺→大聖安寺
西夏…… 57, 78, 114, 199, 507
成遵…… 330, 334, 350, 353
世祖（クビライ）…… 9~16, 22, 24, 26~30, 33, 34, 37, 42, 45~48, 53, 54, 57~61, 68~71, 73, 74, 77~79, 81~83, 88~91, 93, 94, 96~98, 102~104, 110, 111, 113, 114, 120, 124, 133~139, 142, 143, 145~150, 152, 153, 161, 163, 164, 169, 170, 175, 179, 183, 192, 193, 204, 205, 207, 213, 214, 216, 217, 219, 221, 223~226, 228~230, 232, 233, 235, 237, 239, 252, 264, 265, 267, 269, 270, 279, 280, 286, 296, 297, 300, 302, 305, 307, 312, 313, 317~320, 329, 344, 349, 354, 360~364, 366, 388, 393, 398, 400~403, 411, 413, 414, 427, 428, 433, 496, 502, 512, 518, 527, 538~540, 550, 563, 565, 566, 573, 575~577, 579
成宗（テムル）… 16, 20, 61, 66, 88, 93, 94, 97, 111, 137, 162, 166, 192, 204, 217, 221, 222, 232, 233, 240, 256~258, 270, 275, 286, 287, 301, 305, 317, 319, 320, 321, 331, 336, 354, 386, 389, 522, 523, 526, 538, 539, 548, 565
西天…… 3, 72, 74, 124, 473, 504, 530, 531, 552, 557, 589
青塔寺→大永福寺
済南…… 251
清寧殿…… 348, 510, 514, 545, 560
西番… 51, 72, 133, 138, 139, 144, 145, 155, 178, 182, 183, 185, 186, 195, 196, 200, 208, 212, 242~245, 248, 249, 268, 294, 295, 311, 348, 416, 471, 473, 531, 557, 560, 587, 588
青陽夢炎…… 408
青陽翼… 389, 407, 408, 412, 415, 416, 419, 467, 469, 471, 472, 475, 477
銭惟善…… 182, 184, 208
詹厚斎…… 177, 188
全真教…… 33, 47
宣政院…… 20, 22, 32, 33, 35, 48, 64~69, 76, 127, 128, 133, 194, 199, 212, 213, 216, 223~226, 229, 231, 232, 239, 244, 265, 267~270, 280, 287, 291, 296, 297, 301, 345~347, 374, 388~390, 398, 401, 410, 467, 494, 505, 508, 530, 548, 557, 577, 592
銭塘…… 134, 177, 189, 208
全寧…… 351, 362, 386
僊林寺（仙林寺）…… 180, 208
宗允…… 143~145
桑哥（サンガ）…… 22, 32, 35, 45, 65, 75, 134, 135, 138~141, 143, 146~148, 150, 152, 161, 162, 164, 166, 169, 172, 192, 193, 195, 200, 201, 204, 205, 223, 224, 268, 388, 398, 466
宗愷…… 143~145
宋褧…… 555
曹元用… 100, 271, 304, 305, 330~332, 335, 349, 350
総制院…… 64, 65, 67, 280, 398
宋文瓚…… 230, 262, 270
宋濂…… 137, 256~261, 274, 275, 390
蘇軾…… 371, 458

蘇天爵……… 87, 235~239, 247, 251~255, 259, 260, 262, 264, 271, 272, 274, 275, 330, 333~335, 349, 350, 354
尊勝寺（万寿尊勝塔寺）… 180~183, 186, 208, 210
尊勝塔………………… 180~185, 197, 208, 397
尊勝仏母…………………………… 183, 208

た

大安閣………………………………… 310, 323
太一宮………………………………………… 207
太一教……………………………………… 33, 47
大永福寺（青塔寺）… 122, 156, 202, 406, 469, 470, 503, 552
太液池……………………… 510, 513, 514, 535
大覚海寺………………………………………72
太禧宗禋院……………… 64, 97, 100, 554, 566
太原……………………………… 10, 309, 319
大興教寺… 91~93, 309, 372, 389, 392, 406, 462
大昊天寺…… 227, 229, 269, 309, 310, 319, 351
大黒神……………………… 362~369, 381, 387
大護国仁王寺… 48, 81, 97, 309, 312, 318, 492, 495, 496, 503, 504, 508, 512, 521, 554, 556
大承華普慶寺…… 99, 100, 124, 270, 311, 313, 512
太常礼儀院（太常寺）… 64, 93, 98, 219, 350
大崇恩福元寺………………………… 97, 312
大聖安寺………… 98, 123, 309, 311, 318, 351
大聖寿万安寺（白塔寺）… 81, 91~93, 97, 101, 102, 105, 106, 108, 180, 190, 228, 309~312, 315, 318, 503, 508, 512, 552, 554
太祖（宋、太祖）……………………… 123
太祖（チンギス）… 18, 24, 25, 27, 28, 46, 99, 124, 225, 287, 349, 351, 362, 364
太宗（オゴデイ）……………… 99, 124, 498
大宗正府……………………………………… 289
泰定帝（イスンテムル）……… 22, 124, 230, 232~236, 254, 271, 289, 301, 305, 317, 324, 327, 332, 334~336, 338, 348, 349, 352, 355, 540
大天源延聖寺（黒塔寺）… 101, 311, 312, 552
大天寿万寧寺………………………………97
大都………… 10, 24, 79, 81, 95, 156, 161, 180, 190, 219, 292, 309, 315, 318, 323, 327, 328, 362, 370, 374, 386, 390, 392, 406, 462, 468, 492, 495, 496, 498, 499, 501, 503~506, 512, 530, 532, 542, 548, 549, 551, 552, 554, 560, 570, 571
泰寧寺…………… 134, 135, 140, 141, 143~145
太廟…… 24, 33, 89~91, 97, 100, 101, 103, 104, 108, 109, 111, 112, 114, 121, 122, 173, 213, 302, 303, 309, 314, 336, 344, 349, 523, 554, 560, 565, 566
大宝法王（パクパ称号）… 48, 58, 73, 74, 124, 373
大宝法王（テシンシェクパ称号）……… 124
大明殿… 311~313, 315, 327, 328, 348, 493~495, 502, 509, 510, 514, 515, 527, 545, 551, 558
大庾……………… 445~450, 476, 483, 484, 486
涿州…… 122, 179, 310, 318, 351, 362, 363, 386
度宗（宋、度宗）……………… 144, 157, 175
タクパウーセル（五代帝師）…… 66, 75, 248, 272, 310
朶思哥児好事（白傘蓋仏事）… 48, 292, 293, 299, 313, 543
朶爾直班（ドルジバル）………………… 349
脱虎脱（トクト）……………… 22, 224, 229
脱脱（トクト、世祖期ケシクテイ）
…………………………………… 163, 205
脱脱（トクト、世祖期行宣政院使）
…………………………………… 165, 206
脱脱（トクト、順帝期中書右丞相）… 22, 48, 292, 543, 544, 551, 552, 560
脱烈（トレ）…………………………… 286
タムパ＝クンガータク…… 14, 16, 45, 75, 139, 155, 179, 202, 314, 318, 351, 361, 362, 364~366, 369~372, 377, 380~388, 419, 421, 445, 476, 477, 571, 575, 576

ダルマパーララクシタ（三代帝師）… 74, 85, 272, 314
ダルマバラ（順宗）…………………… 202, 284
タングート……… 32, 128, 138, 139, 198, 574
チューキウーセル（仁宗期国師）… 249, 348
中書省… 54, 63, 64, 66, 99, 124, 136, 212, 230, 250, 251, 253, 267, 287, 289, 290, 292, 295, 301, 326, 340, 352, 378, 379, 494, 543, 545, 554
忠宣王→王璋（高麗、忠宣王）
紐沢…………………………………… 315, 326
中都（金、中都）…… 269, 309, 311, 495, 497, 498, 501, 554
中峰明本……………………………………… 371
張昱…… 186, 187, 299, 387, 529~532, 534~536, 541, 542, 556~558
張禹…………………………………… 77, 118
張起巌… 253, 259, 260, 268, 274, 275, 330, 334, 338, 339, 350, 353
張九思………………………………… 330, 350
張珪…… 100, 124, 229, 230, 232~235, 237, 239, 251, 252, 254, 260, 262, 264, 269, 270, 273, 275, 280, 304, 320, 321, 347~349
張憲…………………… 531, 533~535, 542, 558
趙思恭………………………………… 496, 502
張士誠…………… 187, 189, 208, 209, 531, 534
暢師文………………………………… 330, 350
張思明……………………………… 379~381, 390
潮州…… 373, 377, 408, 412, 413, 416, 419, 421, 472, 473
長春宮…………………………………… 34, 47
張翥……………… 93, 187~191, 209, 210, 475
張昇…………………………………… 330, 350
趙仁挙……………………… 457~459, 487~490
張端義………………………………… 366, 367
張雕…………………………………… 78, 120
趙天麟……………………………… 79~83, 117
張徳輝…………………………………… 103
張伯淳……………………………… 156~158, 202
張酺…………………………………… 78, 119
趙汸……………………………………… 271
張昉…… 402, 446, 452~457, 459, 484~487, 490
張孟兼……………………………… 183, 208, 209
趙孟頫… 299, 330, 350, 370~372, 374, 377, 378, 380, 382, 384, 387, 388, 406, 440, 469, 470, 471, 521, 571, 575
張養浩… 223~230, 232, 237~239, 251~254, 259, 260, 262, 269, 273~276, 349
趙翼………………………………… 9, 74, 345
趙与票……………………… 145~149, 153, 169, 201
張留孫……………………………………… 17
褚無量………………………………… 83, 84, 121
チンキム（裕宗）… 17, 82~84, 102, 142, 219, 284, 428
鎮江…………………………………… 407, 412
鎮南塔… 179~181, 183~185, 190, 191, 197, 208, 397
陳幼実……… 401, 450, 451, 453~457, 484~487
陳幼徳……………………………………… 451
陳旅……………… 236, 255, 259, 260, 273, 274
ツルプゥ寺…………………………………… 2
鄭介夫……… 51, 229, 240~252, 255~260, 262, 272~274
程鉅夫…… 93~96, 122, 253, 259~261, 274, 287, 305, 330, 331, 350, 352~354, 379, 387
鄭元祐（鄭明徳）………………………… 210
帝師…… 10, 20, 36, 53~74, 76~79, 81~90, 103, 104, 107, 109~112, 114, 115, 117~122, 127, 128, 133, 142, 155, 194, 195, 199, 201, 213, 214, 216, 225, 226, 228, 229, 244, 247~250, 252, 265, 272, 293, 296, 299, 309~315, 317, 318, 320, 321, 325, 326, 345~347, 365, 370, 373~376, 378, 379, 398, 400~402, 406, 408~413, 415, 416, 426~428, 461, 463, 464, 471, 478, 493, 495, 504, 509, 526, 528, 546, 552, 563~565, 576, 592
帝師殿……… 114~116, 156, 157, 202, 372~378, 382~384, 388~390, 392~395, 399, 402, 405, 406, 408~414, 416~430, 433~438,

440~447, 449~451, 453~462, 464~466, 468, 469, 472~474, 476, 477, 479~481, 483, 484, 486, 487, 490, 491, 566, 576, 577, 583
定宗（グユク）…………………………12, 512
鄭沖……………………………………78, 120
程敏政…………………………………………133
テシンシェクパ……1, 3, 4, 115, 124, 129, 132
鉄失（テクシ）…………………………271, 349
鉄木迭児（テムデル）…22, 32, 223, 224, 230, 268, 270
天寿聖節……………………………………92, 93
天順帝（アリギバ）………336, 338, 527, 540
田汝成…………………………157, 201, 209
天衣寺…………………………134, 144, 145, 168
天妃廟……………………………………………47
転輪聖王…………24, 26~30, 40, 46, 239, 578
湯允謨…………………………………………488
唐珏（唐義士）…151, 173, 174, 176, 177, 184, 189, 190, 204, 209
鄧弘………………………………………77, 119
鄧光薦…………………………………260, 270
董士選…………………………………………397
塔失鉄木児（タシテムル）……315, 326, 327
荅失蛮（ダーニシュマンド）…………66, 67
董石林…………………………………173, 177
陶宗儀…151, 154, 173, 177, 183, 185, 382, 383, 514, 544
董仲舒…………………………………………210
道仏論争…………………………………21, 120
鄧文原…………………………270, 330, 350
董文用…………………………140, 330, 397
東平………………………10, 81, 309, 319, 352
竇黙……………………………………………120
塔剌海（タラカイ）…………………163, 205
倒剌沙（ダウラト＝シャー）…234, 271, 327
都功徳使司……36, 64, 213, 230~232, 235, 270, 271, 280, 285, 288, 289, 296, 306, 307, 320~322, 346~348
杜唐臣…………………………………417, 475
トルイ（睿宗）…26, 46, 48, 54, 99, 124, 284

な

那摩（ナマ）………………………12, 20, 54, 70
ナムカセンゲ……………………………………72
南安……398, 401, 402, 409, 413, 434, 445~462, 476, 483~490, 576
南郊……134, 135, 224, 302, 307, 351, 523, 525, 549
南人…………………28, 73, 251, 272, 382, 486
南坡の変………………………………………336
南雄……………………………………468, 489
寧宗（宋、寧宗）…134, 135, 140, 144, 175, 207
寧宗（イリンチバル）……284, 305, 307, 317, 332, 338, 355
ネパール…………………92, 93, 114, 122, 565

は

拝住（バイジュウ）………267, 268, 349, 388
伯顔（バヤン、世祖期中書左丞相）
……………………………………169, 207
伯顔（バヤン、順帝期中書右丞相）
…………………22, 239, 355, 559, 560
バクシ…………………………69, 359, 360, 386
パクパ文字……27, 36, 48, 58, 71, 90, 103, 122, 280, 374, 388, 393, 411, 414~417, 430, 441, 462
パクパ＝ロドゥーギェンツェン（初代帝師）
……10, 12, 13, 15, 24, 27~29, 36, 44, 46~48, 53~61, 65, 70, 72~75, 81, 82, 84, 85, 89, 90, 92, 93, 96, 103, 109, 113~115, 120~122, 124, 129, 132, 133, 155, 194, 213, 280, 314, 370, 372~378, 384, 388, 392~395, 399, 401~423, 425, 427, 429~433, 441, 443, 445, 453, 462, 463, 467~469, 472~475, 477, 478, 494, 531, 550, 557, 566, 571, 575, 577, 583, 584
馬紹……………………………………330, 350
馬祖常…………………235, 253, 271, 330, 350
万安寺→大聖寿万安寺

蛮子…… 122, 386
万斯同…… 128, 133, 199
万寿尊勝塔寺→尊勝寺
万僧…… 220~222
般若寺…… 180, 182, 208
范用吉…… 366, 367
秘書監…… 275
百戯…… 117, 496, 498, 499, 515, 546, 552
飛来峰…… 157~164, 167, 168, 183, 193, 203, 204, 208
福元寺→大崇恩福元寺
福聞…… 144, 145, 168
普慶寺→大承華普慶寺
武后（唐、則天大聖皇后）…… 71, 137, 200
不忽木（ブフム）…… 220~222, 224, 267, 268, 281, 282
富州…… 417, 475
婺州…… 378
撫州…… 400, 409, 413, 418, 419, 434~445, 450, 457, 460, 462, 476, 481, 482, 487~489, 576
武宗（カイシャン）…… 22, 97, 104, 224, 237, 269, 287, 301, 305, 312, 314, 317, 320, 321, 331, 336, 351, 352, 354, 355
武当山…… 363, 366~368, 386, 387
普寧寺…… 156
不魯罕皇后（ブルカン皇后）…… 382
文宗（トクテムル）…… 74, 97, 212, 237, 289~291, 296, 297, 300, 301, 305, 307, 314, 315, 317, 324, 326~328, 332, 334~338, 355, 507, 526~528, 539~542, 548, 559
文帝（隋、文帝）…… 24, 256, 257
文天祥…… 201, 260, 378, 390
文廟→孔子廟
平陽…… 10, 309
彭瑋…… 199, 201
鳳凰山…… 169, 179, 181, 182, 186, 207, 208
宝応寺…… 400, 438~444, 480~482
法洪…… 375, 378, 387, 389, 406~409, 412, 415, 416, 419, 462, 469~473, 477, 479
報国寺…… 180, 182, 207, 208
方国珍…… 472
法常…… 54, 70
卜居仁…… 467, 468
卜世臣…… 128
孛朮魯翀…… 86, 87, 100, 109, 142, 276, 330, 350
孛羅帖木児（ボロトテムル）…… 268, 295, 348

ま

マハーカーラ…… 24, 122, 179, 299, 362~370, 377, 379, 381, 382, 386, 387, 531, 557
マルコ＝ポーロ…… 12, 15~17, 34, 37, 69, 113, 359~361, 518, 592
明宗（コシラ）…… 305, 307, 312, 317, 332, 336, 338, 354, 355, 540, 542, 559
孟后→昭慈献烈皇太后
蒙古国子学…… 393
蒙古字学…… 393, 402, 446, 447, 449, 462, 483
孟子…… 377

や

也里可温（エルケウン）…… 34, 47, 66, 67
耶律楚材…… 498, 500
游皇城…… 228, 311~313, 315, 345, 492~495, 502~509, 512, 515~521, 526, 528~532, 534~537, 541~550, 552~554, 557~560, 570, 575
裕宗→チンキム
熊夢祥…… 502, 516~521, 537, 555
楊（行宣政院使楊）…… 164~167, 206
楊暗普…… 136, 137, 198, 199, 374~377, 379, 380, 388~390, 395, 577
楊載…… 330, 350
姚燧…… 86, 330, 350, 374, 521
姚枢…… 103, 120
楊璉真伽…… 10, 21, 128, 132, 134~146, 148, 150~175, 178~201, 203~210, 277, 374, 378, 379, 388, 389, 397, 398, 566, 567, 584

ら

雷州……240, 250, 273
羅霊卿……133, 151~155, 176, 177
陸游……441~443
李謙……330, 350
李元礼…215, 217~223, 225, 230, 250, 251, 253, 258, 260~262, 264, 268, 275, 347
李孝光……255, 256, 259, 260, 274, 275
李之紹……330, 350
李士瞻……294
李慈銘……9, 199
李斉賢……376, 390
理宗（宋、理宗）……144, 175, 176, 199, 207
李龢……101
劉因……235, 521
劉鶚……468
柳貫……362~366, 368~370, 377~382, 384, 386, 387, 390, 408, 409, 413, 416, 419, 420, 425, 458, 477, 490, 571, 576
龍華寺……134, 135, 141
龍興（龍興路）……489, 490, 519, 555
龍興寺……370, 371, 386~388, 470
隆国夫人黄氏（宋、斉国夫人、隆国育聖夫人）……157, 202
龍翔宮……207
劉倬……457, 459, 489
隆福宮……311, 312, 323, 328, 510, 513, 515
劉秉忠……9, 10, 24, 103
涼州……367
閭閻……400, 435~439, 480
臨安→杭州
林景熙……210
臨済宗……54, 512
林淳……373, 408, 412, 416, 419, 421, 429, 466, 472, 473, 477, 478
臨川……434, 436, 438~442, 444, 445, 457, 460, 476, 480~482
リンチェンギェンツェン（二代帝師）…61, 74, 84, 122, 314, 318
霊隠寺……156~159, 161, 162, 202, 203
厲鶚……388
霊谷寺……1~4, 41, 115, 129~131, 588, 589
礼部……63, 86, 378, 506, 540, 552
廉希憲……350
廉恵山海牙……330, 350
魯国大長公主……351, 362, 364
盧摯……521, 539, 555, 559
魯迅……129, 199

著者略歴

筑波大学大学院歴史・人類学研究科修了。博士（文学）。

横浜市立大学大学院都市社会文化研究科准教授。

著書に『王権と都市』（思文閣出版、2008 年、共著）・『中華世界の歴史的展開』（汲古書院、2002 年、共著）など。

迎仏鳳儀の歌　元の中国支配とチベット仏教

2017 年 2 月 25 日　初版 1 刷印刷
2017 年 3 月 3 日　初版 1 刷発行

著　者　乙坂智子
発行者　佐藤康夫
発行所　株式会社　白　帝　社

〒171-0014　東京都豊島区池袋 2-65-1
TEL 03-3986-3271　FAX 03-3986-3272
E-mail: info@hakuteisha.co.jp
http://www.hakuteisha.co.jp

印刷　倉敷印刷株式会社
製本　有限会社　カナメブックス

ISBN 978-4-86398-278-9